Empirische
Sozialforschung in
den Streitkräften

Sozialwissenschaftliche Studien des Zentrums
für Militärgeschichte und Sozialwissenschaften
der Bundeswehr

Herausgegeben vom
Zentrum für Militärgeschichte und Sozialwissenschaften
der Bundeswehr

Band 23

Martin Elbe, Heiko Biehl,
Markus Steinbrecher (Hrsg.)

—

Empirische Sozialforschung in den Streitkräften

Positionen, Erfahrungen, Kontroversen

Bibliografische Information der Deutschen Nationalbibliothek
Die Deutsche Nationalbibliothek verzeichnet diese Publikation in der Deutschen
Nationalbibliografie; detaillierte bibliografische Daten sind im Internet über
http://dnb.d-nb.de abrufbar.

Dieses Werk einschließlich aller seiner Teile ist urheberrechtlich geschützt.
Jede Verwertung außerhalb der engen Grenzen des Urheberrechtes ist unzulässig
und strafbar.

© 2021 BWV | BERLINER WISSENSCHAFTS-VERLAG GmbH,
Behaimstraße 25, 10585 Berlin,
E-Mail: bwv@bwv-verlag.de, Internet: http://www.bwv-verlag.de

Redaktion: ZMSBw, Potsdam, Fachbereich Publikationen (0858-01)
Projektkoordination, Lektorat: Annabel Franceschini
Grafiken, Satz: Carola Klinke
Umschlagabbildung: Soldatinnen und Soldaten der Bundeswehr bei einem
feierlichen Appell. (Picture Alliance/dpa, Jens Wolf)

Druck: Memminger MedienCentrum, Memmingen
Gedruckt auf holzfreiem, chlor- und säurefreiem, alterungsbeständigem Papier.
Printed in Germany.

ISBN Print   978-3-8305-5136-2
ISBN E-Book   978-3-8305-4362-6

Inhalt

Vorwort 7

Militärsoziologie als empirische Sozialforschung – Chancen,
Grenzen und Kritik
Martin Elbe, Heiko Biehl und Markus Steinbrecher 9

**Teil I: Voraussetzungen, Grundlagen und
Wirkungen der empirischen Militärsoziologie**

Funktionen militärsoziologischer Forschung. Eine Bilanz
der Militärsoziologie als empirischer Sozialforschung
Heiko Biehl 23

Zur wissenschafts- und sozialtheoretischen Grundlegung
der empirischen Militärsoziologie
Martin Elbe 57

Organisationssoziologische Perspektiven auf das Militär
Tabea Koepp 89

Forschung für die Streitkräfte?
Jens Warburg 125

Die Wissenschaft und die Politik: Zur politischen Nutzung
militärsoziologischer Forschungsergebnisse
Gerhard Kümmel 149

Teil II: Methoden der empirischen Militärsoziologie

Quantitative und qualitative Methoden in der militärsoziologischen
Forschung. Grundzüge, Gemeinsamkeiten, Unterschiede, Verknüpfungen
Heiko Biehl und Maren Tomforde 171

Meinung oder Methode? Potenzielle Fehler in quantitativen
Befragungen der Bundeswehr
Chariklia Rothbart 197

Qualitative In-situ-Untersuchung von militärischen
Hochrisikotruppenteilen
Jakob Rømer Barfod 235

Einen Versuch wär's wert: Die Bedeutung von Experimenten
und Simulationen für die militärsoziologische Forschung
Martin Elbe und Markus Steinbrecher 267

Teil III: Anwendungsfelder der empirischen Militärsoziologie

Ganz normale Organisationsforschung. Empirische Befragungen
in der Bundeswehr
Gregor Richter 301

Im Urteil der Bürgerinnen und Bürger: militärbezogene
Bevölkerungsbefragungen
Markus Steinbrecher 323

Die Anderen und ich: Meinungsklimaforschung in der
empirischen (Militär-)Soziologie
Meike Wanner 351

»Haben Se jedient?« Biografieforschung und Militär
Nina Leonhard 377

Glaube, Ethik, Innere Führung – Zur empirischen Erforschung
weltanschaulicher Prägungen und normativer Grundlagen
in den Streitkräften
Angelika Dörfler-Dierken 395

Sozialforschung und Geschichtsschreibung:
Betrachtungen eines Grenzgängers
Thorsten Loch 437

Autorinnen und Autoren 461

Vorwort

Mit seiner militärsoziologischen Forschung richtet sich das Zentrum für Militärgeschichte und Sozialwissenschaften der Bundeswehr (ZMSBw) an die Streitkräfte, Wissenschaft und interessierte Öffentlichkeit gleichermaßen. Auf den ersten Blick sind kaum Bezüge zwischen den Interessen und Absichten dieser drei Adressaten zu vermuten. Verteidigungsministerium und Bundeswehr sind vor allem an exklusiven Daten und Einsichten über die Streitkräfte und die Soldatinnen und Soldaten interessiert. In der Folge können sozialempirische Untersuchungen eine Grundlage für ministerielle oder militärische Entscheidungen bilden. Sozialwissenschaftlerinnen und Sozialwissenschaftler erwarten hingegen Studien, die sich an den Standards und Debatten der Disziplin orientieren und diese voranbringen. Für die breitere Öffentlichkeit wiederum sind sozialempirische Erhebungen in und zu den Streitkräften ein Instrument der Transparenz und Kontrolle, denen sich die Bundeswehr als Armee der Demokratie stellen muss.

Die vorliegende Publikation verdeutlicht, wie die militärsoziologische Forschung unseres Zentrums diesen Erwartungen gleichermaßen begegnen kann. Der Band richtet sich in erster Linie an das wissenschaftliche Fachpublikum, in dem er die Methodologie und die Methoden sozialempirischer Untersuchungen transparent macht, sie kritisch reflektiert und einer wissenschaftlichen Prüfung aussetzt. Dabei geht es um die Angemessenheit von Methoden und Verfahren sowie um die Möglichkeiten und Bedingtheiten sozialwissenschaftlicher Forschung im ministeriellen Auftrag. Vertreterinnen wie Kritiker der militärsoziologischen Ressortforschung kommen gleichermaßen zu Wort. Als Kommandeur des ZMSBw freut mich insbesondere, dass die Beiträge zur historischen und ethischen Forschung den interdisziplinären Charakter unseres Hauses verdeutlichen.

In seinem Zuschnitt richtet sich der Sammelband zugleich auch an die Streitkräfte und die breitere Öffentlichkeit: Den darin geführten Debatten liegen die militärsoziologischen Untersuchungen zugrunde, die im Rahmen der Ressortforschung für das Bundesministerium der Verteidigung erstellt werden. Dem Fachpublikum und der Öffentlichkeit sind die Studien über Veröffentlichungen unseres Hauses in Fachverlagen sowie über unsere Website (www.zmsbw.de) zugänglich. Der Band – wie unsere anderen Publikationen – zeigt, dass militärsoziologische Forschung vom Austausch, vom Dialog, aber auch von der Kontroverse lebt. Alle Interessierten aus Wissenschaft, Politik, Medien und Gesellschaft sind herzlich eingeladen, sich daran zu beteiligen.

Das vorliegende Werk wird durch einen englischsprachigen Band ergänzt, der sich der militärsoziologischen Methodologie im internationalen Vergleich annimmt und in Kürze erscheinen wird (»Empirical Social Research in and on the Armed Forces. Comparative and National Perspectives«, herausgegeben von Markus Steinbrecher, Heiko Biehl und Martin Elbe). Dabei stehen die Strukturen, Institutionen und Ergebnisse der empirischen Militärsoziologie in verschiedenen Ländern im Mittelpunkt und es wird geprüft, inwieweit die nationale Prägung der Forschung Einfluss auf ihre Inhalte und Methoden nimmt.

Den Herausgebern, Prof. Dr. Martin Elbe, Dr. Heiko Biehl und Dr. Markus Steinbrecher, gilt mein Dank für die Umsetzung des Projekts und die Zusammenstellung der Inhalte. Darüber hinaus möchte ich den beteiligten Autorinnen und Autoren für die Unterstützung des Projekts und für ihr Engagement danken. Zuletzt gebührt mein Dank dem Fachbereich Publikationen am ZMSBw für die Realisierung des Buches in der Reihe »Sozialwissenschaftliche Studien des Zentrums für Militärgeschichte und Sozialwissenschaften der Bundeswehr« im Berliner Wissenschafts-Verlag. Ich wünsche dem vorliegenden Band zur empirischen Sozialforschung in den Streitkräften viel Erfolg.

Dr. Sven Lange
Oberst i.G. und Kommandeur
des Zentrums für Militärgeschichte und
Sozialwissenschaften der Bundeswehr

Militärsoziologie als empirische Sozialforschung – Chancen, Grenzen und Kritik

Martin Elbe, Heiko Biehl und Markus Steinbrecher

Seit rund zwei Jahrzehnten haben Handbücher, Einführungen, Nachschlage- und Überblickswerke in den Sozialwissenschaften Konjunktur. Die großen internationalen Verlage, wie Oxford University Press, Routledge und Springer, haben eigene Handbuchreihen etabliert. In der Folge gerät der inhaltliche Zuschnitt der Überblickswerke immer feingliedriger. Zumeist sind die Handbücher disziplinären Teilbereichen oder einzelnen Themenfeldern gewidmet. Der Zuwachs an Nachschlagewerken ist zum Teil der Standardisierung der Hochschullehre im Zuge des Bologna-Prozesses geschuldet. Zugleich kommt diese Art von Publikationen den kommerziellen Interessen der Verlage entgegen. Aber auch für die Wissenschaft selbst erfüllen Handbücher und Einführungen wesentliche Funktionen. Zunächst dienen sie der akademischen Reflexion und Selbstvergewisserung. Sie bieten einen Überblick über den Stand der Forschung zu einem Themenbereich – häufig definieren sie einen solchen erst. Sie legen einen Kanon zentraler Themen fest, bestimmen die zu zitierende Literatur und werden selbst zu bibliografischen Standardreferenzen. Mithin sind Überblicksdarstellungen ein Instrument zur Etablierung und Institutionalisierung von Forschungsfeldern und (Sub-)Disziplinen. Sie dokumentieren den Anspruch und den Behauptungswillen eines Forschungszusammenhangs und setzen ihn ins Verhältnis zu anderen Forschungsfeldern und akademischen Disziplinen. Handbücher besetzen und reklamieren thematische Felder.

Von daher ist es wenig überraschend, dass sich auch in der Militärsoziologie, die darum ringt, ihr akademisches Standing zu verbessern, eine zunehmende Zahl an Überblickswerken findet. Bemerkenswert ist jedoch, wie sich der Fokus dieser Darstellungen in jüngster Zeit verschoben hat. Noch in den 2000er-Jahren widmeten sich diese vornehmlich militärsoziologischen Inhalten und Themen. Die damaligen Publikationen präsentierten den Stand der Forschung entlang von Themenfeldern. So bieten die internationalen Bände von Jean Callaghan und Franz Kernic (2003) sowie Giuseppe Caforio (2006 in 1. Aufl., 2018 in 2. Aufl.) Beiträge zu klassischen militärsoziologischen Untersuchungsgegenständen wie Militär und Krieg, zivil-militärische Beziehungen, Wehrpflicht, Kampfmoral oder soldatische Identität. Auch die deutschsprachigen Bände zur Militärsoziologie aus den 2000er-Jahren präsentieren die Disziplin vorrangig entlang ihrer thematischen Schwerpunkte. Die Beiträge bei Gerhard Kümmel und Andreas Prüfert (2000) verbinden dabei die Entwicklung der internationalen mit der deutschen Militärsoziologie. Franz Kernic

(2001) identifiziert in seinem Forschungsüberblick vier zentrale Themenfelder der Militärsoziologie: Sozialpsychologie des Soldatischen, Militär als Organisation, Streitkräfte und Gesellschaft sowie militärische Gewalt aus Gender-Perspektive. Ähnlich zeichnen Volker Heins und Jens Warburg (2004) grundlegende und aktuellere Debatten der Militärsoziologie aus individueller, organisationaler und gesellschaftlicher Perspektive nach. Das Handbuch von Sven Gareis und Paul Klein (2004 in 1. Aufl., 2006 in 2. Aufl.) vereint eine Vielzahl eher kürzerer, inhaltlich ausgerichteter Beiträge und richtet sich an die Wissenschaft, Praxis und die interessierte Öffentlichkeit gleichermaßen. Der Band von Nina Leonhard und Ines-Jacqueline Werkner (2005 in 1. Aufl., 2012 in 2. Aufl.) ist dezidiert als universitäres Lehrbuch angelegt und stellt die Forschung zu den wesentlichen militärsoziologischen Feldern vor.

In den neueren Überblickswerken liegt der Schwerpunkt demgegenüber auf den methodischen Bedingungen, Verfahrensweisen und Instrumenten militärsoziologischer Forschung. Während die Frage, worüber die Militärsoziologie forscht, etwas in den Hintergrund getreten ist, richtet sich nun der Fokus darauf, wie geforscht wird. Der Band von Joseph Soeters, Patricia Shields und Sebastiaan Rietjens (2014) bietet Abschnitte zur Positionierung der Forschenden sowie zu qualitativen wie zu quantitativen Methoden. Die Anthologie von Helena Carreiras und Celso Castro (2013) konzentriert sich demgegenüber ganz auf qualitative Verfahren, während ein Nachfolgewerk die Gesamtheit der »historical, social, institutional and personal factors that frame research« (Carreiras et al. 2016: 1) in den Blick nimmt. Im »Routledge Companion to Military Research Methods« (Williams et al. 2016) dominieren qualitative Ansätze, die zumeist auf einem ethnologischen Verständnis fußen. Weshalb hat sich der Fokus der militärsoziologischen Selbstbeschreibung und Reflexion von den Inhalten auf die Methoden verschoben? Woher kommt das verstärkte Interesse der Militärsoziologie an ihren methodischen Voraussetzungen, Bedingungen und Konsequenzen? Zumindest drei Gründe scheinen relevant.

Erstens ist zwar richtig, dass die Militärsoziologie keine eigene Methodik hervorgebracht hat (wie Gregor Richter in seinem Beitrag für diesen Band betont), dennoch ist es naheliegend und legitim, nach den Besonderheiten und Adaptionen des Einsatzes sozialwissenschaftlicher Methoden zur Erforschung von Streitkräften zu fragen (siehe dazu u.a. die Beiträge von Chariklia Rothbart und Meike Wanner). Wie können sozialwissenschaftliche Methoden im militärischen Kontext zur Anwendung kommen? Was gilt es bei der Befragung von Soldatinnen und Soldaten zu bedenken? Können militärische Organisationen mit denselben Kriterien und Instrumentarien untersucht werden wie zivile Einrichtungen? Welchen Besonderheiten unterliegen Erhebungen in der Truppe?

Zweitens ist die jüngste Aufmerksamkeit der Militärsoziologie für ihre methodischen Grundlagen ihrem interdisziplinären Charakter geschuldet. Bekanntlich hat sich »Militärsoziologie« als Sammelbegriff für eine ganze Bandbreite sozialwissenschaftlicher Untersuchungen zu Streitkräften, Kriegen und militärischer Gewalt etabliert, die über genuin soziologische Theorien, Konzepte und Methoden weit hinausgehen. Neben politikwissenschaftlichen Zugriffen (etwa in den Analysen zum Verhältnis von politischen und militärischen Eliten) finden sich sozialpsychologische Analysen (beispielsweise zur soldatischen Motivation und Kohäsion), organisationstheoretische Arbeiten (zum Beispiel zu den unterschiedlichen Anforderungen von Verwaltungslogik und militärischem Gefecht) und normative Fragestellungen (etwa im Fachjournal »Military Ethics«). Im Zuge der internationalen militärischen Einsätze haben sich außerdem kulturwissenschaftliche und ethnologische Ansätze unter dem Dach der Militärsoziologie etabliert. Die wissenschaftlich und wissenschaftspolitisch immer wieder geforderte Interdisziplinarität ist in der Militärsoziologie seit Jahrzehnten gelebte Forschungsrealität (Boëne 2000; Leonhard/Werkner 2005). Diese Pluralität macht jedoch einen Austausch und eine Verständigung zwischen den Disziplinen notwendig (wozu Angelika Dörfler-Dierken und Torsten Loch mit ihren Artikeln in diesem Band beitragen). Als Disziplin zwischen den Disziplinen sieht sich die Militärsoziologie herausgefordert, die Kooperation von Wissenschaftlerinnen und Wissenschaftlern unterschiedlicher Provenienz zu ermöglichen. Es besteht die Pflicht, sich immer wieder über die Wurzeln, Hintergründe und versteckten Annahmen der eigenen Position, des eigenen Ansatzes und des eigenen Vorgehens Rechenschaft abzulegen. Methodische Reflexionen sind daher kein Ausdruck von Unsicherheit und Selbstzweifeln – im Gegenteil. Die Perspektivierung und Infragestellung eigener Standpunkte ist Ausdruck eines transparenten und kritischen, letztlich modernen Verständnisses der Militärsoziologie als empirischer Sozialforschung. Die Bedingungen militärsoziologischer Forschungsprozesse sind daher noch intensiver als bisher zu reflektieren und zu diskutieren, wozu der vorliegende Band beitragen möchte.

Drittens ist die gestiegene Aufmerksamkeit und Sensibilität für die methodischen Voraussetzungen, Möglichkeiten und Grenzen das Verdienst einer spezifisch kritischen Militärsoziologie. Seit einem guten Jahrzehnt vereinen sich Wissenschaftlerinnen und Wissenschaftler unter diesem Label, um gegen die Ausrichtung und Defizite der etablierten Militärsoziologie anzugehen. Einen wesentlichen Anstoß gab das bemerkenswerte Plädoyer von Paul Higate und Alisa Cameron (2006), die in einem Beitrag im führenden Journal »Armed Forces & Society« für einen bewussteren Umgang der Militärsoziologie mit den Voraussetzungen und Bedingungen ihrer Forschung eintraten. Seitdem werden methodische Reflexionen zunehmend in einem umfassenden Sinne verstanden. Nicht allein der Einsatz von Erhebungs- und Analyseinstrumenten ist von Belang, vielmehr ist die Position der Forschenden in Gänze zu reflektieren. Die normativen, wissenschaftlichen und beruflichen Beziehungen zwischen Wissenschaftlern und Streitkräften geraten so in den Blick. Damit erfahren militärsoziologische Methoden im Sinne einer Methodologie Aufmerksamkeit. Die gesamte Interaktion zwischen den Forschenden und dem Untersuchungsgegenstand wird analysiert – zumal die Streitkräfte nicht selten Auftraggeber, Finanzier, Untersuchungsobjekt und politischer Verantwortungsträger gleichermaßen sind.

Seit 2015 erscheint die Zeitschrift »Critical Military Studies«, die nicht zufällig aus einer interdisziplinären Konferenz zu »Military Methodologies« in Newcastle erwuchs. Laut Selbstdarstellung unterstützt das Journal

> »[t]he interrogation and destabilization of often taken-for-granted categories related to the military, militarism and militarization. It especially welcomes original thinking on contradictions and tensions central to the ways in which military institutions and military power work, how such tensions are reproduced within different societies and geopolitical arenas, and within and beyond academic discourse. Contributions on experiences of militarization among groups and individuals, and in hitherto underexplored, perhaps even seemingly ›non-military‹ settings are also encouraged.«[1]

Damit steht der Vorwurf an die etablierte Militärsoziologie im Raum, diese habe infolge ihrer institutionellen Verflechtung mit den Streitkräften und den Verteidigungsministerien blinde Flecken. Sie würde militärische Eigenheiten allzu oft unhinterfragt annehmen und könne militärische Strukturen und Prozesse, insbesondere militärische Macht, nicht in Perspektive setzen und erst recht nicht infrage stellen. Im Gründungseditorial der Zeitschrift kulminiert die Kritik in dem Vorwurf (Basham et al. 2015: 2):

> »[t]he methodological plurality of critical military studies and its engagement with the politics of positionality stands out markedly from more traditional social scientific approaches to the military and security and their often atheoretical, apolitical, and largely quantitative stances.«

In eine ähnliche Richtung, wenngleich in abgemilderter Form, hat Yagil Levy als Präsident des führenden militärsoziologischen Verbundes European Research Group on Military and Society (ERGOMAS) argumentiert. Er kommt ebenfalls

---

1 Siehe die Selbstbeschreibung auf der Website des Journals: <https://www.criticalmilitarystudies.org/more-about-the-journal> (letzter Zugriff: 29.1.2020).

zu dem Schluss, dass »most studies of military organizations and of civil-military relations belong to the category of empirical-analytic sciences« (Levy 2015: 3). Ursache hierfür sei nicht zuletzt der Status der militärsoziologisch Forschenden. Deren Bindung an Streitkräfte und Verteidigungsressorts präjudiziere eine Ausrichtung der Forschung, der sich eine kritische Militärsoziologie entgegenstelle (Levy 2015). Mithin wird in Zweifel gezogen und zuweilen in Abrede gestellt, ob die Unabhängigkeit der militärsoziologischen Forschung in ausreichendem Maße gegeben sei. Insbesondere der Status und die Situation der Forschenden, die oftmals in den Streitkräften und für die Streitkräfte aktiv sind, führe zu Abhängigkeitsverhältnissen, Betriebsblindheiten und Loyalitäten, die der wissenschaftlichen Freiheit und Unparteilichkeit entgegenstünden.

Dieser Vorwurf ist angesichts der Tatsache, dass das Militär (nicht nur hierzulande) einen Großteil der Forschung beauftragt und beaufsichtigt, nicht leicht von der Hand zu weisen. Der multiple Zugriff von Streitkräften und Ministerien auf Forschungsprozesse führt zwangsläufig dazu, dass viele – zumal empirische – Studien den Charakter reiner Organisationsberatung annehmen, bei der es vor allem darum geht, Informationen zu (vermeintlichen) militärischen Problemen zu gewinnen und Lösungsmöglichkeiten aufzuzeigen. Jeder, der schon einmal eine militärsoziologische Tagung besucht hat, kennt Studien, die methodisch solide und empirisch gesättigt, zugleich aber theoriefern und soziologisch irrelevant sind. Von daher sind die Vorwürfe der kritischen Militärsoziologie in Teilen berechtigt. Doch treffen sie auf jedwede Studie zu, die in diesem Kontext entsteht? Genügt Ressortforschung – so der deutsche Fachterminus für ministeriell beauftragte Forschung – per se nicht den Anforderungen wissenschaftlicher Forschung? Ist die militärsoziologische Forschung in den und für die Streitkräfte methodisch so eingeschränkt, dass sie grundlegenden Standards der empirischen Sozialforschung nicht folgt oder folgen kann? Diesen Fragen muss sich die Militärsoziologie stellen. Dies gilt umso mehr für die Forschung, die von Ministerien und Streitkräften unterstützt und beaufsichtigt wird, so wie dies beim Zentrum für Militärgeschichte und Sozialwissenschaften der Bundeswehr (ZMSBw), der Dienststelle der Herausgeber dieses Bandes, der Fall ist. Denn bislang fehlt es hierzulande an einer weiterführenden Auseinandersetzung mit den methodologischen Voraussetzungen der Militärsoziologie und den Vorwürfen der kritischen Militärsoziologie. In der deutschsprachigen Literatur findet sich der Begriff der kritischen Militärsoziologie allenfalls zur Markierung eigener Arbeiten (Hagen 2012; Haß 2016), ohne dass weiterführende Beiträge zu erkennen wären. Dieser Band möchte die Anregungen der kritischen Militärsoziologie produktiv aufgreifen und die Debatte um die Methodologie und die Methoden der empirischen Militärsoziologie voranbringen. Beabsichtigt ist damit ein Beitrag zur disziplinären Verständigung der

Militärsoziologie, in dem auch über (zumeist abgeschlossene) Forschungsprojekte reflektiert wird. Um die Breite der Debatte abzubilden, kommen Vertreterinnen und Kritiker von Militärsoziologie und Ressortforschung gleichermaßen zu Wort. Nur innerhalb eines pluralen Meinungsspektrums kann Transparenz und Dialog darüber, was empirische Militärsoziologie ausmacht und mit welchen Herausforderungen sie konfrontiert ist, gelingen.

Der vorliegende Band gliedert sich in drei Teile: Im ersten Teil werden die Voraussetzungen, Grundlagen und Wirkungen der empirischen Militärsoziologie thematisiert, der zweite Abschnitt setzt sich mit Methodenproblemen im engeren Sinne und der dritte Teil mit ausgewählten Anwendungsfeldern der empirischen Militärsoziologie auseinander.

Den ersten Abschnitt leitet *Heiko Biehl* mit einer Bilanz der Militärsoziologie als empirischer Sozialforschung ein. Dabei greift er auf das von Michael Burawoy eingeführte Kategorienschema zurück und sieht die Defizite der Militärsoziologie vor allem in ihrer professionellen Etablierung, während sie erhebliche Wirkung als *policy sociology* entfaltet hat. Die Einwände der kritischen Militärsoziologie treffen vor allem mit Blick auf die Theorieabstinenz vieler Studien zu. Dem Verdikt thematischer Einseitigkeit stimmt der Beitrag hingegen nicht zu. Zugleich bezweifelt er, ob und wie es der kritischen Militärsoziologie gelingen kann, sich der Instrumentalisierung durch Politik und Streitkräfte zu entziehen – vor allem, wenn kritische Militärsoziologie mehr sein möchte als eine politische Positionierung zu den Streitkräften.

Martin Elbe diskutiert die wissenschafts- und sozialtheoretischen Grundlagen der empirischen Militärsoziologie und ordnet die Disziplin sowohl methodologisch als auch sozialtheoretisch ein. Dabei legt er unter anderem die geistesgeschichtlichen Wurzeln der kritischen Militärsoziologie in Anschluss an die Frankfurter Schule offen. Dieser Denktradition, die zur normierenden Sozialtheorie zu zählen ist, stellt er verstehende und erklärende Ansätze gegenüber, die in ihrer Gesamtheit den ideengeschichtlichen und wissenschaftstheoretischen Hintergrund der heutigen Militärsoziologie bilden.

Schon früh erfolgte die soziologische Auseinandersetzung mit dem Militär in enger Verbindung mit der organisationssoziologischen Perspektive auf das Militär – diese Tradition greift *Tabea Koepp* in ihrem Beitrag auf. Dabei lehnt sie sich an den von Niklas Luhmann entwickelten Organisationsbegriff an und macht diesen für die Militärsoziologie erstmals fruchtbar. Entlang der Systematik der systemtheoretischen Organisationsanalyse zeigt Koepp wie anschlussfähig militärsoziologische Befunde an die drei Kernkategorien Zweck, Mitgliedschaft und Hierarchie sind.

Jens Warburg diskutiert in seinem Artikel explizit das Spannungsfeld zwischen dem Verständnis einer kritischen Militärsoziologie einerseits und den Bedingungen einer Militärsoziologie als Ressortforschung andererseits. Wie er zeigen kann, ist dieses Spannungsverhältnis nicht aufzulösen, kann aber produktiv wirken. Seine Kritik richtet sich in erster Linie an die etablierten Sozialwissenschaften, die die Themen Krieg, Streitkräfte und militärische Gewalt weiterhin nicht ausreichend in den Blick nehmen. Hierin – und weniger in den Forschungsbedingungen der Ressortforschung – sieht er das eigentliche Defizit der (militär-)soziologischen Forschung.

Gerhard Kümmel beschließt diesen Teil mit seinen Betrachtungen zu Wissenschaft und Politik und untersucht die politische Nutzung militärsoziologischer Forschungsergebnisse. Sein Überblick verdeutlicht, dass die Verschränkung von politischen, staatlichen, gesellschaftlichen, wirtschaftlichen und wissenschaftlichen Akteuren und Strukturen keine Besonderheit der Militärsoziologie ist.

Im zweiten Teil werden Methoden empirischer Militärsoziologie eingehender diskutiert. *Heiko Biehl* und *Maren Tomforde* bieten einen Überblick zu quantitativen und qualitativen Methoden, wobei sie Grundzüge, Gemeinsamkeiten, Unterschiede und Verknüpfungen der beiden Herangehensweisen aufzeigen. Bemerkenswert ist im Vergleich zu anderen Disziplinen und Themenfeldern, wie häufig in militärsoziologischen Studien die Kombination qualitativer und quantitativer Methoden ist. Damit hält der Vorwurf einer Dominanz quantitativer Instrumente (Basham et al. 2015) einer empirischen Prüfung nicht stand (so auch Rowley et al. 2012).

Den Zusammenhang zwischen Meinung und Methode diskutiert *Chariklia Rothbart* in ihrem Beitrag. Hier werden potenzielle Fehlerquellen (Skalenlänge, Interviewer, Erhebungsmodus) in standardisierten Befragungen und ihr Einfluss auf die Qualität der gewonnenen Daten eingehend diskutiert. Der Beitrag verdeutlicht die Methodensensibilität der empirischen Sozialforschung und zeigt – wie unter methodischer Perspektive – militärsoziologische Studien Anschluss an allgemeinere sozialwissenschaftliche Debatten finden können.

Einen ethnologischen Zugang wählt *Jakob Rømer Barfod* mit seiner qualitativen In-situ-Untersuchung von militärischen Hochrisikotruppenteilen. Die von ihm vorgestellte teilnehmende Beobachtung im militärischen Einsatz ist seit dem Zweiten Weltkrieg fester Bestandteil der empirischen Militärsoziologie. Neben den hohen persönlichen Anforderungen, die ein ethnologischer Zugang an Wissenschaftlerinnen und Wissenschaftler ohnehin stellt, erschweren die Gefahrensituation sowie gegebenenfalls der Status als Soldatin oder Soldat und als militärischer Vorgesetzter die Fähigkeit zur wissenschaftlichen Objektivität.

Den Methodenteil beschließen *Martin Elbe* und *Markus Steinbrecher* mit ihrem Beitrag zu Experimenten und Simulationen in der militärsoziologischen Forschung. Dieser Zweig sozialwissenschaftlicher Methoden hat in den letzten Jahren einen bemerkenswerten Aufschwung erfahren und weist erhebliches Potenzial für die Weiterentwicklung der Militärsoziologie auf. Insbesondere durch den Vergleich mit zivilen Versuchsgruppen könnten die – immer wieder diskutierten und zugleich infrage gestellten – Besonderheiten der militärischen Organisation und der soldatischen Profession herausgearbeitet werden.

Der dritte Teil widmet sich Anwendungsfeldern empirischer Militärsoziologie. Zwar können nicht alle Bereiche der empirischen Militärsoziologie abgedeckt werden, zumal immer wieder neue Inhalte erschlossen werden (z.b. aktuell Gesundheit und Sport in den Streitkräften; Elbe 2020). Die vorhandenen Beiträge stellen aber typische Themenfelder vor. *Gregor Richter* beschäftigt sich mit empirischen Befragungen in der Bundeswehr als »ganz normaler Organisationsforschung« und liefert damit das empirische Pendant zu Tabea Koepps theoretischem Beitrag im ersten Teil des Bandes. Richter zufolge sind Streitkräftebefragungen – ungeachtet der notwendigen Adaptionen im militärischen Kontext – lediglich eine übliche Form der Mitarbeiterbefragung. Damit sind solche Erhebungen anschlussfähig an eine ganze Bandbreite von Theorien und Debatten aus der Soziologie, der Sozialpsychologie, der Organisationsforschung bis hin zur Betriebswirtschaftslehre.

Unter dem Titel »Im Urteil der Bürgerinnen und Bürger« stellt *Markus Steinbrecher* militärbezogene Bevölkerungsbefragungen vor, die hierzulande wesentlich durch Bundeswehrinstitute vorgenommen werden und ein kontinuierliches sicherheits- und verteidigungspolitisches Meinungsbild der Bevölkerung in Deutschland bieten. Entsprechend bilden diese Befragungen die empirische Grundlage für Studien und Analysen der Politikwissenschaft, Militärsoziologie, der politischen Psychologie und der Kommunikationswissenschaft.

In diesen Kontext ist die Analyse *Meike Wanners* »Die Anderen und ich« einzuordnen, die methodische Aspekte der militärbezogenen Meinungsklimaforschung diskutiert. Hierbei zeigt sich eine erhebliche Differenz zwischen dem gesellschaftlichen Zuspruch zur Bundeswehr, den Bevölkerungsbefragungen dokumentieren, und dessen Wahrnehmung bei den Bürgerinnen und Bürgern sowie bei den Soldatinnen und Soldaten.

Der qualitativen Anwendung im Bereich von Biografieforschung und Militär widmet sich *Nina Leonhard* unter dem Titel »Haben Se jedient?«. Dabei zeigen sich Möglichkeiten und Grenzen der Verbindung von militär- und erinnerungssoziologischer Forschung. Insbesondere die Frage nach der Relevanz der militärischen Sozialisation für individuelle wie kollektive Biografien bietet Hinweise auf den gesellschaftlichen Stellenwert des Militärischen.

Angelika Dörfler-Dierken setzt sich ebenfalls mit einer interdisziplinären Thematik auseinander und diskutiert den Zusammenhang von Glaube, Ethik und Innerer Führung in Bezug auf die empirische Erforschung weltanschaulicher

Prägungen und normativer Grundlagen in den Streitkräften. Gerade der besondere Stellenwert der Militärseelsorge in der Bundesrepublik verleiht diesem Themenfeld seine Relevanz und Brisanz. Die Gleichzeitigkeit von seelsorgerischer Unterstützung der Soldatinnen und Soldaten einerseits und politischer Kritik an den Streitkräften sowie am Einsatz militärischer Mittel andererseits eröffnet Einblicke in ein Geflecht zivil-militärischer Beziehungen, das sich einer einfachen Zuschreibung entzieht.

Wie man die unterschiedlichen Forschungstraditionen der Sozialforschung und der Geschichtsschreibung füreinander fruchtbar machen kann und damit zu ganz neuen Ansichten und Schlussfolgerungen gelangt, demonstriert *Thorsten Loch* anhand seiner »Betrachtungen eines Grenzgängers«. Dabei stellt er ein Projekt zur Elitenbildung in den Streitkräften vor, das auf der Kombination historischer Quellen und sozialwissenschaftlicher Methoden beruht. Loch untersucht die Lebens- und Karriereverläufe von Heeresgenerälen in der Bundeswehr und der Nationalen Volksarmee sowohl mithilfe statistischer Auswertungen als auch mit intensivem Quellenstudium. Damit löst er nicht nur den allgemeinen Anspruch an Interdisziplinarität ein, sondern zeigt auf, wie die seit Jahrzehnten geforderte Verknüpfung von Sozialgeschichte und empirischer Sozialforschung gelingen kann.

Mit dieser Breite an Inhalten und Beiträgen soll der Band Anlass zu einer Auseinandersetzung über die methodischen Bedingungen, Stärken und Schwächen der empirischen Militärsoziologie in Deutschland sein. Eine weitere Publikation des Zentrums für Militärgeschichte und Sozialwissenschaften der Bundeswehr, die in Kürze erscheinen wird, nimmt ergänzend die Forschungspraxis im internationalen Vergleich in den Blick (Steinbrecher et al. 2021). Die Herausgeber danken den Autorinnen und Autoren für ihre Beteiligung und ihre Bereitschaft, auf unsere Anregungen einzugehen.

Literatur

Basham, Victoria M./Belkin, Aaron/Gifkins, Jess (2015): What is Critical Military Studies? In: Critical Military Studies, 1: 1, 1–2.
Boëne, Bernard (2000): Social Science Research, War and the Military in the United States: An Outsider's View of the Field's Dominant National Tradition. In: Kümmel, Gerhard/Prüfert, Andreas D. (Hrsg): Military Sociology: The Richness of a Discipline. Baden-Baden: Nomos, 149–254.
Caforio, Giuseppe (Hrsg.) (2006): Handbook of the Sociology of the Military. New York: Springer.
Caforio, Giuseppe (Hrsg.) (2018): Handbook of the Sociology of the Military. 2. Aufl. New York: Springer.

Callaghan, Jean M./Kernic, Franz (Hrsg.) (2003): Armed Forces and International Security. Global Trends and Issues. Münster: LIT Verlag.
Carreiras, Helena/Castro, Celso (Hrsg.) (2013): Qualitative Methods in Military Studies. Research Experience and Challenges. Milton Park: Routledge.
Carreiras, Helena/Castro, Celso/Frederic, Sabina (Hrsg.) (2016): Researching the Military. Milton Park: Routledge.
Elbe, Martin (Hrsg.) (2020): Die Gesundheit des Militärs. Baden-Baden: Nomos Verlag.
Gareis, Sven Bernhard/Klein, Paul (Hrsg.) (2004): Handbuch Militär und Sozialwissenschaft. 1. Aufl. Berlin: Springer VS.
Heins, Volker/Warburg, Jens (2004): Kampf der Zivilisten. Militär und Gesellschaft im Wandel. Bielefeld: Transcript.
Hagen, Ulrich vom (2012): Homo militaris. Perspektiven einer kritischen Militärsoziologie. Bielefeld: Transcript.
Haß, Rabea (2016): Der Freiwillige Wehrdienst in der Bundeswehr. Ein Beitrag zur kritischen Militärsoziologie. Wiesbaden: Springer VS.
Higate, Paul/Cameron, Ailsa (2006): Reflexivity and Researching the Military. In: Armed Forces & Society, 32: 2, 219–233.
Kernic, Franz (2001): Sozialwissenschaften und Militär. Eine kritische Analyse. Wiesbaden: Deutscher Universitäts-Verlag.
Kümmel, Gerhard/Prüfert, Andreas D. (Hrsg.) (2000): Military Sociology. The Richness of a Discipline. Baden-Baden: Nomos.
Leonhard, Nina/Werkner, Ines-Jaqueline (Hrsg.) (2005): Militärsoziologie. Eine Einführung. 1. Aufl. Opladen: VS Verlag für Sozialwissenschaften.
Levy, Yagil (2015): Time for Critical Military Sociology. In: Res Militaris, 5: 2, 1–8.
Rowley, Elisabeth/Weitz, Fabian/Werkner, Ines-Jaqueline (2012): Militärsoziologische Forschung in den USA und in Deutschland. Eine Literaturanalyse über fünf Jahrzehnte. In: Leonhard, Nina/Werkner, Ines-Jaqueline (Hrsg.): Militärsoziologie. Eine Einführung. 2. Aufl. Opladen: VS Verlag für Sozialwissenschaften, 495–519.
Soeters, Joseph L./Shields, Patricia M./Rietjens, Sebastiaan (Hrsg.) (2014): Routledge Handbook of Research Methods in Military Studies. Milton Park: Routledge.
Steinbrecher, Markus/Biehl, Heiko/Elbe, Martin (Hrsg.) (2021): Empirical Social Research in and on the Armed Forces. Comparative and National Perspectives. Berlin: Berliner Wissenschafts-Verlag.

Williams, Alison/Jenkings, Neil K./Woodward, Rachel/Rech, Matthew F. (Hrsg.) (2016): The Routledge Companion to Military Research Methods. London/ New York: Routledge.

Teil I:
Voraussetzungen, Grundlagen und
Wirkungen der empirischen Militärsoziologie

Funktionen militärsoziologischer Forschung.
Eine Bilanz der Militärsoziologie als empirischer Sozialforschung

Heiko Biehl

1 Weshalb noch eine Bilanz militärsoziologischer Forschung?

Die Betrachtung ihrer selbst ist der deutschen Militärsoziologie mehr als vertraut. Es gibt zahlreiche Überblicke zum Stand der Disziplin. Bei aller Unterschiedlichkeit hinsichtlich Ausrichtung, Aufbau und Bewertungskriterien gelangen die Bilanzen zumeist zu einem durchwachsenen Urteil. Mit Blick auf ihr wissenschaftliches Standing befindet sich die Militärsoziologie demnach in einer spannungsreichen Ambivalenz: Einerseits verweilt sie in akademischer Randständigkeit und an den bundesdeutschen Universitäten ist sie nach wie vor kaum präsent. Für eine wissenschaftliche, zumal für eine universitäre Karriere gilt die Auseinandersetzung mit den Streitkräften weiterhin als wenig förderlich. Entsprechend überschaubar ist die Anzahl von Sozialwissenschaftlerinnen und Sozialwissenschaftlern, die sich hierzulande kontinuierlich militärsoziologischen Fragen widmen. Mithin gäbe es ausreichend Anlass, das bewährte Klagelied von der Militärsoziologie als einer »Soziologie nur für den Dienstgebrauch« (Lippert/Wachtler 1982) oder als einer am »Erkenntnisinteresse des Bedarfsträgers« (Heins/Warburg 2004: 11) ausgerichteten »angewandte[n] Betriebssoziologie« (König 1968: 9) zu singen, ihre Lage als »desolat« (Wachtler 1983: 22) oder gar »jämmerlich« (Lippert 1995) zu bezeichnen. Allein Wolfgang Knöbl (2006: 179) hat vermutlich recht, wenn er konstatiert: »Klagen über das in Deutschland zu beobachtende Desinteresse an der Militärsoziologie haben in der Vergangenheit wenig bewirkt und werden wohl auch in naher Zukunft nicht viel am kritisierten Zustand ändern.« Mit der wiederholten Artikulation ihrer Unzufriedenheit an ihrer wissenschaftlichen und öffentlichen Wahrnehmung replizieren die Militärsoziologen und Militärsoziologinnen in auffälliger Manier die Klagen vieler Soldatinnen und Soldaten über die *vermeintlich* mangelnde gesellschaftliche Anerkennung. Obwohl sich die Militärsoziologie intensiv mit dem Rückhalt der Streitkräfte bei den Bürgerinnen und Bürgern auseinandergesetzt hat (Feaver/Kohn 2001; Rahbek-Clemmensen et al. 2012), ist die Parallelität der Positionen und Forderungen bislang kaum erkannt und thematisiert worden. Dabei verweist der artikulierte Unmut unmittelbar auf die Legitimation und den öffentlichen Zuspruch, derer sowohl die soldatische Profession als auch die militärsoziologische Disziplin bedürfen. Inwiefern die Unzufriedenheit für die Militärsoziologie berechtigt ist, ist im Folgenden genauer zu analysieren – zumal sich seit den 1990er-Jahren eine neue Dynamik in der Militärsoziologie zeigt (Apelt 2010: 7; Leonhard/Werkner 2012; Naumann 2012; Wiesendahl 2016). Die Zahl vornehmlich junger Forscherinnen und Forscher, die sich mit den Streitkräften auseinandersetzen, nimmt zu. Deren Bemühungen finden ihren Niederschlag in der wachsenden Zahl von Qualifikationsarbeiten (Warburg 2008; Hagen 2012; Franke 2012; Haß 2016; Kayß 2018; Wanner 2019), Lehr- und Handbüchern (Kümmel/ Prüfert 2000; Kernic 2001; Callaghan/Kernic 2003; Heins/Warburg 2004; Gareis/ Klein 2006; Bredow 2008; Croissant/Kühn 2011; Leonhard/Werkner 2012) im deutschsprachigen Raum und international in der Gründung von Zeitschriften wie »Res Militaris« (seit 2010) oder »Critical Military Studies« (seit 2015). Ist mithin ein Aufschwung oder gar eine Renaissance der Militärsoziologie zu verzeichnen? Oder handelt es sich um ein wissenschaftliches Strohfeuer, da die Ausrichtung und Bedingungen militärsoziologischer Forschung ihrer akademischen Etablierung grundlegend entgegenstehen?

Um sich diesen Fragen zu nähern und zu einem begründeten Urteil über den Stand der bundesdeutschen Militärsoziologie – mitsamt ihren internationalen Bezügen – zu gelangen, wird im Folgenden ein Profil der Disziplin gezeichnet. Dabei sind entsprechend des thematischen Zuschnitts dieses Bandes vornehmlich ihre Leistungen und Defizite als empirische Sozialforschung von Interesse. Unter Rückgriff auf ein Konzept von Michael Burawoy (2005, 2015) wird die Militärsoziologie dabei nicht, wie in den meisten Übersichten üblich, entlang der bearbeiteten Themen präsentiert und bewertet, sondern entsprechend ihrer disziplinären Funktionen. Dieser Zugriff erlaubt eine nach Adressaten differenzierte Betrachtung und Bewertung der militärsoziologischen Forschung. In der Gesamtschau ihrer Stärken und Schwächen steht eine Bilanz, die etwas positiver ausfällt als das Gros der bisherigen Diagnosen. Es zeigt sich, dass die Militärsoziologie wesentliche Forderungen erfüllt, die an moderne Sozialwissenschaften gestellt werden. Burawoys Kategorien ermöglichen zugleich eine Präzisierung der immanenten Mängel, die einer Steigerung der Qualität und Wirkung militärsoziologischer Arbeiten entgegenstehen.

Im Folgenden wird zunächst das Konzept von Burawoy kurz vorgestellt (Abschnitt 2). Daran anknüpfend finden sich Einordnungen der Militärsoziologie als empirischer Sozialforschung entlang der vier von ihm eingeführten Dimensionen. Dabei liegt der Schwerpunkt auf der professionellen Soziologie, dem innerwissenschaftlichen Kontext der Disziplin (Abschnitt 3). Dem schließen sich Darlegungen zur Militärsoziologie als kritischer (Abschnitt 4), als politikberatender (Abschnitt 5) und als öffentlicher (Abschnitt 6) Soziologie an. Abschließend folgen Anregungen, die zur Entwicklung der Militärsoziologie in allen vier Dimensionen beitragen sollen (Abschnitt 7).

2 Funktionen soziologischer Forschung: Die vier Dimensionen der Soziologie

In seiner »presidential address« als Vorsitzender der American Sociological Association hat Michael Burawoy 2004 eine Konzeption für die Analyse der Soziologie als wissenschaftlicher Disziplin vorgestellt (Burawoy 2005, 2015). Im Kern geht es ihm um eine Differenzierung der Soziologie entlang ihrer Adressaten – und in der Folge entlang ihrer Funktionen. Burawoy unterscheidet eine professionelle (professional sociology), eine kritische (critical sociology), eine politikberatende (policy sociology) und eine sich an die breite Öffentlichkeit wendende (public sociology) Soziologie. Zwar betont er die Notwendigkeit zur Kombination der vier Dimensionen der Disziplin. Sein Engagement gilt jedoch der öffentlichen Soziologie. Burawoy möchte das soziale Renommee und die gesellschaftliche Wirkung der Soziologie, die er als Stimme der Zivilgesellschaft versteht, steigern.

Professionelle Soziologie stellt den wissenschaftlichen Wesenskern der Disziplin dar. Es handelt sich um Forschung, die ihre Inspiration und Orientierung aus der Wissenschaft selbst erhält. Professionelle Soziologie ist binnenorientiert und richtet sich an andere Vertreterinnen und Vertreter der Disziplin. Entsprechend liegt ihr Schwerpunkt auf der Auseinandersetzung über die Erklärungspotenziale von Theorien, die Angemessenheit von Methoden und die Aussagekraft empirischer Befunde. Professionelle Soziologie findet ihren Niederschlag im innerdisziplinären Austausch durch wissenschaftliche Konferenzen und Publikationen, in universitärer Etablierung und in Zusammenschlüssen von Soziologen und Soziologinnen. Wesentliche Kriterien professioneller Soziologie sind die Verbindung von Theorie, Methode und Empirie, die Transparenz und Nachvollziehbarkeit des Forschungsprozesses sowie Publikationen in wissenschaftlichen Formaten.

Kritische Soziologie versteht sich als Korrektiv der professionellen Soziologie, die ihr als vermachtet, verkrustet und einseitig gilt. Durch immanente Machtstrukturen blende die etablierte professionelle Soziologie gewisse Themen, Methoden und Zugänge systematisch aus. Die professionelle Soziologie orientiere sich zu stark am akademischen Nutzen ihrer Forschung, der sich in Reputationsgewinnen und Karrierevorteilen niederschlage, statt die Forschung an ihrer soziologischen und mehr noch an ihrer gesellschaftlichen Relevanz auszurichten. Deshalb geht es

Vertreterinnen und Vertretern der kritischen Soziologie darum, neue Themen zu setzen, sich mit gesellschaftlichen Gruppierungen und Perspektiven zu befassen, die von der professionellen Soziologie zu lange unbeachtet blieben. In der kritischen Soziologie, die sich vielfach selbst wissenschaftlich und universitär etabliert hat, fließt mithin die professionelle und die öffentliche Ausrichtung der Disziplin zusammen.

Politikberatende Soziologie ist demgegenüber Forschung, die soziologische Wissensbestände und Fähigkeiten bewusst in den Dienst eines Klienten stellt. Ihr geht es darum, das vom Auftraggeber definierte Erkenntnisinteresse zu verfolgen, um zur Lösung praktischer Probleme beizutragen. Im Vordergrund steht nicht die professionelle oder kritische Reflexion eines Gegenstandes und des analytischen Zugangs zu ihm, sondern die Auftragserfüllung und die Bereitstellung soziologischer Fertigkeiten zur Dienstbarmachung für den Aufgabensteller. Soziologie fungiert dabei in beratender Absicht und wirkt auf Organisationen und deren Politik mit ein. Die Erkenntnisrichtung ist nutzenorientiert: Was kann soziologische Forschung zur Erreichung eines definierten Ziels beitragen?

Unter *öffentlicher Soziologie* schließlich versteht Burawoy das Wirken der Soziologie in den gesellschaftlichen Raum hinein. Im Vordergrund steht die Absicht, soziologische Einsichten in öffentliche Debatten einzuspeisen und zur sozialen Auseinandersetzung beizutragen. Wesentlich ist, dass die Interventionen der Soziologie auf profundem wissenschaftlichen Boden stehen und Soziologen nicht als »Experten für alles« fungieren. Das öffentliche Engagement folge einer normativen Absicht, die der Soziologie eingeschrieben sei. Während Burawoy zufolge die Wirtschaftswissenschaft die ökonomische Logik in den öffentlichen Diskurs einbringt und als Stimme des Marktes fungiert, spreche sich die Politikwissenschaft als Anwalt einer etatistischen Sichtweise implizit oder explizit für die Anliegen des Staates aus. Aufgabe der Soziologie sei es, zivilgesellschaftlichen Interessen Ausdruck zu verleihen. Ohne eine öffentlich wirksame Soziologie seien zivilgesellschaftliche Perspektiven und Standpunkte nicht ausreichend in öffentlichen Kontroversen präsent.

Mit der Etablierung dieses Kategoriensystems verfolgt Burawoy das disziplinpolitische Plädoyer, die verschiedenen Ausrichtungen der Soziologie als komplementär und verschränkt zu begreifen. Gelungene soziologische Forschung lässt sich demnach nicht auf einen Bereich reduzieren – sie sollte in ihrer Wirkung verschiedene Adressaten erreichen. Der wechselseitige Austausch zwischen den soziologischen Ausrichtungen stärkt einander, wobei Burawoy keine Zweifel daran lässt, dass die professionelle Soziologie den Kern der Disziplin ausmacht, aus dem die anderen Kategorien ihre Einsichten, Instrumente und letztlich ihre Legitimation ableiten (2005: 12 f., 2015: 61–64).

Der Vorschlag Burawoys ist erwartungsgemäß nicht ohne Widerspruch geblieben (Bude 2005; als Überblick siehe Aulenbacher et al. 2017). Vor allem das Verständnis der Soziologie als zivilgesellschaftliche Interesseninstanz und die Frage nach der Wertigkeit der vier disziplinären Dimensionen haben wiederholt Kritik auf sich gezogen. Dessen ungeachtet hat das Konzept einflussreich auf die nachfolgenden Selbstverständigungsdebatten der Soziologie gewirkt. Die Pointe des Kategoriensystems besteht darin, dass Burawoy die vorhandenen Spannungen und Konkurrenzen innerhalb der Soziologie keineswegs negiert oder nivelliert. Ihm geht es darum, die vorhandenen Unterschiede zu nutzen, um die Soziologie als Disziplin insgesamt voranzubringen, ihr zu einem besseren wissenschaftlichen Standing zu verhelfen, die Selbstperspektivierung der Disziplin produktiv als Stärke – und nicht als sich perpetuierende Selbstzweifel – zu begreifen, ihr Einfluss auf politische Entscheidungen zu ermöglichen und ihr Resonanz im öffentlichen Raum zu verleihen, damit ihre Produktivität angemessen in gesellschaftliche Diskussionen einfließt und zu sozialen Auseinandersetzungen beiträgt. Die nachstehende Bilanzierung folgt – ungeachtet der berechtigten Einwände – der Systematik Burawoys.

3   Stärken und Schwächen der Militärsoziologie als professioneller Soziologie

Der Status der Militärsoziologie als professioneller Soziologie ist von zentraler Bedeutung für das Selbstbild und die Identität der Forschenden, die vielfach nach der Anerkennung ihrer Kolleginnen und Kollegen streben. Das Ansehen in der professionellen Soziologie definiert zugleich den Spielraum der militärsoziologischen Forschung gegenüber den Anliegen und Absichten des ministeriellen oder militärischen Auftraggebers. Gerade bei Tätigkeiten innerhalb der und für die Streitkräfte eröffnen der berufliche Status als Staatsbedienstete und das professionelle Selbstverständnis mitsamt seinen wissenschaftlichen Ansprüchen das Spannungsfeld der Forschungspraxis.

3.1   Militärsoziologie als immerwährender Etablierungsversuch

Das wiederholt diagnostizierte Defizit der Militärsoziologie als professioneller Soziologie macht sich zunächst am wachsenden, aber weiterhin überschaubaren Interesse an militärsoziologischen Themen fest. Zwar beklagt vermutlich nahezu jede Subdisziplin, ihr Erkenntnisgegenstand würde von der Soziologie im Speziellen und den Sozialwissenschaften im Allgemeinen nicht ausreichend gewürdigt, trotzdem ist mit Blick auf die Militärsoziologie offensichtlich, dass sie gerade in Deutschland eine eher randständige wissenschaftliche Existenz führt. Das war nicht unbedingt abzusehen, nachdem im Zweiten Weltkrieg Sozialwissenschaftler für die US-amerikanischen Streitkräfte militärsoziologische Studien durchführten (Shils/Janowitz 1948; Stouffer et al. 1949/50), die einen der Gründungsmomente der empirischen Sozialforschung bildeten und aus denen wesentliche Anstöße und Impulse, vor allem methodischer, aber auch konzeptioneller und theoretischer Natur in die allgemeinen Sozialwissenschaften hineinwirkten (Roghmann/Ziegler 1977: 145; Ryan 2013; Bröckling 2017: 334–362). Für die Bundesrepublik liegen militärsoziologische Untersuchungen seit den 1960er-Jahren vor. Wesentlich sind die Arbeiten der Evangelischen Studiengemeinschaft (Picht 1965/66) sowie die Studien der Kölner Gruppe unter Anleitung von René König (1968, 1980: 206 f.). Bis heute stellt das daraus resultierende Sonderheft der »Kölner Zeitschrift für Soziologie und Sozialpsychologie« (König 1968) eine wichtige Referenz in der militärsoziologischen Literatur dar. In den Folgejahren verlagerte sich die Forschung mehr und mehr in bundeswehreigene Einrichtungen. Allen voran am Sozialwissenschaftlichen Institut (SOWI) und in seiner Nachfolge am Zentrum für Militärgeschichte und Sozialwissenschaften der Bundeswehr (ZMSBw) wird militärsoziologische Forschung, verstanden als empirische Sozialforschung, seit über vier Jahrzehnten betrieben (für eine Bilanz siehe Dörfler-Dierken/Kümmel 2016a; für eine historische Einordnung siehe Heinemann 2016). Daneben hat sich in den 1970er-Jahren mit dem Arbeitskreis Militär und Sozialwissenschaften (AMS) eine Plattform des sozialwissenschaftlichen Diskurses und der Publikation zu militärsoziologischen Themen etabliert.[1] Zwar ist in den letzten Jahren und Jahrzehnten ein erneutes Interesse von Sozialwissenschaftlerinnen und Sozialwissenschaftlern aus dem universitären Kontext an militärbezogenen Themen zu verzeichnen. Es fehlt aber weiterhin auf nationaler Ebene an einer breiten und substanziellen Verankerung sowohl in den professionellen Verbänden als auch auf universitären Positionen. Dies schlägt sich nicht zuletzt in einer geringen Präsenz militärsoziologischer Themen in Journalen und Publikationen nieder. Eine bibliometrische Literaturauswertung (Rowley et al. 2012) belegt, dass Beiträge mit Streitkräftebezug in den deutschsprachigen sozialwissenschaftlichen Fachzeitschriften allenfalls eine Randerscheinung sind. Selbst bei großzügiger Auslegung finden sich in den sechs führenden politikwissenschaftlichen und soziologischen Journalen seit Mitte der 1950er-Jahre nur gut 60 Artikel – ein Viertel davon entfällt bereits auf besagtes Sonderheft der »Kölner Zeitschrift für Soziologie und Sozialpsychologie«

---

1 Inzwischen sind in der Reihe »Militär und Sozialwissenschaften« des AMS über 50 Bände erschienen.

zur Militärsoziologie (König 1968). Ganz selten werden die Streitkräfte als Betrachtungs- und Untersuchungsgegenstand in vergleichenden Analysen herangezogen – etwa in der Organisations- oder der Politischen Soziologie (Kühl 2011, 2012) –, obwohl sich die Streitkräfte gerade in diesen beiden Bereichen als Untersuchungsgegenstand geradezu aufdrängen und fraglich ist, ob eine Politische Soziologie ohne Betrachtung des Militärischen seriöserweise auskommen kann.

Ergebnis und Bedingung des geringen Interesses ist die schwache institutionelle Präsenz der Militärsoziologie in den Sozialwissenschaften. Die Deutsche Gesellschaft für Soziologie (DGS) kennt zwar derzeit 36 Sektionen (sowie weitere Arbeitsgemeinschaften und Zusammenschlüsse), aber kein Forum, das sich explizit mit militärsoziologischen Fragen auseinandersetzt. Dasselbe gilt für die Deutsche Vereinigung für Politikwissenschaft (DVPW). An den deutschen Hochschulen gibt es keinen Lehrstuhl, der eine Denomination für Militärsoziologie aufweist. Studiengänge, die sich mit militärsoziologischen Fragen beschäftigen, sind ungeachtet der allgemeinen Ausdifferenzierung der Bildungslandschaft weiterhin rar. Der Studiengang »Military Studies« an der Universität Potsdam, der versuchte, militärsoziologische Themen mit militärhistorischen und sicherheitspolitischen Inhalten zu verbinden, ist mittlerweile vom Studiengang »War and Conflict Studies« abgelöst worden, der zwar militärsoziologische Studienanteile enthält, jedoch zuvorderst geschichtswissenschaftlich ausgerichtet ist. Militärsoziologische Themen finden sich mitunter im Bereich der Friedens- und Konfliktforschung (etwa im Masterstudiengang »Internationale Studien/Friedens- und Konfliktforschung« an der Goethe-Universität Frankfurt am Main) oder in allgemeinen soziologischen Studiengängen (etwa als Anwendungsbeispiel der Organisationssoziologie wie an der Universität Bielefeld).[2] Die Anzahl entsprechender Studienanteile und Lehrveranstaltungen ist jedoch übersichtlich und hat bislang nicht zur Herausbildung einer verbindenden Identität oder gar universitären Etablierung des Faches in Deutschland geführt.

3.2 Stärken der Militärsoziologie: Interdisziplinarität, Methodenpluralismus, Internationalität

Nimmt man die Kriterien zum Maßstab, die an die soziologische Forschung derzeit gestellt werden, dann überrascht das geringe professionelle Standing der Militärsoziologie in Deutschland. Schließlich erfüllt sie in einem bemerkenswer-

---

2   Informationen zu den Inhalten und dem Aufbau der genannten Studiengänge: <http://www.fb03.uni-frankfurt.de/43227701/>, <http://ekvv.uni-bielefeld.de/sinfo/publ/modul/31152493> (letzter Zugriff: 25.5.2021).

ten Ausmaß Anforderungen wie Interdisziplinarität, Methodenpluralismus und Internationalität, die als Merkmale moderner Sozialwissenschaften gelten. Unter dem Label Militärsoziologie versammeln sich national wie international eine ganze Reihe von Studien mit unterschiedlichen sozialwissenschaftlichen Zugängen, die sich einem gemeinsamen Erkenntnisgegenstand widmen. Genuin soziologische Untersuchungen gehören dazu – sie bilden jedoch nur einen Ausschnitt aus einem bunten Spektrum. Verbreitet sind politikwissenschaftliche Analysen, die sich mit organisatorischen, institutionellen und vor allem politischen Aspekten von Streitkräften und Sicherheitspolitik beschäftigen. Eine eigenständige Forschungsrichtung stellen militärpsychologische Studien dar, deren Bandbreite von klinischen Untersuchungen über praktische Unterstützungsleistungen bei der Personalauswahl bis hin zu motivationalen Fragestellungen, die für militärsoziologische Zusammenhänge von besonderer Relevanz sind, reicht (siehe die Beiträge in der Fachzeitschrift »Military Psychology«). Um diese drei Kerndisziplinen ranken sich weitere Forschungsrichtungen, von denen – getrieben durch die internationalen Einsätze des Militärs – die Ethnologie merklich an Bedeutung gewonnen hat. Für Deutschland ist zudem die über die Militärseelsorge institutionell verankerte Theologie prägend. Hinzu treten ökonomische, verwaltungswissenschaftliche oder historische Perspektiven, die mitunter mit militärsoziologischen Fragestellungen verbunden sind. Die Interdisziplinarität stellt in der Forschungspraxis eine Herausforderung dar, wenn unterschiedliche Zugänge und Standards kooperativ und konstruktiv zu verbinden sind. Der Austausch – und die sich gelegentlich entzündenden Kontroversen – verhindern jedoch, dass sich die Forschung zu sehr in (sub-)disziplinspezifische Details und Debatten verliert.

Eine unmittelbare Konsequenz der interdisziplinären Kooperation sind die verschiedenen methodischen Zugänge, die in gemeinsamen Forschungsprojekten Anwendung finden. Der resultierende Methodenpluralismus stellt eine wesentliche Stärke militärsoziologischer Forschung dar. Die oftmals behauptete (und dann zumeist beklagte, z.B. Basham et al. 2015: 2) Dominanz quantitativer Verfahren ist dabei nicht zu erkennen. Aufgrund der Einführung von Controllingverfahren und Kennzahlen in den Streitkräften mag zwar ein gesteigerter Bedarf an Zahlen und Fakten für die Organisationssteuerung zu verzeichnen sein, der zum Teil durch sozialwissenschaftliche Erhebungen gedeckt wird (Streeck 2009). Qualitative Untersuchungen bilden jedoch weiterhin einen entscheidenden Teil der militärsoziologischen Studienlandschaft (Carreiras/Castro 2012). Dies belegt die bereits angeführte Detailauswertung des führenden militärsoziologischen Journals »Armed Forces & Society«, die ein ausgewogenes Verhältnis an Beiträgen unterschiedlicher methodischer Ausrichtung nachweist (Rowley et al. 2012: 506). Seit der Gründung der Zeitschrift in den 1970er-Jahren stellen quantitative Artikel in keiner Dekade die Mehrheit. In den ersten drei Jahrzehnten dominierten qualitative Studien, erst seit den 2000er-Jahren liegen mehr Aufsätze mit quantitativer Ausrichtung vor, die jedoch stets weniger als 40 Prozent aller Beiträge ausmachen. Was für »Armed Forces & Society« gilt, trifft auf die Militärsoziologie insgesamt zu: Bereits eine kursorische Durchsicht der vorliegenden Literatur aus Monografien (Hagen 2012; Haß 2016; Münch 2016), Sammelbänden (Leonhard/Werkner 2012; Dörfler-Dierken/Kümmel 2016a) und weiterem Schrifttum sowie die Beiträge auf den einschlägigen Konferenzen[3] lassen keine Dominanz oder auch nur ein Übergewicht quantitativer Ansätze in der internationalen oder in der deutschsprachigen Militärsoziologie erkennen. Im Vergleich zu anderen Forschungsfeldern ist vielmehr der Anteil an Projekten, die sozialwissenschaftliche Methoden kombinieren, bemerkenswert (siehe hierzu den Beitrag von Biehl und Tomforde in diesem Band).

Viele militärsoziologische Forschungsprojekte stehen jedoch nicht nur vor der Herausforderung, unterschiedliche Methoden zu kombinieren und Wissenschaftler verschiedener Disziplinen zusammenzubringen. Der allgegenwärtigen Forderung nach internationalem Austausch, nach länderübergreifenden Vernetzungen und Kooperationen kommt die Militärsoziologie in beeindruckender Weise nach: Ein ganz wesentlicher Anteil ihrer Forschungsprojekte ist international ausgerichtet, zumindest aber mit Wissenschaftlerinnen und Wissenschaftlern verschiedener Nationen abgestimmt. Projekte mit multinationalen Forscherteams sind in der Militärsoziologie verbreitet. Dies gilt ohnehin für Untersuchungen zur militärischen Kooperation – sei es in multinationalen Stäben und Verbänden oder im Einsatz (Leonhard/Gareis 2008; Leonhard et al. 2008). Zugleich werden Fragen und Themen, die westliche Armeen insgesamt betreffen, länderübergreifend untersucht – seien es die Haltungen der Bevölkerung zu den Streitkräften und zur Sicherheitspolitik (Kernic et al. 2002), Personalrekrutierungs- und Personalbindungsfragen (Tresch/Leuprecht 2010) oder die Folgen des Übergangs von Wehrpflicht- zu Freiwilligenarmeen (Haltiner 1998; Werkner 2003; Mannitz 2012). Stets werden in solchen Forschungsanstrengungen internationale Vergleiche vorgenommen oder zumindest die nationalen Erfahrungen in Bezug zur Entwicklung in anderen Ländern gestellt. Befördert wird der internationale Austausch durch intensive persönliche Kontakte. Wissenschaftliche Befunde werden regelmäßig auf internationalen Konferenzen präsentiert und deutschsprachige Militärsoziologinnen und Militärsoziologen sind in den relevanten internationalen Vereinigungen (RC01, IUS und ERGOMAS) präsent. Dabei erwächst die

---

3   Dazu zählen das Research Committee 01 (RC 01) der International Sociological Association (ISA), das Inter-University Seminar on Armed Forces and Society (IUS), die European Research Group on Military and Society (ERGOMAS) und für den deutschsprachigen Raum der Arbeitskreis Militär und Sozialwissenschaften (AMS).

bemerkenswerte Internationalisierung der hiesigen Militärsoziologie aus einem vermeintlichen Manko. Denn wie in anderen europäischen Staaten – und selbst in den USA – gibt es die bereits angemerkte überschaubare Verankerung militärsoziologischer Forschung an zivilen Hochschulen. Infolgedessen gewährleisten Kontakte zu internationalen Kolleginnen und Kollegen vielfach erst den notwendigen wissenschaftlichen Austausch. Dieser wird durch den Umstand erleichtert, dass viele Militärsoziologinnen und Militärsoziologen für die Streitkräfte arbeiten. In vergleichbaren beruflichen Konstellationen sind sie in Militärakademien tätig (wie in West Point in den USA, an der Militärakademie an der Eidgenössischen Technischen Hochschule Zürich oder an der Führungsakademie der Bundeswehr in Hamburg) und vertreten dort in Lehre und Forschung die militärsoziologische Disziplin. Seltener finden sich reine Forschungseinrichtungen wie das ZMSBw.

Die weithin geforderten Kriterien von Interdisziplinarität, Methodenpluralismus und internationaler Vernetzung sind kein Selbstzweck. Sie verhindern, worauf Burawoy (2005: 16, 2015: 72–76) ausdrücklich hinweist, Pathologietendenzen der professionellen Soziologie – etwa eine zu starke Selbstreferenzialität durch unzureichenden interdisziplinären Austausch. Angesichts der skizzierten Eigenschaften militärsoziologischer Forschung ist umso erklärungsbedürftiger, weshalb ihre professionelle Etablierung innerhalb der Soziologie weiterhin aussteht. Die Ursachen hierfür sind zum einen in den Strukturen, Prägungen und Interessen der etablierten Soziologie zu suchen. Zum anderen stehen der Zuschnitt und die Bedingungen militärsoziologischer Forschung ihrer breiteren Verankerung in der professionellen Soziologie entgegen. Im Folgenden werden zunächst die Gründe für das verbreitete Desinteresse der Soziologie am Gegenstandsbereich des Militärischen betrachtet (Abschnitt 3.3). Anschließend wird die Frage erörtert, weshalb die vorliegenden militärsoziologischen Studien nicht stärker in der soziologischen Diskussion präsent sind (Abschnitt 3.4).

3.3 Berührungsängste und Kooperationstabus der professionellen Soziologie

Elmar Wiesendahl (2016) zeichnete vor einigen Jahren eine ermutigende Bilanz militärsoziologischer Forschung. Dennoch identifizierte er bestehende Defizite und diagnostizierte eine Scheu der universitär verankerten Wissenschaft, sich dem Gegenstand des Militärischen zu nähern. Für den verwandten Bereich der kriegerischen Gewalt haben Hans Joas und Wolfgang Knöbl (2008) eine »Kriegsverdrängung« ausgemacht, die ihnen als zentrales Manko sozialwissenschaftlicher Theoriebildung gilt. Weshalb mangelt es der Soziologie an einem profunden und kontinuierlichen Interesse an den Streitkräften? Die mutmaßlich größten Vorbehalte gegen die Militärsoziologie ergeben sich aus dem Gegenstand selbst. Streitkräfte sind nach gegenwärtigem Verständnis staatlich sanktionierte Organisationen zur Ausübung kollektiver Gewalt. Damit verfügen sie – zumal angesichts moderner Waffentechnologie – über ein ungeheures Destruktionspotenzial, was in Teilen der Gesellschaft kritisch gesehen wird und das sich in Bürgerkriegs- oder Putschszenarien auch gegen die Gesellschaften richten kann, die sie unterhalten. Aufgrund dieser gravierenden Potenziale ist die persönliche Positionierung zu den Streitkräften mit starken normativen, politischen und emotionalen Aufladungen verbunden: Betrachtet man das Militär als gefährliches und überflüssiges Relikt vergangener Zeiten, als notwendiges Übel oder schreibt man ihm gar eine gesellschaftliche Leitfunktion zu? Die sich daraus ergebende Politisierung zu den Streitkräften sollte die sozialwissenschaftliche Auseinandersetzung mit ihnen eigentlich befördern. In der Praxis zeigt sich jedoch eine wissenschaftspolitische Distanz, die Forschungsanstrengungen eher hemmt.

Während die Soziologie, wie Michael Burawoy konstatiert (2005, 2015: 53–55), in den letzten Jahrzehnten politisch zunehmend nach links gewandert ist, gelten Streitkräfte gemeinhin als konservative Organisationen. Die politischen Diskrepanzen sind Ausdruck tiefliegender und weitgehender Unterschiede, sodass mit einiger Berechtigung von einer kulturellen Distanz zwischen Soziologie und Streitkräften gesprochen werden kann. Diese findet ihren offenkundigen Niederschlag darin, dass nur ein überschaubarer Teil der Soziologinnen und Soziologen persönliche Erfahrungen in und mit den Streitkräften aufweist. Entsprechend selten gibt es persönliche Anknüpfungspunkte für ein professionelles Interesse am Militärischen. Entscheidender ist jedoch, dass einem Großteil der Soziologie letztlich die Überzeugung einer progressiven Gesellschaftsentwicklung eingeschrieben ist. Bewusst oder unbewusst vertreten viele soziologische Ansätze und deren Protagonisten modernisierungstheoretische Überzeugungen, wonach Gesellschaften im Laufe der Geschichte Kriege und Konflikte überwinden können. Streitkräfte erscheinen in einer solchen Perspektive als bloße Residuen. Eine profunde Soziologie bedarf jedoch angesichts der historischen und aktuellen Entwicklungen der Auseinandersetzung mit Kriegen als gesellschaftlichem Phänomen (Joas/Knöbl 2008; Spreen 2008; Kuchler 2013; Kruse 2015).

Hinzu tritt, dass einige Forscherinnen und Forscher die Sorge umtreibt, mit Themen wie Militär, Gewalt und Krieg identifiziert zu werden, da dies reputations- und karriereschädliche Wirkungen entfalten könnte. Sie wähnen sich dem Vorwurf ausgesetzt, zur Optimierung des Militärischen beizutragen und damit einer Militarisierung der Gesellschaft oder gar der Vorbereitung von Kriegen Vorschub zu leisten. Allerdings sind Zweifel an der Stichhaltigkeit solcher Vorbehalte angebracht. Denn es ist zu simpel anzunehmen, Forschende würden per se mit ihrem Untersuchungsgegenstand gleichgesetzt bzw. sich mit diesem identifizieren. Vielmehr lässt sich entgegengesetzt argumentieren, dass sich viele Sozialwissenschaftler mit Bereichen beschäftigen, die sie für problematisch, kritisierbar und verbesserungswürdig halten und damit eine dezidiert kritische Position zum Untersuchungsgegenstand einnehmen. Politische Extremismusforscher argumentieren häufig vom Standpunkt pluralistischer Demokratietheorien aus.[4] Wissenschaftlerinnen und Wissenschaftler, die sich mit Ungleichheiten zwischen sozialen Schichten, Gruppen und Geschlechtern beschäftigen, wollen zumeist Beiträge zu deren Abbau liefern.[5]

Ein Blick in angrenzende Disziplinen zeigt, dass es wohl kaum der Erkenntnisgegenstand an sich sein kann, der ursächlich für die Distanz der Soziologie ist. So gelang der Militärgeschichte in den letzten Jahrzehnten ein bemerkenswerter Aufstieg. Zwar genossen kriegerische Auseinandersetzungen in der historischen Forschung aus naheliegenden Gründen stets einen gewissen Stellenwert – erst recht in der deutschen Geschichtsschreibung. Die Militärgeschichte hat jedoch in den letzten dreißig Jahren in der allgemeinen Geschichtswissenschaft erheblich an Renommee gewonnen, ist in Teilen regelrecht populär geworden und wirkt sowohl in den öffentlichen Raum als auch in andere Disziplinen hinein (Kühne/Ziemann 2000; Müller/Rogg 2013). Desgleichen befasst sich die Politikwissenschaft intensiver und vielfältiger mit den Themenfeldern Sicherheit, Strategie und Krieg, als dies noch vor einigen Jahrzehnten üblich war. Der Aufschwung der Security und Strategic Studies belegt diesen Trend. Am prominentesten wurde in Deutschland die These von den Neuen Kriegen diskutiert, mit der Herfried Münkler (2002) im Nachgang der Balkankriege, des 11. September 2001 und des einsetzenden Afghanistankrieges eine Diskussions- und Reflexionsfolie weit über den Kreis der fachwissenschaftlichen Auseinandersetzung geboten hat. Ferner liegt zur transatlantischen und mehr noch zur europäischen Dimension der Sicherheitspolitik eine kaum zu überblickende Zahl politikwissenschaftlicher Publikationen vor. Die Berührungsängste der akademischen Soziologie gegenüber dem Militär als Untersuchungsgegenstand rühren womöglich daher, dass dieses als wenig zugänglich und transparent gilt. Während Streitkräfte allzu gerne mit der Notwendigkeit von Sicherheitsbelangen argumentieren, um Informationen und Tatbestände zu

---

4 So bezeichnet das Kompetenzzentrum für Rechtsextremismus- und Demokratieforschung an der Universität Leipzig die »Stärkung des demokratischen Miteinanders in der Gesellschaft« als eines seiner Anliegen, siehe <www.kredo.uni-leipzig.de> (letzter Zugriff: 25.5.2021).

5 Vgl. hierzu die Selbstdarstellung des gewerkschaftsnahen Wirtschafts- und Sozialwissenschaftlichen Instituts (WSI) der Hans-Böckler-Stiftung, siehe <www.wsi.de/de/das-wsi.htm> (letzter Zugriff: 25.5.2021).

verheimlichen und prüfende Einblicke zu verhindern, zeichnet sich Wissenschaft durch Transparenz und Öffentlichkeit aus. Sie lebt vom Austausch der Ideen und Befunde. Das Militär wird stereotyp mit Befehl und Gehorsam, mit Hierarchie und Dienstgraden identifiziert. Wissenschaft soll hingegen durch das bessere Argument überzeugen und Diskussionen auf Augenhöhe – ungeachtet von Rang, Position und Status erlauben. Zwar ist offensichtlich, dass in der Praxis beider Bereiche Abweichungen von den Stereotypen bestehen. Trotzdem tragen diese Leitbilder, auch als Ausdruck jeweiliger bereichskultureller Prägung, zu einer Kontinuität der Distanzen zwischen Streitkräften und Soziologie bei.

3.4 Gründe der begrenzten Wahrnehmung militärsoziologischer Forschung

Die Randständigkeit der Militärsoziologie ist nicht allein den Vorbehalten der akademischen Soziologie geschuldet. Der Zuschnitt der militärsoziologischen Forschung selbst trägt zu ihrer begrenzten Wahrnehmung bei. Die Militärsoziologie hat sich ihr Schattendasein zu einem erheblichen Teil selbst zuzuschreiben, wobei zwei Defizite besondere Aufmerksamkeit verdienen: die thematische Engführung militärsoziologischer Forschung, die dem Wesen von Streitkräften als Organisationen zur Entfaltung kollektiver Gewalt nur unzureichende Aufmerksamkeit schenkt, und die vorwiegend empirische Ausrichtung, die theoretische Potenziale der Forschung allzu häufig ungenutzt lässt.

Die Militärsoziologie zeichnet sich durch einen ganzen Strauß an Untersuchungsthemen aus. Woran es aber erstaunlicherweise mangelt, ist eine breite Auseinandersetzung mit der militärischen Gewalt als solcher. Betrachtet man die vorliegende Literatur, dann existiert eine beachtliche Anzahl von Studien zu »social issues« – exemplarisch seien die Untersuchungen zur Vereinbarkeit von Dienst und Familie oder die wiederholten Befragungen zum Pendeln (Collmer 2005) genannt. Diese Form der Militärsoziologie betrachtet die Streitkräfte aus der Perspektive einer »cold organization« – ein Zustand, der für den weit überwiegenden Teil militärischer und soldatischer Realitäten durchaus prägend ist. Dabei übersieht die militärsoziologische Forschung allzu oft das spezifische Merkmal von Streitkräften: die Befähigung zur Ausübung organisierter kollektiver Gewalt. In den letzten Jahren steigt die Anzahl der Forscherinnen und Forscher, die sich für die wissenschaftliche Auseinandersetzung mit der Entfaltung militärischer Gewalt einsetzen. Philipp Münch (2016: 13–15) wirft der Militärsoziologie in diesem Zusammenhang aber zu Recht vor, sich dieser Thematik zu lange verschlossen zu haben. Der britische Soziologe Anthony King (2011, 2013, 2019) hat in einem jahrelangen Forschungsprogramm zu Formen, Bedingungen und Folgen militärischer Gewalt aufgezeigt, wie durch einen theoretisch und methodisch innovativen Zugriff die interne militärsoziologische Debatte revitalisiert und an andere sozialwissenschaftliche Diskussionszusammenhänge substanziell angeschlossen werden kann. Um die Relevanz militärsoziologischer Forschung zu steigern, sind jedoch mehr Untersuchungen zu Fragen militärischer Gewalt – in unterschiedlichsten Facetten – ebenso unabdingbar wie eine breitere theoretische Fundierung – gerade hier hat die deutsche Militärsoziologie erheblichen Nachholbedarf.

Militärsoziologische Projekte verfolgen – nicht nur hierzulande – zumeist empirische Fragestellungen. Dies ist ihrem Entstehungszusammenhang geschuldet, zumal wenn die Streitkräfte als Auftraggeber auftreten. In der Folge leiten Verwertungsabsichten das Untersuchungsinteresse. So hat – um nur ein plastisches Beispiel zu nennen – die Personalforschung just dann ihren Aufschwung genommen, als aufgrund des demografischen Wandels, der sinkenden Jugendarbeitslosigkeit und des Übergangs zur Freiwilligenarmee die Rekrutierung junger Soldatinnen und Soldaten schwieriger geworden ist (Elbe/Richter 2019). Doch auch hier ist der Anschluss an die klassische arbeitssoziologische Forschung eher gering. In Folge ihrer Praxisorientierung weist die militärsoziologische Forschung allzu oft einen empirischen Überschuss auf. Woran es mangelt, ist eine Ausrichtung an sozialwissenschaftlichen Debatten außerhalb des engen Kreises der militärsoziologischen Forschung.

Zu diesem Defizit tragen verschiedene Bedingungen bei. Da viele Projekte aus praxisrelevanten Fragestellungen und Problemlagen entwickelt werden, ist es schwierig, deren Design und Befunde nachholend in sozialwissenschaftliche Debatten zu überführen. Zuweilen ist aufgrund der Fülle an Projekten schlichtweg nicht ausreichend Zeit vorhanden, das Untersuchungsmaterial weiterführend auszuwerten und für wissenschaftliche Zusammenhänge aufzubereiten. Erschwerend kommt hinzu, dass die meisten sozialwissenschaftlichen Literaturstränge keinen expliziten Bezug zu den Streitkräften aufweisen. Daher kann nur selten an bereits geführte Diskussionen angeknüpft werden, vielmehr müssen relevante Zusammenhänge zunächst identifiziert und in Bezug zu militärsoziologischen Thematiken gesetzt werden. Deshalb orientiert sich das Gros der vorhandenen Studien an der Diskussion innerhalb der Militärsoziologie selbst. So lebendig der interne Austausch dieser Community auch ist, sie agiert weitgehend isoliert von anderen soziologischen Debatten und strahlt kaum in diese aus. In Teilen sind ihre Diskussionen nicht mehr als eine Abstraktion der praktischen Themen, Fragen und Probleme, die Streitkräfte umtreiben, mit einem entsprechenden Mangel an thematischer Tiefe und argumentativer Schärfe. Dabei sind die Themen und Fragestellungen, die die Militärsoziologie bearbeitet, zweifelsohne anschlussfähig an breitere Kontroversen. Um nur ein paar plakative Beispiele zu nennen: Studien zur Rekrutierung und

Bindung von Soldaten sind anschlussfähig an die Professionssoziologie. Die Verbindung der Analysen zur Integration von Soldatinnen mit Gender-Theorien drängt sich auf und nicht zuletzt ist der zentrale Themenbereich zivil-militärischer Beziehungen als Teilbereich der Politischen Soziologie zu verstehen. Wenn es der Anspruch der Militärsoziologie ist, das wissenschaftliche Interesse an den Streitkräften zu wecken, dann ist die Forschung gefordert, Beiträge zu soziologischen Diskussionen von allgemeinem Interesse zu liefern und nicht nur den internen militärsoziologischen Diskurs zu bedienen.

Aufs Ganze betrachtet sind im Bereich der professionellen Soziologie sowohl fortbestehende Defizite als auch eine Revitalisierung militärsoziologischer Forschung zu beobachten. Belässt man es bei diesen Eindrücken, dann fehlen durchschlagskräftige Argumente gegen die resignative Haltung, die bei früheren Vertretern der Militärsoziologie mitunter anzutreffen ist (Lippert 1995; Wachtler 1983; Zoll 2016). Ein Blick in die anderen Dimensionen der Soziologie verdeutlicht jedoch, wie wertvoll militärsoziologische Forschung für wissenschaftliche und gesellschaftliche Zusammenhänge sein kann. Nicht zuletzt hat die kritische Militärsoziologie in den letzten Jahren wiederholt Diskussionen zur Selbstverständigung und zu den Entstehungsbedingungen militärsoziologischer Studien angeregt.

4 Kritische Militärsoziologie als Erneuerung oder Politisierung?

Das seit einiger Zeit gewachsene Interesse an den Streitkräften als Gegenstand der Soziologie speist sich nicht zuletzt aus dem Engagement der kritischen Militärsoziologie (Levy 2015). Ihr zentraler Vorwurf gegen die bisherige, etablierte Forschung ist deren fehlende Unabhängigkeit. Wie kaum ein anderes Forschungsfeld sei die Militärsoziologie in mehrfacher Hinsicht von ihrem Untersuchungsgegenstand abhängig (Heins/Warburg 2004; Dörfler-Dierken/Kümmel 2016a; siehe hierzu den Beitrag von Warburg in diesem Band). Die Streitkräfte regulierten den Zugang zum Forschungsfeld, initiierten und finanzierten viele Projekte und steuerten den Forschungsprozess – so der Vorwurf. Dass ein Großteil der Militärsoziologen für die Streitkräfte und häufig in ihnen tätig sei, gefährde die persönliche Unabhängigkeit der Forschung. In Deutschland haben jüngst Ulrich vom Hagen (2012) und Rabea Haß (2016) die Etikettierung »kritische Militärsoziologie« für sich reklamiert, wobei sich bedauerlicherweise in beiden Arbeiten keine weitergehenden Erläuterungen finden, was mit dieser Zuschreibung gemeint ist und weshalb sie gewählt worden ist. Eine substanzielle Begründung für die Selbstzuschreibung bietet das jüngst etablierte »Journal of Critical Military Studies«, das sich folgendermaßen präsentiert:

> »Critical Military Studies provides a rigorous, innovative platform for interdisciplinary debate on the operation of military power. It encourages the interrogation and destabilization of often taken-for-granted categories related to the military, militarism and militarization. It especially welcomes original thinking on contradictions and tensions central to the ways in which military institutions and military power work, how such tensions are reproduced within different societies and geopolitical arenas, and within and beyond academic discourse. Contributions on experiences of militarization among groups and individuals, and in hitherto underexplored, perhaps even seemingly ›non-military‹ settings are also encouraged.«[6]

In einem Beitrag zum Selbstverständnis wenden sich die Herausgeberinnen und Herausgeber des Journals gegen die als konventionell empfundene Militärsoziologie. Dieser halten sie ihren Praxisbezug und ihre Bereitschaft vor, »to offer recommendations for the improvement of military policy« (Basham et al. 2015: 1). Stattdessen gehe es einer kritischen Forschung um »approaching military power as a question, rather than taking it for granted« (ebd.).

Die Verfechter einer kritischen Militärsoziologie erachten die etablierte Militärsoziologie als ein normativ und politisch heikles Unterfangen. Sie sei weder frei in ihren Themen noch in ihren Methoden oder im Zugang zum Forschungsfeld, folge militärischen Funktionslogiken, reproduziere und stabilisiere militärische Macht statt sie zu dekonstruieren. Zudem sei kaum transparent, welcher Einfluss von politischer und militärischer Seite auf den Forschungsprozess genommen werde. Inwieweit treffen diese Vorwürfe zu? Wie steht es um die Unabhängigkeit der militärsoziologischen Forschung?

Zunächst einmal ist festzuhalten, dass hierzulande – wie in anderen europäischen Staaten auch – ein Großteil der Forschenden (wie der Autor selbst), die militärsoziologische Fragen verfolgen, in einem Tätigkeits- oder Vertragsverhältnis zu den Streitkräften steht. Damit geht zweifelsohne die Gefahr einher, als Systemangehörige militärische Gegebenheiten eher hinzunehmen, als externe Wissenschaftler dies tun. Zwar sind Organisationskenntnisse und -verbindungen für die Realisierung von Projekten gewiss hilfreich. Dennoch müssen Militärsoziologinnen und -soziologen sich gegen mögliche Betriebsblindheiten wappnen. Umgekehrt gilt aber, dass eine Tätigkeit beim Auftraggeber und Untersuchungsgegenstand nicht per se die

---

6   Siehe die Beschreibung unter »Aims and Scope« <www.tandfonline.com/action/journalInformation?show=aimsScope&journalCode=rcms20> (letzter Zugriff: 25.5.2021).

wissenschaftliche Qualität unterminiert – so sind es in der Regel akademisch verankerte Soziologinnen und Soziologen, die Wissenschaftssoziologie und soziologische Analysen des Hochschulsystems betreiben, Organisationssoziologinnen sind selbstverständlich in Organisationen tätig und auch Arbeitssoziologen sind in der Regel abhängige Arbeitnehmer, Familiensoziologinnen haben vielfach selbst Familie und Soziologen des Lebensalters ein jeweiliges Alter.

Es wäre jedenfalls zu kurz gegriffen, eine simple Dichotomie zwischen einer militärisch bzw. ministeriell gegängelten Auftragsforschung einerseits und einer vollkommen freien und unabhängigen Forschung andererseits zu zeichnen. Die sublimen und zum Teil manifesten Machtstrukturen universitärer Wissenschaft sind hinlänglich bekannt, zumal in den letzten Jahren in verschiedenen Bereichen bewusst neue Abhängigkeitsverhältnisse geschaffen worden sind (z.B. im Rahmen der Drittmittelforschung und der dadurch finanzierten zeitlich knapp befristeten Stellen). Zudem steht die komplexe Realität wissenschaftlichen Arbeitens einer vereinfachenden Sichtweise entgegen. In der Praxis besteht häufig ein erheblicher Spielraum für die Forschenden, die Einfluss auf die Festlegung von Themen und Methoden nehmen können sowie für die Darbietung und Interpretation der Ergebnisse verantwortlich sind. Zugleich kann eine kritische (Halb-)Distanz zu den Streitkräften der Profilbildung von Wissenschaftlerinnen und Wissenschaftlern dienen, sehen sie sich doch ohnehin mit dem Vereinnahmungsvorwurf konfrontiert und sollten schon allein im Interesse ihrer akademischen Reputation darum bemüht sein, ihre Autonomie zu dokumentieren. Zur Interessenwahrnehmung nutzen sie innerhalb des militärischen Apparates vorhandene Divergenzen oder informieren externe Akteure und beziehen diese als Lobbyisten ihrer Anliegen mit ein.

Unzweifelhaft ist, dass die Streitkräfte bzw. die Verteidigungsministerien Einfluss auf die Ausgestaltung der Forschung nehmen. Ein Großteil der Untersuchungen zu den Streitkräften wird von diesen selbst initiiert und finanziert. Themen- und Fragestellungen werden vorgegeben, Abläufe und Zeitpläne abgestimmt – wie dies auch in der Forschung mit zivilen Auftraggebern üblich ist. Deshalb verlangen die damit einhergehenden Setzungen, Begrenzungen und Einflussnahmen einen reflektierten Umgang; sie sind kritisch zu beleuchten und transparent zu machen. Am problematischsten sind Eingriffe in den Forschungsprozess dann, wenn versucht wird, die Ergebnisse von Studien zu steuern. Sei es das Einwirken auf Instrumente und Interpretationen von Untersuchungen, sei es die selektive Publikation von Befunden oder umfängliche Veröffentlichungsbeschränkungen – all diese Maßnahmen stehen der grundgesetzlich garantierten Freiheit von Lehre und Forschung entgegen. Entsprechende Vorkommnisse sind bekannt, zum Teil sind sie öffentlich skandalisiert worden (Zoll 2016). Die Initiativen der kritischen Militärsoziologie ebenso wie der Aufschwung ethnologischer und anthropologischer Ansätze im Forschungsfeld haben der Debatte um die Bedingungen und Positionierungen wissenschaftlicher Untersuchungen neue Dynamik verliehen. Dies ist ein bleibendes und stets zu aktualisierendes Verdienst der kritischen Militärsoziologie.

Weniger überzeugend fallen andere Forderungen aus dem wissenschaftspolitischen Programm der kritischen Militärsoziologie aus. In der ersten Ausgabe des »Journal of Critical Military Studies« wird etwa postuliert: »in critical military studies, nothing is taken for granted as natural or inevitable« (Basham et al. 2015: 2). Cynthia Enloe hat in derselben Ausgabe der Zeitschrift (2015: 3) dieses Verständnis auf die Formel gebracht, »to be a critical military analyst is to be a sceptically curious military analyst« und ist zuversichtlich, dass dieser Ansatz durch die Infragestellung zugrunde liegender Annahmen »more reliable explanations« generiere (ebd.). Diese Forderungen überraschen, denn Unbefangenheit und Wissbegier sollten Analysen, sofern sie soziologische oder überhaupt wissenschaftliche Ambitionen hegen, ohnehin zu eigen sein. Forschende nähern sich ihrem Gegenstand mit Neugier und Skepsis – sie betrachten Phänomene in ihrem gesellschaftlichen Kontext und erkennen die soziale Konstruktion vermeintlicher immerwährender Gültigkeiten. Ob es einer kritischen Militärsoziologie bedarf, um auf diese wissenschaftlichen Selbstverständlichkeiten hinzuweisen, ist fraglich.

Die Vorbehalte der kritischen gegen die etablierte Militärsoziologie zielen ferner oftmals auf die bearbeiteten Themen, während deren konzeptionelle und methodische Ausrichtungen zu selten Gegenstand der Betrachtung sind (Levy 2015). Gemäß der Auffassung der kritischen Militärsoziologie begreift ein zu großer Teil der bisherigen Forschung »military as society« (West/Matthewman 2016: 494). Stattdessen sollte es darum gehen, die Wechselwirkungen zwischen Streitkräften und Gesellschaft in den Blick zu nehmen. So empfehlen die Herausgeberinnen des »Journal of Critical Military Studies« eine genauere Betrachtung der Schnittstellen zwischen zivilen und militärischen Sphären: »It is in prioritizing the ›in-between‹ – the neither exclusively military nor singularly civilian – that critical military studies can expose such tensions and problematize military power in its multiple manifestations« (Basham et al. 2015: 1). Brad West und Steve Matthewman (2016: 495) wiederum legen den Schwerpunkt auf die militärischen Einflüsse in die zivile Gesellschaft: »the manifold ways in which society is shaped by military forces« – ein Befund, der in der Literatur unter dem Schlagwort der Militarisierung verhandelt wird. Die Forderung der kritischen Militärsoziologie, die militärische Binnenperspektive zu überwinden, kann angesichts des vorhandenen Forschungsstandes kaum überzeugen, ist es doch das Themenfeld der zivil-militärischen Beziehungen, das die Militärsoziologie traditionell definiert (Huntington 1957;

Janowitz 1960; Feaver/Kohn 2001; Caforio 2007). Die breit analysierte Thematik der »civilian control« der Streitkräfte (Kohn 1997; Croissant/Kühn 2011) arbeitet sich seit Jahrzehnten an der Frage ab, wie weit der Einfluss ziviler Politiker reichen sollte und wo der professionelle Autonomiebereich militärischer Experten anfängt. Unabhängig von den diversen Antworten, die die Militärsoziologie darauf im Laufe der Zeit gegeben hat, handelt es sich um eine Zone des »in-between« ziviler und militärischer Ansprüche, Interessen und Kompetenzen. Schließlich zieht die Militärsoziologie ihre Berechtigung aus der Einsicht, dass die Streitkräfte nicht allein ein von militärischen Sachzwängen, objektiven Gefahren, nüchternen Risikokalkülen und funktionalen Notwendigkeiten getriebenes Unterfangen sind, sondern alle militärischen Strukturen, Prozesse und Handlungen letztlich gesellschaftlich bedingt sind.

Nach Burawoy (2005: 10 f., 2015: 60−67) zeichnet sich eine kritische Soziologie dadurch aus, dass sie sich sozialen Themen und Gruppen zuwendet, denen die bisherige Forschung zu wenig Aufmerksamkeit geschenkt hat. Dadurch sollen dominante Machtstrukturen in der Gesellschaft und der Wissenschaft aufgedeckt und überwunden werden. Mit Blick auf die Militärsoziologie und die Streitkräfte hat dieser emanzipatorische Impuls eine besondere Note. Schließlich haben Armeen die Gleichstellung von sozialen Gruppen wie Frauen, Angehörigen ethnischer Minderheiten und Homosexuellen im Vergleich zur restlichen Gesellschaft erst mit erheblicher, teils jahrzehntelanger Verzögerung nachvollzogen. Die Streitkräfte konnten sich lange Zeit personalpolitisch Gruppen verschließen und damit Abgrenzungen aufrechterhalten, die gesellschaftlich längst überwunden waren. Sowohl zur Legitimation dieser Exklusionsmechanismen als auch zu deren Aufhebung haben militärsoziologische Forschung und Studien beigetragen. In der Folge ist in den letzten Dekaden eine Ausweitung des soldatischen Personalpools festzustellen, der zur Pluralisierung der militärischen Strukturen geführt hat. Den neuen sozialen Gruppen in den Streitkräften und der daraus erwachsenden Diversität widmet die Militärsoziologie erhebliche Aufmerksamkeit. Studien zur Integration von Frauen sind in der Militärsoziologie ubiquitär (Kümmel 2016). Der Diversität der Streitkräfte mit Blick auf ethnische und religiöse Prägungen, Lebensstile und sexuelle Orientierungen widmen diverse Untersuchungen ihre Aufmerksamkeit, die zumeist aus der etablierten Militärsoziologie stammen und von den Streitkräften initiiert worden sind (Langer/Kümmel 2015). Dass die militärsoziologische Forschung bislang thematisch reduziert sei und soziale Gruppen systematisch vernachlässige, lässt sich jedenfalls nur bei sehr einseitiger Wahrnehmung der vorhandenen Studien behaupten.

In der Konsequenz für die Wissenschaft ebenfalls wesentlich ist der spezifische methodisch-konzeptionelle Zuschnitt, den die Streitkräfte als Auftraggeber implizit oder explizit für viele Studien vorsehen. Sichtet man die militärsoziologischen Analysen, dann dominieren Untersuchungen, die die Akteursebene, als Perspektive der Soldatinnen und Soldaten, in den Blick nehmen. Studien, die Strukturen oder Interaktionen betrachten, stehen demgegenüber zurück. Auf der Akteursebene stehen wiederum zumeist die Sichtweisen der Beteiligten, ihre Bewertungen und Einstellungen, kurz gesagt motivationale Faktoren, im Zentrum des Interesses. So werden in Bevölkerungsbefragungen Bürgerinnen und Bürger nach ihrer Haltung zur Bundeswehr, zur Sicherheitspolitik oder zu den verschiedenen Auslandseinsätzen gefragt. In militärinternen Erhebungen können Soldatinnen und Soldaten ihre Erfahrungen kundtun, Vorgesetzte bewerten, über ihre Belastungen berichten und Stellung zu politischen Entscheidungen und militärischen Maßnahmen nehmen. Dabei ist es zweitrangig, ob diese Einstellungen mittels quantitativer oder qualitativer Verfahren erhoben werden, stets stehen Individuen im Fokus. Mit diesem Zuschnitt werden gewisse Bereiche der Organisation hervorgehoben und andere vernachlässigt – zugleich sind die Forschungsprojekte anschlussfähig an Ansätze und Theorien, die auf der Mikroebene individueller Akteure ansetzen. Weitaus schwieriger ist demgegenüber die Verbindung zu Theorien und Konzepten der Makroebene. Im Ergebnis steht eine Militärsoziologie als empirische Sozialforschung, die einen Forschungszugang über die Mikroebene individueller Akteure präferiert. Diese zweifache Verengung vieler Untersuchungen ist in der Militärsoziologie bislang nicht ausreichend problematisiert worden. Auch die kritische Militärsoziologie hat diese Defizite zu selten in den Blick genommen und reproduziert sie in Teilen gar.

Bilanziert man den Beitrag der kritischen Militärsoziologie zur Fortentwicklung der Disziplin, dann ist es zweifelsohne ihr Verdienst, die Verquickung von Verteidigungspolitik, Streitkräften und Militärsoziologie zunehmend durchdrungen und produktiv in Diskussionen und Untersuchungen eingebracht zu haben. Dadurch ist in den letzten Jahren ein stärkeres Bewusstsein für die Bedingungen militärsoziologischer Forschung festzustellen. Reflexionen über den Status und den Einfluss der Forschenden sind üblich geworden. Nicht zuletzt unter dem Eindruck anthropologischer Ansätze ist die Thematisierung und Problematisierung von wissenschaftlichen Beobachtern mittlerweile Bestandteil vieler Studien (Higate/Cameron 2006). Weniger überzeugend ist hingegen die zuweilen anzutreffende Verwendung des Etiketts »kritische Militärsoziologie« als Beglaubigungsversuch, wonach die eigene Forschung sich einer Instrumentalisierung durch die Streitkräfte verschließe. Denn es ist schlichtweg nicht auszumachen, wie sich die Forschung einer solchen Nutzbarmachung entziehen könnte. Auch die Befunde der kritischen Militärsoziologie sind nicht davor gefeit, von den Streitkräften zur Optimierung des Militärischen herangezogen zu werden. Umgekehrt können Studien der etablierten Militärsoziologie den Absichten der kritischen Militärsoziologie genügen, indem sie militärische Machtstrukturen aufdecken, Militarisierungstendenzen nachspüren und sich kritisch mit Erscheinungsformen militärischer Gewalt auseinandersetzen. Dies verweist zum einen auf die Notwendigkeit, dass kritische Militärsoziologie mehr sein muss als Ausdruck einer politischen Positionierung zu den Streitkräften. Zum anderen geraten die Komplexitäten und Ambivalenzen in den Blick, die der militärsoziologischen Forschung als beratender Soziologie zu eigen sind.

5 Die (gesellschafts-)politische Relevanz der beratenden Militärsoziologie

Die Defizite der Militärsoziologie als professioneller Soziologie sind offenkundig und treiben die Disziplin um. Nicht zuletzt die kritische Soziologie hat auf Lücken der bisherigen Forschung hingewiesen und Vorschläge zu deren Überwindung entwickelt. Die vorhandenen Schwächen stehen im auffälligen Kontrast zur Bilanz, die die Militärsoziologie in der Politikberatung aufzuweisen hat. Da ein erheblicher Anteil der Militärsoziologie in und für die Streitkräfte betrieben wird, ist der Policy-Bezug bei den meisten Studien nicht nur evident, sondern konstitutiv. Damit ist, um zunächst die Vorteile dieser Konstellation zu benennen, die praktische Relevanz der Forschung gesichert. Die Streitkräfte beauftragen sozialwissenschaftliche Untersuchungen, weil sie wissen möchten, wie qualifiziertes Personal rekrutiert und gebunden werden kann, wie sich Dienstalltag, Manöver und Einsätze aus Sicht der Soldatinnen und Soldaten darstellen oder wie die Bevölkerung zur Armee, zu ihren Aufgaben und Einsätzen steht. Verteidigungspolitik und Streitkräfte haben ein Interesse an Informationen und Befunden, die sie selbst nicht generieren können und für die sie soziologische Expertise benötigen.

Die Verwertungsabsichten und die Nähe der Studien zum politischen und militärischen Apparat bieten nüchtern betrachtet bemerkenswerte Möglichkeiten, was den, weitgehend exklusiven, Zugang zum Forschungsfeld, die Verfügbarkeit forschungsrelevanter Ressourcen oder die Chance, Entscheidungsprozesse wissenschaftlich zu begleiten, angeht. In Deutschland laufen solche Studien unter dem Label der Ressortforschung, die bundesweit organisiert ist und die Institute anderer Ministerien (etwa das Bundesinstitut für Bevölkerungsforschung oder das Institut für Arbeitsmarkt- und Berufsforschung) einschließt. In der militärsoziologischen Auftragsforschung folgen die Ausrichtung der Untersuchung und die Verwendung der gewonnenen Erkenntnisse organisationspolitischen Interessen, die in der konkreten Ausgestaltung eines Vorhabens mit den sozialwissenschaftlichen Standards in Einklang zu bringen sind. Für die Militärsoziologie gilt, dass das Bundesministerium der Verteidigung, das sämtliche empirische Studien innerhalb der Bundeswehr genehmigen muss, zumeist sozialempirische Erhebungen beauftragt, die nicht selten quantitativ ausgerichtet sind. Im Klartext: Die politischen und militärischen Entscheidungsträger verlangen »das Zählen, Messen und Beobachten sozialer Sachverhalte« (Streeck 2009: 17).

Aufgrund der Praxisrelevanz stellen Arbeiten der Auftragsforschung stets ein Politikum dar – zumal wenn sie von internen Forschungseinrichtungen erstellt werden. Mit ihren Befunden beziehen die Studien Position in innerorganisatorischen Auseinandersetzungen und es lassen sich militärpraktische und organisationspolitische Entscheidungen begründen. Burawoy (2005: 16 f.) weist darauf hin, dass soziologische Forschung dazu beitragen kann, Policy-Entscheidungen zu treffen oder bereits getroffene Entscheidungen zu legitimieren. Beide Phänomene finden sich in militärsoziologischen Zusammenhängen (Klein 2002: 44 f.). Für die wissenschaftliche Qualität eines Projekts ist es daher entscheidend, dass die Forscherinnen und Forscher die organisationspolitischen Interessenlagen hinsichtlich der behandelten Thematik kennen – nur mit solchen Einblicken lässt sich der Instrumentalisierung von Untersuchungen entgegenarbeiten.

Der aufmerksame Umgang der Streitkräfte und des Ministeriums mit den Forschungsergebnissen unterstreicht deren Policy-Relevanz. Insbesondere bei Analysen, die von internen Wissenschaftlerinnen und Wissenschaftlern durchgeführt werden, sind Ministerium und Streitkräfte darum bemüht, diese abgestimmt in die Öffentlichkeit zu kommunizieren. Vorgesehen ist, dass zunächst eine interne Vorlage und Auswertung erfolgt, dann eine kommunikativ begleitete Präsentation für die Öffentlichkeit, an die sich die Möglichkeit weiterer wissenschaftlicher Verwertungen anschließt. Eine solche zeitliche Abfolge stellt keine Besonderheit militärsoziologischer Studien dar. Bei der Auftragsforschung für zivile Einrichtungen ist ein vergleichbares Prozedere üblich. In den letzten Jahren haben Berichte zur Integration von Frauen, zur Situation von Soldatinnen und Soldaten in Auslandseinsätzen, zur Wahrnehmung der materiellen Ausrüstungslage sowie zur Personalgewinnung und Personalbindung Aufmerksamkeit in den nationalen Medien erfahren. Sie sind von Politikern kommentiert und im parlamentarischen Raum wahrgenommen worden – im Plenum ebenso wie vom Wehrbeauftragten des Deutschen Bundestages und vom Verteidigungsausschuss. Diese Resonanz kann kaum verwundern, denn in sämtlichen Studien finden sich sowohl Befunde, die sich von den Verantwortlichen zur Legitimierung der eigenen Entscheidungen heranziehen lassen,[7] als auch Ergebnisse, die sich als Beleg für Missstände in den Streitkräften deuten lassen und allein schon deshalb zur medialen Berichterstattung taugen[8] (siehe hierzu den Beitrag von Kümmel in diesem Band).

Dabei beschränkt sich der politische Einfluss der Militärsoziologie nicht auf die Resonanz ihrer Studien. Ihre Vertreter wirken in organisationspolitischen Kontexten mit. Militärsoziologinnen und Militärsoziologen stehen als Ansprechpersonen für die militärische Führung und politische Leitung bereit. Sie sind in Arbeitsgruppen, Zirkeln und Beratungsgremien eingebunden und leisten auf diversen Kanälen Politikberatung. Zugleich sind sie in vielfältiger Weise in die Ausbildung und Lehre der Streitkräfte integriert – sei es als Angehörige von Militärakademien oder indem sie mit ihren Beiträgen Inhalte und Material für militärinterne Ausbildungen liefern. Die erhebliche Policy-Relevanz der Militärsoziologie und ihrer Vertreter wird ironischerweise dadurch gestärkt, dass die Zahl der universitären Soziologen, die sich mit den Streitkräften beschäftigen, überschaubar ist. Dies führt zu einem Mangel an (speziell theoriegeleiteten) Forschungskontroversen, wodurch den Positionen der internen Wissenschaftlerinnen und Wissenschaftler nur wenige externe Stimmen entgegenstehen. Dieser Zuschnitt ist für die Qualitätssicherung und Qualitätssteigerung militärsoziologischer Forschung nicht förderlich.

Wie im Abschnitt 3 zur Militärsoziologie als professioneller Soziologie ausgeführt, weisen militärsoziologische Projekte oft nur schwache Bezüge zu allgemeineren sozialwissenschaftlichen Debatten auf. Dies ist nicht zuletzt den Bedingungen geschuldet, denen militärsoziologische Auftragsforschung unterliegt. Die zeitlichen Vorgaben sind vielfach knapper als in der universitären Wissenschaft üblich. Es gibt zwar auch in der Auftragsforschung Vorhaben mit mehrjähriger Laufzeit. So baut etwa die jährliche Bevölkerungsbefragung des ZMSBw als Dauerprojekt kontinuierlich Datenbestände auf, die für sozialwissenschaftliche Langzeitbeobachtung genutzt werden (siehe den Beitrag von Steinbrecher in diesem Band). Aber ebenso kommt es vor, dass auf einen, allzu oft nur vermeintlich, dringenden Erkenntnisbedarf ad hoc mit einer sozialempirischen Studie zu reagieren ist. In solchen Fällen beträgt die Laufzeit der Untersuchungen nicht Jahre oder Monate, sondern Ergebnisse sind innerhalb von Wochen nach Abschluss der Feldphase und Erhebung der Daten vorzulegen. Dass angesichts solcher Bedingungen manche

---

7   Siehe beispielsweise die Rede der damaligen Bundesministerin der Verteidigung, Ursula von der Leyen, zur Höhe der Verteidigungsausgaben vom 25.11.2015 <www.bundesregierung.de/breg-de/service/bulletin/rede-der-bundesministerin-der-verteidigung-dr-ursula-von-der-leyen--468604> (letzter Zugriff: 25.5.2021).

8   Exemplarisch: »Soldaten misstrauen ihren Waffen«, Bild vom 19.6.2016 <www.bild.de/politik/inland/bundeswehr/so-viel-vertrauen-haben-unsere-soldaten-in-ihre-waffen-46380518.bild.html> (letzter Zugriff: 25.5.2021).

Studie nur einen schwachen Bezug zu soziologischen Konzepten und Theorien aufweist, kann kaum verwundern. Gerade die aus Praxisbezügen entstandenen und mit Verwertungsinteressen versehenen militärsoziologischen Studien zeichnen sich im Ergebnis durch einen – freundlich formuliert – pragmatischen Zugriff aus, der kaum theoretische Ambitionen verrät und bei dem die empirische Erhebung im Vordergrund steht.

Dennoch ist angesichts der Qualität und des soziologischen Potenzials vieler Studien zu kritisieren, wenn die gewonnenen Daten allein auf ihr organisationspolitisches Interesse hin analysiert und unzureichend ausgewertet werden. Zugespitzt formuliert besteht in der Militärsoziologie ein Überschuss empirischer Befunde, die theoretisch unterbeleuchtet sind. Diese Schwäche wird durch den Umstand verschärft, dass viele Studien sich eher um einen Anschluss an interne militärsoziologische Diskussionen bemühen als um Bezüge zu übergreifenden soziologischen Konzepten – zumal sich die internationale Militärsoziologie kaum durch theoretische und konzeptionelle Innovationen auszeichnet. Als ein Beleg für dieses Urteil mag der Hinweis genügen, dass die Postmoderne-Diskussion erst in die Militärsoziologie Einzug gehalten hat, als sie in anderen sozialwissenschaftlichen Zusammenhängen längst überwunden war (Moskos et al. 2000). In der Konsequenz präsentiert sich die Militärsoziologie, nicht zuletzt aufgrund ihrer Verankerung als politikberatende Soziologie, schlichtweg zu selbstreferenziell – ein Manko, das ihrer Profilierung in der professionellen Soziologie entgegensteht.

Vertreter der kritischen Militärsoziologie halten daher Studien der etablierten Militärsoziologie für ein normativ und politisch heikles Unterfangen, das in militärischen Logiken verfangen sei und der Legitimierung militärischer Gewalt diene. Betrachtet man die Praxis militärsoziologischer Forschung sowie deren Rezeption durch Politik, Streitkräfte, Öffentlichkeit und Wissenschaft, dann greift dieser Vorwurf in mehrfacher Hinsicht zu kurz: Zunächst kann mit einer gewissen Ironie konstatiert werden, dass militärsoziologische Studien seltener organisational verwertbare Befunde erbringen, als von ihnen erwartet wird. Aber selbst dort, wo Studien handlungsrelevante Ergebnisse liefern, sind diese zumeist so differenziert, dass sie sich einer einfachen Instrumentalisierung entziehen. In ihrer internen Wirkung dürfen militärsoziologische Studien ohnehin nicht überschätzt werden, stellen sie doch nur eine Größe in Entscheidungsprozessen dar, an denen verschiedene Interessen und Akteure beteiligt sind.

Zumal wissenschaftliche Analysen stets das Potenzial haben, einer präferierten Policy entgegenzustehen oder die Verteidigungspolitik bzw. die Streitkräfte in ein schlechtes Licht zu rücken. Hierin ist der Grund für den vorsichtigen Umgang von Ministerium und Streitkräften mit wissenschaftlichen Analysen zu suchen. Hinzu kommt, dass die Befunde sämtlicher Studien, auch diejenigen der kritischen

Militärsoziologie, zur Optimierung von Streitkräften und Verteidigungspolitik beitragen können. Die Verpflichtung zu einer wissenschaftspolitischen Programmatik immunisiert keineswegs gegen organisationspolitische Verwertungen. Daher müssen sich sämtliche Studien, die Streitkräfte und Verteidigungspolitik zum Gegenstand haben, mit ihren wissenschaftlichen, politischen und normativen Implikationen auseinandersetzen. Wissenschaftsinterne Diskussionen und Distanzierungen reichen dazu nicht aus. Es ist notwendig, den Streit und die Argumente in öffentlichkeitswirksame Debatten und Auseinandersetzungen einzubringen. Für eine solche Mobilisierung ist die Militärsoziologie nur bedingt vorbereitet.

6 Militärsoziologie als öffentliche Soziologie: Relevanz ohne Resonanz?

Die Analyse und die Kategorisierung von Burawoy (2005, 2015) zielen letztlich auf den Anspruch, dass die Soziologie in der Öffentlichkeit wirksam sein sollte. Ihm geht es um die Verteidigung der Zivilgesellschaft, die er sowohl durch ökonomische Exzesse, die von den Wirtschaftswissenschaften assistiert würden, als auch durch staatliche Übergriffe, die in der Politikwissenschaft ihre Befürworter fänden, gefährdet sieht. Es sei wichtig, dass Soziologinnen und Soziologen ihre Forschung und deren Ergebnisse offensiv in die breite, außer-akademische Öffentlichkeit kommunizieren, um Anliegen der Zivilgesellschaft in soziale Auseinandersetzungen zu transportieren und Einfluss auf gesellschaftliche Entscheidungen zu nehmen.

Mit diesem Plädoyer sieht sich Burawoy (2005, 2015) dem Vorwurf der Politisierung der Soziologie ausgesetzt (Müller 2017), der überraschende Parallelen zu den Vorbehalten aufweist, mit denen die Innere Führung und ihre Verfechter konfrontiert werden. Denn die Innere Führung als Führungskonzeption der Bundeswehr setzt eine intensive, auch sozialwissenschaftliche, Beschäftigung der Gesellschaft mit den Streitkräften voraus und ihr gilt die gesellschaftliche Integration als entscheidender Garant für die Demokratie- und Sozialverträglichkeit der Bundeswehr. Die feste Einbindung der Soldatinnen und Soldaten in ihr ziviles Umfeld und ihre aktive Beteiligung als Staatsbürger in Uniform am öffentlichen, gesellschaftlichen und politischen Geschehen gewährleiste die politische Bindung der Streitkräfte an das demokratische System. Allen Versuchen, die Streitkräfte von gesellschaftlichen Einflüssen abzuschotten und den Binnenbezug des Militärs in den Vordergrund zu rücken, erteilt die Innere Führung daher eine Absage. Damit bietet sie sich als idealer Startpunkt für eine breite gesellschaftliche Auseinandersetzung mit der Bundeswehr – unter Beteiligung der Militärsoziologie – geradezu an (Hartmann et al. 2012).

Die Militärsoziologie ist durchaus öffentlich präsent. Allerdings wird ihre Forschung entweder in militärspezifischen und militärsoziologischen Publikationen oder im Zuge medialer Berichterstattung und ggf. Skandalisierungen wahrgenommen. Dies ist kein Spezifikum, auch andere Bereiche, wie etwa die Bildungssoziologie, erfahren insbesondere dann mediale Aufmerksamkeit, wenn ihre Forschungsergebnisse tatsächlich oder vermeintlich zur Aufdeckung gesellschaftlicher Missstände dienen. Selten ist die wissenschaftliche Qualität und die Innovation der Forschung Auslöser für außerwissenschaftliche Wahrnehmung. Entsprechend finden in der Berichterstattung nicht die Wissenschaftlerinnen und Wissenschaftler Erwähnung, sondern der institutionelle Bezug. Dann heißt es: »Eine Studie, die von der Bundeswehr selbst in Auftrag gegeben wurde«.[9] Vielfach entfaltet die Militärsoziologie ihre Wirkung bei dem Themenpublikum, das sich ohnehin für die Streitkräfte interessiert. Auf Deutschland bezogen sind dies Expertinnen und Experten, Journalisten, Praktiker, Soldaten, Politiker sowie Angehörige von Think-Tanks, Stiftungen, Berufsvereinigungen und Lobbygruppen wie dem Bundeswehrverband. Für dieses Themenpublikum trifft zu, was die kritische an der etablierten Militärsoziologie bemängelt: Es handelt sich um einen Personenkreis, der in Teilen den Streitkräften geneigt oder verpflichtet ist oder ihnen selbst angehört.

Dieser Mangel an öffentlicher Aufmerksamkeit erscheint angesichts der gesellschaftlichen Relevanz der Streitkräfte problematisch. Nicht zuletzt aufgrund ihrer Fähigkeit zur Verteidigung als staatlicher Kernaufgabe und der vielfältigen Einsätze der Bundeswehr scheint es notwendig, die militärischen Strukturen, Prozesse und Funktionsweisen – auch durch militärsoziologische Forschung – transparent zu machen. Schließlich sind es die von Burawoy (2005, 2015) favorisierten Zivilgesellschaften, die Streitkräfte mit der Option zur Entfaltung kriegerischer Gewalt unterhalten.

Die geringe öffentliche Resonanz ist bedingt durch die überschaubare Zahl an Soziologinnen und Soziologen, die ihrer kritischen Distanz zum Militär dadurch Ausdruck verleihen, dass sie die Streitkräfte und deren Mythen, Scheinlogiken, verdeckte Machtstrukturen etc. analysieren. In diesem Verständnis könnte der Militärsoziologie eine aufklärerische Funktion zukommen, insofern sie in der Lage ist, auf Missstände in den Streitkräften hinzuweisen und gesellschaftlich relevante Defizite aufzudecken. Hierbei spielt die mangelnde Verankerung der Militärsoziologie in der allgemeinen Soziologie und ihren Institutionen eine Rolle.

---

9   Z.B. Berg/Seliger (2018) in der Zeitschrift »Loyal« oder ähnlich: »Bei der Mehrheit ist die Bundeswehr beliebt«, Potsdamer Neueste Nachrichten vom 15.1.2016 <www.pnn.de/potsdam/umfrage-von-potsdamer-forschern-bei-der-mehrheit-ist-die-bundeswehr-beliebt/23864018.html> (letzter Zugriff: 25.5.2021).

Die Diskurse in soziologischen Medien und auf soziologischen Tagungen mit Breitenwirkung (wie dem alle zwei Jahre stattfindenden Kongress der Deutschen Gesellschaft für Soziologie) erreichen durchaus die breite Gesellschaft, auch wenn dies von einigen Fachvertretern als noch zu geringe öffentliche Bedeutung eingeschätzt wird, doch die Militärsoziologie ist hier – wie dargelegt – kaum vertreten. Es bedürfte daher einer kritischen Masse an Sozialwissenschaftlerinnen und Sozialwissenschaftlern, die sich nicht nur aus der Gruppe derjenigen rekrutieren kann, die soziologische Forschungsaufgaben im Geschäftsbereich des Bundesministeriums der Verteidigung ausüben, um der gesellschaftlichen Relevanz des Militärs für Soziologie und Gesellschaft gerecht zu werden. Obwohl aus wissenschaftspolitischer Sicht Zweifel angebracht sind, ob ein solch breiter Anspruch realistisch und angemessen ist, wird der aufklärerische Impetus weiterhin von Forschenden aufrechterhalten, die außerhalb wie innerhalb der Streitkräfte tätig sind (Dörfler-Dierken/Kümmel 2016b: 352 f.).

Mithin muss konstatiert werden, dass die Wirkung der Militärsoziologie als öffentlicher Soziologie begrenzt ist. Zuweilen werden ihre Befunde selbst beim Themenpublikum nur selektiv oder verzerrt wahrgenommen. Erwähnt sei nur die Langlebigkeit der These vom freundlichen Desinteresse der Bevölkerung an den Streitkräften, die von den Forschungsergebnissen nicht gedeckt wird (Steinbrecher et al. 2019). Die mangelnde Aufmerksamkeit der akademischen Soziologie für die Streitkräfte verstärkt dieses Defizit und spielt damit denjenigen in die Hände, die das Militär ohnehin als einen Bereich sui generis betrachten. Nicht nur vielen Soldatinnen und Soldaten ist die Vorstellung sozialwissenschaftlicher Untersuchungen zu den und in den Streitkräften suspekt. Es passt nicht zu ihrer traditionellen Auffassung, wenn etwa Untergebene nach dem Vertrauen in ihre Vorgesetzten gefragt werden. Oder wenn sich niedrige Dienstgrade zum Sinn und Zweck eines Einsatzes äußern dürfen. Solche Erhebungen widersprechen ihrem Verständnis militärischer Führung – zum Teil werden sie gar als institutionalisiertes Misstrauen aufgefasst, da an der Linie vorbei Einschätzungen von einfachen Soldaten an die militärische Führung und politische Leitung gelangen. Denjenigen, die sich ohnehin keine öffentlichkeitswirksame kritische und unabhängige Begleitung ihres Tuns wünschen, kommt das Desinteresse weiter Teile der Sozialwissenschaften und der Öffentlichkeit am Militär daher gerade recht.

7 Fazit und Ausblick: Was tun, Militärsoziologie?

Die vorstehende Bilanz der Militärsoziologie bediente sich der Burawoyschen Kategorien, um nach Funktionen differenzierende Bewertungen vorzunehmen. Der

Schwerpunkt lag auf der Betrachtung der Militärsoziologie unter den Prämissen professioneller Soziologie, da in diesem Bereich die größten Defizite bestehen. Nicht nur haben wenige Soziologinnen und Soziologen Interesse an den Streitkräften. Die militärsoziologische Forschung selbst weist substanzielle Schwächen auf. So fehlt es vielen Untersuchungen an einer Einbindung in den aktuellen Diskussionsstand. Insbesondere die Verknüpfung zu soziologischen Theorien ist häufig unzureichend, nicht zuletzt aufgrund des methodischen Zuschnitts, der allzu oft mikrosoziologisch auf das Handeln und noch mehr die Einstellungen individueller Akteure im nationalen Rahmen beschränkt bleibt. Diese Mängel sind zu einem erheblichen Teil der Stellung der Militärsoziologie als Auftragsforschung geschuldet. Die Streitkräfte fungieren bei vielen Untersuchungen als Themensteller, Finanzier, Erkenntnisgegenstand und Abnehmer. Kurz: Streitkräfte sind in mehrfacher Hinsicht *Gatekeeper* militärsoziologischer Forschung. Die damit einhergehenden Konsequenzen arbeitet die kritische Militärsoziologie heraus. Es ist nicht zuletzt ihr Verdienst, dass eine zunehmende Reflexion militärsoziologischer Forschung zu verzeichnen ist. Weiterhin unzureichend gestaltet sich demgegenüber ihre öffentliche Wirkung. Studien werden zumeist nur medialen Logiken folgend wahrgenommen. Eine substanzielle Einspeisung der militärsoziologischen Einsichten in die durchaus vorhandenen gesellschaftlichen Debatten über die Streitkräfte ist allenfalls in Ansätzen zu erkennen. Dies zu verbessern, muss der wissenschaftliche und gesellschaftliche Anspruch der Militärsoziologie und der Soziologie insgesamt sein.

Eine Analyse der hiesigen Militärsoziologie zeigt mithin erhebliche Differenzen zwischen den von Burawoy definierten Disziplinbereichen auf. Die Militärsoziologie ist als politikberatende Soziologie fest etabliert und wirksam. Seit geraumer Zeit ist ein Aufschwung sich kritisch verstehender Studien zu verzeichnen und ein bewussterer Umgang der militärsoziologischen Forschung mit ihren Voraussetzungen und Bedingungen zu erkennen. Mitunter nimmt sie als öffentliche Soziologie Einfluss auf gesellschaftliche Debatten. Die dennoch verbreitete Unzufriedenheit vieler Militärsoziologen mit ihrem eigenen Fach ist vor allem dessen schlechtem Standing in der professionellen Soziologie geschuldet. Für dieses Manko finden sich sowohl Gründe, die im Zustand und Zuschnitt der militärsoziologischen Forschung auszumachen sind, als auch Defizite der soziologischen Forschung, die den Gegenstandsbereich des Militärischen nur unzureichend in den Blick nimmt. Denn die Relevanz der Streitkräfte ist größer als das Interesse der Soziologie an ihnen. Will die Soziologie ihrem Anspruch, als öffentliche Soziologie zu wirken, gerecht werden und gesellschaftlich relevante Themen bearbeiten, dann muss sie sich vermehrt mit dem Militär auseinandersetzen. Schließlich binden Streitkräfte enorme Ressourcen, nicht nur durch Verteidigungsausgaben in Milliardenhöhe. Viele Bürgerinnen und Bürger sind persönlich mit dem Militär verbunden. Über

Jahrzehnte war es üblich, dass junge Männer zum Wehrdienst verpflichtet wurden. Mit dem Aussetzen der Wehrpflicht werden eigene Erfahrungen in den Streitkräften zwar abnehmen, soziale Kontakte jedoch fortbestehen. Nicht zuletzt besitzen Streitkräfte stets das Potenzial zur kriegerischen Auseinandersetzung. Versteht die Soziologie sich als Wissenschaft von der Gesellschaft, dann kann sie einem Gegenstand, der wesentlich für soziale Strukturen und Entwicklungen ist, nicht eine solch geringe Aufmerksamkeit schenken, wie sie dies bislang getan hat. Mit ihrem Desinteresse leistet die Soziologie jenen Vorschub, die die Streitkräfte allein aus einem funktionalen Imperativ ableiten wollen, dessen soziale Konstruiertheit, wie die Militärsoziologie ausreichend belegt hat, sie nicht anerkennen wollen. Ein Mehr an soziologischen Studien zu den Streitkräften bedeutet in dieser Perspektive ein Mehr an gesellschaftlicher Einbindung und öffentlicher Kontrolle der Armee.

Literatur

Apelt, Maja (Hrsg.) (2010): Forschungsthema: Militär. Militärische Organisationen im Spannungsfeld von Krieg, Gesellschaft und soldatischen Subjekten. Wiesbaden: VS Verlag für Sozialwissenschaften.
Aulenbacher, Brigitte/Burawoy, Michael/Dörre, Klaus/Sittel, Johanna (Hrsg.) (2017): Öffentliche Soziologie. Wissenschaft im Dialog mit der Gesellschaft. Frankfurt/New York: Campus.
Basham, Victoria M./Belkin, Aaron/Gifkins, Jess (2015): What is Critical Military Studies? In: Critical Military Studies, 1: 1, 1–2.
Berg, Kim/Seliger, Marco (2018): Nicht kreativ, aber loyal. In: Loyal, 5, 38–39.
Bredow, Wilfried von (2008): Militär und Demokratie in Deutschland. Eine Einführung. Wiesbaden: VS Verlag für Sozialwissenschaften.
Bröckling, Ulrich (2017): Gute Hirten führen sanft. Über Menschenregierungskünste. 2. Aufl. Frankfurt a.M.: Suhrkamp.
Bude, Heinz (2005): Auf der Suche nach einer öffentlichen Soziologie: Ein Kommentar zu Michael Burawoy von Heinz Bude. In: Soziale Welt, 56: 4, 375–380.
Burawoy, Michael (2005): For Public Sociology. In: American Sociological Review, 70: 1, 4–28.
Burawoy, Michael (2015): Public Sociology. Öffentliche Soziologie gegen Marktfundamentalismus und globale Ungleichheit. Hrsg. von Brigitte Aulenbacher und Klaus Dörre. Weinheim/Basel: Beltz Juventa.
Caforio, Giuseppe (Hrsg.) (2007): Cultural Differences between the Military and Parent Society in Democratic Countries. Amsterdam et al.: Elsevier.

Callaghan, Jean M./Kernic, Franz (Hrsg.) (2003): Armed Forces and International Security. Global Trends and Issues. Münster: Lit Verlag.
Carreiras, Helena/Castro, Celso (Hrsg.) (2012): Qualitative Methods in Military Studies. Research Experiences and Challenges. Abingdon: Routledge.
Collmer, Sabine (2005): Soldat, Familie und Mobilität: Neue Trends zur Lösung widersprüchlicher Anforderungen. In: Kümmel, Gerhard (Hrsg.): Diener zweier Herren. Soldaten zwischen Bundeswehr und Familie. Frankfurt a.M.: Peter Lang Verlag, 53–78.
Croissant, Aurel/Kühn, David (2011): Militär und zivile Politik. München: Oldenbourg Verlag.
Dörfler-Dierken, Angelika/Kümmel, Gerhard (Hrsg.) (2016a): Am Puls der Bundeswehr. Militärsoziologie in Deutschland zwischen Wissenschaft, Politik, Bundeswehr und Gesellschaft. Wiesbaden: Springer VS.
Dörfler-Dierken, Angelika/Kümmel, Gerhard (2016b): Die Militärsoziologie, das Militär und die Zukunft. In: dies. (Hrsg.): Am Puls der Bundeswehr. Militärsoziologie in Deutschland zwischen Wissenschaft, Politik, Bundeswehr und Gesellschaft. Wiesbaden: Springer VS, 345–354.
Elbe, Martin/Gregor Richter (Hrsg.) (2019): Personalmanagement in der Bundeswehr. Strategien, Zielgruppen, Kompetenzen. Berlin: Berliner Wissenschafts-Verlag.
Enloe, Cynthia (2015): The Recruiter and the Sceptic. A Critical Feminist Approach to Military Studies. In: Critical Military Studies, 1: 1, 3–10.
Feaver, Peter D./Kohn, Richard H. (Hrsg.) (2001): Soldiers and Civilians. The Civil-Military Gap and American National Security. Cambridge: MIT Press.
Franke, Jürgen (2012): Wie integriert ist die Bundeswehr? Eine Untersuchung zur Integrationssituation der Bundeswehr als Verteidigungs- und Einsatzarmee. Baden-Baden: Nomos.
Gareis, Sven Bernhard/Klein, Paul (Hrsg.) (2006): Handbuch Militär und Sozialwissenschaft. 2., aktual. und erw. Aufl. Wiesbaden: VS Verlag für Sozialwissenschaften.
Hagen, Ulrich vom (2012): Homo militaris. Perspektiven einer kritischen Militärsoziologie. Bielefeld: Transcript.
Haltiner, Karl W. (1998): The Definite End of the Mass Army in Western Europe? In: Armed Forces & Society, 25: 1, 7–36.
Hartmann, Uwe/Rosen, Claus von/Walther, Christian (Hrsg.) (2012): Jahrbuch Innere Führung 2012. Der Soldatenberuf im Spagat zwischen gesellschaftlicher Integration und sui generis-Ansprüchen. Gedanken zur Weiterentwicklung der Inneren Führung. Berlin: Miles-Verlag.

Haß, Rabea (2016): Der Freiwillige Wehrdienst in der Bundeswehr. Ein Beitrag zur kritischen Militärsoziologie. Wiesbaden: Springer VS.

Heinemann, Winfried (2016): Das SOWI im Lichte der Akten. In: Dörfler-Dierken, Angelika/Kümmel, Gerhard (Hrsg.): Am Puls der Bundeswehr. Militärsoziologie in Deutschland zwischen Wissenschaft, Politik, Bundeswehr und Gesellschaft. Wiesbaden: Springer VS, 35–50.

Heins, Volker/Warburg, Jens (2004): Kampf der Zivilisten. Militär und Gesellschaft im Wandel. Bielefeld: Transcript.

Higate, Paul/Cameron, Ailsa (2006): Reflexivity and Researching the Military. In: Armed Forces & Society, 32: 2, 219–233.

Huntington, Samuel P. (1957): The Soldier and the State: The Theory and Politics of Civil-Military Relations. Cambridge/MA: Belknap Press.

Janowitz, Morris (1960): The Professional Soldier. A Social and Political Portrait. New York: The Free Press.

Joas, Hans/Knöbl, Wolfgang (2008): Kriegsverdrängung. Ein Problem in der Geschichte der Sozialtheorie. Frankfurt a.M.: Suhrkamp.

Kayß, Sarah Katharina (2018): Identity, Motivation and Memory. The Role of History in the British and German Forces. Abingdon: Routledge.

Kernic, Franz (2001): Sozialwissenschaften und Militär. Eine kritische Analyse. Wiesbaden: Deutscher Universitäts-Verlag.

Kernic, Franz/Callaghan, Jean M./Manigart, Philippe (2002): Public Opinion on European Security and Defense. A Survey of European Trends and Public Attitudes Toward CFSP and ESDP. Frankfurt a.M.: Peter Lang.

King, Anthony (2011): The Transformation of Europe's Armed Forces. From the Rhine to Afghanistan. Cambridge: Cambridge University Press.

King, Anthony (2013): The Combat Soldier. Infantry Tactics and Cohesion in the Twentieth and Twenty-First Centuries. Oxford: Oxford University Press.

King, Anthony (2019): Command. The Twenty-First-Century General. Cambridge: Cambridge University Press.

Klein, Paul (2002): Das Sozialwissenschaftliche Institut der Bundeswehr in der Politikberatung. In: Kümmel, Gerhard (Hrsg.): Wissenschaft, Politik und Politikberatung. Erkundungen zu einem schwierigen Verhältnis. Frankfurt a.M.: Peter Lang, 31–49.

Knöbl, Wolfgang (2006): Literaturbesprechungen: Die Wehrpflicht und ihre Hintergründe. Sozialwissenschaftliche Beiträge zur aktuellen Debatte. Schriftenreihe des Sozialwissenschaftlichen Instituts der Bundeswehr. Band 2. Ines-Jacqueline Werkner (Hg.): Wiesbaden: VS Verlag für Sozialwissenschaften 2004. In: Kölner Zeitschrift für Soziologie und Sozialpsychologie, 58: 1, 179–180.

Kohn, Richard H. (1997): How Democracies Control the Military. In: Journal of Democracy, 8: 4, 140–153.
König, René (1968): Einige Bemerkungen zu den speziellen Problemen der Begründung einer Militärsoziologie. In: König, René (Hrsg.): Beiträge zur Militärsoziologie. Kölner Zeitschrift für Soziologie und Sozialpsychologie. Sonderheft Nr. 12. Köln/Opladen: Westdeutscher Verlag, 7–12.
König, René (1980): Leben im Widerspruch. Versuch einer intellektuellen Biographie. München: Carl Hanser Verlag.
Kruse, Volker (2015): Kriegsgesellschaftliche Moderne. Zur strukturbildenden Dynamik großer Kriege. Konstanz: UVK Verlagsgesellschaft.
Kuchler, Barbara (2013): Kriege. Eine Gesellschaftstheorie gewaltsamer Konflikte. Frankfurt a.M.: Campus.
Kühl, Stefan (2011): Organisationen. Eine sehr kurze Einführung. Wiesbaden: VS Verlag für Sozialwissenschaften.
Kühl, Stefan (2012): Zwangsorganisationen. In: Apelt, Maja/Tacke, Veronika (Hrsg.): Handbuch Organisationstypen. Wiesbaden: VS Verlag für Sozialwissenschaften, 345–358.
Kühne, Thomas/Ziemann, Benjamin (Hrsg.) (2000): Was ist Militärgeschichte? Paderborn: Ferdinand Schöningh.
Kümmel, Gerhard (2016): Halb zog man sie, halb sank sie hin ... Die Bundeswehr und ihre Öffnung für Frauen. In: Dörfler-Dierken, Angelika/Kümmel, Gerhard (Hrsg.): Am Puls der Bundeswehr. Militärsoziologie in Deutschland zwischen Wissenschaft, Politik, Bundeswehr und Gesellschaft. Wiesbaden: Springer VS, 277–301.
Kümmel, Gerhard/Prüfert, Andreas D. (Hrsg.) (2000): Military Sociology. The Richness of a Discipline. Baden-Baden: Nomos.
Langer, Phil C./Kümmel, Gerhard (Hrsg.) (2015): »Wir sind Bundeswehr.« Wie viel Vielfalt benötigen/vertragen die Streitkräfte? Berlin: Miles-Verlag.
Leonhard, Nina/Aubry, Giulia/Casas Santero, Manuel/Jankowski, Barbara (Hrsg.) (2008): Military Co-operation in Multinational Missions: The Case of EUFOR in Bosnia and Herzegovina. Strausberg: Sozialwissenschaftliches Institut der Bundeswehr.
Leonhard, Nina/Gareis, Sven (Hrsg.) (2008): Vereint marschieren – Marcher uni. Die deutsch-französische Streitkräftekooperation als Paradigma europäischer Streitkräfte? Wiesbaden: VS Verlag für Sozialwissenschaften.
Leonhard, Nina/Werkner, Ines-Jaqueline (Hrsg.) (2012): Militärsoziologie – Eine Einführung. 2., aktual. und erg. Aufl. Wiesbaden: VS Verlag für Sozialwissenschaften.
Levy, Yagil (2015): Time for Critical Military Sociology. In: Res Militaris, 5: 2, 1–8.

Lippert, Ekkehard (1995): Verzögerte Aufklärung. Zur jämmerlichen Lage der deutschen Militärsoziologie. In: Mittelweg 36, 4: 3, 18–31.

Lippert, Ekkehard/Wachtler, Günther (1982): Militärsoziologie – eine Soziologie »nur für den Dienstgebrauch«? In: Beck, Ulrich (Hrsg.): Soziologie und Praxis. Erfahrungen, Konflikte, Perspektiven. Göttingen: Verlag Otto Schwartz & Co, 335–355.

Mannitz, Sabine (Hrsg.) (2012): Democratic Civil-Military Relations. Soldiering in 21st Century Europe. Abingdon: Routledge.

Moskos, Charles/Williams, John Allen/Segal, David R. (Hrsg.) (2000): The Postmodern Military. Armed Forces after the Cold War. Oxford: Oxford University Press.

Müller, Christian Th./Rogg, Matthias (Hrsg.) (2013): Das ist Militärgeschichte! Paderborn: Ferdinand Schöningh.

Müller, Hans-Peter (2017): Die Grenzen der Soziologie. In: Aulenbacher, Brigitte/Burawoy, Michael/Dörre, Klaus/Sittel, Johanna (Hrsg.) (2017): Öffentliche Soziologie. Wissenschaft im Dialog mit der Gesellschaft. Frankfurt/New York: Campus, 113–118.

Münch, Philipp (2016): Die Bundeswehr in Afghanistan. Militärische Handlungslogik in internationalen Interventionen. Freiburg: Rombach.

Münkler, Herfried (2002): Die neuen Kriege. Reinbek: Rowohlt.

Naumann, Klaus (2012): Zwischen Auftragsforschung und Gesellschaftsdiagnostik. Zum gegenwärtigen Stand der Militärsoziologie. In: WestEnd. Neue Zeitschrift für Sozialforschung, 9: 1/2, 126–138.

Picht, Georg (Hrsg.) (1965/66): Studien zur politischen und gesellschaftlichen Situation der Bundeswehr. Witten/Berlin: Eckart-Verlag.

Rahbek-Clemmensen, Jon/Archer, Emerald M./Barr, John/Belkin, Aaron/Guerrero, Mario/Hall, Cameron/Swain, Katie E.O. (2012): Conceptualizing the Civil-Military Gap: A Research Note. In: Armed Forces & Society, 38: 4, 669–678.

Roghmann, Klaus/Ziegler, Rolf (1977): Militärsoziologie. In: Mayntz, Renate/Roghmann, Klaus/Ziegler, Rolf (Hrsg.): Organisation Militär. Stuttgart: Ferdinand Enke Verlag, 142–227.

Rowley, Elisabeth/Weitz, Fabian/Werkner, Ines-Jaqueline (2012): Militärsoziologische Forschung in den USA und in Deutschland. Eine Literaturanalyse über fünf Jahrzehnte. In: Leonhard, Nina/Werkner, Ines-Jaqueline (Hrsg.): Militärsoziologie – Eine Einführung. 2., aktual. und erg. Aufl. Wiesbaden: VS Verlag für Sozialwissenschaften, 495–519.

Ryan, Joseph W. (2013): Samuel Stouffer and the GI Survey. Sociologists and Soldiers During the Second World War. Knoxville: Tennessee University Press.

Shils, Edward A./Janowitz, Morris (1948): Cohesion and Disintegration in the Wehrmacht in World War II. In: Public Opinion Quarterly, 12: 2, 280–315.
Spreen, Dierk (2008): Krieg und Gesellschaft. Die Konstitutionsfunktion des Krieges für moderne Gesellschaften. Berlin: Duncker & Humblot.
Steinbrecher, Markus/Graf, Timo/Biehl, Heiko (2019): Sicherheits- und verteidigungspolitisches Meinungsbild in der Bundesrepublik Deutschland. Ergebnisse und Analysen der Bevölkerungsbefragung 2019. Forschungsbericht 122. Potsdam: Zentrum für Militärgeschichte und Sozialwissenschaften der Bundeswehr.
Stouffer, Samuel A. /Hovland, Carl Iver/Lumsdaine, Arthur A./Sheffield, Fred D. (Social Science Research Council) (1949/50): The American Soldier. Studies in Social Psychology in World War II. 4 Bände. Princeton/NJ: Princeton University Press.
Streeck, Wolfgang (2009): Man weiß es nicht genau. Vom Nutzen der Sozialwissenschaften für die Politik. Köln: Max-Planck-Institut für Gesellschaftsforschung.
Tresch, Tibor Szvircsev/Leuprecht, Christian (Hrsg.) (2010): Europe without Soldiers? Recruitment and Retention across the Armed Forces of Europe. Kingston: McGill-Queen's University Press.
Wachtler, Günther (Hrsg.) (1983): Militär, Krieg, Gesellschaft. Texte zur Militärsoziologie. Frankfurt a.M./New York: Campus.
Wanner, Meike (2019): Das Ansehen der Bundeswehr. Persönliche Einstellung versus Meinungsklimawahrnehmung. Baden-Baden: Nomos.
Warburg, Jens (2008): Das Militär und seine Subjekte. Zur Soziologie des Krieges. Bielefeld: Transcript.
Werkner, Ines-Jaqueline (2003): Allgemeine Trends und Entwicklungslinien in den europäischen Wehrsystemen. Strausberg: Sozialwissenschaftliches Institut der Bundeswehr.
West, Brad/Matthewman, Steve (2016): Towards a Strong Program in the Sociology of War, the Military and Civil Society. In: Journal of Sociology, 52: 3, 482–499.
Wiesendahl, Elmar (2016): Vom Nutzen und Nachteil sozialwissenschaftlicher Forschung für die Bundeswehr. In: Dörfler-Dierken, Angelika/Kümmel, Gerhard (Hrsg.): Am Puls der Bundeswehr. Militärsoziologie in Deutschland zwischen Wissenschaft, Politik, Bundeswehr und Gesellschaft. Wiesbaden: Springer VS, 85–103.
Zoll, Ralf (2016): Von wissenschaftlicher Politikberatung zur militärischen Dienststelle. Eine Kurzgeschichte des Sozialwissenschaftlichen Instituts der Bundeswehr (SOWI). In: Dörfler-Dierken, Angelika/Kümmel, Gerhard (Hrsg.): Am Puls der Bundeswehr. Militärsoziologie in Deutschland zwischen Wissenschaft, Politik, Bundeswehr und Gesellschaft. Wiesbaden: Springer VS, 21–33.

Zur wissenschafts- und sozialtheoretischen Grundlegung der empirischen Militärsoziologie

Martin Elbe

1   Militär und Wissenschaft

»Alles ist Front!« mit diesem Zitat überschreibt Reichherzer (2012) seine Abhandlung zur *Wehrwissenschaft* in Deutschland und die Bellifizierung der Gesellschaft vom Ersten Weltkrieg bis zum Kalten Krieg. Die Vorstellung von Militär in der Gesellschaft – und zwar im Krieg und im Frieden – hat weitreichende Folgen für die gesellschaftlichen Subsysteme und die Wissenschaften selbst. Die Frage »Was ist das Militär?« umschließt zahlreiche weitere Fragen, etwa »Wie weit reicht das Militär?« oder auch »Gibt es eine eigenständige Wissenschaft vom Militär?«. Zumindest in Deutschland hat zwar die *gesellschaftliche Bedeutung des Militärs* spätestens nach Endes des Zweiten Weltkrieges deutlich abgenommen, trotzdem bleibt es ein Teilbereich der Gesellschaft, der als besonders wahrgenommen wird. Die Besonderheit lässt sich an Fragestellungen festmachen, zum Beispiel, ob das Militär eine Organisation oder eine (totale) Institution ist, ob es einen militärisch-industriellen Komplex gibt, ob die Zugehörigkeit zum Militär Beruf oder Berufung oder ob das Militär gar die Schule der Nation ist. Mit diesen Fragen zeigt sich, dass das Teilsystem des Militärs in die Gesellschaft eingebettet und damit auch Teil der Kultur ist – genauso ist aber auch ein gegenteiliges Verständnis möglich und das Militär wird als Gegenkultur verstanden (Vogt 1986).

Fragen wie diese zu klären, ist Aufgabe des vorliegenden Beitrags – konkret: die wissenschafts- und sozialtheoretischen Grundlagen einer empirischen Militärsoziologie zu beleuchten und ausgehend hiervon prinzipielle methodologische Überlegungen hinsichtlich des Forschungsprozesses darzustellen. Hierzu werden im Folgenden im zweiten Abschnitt grundsätzliche *wissenschaftstheoretische* Überlegungen angestellt, die im dritten Abschnitt um *sozialtheoretische* Bezüge erweitert werden. Der vierte und fünfte Abschnitt diskutieren Forschungsansätze und Forschungsdesigns. Abschnitt sechs fasst die Ergebnisse zusammen.

2 Wissenschaftstheoretische Überlegungen

2.1 Wissenschaftlicher Pluralismus oder einheitliche Wehrwissenschaft?

Wenn das Militär als eigenständiger Forschungsgegenstand angenommen wird, dann stellt sich die Frage, wie sich das Verhältnis von Forschungsgegenstand und Forschungsperspektive gestaltet. Einerseits kann das Militär in Abhängigkeit von der *wissenschaftstheoretischen Position* behandelt werden. Wobei sich die Frage stellt, ob das Militär aus geistes- und sozialwissenschaftlicher oder aus natur- bzw. ingenieurwissenschaftlicher Perspektive als Forschungsgegenstand betrachtet wird. Schon aufgrund der hohen Technikaffinität und technischen Innovationskraft des Militärischen rechtfertigt sich eine naturwissenschaftlich-technische Sicht, waren doch zum Beispiel der Festungsbau und die Konstruktion von Belagerungsmaschinen oder die Kunst, Schwerter mit großer Härte bei gleichzeitiger Flexibilität herzustellen sowie Schutzvorrichtungen gegen Offensivwaffen zu entwickeln (z.B. historische Rüstungen oder satellitengestützte Raketenabwehrsysteme), schon immer Treiber allgemeiner technologischer Entwicklung. Zugleich handelt es sich beim Militär um ein soziales Phänomen, das ebenso wie andere kulturelle Erscheinungen sozialwissenschaftlich erforscht werden kann: Das Verhältnis von Soldatinnen und Soldaten und Zivilbevölkerung oder die politische Beziehung zwischen Militär und anderen gesellschaftlichen Systemen lassen sich als *sozialwissenschaftliche Tatsachen* untersuchen. Ebenso ist Krieg eine soziale Konfliktform, die spezifische Handlungen mit hohen Kosten für Menschen und soziale Systeme mit sich bringt (hohe physische und psychische Gesundheitsbelastungen sowie Mortalitätsraten, Zerstörung von Infrastruktur und Wohngebäuden, Aufbrechen sozialer Beziehungen etc.) und damit sowohl Folgen in der natürlichen als auch in der sozialen Umwelt hat und eben aus der jeweiligen Perspektive analysiert werden kann. Nicht zuletzt sind Krieg und Frieden Gegenstände philosophischer und historischer Betrachtung, wobei militärische Führung vielfach als Kunst verstanden wird (z.B. Delbrück 2017).

Dies scheint einerseits darauf hinzudeuten, dass das Militärische wohl ein Forschungsgegenstand ist, der, wie andere Erscheinungen, die unsere Welt prägen (z.B. die Industrie, die Landwirtschaft, die Kultur), von unterschiedlichen Disziplinen mit den jeweils eigenen Mitteln der Forschung analysiert werden kann. Andererseits lässt sich die Wirklichkeit des Militärs aus wissenschaftlicher Sicht vom *Forschungsgegenstand*, dem Militär selbst, her bestimmen. Bedeutet dies dann, dass die Spezifität des Militärs als soziale Gegebenheit – der Idee nach kann jeder Bürger und jede Bürgerin in den Militärdienst berufen werden und niemand kann sich den Folgen militärischen Handelns im Frieden, als Nutznießer der Gewaltreduktion durch Abschreckung, und im Krieg, als direktes oder indirektes Opfer von Gewalthandeln, entziehen – eine besondere theoretische oder empirische Behandlung in der sozialwissenschaftlichen Forschung rechtfertigt? Es gibt durchaus Bestrebungen, das Militär aus einer einheitswissenschaftlichen Perspektive analysieren zu wollen. Hierfür spricht die Tradition einer spezifischen *Militär- oder Wehrwissenschaft* (Reichherzer 2012; Thalhammer 2012), die bewaffneten Kampf, Krieg und Kriegführung ebenso untersucht wie die Prinzipien zu Aufstellung und Ausbildung von Streitkräften und deren technische Grundlagen und Mittel (Waffen, Rüstungsindustrie). In diesem Sinn ist das Militär ein eigenständiger Gegenstand der Teilbereiche der Wissenschaft.

Der Unterschied zwischen fachdisziplinärem Pluralismus und einer eigenständigen Wehrwissenschaft besteht in der Leitorientierung. Die Wehrwissenschaft folgt dem militärischen Gebot der Optimierung von Streitkräften und Kriegführung. Dies hat Konsequenzen für das Verhältnis von Militär und Gesellschaft, wie Reichherzer (2012: 404) in Bezug auf die Wehrwissenschaft im Zwischenkriegsdeutschland deutlich macht:

»Die Wehrwissenschaften – genauer der wehrwissenschaftliche Diskurs – fungierten aus dieser Perspektive einerseits als *Kristallisationspunkt* von Ideen und andererseits als *begriffliches Scharnier* zur Umsetzung dieser Ideen in Handeln. Kern dieser Ideen war die Ausrichtung von Wissenschaft und Gesellschaft auf den Krieg – der Prozess der Bellifizierung.« (Hervorhebungen im Original)

Nach den Erfahrungen des Ersten Weltkrieges erschienen militärische Konflikte entgrenzt und dies übertrug sich auf die wissenschaftliche Vorstellung von Krieg und Militär. Entsprechende wissenschaftliche Institute wurden innerhalb und außerhalb der Universitäten in Deutschland gegründet, die sich als »Vernetzungsinstanzen« (Reichherzer 2012: 413) zwischen den einzelnen Disziplinen und der *Wehrwissenschaft als Bezugswissenschaft* verstanden. Die soziale Komponente der Bellifizierung der Gesellschaft, mit der die wehrwissenschaftliche Konzeption in der ersten Hälfte des 20. Jahrhunderts einherging, ist der heutigen militärwissenschaftlichen Perspektive nicht mehr zu eigen. Die Militärsoziologie ist nach diesem Verständnis als Teildisziplin der *Militär- oder Wehrwissenschaft* aufzufassen, ebenso wie beispielsweise die Militärpsychologie, Militärgeschichte oder Militärmedizin. Während in zahlreichen westlichen Industriestaaten die Militärwissenschaft zwar in Militärakademien – in denen Offizieranwärter akademische Abschlüsse in Militärwissenschaft erwerben können – überlebt hat, hat sich der Begriff weder in der Wissenschaft halten können noch in entsprechenden militärischen Bildungseinrichtungen anderer europäischer Staaten. Dies gilt etwa für Deutschland, Frankreich, Spanien, Großbritannien oder Norwegen (Thalhammer 2012), anders verhielt es sich in vielen Staaten des ehemaligen Warschauer Pakts, hier wirkt die sowjetische Auffassung einer einheitlichen Militärwissenschaft teilweise noch fort (Krupnov 1965, Thalhammer 2012). Insgesamt kann somit nicht von einer einheitlichen Position in der sozialwissenschaftlichen Analyse des Militärs ausgegangen werden und dementsprechend findet sich auch kein einheitlicher wissenschaftstheoretischer oder methodologischer Forschungsansatz zur Erforschung des Militärischen. Die einzelnen Subdisziplinen der akademischen Wissenschaften (Militärsoziologie, Militärpsychologie etc.) folgen dem Ideal der wissenschaftlichen Ausdifferenzierung von Untersuchungsgegenständen, Methoden, Theorien und Disziplinen.

Es ist nun zu fragen, ob die verschiedenen Aspekte des Militärs mit unterschiedlichen, den jeweils zuständigen Wissenschaftsdisziplinen eigenen Methodologien zu untersuchen sind, oder ob es trotz allem ein wissenschaftlich-methodologisches Grundkonzept gibt, das allen Wissenschaften zu eigen ist und damit auch auf das Militär als Forschungsgegenstand anzuwenden ist. Desweiteren ist zu fragen, welche wissenschaftstheoretischen, sozialtheoretischen und methodologischen Zugänge es zum Gegenstand Militär gibt und welche möglichen Kombinationen und Konsequenzen daraus abzuleiten sind. Dies gilt es im Weiteren zu untersuchen.

2.2 Wissenschaftstheoretische Verortung

Nachdem eine einheitliche Militärwissenschaft sich nicht durchsetzen konnte, erscheinen Militär und Krieg als Phänomene, denen sich die unterschiedlichen Wissenschaften aus ihrer jeweiligen disziplinären Perspektive annähern müssen, wenn sie den Gegenstand wissenschaftlich untersuchen wollen. Bereits die traditionellen Disziplinen okzidentaler Wissenschaft (Rechtswissenschaft, Medizin und Theologie) sowie die freien Künste beschäftigten sich mit dem Kriegswesen und in der Ausdifferenzierung unterschiedlicher Wissenschaftsdisziplinen war dies immer ein Forschungsgegenstand. Krieg und Militär unterscheiden sich darin nicht von anderen gesellschaftlichen Phänomenen und das bedeutet, dass es *keine militärspezifische Wissenschaftstheorie* oder Methodologie der Forschung gibt, sondern dass für die Erforschung des Militärischen stets die Ansätze genutzt wurden, die sich in anderen Bezügen bewährt haben und umgekehrt. Speziell in der Medizin beeinflussten die Erfahrungen der Feldschere (Wundärzte) die Integration der Chirurgie in die akademische Medizin (Ridder 1993), in den Natur- und Ingenieurwissenschaften wurden zahlreiche Erkenntnisse aus der Beschäftigung mit Waffentechnologie oder Festungsbau gewonnen (zu Belagerungsgeräten vgl.

Schmidtchen 1982) und auch in den Sozialwissenschaften haben militärische Entwicklungen geholfen, Forschungsgegenstände weiterzuentwickeln (z.b. in der Organisationslehre oder der Arbeitspsychologie). Eine spezifische wissenschaftstheoretische Grundlegung der Forschung und der Theoriebildung bezüglich des Militärs blieb aber auch aus dieser Perspektive aus, vielmehr zeigten sich zunehmend fachspezifische Besonderheiten, die in die Differenzierung zwischen Natur- und Geisteswissenschaften führten, wobei auch auf das Militär das Dilthey'sche Prinzip angewandt werden kann, dass die Natur erklärt wird, das Psychische und das Soziale aber verstanden werden (Dilthey 1974). Die empirische Forschung zu Militär und Krieg muss sich somit in das System der Wissenschaft aus Sicht der *jeweiligen Fachdisziplinen* einfügen und stellt eine mögliche Spezialisierung dar wie andere Forschungsgegenstände (z.B. Polizei und Devianz) auch.

Die Militärsoziologie ist in diesem Sinn eine spezifische *Subdisziplin der Soziologie* mit einem eigenen Forschungsgegenstand, die sich methodologisch und theoretisch in der Mutterdisziplin der Soziologie verorten muss. Darüber hinaus gibt es Berührungspunkte mit anderen Subdisziplinen (z.B. der Organisationssoziologie, der Arbeitssoziologie, der Politischen Soziologie, der Familiensoziologie) und benachbarten Fachgebieten, die wiederum selbst Subdisziplinen ausgebildet haben, die sich Militär und Krieg als Forschungsgegenstand widmen. Dies gilt insbesondere für geistes- und sozialwissenschaftliche Disziplinen, wie die (Militär-)Psychologie, oder Ökonomie, aber auch für Pädagogik, Politikwissenschaft oder Ethnologie. Aus wissenschaftstheoretischer Sicht begründet der Forschungsgegenstand in diesem wissenschaftsdisziplinären Geflecht aus Mutter-, Sub- und Nachbardisziplinen, die jeweils Überschneidungen aufweisen (z.B. in der Betrachtung militärischer Gruppen aus mikrosoziologischer, sozialpsychologischer, organisationspsychologischer, pädagogischer Perspektive), keine methodologische Besonderheit. Ob aber darüber hinaus von einer methodologischen Einheit der Sozialwissenschaften auszugehen ist, ist eine Grundsatzentscheidung, die nicht militärspezifisch, sondern nur wissenschaftstheoretisch geklärt werden kann.[1]

Die Kernaussage des methodologischen Unifikationismus lautet: »*Die Standards methodologischer Rationalität sind unteilbar*« (Giesen/Schmid 1976: 126). Dies gilt aber nur unter Annahme der Wahrheitsfähigkeit und das bedeutet, dass Aussagen (oder Tatsachen) entweder wahr oder falsch sind. Somit gibt es keinen Raum für Wirklichkeitskonstruktionen oder Abstufungen, sondern nur einfache

---

[1] Die grundlegende Debatte ist innerhalb der Soziologie latent vorhanden, hat aber in jüngster Zeit verstärkt an Bedeutung gewonnen, vgl. z.B. die Diskussion über die methodologische Orientierung und den institutionellen Vertretungsanspruch der Disziplin, die seit 2018 wieder intensiv geführt wird (stellvertretend hierfür Strübing 2019) und auf eine lange Tradition blicken kann (z.B. Giesen/Schmid 1976).

Binärcodierung. Dies trifft aber regelmäßig bei sozialen Tatsachen nicht zu (Charpa 1996). Diese sind nicht wahr oder falsch, sondern perspektivenabhängig, z.B. von sozialen Normen, sprachlichen Ausdrücken und kulturellen Gepflogenheiten. Das Postulat der Wahrheitsfähigkeit ist selbst eine spezifische Perspektive, die sich aus Grundannahmen hinsichtlich wissenschaftlicher Ansprüche ergibt. Mit der Einführung dieser Differenzierung wird aber bereits eine andere Perspektive eingenommen – dem Ideal des kritischen Rationalismus wird eine konstruktivistisch-verstehende Perspektive vorgezogen, die davon ausgeht, dass soziale Tatsachen Wirklichkeitsbeschreibungen sind, die individuell und sozial konstruiert werden und keine absoluten Wahrheiten darstellen (Chalmers 1994). Das bedeutet aber auch, dass wissenschaftliche Aussagen über diese Wirklichkeitskonstruktionen nicht wahrheitsfähig sind, sondern nur adäquate Beschreibungen, die mittels verstehender Deutung in sinnhafte Erklärungen überführt werden können (Elbe 2002).

Vor diesem Hintergrund ist prinzipiell auch von einer *Methodenvielfalt* in den Sozialwissenschaften auszugehen und es kommt somit auf den Forschungsgegenstand und das Forschungsinteresse an, welche Methode geeignet ist, um ein bestimmtes Phänomen adäquat wissenschaftlich zu erfassen. Doch auch hier gilt, dass das bisher angelegte Raster wesentlich zu grob ist: Weder ist der Begriff der Sozialwissenschaften geeignet, eine hinreichende Spezifizierung in Hinblick auf das Erkenntnisinteresse und die fachdisziplinär vorhandenen Wissensbestände, die die Ausgangsperspektive der wissenschaftlichen Datenerhebung darstellen, vorzunehmen, noch ist »Militär« als Forschungsgegenstand hinreichend genau, um überhaupt etwas wissenschaftlich beschreiben zu können.

Unter der wissenschaftstheoretischen Perspektive des *verstehenden Erklärens* (Elbe 2002) ist das Ziel, systematisch beschreibbare Phänomene, also soziale Tatsachen, die hinreichend spezifisch sind, um gegenüber anderen Phänomenen abgegrenzt und in ihren (kausalen und teleologischen) Wirkungszusammenhängen erklärt zu werden, in ihrer Bedeutung wahrzunehmen, zu explizieren (also tatsächlich zu beschreiben und somit nachvollziehbar zu machen) und schließlich in diesem Kontext einer systematischen Erklärung zu unterziehen. Erklärungen können induktiv (von einer Einzelbeobachtung auf einen generellen Zusammenhang schließend) erfolgen, deduktiv (aus einem generellen Zusammenhang auf einen Einzelfall schließend) sein oder dem Prinzip der Abduktion folgen (begründet spekulativ auf einen erklärenden Zusammenhang schließend). Diese *Schlussverfahren* sind im Rahmen des verstehenden Erklärens empirischer Zusammenhänge grundsätzlich alle einsetzbar und unterliegen in der Forschungspraxis keiner so strengen Trennung, wie sie beispielsweise Kornmeier (2007) postuliert. Allerdings ist festzustellen, dass es eine häufige Praxis in wissenschaftlichen Publikationen ist, im Rahmen von wahrscheinlichkeitstheoretisch fundierten statistischen Verfahren

Zusammenhänge aus Daten zu extrahieren, die nicht im Vorfeld (also vor der Datenerhebung) durch Hypothesen begründet worden waren, und diese Ergebnisse – z.b. aufgrund von bi- oder multivariaten Zusammenhangsmessungen – dann als gültige, weil quantitativ erzeugte Erkenntnisse vorzustellen. Kornmeier (2007: 84) bezeichnet dies als aus wissenschaftlicher Sicht »unzulässige Vorgehensweise«. Diese strikte Position kennzeichnet ihn als Anhänger des kritischen Rationalismus, der damit eine hehre Position vertritt, die sich aber in der wissenschaftlichen *Publikationspraxis* nicht durchgesetzt hat und auch nicht zwangsläufig zu fordern ist. Das bedeutet für die (empirische) Militärsoziologie, dass sie im Rahmen des *Forschungsprozesses* Vorwissen explizieren muss, das für die Auswahl eines bestimmten Wirklichkeitsausschnittes (z.B. der Analyse des zivil-militärischen Verhältnisses anhand einer Bevölkerungsbefragung) relevant ist. Es ist deutlich zu machen, warum bestimmte Fragen und Methoden gewählt werden und die gewonnenen Daten dann nach begründeten Methoden (z.b. statistisch) analysiert werden. Das Ergebnis der Analyse ist in einer spezifischen historischen Situation zu verstehen, um zu einer Erklärung über den untersuchten Zusammenhang (zivil-militärisches Verhältnis zu einem bestimmten Zeitpunkt) zu gelangen. Tauchen bestimmte Erklärungen immer wieder auf, dann lassen sich Erklärungsmuster vermuten (und statistisch testen) – das im kritischen Rationalismus verankerte Prinzip der Falsifizierung von Hypothesen kann somit im Rahmen verstehenden Erklärens zugrunde gelegt werden.[2]

Die konsequenteste Methode zur Überprüfung des Zutreffens von Erklärungen ist die Prognose zukünftiger Entwicklung und daraufhin gerichteten Gestaltens (Charpa 1995: 150 ff.). Dem Praxistest versucht die Wissenschaft sich allerdings immer wieder unter Hinweis auf die Komplexität sozialer Realität zu entziehen und bleibt somit selbstbezüglich hinsichtlich der Gültigkeit grundlegender Aussagen (z.B. Basissätze). In Abgrenzung zur Grundlagenforschung tritt für die angewandte Wissenschaft[3] die Frage nach überdauernden Gesetzen in den Hintergrund und die

---

[2] Vgl. hierzu die Ausführungen von Popper (1969) über Falsifikationismus und Konventionalismus, die sehr zutreffend erscheinen (solange nicht von grundlegenden Basissätzen mit allgemeiner Gültigkeit ausgegangen wird), sowie die Überlegungen von Chalmers (1994) hinsichtlich der Zulässigkeit des Induktivismus und der Grenzen des Falsifikationismus.

[3] »Wie die Technik nichts anderes ist als angewandte Naturwissenschaft, so ist Pädagogik nichts anderes als angewandte Geisteswissenschaft« (Kerschensteiner 2013: 231) – der Autor wendet damit die Grundunterscheidung von Erklären und Verstehen Diltheys auf weniger abstrakte Untersuchungsgegenstände an, was auch auf die Militärsoziologie im Allgemeinen, wie auf die empirische Militärsoziologie im Besonderen zutrifft.

Bewährung in der Praxis hinsichtlich der Sinnstiftung im politischen Prozess oder in Form von Gestaltungsempfehlungen gewinnt an Bedeutung.[4]

Dies gilt für die Militärsoziologie in besonderem Maß, da die Subdisziplin regelmäßig an Institutionen angesiedelt ist, die für Handlungsempfehlungen im Praxisfeld zuständig sind (z.B. Militärakademien und -universitäten oder Forschungseinrichtungen des Militärs). Für die institutionell in die Bundeswehr eingebundene Militärsoziologie in Deutschland wird die Anwendungsorientierung in einer Zentralen Dienstvorschrift (A-2713/2) zur wissenschaftlichen Arbeit des Zentrums für Militärgeschichte und Sozialwissenschaften der Bundeswehr geregelt: »Die Ergebnisse der Forschung und deren umfassende Publikation sind wichtige Beiträge für den wissenschaftlichen Erkenntnisfortschritt und bilden die Voraussetzung, um im öffentlichen Meinungsraum als prägender Akteur am Diskurs über deutsches Militär, dessen Geschichte und Gegenwart, teilnehmen zu können« (BMVg 2020: 5 f). Generell werden in der Militärsoziologie Aussagen über Militär, Gesellschaft und Individuum aus der Auseinandersetzung mit der empirischen Praxis sozialen Handelns im militärischen Kontext, die anwendungs- und vielfach auftragsbezogen ist, gewonnen. Der Forschungsgegenstand empirischer Militärsoziologie lässt sich somit hinreichend eingrenzen:

> »Militärsoziologische Forschung beschäftigt sich sowohl mit dem Militär als eigenständiger Organisation und Institution als auch mit den Beziehungen der verschiedenen im bzw. in Bezug auf das Militär handelnden sozialen Akteure untereinander sowie mit den entsprechenden Inhalten ihres Handelns.« (Leonhard/Werkner 2012: 22)

Hiermit ist allerdings keine Aussage über die Stellung der Militärsoziologie innerhalb der Sozialwissenschaften gemacht, außer dass es sich um eine Subdisziplin der Soziologie mit Überschneidungen zu Subdisziplinen anderer Fachgebiete handelt. Dies gilt es im folgenden Abschnitt genauer herauszuarbeiten.

---

4 Eine verstehende Wissenschaftsauffassung unterstützt die Zulässigkeit verschiedener Ziele von Wissenschaft, wobei der Prognosebegriff eine Vorstellung des Zusammenhangs von Erklären und Verstehen bereits in sich trägt (Toulmin 1981).

3 Sozialtheoretische Bezüge

3.1 Wissenschaftstheorie und Sozialtheorie

Wissenschaftstheorie, Sozialtheorie, Erklärungsmuster und empirische Methodologie sind voneinander abhängig und können in unterschiedlichen Konstellationen gepaart werden. Ob dies wissenschaftlichen Moden oder gar paradigmatischen Mustern folgt oder gegebenenfalls einer spezifischen Richtung wissenschaftlicher Erkenntnisentwicklung, ist selbst Gegenstand wissenschaftstheoretischer Auseinandersetzung, innerhalb derer man sich aber positionieren muss, um letztlich eine Aussage zum Untersuchungsgegenstand treffen zu können. Die soziale Gegebenheit des Militärs kann entweder eine spezifische *sozialtheoretische Erklärung* notwendig machen, sei sie nun funktionalistisch, kritisch, rationalistisch, modernistisch oder relativistisch – all diese metatheoretischen Erklärungstraditionen reduzieren die zugelassenen Erklärungsvariablen so, dass die jeweils dominante Perspektive adäquat, d.h. ein geschlossenes Erklärungsmodell ermöglichend, den betrachteten Erklärungszusammenhang reduziert und andere Zusammenhänge als irrelevant ausschließt – oder man nimmt, je nach zu erklärendem Zusammenhang, unterschiedliche Perspektiven ein und zieht die hierfür passenden sozialtheoretischen Erklärungsmuster nach Bedarf heran. Ein systematischer Zugang lässt sich hierzu, unter Rückgriff auf Elbe (2002) und Hollis (1991, 1995) entwickeln, indem verstehende, erklärende und normierende Ansätze der Sozialtheorie mit einer individualistischen oder kollektivistischen (holistischen) Perspektive kombiniert werden (Tabelle 1).

Tabelle 1: Sozialtheoretische Zugänge

	Verstehende Sozialtheorie	**Erklärende Sozialtheorie**	**Normierende Sozialtheorie**
Holistische Perspektive	Kulturtheorie (Kommunikation)	Funktionalismus (System)	Kritische Theorie (Konflikt)
Individualistische Perspektive	Rollentheorie (Sozialisation)	Rationalismus (Vernunft)	Nutzentheorie (Liberalismus)

Aus einer *holistisch-verstehenden* Sicht treten Kulturphänomene als zentrale Bezugs- und Erklärungsmuster in den Vordergrund, die sich in Formen der Kommunikation (sprachlich, durch Symbole und Artefakte) ausdrücken. Wichtige soziologische Vertreter einer solchen Perspektive sind Norbert Elias, Pierre Bourdieu oder Max Weber. Mit dem *individualistisch-verstehenden* Zugang rückt das Individuum und seine Sozialisation in der Ausgestaltung der verschiedenen Anforderungen im sozialen Feld als Rollenspieler ins Zentrum der Betrachtung; wichtige Vertreter sind z.B. George H. Mead und Erving Goffman. Ein *holistisch-erklärender* Zugang modelliert das soziale Feld als Systembezug, in dem Elemente und ihre Beziehungen zueinander hinsichtlich ihrer Funktionalität für einen bestimmten Ausschnitt des sozialen Feldes betrachtet werden. Vertreter dieser Position sind insbesondere Talcott Parsons und Niklas Luhmann. Die *individualistisch-erklärende* Perspektive wird in der rationalen Handlungstheorie vertreten, Individuen und Kollektive handeln rational und versuchen ihre Interessen durchzusetzen und ihre Bedürfnisse zu befriedigen. Diese Position findet sich unter anderem bei Herbert Simon und James Coleman. Die *holistisch-normierende* Sozialtheorie geht wiederum von der Gesellschaft als Gesamtheit aus und konzipiert die Beziehungen kollektiver und individueller Akteure als von Interessenkonflikten geprägt, die historisch bedingt sind. Vertreter dieser Theorierichtung sind Karl Marx, Lewis Coser und Ralf Dahrendorf.[5] Die *individualistisch-normierende* Sozialtheorie betont die Nutzenorientierung der Individuen und die Abstimmung dieser mithilfe von marktlichen Tauschformen sowie heute auch die Bedeutung von Institutionen zur Absicherung dauerhafter Beziehungen. Wichtige Protagonisten sind Friedrich A. von Hayek, Thorstein Veblen und Oliver Williamson. Mit dieser (naturgemäß knapp ausfallenden und verkürzenden) Zuordnung einzelner Soziologen zu sozialtheoretischen Clustern bleiben zahlreiche Theorieansätze und ihre Vertreter und Vertreterinnen unerwähnt – doch lassen sich diese in der hier umrissenen Systematik in der Regel verorten.[6] Einige Vertreter könnten an mehreren Positionen aufgeführt werden und einige Positionen (wie z.B. Konflikttheorien und Institutionentheorien) berühren sich. Grundsätzlich können Krieg und Militär aus allen sozialtheoretischen Perspektiven analysiert werden – es gibt aber Ansätze, die per se affiner zur Militärsoziologie erscheinen als andere.[7] Die im Folgenden diskutierten Überlegungen in den jeweiligen sozialtheoretischen Zugängen orientieren sich an der in Tabelle 1 vorgeschlagenen Systematik.

---

5 Während Coser (2009) mit seiner Theorie sozialer Konflikte an die Überlegungen Simmels zum Streit (1995) anknüpft, bezieht sich Dahrendorf (1994) kritisch auf Marx (1962 ff.) und wendet dies zu einer liberalen Konfliktsoziologie der Moderne.
6 Zur ausführlichen Darstellung sozialtheoretischer Ansätze vgl. z.B. Joas und Knöbl (2017), Münch (2004).
7 Zum Zusammenhang zwischen sozialtheoretischen Ansätzen und Militärsoziologie vgl. z.B. Joas und Knöbl (2008), Kernic (2001).

3.2 Holistisch-verstehende Ansätze

Die *holistische-verstehende* Sozialtheorie behandelt Krieg und Militär als Kulturphänomene, die sich durch Sprache, Symbole und Artefakte ausdrücken, – insgesamt also Handlungsprämissen, -abläufe und -ergebnisse als vermittelte Sinnzusammenhänge. Georg Simmel (1995) und Max Weber (1980) sind frühe Vertreter dieser Theorierichtung, die sich bereits intensiv mit dem Militärischen auseinandergesetzt haben. Simmel hatte mit seiner 1908 vorgelegten Soziologie den Kampf als grundlegende Interaktionsform im Kapitel über den Streit eingeführt. Dies betrifft sowohl die Individuen als auch gesellschaftliche Gruppen und Organe, wobei er »die militärische Verfassung der Gruppe durch die Schutz- und Trutzinteressen jedes waffenfähigen Mannes« als Ergebnis der Sozialisation oder als unmittelbare Absprache unter den Beteiligten sieht (Simmel 1995: 604). Allerdings hat das Militär (wie auch die Bürokratie) die Tendenz, sich zu verselbstständigen und eigene Interessen zu entwickeln.

> »Auch die Stellung des Militärs kann gelegentlich diese soziologische Form verwirklichen; denn dieses, ein arbeitsteiliges Organ für die Selbsterhaltung der Gruppe, muss aus technischen Gründen selbst so sehr wie möglich ein Organismus sein; die Züchtung seiner Berufsqualitäten, besonders sein enger, innerer Zusammenhalt fordert einen energischen Abschluss gegen die übrigen Stände – anhebend von dem besonderen Ehrbegriff des Offizierkorps bis zu der Besonderheit der Bekleidung. So sehr diese Verselbständigung des Militärs zu einer spezifischen Lebenseinheit im Interesse des Ganzen liegt, so kann dieselbe doch eine Absolutheit und Starrheit annehmen, welche das Militär als einen Staat im Staate aus den Zusammenhängen der Gruppe überhaupt löst und so die Verbindung mit den Wurzeln zerstört, aus denen ihm schließlich doch allein seine Kraft und Richtung kommen kann. Das moderne Volksheer sucht dieser Gefahr zu begegnen, und es stellt durch die temporäre Dienstpflicht des ganzen Volkes ein glückliches Mittel dar, die Selbständigkeit des Militärs mit seinem Organcharakter zu verbinden.« (Simmel 1995: 638)

Simmel denkt die Gesellschaft als kulturellen Kontext und sieht das Handeln eingebettet in Interaktionszusammenhänge, die es zu verstehen gilt. Hierbei schafft er einerseits mit seinen Überlegungen zum Streit einen der grundlegenden Bezugspunkte für die soziologische Konfliktkonzeption und damit für das Verständnis von militärischen Konflikten, andererseits sieht er sowohl Interaktionsformen als auch gesellschaftliche Organe stets in ihrer funktionalen und dysfunktionalen Wirkung. Konflikte können eine funktionale Wirkung zur Beschleunigung sozialen Wandels haben, das Militär kann der Selbsterhaltung des Staates dienen, es kann aber auch zum Staat im Staat – und damit dysfunktional – werden. Hier kommt das normative Moment funktionaler Erklärung wieder zum Vorschein und Simmel liefert das Rezept zur Vermeidung der Verselbstständigung: die Wehrpflicht. So begleitet eines der grundlegenden analytischen Probleme der Militärsoziologie diese schon von Anfang an, die Frage, was besser sei: Institution oder Occupation (Moskos 1977 und die daran anschließende Debatte). Genau entgegengesetzt argumentiert Max Weber um 1920: Er sieht Berufssoldaten als kriegstechnisch überlegen, weshalb dieser Typus des Soldaten den Wehrpflichtigen verdrängen wird. Generell dient die »rationale Uniformierung des Gehorsams einer Vielzahl von Menschen« (Weber 1980: 681) der Durchsetzung rationaler Herrschaftssysteme. Der Vergleich tatsächlicher militärischer Gegebenheiten mit dem Idealtyp rational-bürokratischer Disziplinierung (Wachtler 1983) ist für Weber die Grundlage des Verstehens sozialer Handlungen wie auch sozialer Körperschaften in ihrem jeweiligen historischen oder auch durchschnittlichen (also erwartbaren) Handeln.[8] Die *holistisch-verstehende* Sozialtheorie umfasst neben den klassischen Ansätzen der verstehenden Soziologie auch phänomenologische, pragmatische und konstruktivistische Konzepte (Elbe 2002) und damit lassen sich zahlreiche heutige militärsoziologische Analysen und Überblicke hier verorten (z.B. Heins/Warburg 2004, Hagen 2012, Joas/Knöbl 2008, Kernic 2001).

3.3 Individualistisch-verstehende Ansätze

Die erste der individualistischen (und damit handlungstheoretischen) Perspektiven ist die *individualistisch-verstehende* Sozialtheorie. Diese Theorietradition bezieht sich insbesondere auf den symbolischen Interaktionismus, auf durch Sozialisation erworbenes Verständnis für rollenkonformes Handeln. Untersucht wird hier, wie sich das Individuum gesellschaftliche Erwartungen zu eigen macht und lernt, in einem Rahmen von gesellschaftlichen Vorgaben eigene Positionen zu besetzen und alltäglich auszugestalten. Speziell Mead (1969) und Goffman (1995, 2003) haben diese Theorieposition beeinflusst. Die militärsoziologische Anwendung dieses Theorieclusters bezieht sich auf die zivil-militärischen Beziehungen im Alltag, also darauf, wie die Individuen in der Gesellschaft hinsichtlich ihrer Auffassung und Bewertung von Militär sozialisiert werden und in welchen Rollen

---

[8] Auch andere »frühe« Soziologen beschäftigen sich mit Krieg und Militär: So konzipierte Ferdinand Tönnies das Militär noch ganz als männliches Heer, das nicht das Gemeinwesen sei, daran aber Teil haben müsse (Tönnies 2015) und Sombart sieht im Krieg eine Unternehmung und im Feldherr den entsprechenden Unternehmer (Sombart 1920). Letztlich passen beide das Militärische nur in ihr eigentliches Interesse ein – bei Tönnies ist dies, die Grundbegriffe einer reinen Soziologie zu umreißen, bei Sombart dient es dazu, eine Wirtschaftssoziologie zu verfassen.

sie dem Militär als Erwachsene begegnen. Dies kann in verschiedenen Gesellschaften sehr unterschiedlich ausgeprägt sein, abhängig vom Grad der militaristischen Durchdringung der Gesellschaft (in Deutschland z.B. zu Beginn des 20. Jahrhunderts deutlich stärker als zu Beginn des 21. Jahrhunderts), aber auch von der institutionellen Ausgestaltung der individuellen Beziehung (gibt es z.B. eine Pflicht, Wehrdienst zu leisten oder geschieht dies freiwillig). Empirische Untersuchungen in den USA zu diesen Zusammenhängen (z.B. Shils/Janowitz 1948, Stouffer et al. 1949/50) gehören mit zu den frühesten in der Militärsoziologie und beschäftigen sich mit Fragen der informellen Struktur militärischer Organisationen, der Sozialisation in totalen Institutionen, dem Verhalten von Soldaten in Kriegsgefangenschaft sowie der militärischen Führung in Gruppen.[9]

3.4 Holistisch-erklärende Ansätze

Die Problematik normierender Tendenzen kennzeichnet auch die *holistisch-erklärende* Sozialtheorie. Deren grundlegende Perspektive ist der Funktionalismus, der schon Anfang der 1920er-Jahre den Zusammenhang zwischen gesellschaftlichen Strukturen und Praktiken mit deren Funktion für den Bestand einer Kultur herausarbeitete. Damit werden soziale Phänomene auf ihren Beitrag zur Funktionsfähigkeit einer Gesellschaft oder eines Systems untersucht – andere Aspekte laufen hierbei Gefahr (aufgrund des in dieser Perspektive selbst gewählten blinden Flecks) ignoriert zu werden. Damit werden auch Krieg und Militär nach ihren funktionalen Beiträgen analysiert und somit der immanenten Norm des Systemerhalts unterworfen. Bronislaw Malinowski hat bei seinen anthropologischen Studien in der Südsee neben der Bedeutung von Tausch, Magie und Sexualität bereits die Funktion von Krieg und Waffen in einem kulturellen Zusammenhang deutlich gemacht (Malinowski 1920, 1966). Malinowski gilt dabei nicht nur als einer der Begründer der teilnehmenden Beobachtung als wichtige Methode der Feldforschung in der Ethnologie, sondern auch des Funktionalismus als erklärend-holistische Perspektive. Park (1940) untersucht die gesellschaftliche Funktion von Krieg und kommt zu dem Ergebnis, dass zum Ersten das räumliche Gebiet einer politischen Macht erweitert werden soll, zum Zweiten der Friede in diesem Gebiet gesichert und zum Dritten die politisch-soziale Ordnung auch kulturell gestützt werden soll. Durch Malinowskis Schüler Talcott Parsons wurde die funktionalistische Perspektive in eine systemtheoretische Semantik gefasst, die wiederum dessen Schüler Niklas Luhmann auf eine selbstreferenzielle,

---

[9] Zur weiteren frühen empirisch-militärsoziologischen Literatur und deren Einordnung vgl. Roghmann und Ziegler (1969).

autopoietische Systemauffassung reduzierte. Allerdings ist anzumerken, dass Parsons und sein Umfeld nur geringes Interesse am Militärischen zeigten (Joas/ Knöbl 2008). Aus systemtheoretischer Sicht analysiert der Bielefelder Soziologe Stefan Kühl immer wieder das Militär und thematisiert dabei sowohl aktuelle Entwicklungen als auch historische Konstellationen (Kühl 2014), wobei er sich in innovativer Weise einer zeitkritisch-kommentierenden beziehungsweise historisch-soziologisch analysierenden Methodologie bedient. Eine dezidierte Verbindung zwischen funktionaler Analyse und empirischer Militärsoziologie findet sich bei Robert K. Merton, der ebenfalls, als Schüler von Parsons, den Funktionalismus nicht als soziologische Großtheorie konzipierte, sondern als Ansatz zur Bildung von Theorien mittlerer Reichweite, die für spezifische soziale Ausschnitte Geltung beanspruchen und damit einen reduzierten Abstraktionsgrad haben (Merton 1995). Ein empirischer Ausgangspunkt zur Ausarbeitung dieser Konzeption war die Studie von Merton und Lazarsfeld (1950) zur Reflexion des Projekts »The American Soldier« (Stouffer 1949/50), wobei sie das Konzept der Bezugsgruppe empirisch überprüften. Mit diesem Ansatz wird die grundlegende Problematik funktionalistischer Erklärung abgemildert, die in der Normativität des Erklärungszusammenhangs – als teleologisch auf Funktionalität im System gerichtete Perspektive – besteht; aufgehoben wird sie auch bei Merton (1995) nicht.

3.5 Individualistisch-erklärende Ansätze

Bereits frühe Ansätze der rationalistisch argumentierenden *individualistisch-erklärenden* Theorietradition haben in der Aufklärung die Frage nach dem Zusammenhang zwischen Krieg und Herrschaft untersucht und sind zu Lösungen gekommen, die Herrschaft als Gesellschaftsvertrag zur Reduktion von kriegerischen Auseinandersetzungen gesehen haben – insbesondere Hobbes' (1996) Leviathan. Die absolutistische Herrschaft des aufgeklärten (im besten Fall eigeninteresselosen) Monarchen beendet den Krieg aller gegen alle und bündelt die Machtmittel in den Händen des Staates (Joas/Knöbl 2008). »Als solche Herrschaftsinstrumente werden die Militärapparate für die großen Aufgaben der staatlichen Politik eingesetzt« (Krippendorff 1985: 75). Der Krieg wird zivilisiert und dient nun der Fortsetzung der Politik mit anderen Mitteln (Clausewitz 1990) – hier findet die Kriegstheorie der Aufklärung ihren bis heute vielfach zitierten Höhepunkt. Wachtler (1983) verordnet im Umfeld der Reformbewegung der ersten Hälfte des 19. Jahrhunderts und der Industrialisierung der Kriegführung auch einen neuen wissenschaftlichen Umgang mit Krieg und Militär, deren sich die neu entstehenden Sozialwissenschaften mit veränderten Denkmethoden annahmen. Dies demonstriert Wachtler am Beispiel von Auguste Comte, für den »*das Militär wichtige, die industrielle Entwicklung erst ermöglichende, historische Funktionen erfüllte«* und dem er *»damit geschichtliche Bedeutung zu[wies], die jedoch vorüber ist, sobald das industrielle Zeitalter beginnt«* (Wachtler 1983: 27). Zumindest verliert das Militär zusammen mit anderen Organisationen den dominanten gesellschaftlichen Gestaltungsanspruch und neue soziale Abstimmungsprozesse prägen die Verhältnisse von individuellen und kollektiven Akteuren, wie Coleman (1993) feststellt. Dominant sind hierbei die jeweiligen Interessen, die im Zuge der Individualisierung und Rationalisierung der Gesellschaft zunehmendes Gewicht erhalten und sich auch in der empirischen Sozialforschung (speziell des Militärs und der Soldaten in den USA: Coleman 1986) manifestieren. Vogt (1986) diagnostiziert in diesem Kontext ein Inkompatibilitätstheorem von Militär und Gesellschaft. Für die Rationaltheorie sind individuelle Akteure, die sich rational verhalten und Routineabstimmungen im Alltagshandeln an Institutionen (vielfach in Form von kollektiven Akteuren) delegieren, die prägenden sozialen Faktoren moderner Gesellschaften. Das Militär ist ein kollektiver Akteur neben anderen und die sozialen Beziehungen werden mithilfe der empirischen Sozialforschung (insbesondere durch quantitativ-statistische Surveys) analysiert.

3.6   Holistisch-normierende Ansätze

Aus historischer Sicht ist die *holistisch-normierende* Perspektive das zweitälteste sozialtheoretische Cluster, das sich mit Krieg und Militär dezidiert auseinandersetzte. Speziell die Konflikttheorien in marxistischer Tradition arbeiten den Zusammenhang zwischen Ressourcenverfügung (aufgrund von Kapitalakkumulation) und Machtsicherung durch Militär und Militarisierung der Gesellschaft heraus, wobei Friedrich Engels davon ausging, *»dass im Zuge der historischen Gesellschaftsentwicklung der Militarismus und damit das Militär an seinen eigenen Widersprüchen zugrunde gehen werde«* (Wachtler 1983: 117). Andererseits hatten Marx und Engels im »Manifest der Kommunistischen Partei« (Marx/Engels 1955) festgestellt, dass die Revolution zur Beseitigung der Herrschaft der Bourgeoisie gewaltsam, im Kampf erfolgen müsse. Wichtige Maßnahmen nach Übernahme der politischen Macht seien unter anderem Arbeitszwang für alle und die »Errichtung industrieller Armeen« (Marx/Engels 1955: 34). Diese sollten insbesondere den Ackerbau vorantreiben, zugleich wurde aber die »Allgemeine Volksbewaffnung« (Marx/Engels 1955: 68) gefordert. Das Militär als Organisation der revolutionären Bewegung wurde damit sowohl in der Forderung des Manifests wie auch in der Bewertung konkreter historischer Gegebenheiten positiv konnotiert – so bewertet Engels (1983: 264) die Truppen der Pariser Kommune als Träger notwendiger Gegenwehr: »Am 30. schaffte die Kommune die Konskription und die stehende

Armee ab und erklärte die Nationalgarde, zu der alle waffenfähigen Bürger gehören sollten, für die einzige bewaffnete Macht«. Wie Kernic (2001) deutlich macht, schaffen Marx und Engels keine neuen sozialwissenschaftlichen Erkenntnisse in Hinblick auf Krieg und Militär, sie unterwerfen das Themenfeld aber dem dialektischen Denken ebenso wie der politischen Instrumentalisierung. In Deutschland wurden – in der dialektischen Tradition insbesondere im Anschluss an die Frankfurter Schule – die materiellen Bedingungen, die moderne Armeen prägen, als technischer Unterbau (Basis) interpretiert, der in Bezug zum ideologischen Überbau – für die Bundeswehr durch das Konzept der »Inneren Führung« repräsentiert – zu analysieren ist (Mosen 1967). Im Spannungsfeld zwischen Basis und Überbau lassen sich zahlreiche militärsoziologische Analysen verorten (Soeters 2018), wobei die zunehmende Ökonomisierung und Privatisierung von Teilen des Militärs in vielen westlichen Staaten der Anwendung marxistischer Konflikttheorie Ansatzpunkte liefert. Problematisch sind dabei weniger einzelne Zusammenhangsanalysen, als vielmehr der eigene theoretische Überbau marxistischer Theorie, der aufgrund des historischen Materialismus eine gesellschaftliche Teleologie unterstellt (durch immer wieder aufkommende gesellschaftliche Antagonismen entsteht eine Entwicklungsdynamik, die zu einem idealen Endzustand hinstrebt), die als Sozialtheorie nicht tragfähig ist – anders formuliert: überhaupt nicht falsifizierungsfähig ist. Die Normativität marxistischer Konflikttheorien zeigt sich in der (versagenden) Prognostik des historischen Materialismus, die zugleich als Gestaltungsauftrag dahingehend verstanden wird, die unvermeidliche Entwicklung hin zur Auflösung der Konflikte in egalitären gesellschaftlichen Verhältnissen zu unterstützen, der sich auch das Militär unterzuordnen hat. Dies führte beispielsweise zu einer Unterordnung methodischer Vorgaben empirischer Forscher unter politische Erwägungen vor Ort hinsichtlich der empirischen *wehrsoziologischen Forschung* in der Nationalen Volksarmee der DDR.[10]

3.7 Individualistisch-normierende Ansätze

Anfang des 19. Jahrhunderts war die Nutzentheorie, als eine spezifische Form des Rationalismus, von großer Bedeutung für die Herausbildung einer *individualistisch-normierenden* Perspektive. Schon frühe Vertreter dieser Richtung (z.B. James Mill und später sein Sohn John Stuart Mill) plädierten für eine liberale Handelspolitik, die den Frieden und damit den Nutzen des Einzelnen und ganzer Wirtschaften befördere, wohingegen alle Beschränkungen (z.B. durch ein Völkerrecht) Kriege und damit gewaltige Wohlfahrtseinbußen mit sich brächten (Joas/Knöbl 2008,

---

10   Zur Konzeption empirischer Sozialforschung innerhalb der NVA vgl. Casselt (1983).

Wachtler 1983). Ab der zweiten Hälfte des 19. Jahrhunderts kam es zu einer zunehmenden Übernahme von institutionalistischen Positionen, die Eingriffe in außereuropäische Märkte im Rahmen des britischen Imperialismus rechtfertigten. Dies galt insbesondere für das britische Militär, das half, die wirtschaftliche Kontrolle über den Handel zwischen dem Heimatland und den Kolonien aufrechtzuerhalten. Der Liberalismus ist mit seiner radikalen Forderung nach Freiheit insofern normierend, als *erstens* andere Formen sozialer Abstimmung rigoros abgelehnt werden und *zweitens* dann in der (politischen) Praxis doch institutionelle Absicherungen von Handelsprivilegien gefordert und gefördert werden, die der eigenen Nutzensteigerung dienen. Dies setzt sich bis heute fort, wenn neue institutionenökonomische Ansätze von prinzipiell liberalen Marktverfassungen ausgehen, die aber durch opportunistisches Verhalten individueller Akteure zu Nachteilen für andere Akteure führen könnten. Soziale Beziehungen werden hier als Austauschbeziehungen konzipiert, die potenziell konfliktbehaftet sind und deren Konfliktpotenziale sich – bei prinzipiell liberalen Tauschordnungen oder Gesellschaftsverfassungen – durch Institutionen regulieren lassen. Dies findet im Militärischen zum Beispiel Anwendung, wenn der Frage nachgegangen werden soll, ob bestimmte Aufgaben besser in Netzwerken oder in Form militärischer Organisation erledigt werden sollen (transaktionskostentheoretische Analyse nach Williamson, z.B. Lohmann/Rötzel 2013). Es können auch Rechte als institutionelle Regelungen analysiert werden (Coleman 1991) oder soziale Beziehungen werden als Prinzipal-Agenten-Beziehungen konzipiert, wobei der Prinzipal das Recht zur Beauftragung (zum Befehl) hat und die Agenten die Anweisung dann auszuführen haben. Aufgrund der unvollständigen Kontrollmöglichkeit haben die Agenten einen Informations- und Handlungsvorsprung, den der Prinzipal durch Kontrolle, Anreize oder andere Institutionen (z.B. Vertrauen) zu kompensieren sucht. Beispiele für militärspezifische Studien hierzu liefern Feaver (2005) mit seiner grundlegenden Analyse der zivil-militärischen Beziehungen als Prinzipal-Agenten-Beziehung und Voget (2008) mit seiner empirischen Untersuchung der Beziehungen zwischen dem militärischen Führer einer Einheit im Kosovo und den ihm unterstellten Soldaten in Hinblick auf die zivil-militärische Zusammenarbeit. Die Arbeiten unter diesem normativen Postulat verbinden vielfach sozialwissenschaftliche mit ökonomischen Ansätzen in der Analyse direkt gewonnener oder bereits vorhandener Daten.

3.8 Sozialtheorie und Methodologie

Wie eingangs bereits angemerkt sind alle aufgeführten sozialtheoretischen Perspektiven für sich gerechtfertigt, da sie den betrachteten Erklärungszusammenhang nach ihrer jeweils eigenen Logik reduzieren und andere Zusammenhänge ausschließen.

Eine Festlegung auf eine bestimmte Methodologie ist damit nicht zwangsläufig verbunden, auch wenn in der Praxis häufig mit erklärenden Ansätzen statistisch-quantitative Vorgehensweisen assoziiert werden und mit verstehenden Ansätzen qualitative Methoden. Diese Zuordnung ist aber nicht zwingend. Ebenso wenig, wie von einer Einheit der Sozialwissenschaften aus wissenschaftstheoretischer Sicht auszugehen ist, kann eine bestimmte Schlussart (Induktion, Deduktion oder Abduktion) oder eine bestimmte Methode exklusiv für eine bestimmte sozialtheoretische Richtung beansprucht oder ausgeschlossen werden. Die spezifische Fragestellung, das bereits vorhandene wissenschaftlich-empirische Wissen über den Forschungsgegenstand und die theoretische Perspektive ergeben einen Forschungsansatz, der jedem einzelnen Forschungsprojekt zugrunde liegt und aus dem sich, in Verbindung mit dem konkreten Feldzugang das jeweilige Vorgehen und die jeweilige Methode im Rahmen des Forschungsdesigns rechtfertigen müssen.

4   Hypothesen- und Typenbildung in der Militärsoziologie

Mit der Wahl des Forschungsansatzes findet die Verbindung zwischen wissenschaftstheoretischen Grundannahmen, sozialtheoretischer Verortung und der spezifischen Fragestellung statt. Ein Überblick über die Breite der Forschungsansätze findet sich bei Soeters, Shields und Rietjens (2014), wobei neben deskriptiven Darstellungen von Forschungsergebnissen auch Typologien und insbesondere Zusammenhangsanalysen besprochen werden. Die theoretisch begründete Behauptung von Zusammenhängen entspricht einem deduktiven Vorgehen, da unterstellt wird, dass es bestimmte Zusammenhänge kausaler oder teleologischer Natur gebe, die sich in Abhängigkeiten (in der Form des Einflusses einer unabhängigen Variable auf eine abhängige Variable: $V_u \rightarrow V_a$) ausdrücken lassen (Schnell et al. 2018). Eine gängige Annahme wäre beispielsweise, dass sich die Einkommenshöhe (V_u) auf die berufliche Zufriedenheit (V_a) – nicht nur von Soldaten – auswirkt. Hier wäre eine einfache Hypothese zu überprüfen, die sich zum Beispiel im Rahmen eines quantitativen Vorgehens mit einem bivariaten Zusammenhangsmaß (z.B. einer Korrelation) statistisch analysieren ließe. Es könnten aber auch noch andere Faktoren, etwa das Geschlecht, das Alter oder die hierarchische Position (Dienstgrad) – um nur einige mögliche Einflussgrößen zu nennen – auf die berufliche Zufriedenheit von Soldaten wirken, dann wäre im Rahmen einer statistischen Analyse ein multivariates Verfahren (z.B. Regressionsanalyse) zu wählen. Abhängig vom Vorgehen kann es sich hier um Ad-hoc-Hypothesen handeln, die erst im Rahmen des Auswerteprozesses konkret formuliert wurden, oder um ein Falsifizierungsverfahren, bei dem untersucht wird, ob eine Theorie, die sich in spezifischen Hypothesen konkretisieren lässt, der empirischen Überprüfung standhält. In beiden Fällen werden Hypothesen getestet, aber nur der letztere Fall genügt den Forschungsansprüchen des kritischen Rationalismus.

Hier stellt sich wieder die Frage nach der Reichweite wissenschaftlicher Erkenntnis: Das Testen von Theorien stellt hohe Ansprüche an den Forschungsansatz. Ausgehend von der Forschungsfrage sind die Hypothesen zu formulieren und zu operationalisieren (Schnell et al. 2018). Dann muss mit der Auswahl des Forschungsfeldes die Reichweite der Gültigkeit von getroffenen Aussagen festgelegt werden – für quantitativ-statistisches Vorgehen bedeutet das, dass aufgrund einer Vollerhebung oder des Ziehens einer, für eine spezifische Population (z.B. die Grundgesamtheit aller Soldatinnen und Soldaten der Bundeswehr) repräsentativen, Stichprobe, die erklärenden Zusammenhänge Auskunft geben. Liegt keine Vollerhebung oder repräsentative Stichprobe (z.B. Zufallsstichprobe) vor, können die Ergebnisse nur für die befragte Teilpopulation Gültigkeit beanspruchen (z.B. für die befragten Soldatinnen und Soldaten, nicht aber für alle Uniformträger der Bundeswehr). Mertons Forderung nach der Formulierung von Theorien mittlerer Reichweite versucht dieser Problematik auch aus empirischer Sicht gerecht zu werden (Merton 1995).

Nun ist es aber nicht so, dass die Überprüfung von Zusammenhängen quantitativ-statistischen Vorgehensweisen vorbehalten wäre. Auch mithilfe von qualitativen Verfahren können Zusammenhänge analysiert werden (Mayring 2016). Im Rahmen von Interviews kann eine gewisse Anzahl von Soldatinnen und Soldaten bezüglich ihrer beruflichen Zufriedenheit und den von ihnen hierfür als relevant eingeschätzten Gründen befragt werden. Auch hier kann die Wirkung der Einkommenshöhe auf die berufliche Zufriedenheit ($V_u \rightarrow V_a$) festgestellt werden. Ebenso können mehrere Einflussgrößen in Betracht gezogen werden – hierfür eignen sich qualitative Verfahren sogar in besonderem Maß, da es möglich ist, die Einflussgrößen erst während des Forschungsprozesses aus dem erhobenen Material (etwa den transkribierten Interviews) zu entwickeln und damit Einflüsse zu entdecken, die bisher gar nicht bedacht worden waren (Elbe 2015). Nun gilt es auch im Fall von qualitativem Vorgehen deutlich zu machen, welches theoretische Wissen Grundlage der Forschung (und damit der Fragestellung) war und welche Reichweite die so extrahierten Zusammenhänge haben. Außerdem ist zu begründen, warum bestimmte Gruppen oder Populationen von einer Anzahl interviewter Personen repräsentiert werden – dies bezeichnet man als qualitative Repräsentation (in Analogie zur quantitativen Repräsentativität) oder umfassender im Sinn einer Gesamtpassung als Gegenstandsangemessenheit (Strübing et al. 2018).

Die Erklärung von Zusammenhängen kann nie sinnfrei erfolgen und ist somit immer (unabhängig von der methodologischen Ausrichtung) auf Interpretationen angewiesen. Was ein Zusammenhang oder die Kombination mehrerer Zusammenhänge im jeweiligen Forschungskontext bedeuten, muss sowohl bei quantitativen wie bei qualitativen Analysen argumentativ erschlossen werden. In beiden Fällen ist verstehendes Erklären notwendig, es gilt immer, dem Gegenstandsbereich der Erklärung insgesamt gerecht zu werden und entsprechende Einzelerkenntnisse in diesem Kontext zu würdigen. Die Hypothesenbildung und -testung ist nur eine mögliche Vorgehensweise der wissenschaftlichen Aufbereitung empirisch erhobener Daten. Die deskriptive Darstellung der Datenlage ist sowohl bei qualitativen als auch bei quantitativen Daten die Grundlage dafür, Dritten – und darum muss es in der Wissenschaft immer gehen: die Herstellung von Intersubjektivität mit nachvollziehbaren Methoden – eine eigene Beurteilung der Angemessenheit der Analysen und Interpretationen zu ermöglichen. Zu zahlreichen Studien der empirischen Militärsoziologie generell haben Carreiras, Castro und Frederic (2017) einen Überblicksband vorgelegt sowie speziell hinsichtlich qualitativer Studien der Militärsoziologie Carreiras und Castro (2013). In beiden Anthologien zeigt sich, dass der deskriptiven Darstellung von Forschungsergebnissen in der empirischen Militärsoziologie breiter Raum eingeräumt wird. Ein Beispiel der deskriptiven Darstellung eines Einzelfalls (Kasuistiken, historische Fallstudien) ist die Beschreibung eines bayerischen Obersten, der sich zum Pazifisten wandelt, durch Bald (1999).[11] Personenbezogene Einzelfalldarstellungen nutzen üblicherweise qualitative Forschungsansätze (bei historischen Arbeiten insbesondere die Analyse von Archivmaterial). Einzelfalldarstellungen, die soziale Einheiten betreffen (z.B. die Fallstudie zur Organisationskultur im Deutsch-Niederländischen Korps, Hagen 2004), nutzen hingegen häufig quantitative Verfahren.

Es kann sinnvoll sein, Daten einzelner Merkmale oder Individuen zu gruppieren oder zu klassifizieren. Hier werden Aussagen für empirische Gesamtheiten oder Regelmäßigkeiten getroffen, die als quantitative Typen bezeichnet werden können. Es lassen sich sowohl Befragte aufgrund spezifischer Antworten zu Typen zusammenfassen (z.B. geschichtete Repräsentativität, Clusteranalysen) als auch Merkmale (z.B. Zusammenfassung von Merkmalen in Skalen oder Faktoren, die dann als Merkmalsgesamtheit behandelt werden) aufgrund relativer Ähnlichkeit in den Antworttendenzen. Ein Beispiel für den ersten Fall liefern Everts und Isernia (2015), die eine quantitativ-empirische Typologie hinsichtlich der Bevölkerungsanteile nach Macht- und Kriegsorientierung in ausgewählten Ländern Europas und den USA erstellten (Falken, Tauben, Isolationisten und Pragmatiker). Als Beispiel für

---

11 Ebenso die weiteren Fallstudien »Pazifistischer Offiziere« im Sammelband von Wette (1999).

den zweiten Fall analysierte beispielweise Höfig (2017) drei Bedürfnisgruppen im militärischen Arbeitsalltag in der Bundeswehr und kam anhand multivariater Analysen zu dem Ergebnis, dass alle drei Faktoren die Wahrnehmung der Bundeswehr als attraktiven Arbeitgeber in gleichem Maß beeinflussen. Motivation, Commitment, Identifikation und Zufriedenheit wurden hingegen primär durch die beiden Faktoren soziale Bedürfnisse und Wachstumsbedürfnisse angesprochen. Qualitative Typen liefern Repräsentationen relevanter Gruppen in einer Population (Kelle/Kluge 2010). So unterschied Leonhard (2007) im Rahmen einer qualitativen Analyse (mit 55 Interviews) vier Typen soldatischer Identität in der Bundeswehr (als Alternative zum Zivilberuf, als Karriere, als Lebenswelt oder als Mission). Die so erzeugten Typen sind Realtypen (Weber 1980), die sich als Gruppierungen oder Klassifizierungen aus der empirischen Realität ergeben und an die durchschnittliche Eigenschaftszuschreibungen und Handlungserwartungen geknüpft werden. Im Einzelfall verhalten sich Akteure nicht zwangsläufig gemäß der typkonformen Erwartung – um diese Verhaltensabweichungen im Einzelfall erklären zu können, bedarf es wieder eines deutenden Verstehensprozesses (Weber 1980, Elbe 2016).

Neben Zusammenhangsanalysen und deskriptiven Analysen, Einzelfallbeschreibungen und der Entwicklung von Realtypen ist schließlich noch das Forschen mit Idealtypen eine Vorgehensweise, um mit empirischem Material umzugehen. Weber (1980) beschreibt den Idealtyp als Hilfsmittel zur Konstruktion von Hypothesen und als Vergleichsmaßstab, um soziales Handeln in der Realität besser (deutend) verstehen zu können (vgl. hierzu auch Schütz 1974, Gerhardt 2001, Elbe 2002, Elbe/Saam 2008, Elbe 2016). Der Idealtyp stellt dabei nach Weber (1980) ein Gedankenexperiment dar, bei dem durch Explizierung zentraler Merkmale eines sozialen Phänomens und Übersteigerung dieser Merkmale gemäß der ihnen eigenen Rationalität in die krasseste, reinste Form ein Typus erzeugt wird, der in dieser Absolutheit in der Realität nicht existiert (und wenn er gut gemacht ist: nicht existieren kann). Es ist die Explizierung der reinen Idee, von der abzuweichen es in der Realität zahlreiche gute Gründe gibt – aber um diese erkennen und verstehen sowie auf dieser Grundlage schließlich soziales Handeln oder soziale Strukturen sinnhaft erklären zu können, bedarf es des Vergleichs mit dem Handeln, das dem Idealtyp nach zu erwarten gewesen wäre. Bezogen auf das Militär nutzen Weber (1980), Wachtler (1983) und vom Hagen (2012) explizit das Konstrukt des Idealtyps, wobei vom Hagen (2012) den »Homo Militaris« als eigenständigen Idealtyp in die wissenschaftliche Diskussion einführt. Eine Statuszuschreibung wie »Offizier«, eine Truppengattungszugehörigkeit wie »Fallschirmjäger« oder schon die grundsätzliche Tätigkeit als »Soldat« können dabei die Grundlage für die Bildung von Idealtypen liefern. So untersuchte Elbe (2018), ausgehend vom Weber'schen

Idealtyp der Bürokratie (1980), wie sich die bürokratische Orientierung des Militärs auf die Biografie von Soldatinnen und Soldaten auswirkt, und kam aufgrund statistischer Analysen zu dem Ergebnis, dass die Unterschiede in der Erfüllung verwaltungsrelevanter Bedürfnisse für die Entscheidung, Berufssoldatin oder -soldat werden zu wollen (oder nicht), ausschlaggebend sind. Grosswirth Kachtan (2016) liefert in ihrer Analyse der Bedeutung von Männlichkeit für das israelische Militär ein Beispiel für das qualitative Arbeiten mit einem Idealtyp. Hierfür untersucht sie, wie unterschiedliche Ethnien verschiedene Typen von Maskulinität bevorzugen und vergleicht diese mit einem »most significant model of idealized masculinity – the combat soldier – which existing literature regards as unitary, homogeneous, and reflective of hegemonic masculinity« (Grosswirth Kachtan 2016: 1). Der klassische Idealtyp in der Militärsoziologie ist die Institution/Occupation-Typologie von Moskos (1977), die zur Standard-Vergleichsgrundlage für die normorientierte Einordnung real existierender Armeen wurde.

Die Wahl des Forschungsansatzes ist nicht beliebig, sondern in hohem Maß mit der wissenschaftstheoretischen Grundorientierung und der sozialtheoretischen Positionierung verbunden. Die Planung der Datenerhebung, -analyse und -interpretation unterliegt dabei zwar keiner Zwangsläufigkeit, doch finden sich faktisch häufig gewählte Kombinationen. Eindeutige Zuordnungen zwischen den drei Bestimmungsgründen empirischer Militärsoziologie (wissenschaftstheoretische Position, sozialtheoretische Verortung und Forschungsvorgehen) lassen sich aber nicht treffen.

5 Forschungsdesigns, Triangulation und integrative empirische Militärsoziologie

Wie die bisherigen Ausführungen gezeigt haben, gibt es weder methodologische noch fachlich-theoretische Gründe für einen Methodenmonismus, wie ihn Giesen und Schmid (1976) forderten und der auch in der aktuellen wissenschaftspolitischen Diskussion in der Soziologie in Deutschland wieder eine Rolle spielt (Strübing 2019). Vielmehr regen Methoden- und Theorievielfalt dazu an, verschiedene Settings in den einzelnen sozialtheoretischen Verortungsmöglichkeiten dahingehend zu nutzen, die gesamte Breite der Forschungsansätze mit ihren unterschiedlichen Zugängen zur Beschreibung, zum Verstehen und zum Erklären des Militärs als sozialer Realität wirksam werden zu lassen. Ein Methodenwürfel[12] verdeutlicht die Entscheidungen, die zu treffen sind, um ein Forschungsdesign

---

12   Zum Methodenwürfel in ähnlicher Form vgl. von Rosenstiel (2007) und Elbe (2015).

für eine empirische Studie in der Militärsoziologie festzulegen. Wie Schnell, Hill und Esser (2018) oder auch Elbe (2015) betonen, sind diese Entscheidungen in Abhängigkeit voneinander zu treffen. Möglichkeiten der Auswertung des Datenmaterials und damit spezifische Erkenntnismöglichkeiten hängen davon ab, welches Ausmaß an Standardisierung gewählt wurde und ob Verhalten beobachtet wird oder Einschätzungen erfragt werden. Quantitative Analysen können sowohl aufgrund von Erhebungen, die im Feld (bei der Truppe) durchgeführt wurden, wie auch aufgrund von Laborforschung (z.B. bei der Durchführung von Stresstests) vorgenommen werden – dasselbe gilt für qualitative Analysen.

Das Forschungsdesign gibt die begründete Beschreibung des Forschungsvorgehens in allen seinen Facetten wieder. Hier fließen die wissenschaftstheoretischen Grundannahmen des Forschers beziehungsweise der Forscherin ebenso mit ein wie die sozialtheoretische Positionierung der Studie. Es geht dabei nicht um grundsätzliche (vorwissenschaftliche) Glaubensbekenntnisse zu einer bestimmten wissenschaftstheoretischen Richtung oder sozialtheoretischen Schule, sondern um das stimmige Konzipieren und Begründen des Forschungsvorgehens. Dies umfasst Entscheidungen zum Forschungsansatz, zum Umfang der Gültigkeit der Studienergebnisse (Repräsentativität oder Repräsentation) und dahingehend, an welchen Orten die Erhebung stattfinden soll (Feld oder Labor), ob beobachtet oder befragt werden soll und welche Auswertemethoden (z.B. Typenbildung oder Zusammenhangsanalysen) schließlich eingesetzt werden sollen. Es müssen aber auch Überlegungen hinsichtlich der zulässigen Interpretation der Daten angestellt werden. Abbildung 1 zeigt die Kombination verschiedener Forschungsansätze, Vorgehensweisen und Methoden im Methodenwürfel.

Um umfassende Informationen über die Verbreitung bestimmter sozialwissenschaftlicher Phänomene im Militär oder die zivil-militärischen Beziehungen betreffend zu erlangen, bietet es sich an, Ansätze der Triangulation zu berücksichtigen, um durch die Kombination verschiedener Daten, Methoden oder Theorien die perspektivische Verengung, die einzelne Verfahren mit sich bringen, auszugleichen (Flick 2011; Biehl und Tomforde in diesem Band). Wie die Diskussion zur Triangulations-Theorie von Norman Denzin zeigt, kann auch dieses integrative Verfahren keine wissenschaftliche Objektivität oder letztgültige Erkenntnis produzieren (Flick 2011), wohl aber die Integration unterschiedlicher methodologischer und sozialtheoretischer Zugänge.

Abbildung 1: Methodenwürfel

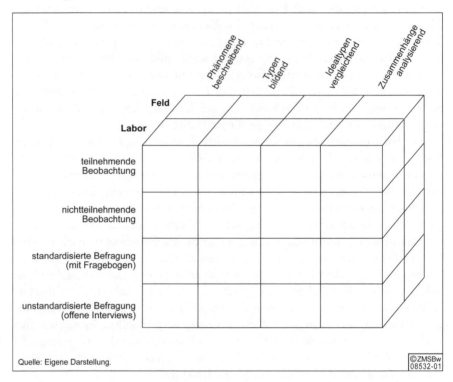

Quelle: Eigene Darstellung.

In Deutschland wird der Zugang zum empirischen Feld »Militär« und die möglichen Verfahren für die Praxis der empirischen Militärsoziologie durch die Vorschrift zu »Empirischen Untersuchungen zur Einstellungs-, Meinungs- und Verhaltensforschung in der Bundeswehr« (BMVg 2018) geregelt – explizit werden hier Fragebögen, Interviews, Fallanalysen, Beobachtungen und Experimente als Arten systematischer Datenerhebung genannt. Auch wenn die obige Aufzählung selbst einen gewissen Mangel an Systematik aufweist, zeigt sie doch die Breite der möglichen Zugänge und spricht quantitative und qualitative Verfahren gleichermaßen an.[13] Eine explizite wissenschaftstheoretische oder sozialtheoretische

---

13 So regelt die Zentrale Dienstvorschrift A-2710/1 (BMVg 2018: 2): »Unter einer empirischen Untersuchung im Sinne dieser zentralen Dienstvorschrift ist jegliche Art der systematischen Datenerhebung zur Einstellungs-, Meinungs- und Verhaltensforschung zu verstehen, z.B. mittels Fragebogen, Interviews, Fallanalysen, Beobachtungen oder Experiment.

Verortung wird nicht vorgegeben. Es besteht somit auch bei Studien innerhalb der Bundeswehr die Möglichkeit, unterschiedliche theoretische Perspektiven zugrunde zu legen und auch divergierende Forschungsdesigns für verschiedene Studien zu wählen, sowie die Möglichkeit zur Triangulation und Integration. Die Breite der methodologischen und theoretischen Ausrichtung sozialwissenschaftlicher Studien innerhalb der Bundeswehr seit 1975 lässt sich anhand von aktuell 140 Forschungsberichten und weiteren Papieren nachvollziehen.[14]

6 Zusammenfassung

Mit dem vorliegenden Beitrag wurden die wissenschafts- und sozialtheoretischen Grundlagen einer *empirischen Militärsoziologie* angesprochen und die prinzipiellen methodologischen Überlegungen hinsichtlich des Forschungsvorgehens dargestellt. Dabei wurde festgestellt, dass von einer geschlossenen Wehr- oder Militärwissenschaft nicht gesprochen werden kann, sondern vielmehr in unterschiedlichen wissenschaftlichen Disziplinen die jeweiligen Problemstellungen verschiedene Wissenschaftsperspektiven rechtfertigen. Dies gilt sogar innerhalb einzelner Disziplinen und auch für die Sozialtheorie. Auch hier gibt es nicht nur einen theoretischen Zugang, sondern Forschungsgegenstand und theoretisches Vorwissen konstituieren sich gegenseitig. Ein prinzipiell verstehendes Erklären ergibt sich aber daraus, dass es sich einerseits um eine sozialwissenschaftliche Annäherung handelt, andererseits aber systematischer Wissenszuwachs angestrebt wird.

Die wissenschaftstheoretischen Auffächerungen und Pluralisierungen bedeuten jedoch nicht, dass die (empirische) Militärsoziologie einem wissenschaftlichen Relativismus verfällt. Es bleiben wissenschaftliche Systematik (in Form von Begründung der Entscheidungen im Forschungsprozess und deren Nachvollziehbarkeit durch Dritte) und die Notwendigkeit, sich durch spezifische Signalbegriffe (z.B. aus funktionaler Sicht, aus handlungstheoretischer Perspektive) und Referenzialität (Herstellen von Anschlussfähigkeit durch Bezugnahme auf gängige militärsoziologische Theorien) im Wissenschaftsfeld zu verorten. Dies wird in den zahlreich vorgelegten empirischen Studien, die sich insbesondere in den beiden Zeitschriften »Armed Forces & Society« und »Res Militaris« sowie Sammelbänden, Monografien und Forschungsberichten finden, durchaus gemacht. Auch der an die Militärsoziologie vielfach herangetragene Vorwurf, dass sie empiristisch sei und sich

---

Dabei spielt es keine Rolle, ob die erhobenen Daten durch quantitative oder qualitative Verfahren erhoben und weiterverarbeitet werden.«

14 Abrufbar vom Publikationsserver des ZMSBw: <https://opus4.kobv.de/opus4-zmsbw/solrsearch/index/search/searchtype/series/id/3>.

um die hier diskutierten allgemein wissenschaftstheoretischen, sozialtheoretischen und methodologischen Fragen nicht kümmere, ist so nicht haltbar. Wie im vorliegenden Beitrag gezeigt wurde, lassen sich die Studien – ungeachtet der (teilweisen) Ignoranz gegenüber wissenschafts- oder sozialtheoretischen Debatten – sehr wohl in die unterschiedlichen Richtungen und Ausprägungen einordnen.

Wie beschrieben konnten sich sowohl die gegenstandsbezogenen Integrationsbestrebungen einer einheitlichen Wehrwissenschaft wie auch der Anspruch eines methodologischen Unifikationismus aus militärsoziologischer Sicht nicht durchsetzen. Im Ergebnis steht vielmehr eine Militärsoziologie, die in ihrer Gesamtheit einen wissenschaftlichen Pluralismus abbildet, wie er für eine sozialwissenschaftliche Disziplin wünschenswert ist – dies ist empirisch gut untermauert. Als Forderung an die Militärsoziologie bliebe bestehen, sich intensiver mit den Grundlagen der jeweils eigenen Positionen auseinanderzusetzen und diese zu reflektieren. Damit könnte die Militärsoziologie einen Beitrag zur Weiterentwicklung der Sozialtheorie und des generellen Wissenschaftsdiskurses leisten.

Literatur

Bald, Detlef (1999): Auf dem Weg zu den Pazifisten – Der bayerische Oberst Alfons Falkner von Sonnenburg (1851–1929). In: Wette, Wolfram (Hrsg.): Pazifistische Offiziere in Deutschland 1871–1933. Bremen: Donat, 110–129.

BMVg – Bundesministerium der Verteidigung (2018): Empirische Untersuchungen zur Einstellungs-, Meinungs- und Verhaltensforschung in der Bundeswehr. Zentrale Dienstvorschrift A-2710/1. Berlin: Bundesministerium der Verteidigung.

BMVg (2020): Wissenschaftliche Arbeit des Zentrums für Militärgeschichte und Sozialwissenschaften der Bundeswehr. Zentrale Dienstvorschrift A-2713/2. Berlin: Bundesministerium der Verteidigung.

Carreiras, Helena/Castro, Celso (Hrsg.) (2013): Qualitative Methods in Military Studies. Research Experiences and Challenges. London: Routledge.

Carreiras, Helena/Castro, Celso/Frederic, Sabina (Hrsg.) (2017): Researching the Military. London: Routledge.

Casselt, Christian (1983): Methoden der empirischen wehrsoziologischen Forschung. Studienmaterial. Dresden: NVA, Militärakademie »Friedrich Engels«.

Chalmers, Alan F. (1994): Wege der Wissenschaft. Einführung in die Wissenschaftstheorie. 3. Aufl. Berlin: Springer.

Charpa, Ulrich (1995): Philosophische Wissenschaftshistorie. Grundsatzfragen/Verlaufsmodelle. Braunschweig: Vieweg.

Charpa, Ulrich (1996): Grundprobleme der Wissenschaftsphilosophie. Paderborn: Schöningh.
Clausewitz, Carl von (1990): Vom Kriege. Augsburg: Weltbild.
Coleman, James (1986): Social Theory, Social Research, and a Theory of Action. In: The American Journal of Sociology, 91: 6, 1309–1335.
Coleman, James (1991): Grundlagen der Sozialtheorie. 1. Bd. Handlungen und Handlungssysteme. München: Oldenbourg.
Coleman, James (1993): The Rational Reconstruction of Society: 1992 Presidential Address. In: American Sociological Review, 58: 1, 1–15.
Coser, Lewis (2009): Theorie sozialer Konflikte. Wiesbaden: VS Verlag.
Dahrendorf, Ralf (1994): Der moderne soziale Konflikt. Essay zur Politik der Freiheit. München: DTV.
Delbrück, Hans (2017): Geschichte der Kriegskunst. 4 Bände. Hamburg: Nikol.
Dilthey, Wilhelm (1974): Gesammelte Schriften. 5. Bd. Die Geistige Welt. Einleitung in die Philosophie des Lebens. Erste Hälfte. Abhandlungen zur Grundlegung der Geisteswissenschaften. 6. Aufl. Stuttgart: Teubner.
Elbe, Martin (2002): Wissen und Methode. Grundlagen der verstehenden Organisationswissenschaft. Opladen: Springer/Leske+Budrich.
Elbe, Martin (2015): Organisationdiagnose. Methoden, Fallstudien, Reflexionen. Baltmannsweiler: Schneider Verlag Hohengehren.
Elbe, Martin (2016): Sozialpsychologie der Organisation: Verhalten und Intervention in sozialen Systemen. Berlin: Springer Gabler.
Elbe, Martin (2018): Employography: Zur Verwalteten Biografie von Soldaten. In: Schilling, Elisabeth (Hrsg.): Verwaltete Biografien. Wiesbaden: Springer VS, 171–194.
Elbe, Martin/Saam, Nicole (2008): »Mönche aus Wien, bitte lüftets eure Geheimnisse.« Über die Abweichungen der Beratungspraxis von den Idealtypen der Organisationsberatung. In: Gruppendynamik und Organisationsberatung. Zeitschrift für angewandte Sozialpsychologie, 39: 3, 326–350.
Engels, Friedrich (1983): Einleitung zu »Karl Marx Der Bürgerkrieg in Frankreich«. In: Marx, Karl/Engels, Friedrich: Ausgewählte Werke. Moskau: Verlag Progress, 260–270.
Everts, Philip/Isernia, Pierangelo (2015): Public Opinion, Transatlantic Relations and the Use of Force. Houndmills/Basingstoke: Palgrave Macmillan.
Feaver, Peter (2005): Armed Servants. Agency, Oversight, and Civil-Military Relations. Cambridge: Harvard University Press.
Flick, Uwe (2011): Triangulation: Eine Einführung. 3. Aufl. Wiesbaden: VS Verlag.
Gerhardt, Uta (2001): Idealtypus: Zur methodologischen Begründung der modernen Soziologie. Frankfurt a.M.: Suhrkamp.

Giesen, Bernhard/Schmid, Michael (1976): Basale Soziologie: Wissenschaftstheorie. München: Goldmann.
Goffman, Erving (2003): Wir alle spielen Theater. Die Selbstdarstellung im Alltag. 10. Aufl. München: Piper.
Goffman, Erving (1995): Asyle. Über die soziale Situation psychiatrischer Patienten und anderer Insassen. 10. Aufl. Frankfurt a.M.: Suhrkamp am Main.
Grosswirth Kachtan, Dana (2016): Deconstructing the Military's Hegemonic Masculinity: An Intersectional Observation of the Combat Soldier. In: Res Militaris, ERGOMAS Issue 2.
Hagen, Ulrich vom (2004): Militärische Organisationskultur und integrierte Multinationalität im Deutsch-Niederländischen Korps. In: Haltiner, Karl/Klein, Paul (Hrsg.): Multinationalität als Herausforderung für die Streitkräfte. Baden-Baden: Nomos, 97–116.
Hagen, Ulrich vom (2012): Homo militaris: Perspektiven einer kritischen Militärsoziologie. Bielefeld: transcript.
Heins, Volker/Warburg, Jens (2004): Kampf der Zivilisten. Militär und Gesellschaft im Wandel. Bielefeld: transcript.
Hobbes, Thomas (1996): Leviathan oder Stoff, Form und Gewalt eines kirchlichen und bürgerlichen Staates. Frankfurt a.M.: Suhrkamp.
Hollis, Martin (1991): Rationalität und soziales Verstehen. Frankfurt a.M.: Suhrkamp.
Hollis, Martin (1995): Soziales Handeln: Eine Einführung in die Philosophie der Sozialwissenschaften. Berlin: Akademia.
Höfig, Chariklia (2017): ›Man Shall Not Live by Bread Alone‹: Occupational Needs of Military Personnel and their Significance for the Attractiveness of the German Armed Forces as an Employer. In: Res Militaris, ERGOMAS Issue 4.
Joas, Hans/Knöbl, Wolfgang (2008): Kriegsverdrängung. Ein Problem in der Geschichte der Sozialtheorie. Frankfurt a.M.: Suhrkamp.
Joas, Hans/Knöbl, Wolfgang (2017): Sozialtheorie. Zwanzig einführende Vorlesungen. 5. Aufl. Frankfurt a.M.: Suhrkamp.
Kelle, Udo/Kluge, Susanne (2010): Vom Einzelfall zum Typus. Fallvergleich und Fallkontrastierung in der qualitativen Sozialforschung. 2. Aufl. Wiesbaden: VS Verlag.
Kernic, Franz (2001): Sozialwissenschaften und Militär. Wiesbaden: DUV/Springer.
Kerschensteiner, Georg (2013): Theorie der Bildung. Nachdruck der Originalausgabe. Hamburg: Severus.
Kornmeier, Martin (2007): Wissenschaftstheorie und wissenschaftliches Arbeiten. Eine Einführung für Wirtschaftswissenschaftler. Heidelberg: Physica.

Krippendorff, Ekkehart (1985): Staat und Krieg. Die historische Logik politischer Unvernunft. Frankfurt a.M.: Suhrkamp.
Krupnov, Sergej (1965): Dialektik und Militärwissenschaft. Berlin: Deutscher Militärverlag.
Kühl, Stefan (2014): Ganz normale Organisationen. Zur Soziologie des Holocaust. Frankfurt a.M.: Suhrkamp.
Leonhard, Nina (2007): Berufliche Identität von Soldaten. Eine qualitative Untersuchung von jungen männlichen Soldaten der Bundeswehr aus den neuen und alten Bundesländern. SOWI-Gutachten 3/2007. Strausberg: Sozialwissenschaftliches Institut der Bundeswehr.
Leonhard, Nina/Werkner, Ines-Jacqueline (2012): Einleitung: Militär als Gegenstand der Forschung. In: Leonhard, Nina/Werkner, Ines-Jacqueline (Hrsg.): Militärsoziologie – Eine Einführung. 2., aktual. und erg. Aufl. Wiesbaden: VS Verlag für Sozialwissenschaften, 19–35.
Lohmann, Christian/Rötzel, Peter (2013): Einfluss des öffentlichen Anteilseigners auf Public Private Partnerships: Eine empirische Untersuchung am Beispiel der Public Private Partnerships der Bundeswehr. In: ZfB, Journal of Business Economics, Special Issue 2/2013, 71–87.
Malinowski, Bronislaw (1920): War and Weapons Among the Natives of the Trobriand Islands. In: Man, 20: 4–5, 10–12.
Malinowski, Bronislaw (1966): Argonauts of the Western Pacific. An Account of Native Enterprise and Adventure in the Archipelagoes of Melanesian New Guinea. 7. Nachdruck. London: Routledge.
Marx, Karl (1962): Das Kapital. 3 Bände. Marx Engels Werke, Bd. 23–25. Berlin: Dietz Verlag.
Marx, Karl/Engels, Friedrich (1955): Manifest der Kommunistischen Partei. Berlin: Dietz Verlag.
Mayring, Philipp (2016): Einführung in die qualitative Sozialforschung. 6. Aufl. Weinheim: Beltz.
Mead, George (1969): Sozialpsychologie. Neuwied am Rhein: Luchterhand.
Merton, Robert (1995): Soziologische Theorie und soziale Struktur. Berlin: De Gruyter.
Merton, Robert/Lazarsfeld, Paul (1950): Studies in the Scope and Method of »The American Soldier«. (Continuities in Social Research). Glencoe: Free Press.
Mosen, Wido (1967): Eine Militärsoziologie. Neuwied am Rhein: Luchterhand.
Moskos, Charles (1977): From Institution to Occupation: Trends in Military Organization. In: Armed Forces & Society, 4: 1, 41–50.
Münch, Richard (2004): Soziologische Theorie. 3 Bände. Frankfurt a.M.: Campus.

Park, Robert (1940): The Social Function of War Observations and Notes. In: American Journal of Sociology, 46: 4, 551–570.
Popper, Karl (1969): Logik der Forschung. 3. Aufl. Tübingen: Mohr.
Reichherzer, Frank (2012): »Alles ist Front!«. Wehrwissenschaften in Deutschland und die Bellifizierung der Gesellschaft vom Ersten Weltkrieg bis in den Kalten Krieg. Paderborn: Schöningh.
Ridder, Paul (1993): Chirurgie und Anästhesie: Vom Handwerk zur Wissenschaft. Stuttgart: Hirzel.
Roghmann, Klaus/Ziegler, Rolf (1969): Militärsoziologie. Sonderdruck, Handbuch der empirischen Sozialforschung. 2. Bd. Stuttgart: Ferdinand Enke.
Rosenstiel, Lutz von (2007): Grundlagen der Organisationspsychologie. 6. Aufl. Stuttgart: Schäffer Poeschel.
Schmidtchen, Volker (1982): Militärische Technik zwischen Tradition und Innovation am Beispiel des Antwerks. Ein Beitrag zur Geschichte des mittelalterlichen Kriegswesens. In: Keil, Gundolf (Hrsg.): »Gelêrter der arzenîe, ouch apotêker«. Beiträge zur Wissenschaftsgeschichte. Festschrift zum 70. Geburtstag von Willem F. Daems. Pattensen: Horst Wellm Verlag, 91–195.
Schnell, Rainer/Hill, Paul/Esser, Elke (2018): Methoden der empirischen Sozialforschung. 11. Aufl. Berlin: De Gruyter.
Schütz, Alfred (1974): Der sinnhafte Aufbau der sozialen Welt. Eine Einleitung in die verstehende Soziologie. Frankfurt a.M.: Suhrkamp.
Shils, Edward A./Janowitz, Morris (1948): Cohesion and Disintegration in the Wehrmacht in World War II. In: The Public Opinion Quarterly, 12: 2, 280–315.
Simmel, Georg (1995): Soziologie. Untersuchungen über die Formen der Vergesellschaftung. Frankfurt a.M.: Suhrkamp.
Soeters, Joseph (2018): Sociology and Military Studies. Classical and Current Foundations. London: Routledge.
Soeters, Joseph/Shields, Patricia/Rietjens, Sebastiaan (Hrsg.) (2014): Routledge Handbook of Research Methods in Military Studies. London: Routledge.
Sombart, Werner (1920): Der Bourgeois. Zur Geistesgeschichte des modernen Wirtschaftsmenschen. München: Duncker & Humblot.
Stouffer, Samuel A./Hovland, Carl Iver/Lumsdaine, Arthur A./Sheffield, Fred D. (Social Science Research Council) (1949/50): The American Soldier. Studies in Social Psychology in World War II. 4 Bände. Princeton/NJ: Princeton University Press.
Strübing, Jörg (2019): Soziologie in kriegerischen Zeiten. In: Soziologie, 48: 2, 143–152.

Strübing, Jörg/Hirschauer, Stefan/Ayaß, Ruth/Krähnke, Uwe/Scheffer, Thomas (2018): Gütekriterien qualitativer Sozialforschung. Ein Diskussionsanstoß. In: Zeitschrift für Soziologie, 47: 2, 83–100.
Thalhammer, Andreas (2012): Militärwissenschaften – Begriff, internationale Verwendung und Akzeptanz. Wien: Bundesministerium für Landesverteidigung und Sport.
Toulmin, Stephen (1981): Voraussicht und Verstehen. Ein Versuch über die Ziele der Wissenschaft. Frankfurt a.M.: Suhrkamp.
Tönnies, Ferdinand (2015): Gemeinschaft und Gesellschaft. Grundbegriffe der reinen Soziologie. Nachdruck der 4./5. Auflage. London: Dalton House.
Voget, Bernhard (2008): Civil-Military Cooperation of the German Armed Forces: Theoretical Approach and Contemporary Practice in Kosovo. In: Ankersen, Christopher (Hrsg.): Civil Military Cooperation in Post Conflict Operations: Emerging Theory and Practice. Abingdon: Routledge, 143–172.
Vogt, Wolfgang (1986): Militär als Gegenkultur? Streitkräfte im Wandel der Gesellschaft (I). Opladen: Leske + Budrich.
Wachtler, Günther (1983): Militär, Krieg, Gesellschaft: Texte zur Militärsoziologie. Frankfurt a.M.: Campus.
Weber, Max (1980): Wirtschaft und Gesellschaft: Grundriß der verstehenden Soziologie. 5. Aufl., Tübingen: Mohr.
Wette, Wolfram (1999) (Hrsg.): Pazifistische Offiziere in Deutschland 1871–1933. Bremen: Donat.

Organisationssoziologische Perspektiven auf das Militär

Tabea Koepp

1 Die Militärsoziologie als Organisationswissenschaft?

Möchte man die klassischen Stränge der Militärsoziologie ausmachen, gehört neben der Frage nach der Einbettung des Militärs in die Gesellschaft sowie akteursorientierten Perspektiven die Auseinandersetzung mit dem Militär als Profession und Organisation zu den Kernthemen (Collmer 2010; Klein 2000: 44; Leonhard/Werkner 2012: 21–28; Meier 2014: 314). Die typische ›Organisationsblindheit‹, die anderen Bindestrich-Soziologien häufig eigen ist, kann man der Militärsoziologie somit definitiv nicht attestieren. Ganz im Gegenteil finden sich schon in der Frühphase militärsoziologischer Forschung zwar nicht allzu viele, aber doch immer wieder Beiträge, die das Militär explizit aus organisationstheoretischer Perspektive adressieren (Geser 1983; Janowitz 1960, 1964, 1971; König 1968: 11; Lang 1965; Roghmann/Ziegler 1977; Ziegler 1968). Zeitweilig ist sogar die Rede von der »Reduktion von Militärsoziologie auf Organisationstheorie« – anschließend an die Befürchtung, dass durch einen zu starken Fokus auf die Perfektionierung organisatorischer Strukturkonzepte der »gesellschaftliche Auftrag«, der den Streitkräften zukäme, zu kurz kommen könnte (Wachtler 1983: 139). Bis heute finden sich organisationstheoretische Auseinandersetzungen mit dem Militär (Apelt 2010, 2012b, 2019; Battistelli 1991; Elbe/Richter 2012; Gareis et al. 2006; Richter/Elbe 2012) ebenso wie skeptische Stimmen zur vermeintlichen Praxisorientierung der organisationsbezogenen Militärsoziologie (Kernic 2001: 13, 17 f.; Kurtz 1992: 64; Warburg 2008: 29 ff.).

Den kritischen Stimmen muss insofern recht gegeben werden, als Forschungen, die konkret auf der Struktur- und Prozessebene das Militär als Organisation beforschen, im Vergleich zur eher akteurszentrierten auftragsbezogenen Organisationsforschung tendenziell die Ausnahme darstellen (Richter 2017: 661).[1] So stellt beispielsweise die instrumentelle Perspektive der militärökonomisch orientieren Organisationslehre gezielt die Effizienz der Aufgabenerfüllung in den

---

[1] Eine der Ausnahmen ist z.B. die Langzeitstudie von Ansari und Euske (1987), in der administrative Prozesse und Verwaltungshandeln im US-amerikanischen Militär am Beispiel eines flächendeckend eingeführten Kostenrechnungssystems untersucht wurden, oder auch Wiesner (2013).

Vordergrund der organisationalen Analyse (Loquai/Schnell 1980). Andere wichtige Beiträge, die das Militär konkret als Organisation auch auf der Strukturebene adressieren, legen häufig einen Schwerpunkt auf das Verhältnis der Militärorganisation zur sie umgebenden Gesellschaft (z.B. in einer neoinstitutionalistischen Perspektive Elbe/Richter 2012). Die von Geser bereits 1983 dokumentierte Beobachtung, dass sich die Militärsoziologie dann doch meistens entweder makrosoziologisch mit dem Verhältnis zwischen Militär und Gesellschaft beschäftigt oder mikrosoziologisch das individuelle Verhalten der Soldat*innen (und daran anknüpfende Steuerungsmöglichkeiten) in den Blick nimmt, aber die Mesoebene der Organisation insbesondere theoretisch zumeist vernachlässigt, trifft mehr oder weniger heute noch zu (Apelt 2012b: 144; Richter 2017: 661). Auch methodisch und methodologisch überwiegen akteurszentrierte Ansätze der Personalforschung, meist mithilfe quantitativer Befragungen (Richter 2017: 661).

Es überrascht also nicht, dass eine ausführliche theoretische Auseinandersetzung mit militärsoziologischer Literatur aus einer dezidiert organisationssoziologischen Perspektive bisher noch nicht vorliegt, wenngleich es die bereits genannten Vorhaben dieser Art gab und gibt.[2] Das liegt vermutlich vor allem daran, dass sich der Vorwurf einer reinen Verwendungsforschung bei einer Struktur- oder Prozessperspektive auf das Militär besonders anbietet. Dass es sich vielleicht nicht immer um einen berechtigten Vorwurf, aber mindestens um ein etabliertes Vorurteil handelt, zeigen Überblicksbeiträge, die das Militär als Gegenstand der Organisationssoziologie meist entlang von Fragen der Effizienz- und Effektivitätssteigerung erörtern (Kernic 2001: 64 f., 78; Leonhard/Werkner 2012: 21).

Der Rückblick wiederum zeigt, dass der Austausch zwischen Militär- und Organisationsforschung auch theoretisch eigentlich wechselseitig sehr befruchtend war. Die klassische Studie der Research Branch unter der Leitung von Samuel A. Stouffer (Stouffer et al. 1949/50) war nicht nur richtungsweisend für die militärsoziologische Forschung, sondern auch für die Management- und Organisationsforschung insgesamt (Richter 2017: 665; Schössler 1980: 8; Ziegler 1968: 13). Die Wegbereiter haben sich über die Zeit hinweg abgewechselt: Erfüllten in der Vergangenheit Militärorganisationen für andere Organisationstypen wie Unternehmen noch eine Vorbildfunktion für Organisationsentwicklung (wenn z.B. militärische Organisationsprinzipien als Vorbild für klassische Organisations- und Managementtheorie dienten; Janowitz 1968: 295; Doorn 1965, 1975: 5–28), ist gegenwärtig die Übernahme von Managementmoden aus der Wirtschaft wie

---

2   Hier besteht sicherlich ein Zusammenhang zur generellen Scheu der Militärsoziologie, theoretische Konzepte in den Fokus zu stellen oder gar neu zu formulieren (siehe dazu die breit angelegte Literaturanalyse von Rowley et al. 2012).

Hierarchieabbau oder Trends wie New Public Management im Militär bezeichnend (Elbe/Richter 2012: 255; Richter/Elbe 2012; Richter 2006, 2017: 665).³ Gleichzeitig gibt es eine lange Tradition von insbesondere empirischen Studien, die sich mit dem Unterschied von militärischen und zivilen Organisationen beschäftigen (klassisch Janowitz 1960; Moskos 1977), teilweise auch konkret mit einem Schwerpunkt auf die Unterscheidung von Militär und (Industrie-)Unternehmen (z.B. Fleishman 1953; Geser 1983; Doorn 1965). Aus theoretischer Perspektive kann das Militär sogar als »Pionier der Organisationsentwicklung« angesehen werden – die Heere vormoderner Reiche waren den zivilen Organisationen dieser Zeit in einigen Strukturentwicklungen deutlich voraus (Kuchler 2013: 507).

Dass der Zwiespalt zwischen anwendungsbezogener Militärsoziologie und der eher theoretisch interessierten Organisationssoziologie heute noch besteht, aber ein Austausch äußerst fruchtbar sein kann, markieren aktuelle Auseinandersetzungen, die dem Thema kritisch begegnen und daran anknüpfende Probleme reflektieren (z.B. Dörfler-Dierken/Kümmel 2016a, 2016b). Die Schwierigkeiten einer Forschung mit Verwendungs- oder Praxisbezug zeigen sich im Fall der Militärsoziologie wie so häufig vor allem darin, dass eine Positionierung in beide Richtungen schwerfällt. So wird das Verhältnis der Militärsoziologie zur Militärpraxis als entweder zu nah oder fast schon skeptisch bis distanziert bezeichnet (Kernic 2001: 62 ff.; König 1968: 9) – ein Problem, das die Militärsoziologie interessanterweise generell mit der Organisationsforschung verbindet (siehe jüngst dazu Muster/ Büchner 2019 am Beispiel von Organisationsberatung).

Hier teilt die Militärsoziologie mit der empirischen Organisationssoziologie, dass sie allein durch ihren Gegenstand einen Praxisbezug hat, der auf das beforschte Feld zurückwirken kann; egal ob dies im Rahmen von Auftragsforschungen beabsichtigt ist oder nicht. Dies führt auch zu gemeinsamen methodischen und methodologischen Implikationen – und begründete beispielsweise den Trend der Organisationsforschung der 1980er-Jahre, Praxisbezüge hinter die »analytisch-diagnostischen Fähigkeiten der Disziplin« zurückzustellen (ebenso wie die Gegenbewegung in den 1990er-Jahren; siehe Kühl et al. 2009: 22).

Allen Gemeinsamkeiten insbesondere bezüglich der methodischen wie methodologischen Implikationen zum Trotz, überwiegt oft eine wechselseitige Skepsis beider Disziplinen, die den Blick auf ein wichtiges Forschungsthema verstellt. Dabei wird in der Rezeption von militärsoziologischen Studien häufig schlicht übersehen, dass die organisationstheoretische Einbettung der Argumente weder

---

3   Diesem Trend folgt auch die Bundeswehrreform der letzten zwanzig Jahre: »Das Militär adaptiert – oder kopiert im ungünstigen Fall – zunehmend privatwirtschaftliche Steuerungs- und Managementverfahren« (Richter 2017: 665).

besonders kompliziert noch besonders abwegig ist, aber einen neuen Blick auf bekannte Phänomene verspricht.

Diesen Versuch, militärsoziologische Literatur mit einer organisationstheoretisch sensibilisierten Perspektive zu lesen und zu ordnen, will der vorliegende Text unternehmen. Ziel ist es, einen Beitrag zu der Frage zu leisten, wie sich Organisations- und Militärsoziologie in der Grundlagenforschung zu militärischen Organisationen ergänzen könnten. Bei diesem Beitrag handelt es sich somit weniger um einen weiteren Versuch, das Militär als Organisationstyp adäquat zu beschreiben (dazu gibt es bereits die genannten Vorschläge), als um eine Reformulierung militärsoziologischer Forschungen mit organisationstheoretischem Vokabular, um den Blick für Forschungsperspektiven zu sensibilisieren. Dabei soll es vor allem darum gehen, neue Blickwinkel zu eröffnen und blinde Flecken aufzuzeigen – auch hinsichtlich der methodischen wie methodologischen Spezifika, die eine organisationssoziologische Militärforschung empirisch mit sich bringt. Dem Konzept des Sammelbandes folgend, wird der Schwerpunkt auf der Militärsoziologie in Deutschland liegen, die internationale Perspektive jedoch berücksichtigt.

Als Vokabular dient die systemtheoretische Organisationssoziologie von Niklas Luhmann; insbesondere die Unterscheidung von *Mitgliedschaft*, *Zweck* und *Hierarchie* sowie das Konzept der Entscheidungsprämissen *(Kommunikationswege, Programme, Personal)*, die nachfolgend kurz skizziert werden (Luhmann 1964, 2000; auch Kühl 2011; Tacke/Drepper 2018).

2 Der organisationssoziologische Vokabelkasten

Wenngleich das Militär als spezielle Organisation einige strukturelle Besonderheiten aufweist, handelt es sich nichtsdestotrotz um eine Organisation, die lediglich über kontingente Unterschiede zu anderen Organisationstypen wie beispielsweise Unternehmen, Krankenhäusern oder Universitäten verfügt (Apelt 2012b: 135; Richter 2017: 659). Dies gilt grundsätzlich auch für die empirische Erforschung des Militärs – mit der Einschränkung, dass der Feldzugang nicht nur wie bei anderen Organisationstypen durch den Forschungsgegenstand selbst kontrolliert wird, sondern auch durch staatliche Instanzen wie das Bundesministerium der Verteidigung. Die gegenwärtig sehr akteurszentrierte empirische Militärforschung (Richter 2017: 661) könnte jedoch von der Einbindung organisationssoziologischer Konzepte profitieren, um der Struktur- und Prozessebene von Militärorganisationen auch analytisch näher zu kommen. Der hierfür vorgeschlagene ›Vokabelkasten‹ wird nachfolgend im Fokus stehen.

Aus organisationssoziologischer Sicht lassen sich alle Organisationen über bestimmte generelle Merkmale beschreiben, die sie unabhängig von ihren typischen Merkmalen miteinander teilen: Sie geben sich *Zwecke*, an denen sie ihre Entscheidungen ausrichten und die wie »Scheuklappen« die Perspektive der Organisation auf einige wenige Aspekte ihrer Umwelt verengen (Kühl 2011: 54–68; Luhmann 1973: 46, 192); sie legen eine *Hierarchie* fest, die die sozialen Beziehungen der Mitglieder zueinander sowie ihre sachlichen Zuständigkeiten dauerhaft als Über- und Unterordnungsverhältnis fixiert (Kühl 2011: 69–87; Luhmann 1964: 208f.); und sie formulieren Bedingungen für die *Mitgliedschaft*, über die der Ein- und Austritt von Personen in Organisationen geregelt wird (Kühl 2011: 30–53; Luhmann 1964: 39 ff.). Eine Organisationsmitgliedschaft ist somit an eine Beitrittsentscheidung geknüpft, die sowohl vom Mitglied selbst als auch von der Organisation (freiwillig) getroffen wird und auch beidseitig widerrufen werden kann (Luhmann 1964: 40). Diese Zugehörigkeit zur Organisation qua Entscheidung zieht eine klare Grenze zwischen Mitgliedern und Nichtmitgliedern, über die sich die Organisation von ihrer *Umwelt* abgrenzt (Luhmann 1964: 59).

Der Verbleib in der Organisation ist somit von der Erfüllung bestimmter *formaler Erwartungen* abhängig, die als »entschiedene Entscheidungsprämissen« den organisationalen Alltag strukturieren (Luhmann 2000: 228 ff.). Als langfristige »Strukturentscheidungen« begrenzen Entscheidungsprämissen den Spielraum für Entscheidungen, indem sie – einmal festgelegt – die Basis für weitere Entscheidungen bilden (Tacke/Drepper 2018: 65). *Kommunikationswege* regulieren die Teilnahme an und die Bindungskraft von Entscheidungen, indem sie Informationsflüsse kanalisieren und reglementieren (Kühl 2011: 105–107; Luhmann 2000: 222 ff.). Sie geben vor, wer mit wem warum wie über was kommuniziert, und stellen so die Zurechenbarkeit von Entscheidungen auf einzelne Mitglieder sicher (Tacke/Drepper 2018: 65). *Programme* legen die Bedingungen für die Richtigkeit von Entscheidungen fest, indem sie für bestimmte Auslösebedingungen vorgegebene Entscheidungsabläufe vorsehen (*Konditionalprogramme*) oder bestimmte Zwecke definieren, die mit frei wählbaren Mitteln erreicht werden sollen (*Zweckprogramme*) (Kühl 2011: 103–105; Luhmann 1971, 1988: 176, 2000: 222 ff.). Auch das *Personal* einer Organisation ist eine Entscheidungsprämisse, da mit der Auswahl bestimmter Personen als Mitglieder (und dem Ausschluss anderer) Vorselektionen für Entscheidungen getroffen werden können (Kühl 2011: 107–109; Luhmann 2000: 222 ff.).

Werden formale Erwartungen von den Mitgliedern nicht erfüllt, drohen ihnen Sanktionen oder sogar der Ausschluss aus der Organisation (Luhmann 1964: 36–38). Diese an die Mitgliedschaft gebundene *Formalisierung* von Erwartungen prädisponiert die Mitglieder, den generellen Verhaltenserwartungen sowie (bis zu einem gewissen Grad) ad hoc kommunizierten Anforderungen Folge zu leisten. Über die an die Beitrittsentscheidung geknüpfte »Pauschalakzeptanz« dieser Verhaltenserwartungen können Organisationen stabile Erwartungszusammenhänge herstellen (Tacke/Drepper 2018: 53).

Dabei kommt es immer auch zur Ausbildung von *informalen Erwartungen*, die sich als dauerhafte Strukturen im organisationalen Alltag etablieren, obwohl sie nicht von der Formalstruktur abgedeckt werden oder sogar von ihr abweichen (Luhmann 1964: 48 ff.). So gibt es informale Kommunikationswege und Programme – und auch auf der Ebene des Personals können sich informale Erwartungen ausbilden (Kühl 2011: 120). Dieses »Netzwerk bewährter Trampelpfade« umfasst alle Erwartungen in Organisationen, die nicht mit Bezug auf die Mitgliedschaftsbedingungen formuliert werden (können) (Kühl 2011: 115; Luhmann 1964: 48 ff.). Neben informalen Erwartungen, die mit der Formalstruktur kompatibel sind und diese ergänzen, kann es zur Ausbildung von informalen Erwartungen kommen, die gegen organisationale Regeln oder sogar Gesetze verstoßen (Kühl 2011: 120–123; Luhmann 1964: 283 ff.). Häufig handelt es sich dabei um »brauchbare Illegalität« (Kühl 2020; Luhmann 1964: 304 ff.), also um Regelabweichungen, die für die Organisation sehr funktional sind, aber nicht formal erwartet werden können, da es sich um »nicht entschiedene« oder sogar »nicht entscheidbare Entscheidungsprämissen« handelt (Luhmann 2000: 239).

3 Das Militär als formale Organisation

Durch Uniformen, Dienstrangabzeichen, die Anordnung der funktionalen Positionen, klar formulierte Kommandostrukturen sowie detaillierte und schriftlich fixierte Vorschriften und Anweisungen wird bei militärischen Organisationen die *Formalstruktur* so sichtbar wie bei wenigen anderen Organisationen (Apelt 2012b: 135 f.; Roghmann/Ziegler 1977: 169).[4] In der militärsoziologischen Forschung wird auf die formale Struktur des Militärs meist mit Bezug auf diese nach Außen sichtbaren Fixierungen oder im Hinblick auf die militärische Ausbildung und ihre Disziplin rekurriert (Apelt 2012b: 135 f.; Gareis et al. 2006: 18; Keller 2012: 483 f.; Moskos 1968: 199; Roghmann/Ziegler 1977: 169). Diese Schwerpunktsetzung auf

---

4 Geser (1983: 157 f.) sieht im Anschluss an Little (1968: 187 f.) in der auffälligen Tendenz zu schriftlichen Fixierungen und sichtbaren Rangabzeichen auch eine Reaktion auf die starke Personalfluktuation, der sich Militärorganisationen ausgesetzt sehen. Demzufolge könnten sich neue Rekruten (oder auch »besonders wenig lernfähig[e] Menschen«, Geser 1983: 158) schneller orientieren und regelkonform verhalten, wenn Verhaltensnormen und Status eindeutig ablesbar sind.

das Prinzip von Befehl und Gehorsam sowie die sichtbaren Strukturfixierungen wie Uniformen mit Dienstgradabzeichen oder schriftliche Einsatzregeln folgt einem eher weberianischen Verständnis von Formalität, das Formalstrukturen vor allem als verschriftlichtes Regelwerk oder offizielle Anforderungen in den Blick nimmt (siehe Weber 1972 [1920]: 686; dazu z.B. Kernic 2001: 76).

Versteht man Formalität etwas breiter gefasst als alle Erwartungen, die Mitglieder erfüllen müssen, um Mitglied zu bleiben (Luhmann 1964: 29 ff.), lassen sich noch andere Aspekte von Formalstrukturen beleuchten, die sich hinsichtlich der Auswertung militärsoziologischer Literatur als sehr fruchtbar erweisen. Der Clou am Prinzip der Formalität liegt schließlich nicht nur in der schriftlichen Fixierung und disziplinierenden Funktion von Regelwerken, sondern – zumindest der hier verwendeten systemtheoretischen Perspektive zufolge – auch in der Herstellung von Erwartungssicherheit über formulierte Mitgliedschaftsbedingungen. Über die Beitrittsentscheidung stimmen Organisationsmitglieder zu, innerhalb einer bestimmten »Indifferenzzone« Aufgaben für die Organisation zu erfüllen und Anweisungen Folge zu leisten (Barnard 1938: 168; vgl. Kühl 2014: 91–93; Gruber/Kühl 2015: 7–28).

Nachfolgend soll es darum gehen, mit diesem Verständnis an Militärorganisationen heranzutreten und militärsoziologische Literatur anhand der drei zentralen Merkmale von Organisationen – *Zweck*, *Mitgliedschaft* und *Hierarchie* – zu ordnen und mit organisationssoziologisch sensibilisiertem Blick zu interpretieren. Dabei wird es zunächst vor allem um die formal entschiedenen Entscheidungsprämissen gehen, bevor ein Ausblick auf Informalität als nicht entschiedene oder nicht entscheidbare Entscheidungsprämissen gegeben wird. Wenngleich nicht durchgehend expliziert, versteht sich der Beitrag auch als Anregung, die empirische Militärforschung methodologisch für die organisationssoziologische Perspektive zu sensibilisieren, in der Hoffnung, die Disziplinen zukünftig ein wenig näher zusammenrücken zu lassen.

Im Abschnitt zu *Zwecken* wird der Schwerpunkt auf die Entscheidungsprämisse *Programm* gelegt und verschiedene klassische Themen der Militärsoziologie wie das (militärspezifische) Programm der Auftragstaktik, die immer wieder hervorgehobene Janusgesichtigkeit von Militärorganisationen und ihre Tendenz zur Bürokratisierung in den Blick genommen. Im Abschnitt zu *Mitgliedschaft* wird insbesondere auf die Entscheidungsprämisse *Personal* eingegangen und die Besonderheiten militärischer Sozialisation sowie daraus resultierende Phänomene (Totalinklusion, Kameradschaft) in den Fokus gerückt. Im Abschnitt zu *Hierarchie* wird die Entscheidungsprämisse der *Kommunikationswege* im Mittelpunkt stehen, um mit dieser Perspektive auf wichtige militärsoziologische Themen und Konzepte wie die Primärgruppenthese, die Normenfalle oder (innere) Führung blicken zu können.

3.1 Zweck

Versteht man den Untersuchungsgegenstand der Militärsoziologie als »die organisierte Anwendung von Gewalt zwischen kriegsführenden Parteien« (Roghmann/ Ziegler 1977: 142), so liegt vielleicht der wichtigste *Zweck* militärischer Organisationen gleichermaßen in der kompetenten Gewaltausübung im Kriegsfall wie in der Verhinderung des Krieges zu Friedenszeiten. Als staatlich legitimierte Gewaltorganisation sollen Streitkräfte ihre nationalen Territorien vor äußeren (und inneren) Feinden schützen, wofür gelegentlich technische, infrastrukturelle oder diplomatische Maßnahmen erforderlich sind (Apelt 2012b: 133 f.; Bröckling 1997: 325; Kümmel 2012).

Auch wenn sich die noch in der Tradition von Max Weber (1972 [1920]) vertretene zweckrationale Annahme, dass sich Organisationen von ihren Zwecken aus verstehen lassen, in der Organisationstheorie nicht durchsetzen konnte, ist man sich einig, dass Zwecke zur Strukturierung von Organisationen eine wichtige Rolle spielen. Ihre Funktion besteht vor allem darin, die Perspektive der Organisation auf einen bestimmten Umweltausschnitt zu verengen, um die organisationalen Strukturen auf den gewählten Ausschnitt hin auszubauen (Kühl 2011: 54–69; Luhmann 1973: 46, 192).

Organisationen verfügen grundsätzlich nicht nur über einen Zweck, sondern über eine Vielzahl von Zwecken. Militärorganisationen müssen neben Kriegsführung und Friedenssicherung zum Beispiel profitabel sein, ein gutes soziales Standing haben, dafür sorgen, dass sie möglichst autonom Entscheidungen treffen und Ressourcen binden können, und als staatliche Organisation ist es für sie besonders wichtig, über gesellschaftliche Legitimation und die Akzeptanz ihrer Umwelt zu verfügen (Meyer/Rowan 1977). In dieser Aufzählung wird bereits deutlich, dass Zwecke häufig im Widerspruch zueinander stehen (Kühl 2011: 58 f.). Der wohl strukturprägendste Zweckkonflikt für Militärorganisationen liegt in der gleichzeitigen Ausrichtung auf den Kampf wie in der Verhinderung desselben. Der Kampfeinsatz stellt zwar im Organisationsalltag eher die Ausnahme dar, wird in der Organisationsstruktur aber als Regelfall antizipiert (Kernic 2001: 77; König 1968: 11; Roghmann/Ziegler 1977: 157). Versteht man die Zwecksetzungen einer Organisation als eine Art Scheuklappe, zeigt sich bei Militärorganisationen das Dilemma, dass in Friedenszeiten der Zweck, Kriege zu führen, gewissermaßen ganz aus dem Blickfeld geraten könnte (Kernic 2001: 14 f.). Wie lassen sich

Strukturen auf einen Zweck hin ausbilden, der im Organisationsalltag meist gar nicht bearbeitet werden kann?

Im Ergebnis findet sich das, was in der klassischen Militärsoziologie unter dem Schlagwort der »Janusgesichtigkeit« erfasst wird: der Wechsel zwischen dem »kalten« Aggregatzustand des Alltags in der Dienststelle und dem »heißen« Aggregatzustand des Einsatzes (Battistelli 1991: 3; Geser 1983: 148–152; Soeters et al. 2003: 245–249). Im kalten Aggregatzustand gleichen Militärorganisationen klassischen Verwaltungen oder Unternehmen (Elbe/Richter 2012: 244; Richter/Elbe 2012); im heißen Aggregatzustand hingegen müssen potenziell lebensbedrohliche Situationen bewältigt werden, was sie mit der Polizei, privaten Sicherheitsdiensten oder sogar nichtstaatlichen Gewaltorganisationen verbindet. Der stete Wechsel zwischen zwei so unterschiedlichen Arbeitsmodi ist für Militärorganisationen nahezu einzigartig (Richter 2017: 660) – vielleicht könnte man sogar so weit gehen, zu sagen, dass es *das* typische Merkmal ist, was den Organisationstyp Militär von anderen Organisationstypen unterscheidet.

Organisationssoziologisch betrachtet hängt die Janusgesichtigkeit von Militärorganisationen maßgeblich mit den divergierenden Zwecken zusammen. So bildet sich die gleichzeitige Ausrichtung auf Kriegs- und Friedenszeiten auch in der organisationalen Struktur- und Prozessebene ab (Gareis et al. 2006: 14, 19). Während im kalten Aggregatzustand bürokratische Verwaltungsfragen wie die Haushaltsplanung oder die Abrechnung von Dienstreisen im Vordergrund stehen, muss im heißen Aggregatzustand unmittelbar auf Bedrohungen oder tatsächliche Gefechtssituationen reagiert werden (Elbe/Richter 2012: 245; Leonhard/Werkner 2012: 25 f.). Dies hat auch methodische Implikationen für die Militärsoziologie: Die empirische Erforschung des Militärs zu Friedenszeiten unterscheidet sich hinsichtlich des Feldzugangs (aber auch hinsichtlich der überhaupt möglichen Forschungsmethoden) fundamental von Forschungen über Auslandseinsätze oder sogar während des aktiven Kriegsgeschehens (Richter 2017: 664). Hier müssen die gewählten Methoden auf die Anforderungen zugeschnitten werden, die der jeweilige Aggregatzustand mit sich bringt. Gleichzeitig lassen sich Schlussfolgerungen, die im kalten Aggregatzustand gewonnen wurden, nicht automatisch auf Einsatzbedingungen übertragen (Richter 2017: 658). Diese gleichzeitige Ausrichtung auf Kriegs- wie Friedenszeiten ist ein kluger Mechanismus von Militärorganisationen, um sich an wechselnde Umweltbedingungen anzupassen. Die Möglichkeit von Organisationen, Zwecke zu wechseln, nach der Zweckerreichung oder -verfehlung weiter zu existieren oder Zwecke nachträglich zu definieren, um bereits getroffene Entscheidungen zu rechtfertigen, macht sie so flexibel und widerstandsfähig (Kühl 2011: 69). Dabei darf nicht übersehen werden, dass auch zu Friedenszeiten die Existenz einer kriegsfähigen Streitmacht wichtige politische wie gesellschaftliche Zwecke erfüllt (und nicht nur, aber insbesondere auch eine abschreckende Wirkung hat). Hier laufen die eigentlich konfligierenden Zwecke von kompetenter Kriegsführung und Friedenssicherung bestenfalls zusammen: Die überzeugende Darstellung von Kriegsführungsfähigkeit kann im Zweifelsfall auch Frieden sichern.

Auf der Strukturebene stehen Militärorganisationen jedoch vor dem Dilemma, sowohl für den Kriegsfall als auch für Friedenszeiten funktionierende Strukturen zu entwickeln. Aus diesem Grund bilden sie zwei Sets an Entscheidungsprämissen aus, die je nach Umweltbedingung (Dienstalltag oder Einsatz) relevant sind (Richter 2017: 660). Der Auslöser für den jeweiligen Aggregatzustand liegt somit in der Umwelt der Organisation – ein Faktor, der eine hohe Ungewissheit zur Folge hat.[5] Die ausgeprägte Tendenz zur Bürokratisierung auf der Programmebene, die Militärorganisationen nachgesagt wird (Janowitz 1968; Roghmann/Ziegler 1977: 157), wird häufig als »Kompensationsversuch« auf diese Ungewissheit interpretiert (Richter 2017: 660; vgl. Gareis et al. 2006: 18). Diese Ungewissheit wurzelt nicht nur in der strukturellen Ausrichtung auf den Kriegsfall, dessen Eintreten nur schwer vorherzusehen ist, sondern auch in der Schwierigkeit, außerhalb des Einsatzes die Adäquatheit der gewählten Strukturen messen zu können. Über Zwecksetzungen gewinnen Organisationen ein stark vereinfachtes Bild ihrer Umwelt (Luhmann 1973: 192) und sind demnach auf Rückkopplungen angewiesen, um ihre Strukturen gegebenenfalls anzupassen. Dies betrifft Militärorganisationen in besonderem Maße.

Anders als beispielsweise Unternehmen, deren Unsicherheitsquelle z.B. in schwer kalkulierbaren Marktentwicklungen oder Kundenwünschen liegt, haben Militärorganisationen weniger Möglichkeiten, um die Funktionalität ihrer Arbeitsprogramme zu überprüfen. Sie haben ihrer Umwelt gegenüber ein »Verhältnis stark verdünnter Rückkopplung« (Geser 1983: 145): Letztlich erweist sich erst im Kriegsfall, ob die vorgesehenen Strukturen passend sind, da kontinuierliche Rückkopplungsinstrumente zur Erfolgsmessung wie Umsatzentwicklung und Kundenreaktionen fehlen (Battistelli 1991: 11 ff.; Gareis et al. 2006: 19–21; Richter 2017: 659; Ziegler 1968: 14). Auch wenn die Streitkräfte durch Entwicklungen

---

5   Ein spannender Analysefokus für eine empirische Studie wäre hier, wie genau diese Auslöser aus der Umwelt von den Organisationsmitgliedern interpretiert und intern prozessiert werden. Für empirische Forschungen aus einer organisationssoziologischen Perspektive gilt allgemein, dass dieserart Schnittstellen meist besonders aufschlussreich über die Funktionsweise von Organisationen sein können. Bestenfalls lässt das gewählte Forschungsdesign zu, die Analyse entlang von konkreten Handlungsproblemen der Mitglieder zu entfalten, um zu erforschen, wie sich diese wiederum in der organisationalen Struktur abbilden.

wie einen Wandel der Kriegstechnik durch Technisierung und Digitalisierung oder einen Umbau auf funktionale Strukturen in den letzten Jahrzehnten massive Änderungen erfahren haben (Elbe/Richter 2012: 245; Richter 2006), stellt die strukturelle Ausrichtung auf den Kampf militärische Organisationen wie gehabt vor Herausforderungen, was die Evaluation der Wirkungen militärischer Operationen angeht (Beeres et al. 2010; Richter 2017: 659 f.).

Aus einer organisationssoziologischen Perspektive ist es recht typisch für Organisationen, auf Unsicherheiten dieser Art mit Verregelung und Bürokratisierung auf der Programmebene zu reagieren. Über die Ausbildung von formalen Strukturen, die stabil und elastisch zugleich sind, sichern Organisationen ihren Bestand in veränderbaren Umwelten (Luhmann 1964: 26 f., 137 ff.). Indem sie ihre Grenzen zur Umwelt auf diese Weise relativ »invariant« halten, können Organisationen eine dauerhafte Erwartungsstabilisierung im System sicherstellen (Luhmann 1964: 26 ff., 137 ff.). Von außen betrachtet mögen diese Verregelungen überbürokratisiert erscheinen – es handelt sich dabei aber um einen üblichen Reflex von Organisationen, auf besonders unsichere Umwelten zu reagieren, der sich im Fall von Militärorganisationen aus der Janusgesichtigkeit ihrer Zwecksetzung ergibt.

Wenn Militärsoziologinnen und Militärsoziologen von dieserart »Ritualismus« sprechen (Gareis et al. 2006: 20; Roghmann/Ziegler 1977: 157), ist damit meist die Tendenz zu *Konditionalprogrammen* gemeint, über die für bestimmte Auslösebedingungen jeweils spezifische Entscheidungsabläufe festgelegt werden (Luhmann 2000: 256–278). Da der ›Auslöser‹ für den jeweiligen Aggregatzustand in der Umwelt der Militärorganisation liegt, überrascht es nicht, dass es eine Vorliebe für die »primär inputorientierten« Konditionalprogramme gibt (Luhmann 2000: 261). Konditionalprogramme haben zudem gegenüber Zweckprogrammen die Eigenschaft, dass die Wahl der Mittel zur Zielerreichung nicht vom Mitglied selbst vorgenommen werden muss, sondern vom organisationalen Programm vorgegeben wird, was bei der Arbeit unter Stress Ressourcen schonen kann. Dies entlastet nicht nur das Mitglied im Einsatz, sondern ermöglicht auch der Organisation, routinisierte Abläufe für verschiedene Situationen vorauszuplanen (Gareis et al. 2006: 20). Nicht nur deshalb ist es für Militärorganisationen zentral, die Arbeit unter Einsatzbedingungen im kalten Aggregatzustand zu trainieren und zu erproben. In seiner klassischen Studie von 1973 sieht Treiber sogar einen der wichtigsten Pfeiler der Rekrutenausbildung im »Einüben (Drill) der Befolgung von Wenn-Dann-Weisungen im Rekrutenalltag« (Treiber 1973: 101). Indem in alltäglichen Situationen die Konditionalprogramme gefestigt werden, die unter Einsatzbedingungen verfügbar sein müssen, seien diese auch abrufbar, »wenn die Situationen alles andere als alltäglich sind« (Treiber 1973: 101). Wenn König (1968:

11 f.) und andere davon sprechen, dass die Bürokratisierung als »Ersatzhandlung« darüber hinwegtäusche, dass der eigentliche Zweck der Kriegsführung meistens nicht bearbeitet werden könne und die Militärorganisation in Friedenszeiten »praktisch funktionslos« sei, übersehen sie diese wichtige Funktion, die Konditionalprogramme für Militärorganisationen erfüllen.

Zweckprogramme haben in der militärsoziologischen Forschung einen deutlich besseren Ruf. Das wohl bekannteste militärspezifische organisationale Programm ist die sogenannte Auftragstaktik – ein Zweckprogramm, bei dem das Ziel gesetzt, die Auswahl der Mittel aber freigestellt ist (Oetting 1994; Roghmann/Ziegler 1977: 163). Die Idee dahinter ist, dass es – als militärisches Führungsverfahren eingesetzt – dazu führt, dass die Untergebenen die Absichten des Befehlenden mit den vor Ort verfügbaren Mitteln umsetzen und so flexibel auf die lokalen Gegebenheiten reagieren können (ähnlich dem Konzept des »management by objectives« der zivilen Managementlehre; vgl. Elbe/Richter 2012: 248, Anm. 2).[6] Dass Zweckprogrammierungen wie die Auftragstaktik nicht nur flexible Einsatzregeln ermöglichen, sondern auch Steuerungsprobleme mit sich bringen können, wird in der Militärsoziologie bisher eher wenig reflektiert. So zeigt sich gerade bei Großorganisationen wie dem Militär zum einen, dass die Koordination von mitgliedsstarken Einheiten durch reine Zielvorgaben nicht garantiert werden kann. Zur Steuerung von taktischen Einsätzen braucht es strategische Überlegungen zum Einsatz der einzelnen Kräfte, die nicht vor Ort geleistet werden können (und die durch gewissermaßen zu zweckprogrammierte Soldaten, die eigenständig die aus ihrer Sicht geeigneten Mittel wählen, auch gefährdet werden). Zum anderen können Zweckprogramme in einer expandierenden Variante einer moralischen Entgrenzung zuarbeiten, wie Greiner (2015) in seiner Studie über US-amerikanische »Gewaltgruppen« im Vietnamkrieg zeigt.[7] Die von ihm beforschte »Tiger Force«

---

6   Die Auftragstaktik ist vor allem ein Programm für den Einsatz – im Zuge des New Public Management Booms kam in den letzten Jahrzehnten aber auch für den verwaltenden Teil von Militärorganisationen die Idee auf, über Zweckprogrammierungen mehr Ergebnisverantwortung und größere Handlungsspielräume für die zivilen und militärischen Entscheider zu ermöglichen (Richter/Elbe 2012: 280). Dass eine »echte« Zweckprogrammierung zumindest in der Verwaltung der Bundeswehr (noch) nicht stattfindet (ebd.), könnte unter anderem daran liegen, dass Verwaltungen aufgrund ihres Auftrags und ihrer Funktionsweise nur schwer von Konditionalprogrammen ablassen können. Siehe hierzu auch die Debatte zur Professionalisierung des Soldatenberufs (für einen Überblick: Apelt 2006b; Leonhard/Biehl 2012: v.a. 400−403; Schössler 1980: 157−193).

7   Greiner (2015: 346) spricht selbst nicht von Zweckprogrammen, beschreibt aber die klassisch zweckprogrammierte Kombination aus festgelegten Zielvorgaben (z.B. »Sabotageakte durchführen, Nachschublinien unterbrechen oder Kader des Vietkong entführen, im Zweifel auch ermorden«) bei freier Mittelwahl (»Wie die ›Tiger‹ ihre Missionen erledigten, blieb ihnen überlassen«).

bewege sich in einer »Grauzone zwischen Eigenständigkeit und Eigenmächtigkeit«, was zu einem immensen Anstieg auch unkontrolliert ablaufender Gewalthandlungen geführt hätte (Greiner 2015: 346 f.). Die Studie zeigt, dass Konditionalprogramme nicht nur hilfreich sind, um im kalten Aggregatzustand den Einsatz vorzubereiten, sondern auch im heißen Aggregatzustand dafür sorgen können, dass beispielsweise rechtliche Grundlagen nicht aus dem Blick geraten.

Wenngleich sich immer wieder Beispiele von »groteske[r] Bürokratie« finden lassen (wenn z.B. beim ISAF-Einsatz der Bundeswehr 2005 in Afghanistan Fahrzeuge stillgelegt werden mussten, weil die Abgasuntersuchung nach deutschem Recht abgelaufen war, vgl. Richter/Elbe 2012: 264, Anm. 3), ist es sicherlich nicht verkehrt, dass staatliche Gewaltorganisationen den Waffeneinsatz für gewöhnlich konditional programmieren (Nolzen 2016: 101). Dieses Wechselspiel aus Konditional- und Zweckprogrammen ist ebenfalls als Ergebnis der divergierenden Zwecksetzung von Militärorganisationen zu verstehen. Wenn Geser davon spricht, dass die »autonome Handlungsfähigkeit« des Soldaten gefördert werden muss, damit er sich im Kampf »ohne die Rückendeckung durch Vorschriften und Weisungen situationsadäquat und zweckgerichtet verhält« (Geser 1983: 151), ist somit Vorsicht geboten.[8]

3.2 Mitgliedschaft

Wie eingangs angemerkt, ist ein Spezifikum von Organisationen, dass sie den Zugang zum System über eine konkrete Eintritts- und Austrittsentscheidung regeln (Luhmann 1964: 39 ff.). Die Mitgliedschaft in Organisationen ist somit – im Gegensatz beispielsweise zur Mitgliedschaft in Familien, Freundeskreisen oder Protestbewegungen – an einen Akt »von hoher Bewusstheit« (Luhmann 1964: 40) geknüpft, über den das Mitglied der Organisation eine Art »Blankoscheck« (Kühl 2014: 92; vgl. Commons 1924: 284) über die Verwendung ihrer Arbeitskraft ausstellt.[9]

Eine Besonderheit von Militärorganisationen ist, dass der »Generalgehorsam« (Kühl 2014: 92), der von allen Organisationsmitgliedern im Rahmen ihrer Organisationsrolle erwartet werden kann, im Extremfall bis hin zum Einsatz des eigenen Lebens reicht (Richter 2017: 660). Nahezu alle theoretischen militärsoziologischen

---

8   Die Frage, ob zweckprogrammierte Organisationsstrukturen Gewalthandlungen der Mitglieder insgesamt eher fördern oder hemmen, muss am empirischen Einzelfall beantwortet werden (siehe weiterführend Kühl 2007: 24).
9   Das genaue Verständnis darüber, was zur »Indifferenzzone« dazugehört und was nicht, bildet sich trotz »Blankoscheck« erst im Laufe der Organisationsmitgliedschaft aus (Kühl 2014: 93).

Beiträge weisen auf die Totalität der militärischen Strukturen hin, die von Soldatinnen ein hohes Maß an Einsatz einfordern (z.B. Apelt 2012a: 431–434; Elbe/Richter 2012: 249; Gareis et al. 2006: 18; Lang 1965: 848; Ziegler 1968: 16 f.). Dazu gehört neben der potenziellen Bedrohung des eigenen Lebens und der Bereitschaft, anderen Menschen das Leben zu nehmen, vor allem die »kasernierte Vergesellschaftung« am Einsatzort (Treiber 1973; vgl. Müller 2013), durch die sich Soldat*innen abgesondert von der übrigen Gesellschaft ihre Arbeits-, Wohn- und Freizeitbereiche teilen müssen.

Im Anschluss an Erving Goffman (1961), der das Konzept der »totalen« Organisation für den Fall von Psychiatrien beschrieben hat, gibt es viele militärsoziologische Beiträge, die diese Totalinklusion der Soldaten in die militärische Organisation behandeln (für den Fall der Bundeswehr z.B. Braun 1985: 46–69; Steinert 1973; Treiber 1973).[10] Das Konzept von Goffman wurde eigentlich eher für die organisationale »Publikumsrolle« entwickelt – also die »Insassen« von Psychiatrien, Krankenhäusern oder anderen Einrichtungen dieser Art.[11] Das von Lewis A. Coser (1974) geprägte Konzept der »gierigen« Organisation beschreibt das Militär etwas passender; es wurde zwar seltener, insbesondere in der letzten Zeit aber zunehmend in der Militärsoziologie rezipiert (z.B. Wechsler Segal 1986; Warburg 2010: 268). Während das Goffman'sche Konzept darauf abzielt, dass andere Rollenbezüge außerhalb der totalen Organisation vollständig unterbunden werden, zeichnen sich gierige Organisationen dadurch aus, dass andere Rollen der Organisationsrolle lediglich untergeordnet werden (Kühl 2014: 313–318).

In den genannten Studien zur Totalinklusion wird insbesondere auf die von Goffman »Mortifikationsprozess« (Goffman 1961: 6) genannte Eingangsphase der Sozialisation verwiesen, in der ein neuer Rekrut sein altes Selbst ablegt und die Soldatenidentität annimmt (Roghmann/Ziegler 1977: 165 f.; Treiber 1973: 65 ff.; Ziegler 1968: 17).[12] Der spezifisch militärischen Sozialisation werden dabei

---

10 Neuere Forschungen weisen darauf hin, dass die Vorstellung einer vermeintlich spezifischen militärischen Sozialisation über totalinkludierende Strukturen die Situation des heutigen Militärs nur noch zum Teil erfasst, da bspw. Ausgangsregeln und Disziplinierungsmaßnahmen stark gelockert wurden (Apelt 2006a: 32 f., 2012a: 438; Collmer 2010: 314 f.).
11 Zur Unterscheidung von Publikums- und Leistungsrolle siehe Stichweh (1996).
12 Als Teil dieses Mortifikationsprozesses nennen Roghmann und Ziegler (1977: 171 f.) »die zwangsweise Entkleidung des neuen Rekruten von seinen alten zivilen Rollen« über »die Vertauschung der zivilen Kleidung gegen die Uniform«, die »Unterbringung in der Kaserne, Ausgangssperre in den ersten drei Monaten, Tabuisierung von zivilen Statusunterschieden, Verbot der Verwendung privaten Geldes neben dem dürftigen Sold und Uniformzwang auf Urlaub«; außerdem »die Unmöglichkeit privater Lebensweise in beengten Quartieren, die Überkontrolle durch detaillierte Regulierungen, wie ein Bett gemacht wird, wie der Tornister zu packen ist, wie Unterwäsche im Spind gefaltet werden muss, die Überwachung

verschiedene Zwecke unterstellt: das partielle Außerkraftsetzen ziviler Normen (Apelt 2012a: 442 f.), das Etablieren eines Kollektivbewusstseins, bei dem individuelle Ziele zugunsten der Kameradengruppe aufgegeben werden (Gareis et al. 2006: 19) oder das Erlernen von Vertrauen in sich und die eigene Gruppe (Holmes 1985: 36 ff.) sind nur einige Beispiele.

Ein eher weniger beachteter Aspekt der militärischen Sozialisation, der jedoch zentral für Militärorganisationen ist, ist das Rekrutieren und Einfügen von neuem Personal in eine Organisation, die ihre Leistungserstellung in »Extremsituationen« (Grüneisen 2015: 174) sicherstellen muss. Dazu gehört auf der Ebene der Mitglieder nicht nur die Bereitschaft, Befehle bedingungslos anzunehmen und das Ausbilden einer hohen physischen wie psychischen Leistungsfähigkeit, sondern auch die Kompetenz, unter Stress adäquat reagieren und handeln zu können.

Die Schwierigkeit, Personal zu rekrutieren und zu binden, das diesen Anforderungen gewachsen ist, wird einschlägig in der militärsoziologischen Literatur behandelt (klassisch z.B. Geser 1983: 151; Roghmann/Ziegler 1977: 186–195; zeitgenössisch Tresch/Leuprecht 2010). Gerade die anwendungsorientierten Beiträge beklagen dabei das »Unvermögen zur planmäßigen Bereitstellung funktionstüchtiger infanteristischer Kampftruppen« und führen dies auf das Fehlen von »erfolgssichere[n] Ausleseverfahren für gefechtstaugliche Soldaten und für führungsgeeignete Vorgesetzte« zurück (Geser 1983: 151; vgl. Roghmann/Ziegler 1977: 176).

Neben der wohl unbestrittenen Tatsache, dass Organisationen allein für ihre Existenz Mitglieder benötigen, ist das Personal als Entscheidungsprämisse Teil der Organisationsstruktur (Kühl 2011: 107). Mit der Auswahl bestimmter Personen als Mitglieder und dem Ausschluss anderer werden Vorselektionen für Entscheidungen getroffen (Kühl 2011: 107–109; Luhmann 2000: 222 ff.). Über Einstellung, Entlassung und Versetzung (eingeschränkt auch über Personalentwicklungsmaßnahmen) haben Organisationen die Möglichkeit, auf ihr Personal Einfluss zu nehmen (Kühl 2011: 108 f.). Auch über das Bereitstellen von Motivationsmitteln zum Organisationsbeitritt (*Teilnahmemotivation*) oder zur Erfüllung der gestellten Aufgaben (*Leistungsmotivation*) können Organisationen auf ihre Mitglieder einwirken (Barnard 1938: 227 ff.; Luhmann 1964: 104–108; vgl. Kühl 2014: 84 f.).[13]

---

kleinster Details wie saubere Fingernägel, gebügelte Hosen und geputzte Schuhe, sowie Erniedrigungen vor versammelter Mannschaft für geringfügige Verfehlungen«.

13 Stefan Kühl (2011: 37–45; 2014) unterscheidet fünf Handlungsmotivationen, die jeweils teilnahme- bzw. leistungsmotivierend wirken können: die Identifikation mit dem Organisationszweck (Zweckidentifikation), die Möglichkeit, attraktive Handlungen durchzufüh-

Militärorganisationen unterscheiden sich bezüglich ihres Personals von anderen Organisationstypen dadurch, dass sie ihre Mitglieder häufig über eine allgemeine Wehrpflicht zwangsrekrutieren.[14] Organisationen, die Zwang als Teilnahmemotivation nutzen, müssen zum einen den Verbleib in der Organisation gelegentlich über organisationseigene Erzwingungsstäbe oder organisationsexterne Gerichtsbarkeiten durchsetzen, zum anderen aber vor allem dafür sorgen, dass die Mitglieder die gewünschten Leistungen erbringen (Kühl 2012: 353 f.). Hier haben es Zwangsorganisationen etwas schwerer, da das Drohen mit Kündigung als Sanktionsmechanismus wegfällt.

Organisationssoziologisch betrachtet sind Zwangsmitgliedschaften im Vergleich zum freiwilligen Ein- und Austritt jedoch insgesamt gar nicht so anders (Luhmann 1964: 44 f.).[15] Es müssen lediglich funktionale Äquivalente für bestimmte Strukturen ausgebildet werden, da einige Aspekte wie beispielsweise die Leistungsmotivation nicht einfach vorausgesetzt werden können. Die spezifisch militärische Sozialisation, die von vielen Militärsoziologinnen und Militärsoziologen betont wird, ist sicherlich ein funktionales Äquivalent für eine sorgfältige Personalauswahl nach Qualifikation und Eignung, die über die sehr unselektive Rekrutierungsform einer allgemeinen Wehrpflicht nicht möglich ist (Geser 1983: 156). Auch in Bezug auf die Teilnahme- und Leistungsmotivation der Soldatinnen haben Militärorganisationen über die Jahre hinweg Strukturen ausgebildet, die trotz Zwangsteilnahme auch Leistungsmotivationen bereitstellen (klassisch Stouffer et al. 1949/50; auch Biehl 2006, 2010, 2012; Ziegler 1968: 20 ff.). Neben Geld und (eingeschränkt) Zweckidentifikation ist hier vor allem an Kameradschaft als Unterfall von Kollegialität zu denken (Leonhard/Biehl 2012: 415).

Shils und Janowitz haben in ihrer klassischen Studie von 1948 herausgearbeitet, dass die Bereitschaft der Wehrmacht, selbst in aussichtslosen Lagen weiterzukämpfen, vor allem aus den Kameradschaftsnormen der soldatischen Primärgruppe erwachsen sei. Im Anschluss an diese ›Primärgruppenthese‹ gibt es eine breite

---

ren (Handlungsattraktivität), die Entlohnung der Tätigkeit (Geld), die Beziehung zu anderen Organisationsmitgliedern (Kollegialität) und die erzwungene Mitgliedschaft (Zwang).
14   Ausführlicher zur Unterscheidung von Freiwilligen- und Wehrpflichtarmeen siehe Apelt (2012b: 138), Herz (2003) und Kernic (2001: 72).
15   Hierzu Luhmann (1964: 44 f.): »Es kommt jedoch im Prinzip nicht darauf an, mit welcher Leichtigkeit bzw. unter welchen Opfern ein solcher Wechsel [von Eintritt und Austritt] vollzogen werden kann [...]. Das Ausscheiden kann durch Umregistrierung oder über den elektronischen Stuhl erfolgen. [...] Der Begriff des Austritts schließt Selbstmord, Tötung, Vertreibung ins Elend als Grenzfälle ein. Solche Aussichten genügen als Ansatzpunkt für die Formalisierung bestimmter Erwartungen. [...] Die Festigkeit der Formalstruktur beruht dann weniger auf ihrer inneren Anerkennung oder auf scharfen Sanktionen als auf der Möglichkeit, einzelne Mitglieder jederzeit auszuwechseln.«

Tradition von Studien, die die Bedeutung informeller Gruppenbeziehungen hervorheben (siehe ausführlicher zum Thema Informalität Abschnitt 4).

Kollegialitätsnormen bilden sich zwar in allen Organisationen aus, haben aber in Militärorganisationen als Leistungsmotivation eine besondere Bedeutung. So beschreibt schon Moskos (1968: 218 f.) Kameradschaftsnormen als »pragmatische und situationsbedingte Reaktionen« auf die Tatsache, dass Soldaten im Einsatz in ihrer gesamten Person bedroht sind. In der Organisationssoziologie wird theoretisch der Unterschied zwischen Kollegialität und Kameradschaft darin gesehen, dass im Fall der Kameradschaft das Organisationsmitglied nicht nur in seiner *Rolle* als Mitglied, sondern als gesamte *Person* (mit allen Rollenbezügen) adressiert wird (Kühl 2014: 152–154). Kameradschaftsnormen sind demnach eine logische Folge der Totalinklusion der Mitglieder, da – wie bereits angemerkt – das zentrale Merkmal von totalen oder gierigen Organisationen das Unterbinden oder Unterordnen anderer Rollenbezüge ist. Interessanterweise halten sich solche ausgleichenden Strukturen häufig noch dann, wenn sie eigentlich nicht mehr notwendig sind, weil beispielsweise – wie bei der Bundeswehr – eine Umstrukturierung von einer Wehrpflichtarmee zur Freiwilligenarmee erfolgt.[16] Dies demonstrieren neuere Beiträge zur spezifisch militärischen Sozialisation, die aktuelle Forschungsperspektiven aufzeigen (Apelt 2012a: 442 f.), oder Beiträge, die unter Schlagworten wie »Kampfmoral« oder »Einsatzmotivation« ein besonderes Augenmerk auf die Motivation der Soldatinnen richten und hervorheben, dass diese in Zeiten, »in denen der Zwang in Form der Wehrpflicht nicht mehr die vornehmste Art militärischer Rekrutierung darstellt«, besonders erklärungsbedürftig ist (Biehl 2010: 139 f., vgl. auch 2006, 2012; Biehl et al. 2000).[17] Eine Folge für die Forschungspraxis ist hier, dass der Unterschied zwischen Freiwilligen- und Wehrpflichtarmeen weder unter- noch überbetont werden sollte, sondern bestenfalls anhand konkreter Fallstudien ausgearbeitet wird, welche Folgen aus der jeweiligen Rekrutierungsform im organisationalen Alltag erwachsen.

---

16 Gareis, Haltiner und Klein (2006: 19) nehmen sogar an, dass die spezifisch militärische Sozialisation so wichtig ist, dass Militärorganisationen anders als zivile Organisationen nur sehr bedingt bestimmte Kompetenzprofile zur Voraussetzung der Mitgliedschaft machen können.

17 Biehl unterscheidet zwischen der Motivation für den Einsatz (ähnlich Teilnahmemotivation), der Motivation im Einsatz (ähnlich Leistungsmotivation) und dem Begriff der Kampfmoral (als eine Art besonders ausgeprägte Leistungsmotivation), mit dem er die Bereitschaft zur »Teilnahme am unmittelbaren Kampfgeschehen – unter Inkaufnahme hoher Gefährdungen und Risiken für Leib und Leben« bezeichnet (Biehl 2012: 450).

3.3 Hierarchie

Die Studie von Shils und Janowitz (1948) zur Primärgruppenthese ist ein gutes Beispiel für militärsoziologische Beiträge, die zwar breit rezipiert, aber in Bezug auf ihre organisationssoziologische Perspektive unterschätzt werden. Oft als »Geburtsstunde« der Militärsoziologie bezeichnet (Dörfler-Dierken/Kümmel 2016b: 345), zeigt sie, dass die Militärsoziologie die Organisationsperspektive an vielen Stellen zwar nicht explizit zum Thema gemacht, aber zumindest implizit immer mitgedacht hat.

In der militärsoziologischen Literatur wird die Studie vor allem in Bezug auf die bereits behandelten Kameradschaftsnormen der Primärgruppe rezipiert, die wiederum innerhalb der informalen Strukturen verortet wird (Geser 1983: 152−156; Roghmann/Ziegler 1977: 167, 169 f.). Unter dem Oberbegriff der »Kohäsion« wird zwar nach dem »strukturellen Zusammenhalt militärischer Einheiten« gefragt (Vollmer 2010: 164), der Kohäsionsbegriff wird dabei aber meist weniger auf seine Strukturkomponente untersucht, sondern synonym zu Kampfmoral, Einsatzmotivation oder sogar Kameradschaft verwendet (Biehl 2010: 139, Anm. 1). Dabei ist doch gerade die Frage, wie die soldatische Primärgruppe in die *Hierarchie* der Organisation eingebunden ist, zentral für die Erforschung des Zusammenhalts von Militärorganisationen. In der Organisationssoziologie wird mit der »Hierarchie« als Struktur ganz basal das Über- und Unterordnungsverhältnis einer Organisation bezeichnet, über das die sozialen Beziehungen der Mitglieder zueinander sowie ihre sachlichen Zuständigkeiten dauerhaft geregelt sind (Kühl 2011: 69−87; Luhmann 1964: 208 f.).[18] Es ist anzunehmen, dass insbesondere die Kohäsion einer Einheit nicht nur auf der (informalen) Einbindung der Soldat*innen in eine Primärgruppe aufbaut, sondern auch auf der Einbindung der Primärgruppe in die hierarchische Struktur der Militärorganisation (Vollmer 2010: 165 f.). Die Bedeutung der hierarchischen Einbindung der soldatischen Primärgruppe in die Formalstruktur der Organisation wird von Shils und Janowitz zwar erwähnt (1948: 297−300), jedoch nicht weiter ausgeführt und bisher von der militärsoziologischen Forschung größtenteils übersehen (dazu auch Roghmann/ Ziegler 1977: 167).[19]

---

18   Hierarchien sind somit sachlich (durch die »abgegrenzt[e] Kompetenz«), zeitlich (durch die »fortdauernde Besetzung«) und sozial (durch die »eindeutig zugeordneten Untergebenen«) generalisiert (Luhmann 1964: 209).

19   Übersehen wird vor allem, dass diese Vorgesetztenpositionen in der Regel von stark zweckidentifizierten Personen besetzt werden, was die organisationale Kohäsion massiv erhöhen dürfte (für den Fall der Polizeibataillone des Zweiten Weltkriegs siehe Hauffe/Koepp 2015).

Die Beobachtung der Primärgruppenforschung, dass es hinsichtlich der Kohäsion einer Einheit einen Unterschied mache, ob ganze Truppenteile mitsamt ihrer Offiziere von der Front abgezogen werden (wie in der deutschen Wehrmacht im Zweiten Weltkrieg üblich, vgl. Shils/Janowitz 1948: 287 f.) oder Offiziere eher nach dem Rotationsprinzip ausgewechselt werden (wie bei den US-amerikanischen Truppen im Vietnamkrieg, vgl. Moskos 1970; Savage/Gabriel 1976: 371; Creveld 2005: 97–100), zeigt, dass die Integration der Einheiten ganz zentral von ihrer Einbindung in die Formalstruktur abhängt (Vollmer 2010: 165 f.). Das Bindeglied zwischen den einzelnen Mitgliedern und der militärischen Organisation liegt somit in der Ebene der mittleren und höheren Vorgesetzten, die die soldatische Primärgruppe in die militärische Bürokratie einbetten. Dabei bildet sich Kohäsion nicht nur zwischen Ranggleichen, sondern auch zwischen Vorgesetzten und Untergebenen aus (Kühl 2017b: 4; Kühne 1998: 168 f., 2006; Siebold 2007).

Desintegration, also der Verlust des strukturellen Zusammenhalts auf Organisationsebene, ist somit wenigstens *auch* ein Ergebnis des Verlusts organisationaler Kontrolle über die Kampfbereitschaft der Soldatinnengruppe (Vollmer 2010: 166; vgl. Little 1964: 213). Dies belegt die Praxis des »fraggings« im Vietnamkrieg, bei der US-amerikanische Offiziere Opfer der ihnen unterstellten Soldaten wurden (Savage/Gabriel 1976: 346–350). Auch das Töten von Offizieren ist in der Regel ein Gruppenphänomen (Vollmer 2010: 166) und deshalb nicht zwingend ein Zeichen mangelhafter Kohäsion, sondern vielleicht sogar der Beweis für einen starken Gruppenzusammenhalt. Der Fall zeigt vielmehr, dass die Kohäsion einer Einheit nicht intendierte Nebenfolgen haben kann, wenn diese ein Eigenleben außerhalb der organisationalen Hierarchie entwickeln.

Die wichtige Funktion von Vorgesetzten bei der Kohäsion einer Organisation berührt das Themenfeld der *Führung*, das breit in der Militärsoziologie behandelt wird (Elbe 2007, 2014, 2017; Kupper 2006). Meist wird Führung jedoch synonym zur Hierarchie begriffen, wobei hauptsächlich die starke Formalisierung durch »rigide hierarchische Zentralisierung« (Gareis et al. 2006: 14) sowie das militärtypische »Einliniensystem«, bei dem jedes Mitglied nur eine vorgesetzte Stelle hat, betont wird (Hagen/Tomforde 2012: 303–305; Keller 2012: 481). In fast allen anderen Fällen wird die Bedeutung der Persönlichkeit des Führenden hervorgehoben (Roghmann/Sodeur 1968: 221; Roghmann/Ziegler 1977: 179) – eine Schwerpunktsetzung, die sich auch in der organisationstheoretischen Führungsliteratur findet (Muster et al. 2020). Seltener finden sich Beiträge, die das Thema Führung als eigenständiges Phänomen betrachten und in eine organisationsstrukturelle Gesamtperspektive einbetten (für eine lesenswerte Ausnahme siehe den kurzen Text von Elbe 2017, der die Bedeutung von Zwischenvorgesetzten bei informellen Initiierungsritualen hervorhebt).

Im Zusammenhang mit Führung ist das prominenteste Konzept sicherlich das von Wolf Graf von Baudissin entwickelte Verständnis der »Inneren Führung« (Baudissin 1969). Mit der Idee des »Staatsbürgers in Uniform«[20], der eigenverantwortlichen Disziplin aus innerer Überzeugung, ist das Konzept allerdings vielmehr als »Organisationsphilosophie« der Bundeswehr zu verstehen, auch wenn es gerade in der Praxis häufig als Führungskonzept gehandhabt wird (Keller 2012: 476). Als »Organisationskultur und Führungsphilosophie« ist es somit eher der informalen Struktur des Militärs zuzuordnen, wenngleich manche Formalstrukturen als Reaktion auf das Konzept verstanden werden könnten (dazu Dörfler-Dierken 2016).

Schaut man auf die Struktur- und Prozessebene von Militärorganisationen, fällt auf, dass der starke Fokus auf die Führungskräftepersönlichkeit in der Literatur im Widerspruch zu bestimmten militärtypischen Strukturen steht. Die (überhöhte) Erwartung an militärische Vorgesetzte, »eine Identifikation der informellen Gruppe mit den organisatorischen Zielen zu erreichen«, das »Wert- und Normsystem der formellen wie informellen Struktur« in Übereinstimmung zu bringen (Roghmann/Ziegler 1977: 180), gleichzeitig Verantwortung für die Kompanie zu übernehmen und ethisch abgestimmte Entscheidungen zu treffen, steht im Widerspruch zur militärtypisch starken Personalfluktuation und den häufigen Versetzungen. Die hohen Anforderungen an militärische Führungskräfte in Bezug auf ihre Integrationsfunktion und ihre Kompetenzen stehen daher im Kontrast zu einer Struktur, die Verantwortung nicht langfristig zurechenbar macht.

In der Organisationssoziologie gibt es den Vorschlag, Führung als eine zusätzliche Leistung des Systems zu verstehen, die nur dann nötig ist, wenn die Hierarchie als formal festgelegtes Über- und Unterordnungsverhältnis nicht greift (Luhmann 1964: 206 ff.; Muster et al. 2020). Führung ist demnach immer situativ als erfolgreiche Einflussnahme in kritischen Momenten zu verstehen (Muster et al. 2020) – im Gegensatz zur Hierarchie, die als stabile und dauerhafte Struktur die Zusammenarbeit regelt. Die Unterscheidung hilft, das faktische Führungsverhalten von Organisationsmitgliedern vom bloßen Befolgen von Anordnungen zu unterscheiden und den Unterschied zwischen Hierarchie als ›Führungsstruktur‹ und Führungshandeln soziologisch besser aufzuschlüsseln. Mit diesem engen Führungsbegriff ließe sich auch der Blick für zukünftige empirische militärsoziologische Studien schärfen: Statt wie die oben genannten Beispiele auf die hierarchische Struktur oder die Persönlichkeit der Führenden auszuweichen,

---

20 Interessanterweise widerspricht die Idee des Staatsbürgers in Uniform der bereits referierten Annahme, dass beim Eintritt in die militärische Organisation »das alte Selbst abgelegt und eine neue Identität angenommen wird« (Ziegler 1968: 17; vgl. Goffman 1961).

könnte faktisches Führungshandeln in Militärorganisationen in seiner Spezifik explizit in den Blick genommen werden.

Das Befolgen von Weisungen ist in Organisationen so alltäglich, dass es häufig nicht einmal bewusst als ›Folgen‹ wahrgenommen wird. Personen, denen über die Hierarchie Einfluss zugesprochen wurde, können ganz generell davon ausgehen, dass ihre Weisungen befolgt werden – die Akzeptanz der Hierarchie ist schließlich Mitgliedschaftsbedingung (Luhmann 1964: 161). Daraus folgt, dass hierarchisch Vorgesetzte auf die persönliche Achtung ihrer Untergebenen verzichten können, da das Befolgen ihrer Befehle durch die Formalstruktur gedeckt ist (Luhmann 1964: 209). Auf diese Weise können sich Vorgesetzte an den spezifischen Anforderungen der organisationalen Umwelt ausrichten, weil sie keine Rücksicht auf die »Empfindlichkeiten« ihrer Mitglieder nehmen müssen (Kühl 2011: 73).

Gleichzeitig brauchen auch Vorgesetzte immer wieder »Einflussmittel«, um Führungsansprüche in kritischen Momenten durchzusetzen (Muster et al. 2020). Der formale Spielraum, Einfluss zu nehmen, steigt mit der Hierarchiestufe einer Stelle – wenngleich auch hierarchisch niederrangige Mitglieder über viele »Machtquellen« verfügen (Crozier/Friedberg 1979). Wenn Roghmann und Sodeur (1968: 222) darauf aufmerksam machen, dass militärische Vorgesetzte mehr »Befehlen und Führen« als »Verwalten oder Beaufsichtigen«, ist davon auszugehen, dass hier auf die verhältnismäßig große Spanne an sanktionierenden Einflussmöglichkeiten rekurriert wird, die militärischen Vorgesetzten im Vergleich zu zivilen Führungskräften zur Verfügung steht (dazu auch Gareis et al. 2006: 16).

Die klassische militärsoziologische Studie von Hubert Treiber (1973) ist ein gutes Beispiel für das Nutzen der Formalstruktur als Einflussmittel für Führung. Treiber arbeitet heraus, dass Soldaten durch eine Art Überhäufung mit formalisierten Vorschriften (beispielsweise zu Gruß- und Haltungsformen, Uniform- und Körperpflege oder zum Sauberhalten ihrer Ausrüstung) in einen »Zustand ständiger Kritisierbarkeit« versetzt würden, da das Befolgen aller Regeln kaum möglich ist (Treiber 1973: 51; dazu auch Bröckling 1997; Steinert 1973). Die Soldaten befinden sich in der »Normenfalle« und aus der permanenten Verletzung der formalen Erwartungen ergeben sich Einflussmittel für Vorgesetzte, die sie sowohl positiv (indem sie Abweichungen dulden) als auch negativ (indem sie die Abweichung abstrafen) zur Sanktionierung nutzen können (dazu auch Kühl 2011: 124, 2014: 167). Auf diese Weise könnten Vorgesetzte auch Erwartungen formulieren, die formal sonst nur schwer durchzusetzen wären (Treiber 1973: 51).

Über die Hierarchie werden nicht nur die Führungsverhältnisse der Organisation geregelt, sondern auch die *Kommunikationswege* fixiert (Kühl 2011: 106). Indem als Entscheidungsprämisse festgelegt wird, wer mit wem wann über was spricht, muss nicht immer wieder neu ausgehandelt werden, wer Entscheidungen trifft oder an welcher Stelle bestimmte Probleme bearbeitet werden.

Eine Besonderheit der Kommunikationswege von Militärorganisationen ist, dass für gewöhnlich nicht nur der unmittelbare Vorgesetzte, sondern in spezifischen Fällen jeder Ranghöhere gegenüber Rangniedrigeren weisungsbefugt ist. Für den Fall, dass einzelne Personen im Kampfgeschehen ausfallen oder kommunikativ nicht erreichbar sind, wird so die Kontinuität der Befehlshierarchie sichergestellt (Battistelli 1991: 13 ff.; Gareis et al. 2006: 14; Roghmann/Ziegler 1977: 162). Auch hier zeigt sich, dass viele formale Strukturen auf den möglichen Einsatzfall ausgerichtet sind, der Friedenszustand aber als Regelfall antizipiert werden muss, weshalb zwei Sets an Entscheidungsprämissen für den kalten und heißen Aggregatzustand existieren. Während in Friedenszeiten die Kommunikationswege eher von oben nach unten verlaufen, kehrt sich im Einsatz die Richtung um, und es muss vor allem dafür gesorgt werden, dass die wichtigen Informationen »von der Peripherie ins Zentrum« geleitet werden (Geser 1983: 151; Roghmann/Ziegler 1977: 164 f.). Deshalb verlaufen die Kommunikationswege im Einsatz gewissermaßen »spiegelbildlich« zu den vertikal nach unten laufenden Weisungen, mit der Idee, dass Vorgesetzte umfassender informiert sind als die einzelnen Untergebenen vor Ort für sich betrachtet (Geser 1983: 151; Roghmann/Ziegler 1977: 163).[21]

Um Unklarheiten in kritischen Situationen vorzubeugen, sind die Kommunikationswege in Militärorganisationen neben der rigiden Formalisierung für unübersichtliche Situationen spezifiziert. Konkret bedeutet das, dass die Kommunikation in einem hohen Maße »verbal standardisiert und vielfach nonverbal oder akustisch substituiert« ist – beispielsweise über Sirenen, Lichtzeichen, Flaggen oder Uniformen mit Dienstgradabzeichen (Elbe/Richter 2012: 247; vgl. Battistelli 1991: 13 ff.). Das Problem, in intransparenten Situationen unter hohem Zeitdruck zu »unzweideutigen Entscheidungen mit klarer Verantwortungszuweisung« zu kommen (Gareis et al. 2006: 14), wird so – ähnlich wie auf der Programmebene – durch ein hohes Maß an Bürokratisierung bearbeitet.

Im Laufe der letzten Jahrzehnte hat sich hier insbesondere durch technische Entwicklungen viel getan. So verändert die zunehmende Digitalisierung die Kommunikationswege beim Militär: Über mit Display, Kopfhörer und Mikrofon ausgestattete Helme wird eine Kriegsführung möglich, die über ein »gefechtsfeldumfassendes Kommunikationsnetz« detailliert festgelegte Zuständigkeiten oder lange Befehlsketten immer mehr obsolet werden lässt (Kaufmann 2010: 272 f.;

---

21 Horizontal verlaufen die Kommunikationswege eher informal (Roghmann/Ziegler 1977: 164; für eine frühe Studie zu informalen Kommunikationswegen im Militär siehe Caplow 1947).

vgl. Apelt 2012b: 137). Früher schon hatte die Entwicklung der Kriegstechnik strukturelle Umbauten auf der Hierarchieebene zur Folge. Hier ist vor allem an die Vermehrung der hierarchischen Ebenen, das Einrichten von Stabsstellen oder das Erhöhen der Entscheidungsautonomie auf den unteren Hierarchiestufen zu denken (Elbe/Richter 2012: 245; Gareis et al. 2006: 15 f.; Roghmann/Ziegler 1977: 160 ff.). Statt detailliert festgelegter Kommunikationswege finden sich immer mehr Angleichungen an zivile Trends wie »flache Hierarchien, Dezentralisierung von Entscheidungen, stärkere Umweltsensibilität, Just-in-time-Logistik und Outsourcing« (Apelt 2012b: 147). Diese strukturellen Transformationsprozesse führen zu einer zunehmenden Angleichung des Militärs an zivile Organisationen (Apelt 2012b: 143; Lang 1965: 842). Insbesondere im kalten Aggregatzustand, in dem die tägliche Arbeit in der Dienststelle vollzogen wird, unterscheiden sich Militärorganisationen immer weniger von anderen staatlichen Organisationen (Richter 2017: 660; Elbe/Richter 2012: 245).

4 Informalität – ein Ausblick

Wenngleich an dieser Stelle aufgrund der Schwerpunktsetzung auf die formalen Strukturen nur ein Ausblick gegeben werden kann, soll zumindest dazu ermutigt werden, die breite Fülle militärsoziologischer Beiträge zum Themenfeld der Informalität unter einer organisationssoziologischen Perspektive zu betrachten.

Es wird gemeinhin angenommen, dass die durch Zeremonialismus und (strukturellen) Konservativismus geprägte, dicht verregelte Umgebung von Militärorganisationen auf der Mitgliederebene die Ausbildungen von starken informellen Gruppen zur Folge hat (Roghmann/Ziegler 1977: 165, 169; Gareis et al. 2006: 18). Hier ist sich die Militärsoziologie nun schon seit einiger Zeit überwiegend einig: Über die informelle Kameradengruppe würde Stress bewältigt sowie Solidarität und Kameradschaft erfahren, worüber sich Arbeitsmoral und Kampfmotivation stärken würden (Shils/Janowitz 1948; Geser 1983: 152–156; Roghmann/Ziegler 1977: 168–179). Die soziale, aufgabenbezogene und instrumentelle »Kohäsion« militärischer Einheiten basiere demnach vor allem auf der Möglichkeit, informelle Gruppen auszubilden und zu kultivieren (Biehl 2010), – werde diese Gruppenbildung verhindert, könne es zu handfesten Krisen kommen (Gabriel/Savage 1982). Dabei wird Informalität meist ausschließlich als persönliche Beziehung zwischen Mitgliedern verstanden, die in informellen Gruppen ein Zusammengehörigkeitsgefühl ausbilden (Kernic 2001: 79 f.). Die Kleingruppe übernehme die Rolle des »Familienersatzes«, in dem »Gefühle gezeigt« und in denen sich »nötigenfalls abreagiert« werden könnte (Gareis et al. 2006: 18).

Ähnlich wie beim weberianisch geprägten Formalitätsverständnis folgt dieses Informalitätskonzept der klassischen Human Relations Schule der 1930er-Jahre (Mayo 1933; Roethlisberger/Dickson 1939) – einem bewährten, aber doch bereits etwas in die Jahre gekommenen Ansatz. Neuere Ansätze heben hervor, dass es neben den informalen Erwartungen, die mit der Formalstruktur kompatibel sind und diese ergänzen, zur Ausbildung von informalen Erwartungen kommen kann, die gegen organisationale Regeln oder sogar Gesetze verstoßen (Kühl 2011: 120–123; Luhmann 1964: 283 ff.). Als »brauchbare Illegalität« (Kühl 2020; Luhmann 1964: 304 ff.) können informale Strukturen Regelabweichungen einschließen, die für die Organisation häufig sehr funktional sind, aber nicht formal erwartet werden können, da es sich um »nicht entschiedene« oder sogar »nicht entscheidbare Entscheidungsprämissen« handelt (Luhmann 2000: 239). Mit Informalität werden schlicht alle Erwartungen in Organisationen bezeichnet, die nicht als Mitgliedschaftsbedingung formuliert werden (können), sich aber als Trampelpfade abseits der Formalstruktur ausgebildet haben (Kühl 2011: 115; Luhmann 1964; Groddeck/Wilz 2015).

Insbesondere in Bezug auf die Funktionalität von Regelabweichungen gibt es großes Forschungspotenzial bei der Analyse militärischer Organisationen. Hier fehlen vor allem empirische Studien, die diese informal gelebten Strukturen erforschen und sensibel für die Funktionalität gerade dieser Regelabweichungen sind (Kühl 2017a, 2017b). Mit wenigen Ausnahmen werden funktionale Regelabweichungen von der Militärsoziologie bisher übersehen.[22] Dies überrascht nur deshalb nicht, weil die empirische Erforschung von Informalität nicht nur in Militärorganisationen schwierig ist, sondern ein generelles Problem empirischer organisationssoziologischer Forschung darstellt, da sich Regelabweichungen selten direkt von Außenstehenden beobachten beziehungsweise thematisieren lassen. Auch hier wird deutlich, dass die Militärsoziologie ihre methodischen wie methodologischen Spezifika zu einem großen Teil mit der zivilen empirischen Organisationsforschung teilt (Richter 2017).

Statt Detailstudien zur Informalität im Militär finden sich Beiträge, die neben der bereits skizzierten Schwerpunktsetzung auf die persönlichen Kameradschafts-

---

22   Für eine Ausnahme siehe Ziegler (1968: v.a. 20–26), der unter der Überschrift des »abweichenden Verhaltens im Kriege« Befehlsverweigerungen, Meutereien, aber auch andere Regelabweichungen thematisiert und die These aufstellt: »Je intensiver der Stress ist, [...] um so geringer ist die Wirksamkeit formeller Sanktionen und um so bedeutsamer ist die Reaktion der unmittelbaren Umwelt« – Desintegration fasst er demnach als Folge der »abnehmenden Bedeutung formeller Sanktionen« (Ziegler 1968: 22). Für eine andere Ausnahme siehe Geser (1983: 160), der vielfältig die verschiedenen Varianten informaler Strukturen aufzeigt.

beziehungen in informellen Gruppen vor allem auf bestimmte Themenfelder oder Aspekte von Informalität fokussieren: informelle Rangordnungen, Prestigedifferenzierungen oder Statussysteme (Little 1968; Roghmann/Ziegler 1977: 166 f.); die Häufung von Ritualen, also »sozial geregelten, kollektiv ausgeführten zeremoniellen Handlungsabläufen« wie dem Marschieren in Formationen oder Flaggenparaden (Gareis et al. 2006: 19); Geschlechterverhältnisse (Apelt 2015) oder die spezifisch militärische Organisationskultur (Soeters et al. 2003).[23] Die Hoffnung ist hier meist, dass über diese informalen Strukturen Einfluss auf eigentlich nicht entscheidbare Entscheidungsprämissen genommen werden kann. So sollen beispielsweise die militärischen Rituale die »psychisch[e] Verarbeitung einer Situation mittels sinnsetzender Symbole« und die »Schaffung gemeinsamer Identitäten« befördern (Gareis et al. 2006: 19). Im Fall der Kameradschaft schreibt sogar das Soldatengesetz vor, dass Soldaten verpflichtet seien, »die Würde, die Ehre und die Rechte des Kameraden zu achten und ihm in Not und Gefahr beizustehen« (Soldatengesetz § 12). Gleichzeitig soll Kameradschaft »Defizite der rigiden Hierarchie und Formalstruktur ausgleichen« und einen »Sinn jenseits nur politischer Ideologie« bereitstellen (Apelt 2012b: 141). Problematisch ist hier weniger die Wirkmächtigkeit dieser informalen Strukturen – es ist ja durchaus möglich, dass die Identität einer Truppe über gemeinsame Rituale geprägt wird und Kameradschaft eine wichtige Leistungsmotivation für Soldaten ist (siehe Abschnitt 3.2). Schwierig sind zum einen eher daran anschließende Steuerungsfantasien, also die Idee, dass die Militärführung *gezielt* Einfluss auf informale Strukturen nehmen könnte (eine Hoffnung, die die Militärsoziologie übrigens mit vielen Management- und Organisationstheorien teilt; vgl. Kühl 2018: 27 ff.).

Zum anderen findet häufig eine Art ideeller Verklärung von Informalität statt: Es wird übersehen, dass diese ›positiv‹ besetzten informalen Strukturen nicht nur begrenzt formal entscheidbar sind, sondern auch teilweise mit Mitteln durchgesetzt werden, die weniger elegant sind, aber maßgeblich zu ihrer Funktionalität beitragen (Kühl 2017b: 2). Stefan Kühl hebt hervor, dass die Durchsetzung informaler Erwartungen im Militär (ebenso wie in anderen Organisationen) häufig über negative informale Sanktionen erfolgt, die von Spötteleien über Beschimpfungen, soziale Isolierung und die Verweigerung von Hilfeleistungen bis zu körperlichen Angriffen und Erniedrigungen reichen können (Kühl 2017b: 2; vgl. Kühne 2006: 117). So ist neben dem Tausch als positives Sanktionsmittel vor allem

---

23 In der Organisationssoziologie gibt es den Vorschlag, Organisationskultur als »nicht entschiedene Entscheidungsprämisse« zu begreifen, und demnach den informalen Strukturen einer Organisation zuzuordnen (Kühl 2011: 113 ff.). Für die Anwendung eines sehr weiten Kulturverständnisses auf das Militär siehe Hagen und Tomforde (2012).

Mobbing in Organisationen sehr beliebt, um informale Normen durchzusetzen (Kühl 2011: 123–127, 2014: 162–170). Gerade weil informale Erwartungen wie Kameradschaftlichkeit nicht qua Entscheidung durchgesetzt werden können, müssen Sanktionspraktiken abseits der Formalstruktur zur Durchsetzung genutzt werden (Kühl 2011: 126). »Bundeswehr-Skandale« wie die demütigenden Ausbildungsrituale der Kasernen in Pfullendorf oder Bad Reichenhall können somit auch als »ungewollte Nebenfolge von Kameradschaftserwartungen« verstanden werden (Kühl 2017a; auch Elbe 2017).

Hier bieten sich vielfältige Anschlussmöglichkeiten und Perspektiven, bei denen sich Organisationssoziologie und Militärsoziologie in Zukunft vielleicht häufiger zusammentun sollten. Ein wechselseitiger Austauschprozess scheint nicht nur aufgrund der in diesem Beitrag aufgezeigten bereits vorhandenen Schnittstellen vielversprechend, sondern auch hinsichtlich einiger noch zu entdeckender Forschungsfelder,[24] in der insbesondere die Militärsoziologie die Organisationssoziologie bereichern könnte.

Literatur

Ansari, Shahid/Euske, K. J. (1987): Rational, Rationalizing, and Reifying Uses of Accounting Data in Organizations. In: Accounting, Organizations and Society, 12: 6, 549–570.

Apelt, Maja (2006a): Militärische Sozialisation. In: Gareis, Sven Bernhard/Klein, Paul (Hrsg.): Handbuch Militär und Sozialwissenschaft. 2., akt. und erw. Aufl. Wiesbaden: VS Verlag, 26–39.

Apelt, Maja (2006b): Einige Überlegungen zur (Ent-)Professionalisierung des Soldatenberufs. In: Hagen, Ulrich vom (Hrsg.): Armee in der Demokratie. Zum Verhältnis von zivilen und militärischen Perspektiven. Wiesbaden: VS Verlag, 125–139.

Apelt, Maja (2010): Einleitung: Forschungsthema Militär. In: dies. (Hrsg.): Forschungsthema: Militär. Militärische Organisationen im Spannungsfeld von Krieg, Gesellschaft und soldatischen Subjekten. Wiesbaden: VS Verlag für Sozialwissenschaften, 7–24.

---

24 So gibt es beispielsweise auch aktuelle explizit organisationstheoretische Studien über Entscheidungsprozesse im Militär (Fraher/Grint 2018) oder Beiträge, die die organisationale Perspektive bei Forschungen über sexuelle Belästigungen einbinden (Harris et al. 2017), die für beide Seiten instruktive Ergebnisse versprechen.

Apelt, Maja (2012a): Militärische Sozialisation. In: Leonhard, Nina/Werkner, Ines-Jacqueline (Hrsg.): Militärsoziologie – Eine Einführung. 2., aktual. und erg. Aufl. Wiesbaden: VS Verlag für Sozialwissenschaften, 428–446.

Apelt, Maja (2012b): Das Militär als Organisation. In: Apelt, Maja/Tacke, Veronika (Hrsg.): Handbuch Organisationstypen. Wiesbaden: Springer VS, 133–148.

Apelt, Maja (2015): Der lange Abschied von der männlichen Organisation. Geschlechterverhältnisse zwischen Formalität und Informalität am Beispiel des Militärs. In: Groddeck, Victoria von/Wilz, Sylvia Marlene (Hrsg.): Formalität und Informalität in Organisationen. Wiesbaden: Springer VS, 215–236.

Apelt, Maja (2019): Von den alten zu den Neuen Kriegen? Politisch organisierte Gewaltausübung im Wandel. In: Apelt, Maja/Bode, Ingo/Hasse, Raimund/Meyer, Uli/Groddeck, Victoria von/Wilkesmann, Maximiliane/Windeler, Arnold (Hrsg.): Handbuch Organisationssoziologie. Wiesbaden: Springer VS, <https://doi.org/10.1007/978-3-658-15953-5_59-1>.

Barnard, Chester I. (1938): The Functions of the Executive. Cambridge/MA: Harvard University Press.

Battistelli, Fabrizio (1991): Four Dilemmas for Military Organizations. In: Kuhlmann, Jürgen/Dandeker, Christopher (Hrsg.): Stress and Change in the Military Profession of Today. München: Sozialwissenschaftliches Institut der Bundeswehr, 1–19.

Baudissin, Wolf Graf von (1969): Soldat für den Frieden. Entwürfe für eine zeitgemäße Bundeswehr. Hrsg. und eingeleitet von Peter von Schubert. München: Piper.

Beeres, Robert/Waard, Erik de/Bollen, Myriame (2010): Ambitions and Opportunities for Assessing Military Performance in Crisis Response Operations. In: Financial Accountability & Management, 26: 3, 344–366.

Biehl, Heiko (2006): Kampfmoral und Einsatzmotivation. In: Gareis, Sven Bernhard (Hrsg.): Handbuch Militär und Sozialwissenschaft. 2., aktual. und erw. Aufl. Wiesbaden: VS Verlag, 294–302.

Biehl, Heiko (2010): Kampfmoral und Kohäsion als Forschungsgegenstand, militärische Praxis und Organisationsideologie. In: Apelt, Maja (Hrsg.): Forschungsthema: Militär. Militärische Organisationen im Spannungsfeld von Krieg, Gesellschaft und soldatischen Subjekten. Wiesbaden: VS Verlag für Sozialwissenschaften, 139–162.

Biehl, Heiko (2012): Einsatzmotivation und Kampfmoral. In: Leonhard, Nina/Werkner, Ines-Jacqueline (Hrsg.): Militärsoziologie – Eine Einführung. 2., aktual. und erg. Aufl. Wiesbaden: VS Verlag für Sozialwissenschaften, 447–474.

Biehl, Heiko/Mackewitsch, Reinhard/Hagen, Ulrich vom (2000): Die Motivation der Soldaten im Auslandseinsatz. Ein Problemaufriss in forschungspraktischer Perspektive. In: Kümmel, Gerhard/Prüfert, Andreas (Hrsg.): Military Sociology. The Richness of a Discipline. Baden-Baden: Nomos, 345–378.

Braun, Michael (1985): Rationale Akteure und institutionelle Regelungen in Militärorganisationen. SOWI-Berichte 39. München: Sozialwissenschaftliches Institut der Bundeswehr.

Bröckling, Ulrich (1997): Disziplin. Soziologie und Geschichte militärischer Gehorsamsproduktion. München: Wilhelm Fink Verlag.

Caplow, Theodore (1947): Rumors in War. In: Social Forces, 25: 3, 298–302.

Collmer, Sabine (2010): Militärsoziologie. In: Kneer, Georg/Schroer, Markus (Hrsg.): Handbuch Spezielle Soziologien. Wiesbaden: Springer VS, 309–324.

Commons, John R. (1924): Legal Foundation of Capitalism. New York: MacMillan Company.

Coser, Lewis A. (1974): Greedy Institutions. Patterns of Undivided Commitment. New York: Free Press.

Creveld, Martin L. van (2005): Kampfkraft. Militärische Organisation und Leistung der deutschen und amerikanischen Armee, 1939–1945. Graz: Ares.

Crozier, Michel/Friedberg, Erhard (1979): Macht und Organisation. Die Zwänge kollektiven Handelns. Athenäum: Königstein/Ts.

Doorn, Jacques van (1965): Militärische und industrielle Organisation. In: Matthes, Joachim (Hrsg.): Soziologie und Gesellschaft in den Niederlanden. Neuwied/Berlin: Luchterhand, 276–300.

Doorn, Jacques van (1975): The Soldier und Social Change. Comparative Studies in the History and Sociology of the Military. Beverly Hills/London: Sage.

Dörfler-Dierken, Angelika (2016): Innere Führung – Innere Lage. In: Dörfler-Dierken, Angelika/Kümmel, Gerhard (Hrsg.): Am Puls der Bundeswehr. Militärsoziologie in Deutschland zwischen Wissenschaft, Politik, Bundeswehr und Gesellschaft. Wiesbaden: Springer VS, 257–275.

Dörfler-Dierken, Angelika/Kümmel, Gerhard (Hrsg.) (2016a): Am Puls der Bundeswehr. Militärsoziologie in Deutschland zwischen Wissenschaft, Politik, Bundeswehr und Gesellschaft. Wiesbaden: Springer VS.

Dörfler-Dierken, Angelika/Kümmel, Gerhard (2016b): Die Militärsoziologie, das Militär und die Zukunft. In: dies. (Hrsg.): Am Puls der Bundeswehr. Militärsoziologie in Deutschland zwischen Wissenschaft, Politik, Bundeswehr und Gesellschaft. Wiesbaden: Springer VS, 345–354.

Elbe, Martin (2007): Werte verwerten? Zum Spannungsverhältnis zwischen Führung und Ökonomisierung am Beispiel der Balanced Scorecard. In: Richter, Gregor (Hrsg.): Die Ökonomische Modernisierung der Bundeswehr. Sachstand, Konzeptionen und Perspektiven. Wiesbaden: VS Verlag für Sozialwissenschaften, 33–50.

Elbe, Martin (2014): Führen mit Zielen und Zielvereinbarungen in militärischen Organisationen. In: Kern, Eva-Maria/Richter, Gregor (Hrsg.): Streitkräftemanagement. Neue Planungs- und Steuerungsinstrumente der Bundeswehr. Wiesbaden: Springer Gabler, 11–30.

Elbe, Martin (2017): Ritual, Führung & Skandal: Alte Stücke neu inszeniert. In: Behörden Spiegel. Newsletter Verteidigung. Streitkräfte. Wehrtechnik, Nr. 181 vom 25.4.2017, 1.

Elbe, Martin/Richter, Gregor (2012): Militär: Institution und Organisation. In: Leonhard, Nina/Werkner, Ines-Jacqueline (Hrsg.): Militärsoziologie – Eine Einführung. 2., aktual. und erg. Aufl. Wiesbaden: VS Verlag für Sozialwissenschaften, 244–263.

Fleishman, Edwin A. (1953): Differences Between Military and Industrial Organizations. In: Stogdill, Ralph M. et al. (Hrsg.): Aspects of Leadership and Organization. Columbus: The Ohio State University Research Foundation, 23–30.

Fraher, Amy/Grint, Keith (2018): Agonistic Governance: The Antinomies of Decision-Making in U.S. Navy SEALs. In: Leadership, 14: 2, 220–239.

Gabriel, Richard A./Savage, Paul L. (1982): Crisis in Command. Mismanagement in the Army. 3. Aufl. New York: Hill and Wang.

Gareis, Sven Bernhard/Haltiner, Karl/Klein, Paul (2006): Strukturprinzipien und Organisationsmerkmale von Streitkräften. In: Gareis, Sven Bernhard/Klein, Paul (Hrsg.): Handbuch Militär und Sozialwissenschaft. 2., aktual. und erw. Aufl. Wiesbaden: VS Verlag, 14–25.

Geser, Hans (1983): Soziologische Aspekte der Organisationsformen in der Armee und in der Wirtschaft. In: Wachtler, Günther (Hrsg.): Militär, Krieg, Gesellschaft. Texte zur Militärsoziologie. Frankfurt/New York: Campus, 140–164.

Goffman, Erving (1961): Asylums. Essays on the Social Situation of Mental Patients and Other Inmates. New York: Doubleday.

Greiner, Bernd (2015): Der »überflüssige Soldat«. Zur Genese und Praxis militärischer Gewaltgruppen am Beispiel des amerikanischen Krieges in Vietnam. In: Schwalb, Benjamin/Paul, Axel T. (Hrsg.): Gewaltmassen. Über Eigendynamik und Selbstorganisation kollektiver Gewalt. Hamburg: Hamburger Edition, 337–358.

Groddeck, Victoria von/Wilz, Sylvia Marlene (Hrsg.) (2015): Formalität und Informalität in Organisationen. Wiesbaden: Springer VS.

Gruber, Alexander/Kühl, Stefan (2015): Autoritätsakzeptanz und Folgebereitschaft in Organisationen. Zur Beteiligung der Mitglieder des Reserve-Polizeibataillons 101 am Holocaust. In: dies. (Hrsg.): Soziologische Analysen des Holocaust. Jenseits der Debatte über »ganz normale Männer« und »ganz normale Deutsche«. Wiesbaden: Springer VS, 7–28.

Grüneisen, Sven (2015): Kameradschaft im Reserve-Polizeibataillon 101 und der Genozid an den Juden. Eine soziologische Rekonstruktion von Verhaltenserwartungen in Extremsituationen. In: Gruber, Alexander/Kühl, Stefan (Hrsg.): Soziologische Analysen des Holocaust. Jenseits der Debatte über »ganz normale Männer« und »ganz normale Deutsche«. Wiesbaden: Springer VS, 171–214.

Hagen, Ulrich vom/Tomforde, Maren (2012): Militärische Kultur. In: Leonhard, Nina/Werkner, Ines-Jacqueline (Hrsg.): Militärsoziologie – Eine Einführung. 2., aktual. und erg. Aufl. Wiesbaden: VS Verlag für Sozialwissenschaften, 284–313.

Harris, Richard J./McDonald, Daniel P./Sparks, Corey S. (2017): Sexual Harassment in the Military. In: Armed Forces & Society, 44: 1, 25–43.

Hauffe, Tobias/Koepp, Tabea (2015): Der harte Kern. Engagierte Gewaltausübung im Reserve-Polizeibataillon 101. Bayreuth/Bielefeld: Unveröffentlichtes Manuskript.

Herz, Christian (2003): Kein Frieden mit der Wehrpflicht. Entstehungsgeschichte, Auswirkungen und Abschaffung der allgemeinen Wehrpflicht. Münster: Agenda.

Holmes, Richard (1985): Acts of War. The Behaviour of Men in Battle. London: Free Press.

Janowitz, Morris (1960): The Professional Soldier. A Social and Political Portrait. Glencoe: Free Press.

Janowitz, Morris (Hrsg.) (1964): The New Military. Changing Patterns of Organization. New York: Russel Sage Foundation.

Janowitz, Morris (1968): Militärischer Konservativismus und technische Innovation. In: Mayntz, Renate (Hrsg.): Bürokratische Organisation. Köln: Kiepenheuer & Witsch, 289–296.

Janowitz, Morris (1971): Military Organization. In: Little, Roger W. (Hrsg.): Handbook of Military Institutions. Beverly Hills: Sage, 13–51.

Kaufmann, Stefan (2010): Der ›digitale Soldat‹. Eine Figur an der Front der Informationsgesellschaft. In: Apelt, Maja (Hrsg.): Forschungsthema: Militär. Militärische Organisationen im Spannungsfeld von Krieg, Gesellschaft und soldatischen Subjekten. Wiesbaden: VS Verlag für Sozialwissenschaften, 271–294.
Keller, Jörg (2012): Führung und Führer im Militär. In: Leonhard, Nina/Werkner, Ines-Jacqueline (Hrsg.): Militärsoziologie – Eine Einführung. 2., aktual. und erg. Aufl. Wiesbaden: VS Verlag für Sozialwissenschaften, 475–493.
Kernic, Franz (2001): Sozialwissenschaften und Militär. Eine kritische Analyse. Wiesbaden: Deutscher Universitäts-Verlag.
Klein, Paul (2000): Sociology and the Military in Germany. In: Kümmel, Gerhard/Prüfert, Andreas (Hrsg.): Military Sociology. The Richness of a Discipline. Baden-Baden: Nomos, 44–54.
König, René (1968): Vorwort. Einige Bemerkungen zu den speziellen Problemen der Begründung einer Militärsoziologie. In: ders. (Hrsg.): Beiträge zur Militärsoziologie. Köln/Opladen: Westdeutscher Verlag, 7–12.
Kuchler, Barbara (2013): Krieg und gesellschaftliche Differenzierung. In: Zeitschrift für Soziologie, 42: 6, 502–520.
Kühl, Stefan (2007): Wie normal sind die ganz normalen Organisationen? Zur Interpretation des Deportations-, Milgram-, Stanford-Prison- und Soda-Cracker-Experiments. Working Paper 2/2007. Bielefeld: Universität Bielefeld.
Kühl, Stefan (2011): Organisationen. Eine sehr kurze Einführung. Wiesbaden: VS-Verlag.
Kühl, Stefan (2012): Zwangsorganisationen. In: Apelt, Maja/Tacke, Veronika (Hrsg.): Handbuch Organisationstypen. Wiesbaden: VS-Verlag, 345–358.
Kühl, Stefan (2014): Ganz normale Organisationen. Zur Soziologie des Holocaust. Berlin: Suhrkamp.
Kühl, Stefan (2017a): Weswegen der Verweis auf »Führungsschwäche« das Problem der Bundeswehr nicht trifft. Die Skandale bei der Bundeswehr als ungewollte Nebenfolgen von Kameradschaftserwartungen. Working Paper 9/2017. Bielefeld: Universität Bielefeld.
Kühl, Stefan (2017b): Zur Erosion von Kameradschaft. Informale Normen in staatlichen Gewaltorganisationen. Working Paper 5/2017. Bielefeld: Universität Bielefeld.
Kühl, Stefan (2018): Organisationskulturen beeinflussen. Eine sehr kurze Einführung. Wiesbaden: Springer VS.
Kühl, Stefan (2020): Brauchbare Illegalität. Vom Nutzen des Regelbruchs in Organisationen. Frankfurt a.M./New York: Campus Verlag.

Kühl, Stefan/Strodtholz, Petra/Taffertshofer, Andreas (2009): Qualitative und quantitative Methoden der Organisationsforschung – ein Überblick. In: dies. (Hrsg.): Handbuch Methoden der Organisationsforschung. Quantitative und Qualitative Methoden. Wiesbaden: VS Verlag für Sozialwissenschaften, 13–27.

Kühne, Thomas (1998): Zwischen Männerbund und Volksgemeinschaft. Hitlers Soldaten und der Mythos der Kameradschaft. In: Archiv für Sozialgeschichte, 38, 165–189.

Kühne, Thomas (2006): Kameradschaft. Die Soldaten des nationalsozialistischen Krieges und das 20. Jahrhundert. Göttingen: Vandenhoeck & Ruprecht.

Kümmel, Gerhard (2012): Die Hybridisierung der Streitkräfte: Militärische Aufgaben im Wandel. In: Leonhard, Nina/Werkner, Ines-Jacqueline (Hrsg.): Militärsoziologie – Eine Einführung. 2., aktual. und erg. Aufl. Wiesbaden: VS Verlag für Sozialwissenschaften, 117–138.

Kupper, Gerhard (2006): Führen im Einsatz. In: Gareis, Sven Bernhard/Klein, Paul (Hrsg.): Handbuch Militär und Sozialwissenschaft. 2., aktual. und erw. Aufl. Wiesbaden: VS Verlag, 283–293.

Kurtz, Lester (1992): War and Peace on the Sociological Agenda. In: Halliday, Terence/Janowitz, Morris (Hrsg.): Sociology and Its Publics. Chicago: University of Chicago Press, 61–98.

Lang, Kurt (1965): Military Organizations. In: March, James G. (Hrsg.): Handbook of Organizations. Chicago: Rand McNally, 838–877.

Leonhard, Nina/Biehl, Heiko (2012): Beruf: Soldat. In: Leonhard, Nina/Werkner, Ines-Jacqueline (Hrsg.): Militärsoziologie – Eine Einführung. 2., aktual. und erg. Aufl. Wiesbaden: VS Verlag für Sozialwissenschaften, 393–427.

Leonhard, Nina/Werkner, Ines-Jacqueline (2012): Einleitung: Militär als Gegenstand der Forschung. In: dies. (Hrsg.): Militärsoziologie – Eine Einführung. 2., aktual. und erg. Aufl. Wiesbaden: VS Verlag für Sozialwissenschaften, 19–35.

Little, Roger W. (1964): Buddy Relations and Combat Performance. In: Janowitz, Morris (Hrsg.): The New Military. Changing Patterns of Organization. New York: Russel Sage Foundation, 195–223.

Little, Roger W. (1968): Rangsysteme im amerikanischen Militär. In: König, René (Hrsg.): Beiträge zur Militärsoziologie. Köln/Opladen: Westdeutscher Verlag, 187–198.

Loquai, Heinz/Schnell, Jürgen (1980): Militärorganisation. In: Grochla, Erwin (Hrsg.): Handwörterbuch der Organisation. Stuttgart: C.E. Poeschel, 1324–1336.

Luhmann, Niklas (1964): Funktionen und Folgen formaler Organisation. Berlin: Duncker & Humblot.

Luhmann, Niklas (1971): Lob der Routine. In: ders.: Politische Planung. Aufsätze zur Soziologie von Politik und Verwaltung. Opladen: Westdeutscher Verlag, 113–143.
Luhmann, Niklas (1973): Zweckbegriff und Systemrationalität. Über die Funktion von Zwecken in sozialen Systemen. Frankfurt a.M.: Suhrkamp.
Luhmann, Niklas (1988): Organisation. In: Küppers, Willi/Ortmann, Günther (Hrsg.): Mikropolitik. Rationalität, Macht und Spiele in Organisationen. Opladen: Westdeutscher Verlag, 165–186.
Luhmann, Niklas (2000): Organisation und Entscheidung. Wiesbaden: VS Verlag.
Mayo, Elton (1933): The Human Problems of an Industrial Civilization. New York: Macmillan.
Meier, Ernst-Christoph (2014): Militärsoziologie. In: Endruweit, Günter/Trommsdorff, Gisela/Burzan, Nicole (Hrsg.): Wörterbuch der Soziologie. 3., völlig überarb. Aufl. Konstanz/München: UVK-Verlagsgesellschaft, 314–319.
Meyer, John W./Rowan, Brian (1977): Institutionalized Organizations. Formal Structures as Myth und Ceremony. In: American Journal of Sociology, 83: 2, 340–363.
Moskos, Charles C. (1968): Eigeninteresse, Primärgruppen und Ideologie. Eine Untersuchung der Kampfmotivation amerikanischer Truppen in Vietnam. In: König, René (Hrsg.): Beiträge zur Militärsoziologie. Wiesbaden: VS Verlag, 199–221.
Moskos, Charles C. (Hrsg.) (1970): The American Enlisted Man. The Rank and File in Today's Military. New York: Russel Sage Foundation.
Moskos, Charles C. (1977): From Institution to Occupation. Trends in Military Organization. In: Armed Forces & Society, 4: 1, 41–50.
Müller, Christian Th. (2013): Kasernierte Vergesellschaftung und militärische Subkultur. Überlegungen zur Alltags- und Sozialgeschichte des deutschen Militärs im 19. und 20. Jahrhundert. In: ders. (Hrsg.): Das ist Militärgeschichte! Probleme – Projekte – Perspektiven. Paderborn: Schöningh, 479–497.
Muster, Judith/Büchner, Stefanie (2019): Die schwierige Liaison von Organisationssoziologie und Praxisbezug am Beispiel Beratung. In: Apelt, Maja/Bode, Ingo/Hasse, Raimund/Meyer, Uli/Groddeck, Victoria von/Wilkesmann, Maximiliane/Windeler, Arnold (Hrsg.): Handbuch Organisationssoziologie. Wiesbaden: Springer VS, <https://doi.org/10.1007/978-3-658-15953-5_26-1>.
Muster, Judith/Büchner, Stefanie/Hoebel, Thomas/Koepp, Tabea (2020): Führung als erfolgreiche Einflussnahme in kritischen Momenten. Grundzüge, Implikationen und Forschungsperspektiven. In: Barthel, Christian (Hrsg.): Managementmoden in der Verwaltung. Sinn und Unsinn. Wiesbaden: Springer VS, 285–305.

Nolzen, Armin (2016): Ganz normale Organisationen. Was die NS-Forschung von Stefan Kühl lernen sollte. In: Mittelweg 36, 6, 97–103.
Oetting, Dieter W. (1994): Auftragstaktik. Geschichte und Gegenwart einer Führungskonzeption. Frankfurt a.M.: Report Verlag.
Richter, Gregor (2006): Ökonomisierung in der Bundeswehr. In: Gareis, Sven Bernhard/Klein, Paul (Hrsg.): Handbuch Militär und Sozialwissenschaft. 2., aktual. und erw. Aufl. Wiesbaden: VS Verlag, 40–50.
Richter, Gregor (2017): Methoden und Daten zur Erforschung spezieller Organisationen: Bundeswehr. In: Liebig, Stefan/Matiaske, Wenzel/Rosenbohm, Sophie (Hrsg.): Handbuch Empirische Organisationsforschung. Wiesbaden: Springer Fachmedien Wiesbaden (Springer Reference Wirtschaft), 657–674.
Richter, Gregor/Elbe, Martin (2012): Militär und Verwaltung. In: Leonhard, Nina/Werkner, Ines-Jacqueline (Hrsg.): Militärsoziologie – Eine Einführung. 2., aktual. und erg. Aufl. Wiesbaden: VS Verlag für Sozialwissenschaften, 264–283.
Roethlisberger, Fritz Jules/Dickson, William J. (1939): Management and the Worker. An Account of a Research Program Conducted by the Western Electric Company, Hawthorne Works, Chicago. Cambridge/MA: Harvard University Press.
Roghmann, Klaus/Sodeur, Wolfgang (1968): Führerschaft im Militär. In: König, René (Hrsg.): Beiträge zur Militärsoziologie. Köln/Opladen: Westdeutscher Verlag, 221–238.
Roghmann, Klaus/Ziegler, Rolf (1977): Militärsoziologie. In: Mayntz, Renate/Roghmann, Klaus/Ziegler, Rolf (Hrsg.): Organisation – Militär. Handbuch der empirischen Sozialforschung 9. Stuttgart: Ferdinand Enke, 142–204.
Rowley, Elisabeth/Weitz, Fabian/Werkner, Ines-Jacqueline (2012): Militärsoziologische Forschung in den USA und in Deutschland. Eine Literaturanalyse über fünf Jahrzehnte. In: Leonhard, Nina/Werkner, Ines-Jacqueline (Hrsg.): Militärsoziologie – Eine Einführung. 2., aktual. und erg. Aufl. Wiesbaden: VS Verlag für Sozialwissenschaften, 495–519.
Savage, Paul L./Gabriel, Richard A. (1976): Cohesion and Disintegration in the American Army: An Alternative Perspective. In: Armed Forces & Society, 2: 3, 340–376.
Schössler, Dietmar (1980): Militärsoziologie. Königstein/Ts.: Athenäum.
Shils, Edward A./Janowitz, Morris (1948): Cohesion and Disintegration in the Wehrmacht in World War II. In: The Public Opinion Quarterly, 12: 2, 280–315.

Siebold, Guy L. (2007): The Essence of Military Group Cohesion. In: Armed Forces & Society, 33: 2, 286–295.
Soeters, Joseph/Winslow, Donna/Weibull, Alise (2003): Military Culture. In: Caforio, Giuseppe (Hrsg.): Handbook of the Sociology of the Military. New York: Kluwer Academic/Plenum Publ., 237–254.
Steinert, Heinz (1973): Militär, Polizei, Gefängnis, usw. Über die Sozialisation in der »totalen Institution« als Paradigma des Verhältnisses von Individuum und Gesellschaft. In: Walter, Heinz (Hrsg.): Sozialisationsforschung. Bd. 2. Stuttgart: Frommann-Holzboog, 227–249.
Stichweh, Rudolf (1996): Professionen in einer funktional differenzierten Gesellschaft. In: Combe, Arno/Helsper, Werner (Hrsg.): Pädagogische Professionalität. Untersuchungen zum Typus pädagogischen Handelns. Frankfurt a.M.: Suhrkamp, 49–69.
Stouffer, Samuel A./Hovland, Carl Iver/Lumsdaine, Arthur A./Sheffield, Fred D. (Social Science Research Council) (1949/50): The American Soldier. Studies in Social Psychology in World War II. 4 Bände. Princeton/NJ: Princeton University Press.
Tacke, Veronika/Drepper, Thomas (2018): Soziologie der Organisation. Wiesbaden: Springer VS.
Treiber, Hubert (1973): Wie man Soldaten macht. Sozialisation in »kasernierter Vergesellschaftung«. Düsseldorf: Bertelsmann.
Tresch, Tibor/Leuprecht, Christian (Hrsg.) (2010): Recruitment and Retention Across the Armed Forces of Europe. Kingston: School of Policy Studies.
Vollmer, Hendrik (2010): Kohäsion und Desintegration militärischer Einheiten. Von der Primärgruppenthese zur doppelten sozialen Einbettung militärischen Handelns. In: Apelt, Maja (Hrsg.): Forschungsthema: Militär. Militärische Organisationen im Spannungsfeld von Krieg, Gesellschaft und soldatischen Subjekten. Wiesbaden: VS Verlag für Sozialwissenschaften, 163–192.
Wachtler, Günther (Hrsg.) (1983): Militär, Krieg, Gesellschaft. Texte zur Militärsoziologie. Frankfurt/New York: Campus.
Warburg, Jens (2008): Das Militär und seine Subjekte. Zur Soziologie des Krieges. Bielefeld: Transcript.
Warburg, Jens (2010): Paradoxe Anforderungen an soldatische Subjekte avancierter Streitkräfte im (Kriegs-)Einsatz. In: Apelt, Maja (Hrsg.): Forschungsthema: Militär. Militärische Organisationen im Spannungsfeld von Krieg, Gesellschaft und soldatischen Subjekten. Wiesbaden: VS Verlag für Sozialwissenschaften, 245–270.

Weber, Max (1972 [1920]): Wirtschaft und Gesellschaft. Grundriss der verstehenden Soziologie. 5. Aufl. Tübingen: J.C.B. Mohr.
Wechsler Segal, Mady (1986): The Military and the Family as Greedy Institutions. In: Armed Forces & Society, 13: 1, 9–38.
Wiesner, Ina (2013): Importing the American Way of War? Network-Centric Warfare in the UK and Germany. Baden-Baden: Nomos.
Ziegler, Rolf (1968): Einige Ansatzpunkte der Militärsoziologie und ihr Beitrag zur soziologischen Theorie. In: König, René (Hrsg.): Beiträge zur Militärsoziologie. Köln/Opladen: Westdeutscher Verlag, 13–37.

Forschung für die Streitkräfte?

Jens Warburg

1 Die Bundeswehr: sozialwissenschaftliche terra incognita?

Die Bundeswehr ist wohl die umstrittenste staatliche Organisation der Bundesrepublik Deutschland. Ihre Gründung in den 1950er-Jahren war gekennzeichnet von heftigen innenpolitischen Debatten und Protesten. Keine andere staatliche Organisation stand seitdem so häufig in der öffentlichen Kritik. Eine Vielzahl von Rüstungsskandalen und anhaltende Klagen über falsche oder unzureichende Ausrüstung und Bewaffnung der Truppe waren ebenso wie Misshandlungen von Soldaten durch Vorgesetzte und Kameraden Themen in den Medien. Anstoß erregte wiederholt das Auftreten von Soldaten verschiedener Dienstgradgruppen (auch von kommandierenden Offizieren), das von einer Nähe zu äußerst rechtem Gedankengut bis hin zur nationalsozialistischen Wehrmacht zeugte. Über diese Vorkommnisse hinaus ist in jüngerer Vergangenheit noch der Verdacht geäußert worden, dass mehrere Bundeswehrsoldaten geplant hätten, Politikerinnen und Politiker[1] zu töten, um damit den Eindruck zu erwecken, dass für diese Taten Flüchtlinge verantwortlich seien.[2]

War die Bundeswehr bis zum Ende des Kalten Krieges eine Militärorganisation, die auf einen konventionellen territorialen Krieg bezogen war, der lediglich als eine kurze Ouvertüre für einen nuklearen Schlagabtausch galt, so hat sie seit den 1990er-Jahren einen tiefgreifenden Wandel durchlaufen. Sie wurde unter Mühen zu einer Streitmacht umgebaut, die ein, wenn auch umstrittenes, Instrument der Außenpolitik ist. Nicht die Landesverteidigung, sondern der Einsatz in den verschiedensten militärischen Konflikten weltweit sollte ihre Struktur und ihren Alltag bestimmen. Mit der Beteiligung von Truppen am Kosovo-Krieg 1999 und spätestens seit Entsendung von Soldaten nach Afghanistan, also seit zwei Jahrzehnten, befindet sich die Bundeswehr in Kriegsgebieten, war an Kampfhandlungen beteiligt, wurden Soldaten verwundet und getötet.

---

1   Im nachstehenden Text wird häufig auf die Nennung beider Geschlechter verzichtet. Wenn also zum Beispiel Soldatinnen erwähnt werden, schließt dies ein, dass auch Männer gemeint sind.
2   Ob dieser Vorwurf einer gerichtlichen Überprüfung standhält, ist zweifelhaft, aber hier wird wie auch im Hinblick auf die anderen oben erwähnten Schlagzeilen nicht behauptet, dass alle negativen Schlagzeilen zur Bundeswehr auf einen tatsächlichen Skandal verweisen.

Gemessen an diesen Beobachtungen könnte man erwarten, dass die Bundeswehr eine Organisation ist, die allgemeine sozialwissenschaftliche Aufmerksamkeit genießt und häufig Gegenstand entsprechender Untersuchungen ist. Tatsächlich ist das Gegenteil der Fall. Unisono lassen sich Klagen über den Stand der sozialwissenschaftlichen Auseinandersetzungen mit Militär und Krieg im Allgemeinen und der Militärsoziologie im Besonderen finden (siehe u.a. Haß 2016: 45). Noch häufiger wird auf den Stand der angloamerikanischen Debatten verwiesen, der als positiver dargestellt wird.[3] Mitunter lässt sich in der Literatur aber auch die Erwartung finden, dass der sozialwissenschaftliche Grad der Auseinandersetzung mit dem Themenfeld Militär und Krieg zunehmen würde (siehe Leonhard/Werkner 2012: 31). So überschrieben Volker Heins und ich unsere einleitenden Ausführungen hierzu mit dem Begriff Wiederentdeckung (Heins/Warburg 2004: 9 f.). Vor dem Hintergrund der aktuellen Bedeutsamkeit von Militär und Krieg für die (westlichen) Gesellschaften drückte dies vor allem eine Hoffnung oder einen Wunsch aus. Die Hoffnung zum Besseren für die Militärsoziologie wurde unter anderem mit dem 2007 eingerichteten Masterstudiengang »Military Studies« in Potsdam begründet. Dieser wurde 2017 in den Studiengang »War and Conflict Studies« überführt, welcher eine stärkere historische Ausrichtung hat. Zumindest diese Hoffnung hat sich somit nicht erfüllt.

Bis heute hat die Militärsoziologie in Deutschland weder ein fachspezifisches Journal noch genießt sie in den Sozialwissenschaften besondere Aufmerksamkeit. So gilt weiterhin, dass die Deutsche Gesellschaft für Soziologie (DGS) über 30 fachspezifische Sektionen unterhält, aber keine, die sich dem Themenfeld Militär und Krieg zuwendet. Das Sozialwissenschaftliche Institut der Bundeswehr (SOWI), in dem seit 1974 als einzigem Institut kontinuierlich insbesondere militärsoziologische Forschung betrieben wurde, ist Ende 2012 mit dem Militärgeschichtlichen Forschungsamt zusammengelegt worden. Den Schwerpunkt des als »Zentrum für Militärgeschichte und Sozialwissenschaften der Bundeswehr« (ZMSBw) firmierenden Instituts bildet die Militärgeschichte: Von den etwas mehr als 60 Personen, die das ZMSBw als Militärhistorikerinnen und Sozialwissenschaftler namentlich auf seiner Internetseite aufführt, bearbeiten weniger als 20 sozialwissenschaftliche Themen (Stand: Mai 2021). Gleichzeitig ist festzustellen, dass es deutschlandweit keinen Lehrstuhl gibt, der sich der Thematik Militär und Krieg mit einer gewissen Kontinuität annimmt. Von der Ausnahme des Hamburger Instituts für Sozialforschung abgesehen, lässt sich das Gleiche von außeruniversitären sozialwissenschaftlichen Instituten sagen. Für Friedensforschungsinstitute gilt, dass sie

---

3   Beispielsweise, wenn die Zahl publizierter Artikel zur Militärsoziologie in den USA mit der in Deutschland verglichen wird (siehe Rowley et al. 2012: 507).

eher einen politologischen Zugang zur Thematik haben und sich, wenn überhaupt, allenfalls sporadisch mit der Bundeswehr, zum Beispiel im Hinblick auf die Wehrpflicht oder die Möglichkeit zur Evaluation von Auslandseinsätzen, auseinandersetzen.[4] Diese Feststellung ist für die (zivilen) Sozialwissenschaften insgesamt zu formulieren: Themen, die das Militär und den Krieg betreffen, werden lediglich vereinzelt bearbeitet und noch seltener wird dazu publiziert. Allein in der Politikwissenschaft gerät das Themenfeld Krieg, weniger das Militär, etwas häufiger ins Blickfeld der Betrachtung.[5]

Die nachstehenden Ausführungen gehen der Frage nach, warum die Bundeswehr und das gewalttätige Konflikt- und Kriegsgeschehen kein allgemeines sozialwissenschaftliches Interesse auf sich ziehen konnte. Anschließend wird diskutiert, inwieweit die Beforschung der Bundeswehr durch ein Institut, das selbst Teil der Militärorganisation ist, ausreicht, um sowohl den organisationsspezifischen Interessen an Forschungsergebnissen als auch einem allgemeinen gesellschaftlichen Interesse an einer Aufklärung über die Verhältnisse in der Bundeswehr und ihrer Einsatzrealität gerecht zu werden. Als Fazit wird für eine Militärsoziologie plädiert, die sich nicht als Betriebssoziologie beziehungsweise als eine von Bineninteressen des Militärs geleitete Sozialwissenschaft versteht. Militärsoziologie verfehlt ihre allgemeine Bestimmung als sozialwissenschaftliche Disziplin, wenn es ihr nicht gelingt, das Militär und seine Ausrichtung auf die Ausübung von organisierter Gewalt in den Blick zu nehmen.

Im Unterschied zu verschiedenen Autorinnen und Autoren, die in der Vergangenheit mit dieser Intention für eine wie auch immer weiter begründete kritische Militärsoziologie eintraten, wird hier nicht für eine weitere Militärsoziologie, sondern für eine breitere Aufstellung der Disziplin plädiert.

---

4 Siehe beispielsweise das Publikationsarchiv der Hessischen Stiftung Friedens- und Konfliktforschung: <www.hsfk.de/publikationen> (letzter Zugriff: 15.5.2021).
5 Wenn man im Katalog der Deutschen Nationalbibliothek alle Titel der sogenannten Sachgruppe Politik mit dem Schlagwort Krieg verbindet, werden 1393 Titel benannt. Die Kombination der Sachgruppe Sozialwissenschaften mit Krieg kommt dagegen lediglich auf 574 Titel. Unter dem Schlagwort Militär werden in der Sachgruppe Politik 574 und in der Sachgruppe Sozialwissenschaften 214 Titel gefunden (Stand: 15.5.2021).

2 Zum Verhältnis der militärsoziologischen Forschung zu den Sozialwissenschaften im Allgemeinen – zwischen Abspaltung und Nichtbeachtung

So alt wie die Klagen über das Desinteresse der Sozialwissenschaften am Krieg und Militär sind, so alt sind die Begründungen für die bestehende Situation. Zusammenfassend schrieb Günther Wachtler bereits 1983, dass die Enthaltsamkeit der Soziologie erstens auf dem Vorurteil einer ideologischen Affinität zwischen dem Forscher und ›seinem‹ Forschungsgegenstand beruhe, die viele Sozialwissenschaftler davon abhalte, sich militärsoziologischen Problemen zuzuwenden, zweitens auf strukturellen Unvereinbarkeiten zwischen dem Wissenschaftssystem und der Militärorganisation gründe, die das Forschungsobjekt unattraktiv mache, und dass drittens die Bearbeitung dieses Themas die Berufschancen von Sozialwissenschaftlern »eher ungünstig beeinfluss[e]« (Wachtler 1983: 9).

Auf den Umstand, dass es den Sozialwissenschaften bereits in ihren theoretischen Grundlagen schwerfällt, sich dem Krieg und dem Militär zuzuwenden, machten neben Wachtler unter anderen Hans Joas und Wolfgang Knöbl (2008) aufmerksam. Militär und Krieg gelten in den neueren soziologischen Klassikern tendenziell als Vorgeschichte moderner Gesellschaften, als antiquierte, eigentlich schon längst überholte soziale Verhältnisse und Strukturen, die in den großen theoretischen Entwürfen der Nachkriegszeit noch nicht einmal als Problemfelder auftauchten. Gerade in Modernisierungstheorien werden Militär und Krieg ausgeblendet. Die Modernität, überwiegend als ein zunehmend gewaltfreies soziales Miteinander gedacht, ist weitgehend bereinigt von ihrer inneren »Widersprüchlichkeit, [...] (der) Janusköpfigkeit der Neuzeit« (Knöbl/Schmidt 2000: 7). Sich nicht mit Militär und Krieg zu beschäftigen, bedeutet jedoch die beunruhigende Tatsache auszublenden, dass es auch in modernen Gesellschaften Institutionen organisierter Gewaltausübung gibt, in denen zumindest temporär das Tabu, keinen Menschen zu töten, aufgehoben ist und es ein soziales Handlungsfeld gibt, in dem die Akteure sich die Fähigkeit zu Zerstörungen sowie zum Verletzen und Töten von Menschen aneignen. Die Vernachlässigung der Thematik Militär und Krieg ist in allen (westlichen) Sozialwissenschaften zu beobachten und es sind allenfalls graduelle Unterschiede zwischen den einzelnen Ländern festzustellen.

Noch im mehrbändigen Werk von Samuel A. Stouffer und Kollegen »The American Soldier« (1948/49) stehen die Erfahrungen des Zweiten Weltkrieges im Fokus der bis dahin größten empirischen soziologischen Studie. Sie bildete den Anstoß für die Herausbildung der Militärsoziologie, doch kommt dem Krieg selbst dabei eher eine untergeordnete Bedeutung zu. Im Mittelpunkt ihrer Untersuchungen stehen überwiegend institutionelle und organisatorische Probleme des Militärs.

Die bundesdeutsche Militärsoziologie nimmt hier keine Sonderrolle ein. Während der Vietnamkrieg für die US-amerikanische Militärsoziologie Anlass bot, sich etwas intensiver mit dem (konventionellen) Kriegsgeschehen auseinanderzusetzen, galt der Atomkrieg für Europa und noch mehr für die Bundeswehr bis Mitte der 1980er-Jahre als das wahrscheinlichste Kriegsszenario. Entsprechend gering war der Anreiz, sich mit der Frage auseinanderzusetzen, was zum Beispiel ein konkreter Kriegseinsatz für die Soldaten bedeuten würde und welche Auswirkungen er auf die Gesellschaft haben könnte. Freilich ist mit den Auslandseinsätzen der Bundeswehr und der Beteiligung ihrer Soldaten an Kampfhandlungen der Krieg zu einem etwas stärker gewichteten Thema auch der bundesdeutschen Militärsoziologie geworden.[6]

Die Konzentration der Militärsoziologie auf das Militär hat René König bereits 1968 zum Schluss kommen lassen, sie sei eine Art Organisationssoziologie geworden, der zwar die »Konturierung ihres Gegenstandes« gelungen sei, was sie aber mit »einem völligen Verlust ihrer kultur- und sozialanthropologischen Voraussetzungen« bezahle (König 1968: 12). Sie stelle eine unbefriedigende Tätigkeit dar, weil sie beabsichtige, die »Effizienz des Instruments Armeeorganisation« zu maximieren (König 1968: 9). Dies lehne er aber aufgrund der Zweckbestimmung der Armee, der »organisierten Tötung von Menschen« (König 1968: 12), ab. Vor dem Hintergrund des Hinweises auf die damaligen Debatten zum Projekt Camelot[7], bestehe obendrein die Gefahr, dass der politische Gebrauch der Forschungen einer derartigen Militärsoziologie im »Dienste der Spionage« stehe, um unter anderen potenzielle Feinde in der Gesellschaft zu identifizieren und sie zu militärischen »Aktionszielen« zu machen (König 1968: 10). Er lehnte die Militärsoziologie aber nicht in Gänze ab, sondern hoffte, dass sie, wie die Betriebs- und Industriesoziologie, zu »einer gesamtgesellschaftlichen Ausrichtung« (König 1968: 12) zurückfinden werde. In diesem Zusammenhang plädierte er für ihre Ergänzung um eine »Soziologie des Krieges« (König 1968: 12). Seine Einlassungen sind im Kontext der Veröffentlichung von Studien zu sehen, die sich unter anderen mit der Bundeswehr beschäftigten. Er hatte an der Universität Köln 1961 eine »Wehrsoziologische Forschungsgruppe« gegründet, die bis in die 1970er-Jahre im Auftrag des Verteidigungsministeriums

---

6   Siehe zum Beispiel Seiffert, Langer und Pietsch (2012) sowie Tomforde (2006) für Arbeiten von Sozialwissenschaftlerinnen, die bei der Bundeswehr angestellt sind. Stellvertretend für Arbeiten außerhalb dieses Zusammenhangs und die keine militärsoziologischen Schriften im engeren Sinne darstellen, sei hier auf Bonacker, Daxner, Free und Zürcher (2010) hingewiesen.

7   Ziel dieses Projektes, das vom US-Militär 1964 angestoßen wurde, war die Aufstandsbekämpfung. An ihm beteiligten sich verschiedene Sozialwissenschaftler unterschiedlicher Professionen. Es sollte quasi präventiv über soziale Prozesse informieren, die zu einem Zusammenbruch der bestehenden Ordnung führen könnten. Besonderes Augenmerk lag dabei auf den Entwicklungen in Lateinamerika.

empirische Sozialforschung in der Bundeswehr betrieb. Durch Befragungen von Bundeswehrsoldaten wurden zum Beispiel die Einstellungen von Rekruten zum Militärdienst untersucht (etwa Benninghaus 1968). Die Studien wurden in der von König verantworteten und angesehenen »Kölner Zeitschrift für Soziologie und Sozialpsychologie« publiziert, was ihnen eine allgemeinere Aufmerksamkeit bescherte.

Zu den Auftragsarbeiten, denen wenig öffentliche Aufmerksamkeit zuteilwerden konnte, gehörten die Forschungen, die in den 1960er-Jahren an das Forschungs- und Beratungsinstitut für angewandte Sozialwissenschaften vergeben wurden (Heinemann 2016). Diese recht umfangreich angelegten Studien (es handelte sich um quantitativ angelegte Interviews), die die Einstellungen der Soldaten zum Reformvorhaben innerhalb der Bundeswehr, zur Inneren Führung, aber auch zur Wahrnehmung der Zivilgesellschaft ihnen gegenüber, erfassen sollten, wurden in der Schriftenreihe »Innere Führung« veröffentlicht.[8] Dieser Publikationsort legte das spätere Verdikt bereits nahe, dass die Militärsoziologie lediglich für den »Dienstgebrauch« geeignet sei (Wachtler 1983: 12). Andere Sozialwissenschaftler, die ebenfalls in den 1960er-Jahren Studien zur Bundeswehr erstellen wollten, erhielten keinen Zugang zur Truppe als Forschungsfeld. Dies gilt insbesondere für eine Kommission, die sich seit 1961 im Auftrag der evangelischen Studiengemeinschaft mit der politischen und gesellschaftlichen Situation der Bundeswehr auseinandersetzte. Dieser Kommission wurde »jeglicher Zugang zu direkten Informationen aus der Bundeswehr« verweigert (Picht 1965: 28).

1968 kam es zu studentischen Protesten gegen ein von Erwin Scheuch mit Anmerkungen versehenes Exposé aus dem Bundesministerium der Verteidigung, das eine Studie unter dem Titel »Bundeswehr und Bevölkerung« vorschlug. Es wurde bekannt, weil ein Assistent von Scheuch die Beschäftigung mit der Studie aus ethischen Motiven ablehnte und publik machte (Schmidt-Häuer 1968). Die Ausführungen im Exposé erinnerten die damaligen Akteure an das oben bereits erwähnte Projekt Camelot, also an Aufstandsbekämpfung. Letzteres lehnte zwar auch Scheuch ab. Er trat zugleich aber dafür ein, einen Beirat von Professoren einzurichten, »der das Recht haben sollte, die Fragestellungen [zur Forschung in der Bundeswehr] selbst zu formulieren« (Schmidt-Häuer 1968). Auch hielt er einen öffentlichen Zugang zu Untersuchungen in der Bundeswehr für unabdingbar. Beides wurde vom Verteidigungsministerium abgelehnt. In diesem Zusammenhang ist bedeutsam, dass wohl einige Untersuchungsergebnisse unter anderen der »Wehrsoziologischen Forschungsgruppe« als geheim eingestuft wurden (ebd.) und somit

---

8   So wurden ab 1970 vier Bücher beginnend mit dem Titel »Der Offizier im Truppendienst I« (Warnke 1970) in der Schriftenreihe des Bundesverteidigungsministeriums veröffentlicht.

nicht veröffentlicht werden konnten. Eine Studie betraf das Verhältnis von Berufssoldaten zur NPD, deren Ergebnisse dem Ministerium wohl missfielen (Schmidt-Häuer 1968: 2).

Scheuch sah sich durch diesen Vorfall auf dem im gleichen Jahr stattfindenden Soziologen-Tag der DGS vor allem durch studentische Teilnehmer massiv kritisiert (Wehrs 2014: 128). Er wandte sich ab den 1970er-Jahren Themen zu, die nichts mit Militär und Krieg zu tun hatten. Die Kölner Forschungsgruppe löste sich zur selben Zeit auf und auch andere sozialwissenschaftliche Forschungsinstitute stellten ab Mitte der 1970er-Jahre ihre Arbeiten zur Bundeswehr ein. Die Neigung, empirische Sozialforschung zum Themenfeld Militär und Krieg zu entwickeln, nahm zum einen ab, weil einzelne Sozialwissenschaftler befürchten mussten, öffentlich für ihr Vorhaben kritisiert zu werden. Zum anderen ist diese Entwicklung der Gründung des Sozialwissenschaftlichen Instituts der Bundeswehr zuzuschreiben.

Hervorgegangen aus einer Forschungseinrichtung, die Ende der 1960er-Jahre im Hinblick auf die Offiziersausbildung gegründet wurde, entstand mit dem SOWI 1974 ein Institut, das sich explizit der sozialwissenschaftlichen Untersuchung des Militärs verschrieb. Es war zwar Teil der Bundeswehr, hatte aber eine exklusive Stellung innerhalb der Streitkräfte, weil der Institutsdirektor direkt dem Verteidigungsminister unterstellt war und bei ihm vorsprechen konnte. Im Hinblick auf die Gestaltung seiner Forschungsvorhaben genoss es anfangs große Freiheiten. Obendrein konnte es, ohne andere Dienststellen damit zu befassen und soweit dies vorher vereinbart war, seine Untersuchungsergebnisse eigenständig veröffentlichen (Zoll 2016: 23f.). Der damalige Institutsdirektor, Ralf Zoll, wollte, dass die sozialwissenschaftlichen und empirischen Untersuchungen unmittelbar eine Beratungsfunktion gegenüber dem Ministerium erfüllen sollen, und sprach sich dafür aus, alle Forschungsvorhaben und Gutachten zur Bundeswehr ausschließlich dem SOWI zu übertragen (Heinemann 2016: 43 f.). Der Preis für den Ausschluss der wissenschaftlichen Konkurrenz war hoch. Die Neigung der universitären Wissenschaften, sich mit der Thematik Militär und Krieg zu befassen, verringerte sich weiter (Heinemann 2016: 45). Blieben schon während der ersten Jahre die Kompetenzen des SOWI durch die Ministerialbürokratie und die Streitkräfte nicht unangefochten, verlor die Institutsleitung mit der Übernahme der Regierungsverantwortung durch die CDU/CSU-FDP-Koalition 1982 ihre politische Patronage. Dem Institut wurde nach und nach eine Reihe von Kompetenzen entzogen, zum Beispiel die Selbstständigkeit bei der Veröffentlichung von Arbeiten. Zoll beschreibt die weitere Entwicklung des Instituts als eine Niedergangsgeschichte von einem wissenschaftlichen Institut hin zu einer militärischen Dienststelle (Zoll 2016: 29), die letztlich mit seiner Auflösung endet. Ein anderer ehemaliger Mitarbeiter des Instituts, Paul Klein, betont dagegen bei der

Beschreibung der nachfolgenden Entwicklung des Instituts nicht die Restriktionen und Hemmungen. Seine Darstellung liest sich eher wie eine Erfolgsgeschichte hinsichtlich der einzelnen Mitarbeiterinnen und Mitarbeiter und der großen Reputation des Instituts (Klein 2016: 74 f.). Zugleich lässt er seine Ausführungen aber mit einem Zitat enden (Klein 2016: 78), das bereits Ekkehard Lippert fast 25 Jahre zuvor am Schluss eines Aufsatzes zur Militärsoziologie setzte (1992: 8). Beide verweisen auf ein Plädoyer von Leopold von Wiese, der 1950 dafür eintrat, dass der Zusammenhang zwischen »Kriegswaffe und Sozialordnung« zu untersuchen sei – was im Interesse der Wissenschaft und auch im Interesse der Streitkräfte sei. Hier macht sich etwas bis heute Unabgegoltenes bemerkbar. Die Hoffnung von König, die Militärsoziologie könne die »gesamtgesellschaftliche Verflechtung« (König 1968: 12) ihres Gegenstandes berücksichtigen, wird bis heute nicht eingelöst. Diejenigen, die diesen Zustand kritisieren, sind vielfach (ehemalige) Mitarbeiter des Sozialwissenschaftlichen Instituts der Bundeswehr. Wiederholt haben sie letztlich an der Ausrichtung der bundesdeutschen Militärsoziologie die Restriktionen und Hemmungen kritisiert, die sich aus dem Erkenntnisinteresse des Verteidigungsministeriums und dem Misstrauen der Truppe gegenüber den Forschungstätigkeiten ergaben.

Wie 1998 der damalige Direktor des SOWI, Oberst Heinrich Geppert, betonte, habe der »Bedarfsträger« kein Interesse an einer Wissenschaft, die das Erkenntnisobjekt selbst infrage stellt. Zwar hätten die am Institut arbeitenden Sozialwissenschaftler das Recht auf »Nachdenklichkeit« (Geppert 1998: 19) und kritische Beiträge seien in gewissem Umfang im Interesse der Behörde, weil sie als »Frühwarnsystem« wirken können (Geppert 1998: 20). Aber grundsätzlich richtet sich das Erkenntnisinteresse an den Problemstellungen aus, die innerhalb des Militärs, zum Beispiel durch veränderte Einsatzziele, entstehen, und die von außen an das Militär, häufig als Akzeptanzprobleme formuliert, herangetragen werden.

Diesen Restriktionen zum Trotz ist die Militärsoziologie, wie sie seit den 1970er-Jahren in der Bundesrepublik betrieben wurde, nicht ausschließlich defizitär. Fast widerwillig muss zum Beispiel Zoll einräumen, dass das Institut nach seinem Umzug von München nach Strausberg 1995 »vorzeigbare Auftragsstudien« (Zoll 2016: 29) erarbeitet habe. Die Arbeiten des SOWI und nun des ZMSBw sind allemal nicht nur für den »Dienstgebrauch« geeignet. Sie sind vielmehr Fenster, die Einblicke in die Binnenverhältnisse der Bundeswehr erlauben. Obendrein wurden und werden vom SOWI und vom ZMSBw Bevölkerungsbefragungen durchgeführt und deren Ergebnisse publiziert, die zumindest schlaglichtartig das Verhältnis der Bevölkerung zur Bundeswehr und zu sicherheitspolitischen Themen beleuchten. Auch der Verfasser dieser Zeilen hat in den vergangenen Jahren stets die Studien und Expertisen des SOWI und des ZMSBw herangezogen, wenn es um militärsoziologische Fragestellungen ging. Diese Einrichtungen repräsentieren die Bundeswehr als die einzige Organisation, die über Jahre, wenn nicht sogar über Jahrzehnte hinweg, Soldatinnen zu ihren Einstellungen befragt hat. Die hieraus resultierenden Publikationen sind keineswegs durch eine unkritische Haltung zu der jeweils erhobenen Situation gekennzeichnet und stoßen innerhalb des Verteidigungsministeriums nicht immer auf Zustimmung. Dank dieser Studien ist die Bundeswehr nicht zu einer sozialwissenschaftlichen terra incognita geworden.

Die Qualität der Arbeiten des SOWI wurde 2009 vom Wissenschaftsrat positiv bewertet (Wissenschaftsrat 2009: 11 f.). Als eine Schwachstelle wurde festgehalten, dass das Institut zu wenig in den »wissenschaftlichen Fachgemeinschaften« vernetzt sei (Wissenschaftsrat 2009: 12). Die »einzigartigen und wertvollen Datensammlungen des Instituts« sollten »soweit wie möglich externen Wissenschaftlerinnen und Wissenschaftlern zugänglich« und »als Basis für kooperative Forschungsprojekte mit Hochschulen und außeruniversitären Forschungseinrichtungen genutzt« werden (ebd.). »Dies würde auch zu einer besseren Vernetzung des Instituts mit den relevanten wissenschaftlichen Fachgemeinschaften beitragen« (ebd.). Mit der Veröffentlichung von über 140 Forschungsberichten, die auf den Internetseiten des ZMSBw heruntergeladen werden können, und zahlreichen Zeitschriften- und Buchpublikationen der sozialwissenschaftlichen Mitarbeiterinnen und Mitarbeiter des Instituts wurde diese Forderung bisher nur teilweise umgesetzt, ein genereller Zugang zu den erhobenen Rohdaten ist nach wie vor nicht gegeben.

Der Pyrrhussieg von Zoll, jegliche wissenschaftliche Konkurrenz auszuschalten, um ungestört Politikberatung zu betreiben, entsprach dem Interesse des Bundesministeriums für Verteidigung, die Forschung möglichst störungsfrei zu kontrollieren, und ist bis heute folgenreich. Der Zugang zum Feld, z.B. die Befragung von Soldaten, wird vom Verteidigungsministerium kontrolliert. Interviews müssen vom zuständigen Fachreferat genehmigt werden.[9] Dies gilt selbst für das ZMSBw.

Wenn man noch einmal Königs Überlegungen aufgreift und vor allem die empirisch angeleitete Militärsoziologie aus dem Blickwinkel einer Organisationssoziologie betrachtet, dann stellen die Restriktionen, denen Arbeiten des SOWI und des heutigen ZMSBw unterliegen, keine Besonderheit des Militärs dar. Auch bei der Arbeit in und für zivile Betriebe und Organisationen sind Restriktionen vorhanden. Dabei sind grundsätzlich zwei verschiedene Konstellationen zu beachten: Zum einen kann es sich um eine Auftragsarbeit handeln, zum anderen um eine Untersuchung, die durch Fragestellungen der Forschenden motiviert wird. Damit

---

9   Die Studie von Rabea Haß zu Soldaten, die zum Freiwilligen Wehrdienst rekrutiert wurden, gehört zu den wenigen militärsoziologischen Arbeiten der vergangenen Jahre, deren empirische Untersuchung von diesem Fachreferat genehmigt wurde (Haß 2016: 47 f.)

es zur Untersuchung kommen kann, muss es eine Übereinkunft zwischen der Organisation und den Forschenden geben und zwischen beiden eine Schnittmenge gemeinsamer Interessen bestehen. Erst dann werden die Verantwortlichen der Organisation – bei der Bundeswehr sind in aller Regel auch die Personalräte zu berücksichtigen, die eine den Betriebsräten adäquate Stellung einnehmen – den Forschenden den Zugang gewähren, um durch Beobachtungen oder Interviews ihre Fragestellungen beantworten zu können.

Hürden und Komplikationen, die das gesamte Forschungsprojekt belasten können, gehören zum Alltag aller sozialwissenschaftlichen Empiriker. Sie müssen stets damit rechnen, dass die Objekte ihrer Forschung dem Vorhaben zumindest reserviert gegenüberstehen. Die Angehörigen der Organisation müssen weder das Forschungsinteresse der Forschenden noch derjenigen teilen, die die Forschung beauftragen. Den Forschenden kann Misstrauen, das Zurückhalten von Informationen, bewusste Lügen, das Verdecken von relevanten Informationen und Ähnliches mehr bei der Arbeit begegnen. Die Auswertung der erhobenen Informationen ist mit weiteren Problemen verbunden. So kann ein Auftraggeber mit dem Ergebnis der Untersuchung unzufrieden sein, gar das Ergebnis inhaltlich ablehnen. Und selbst wenn sich nicht der unmittelbare Auftraggeber ablehnend verhält, ist mit Komplikationen zu rechnen, wenn andere Gliederungen der Organisationen die Auswertung zu hintertreiben versuchen, weil sie ihre Interessen gefährdet sehen.

Einen eigenen Problemkreis in diesem Zusammenhang stellt die Publikation von Forschungsergebnissen dar. Die Ergebnisse zu veröffentlichen, bedeutet, dass sie von Dritten, die mit dem Vorhaben nicht unmittelbar befasst waren, kritisiert werden können. Solche Reaktionen sind jedoch wesentlich für die Validierung der Forschung. Für Wissenschaftler, die auf eine universitäre Karriere hoffen, ist die Veröffentlichung existenziell. Für die Organisationen aber bedeutet die Publikation der über sie erhobenen Daten, dass sie Informationen preisgeben, die sie im Allgemeinen vor der Öffentlichkeit verbergen. Zwar kann den Bedenken der Verantwortlichen durch die Zusicherung einer Anonymisierung der Organisation entgegengewirkt werden. Für Organisationen deren Ausrichtung und Strukturen Alleinstellungsmerkmale aufweisen, ist diese Beschwichtigungstechnik aber unmöglich. Damit ist tatsächlich ein signifikanter Unterschied zwischen den allermeisten zivilen und militärischen Organisationen angesprochen. So kann man wohl kaum über eine Organisation staatlicher Gewaltausübung sprechen und gleichzeitig verschleiern, dass man über das Militär (oder allenfalls noch über die Polizei) spricht. Lediglich den befragten Individuen können die Forschenden Anonymität zusichern.

Eine weitere Besonderheit des Militärs besteht in seiner Beziehung zur Politik. Vor allem in westlichen Demokratien beanspruchen zivile Politiker, dass die Streitkräfte ihrer Kontrolle unterstehen. Sie entscheiden über die Ausrüstung und die Bewaffnung, wer die Truppen kommandiert und – letztlich – wo und wie die Verbände eingesetzt werden. Deshalb tragen sie für Missstände und Probleme jeglicher Art die politische Verantwortung. Da es sich beim Militär um das staatliche Exekutivorgan handelt, das mit dem größten Gewaltpotenzial ausgestattet ist, können die politisch Verantwortlichen öffentliche Debatten über das Militär nicht ignorieren. Sie müssen zumindest der Öffentlichkeit stets beweisen, dass sie ihrer Verantwortung gerecht werden. Kurz: Sie können äußerst kritikempfindlich auf öffentlich geführte Debatten zu den Streitkräften reagieren. Wer also Untersuchungen im Militär betreibt, hat es folglich nicht nur mit einer Organisation zu tun, sondern immer gleich mit deren politischen Strukturen und Akteuren.

Anders ausgedrückt: Im Grunde ist das von Geppert formulierte Interesse des Bedarfsträgers nachvollziehbar. Dieser, aus seiner Sicht handelt es sich um das Bundesministerium der Verteidigung (Geppert 1998: 5), hat spezifische Anliegen. Und auch für das Ministerium gilt, wie für jede andere Organisation, dass es in ihm keine monolithischen Absichten und Motive gibt. Vielmehr müssen die konkreten Aufträge innerhalb des Ministeriums und im Zweifelsfall mit der politischen Leitung ausgehandelt werden. Verschiedene Interessengruppen, aber auch Einzelpersonen beeinflussen diesen Prozess. Dieser wird euphemistisch als Abstimmungsprozess bezeichnet. Er vollzieht sich weitgehend intransparent innerhalb des Ministeriums und seine Ergebnisse orientieren sich eher zufällig an einem allgemeinen Interesse der Forschung von Militär und Krieg. Aber wie sonst sollen sich die spezifischen Interessen der Organisation manifestieren? Problematisch daran ist etwas Anderes: Die wissenschaftliche Öffentlichkeit, gegenüber der das Ministerium keine Weisungsbefugnis hat, zeigt kein großes Interesse, sich dieses Zustands anzunehmen. Und das Gleiche lässt sich von der allgemeineren politischen Öffentlichkeit sagen, ob sie nun in der Gestalt der Opposition oder von Organisationen wie dem Bundeswehrverband auftritt. Ihre vereinzelte Kritik am Ist-Zustand der Streitkräfte zeigt kaum maßgebende Einflussnahmen auf die Entscheidungsprozesse im Verteidigungsbereich.[10] Mithin kann das Verteidigungsministerium in vielen Fragen weitgehend nach eigenem Gusto entscheiden.

Dass die Sozialwissenschaften mit dem Militär als Untersuchungsgegenstand anders umgehen könnten, deutet ein Blick auf die Polizei an. Wenngleich es sich lediglich um graduelle Unterschiede handelt, so ist der Blick insofern instruktiv, da

---

10 Im Bereich des Personalmanagements kommt dem Deutschen Bundeswehrverband eine gewisse Bedeutung zu. Dass sich der Verband gegen die Studie von Pfeiffer aussprach (siehe weiter unten), trug mit zum Scheitern der Untersuchung der internen Verhältnisse der Bundeswehr bei.

er lehrt, dass sich der Grad der Beschäftigung steigern lässt.[11] Auch bei der Polizei handelt es sich um eine Organisation der staatlichen Exekutive. Auch sie steht für die Janusköpfigkeit der Moderne und sie übt nicht nur Gewalt aus, wenn ein besonderer gesellschaftlicher Zustand existiert, der Krieg. Gewaltakte, wenn auch keine tödlichen, gehören bei der Polizei vielmehr zum Dienstalltag. Zwar gibt es auch keine Fachgruppe der DGS zur Polizei, doch wird sie in den Sozialwissenschaften auf vielfältigere Weise untersucht und beforscht. Sie ist in der Rechtssoziologie, in der Kriminalistik, in den Rechtswissenschaften, in der Organisationssoziologie und in der Ethnologie als Forschungsgegenstand präsent. Es gibt einen Masterstudiengang in Kriminologie und Polizeiwissenschaften an der Ruhr-Universität Bochum. Weitere Masterstudiengänge, die sich mit der Polizeiarbeit befassen, werden an Hochschulen der Polizei angeboten. Da neben dem Bund auch die Bundesländer jeweils ihre eigene Polizei unterhalten, lassen sich dort weitere Forschungs- und Ausbildungseinrichtungen finden sowie Lehrstühle im universitären Bereich, die sich jeweils auf spezifische Weise des Polizeiwesens annehmen. Obendrein gibt es verschiedene Fachjournale, deren expliziter Gegenstand die Polizei ist.[12] Warum sollten die empirischen Sozialwissenschaften, die sich mit Militär und Krieg auseinandersetzen, nicht in ähnlicher Art und Weise in kooperative Forschungsprojekte mit Hochschulen und außeruniversitären Forschungseinrichtungen eingebettet sein? Weshalb sollte nur der »Bedarfsträger«, das Verteidigungsministerium, über Forschungsprojekte in den Streitkräften entscheiden können?

3 Blinde Flecken der Militärsoziologie

Auch wenn dank der Forschung des SOWI und des ZMSBw nicht in Gänze von einer Bundeswehr als terra incognita gesprochen werden kann, so gibt es doch mehrere Areale, die offenkundig durch deren Untersuchungen bislang nur ungenügend bearbeitet werden konnten. Im Folgenden sollen drei solcher Themenbereiche vorgestellt werden.
1. Es werden seit Jahren immer wieder Vorkommnisse aus den Kasernen bekannt, die als Skandale in der Öffentlichkeit thematisiert werden. Im Mittelpunkt

---

11 So dürfte den Militärsoziologinnen die Klage von Bernhard Frevel wohl bekannt vorkommen: Er nennt die Analyse zur Polizei »rudimentär« und stellt fest, dass seit Mitte der 1990er-Jahre ein »langsam wachsende[s] akademische[s] Interesse« zu erkennen sei. Die Polizei wiederum »fremdelt [...] gegenüber der Wissenschaft, die mehr über sie wissen möchte und ihr vielleicht Unangenehmes sagen könnte« (Frevel 2008: 9).
12 Beispielhaft seien hier auf die Fachjournale, die im Verlag für Polizeiwissenschaft erscheinen, und auf das Journal »Die Polizei« hingewiesen.

stehen dabei meist entwürdigende Praktiken unter Soldaten, die teilweise von Gleichrangigen, aber auch von Vorgesetzten ausgehen. Es wäre in diesem Zusammenhang zu klären, in welchem Ausmaß entwürdigende Initiationsriten den soldatischen Dienst prägen und welche Maßnahmen ergriffen werden sollten, um solche Praktiken zu unterbinden.
2. Die Bundeswehr wurde nicht nur von ehemaligen Wehrmachtsoffizieren aufgebaut, sondern es wurden seit ihrem Bestehen auch immer wieder politische Äußerungen bekannt, die die Frage anstoßen, inwieweit vor allem Berufssoldaten politische Auffassungen vertreten, die sich nicht mit der von ihnen verlangten Verfassungstreue vereinbaren lassen.
3. Seit mehr als zwei Jahrzehnten werden Bundeswehrsoldaten in Kriegsgebieten eingesetzt. Welchen Einfluss haben diese Einsätze auf die Haltungen der Soldatinnen? Wie wirkt sich die Verwendung der Bundeswehr als Interventionsstreitmacht auf die Gesellschaft im Ganzen aus?

Die letzte Frage weist über eine binnenmilitärische Fragestellung hinaus. Sie nimmt die Folgen militärischer Gewalt für die gesamte Gesellschaft in den Blick. Hinter dieser spezifischen Fragestellung steht die Hypothese, dass durch die Militärinterventionen, an denen die Bundeswehr beteiligt ist, die Bewertung und der Umgang mit militärischer Gewalt in der Gesellschaft einem Veränderungsprozess unterliegt, der sich aber bislang weitgehend unbeachtet vollzieht.

3.1 Rituale und die Systematik von Fehlverhalten

Ab Frühjahr 2017 wurde in den Medien gleich aus mehreren Kasernen, Standorten und Truppeneinheiten über Misshandlungen von Soldaten berichtet. Solche Berichte stellen an sich keine Neuigkeit dar. Sie lassen sich über die gesamte Bundeswehrgeschichte nachweisen. Ungewöhnlich war die Häufung in der Berichterstattung und die Reaktion der verantwortlichen Ministerin bzw. des damaligen Generalinspekteurs Volker Wieker. Ende März 2017 wurde vor diesem Hintergrund der ehemalige Direktor des Kriminologischen Forschungsinstituts Niedersachsen, Christian Pfeiffer, angefragt, einen »Außenblick auf die Innere Lage der Bundeswehr«[13] zu werfen. Auf der Basis dieser Untersuchung sollten Vorschläge erarbeitet werden, um die Praktiken zukünftig zu unterbinden. Diese empirische Untersuchung durch ein externes Institut beziehungsweise Wissenschaftler mutete wie ein ministerialer Befreiungsversuch an.

---

13 Schreiben des Generalinspekteurs Wieker an die Mitglieder des Verteidigungsausschusses des Bundestages vom 27.3.2017, <https://fragdenstaat.de/dokumente/4157> (letzter Zugriff: 15.5.2021).

Für die politische Führung müssen die wiederholten Berichte über Misshandlungen ärgerlich, wenn nicht gar bedrohlich gewesen sein. Die kommandierenden Offiziere schienen nicht fähig zu sein, ihre Untergebenen vor Übergriffen durch Kameraden zu schützen.[14] Gleichzeitig ist festzustellen, dass die sozialwissenschaftliche Untersuchung der Thematik methodisch nicht leichtfällt. Zugleich tat sich die Bundeswehr schwer im Umgang mit den dazu bereits vorhandenen militärsoziologischen Kenntnissen. So konnte eine empirische Untersuchung von Ritualen in der Truppe, die Mitarbeiterinnen des ZMSBw Anfang des Jahrzehnts durchgeführt hatten, nicht veröffentlicht werden. Die Forscherinnen konnten, soweit dem Verfasser bekannt, lediglich in einer Zeitschrift einen Aufsatz über Rituale veröffentlichen (Ebeling/Seiffert 2012). Seitdem sind einige Aufsätze unter Beteiligung von Sozialwissenschaftlern des ZMSBw erschienen. So haben Heiko Biehl und Gerhard Kümmel einen instruktiven Aufsatz zu Ritualen in der Bundeswehr publiziert, indem sie auf »das Neben- und Miteinander funktionaler und dysfunktionaler Aspekte militärischer Rituale« eingehen (Biehl/Kümmel 2014: 54). Und 2019 erschien ein Sammelband mit Artikeln zu systemischen Problemen des Militärs hinsichtlich Geschlecht, Rechtspopulismus und Ritualen und individuellem Fehlverhalten (Dörfler-Dierken 2019). Was fehlt, ist eine größere empirische Studie zu den Ritualen und Praktiken in den Streitkräften.

An dieser Stelle ist aber festzuhalten, dass es für jede Organisation schwierig ist, Forschung zu betreiben und Ergebnisse zu veröffentlichen, die möglicherweise Dienstverstöße, wenn nicht gar Straftaten, thematisieren würden. So sahen Pfeiffers Überlegungen zur Untersuchung vor, dass bis zu 20.000 Soldaten befragt werden sollten.[15] Zu einer derartigen Untersuchung ist es bis heute nicht gekommen. Dafür ist sicher das Nachlassen des politischen und medialen Drucks auf die Ministerin und das Ministerium verantwortlich. In den nachfolgenden Monaten wurde in den Medien kaum noch von Übergriffen von Soldaten auf Soldaten berichtet. Hinzu kommt, dass Angehörige der Bundeswehr massiv gegen die angekündigte Untersuchung protestierten. Ihre Kritik entzündete sich an einer in einem Interview von Pfeiffer geäußerten Erwartung: Er werde in der Truppe feststellen, dass »es Vergewaltigungen gibt; dass es wüste sexuelle Orgien gibt, die bei Ritualen, wenn ein Neuling kommt, üblich sind«.[16] Die protestierenden

---

14 Siehe hierzu eine Auflistung von Hinweisen über Ekel- und Schamrituale in den Jahresberichten der Wehrbeauftragten des Bundestages (Biehl/Kümmel 2014: 44).
15 So in einem Interview mit der »Frankfurter Allgemeinen Zeitung« am 3.5.2017, <https://www.faz.net/-gpf-8xgr2> (letzter Zugriff: 15.5.2021).
16 So in einem Fernsehbeitrag von »Berlin direkt«, der am 30.4.2017 ausgestrahlt wurde; zitiert nach: <https://augengeradeaus.net/2017/09/geplanter-auftrag-an-kriminologen-pfeiffer-zur-inneren-lage-bundeswehr-noch-offen/> (letzter Zugriff: 15.5.2021). So ausgewogen er

Soldaten fühlten sich unter Generalverdacht gestellt und betonten, dass sich die Truppe deshalb nicht an der Untersuchung beteiligen werde und diese damit zum Scheitern verurteilt sei.[17] Auch der Beirat der Inneren Führung sprach sich gegen die Untersuchung aus.[18] Inzwischen kann die avisierte Untersuchung als ad acta gelegt gelten. Dennoch steht die Frage im Raum, ob der Blick von außen nicht doch ein notwendiges Korrektiv für die Bundeswehr wäre.

Die Vergabe an externe Forschungsinstitute gehört heute zu den Standardmaßnahmen von Unternehmen und Organisationen, wenn sie einen Beratungsbedarf feststellen. Diese Praxis erwächst aus der Einsicht, dass es für jede Organisation schwierig ist, sich selbst einer kritischen Betrachtung zu unterziehen. Die Mitarbeiterinnen und Mitarbeiter verfolgen routinierte Arbeitsabläufe, die sie daran hindern können, effizientere Arbeitsmethoden und -techniken anzuwenden. Sie neigen dazu, Strukturen, in denen sie sich eingerichtet haben, zu schützen. Um diese Betriebsblindheit zu überwinden, haben sich viele Organisationen in den vergangenen Jahrzehnten dazu entschieden, Externe mit Analysen und Beratung zu beauftragen.

Strukturen und Verhältnisse, die Misshandlungen und Übergriffe begünstigen, sind schwer von einem Teil der Organisation zu untersuchen. Loyalitätskonflikte sind hierbei quasi unvermeidbar. Bereits die Angst vor negativen Sanktionen kann dazu führen, dass die Beauftragten die Problemlage mit einer Vorsicht untersuchen, die vor allem ihrem Selbstschutz dienlich, aber nicht geeignet ist, den Missstand abzustellen. Deshalb kann die Tatsache, dass es derzeit keine externe und groß angelegte Evaluation bei der Bundeswehr zu diesem Themenfeld gibt, als ein Versäumnis der politisch Verantwortlichen gelten.

3.2 Politische Haltungen und Extremismus in den Streitkräften

Ende April 2017 wurde ein Oberleutnant der Bundeswehr, Franco A., von der Polizei festgenommen. Parallel wurde ein Student einer technischen Hochschule und Anfang Mai 2017 ein weiterer Oberleutnant verhaftet. Ihnen wird eine Reihe

---

auch in anderen Interviews auftrat, in dieser Äußerung ließ er es an »diplomatic relations« missen, wie dies in den 1950er-Jahren in der amerikanischen Betriebssoziologie genannt wurde (siehe Atteslander 1959: 309).

17 Entsprechend äußerte sich z.B. der Vorsitzende des Deutschen Bundeswehrverbandes, André Wüstner am 2.5.2017, <www.dbwv.de/aktuelle-themen/politik-verband/beitrag/news/wut-und-unverstaendnis-nach-von-der-leyen-interview> (letzter Zugriff: 15.5.2021).

18 Siehe den Brief des damaligen Beiratsvorsitzenden Thomas Kossendey an die Ministerin im Juni 2017, <https://augengeradeaus.net/2017/09/geplanter-auftrag-an-kriminologen-pfeiffer-zur-inneren-lage-bundeswehr-noch-offen> (letzter Zugriff: 15.5.2021).

von Straftaten vorgeworfen. Neben illegalem Waffenbesitz kam in der Berichterstattung dem Vorwurf, sie hätten terroristische Anschläge geplant, eine große Bedeutung zu. Franco A. hatte sich als syrischer Flüchtling registrieren lassen und es wurde vermutet, dass er beabsichtigte, etwaige Anschläge Flüchtlingen anzulasten. Aufgrund der Gleichzeitigkeit der Ereignisse wurde zumindest in der öffentlichen Wahrnehmung der Auftrag an Pfeiffer und sein Team als erweitert – um den Aspekt der politischen Einstellungen von Soldaten – verstanden. Die Frage, ob Soldatinnen und nicht zuletzt Berufssoldaten rassistische und nationalistische Positionen vertreten, inwieweit sie sogar eine Affinität zum Nationalsozialismus aufweisen, beunruhigte die Öffentlichkeit in den vergangenen Jahrzehnten wiederholt. Neu war in diesem Fall die Befürchtung, dass sich in der Bundeswehr rechte Terrorzellen formiert haben könnten. In der Berichterstattung Ende 2018 spielte diese Besorgnis abermals eine Rolle.[19]

Bezogen auf Franco A. mögen individuelle Fehleinschätzungen und Fehlentscheidungen dafür verantwortlich sein, dass er ungeachtet einer Masterarbeit, die nach Einschätzung des Historikers Jörg Echternkamp vom ZMSBw keine wissenschaftliche Arbeit darstellte, sondern einen »radikalnationalistischen, rassistischen Appell«, seine Karriere fortsetzen konnte.[20] Es fällt schwer, sich vorzustellen, dass jemand, der derart offen seine Auffassungen schriftlich darlegt, sie im Dienstalltag vollständig verdecken konnte. Dagegen spricht auch der Umstand, dass er von mindestens einem weiteren Offizier unterstützt wurde (bei der Registrierung als Flüchtling). Die Vermutung, Offiziere der Bundeswehr hätten über Jahre hinweg eine Gesinnung in ihren Reihen geduldet oder gar akzeptiert, die mehrere strafbare Handlungen motivierte, ist beunruhigend. Ob es vor diesem Hintergrund ausreicht, dass es einen neuen Traditionserlass für die Bundeswehr gibt, der dekretiert, die Wehrmacht sei kein Vorbild für die Bundeswehr, kann bezweifelt werden. Auch die Reformierung des Meldewesens zur »Inneren und Sozialen Lage« der Bundeswehr und die verstärkte Überprüfung von Bewerbern durch den Militärischen Abschirmdienst (MAD) dienen eher der Abschreckung und zeugen von dem Versuch, bestimmte Haltelinien gegenüber den Soldaten aufzurichten. Sie stellen zugleich einen Schuss ins Ungewisse dar, weil gar nicht geklärt ist, welche subkulturellen – vorsichtig ausgedrückt – Duldsamkeiten gegenüber

---

19 Siehe exemplarisch die Artikel »Rechtsextreme Soldaten unterm Radar«, Taz vom 26.11.2018, <www.taz.de/!5553291>, und »Ein rechtes Netzwerk in der Bundeswehr?«, Tagesspiegel vom 3.12.2018, <www.tagesspiegel.de/politik/kommando-spezialkraefte-ksk-ein-rechtes-netzwerk-in-der-bundeswehr/23711644.html> (letzter Zugriff: 15.5.2021).

20 »Drei Verdächtige und ein rechtes Dunkelfeld«, Zeit Online vom 10.5.2017, <www.zeit.de/gesellschaft/zeitgeschehen/2017-05/bundeswehr-rechtsextremismus-franco-a-faq> (letzter Zugriff: 15.5.2021).

Rechtsextremismus und Rassismus in der Bundeswehr existieren. Hierüber sich selbst und die Bürgerinnen und Bürger aufzuklären, daran sollte der Bundeswehr als Institution gelegen sein.

Auf die eingehendere Untersuchung zu politischen Haltungen von Soldaten durch ein nicht der Bundeswehr unterstehendes sozialwissenschaftliches Institut wurde nach der Absage an Pfeiffer und sein Team letztlich verzichtet. Nach einem Bericht des NDR-Journalisten Christoph Prössl wurde er vom Bundesverteidigungsministerium darauf verwiesen, dass »Studien zu Extremismus innerhalb und außerhalb der Bundeswehr [...] regelmäßig durch das Zentrum für Militärgeschichte und Sozialwissenschaften der Bundeswehr«[21] erstellt werden. Tatsächlich erstellt das SOWI beziehungsweise das ZMSBw seit 1996 jährliche Bevölkerungsbefragungen sowie themenspezifische Bundeswehrumfragen (vgl. den Beitrag von Steinbrecher in diesem Band). Auch zukünftig soll es entsprechende Untersuchungen geben (ZMSBw 2018: 17). Die letzte veröffentlichte Untersuchung zu politischen Einstellungen in der Bundeswehr stammt aus dem Jahr 2007 (Bulmahn et al. 2010). Damals wurden unter anderem die Haltungen von 2.300 Studierenden der Bundeswehrhochschulen in Hamburg und München mit den Politikzielen der Neuen Rechten verglichen. Als Ergebnis der Studie wurde festgehalten, dass es für diese Politikziele unter den Studierenden Zustimmung gebe, diese aber niedriger sei als unter der vergleichbaren Bevölkerungsgruppe (ebd.). Hier wie dort sei Politikverdrossenheit weit verbreitet und das parlamentarische System werde abgelehnt. Die Ergebnisse würden »Anlass zur Nachdenklichkeit« bieten, weil »etwa die Hälfte der Studierenden an den Universitäten der Bundeswehr damit deutliche Zweifel an der Ausgestaltung unseres parlamentarischen Systems erkennen lässt« (Bulmahn et al. 2010: 137). Die Anlässe, die politischen Haltungen und Einstellungen von Soldaten intensiver zu untersuchen, waren seitdem zahlreich.

3.3 Die gesellschaftlichen Folgen der Auslandseinsätze

Mehr als 380.000 Bundeswehr-Angehörige wurden bisher im Ausland eingesetzt.[22] Der größte Teil von ihnen seit den 1990er-Jahren. Zwischen 1992 und Ende 2019 starben im Verlauf der Einsätze 114 Soldaten, allein in Afghanistan kamen 59

---

21 Außerdem könnten sich die Soldaten an den Wehrbeauftragten des Bundestages wenden, siehe Audiobeitrag von Christoph Prössl vom 20.10.2018, <http://media.tagesschau.de/audio/2018/1019/AU-20181019-1718-2701.mp3> (letzter Zugriff: 15.5.2021).
22 Diese Zahl beruht auf der Addition der Kontingentstärke der eingesetzten Verbände. Es ist also möglich, dass Soldatinnen und Soldaten mehrfach gezählt wurden. Wie auch die nachfolgenden Angaben ist diese Zahl einer Internetseite der Bundeswehr entnommen, siehe: <https://www.bundeswehr.de/de/einsaetze-bundeswehr> (letzter Zugriff: 15.5.2021).

Soldaten zu Tode.[23] Weitere Soldaten wurden verletzt und gelten nach ihrem Einsatz als traumatisiert. Im Frühjahr 2021 befanden sich etwa 3.500 Soldatinnen im Ausland. Mag sich also die Bundesrepublik Deutschland im Friedenszustand befinden, Angehörige der Bundeswehr müssen damit rechnen, dass sie sich in Gebieten aufhalten, die von Kriegen geprägt sind und in denen Kampfhandlungen zum Alltag der Einheimischen gehören. Diese Situation bleibt für die Bundeswehrangehörigen, ihr soziales Nahfeld, ihre Familien und für die gesamte Gesellschaft nicht folgenlos. In einigen empirischen Studien hat das SOWI und das ZMSBw untersucht, wie sich die Einstellungen der eingesetzten Soldatinnen und Soldaten durch ihren Einsatz verändert haben und welche Folgen ihr Auslandseinsatz auf ihre engsten Familienangehörigen hat (Tomforde 2006). Im Mittelpunkt der Betrachtung steht dabei letztlich die Frage, wie die Organisation Bundeswehr besser mit ihrem Personal umgehen sollte, damit die Einsatzfähigkeit der Streitkräfte erhalten bleibt. Dies ist insbesondere an den Empfehlungen abzulesen, die die Forschenden am Ende ihrer Untersuchungen geben (ebd. 76 f., siehe auch Seiffert/Heß 2014: 96 f.). Gleichwohl sind in den Untersuchungen auch darüber hinaus gehende Feststellungen zu finden. So beobachtete Anja Seiffert bereits 2005 bezogen auf Soldaten eines Einsatzkontingents in Bosnien-Herzegowina ein Auseinanderdriften »militärischer und ziviler Sinn- und Wertewelten« (Seiffert 2005: 231). Auch in einem Aufsatz aus dem Jahr 2012, nun auf Afghanistan-Rückkehrer bezogen, kam sie zu dem Schluss, dass sich aufgrund der im Einsatz gemachten Erfahrungen »die Erfahrungswelten im Einsatz und am Heimatstandort weiter auseinanderentwickeln« (Seiffert 2012: 97) und noch sei »nicht absehbar, wie sich die Erfahrungen dieser ›Generation Einsatz‹ konkret auf die Organisation Bundeswehr auswirken. Politik und Gesellschaft stehen aber wie die Bundeswehr selbst vor der schwierigen Aufgabe ihr Verhältnis neu zu bestimmen« (ebd.).

Sich dieser Nichtabsehbarkeit anzunehmen, genauer zu untersuchen, was das Auseinanderdriften bewirkt, welche sozialen Folgen es über die Familien hinaus hat, welche Einstellungen und Haltungen wie auf die Zivilgesellschaft insgesamt einwirken, sind eminent wichtige Fragen. Zumal die Bundeswehr sich weiterhin auf neue Auslandseinsätze vorbereitet. Es ist also von einer fortschreitenden Dynamik im Hinblick auf die Folgewirkungen der Militärinterventionen auszugehen. Wie sich diese Dynamik gestaltet, kann gleichzeitig aber noch als offen gelten. Dies betonen beispielsweise Michael Daxner und Robert Clifford Mann in verschiedenen

---

23   Siehe Wikipedia-Artikel »Todesfälle der Bundeswehr bei Auslandseinsätzen«, <https://de.wikipedia.org/wiki/Todesfälle_der_Bundeswehr_bei_Auslandseinsätzen> (letzter Zugriff: 15.5.2021).

Publikationen: Im Mittelpunkt ihrer Betrachtungen stehen dabei die (ehemaligen) Soldaten, die aus den Kriegsgebieten zurückkehren. Das Stichwort lautet in diesem Zusammenhang Veteranen. Daxner und Mann gehen davon aus, dass Veteranen sich als eine soziale Gruppe formieren. Anhand von Diskursanalysen untersuchen sie den Einfluss, den die Veteranen auf die Interventionsgesellschaft nehmen, aber den diese auch auf sie hat. Die Autoren konstatieren, dass die Formierung zur sozialen Gruppe noch »im Fluss« sei (Daxner/Mann 2016: 633, siehe hierzu auch Mann 2014). An verschiedenen Stellen betonen die Autoren, dass vom Umgang mit und der Reaktion auf die Veteranen entscheidend abhängen wird, wie sie sich nach ihrer Rückkehr als soziale Gruppe entwickeln.

Diesen und ähnlichen Fragen nachzugehen, ist von allgemeinem sozialwissenschaftlichen wie von politischem Interesse. Bislang wurde eine Studie zu Veteranen eines Bundeswehrkontingents veröffentlicht, das 2010 in Afghanistan eingesetzt wurde (siehe Seiffert/Heß 2019). Auch wenn weitere derartige Studien vom ZMSBw folgen sollten, wie dies angekündigt wurde, ist eine umfassende Untersuchung allein von einer Sozialwissenschaft kaum zu leisten, die auf das Militär als Organisation fokussiert ist.

4 Fazit: Zur Notwendigkeit einer Militärsoziologie, die sich kritisch zu ihrem Gegenstand verhält

Derzeit ist die Militärsoziologie in der Bundesrepublik – aber nicht nur hier – eine sozialwissenschaftliche Disziplin, die sich allzu sehr auf das Militär als Organisation konzentriert, ohne dabei systematisch ihre »gesamtgesellschaftliche Ausrichtung« (König 1968: 12) im Blick zu haben. Königs bereits 1968 formulierte Auffassung, dass »Militärsoziologie ohne Soziologie des Krieges [...] auf die Dauer eine unbefriedigende Tätigkeit« (ebd.) bleibe, hat nichts an Gültigkeit verloren. Die Zweckbestimmung des Militärs, seine Verflechtung mit der Gesellschaft und ihre wechselseitige Beeinflussung in den Untersuchungen zu berücksichtigen, ist aber nicht als eine bloße Reaktion auf die Beteiligungen der Bundeswehr an Militärinterventionen misszuverstehen. Es sollte allerdings noch mehr als früher einleuchten, dass das Phänomen des Krieges und seine Folgen in der Militärsoziologie zu berücksichtigen sind. Nur durch eine breitere Aufstellung der Disziplin wird es ihr gelingen, sich dem Gegenstand angemessen zuzuwenden. Eine Militärsoziologie, die das Militär nur als Organisation quasi in Friedenszeiten betrachtet, ist nicht unbedingt eine unkritische Militärsoziologie. Bei ihr handelt es sich um die Soziologie einer speziellen Organisation, deren Spezifikum zwar erwähnt werden mag, der es aber zugleich schwerfällt, es systematisch zum Teil des Untersuchungsfeldes zu machen.

Der Militärsoziologie, die derzeit hauptsächlich vom ZMSBw ausgeht, gelingen immer wieder beeindruckende Einblicke in die Militärorganisation Bundeswehr und sie untersucht die jeweiligen Verhältnisse sehr wohl auch kritisch. Doch die Militärsoziologie muss breiter werden und das bedeutet, ihrem Gegenstand entsprechend angelegt sein. Sie muss jenseits der unmittelbaren Interessen des Militärs betrieben werden können. Dazu gehört auch, dass ihre Empirie nicht fast ausschließlich von einem Teil der Organisation durchgeführt wird, die selbst Untersuchungsgegenstand ist. Es entspricht zwar dem unmittelbaren Organisationsinteresse des Militärs, Informationen über die internen Verhältnisse und Strukturen zu kontrollieren. Aber zugleich ist festzuhalten, dass die Bundeswehr als öffentliche Organisation keine Black Box für die Öffentlichkeit sein sollte. Unangenehme Fragen und Untersuchungen zu verhindern, ist obendrein für die Militärorganisation auf Dauer riskant, wie selbst der damalige Leiter des Sozialwissenschaftlichen Instituts der Bundeswehr, Oberst Geppert, einräumte, als er die Militärsoziologie als ein »Frühwarnsystem« (1998: 20 f.) bezeichnete. Wie die obigen Darlegungen aber zeigen, sind trotzdem schwerwiegende blinde Flecken im Untersuchungsfeld zu konstatieren. Dass seit Jahrzehnten Demütigungen, Übergriffe und Misshandlungen von Soldaten auf Soldaten skandalisiert werden können, ohne dass es eine umfassende sozialwissenschaftliche Untersuchung dieser Vorfälle gibt, sei nochmals als ein solcher blinder Fleck benannt. Auch wäre es geboten, die sozialen Prozesse unter den ehemaligen Militärangehörigen nach ihren Einsätzen in Kriegsgebieten systematisch zu untersuchen. Dies würde aber den Rahmen einer Soziologie sprengen, die auf die Organisation Militär begrenzt ist und von dieser beauftragt wird.

Für die Beantwortung der Frage, wie dies die Militärsoziologie leisten kann, sind Verständigungsprozesse innerhalb der Profession, aber auch Debatten innerhalb der Sozialwissenschaften im Allgemeinen notwendig. Sie lassen sich nicht initiieren, wenn versucht wird, sie mit der Attribution von Adjektiven wie kritisch, unkritisch, rein und wahr zu beginnen. Die Reaktion auf eine derartige Vorgehensweise besteht allenfalls in einer kurzatmigen Aufregung. Notwendig wäre aber eine Debatte in der Militärsoziologie im Speziellen und in den Sozialwissenschaften im Allgemeinen, wie das soziale Phänomen des Krieges angemessen theoretisch reflektiert und empirisch bearbeitet werden kann.

Eine breiter aufgestellte Militärsoziologie, die das Kriegsgeschehen und seine Folgen auf die Gesellschaft berücksichtigt, wird nicht unbedingt eine Affinität zum Militär aufweisen müssen. Sie wird aber dem Erkenntnisinteresse verpflichtet sein, begreifen zu wollen, wie das Militär organisiert ist und welche Folgen sein Einsatz hat. Schon immer gab es gute Gründe, um mehr als nur einen flüchtigen Blick auf das Militär zu werfen. Auch an Argumenten für die Berücksichtigung des sozialen Zustandes Krieg im allgemeinen theoretischen Kanon der Sozialwissenschaften hat es nie gemangelt. Am politischen und wissenschaftlichen Willen, diese Einsichten umzusetzen, allerdings sehr wohl. Wenn sich dies ändern würde, wäre dies zum Vorteil aller.

Literatur

Atteslander, Peter (1959): Konflikt und Kooperation im Industriebetrieb. Köln: Westdeutscher Verlag.
Benninghaus, Hans (1968): Einstellungen von Rekruten zum Militärdienst. In: König, René (Hrsg.): Beiträge zur Militärsoziologie. Kölner Zeitschrift für Soziologie und Sozialpsychologie. Sonderheft 12. Köln/Opladen. Westdeutscher Verlag, 270–285.
Biehl, Heiko/Kümmel, Gerhard (2014): Rituale und Bundeswehr. In: Staack, Michael (Hrsg.): Im Ziel? Zur Aktualität der Inneren Führung. Opladen/Berlin/Toronto: Verlag Barbara Budrich, 43–75.
Bonacker, Thorsten/Daxner, Michael/Free, Jan H./Zürcher, Christoph (Hrsg.) (2010): Interventionskultur. Zur Soziologie von Interventionsgesellschaften. Wiesbaden: VS-Verlag.
Bulmahn, Thomas/Fiebig, Rüdiger/Wieninger, Victoria/Greif, Stefanie/Flach, Max H./Priewisch, Manon A. (2010): Ergebnisse der Studentenbefragung an den Universitäten der Bundeswehr Hamburg und München 2007. Forschungsbericht 89. Strausberg: Sozialwissenschaftliches Institut der Bundeswehr.
Daxner, Michael/Mann, Robert Clifford (2016): Veteranen – eine neue soziale Gruppe. In: Österreichische Militärische Zeitschrift, 54: 5, 624–633.
Dörfler-Dierken, Angelika (Hrsg.) (2019): »Hinschauen! Geschlecht, Rechtspopulismus, Ritual. Systemische Probleme oder individuelles Fehlverhalten?« Berlin: Miles-Verlag.
Ebeling, Klaus/Seiffert, Anja (2012): Zur Ritualkultur (in) der Bundeswehr. In: Kompass. Die Zeitung des Katholischen Militärbischofs für die Deutsche Bundeswehr, 12: 2, 6–8.
Frevel, Bernhard (2008): Polizei, Politik und Wissenschaft. In: Aus Politik und Zeitgeschichte, 58: 48, 3–9.

Geppert, Heinrich (1998): Die Militärsoziologie aus der Sicht des Bedarfsträgers. SOWI-Arbeitspapier 108. Strausberg: Sozialwissenschaftliches Institut der Bundeswehr.
Haß, Rabea (2016): Der Freiwillige Wehrdienst in der Bundeswehr. Ein Beitrag zur kritischen Militärsoziologie. Wiesbaden: Springer VS.
Heins, Volker/Warburg, Jens (2004): Kampf der Zivilisten. Bielefeld: Transcript.
Heinemann, Wilfried (2016): Das SOWI im Lichte der Akten. In: Dörfler-Dierken, Angelika/Kümmel, Gerhard (Hrsg.): Am Puls der Bundeswehr. Militärsoziologie in Deutschland zwischen Wissenschaft, Politik, Bundeswehr und Gesellschaft. Wiesbaden: Springer VS, 35–50.
Joas, Hans/Knöbl, Wolfgang (2008): Kriegsverdrängung. Ein Problem in der Geschichte der Sozialtheorie. Frankfurt a.M.: Suhrkamp.
Klein, Paul (2016): Die Militärsozialwissenschaften in Deutschland und das Sozialwissenschaftliche Institut der Bundeswehr. In: Dörfler-Dierken, Angelika/Kümmel, Gerhard (Hrsg.): Am Puls der Bundeswehr. Militärsoziologie in Deutschland zwischen Wissenschaft, Politik, Bundeswehr und Gesellschaft. Wiesbaden: Springer VS, 67–82.
Knöbl, Wolfgang/Schmidt, Gunnar (2000): Die Gegenwart des Krieges. Frankfurt a.M.: Fischer.
König, René (1968): Vorwort. Einige Bemerkungen zu den speziellen Problemen der Begründung einer Militärsoziologie. In: ders. (Hrsg.): Beiträge zur Militärsoziologie. Kölner Zeitschrift für Soziologie und Sozialpsychologie. Sonderheft 12. Köln/Opladen: Westdeutscher Verlag, 7–12.
Leonhard, Nina/Werkner, Ines-Jacqueline (2012): Einleitung: Militär als Gegenstand der Forschung. In: Leonhard, Nina/Werkner, Ines-Jacqueline (Hrsg.): Militärsoziologie – Eine Einführung. 2., aktual. und erg. Aufl. Wiesbaden: VS Verlag für Sozialwissenschaften, 19–35.
Lippert, Ekkehard (1992): Was ist, was kann und was soll Militärsoziologie. SOWI-Arbeitspapier 60. München: Sozialwissenschaftliches Institut der Bundeswehr.
Mann, Robert Clifford (2014): German Warriors. In Daxner, Michael (Hrsg.): Deutschland in Afghanistan. Oldenburg: BIS-Verlag, 139–154.
Picht, Georg (1965): Einführung. In: ders. (Hrsg.): Studien zur politischen und gesellschaftlichen Situation der Bundeswehr. Erste Folge. Witten/Berlin: Eckart-Verlag, 7–31.
Rowley, Elisabeth/Weitz, Fabian/Werkner, Ines-Jacqueline (2012): Militärsoziologische Forschung in den USA und in Deutschland: Eine Literaturanalyse über fünf Jahrzehnte. In: Leonhard, Nina/Werkner, Ines-Jacqueline (Hrsg.): Militärsoziologie – Eine Einführung. 2., aktual. und erg. Aufl. Wiesbaden: VS Verlag für Sozialwissenschaften, 495–518.

Schmidt-Häuer, Eva (1968): Geplatzter Auftrag. Geheime Dossiers für die Bundeswehr? In: Die Zeit, 9.2.1968, <https://www.zeit.de/1968/06/geplatzter-auftrag> (letzter Zugriff: 9.3.2019).

Seiffert, Anja (2005): Soldat der Zukunft. Berlin: Verlag Dr. Köster.

Seiffert, Anja (2012): »Generation Einsatz« – Einsatzrealitäten, Selbstverständnis und Organisation. In: Seiffert, Anja/Langer, Phil C./Pietsch, Carsten (Hrsg.): Der Einsatz der Bundeswehr in Afghanistan. Wiesbaden: VS Verlag, 79–99.

Seiffert, Anja/Heß, Julius (2014): Afghanistanrückkehrer. Der Einsatz, die Liebe, der Dienst und die Familie: Ausgewählte Ergebnisse der sozialwissenschaftlichen Langzeitbegleitung des 22. Kontingents ISAF. Forschungsbericht 101. Potsdam: Zentrum für Militärgeschichte und Sozialwissenschaften der Bundeswehr.

Seiffert, Anja/Heß, Julius (2019): Leben nach Afghanistan – Die Soldaten und Veteranen der Generation Einsatz der Bundeswehr. Ergebnisse der sozialwissenschaftlichen Langzeitbegleitung des 22. Kontingents ISAF. Forschungsbericht 119. Potsdam: Zentrum für Militärgeschichte und Sozialwissenschaften der Bundeswehr.

Seiffert, Anja/Langer, Phil C./Pietsch, Carsten (Hrsg.) (2012): Der Einsatz der Bundeswehr in Afghanistan. Wiesbaden: VS Verlag.

Stouffer, Samuel A./Hovland, Carl Iver/Lumsdaine, Arthur A./Sheffield, Fred D. (Social Science Research Council) (1949/50): The American Soldier. Studies in Social Psychology in World War II. 4 Bände. Princeton/NJ: Princeton University Press.

Tomforde, Maren (2006): Einsatzbedingte Trennung. Erfahrungen und Bewältigungsstrategien. Forschungsbericht 78. Strausberg: Sozialwissenschaftliches Institut der Bundeswehr.

Wachtler, Günther (1983): Einleitung. Militärsoziologie als historische Gesellschaftstheorie. In: ders. (Hrsg.): Militär, Krieg, Gesellschaft. Texte zur Militärsoziologie. Frankfurt a.M./New York: Campus, 7–26.

Warnke, Rudolf (1970): Der Offizier im Truppendienst I. Eine Einführung in die Untersuchungsreihe »Der Offizier der Bundeswehr«. Schriftenreihe Innere Führung, Reihe Führungshilfe, Wehrsoziologische Studien. Heft 7. Bonn: Bundesministerium der Verteidigung.

Wehrs, Nikolai (2014): Protest der Professoren: Der »Bund Freiheit der Wissenschaft« in den 1970er Jahren. Göttingen: Wallstein.

Wissenschaftsrat (2009): Wissenschaftspolitische Stellungnahme zum Sozialwissenschaftlichen Institut der Bundeswehr (SWInstBw), Strausberg (Drs. 9500-09). Aachen: Wissenschaftsrat.

ZMSBw – Zentrum für Militärgeschichte und Sozialwissenschaften der Bundeswehr (Hrsg.) (2018): Jahresbericht 2017. Potsdam: Zentrum für Militärgeschichte und Sozialwissenschaften der Bundeswehr.

Zoll, Ralf (2016): Von wissenschaftlicher Politikberatung zur militärischen Dienststelle. In: Dörfler-Dierken, Angelika/Kümmel, Gerhard (Hrsg.): Am Puls der Bundeswehr. Militärsoziologie in Deutschland zwischen Wissenschaft, Politik, Bundeswehr und Gesellschaft. Wiesbaden: Springer VS, 21–34.

Die Wissenschaft und die Politik: Zur politischen Nutzung militärsoziologischer Forschungsergebnisse

Gerhard Kümmel

> »Alles Denkbare wird einmal gedacht.
> Jetzt oder in der Zukunft.«
> (Fräulein Doktor Mathilde von Zahnd,
> in Dürrenmatt 1985: 82)

1 Einleitung

Nur selten wird militärsoziologische Forschung für die Öffentlichkeit so sichtbar wie im Falle der Homosexualitätspolitik der amerikanischen Streitkräfte. In den frühen 1990er-Jahren ersann Charles C. Moskos (1934–2008) auf der Basis seiner wissenschaftlichen Forschungen und Erkenntnisse die salomonische Formel des »Don't ask, don't tell«, die es dem damaligen Präsidenten Bill Clinton ermöglichte, die von ihm im Wahlkampf 1992 versprochene Abkehr von der strikten Ablehnung von Homosexuellen in den US-Streitkräften umzusetzen. Clinton selbst hat Moskos im amerikanischen Fernsehen mehrfach als Ideengeber dieser Praxis-Formel benannt (N.N. 2009). Neben dieser Nutzung von militärsoziologischen Forschungsergebnissen darf eine ganze Reihe von weiteren und anderen Verwendungsformen der Befunde der Militärsoziologie vermutet werden, die Gegenstand des vorliegenden Beitrages sind. Im Folgenden soll hierfür der Versuch eines analytisch-konzeptionellen Zugriffs unternommen werden.

Die Ausführungen dieses Beitrags sind vor allem deswegen relevant, weil politische Entscheidungen ohne Informationsgrundlage schlicht nicht möglich sind. Die Ergebnisse militärsoziologischer Forschung können solche notwendigen Informationen bereitstellen und so eine wichtige Quelle und Basis für politische Entscheidungen sein. Allerdings gibt es keine Automatismen hinsichtlich der Berücksichtigung wissenschaftlicher Erkenntnisse im politischen Prozess, auch wenn das wissenschaftlich-politische Zusammenwirken in vielfältiger Weise institutionalisiert und etabliert ist. Dieser Interaktionsprozess wird ein Aspekt der folgenden Ausführungen sein.

Der Beitrag ist wie folgt aufgebaut: Er beginnt mit einem diagnostischen Überblick über die derzeit zu beobachtenden Prozesse und Entwicklungen im Verhältnis von Wissenschaft, Gesellschaft, Politik und Beratung, um den allgemeinen Kontext zu beschreiben, in den (auch) die Militärsoziologie eingebettet ist (Abschnitt 2). Danach untersucht der Beitrag anhand dieses Modells das Verhältnis zwischen der Militärsoziologie am Sozialwissenschaftlichen Institut der Bundeswehr (SOWI) bzw. am Zentrum für Militärgeschichte und Sozialwissenschaften der Bundeswehr (ZMSBw) und dem Ressort bzw. der Politik (Abschnitt 3). Eine Zusammenfassung und ein Forschungsausblick beschließen den Beitrag (Abschnitt 4).

2 Kontextdiagnosen

2.1 Die Versozialwissenschaftlichung der Welt

Max Weber beschrieb in seinem Vortrag über »Wissenschaft als Beruf« den seit Jahrtausenden ablaufenden Prozess der Intellektualisierung und Rationalisierung der Welt, den er als »Entzauberung der Welt« bezeichnete. Die Entwicklungsdynamik des wissenschaftlichen Fortschritts galt ihm dabei als »der wichtigste Bruchteil« dieses Prozesses (Weber 1917/19: 9). Vor diesem Hintergrund ist die moderne Gesellschaft eine »Wissensgesellschaft« (Stehr 2001) geworden, die sich durch eine »alltägliche Versozialwissenschaftlichung« (Beck/Bonß 1984: 383) auszeichnet, wobei die Ergebnisse sozialwissenschaftlicher Forschung ihrer Sozialwissenschaft praktisch »entkleidet« (Kühl 2003: 81) und »unsichtbar« (Froese et al. 2014: 9) werden. So haben sozialwissenschaftliche Deutungsmuster in großer Zahl Eingang in die Gesellschaft und die Politik gefunden, ohne explizit als sozialwissenschaftlich erkennbar zu sein. Sozialwissenschaftliches Wissen ist in die politische und in die Alltagssprache hinein diffundiert und dabei bis zu einem gewissen Grad selbstverständlich, unsichtbar, aber gleichzeitig auch relevant geworden (Kaufmann 1976: 305; Beck/Bonß 1984: 392-395; Raphael 2018: 14). Lutz Raphael bezeichnet diesen Prozess der Versozialwissenschaftlichung der Gesellschaft auch als »Verwissenschaftlichung des Sozialen« und verweist auf die damit zusammenhängende ubiquitäre Präsenz von wissenschaftlichem Expertentum und den Rekurs auf wissenschaftliche Referenzen (Raphael 2018: 14; vgl. auch Sala 2017).

2.2 Die Verwissenschaftlichung der Politik

Im Zuge des von Weber beschriebenen Prozesses der Intellektualisierung und Rationalisierung haben wissenschaftliche Erkenntnisse und Expertise im Verlauf des 20. Jahrhunderts auch in der politischen Sphäre eine zunehmende Bedeutung erhalten, sodass der Prozess der Verwissenschaftlichung des Sozialen in der Verwissenschaftlichung des Politischen reflektiert wird. Denn in modernen Gesellschaften liefert die Wissenschaft die gewichtigsten Argumente für Entscheidungen und das Einleiten von konkreten Maßnahmen (Stengers 1998: 7, 96). Gerade die Zeit vom Ende des Zweiten Weltkrieges bis zum Beginn der 1970er-Jahre markiert eine Boomphase hinsichtlich des Glaubens an eine wissenschaftlich fundierte Gestaltbarkeit und Machbarkeit der politischen Praxis (vgl. Fisch/Rudloff 2004; Raphael 2018). Das sich dahinter verbergende auf der Objektivitätsannahme wissenschaftlicher Erkenntnisse beruhende sozialtechnologische Verständnis findet sich etwa im Begriff des ›technischen‹ beziehungsweise technokratischen Staates (Schelsky 1961: bes. 453–460) wieder. So stellt sich die politische Praxis »die Gesellschaft gerne als Maschine mit ›Stellschrauben‹ vor: Man dreht an der richtigen Schraube, und die Welt funktioniert nach Wunsch. Aufgabe der Wissenschaft soll es sein, die Stellschrauben lesbar zu beschriften« (Streeck 2009: 13). Allerdings rief der Terminus der ›Machbarkeit‹ »die Assoziation des Technischen, fast schon Nach-Politischen« hervor (Rehberg 2001: 1318 f.), die eine technokratische Instrumentalisierung von Forschungsergebnissen widerspiegelt (Schneider 1989: 326), in der Kritiker die Gefahr einer Aushöhlung der Demokratie sahen (Schelsky 1961: 453).

Der Glaube an die Objektivität und Unfehlbarkeit wissenschaftlicher Forschungsergebnisse wurde durch die Krisenprozesse der 1970er-Jahre sowohl in der Gesellschaft als auch in der Politik nachhaltig erschüttert, sodass von einer Abkühlung des Wissenschaftsoptimismus und von einer ›Entzauberung der Wissenschaft‹ gesprochen wird (Bonß/Hartmann 1985). Die Bedenken hinsichtlich der Gültigkeit von wissenschaftlichen Forschungsergebnissen allerorten sind nicht unerheblich, weshalb seither »eine reflektierte Skepsis« im Umgang mit den Befunden der Wissenschaft konstatiert wird (Weingart 2003: 10).

Dennoch geht es in der Politik nach wie vor nicht ohne Wissenschaft; die Verwissenschaftlichung der Politik und die »Verwissenschaftlichung der Institutionen und öffentlicher Diskurse« sind offenbar Prozesse, die irreversibel sind (Beck/Bonß 1989: 32; vgl. auch die Beiträge in Murswieck 1994c). Entsprechend verweisen Politikerinnen und Politiker in ihren Statements regelmäßig auf wissenschaftliche Studien, sodass von einer »faktischen Vermischung von Wissenschaft und Politik im Regierungshandeln« (Murswieck 1994b: 104) auszugehen ist. Die wissenschaftliche Politikberatung hat für die Politik weiterhin eine gewisse Entlastungsfunktion, können doch unbequeme Entscheidungen der Wissenschaft zugeschrieben werden (Bolz 2001; Badura 1980). Entsprechend gehört es zu den Aufgaben der Referenten von Politikern und Politikerinnen, in dem jeweiligen Politikfeld ein Netzwerk aufzubauen und relevante Akteure ausfindig zu machen, wozu gegebenenfalls eben auch Wissenschaftlerinnen und Wissenschaftler gehören, die zu Aspekten dieses Politikfeldes forschen. Aus diesem Kreis besorgt sich »[j]eder Politiker [...] diejenigen wissenschaftlichen Gutachten, die seine Entscheidung am ehesten stützen, und erweckt den Eindruck, dass die Entscheidung nichts anders als das zwingende Resultat wissenschaftlicher Erkenntnis sei« (Spaemann 1990: 21).

Gerade in den Sozialwissenschaften ist das Finden von Gegen-Gutachtern oftmals wenig problematisch, da in den sozialwissenschaftlichen Disziplinen eine Vermehrung und Pluralisierung des angebotenen Wissens beobachtet werden kann, was auch zu einer gewissen ›Autonomisierung der Verwendung‹ geführt hat. Die »Verwenderseite [hat sich] offensichtlich *mit* Wissenschaft *von* Wissenschaft unabhängig gemacht« und sich damit größere Handlungsoptionen hinsichtlich einer ›gespaltenen‹, ›versetzten‹ und ›paradoxen‹ Verwendung sozialwissenschaftlicher Erkenntnisse verschafft (Beck/Bonß 1984: 397–399, Zitat 398; Hervorhebungen im Original).

Oftmals werden diese Experten dann nicht nur zu einzelnen Beratungsrunden hinzugezogen oder mit der Erstellung von Expertisen beauftragt, sondern auch in Kommissionen berufen, die über einen längeren Zeitraum hinweg tätig sind. Da sie aber »auf Schaltstellen gesellschaftlicher Entscheidungsfindung einen unkontrollierbaren und nicht legitimierten Einfluss ausüben« (Schützeichel/Brüsemeister 2004a: 7), spricht die Kritik von einer »Aufhebung der parlamentarischen Demokratie« und attestiert der wissenschaftlichen Politikberatung eine »Postrationalisierung der Praxis«, d.h. »Expertenwissen hilft nicht bei der Entscheidung, sondern bei deren nachträglicher Begründung« (Bolz 2001). Diese Funktion einer Ex-Post-Legitimationsbeschaffung für bereits getroffene politische Entscheidungen ist für die Öffentlichkeit nicht immer erkennbar.

2.3 Die Vergesellschaftung der Beratung

Die erwähnte Skepsis im Umgang mit den Befunden der Wissenschaft hat dazu geführt, dass die Suche nach Beratung, Anleitung und Orientierung in nicht wissenschaftliche Bereiche ausgreift, wodurch sich die Zahl potenzieller Beratungsquellen und -akteure erheblich erhöht. Seit den 1970er-Jahren wird ein »Therapiezeitalter« (Raphael 2018: 32; vgl. hierzu auch die Beiträge in Maasen et al. 2011) beschrieben, da weite Teile der Gesellschaft ohne Konsultationen, ohne Anleitung und ohne Beratung kaum noch auskommen können. Die Gesellschaft wird deshalb, so der Titel eines wichtigen Sammelbandes zu dieser Thematik, als eine »beratene Gesellschaft« (Schützeichel/Brüsemeister 2004b) und als »eine ›McKinsey-Gesellschaft‹« beschrieben (Schützeichel/Brüsemeister 2004a: 8).[1]

In der Tat ist die Beratungsbranche eine Wachstumsbranche (Schützeichel/ Brüsemeister 2004a: 7). Allein in der Organisations- und Unternehmensberatung waren bereits zur Jahrtausendwende etwa 12−15 Prozent der Absolventen der Soziologie tätig (Saam/Petran 2001: 7). Kollektive Akteure wie Unternehmen, Organisationen, Verbände und Parteien, aber auch Individuen benötigen eine umfassende Beratung. Die zahlreichen sogenannten Influencer, die auf *YouTube* ein Massenpublikum finden, illustrieren vielleicht am eindrücklichsten, »wie sich Beratung [mittlerweile] generell in der Gesellschaft verankert« hat (Schützeichel/ Brüsemeister 2004a: 8; vgl. auch die Beiträge in Rietmann/Sawatzki 2018, vor allem Engel et al. 2018). Wissenschaftliche Politikberatung hat dadurch zwar erhebliche Konkurrenz bekommen, doch ist sie weiterhin von beträchtlicher Bedeutung.

2.4 Die Politisierung der Wissenschaft

Spiegelbildlich und komplementär zu dem Prozess der Verwissenschaftlichung der Politik kann eine Politisierung der Wissenschaft beobachtet werden (Jann 1994; Brückweh et al. 2012). Genauso wie sich die Politik der Verwissenschaftlichung nicht entziehen kann, vermag es die Wissenschaft nicht, ihrer Politisierung zu entgehen, selbst wenn sie es denn wollte. Sie ist, so eine Formulierung von Ulrich Beck (1980: 417), bereits aus dem Elfenbeinturm ›vertrieben‹ worden, was in dem Drama »Die Physiker« des Schweizer Schriftstellers Friedrich Dürrenmatt (1921−1990) aus dem Jahr 1961 anschaulich illustriert wird (siehe auch das Zitat zu Beginn dieses Beitrags).

Die Wissenschaft produziert Wissen und Erkenntnisse zunächst unter den Bedingungen der »Suspendierung von Handlungszwängen« (Habermas 1973: 214). Auch Niklas Luhmann betont die ›handlungsentlastete‹ Reflexion in der Wissenschaft und begreift diese als die funktionale Spezifikation des Wissenschaftssystems (vgl. Luhmann 1977, 1991). Oftmals will es die Wissenschaft sogar hierbei belassen, sodass man ihr in Teilen eine gleichsam natürliche Selbstgenügsamkeit des wissenschaftlichen Handelns attestieren muss, das »nicht notwendig zur praktischen Anwendung seiner Resultate« drängt (Schneider 1989: 302). Zudem darf nicht unberücksichtigt bleiben, dass die Wissenschaft ihre Autonomie betont und »die Distanzierung von der Politik zum positiven Selbstbild

---

1 Entsprechend hat die Beratungsforschung seit der zweiten Hälfte der 1990er-Jahre deutlich zugenommen (vgl. etwa Murswieck 1994c; Alemann/Vogel 1996; Howaldt/Kopp 1998; Degele et al. 2001; Weingart/Lentsch 2008; vgl. aber auch WZB 1977).

der Wissenschaft [gehört]« (Mayntz 1994: 17). Eine solche ›Elfenbeinturm‹-Mentalität ist jedoch praktisch kaum durchzuhalten, da die Codes der Wissenschaft selbst diese Form der Selbstgenügsamkeit im Streben nach wissenschaftlichem Fortschritt untergraben. Um Anerkennung für die eigene wissenschaftliche Arbeit zu erlangen, sind Publikationen in Medien der Wissenschaften notwendig. Damit sind die Befunde öffentlich und können jederzeit von allen Angehörigen des Wissenschaftssystems, aber eben auch von jedermann und jedefrau außerhalb des Wissenschaftssystems aufgegriffen und benutzt werden. Häufig verbindet sich das Streben nach Erkenntnisgewinn indes explizit mit der Suche nach Lösungen für real und praktisch existierende Probleme, die die Wissenschaft entweder selbst als solche erkennt oder die von der Gesellschaft oder der Politik an die Wissenschaft herangetragen werden und die nach Aktivitäten der Wissenschaft geradezu verlangen. In den letzten Jahren ist in diesem Sinne etwa vor dem Hintergrund wachsender ökologischer Probleme und angesichts der Entwicklungen in den Bereichen der Biotechnologie und der Gentechnik die Rede von der Notwendigkeit des Übergangs zu einer ›transformativen Wissenschaft‹, die hierzulande nicht nur in der Wissenschaft, sondern auch in Teilen der Zivilgesellschaft und von einigen Landesregierungen gefordert wird, gleichzeitig aber auch auf Kritik stößt (vgl. hierzu Strohschneider 2014). Auch die Europäische Kommission strebt unter dem Schlagwort »Responsible Research and Innovation« (RRI) bereits seit dem Jahr 2013 in ihrer Forschungsförderungspolitik eine »neue Positionierung von ›societal concerns‹ im Inneren von Forschung und Entwicklung« an, um »von Anfang an sozialwissenschaftliche, politische und ethische Perspektiven in naturwissenschaftlich-technisch-medizinische Forschungsprojekte« zu integrieren (Borck et al. 2018: 215).[2]

In den Sozialwissenschaften ist es die Beschäftigung mit Fragen nach der guten Gesellschaft (Dahrendorf 2001: 1332), der ›guten Ordnung‹ und ihrer Herstellbarkeit (vgl. Allmendinger 2001), die Akteure aus dem Wissenschaftssystem auf wissenschaftsexterne Akteure und damit auch auf die Politik zugehen lässt oder die Akteure aus anderen gesellschaftlichen Subsystemen wie der Politik, der Wirtschaft oder der Zivilgesellschaft dazu veranlasst, auf die Wissenschaft zuzugehen. In diesem Sinne hat Michael Burawoy in seiner Presidential Address bei der Zusammenkunft der American Sociological Association im Jahr 2004 für die Soziologie explizit den Schritt hin zu einer »public sociology« eingefordert, also eine öffentliche Soziologie, die die Grenzen der soziologischen Fachöffentlichkeit aktiv,

---

2 Eine solche transformative Wissenschaft verlangt auch nach einer veränderten Wissenschafts- und Hochschullandschaft (vgl. hierzu etwa die Beiträge in Schneidewind/Singer-Brodowski 2014).

bewusst und zielgerichtet überschreitet und ihre Wissenschaftskommunikation an wissenschaftsexterne Akteure richtet (Burawoy 2005; vgl. den Beitrag von Biehl in diesem Band).

Im Verhältnis zu den wissenschaftsexternen Akteuren im Allgemeinen und zur Politik im Besonderen nimmt man aufseiten der Wissenschaft bisweilen sehr gerne ein Rationalitätsgefälle zu den eigenen Gunsten an. Dies mahnt nicht nur zu Bescheidenheit der Wissenschaft (Streeck 2009: 13), sondern wirft auch das Problem des jeweils individuellen Wissenschaftsverständnisses auf, wobei Wissenschaftsverständnisse und die dazugehörigen Wissenschaftlertypen stets im Plural zu denken sind (vgl. aus einer anderen Perspektive auch Prisching 2000). Roger Pielke (2007) beispielsweise unterscheidet idealtypisch vier Ausprägungen von Wissenschaftlerinnen und Wissenschaftlern: den »pure scientist«, dem die Praxis und das Engagement in der Praxis, also über die Wissenschaft hinaus ganz im Sinne des erwähnten ›Elfenbeinturm-Ansatzes‹ fremd sind; den »science arbiter«, der seine Forschungen dem politisch-praktischen Prozess zur Verfügung stellt, ohne diesen weiter beeinflussen zu wollen; den »issue advocate«, der sich für die aus seiner wissenschaftlichen Forschung heraus quasi objektiv und naturwüchsig ergebende Lösung stark macht;[3] und den »honest broker«, der dem praktisch-politischen Entscheider lediglich die Bandbreite der zur Verfügung stehenden Optionen vor Augen führt. Während »issue advocates« der Politik eine bestimmte Handlungsoption vorzuschreiben versuchen, vermitteln die »honest brokers« der Politik eine größere Bandbreite der zur Verfügung stehenden Möglichkeiten und lassen ihr somit einen größeren Entscheidungsspielraum.

Aus einer kritischen Perspektive heraus ist die Typenvielfalt allerdings deutlich geringer ausgeprägt. Danach sind politikberatende Wissenschaftlerinnen und Wissenschaftler nichts anderes als Gefälligkeitswissenschaftler/innen im Sinne von Bolz (2001). Zu sehr ist in dieser Lesart die wissenschaftliche Politikberatung durch die Vorgaben des Auftraggebers bestimmt, sodass Politikberatung als eine Art Konspiration mit den Herrschenden angesehen werden müsse, die – vor dem Hintergrund des eben Erwähnten – noch dazu der wissenschaftlichen Politikberatung kaum Aussichten auf Erfolg bieten kann. Folgerichtig findet sich dort die Forderung, auf wissenschaftliche Politikberatung zu verzichten, da sie

---

3   Bei dem »issue advocate« ist daran zu erinnern, dass eine solche Position in einen »Dogmatismus der einen oder anderen Art« mutieren kann (Dahrendorf 2001: 1330) und gerade bei diesem Typus die Annahme des Rationalitätsgefälles auf eine defizitäre Perzeption der Wirklichkeit durch die Wissenschaft und somit auf eine »Überschätzung der wissenschaftlichen Rationalität« hinweisen kann (Beck/Bonß 1984: 391). Buchholz (2008: 8) spricht diesbezüglich ganz ähnlich von einer »defizitäre[n] Perzeption der Wirklichkeit durch Wissenschaft«.

letzten Endes ein ›schmutziges Geschäft‹ ist (Offe 1977: 323 f., 328 f.), weil die Politikberatung die Wissenschaft in Versuchung führt. So müssen die sich dem Beratungsgeschäft hingebenden Absolventen sozialwissenschaftlicher Studiengänge möglicherweise nachgerade »mit ihren Diagnosen dramatisieren [...], um aus der Diagnose ein politisches Problem werden zu lassen«, was wiederum den Zugang zu Forschungsgeldern und/oder Nachfolgeaufträgen erleichtern kann (Friedrichs et al. 1998a: 22).

Unbestritten ist, dass die Funktionslogiken von Wissenschaft und Politik sehr unterschiedlich sind. Politik folgt ganz anderen Codes, Regeln und Mechanismen als die Wissenschaft. In ihr geht es um Handeln und Entscheiden, sodass auch die Zeit in der Politik auf eine andere Art und Weise tickt als in der Wissenschaft. Allerdings muss dies kein Grund sein, von wissenschaftlicher Politikberatung vollends Abstand zu nehmen, sofern man sich der differierenden System- und Funktionslogiken von Wissenschaft und Politik bewusst bleibt. Der Hinweis auf die anderen Codes der Politik ist somit vielmehr als Erinnerung zu verstehen, sich im Beratungsgeschäft keinem Machbarkeitswahn und keinen ungebührlichen Illusionen hinsichtlich der Wirkung der politikberatenden sozialwissenschaftlichen Forschung hinzugeben, sondern sich in Selbstbescheidung zu üben. Dies ist vielleicht auch als unausgesprochener Auftrag der Gesellschaft an die Adresse der Wissenschaft zu verstehen, die Letztere finanziert und mit Ressourcen ausstattet. Entsprechend muss es sich die Wissenschaft gefallen lassen, nach ihrem Nutzen für diese Gesellschaft befragt zu werden. Und die empirische Realität liefert Belege dafür, dass »wissenschaftliches Wissen der Politik zu besseren Entscheidungen verholfen hat und grundsätzlich auch kann« (Murswieck 1994a: 12). Somit besteht nach wie vor eine Aussicht darauf, »Politik durch Einbeziehung des sozialwissenschaftlichen Diskurses kontrollierbarer, korrigierbarer und damit auch rationaler zu gestalten« (Mielke 1999), und eine Hoffnung, »dass wir als Sozialwissenschaftler tatsächlich mitunter helfen können, die Politik und mit ihr die öffentlichen Angelegenheiten durch guten Rat zu verbessern« (Streeck 2009: 13), was wiederum in der Politik eine Bereitschaft zu einem Sich-Einlassen auf Wissenschaft stimuliert.

Dieser Diskurs basiert auf der argumentativen Macht des Beweises und des besseren Argumentes, das sich gegenüber Argumenten aus anderen Quellen behaupten muss, was wiederum den Vorwurf der Gefälligkeitswissenschaft und der Komplizenschaft mit den Herrschenden ins Leere laufen lässt. Wissenschaftliche Politikberatung in einem solchen Sinne ist nicht die praktisch gewendete omnipotente Königswissenschaft, sondern, unter den Bedingungen der »politischen Gesellschaft« (Greven 1999), eine Art wissenschaftliche Kontrollschleife für die Politik, die eben nicht entdemokratisierender, sondern nachgerade demokratischer Natur ist.

3 Die Militärsoziologie und das Ressort in Deutschland

Die Militärsoziologie in Deutschland ist in diesen allgemeinen Kontext der Versozialwissenschaftlichung der Welt, der Verwissenschaftlichung der Politik, der Vergesellschaftung der Beratung und der Politisierung der Wissenschaft eingebettet. Dabei wird militärsoziologische Forschung an Universitäten und in Forschungsinstituten zu sicherheitspolitischen Fragen und zur Friedens- und Konfliktforschung nur vereinzelt betrieben. Ihr eigentlicher Ort liegt in den Streitkräften selbst. So trifft man zunächst auf vereinzelte militärsoziologische Studien und Forschungen beispielsweise an den Universitäten der Bundeswehr in München und Hamburg, in der Führungsakademie der Bundeswehr in Hamburg, im Zentrum Informationsarbeit Bundeswehr in Strausberg oder im Streitkräfteamt. Systematisch und fokussiert ist die Militärsoziologie hierzulande jedoch im Zentrum für Militärgeschichte und Sozialwissenschaften der Bundeswehr (ZMSBw) in Potsdam, genauer, in dessen nicht militärhistorischen Teilen zu finden (bis 2012 im früheren Sozialwissenschaftlichen Institut der Bundeswehr in München und dann in Strausberg). Anders als bei einer Beratungsagentur, die eine gewisse Anzahl von hauptamtlichen Beraterinnen und Beratern beschäftigt und stets darum bemüht ist, Aufträge einzuwerben, um das ökonomische Überleben der Agentur wie auch ihrer Angehörigen zu sichern (vgl. Chahoud 2010), handelt es sich hierbei um eine institutionalisierte Einrichtung, die vom politischen Adressaten militärsoziologischer Politikberatung, dem Bundesministerium der Verteidigung, selbst ins Leben gerufen wurde. Militärsoziologische Forschung in Deutschland findet somit überwiegend in einer Ressortforschungseinrichtung statt und ist folglich schon strukturell eng an die Politik gekoppelt (vgl. Mackewitsch 1999; Klein 2004; Zoll 2016; Heinemann 2016).

In der konkreten Arbeit geht zunächst entweder von dem Ressort oder dem ZMSBw ein Signal an den jeweiligen Gegenüber aus. So kann sich aus der Forschungsarbeit des ZMSBw der Hinweis auf ein Problem ergeben, über das möglicherweise politisch diskutiert und entschieden werden muss. Wenn sich in den Untersuchungen des ZMSBw beispielsweise eine erhebliche Unzufriedenheit der Soldaten und Soldatinnen in Bezug auf ihre Ausrüstung zeigt, kann dies zu einer politischen Frage werden, zu deren Beantwortung das Ressort wiederum weitere Forschungen des ZMSBw heranziehen möchte. Im anderen Fall hat das Ressort aus der Praxis heraus einen bestimmten Informationsbedarf und tritt mit einer entsprechenden Anfrage an das ZMSBw heran, etwa bezogen auf die Frage nach der optimalen Dauer eines Einsatzes von Soldatinnen und Soldaten. Die Kontaktaufnahme kann entweder auf dem Dienstweg, d.h. auf den institutionell vorgeschriebenen Pfaden, oder informell und spontan erfolgen. In beiden Fällen kann sich hieraus ein Kommunikations- und Abstimmungsprozess entwickeln. Die Aufnahme einer wissenschaftlichen Untersuchung kann aber auch vonseiten des Ressorts unilateral implementiert werden. In der Folge werden in Absprache zwischen dem ZMSBw und dem Ressort die Parameter des sich anbahnenden Forschungsprojekts festgelegt, und es erfolgt eine Verständigung über die Ziele, Methoden, Vorgehensweisen und Zeithorizonte der Forschung. Im Idealfall verläuft dieser Prozess konsensual. Bei Konflikten kann das Ressort auf die Ressource der Macht und auf die Tatsache zurückgreifen, dass der Auftraggeber (Ressort) den Auftragnehmer (ZMSBw) schlicht anweisen kann, etwas zu tun oder etwas nicht zu tun. Im Anschluss an diese Abstimmung nimmt das ZMSBw seine Forschung auf. Bisweilen ist dabei noch einmal eine Kommunikationsschleife mit dem Ressort vonnöten, etwa um forschungsrelevante Praxisinformationen einzuholen oder wenn sich im Forschungsprozess erweist, dass die Zeiträume zu eng bemessen sind oder Zwischenergebnisse vorliegen, die eine Vertiefung oder Erweiterung der Forschungsanstrengungen erforderlich machen. Nach Abschluss der Untersuchung teilt das ZMSBw dem Ressort seine Ergebnisse mit. Diese Ergebnisse können unterschiedlichen Charakters sein. Bei ihnen kann es sich einmal um reine *Informationsleistungen* handeln. Dies ist dann der Fall, wenn Befunde von Erhebungen in den Streitkräften oder in der Bevölkerung an das Ministerium berichtet werden. Darüber hinaus erbringt das ZMSBw *Beratungsleistungen* für das Ressort, d.h. die Ergebnisse der wissenschaftlichen Forschung werden mit dem Aufzeigen von Handlungsoptionen oder auch mit konkreten Handlungsempfehlungen für das Ressort verbunden. Danach werden die Ergebnisse und/oder Handlungsempfehlungen des ZMSBw im Ressort verarbeitet und im Idealfall in konkrete politische Entscheidungen überführt. Dabei kann das Ressort *Implementierungsleistungen* des ZMSBw anfordern, d.h. die Umsetzung der aus der wissenschaftlichen Arbeit extrahierten Handlungsempfehlungen oder der ausgewählten Handlungsoptionen erfolgt dann unter Einbeziehung und Beteiligung der jeweiligen Wissenschaftler und Wissenschaftlerinnen. Hier geht es zum Beispiel um die Mitarbeit in intraministeriellen Gremien und Steuergruppen oder in Kommissionen, die zu einem bestimmten Themenfeld installiert werden und praxisrelevante Entscheidungen treffen oder diese zumindest maßgeblich beeinflussen. So war das frühere SOWI Mitglied der Steuergruppe »Frauen in den Streitkräften«, die nach dem Urteil des Europäischen Gerichtshofes im Fall Tanja Kreil vom Januar 2000 eingerichtet wurde. Schließlich können seitens des Ressorts noch *transferbasierte Abordnungsleistungen* gewünscht sein. In einem solchen Fall sind Wissenschaftler und Wissenschaftlerinnen des ZMSBw für einen begrenzten Zeitraum im Ressort selbst tätig und bringen dort zu einem bestimmten

Themengebiet ihre Expertise ein.[4] Im Jahr 2018 betraf dies zum Beispiel die Frage des Umgangs mit Ritualen in der Truppe, die medienwirksam gegen die Grundsätze der Inneren Führung verstoßen und folglich eine gesellschaftliche und politische Debatte angestoßen haben.

Im Allgemeinen beschränkt sich die militärsoziologische Politikberatung des ZMSBw auf Informations- oder Beratungsleistungen; Implementierungs- und Abordnungsleistungen sind ausgesprochen selten. Damit wird zugleich deutlich, dass das Verhältnis und die Zusammenarbeit zwischen Militärsoziologie und Ressort sehr stark von den Verfahrensvorgaben beeinflusst wird. Diese sehen beispielsweise nach wie vor nicht vor, dass das Ressort mit dem ZMSBw über die Handlungsentscheidungen diskutiert oder das ZMSBw zumindest über die getroffenen Entscheidungen informiert. Der Wissenstransfer in das Ressort und in dessen Spitze hinein erfolgt nun nicht genuin durch eine Studie selbst, sondern die militärsoziologischen Forschungsergebnisse werden von den zuständigen Stellen im Ministerium für die Leitung des Hauses zusammengefasst und in der gebotenen Kürze dargestellt und aus ministerieller Sicht bewertet. Dabei kommt der für diesen Vorgang zuständigen Person ganz offensichtlich eine große Bedeutung zu: Versteht sie militärsoziologische Forschung im Wesentlichen als »Flankenschutz« (vgl. Hagen 2012: 41, Anm. 24) für die Bundeswehr und das Ministerium, kann nicht ausgeschlossen werden, dass dies auch einen gewissen Einfluss auf den Inhalt der Aufbereitung und die Art der Darstellung hat.

Augenscheinlich besteht in dem Verhältnis zwischen Ressort und ZMSBw stets die Gefahr, dass die Logik des Ressorts in die Militärsoziologie mal mehr, mal weniger stark einfließt. Es wäre jedoch überzogen, hier von einer vollständigen Unterwerfung der Militärsoziologie unter das Ressort zu sprechen, denn die »Schranken, die Wissenschaft und Praxis voneinander trennen, [...] sichern [...] die Identität und Autonomie der Wissenschaft als Bedingung ihrer Attraktivität für potentielle Nutzungsinteressenten. Sie bieten ein Mindestmaß an Schutz vor instrumentalisierenden Übergriffen durch Praktiker. Gefunden werden muß die rechte Balance zwischen Öffnung und Schließung, die berechtigte Nutzungsinteressen von mißbräuchlichen Instrumentalisierungsversuchen zu trennen erlaubt« (Schneider 1989: 302 f.). Das Ressort muss praktisch der Militärsoziologie gestatten, in einem immer wieder neu auszutarierenden Umfang ihren eigenen Logiken zu folgen, damit sie Ergebnisse produzieren kann, die innerhalb ihres

---

4   Auch der umgekehrte Fall ist denkbar. So war der damalige Staatssekretär Dr. Peter Tauber im Jahr 2019 für mehrere Wochen im ZMSBw wissenschaftlich tätig. In Slowenien wiederum bekleidete die Militärsoziologin Ljubica Jelušič von der Universität Ljubljana in den Jahren 2008 bis 2011 das Amt der Verteidigungsministerin.

eigenen Referenzrahmens valide und »epistemisch robust« (Froese et al. 2014: 4) sind, denn nur so können sie zu einem guten Produkt wissenschaftlicher Politikberatung werden.

Für ein solches ›enlightened self-interest‹ des Ressorts spricht zum einen, dass man sich nach wie vor »dieses Institut zumutet und leistet« (Schubert 1983: 28). Zum anderen ist die Orientierung an Grundlagenforschung und die vom Wissenschaftsrat in seiner Evaluierung des SOWI seinerzeit betonten Autonomie (Wissenschaftsrat 2009; vgl. auch Bonacker 2016) im ZMSBw deutlich ausgeprägter als früher im SOWI. Gleichwohl besteht nach wie vor für das ZMSBw die Versuchung, sich dem Ressort zwecks »Herrschaftsbeteiligung« (Nullmeier 2011: 42; vgl. auch Wiarda 2015: 284) anzudienen oder dem Ressort die Produkte wissenschaftlicher Politikberatung im Sinne eines ›issue advocates‹ als das Allheilmittel und als die einzig adäquate Problemlösung zu verkaufen, sodass hier beständige Selbstreflexion, eine pragmatische Einstellung und Bescheidenheit anzuraten sind (vgl. Brodocz/Noetzel 2004: 208; Buchholz 2008: 17; Streeck 2009: 14 f.; Rüb 2011).

Damit hier eine für beide Seiten zufriedenstellende Balance gefunden werden kann, gilt es, »unfruchtbares ›Lagerdenken‹« auf beiden Seiten produktiv zu überwinden (Bredow 1999: 48). Dies erfordert eine kontinuierliche Kommunikation und einen systematischen Austausch zwischen Forschung und Praxis (Bergmann/Schramm 2008) im Sinne koevolutionärer Entwicklungs- und Lernprozesse (Howaldt 2008: 34 f.; Luhmann 2005: 375). Dabei dürfen sich die unterschiedlichen Funktionslogiken jedoch nicht zu sehr vermischen. In einer solchen Vermischung liegen Unwägbarkeiten und Gefahren, denn »[d]em System Politik ist die Aufnahme von Input seitens der Wissenschaft nur solange möglich, wie es sich in seiner Grundfunktion Machtausübung nicht zu stark von dieser bedrängt sieht; das System Wissenschaft wiederum wird durch die Beteiligung an der erfolgreichen Machtausübung dazu verführt, immer mehr Macht zu wollen und damit in einen immer stärkeren Widerspruch zu seinen eigenen Grundfunktionen zu treten« (Wiarda 2015: 286 f.).

4 Schlussbetrachtung und Ausblick

Wendet man sich vor dem Hintergrund dieser Ausführungen und unter Berücksichtigung der eigenen Erfahrungen in diesem Feld aus mehr als zwei Jahrzehnten abschließend der Frage nach dem Umgang mit militärsoziologischen Forschungsergebnissen durch die Politik und nach dem Einfluss militärsoziologischer Erkenntnisse auf praktische Politik zu, muss zunächst festgehalten werden, dass dies ein schwieriges Unterfangen ist. So ist nach wie vor »ein direkter Nachweis oder gar die Messung der Wirkung von sozialwissenschaftlichen Studien [...] nur in geringem Maße möglich« (Mackewitsch 1999: 89). Erschwerend kommt hinzu, dass in einer durch politische Kommunikation, demokratische Öffentlichkeit und zunehmende Komplexität und Unübersichtlichkeit charakterisierten »politischen Gesellschaft« (Greven 1999), d.h. in einer Gesellschaft, in der prinzipiell alles politisch werden kann, sozialwissenschaftliche Forschungsergebnisse auch chaotische Wege nehmen können (vgl. Beck/Bonß 1989: 25). Mit der gebotenen Vorsicht lässt sich aber Folgendes konstatieren:

Das eingangs beschriebene Beispiel der amerikanischen »Don't Ask, Don't Tell«-Politik belegt, das militärsoziologische Befunde zum Zwecke der Legitimation politischer Maßnahmen und als Argument in der politischen Auseinandersetzung eingesetzt werden können und eingesetzt werden. Ein prominentes Beispiel für den deutschen Fall ist die Rede der damaligen Bundesministerin der Verteidigung Dr. Ursula von der Leyen in der Bundestagsdebatte über den künftigen deutschen Verteidigungshaushalt am 25. November 2015, in der sie die Ergebnisse der Bevölkerungsumfrage des ZMSBw als Rechtfertigung für die Erhöhung der deutschen Verteidigungsausgaben anführte (Bundesministerin der Verteidigung 2015: 13672; vgl. zu den Einstellungen zur Höhe der Verteidigungsausgaben den Beitrag von Steinbrecher in diesem Band).

Die militärsoziologische Forschung des ZMSBw wird vom Ressort überwiegend als eine Informationsquelle unter anderen angesehen. Militärsoziologische Forschungsergebnisse werden nicht in ihrer Gänze, sondern in der Regel lediglich *punktuell* in praktische Politik überführt (Kaufmann 1976: 305). So werden die Beratungsangebote und Empfehlungen der Militärsoziologie zwar im und vom Ressort zur Kenntnis genommen und finden in reformulierter und neu konstituierter Form Eingang in praktische Politik, sie bleiben aber bestenfalls ein Element im Prozess der Entscheidungsfindung (Beck/Bonß 1989: 11, 27).

Möglicherweise werden uns erst zukünftige historische Untersuchungen mit dem Studium der Akten genaueren Aufschluss über den konkreten praktischen Niederschlag militärsoziologischer Forschungsergebnisse geben können. Einen anderen Zugang könnte die Erforschung des Überlappungsbereiches von Militärsoziologie und Ressort im Sinne einer sozialwissenschaftlichen Netzwerkanalyse bieten. Des Weiteren sind Anschlussuntersuchungen notwendig, die militärsoziologische Forschung in einem breiteren Kontext von Politik, d.h. nicht in deren Engführung auf das Ressort, und Gesellschaft betrachten. So werden Forschungsergebnisse der Militärsoziologie auch von politischen Akteuren außerhalb des Ressorts und von gesellschaftlichen und zivilen Akteuren rezipiert und gegebenenfalls verwendet. Diese Überlappungsbereiche zu erforschen, ist die Aufgabe künftiger Studien.

Literatur

Alemann, Heine von/Vogel, Annette (Hrsg.) (1996): Soziologische Beratung: Praxisfelder und Perspektiven. Opladen: Leske + Budrich.
Allmendinger, Jutta (Hrsg.) (2001): Gute Gesellschaft? Verhandlungen des 30. Kongresses der Deutschen Gesellschaft für Soziologie in Köln 2000. Teil B. Opladen: Leske + Budrich.
Badura, Bernhard (1980): Gegenexpertise als wissenschaftssoziologisches und wissenschaftspolitisches Problem. In: Soziale Welt, 31: 4, 459–473.
Beck, Ulrich (1980): Die Vertreibung aus dem Elfenbeinturm. Anwendung soziologischen Wissens als soziale Konfliktsteuerung. In: Soziale Welt, 31: 4, 415–441.
Beck, Ulrich/Bonß, Wolfgang (1984): Soziologie und Modernisierung. Zur Ortsbestimmung der Verwendungsforschung. In: Soziale Welt, 35: 4, 381–406.
Beck, Ulrich/Bonß, Wolfgang (1989): Verwissenschaftlichung ohne Aufklärung? Zum Strukturwandel von Sozialwissenschaft und Praxis. In: dies. (Hrsg.): Weder Sozialtechnologie noch Aufklärung? Analysen zur Verwendung sozialwissenschaftlichen Wissens. Frankfurt a.M.: Suhrkamp, 7–45.
Bergmann, Matthias/Schramm, Engelbert (Hrsg.) (2008): Transdisziplinäre Forschung. Integrative Forschungsprozesse verstehen und bewerten. Frankfurt a.M./New York: Campus.
Bolz, Norbert (2001): Es geht auch anders. Ethik als Versteck und die Grenzen der Politikberatung. Frankfurter Rundschau, 29.5.2001, 19.
Bonacker, Thorsten (2016): Zwischen wissenschaftlicher Autonomie und politischen Vorgaben: Die Evaluation der Ressortforschung. In: Dörfler-Dierken, Angelika/Kümmel, Gerhard (Hrsg.): Am Puls der Bundeswehr. Militärsoziologie in Deutschland zwischen Wissenschaft, Politik, Bundeswehr und Gesellschaft. Wiesbaden: Springer VS, 105–121.
Bonß, Wolfgang/Hartmann, Heinz (Hrsg.) (1985): Entzauberte Wissenschaft. Zur Relativität und Geltung soziologischer Forschung. Göttingen: Schwartz.
Borck, Cornelius/Lipphardt, Veronika/Maasen, Sabine/Müller, Ruth (2018): Responsible Research? Dilemmata der Integration gesellschaftlicher und kultureller Perspektiven in naturwissenschaftliche Forschungsprogramme. In: Beiträge zur Wissenschaftsgeschichte, 41: 3, 215–221.
Bredow, Wilfried von (1999): Ein verläßlicher wissenschaftlicher Stützpunkt. Universitäre Lehre und Forschung über das Militär wären in den Sozialwissenschaften in Deutschland ohne das SOWI schon lange ausgetrocknet. In: Sozialwissenschaftliches Institut der Bundeswehr (Hrsg.): 25 Jahre Sozialwissenschaftliches Institut der Bundeswehr. Eine zukunftsorientierte Standortbestimmung. Strausberg: Sozialwissenschaftliches Institut der Bundeswehr, 45–52.

Brodocz, André/Noetzel, Thomas (2004): Auf dem Weg zu einer konstruktivistischen Politikberatung. In: Kümmel, Gerhard (Hrsg.): Wissenschaft, Politik und Politikberatung. Erkundungen zu einem schwierigen Verhältnis. Frankfurt a.M. et al.: Peter Lang, 193–214.

Brückweh, Kerstin/Schumann, Dirk/Wetzell, Richard F./Ziemann, Benjamin (Hrsg.) (2012): Engineering Society. The Role of the Human and Social Sciences in Modern Societies, 1880–1980. Basingstoke: Palgrave Macmillan.

Buchholz, Kai (2008): Professionalisierung der wissenschaftlichen Politikberatung? Interaktions- und professionssoziologische Perspektiven. Bielefeld: Transcript.

Bundesministerin der Verteidigung (2015): Rede in der Debatte über den Verteidigungshaushalt. In: Deutscher Bundestag. Plenarprotokoll 18/139, Stenografischer Bericht, 139. Sitzung, 25.11.2015. Berlin, 13670–13672.

Burawoy, Michael (2005): For Public Sociology. American Sociological Association Presidential Address 2004. In: American Sociological Review, 70: 1, 4–28.

Chahoud, André (2010): Blicke hinter die Kulissen: Aus dem »Alltag« eines Politikberaters. In: Aus Politik und Zeitgeschichte, 19/2010, 34–38.

Dahrendorf, Ralf (2001): Über die Machbarkeit der guten Gesellschaft. In: Allmendinger, Jutta (Hrsg.): Gute Gesellschaft? Verhandlungen des 30. Kongresses der Deutschen Gesellschaft für Soziologie in Köln 2000. Teil B. Opladen: Leske + Budrich, 1330–1339.

Degele, Nina/Münch, Tanja/Pongratz, Hans J./Saam, Nicole J. (Hrsg.) (2001): Soziologische Beratungsforschung. Perspektiven für Theorie und Praxis der Organisationsberatung. Opladen: Leske + Budrich.

Dürrenmatt, Friedrich (1985): Die Physiker. Eine Komödie in zwei Akten (Neufassung 1980). Zürich: Diogenes.

Engel, Frank/Nestmann, Frank/Sickendiek, Ursel (2018): Beratung: Alte Selbstverständnisse und neue Entwicklungen. In: Rietmann, Stefan/Sawatzki, Maik (Hrsg.): Zukunft der Beratung. Von der Verhaltens- zur Verhältnisorientierung? Wiesbaden: Springer VS, 83–115.

Fisch, Stefan/Rudloff, Wilfried (Hrsg.) (2004): Experten und Politik. Wissenschaftliche Politikberatung in geschichtlicher Perspektive. Berlin: Duncker & Humblot.

Friedrichs, Jürgen/Lepsius, M. Rainer/Mayer, Karl Ulrich (1998): Diagnose und Prognose in der Soziologie. In: dies. (Hrsg.): Die Diagnosefähigkeit der Soziologie. Opladen: Westdeutscher Verlag, 9–31.

Froese, Anna/Mevissen, Natalie/Böttcher, Julia/Simon, Dagmar/Lentz, Sebastian/Knie, Andreas (2014): Wissenschaftliche Güte und gesellschaftliche Relevanz der Sozial- und Raumwissenschaften: Ein spannungsreiches Verhältnis. Handreichung für Wissenschaft, Wissenschaftspolitik und Praxis. WZB Discussion Paper SP III 2014-602. Berlin: Wissenschaftszentrum Berlin für Sozialforschung (WZB).

Greven, Michael Th. (1999): Die politische Gesellschaft. Kontingenz und Dezision als Probleme des Regierens und der Demokratie. Opladen: Leske + Budrich.

Habermas, Jürgen (1973): Wahrheitstheorien. In: Fahrenbach, Helmut (Hrsg.): Wirklichkeit und Reflexion. Walter Schulz zum 60. Geburtstag. Pfullingen: Verlag Günther Neske, 211–265.

Hagen, Ulrich vom (2012): Homo militaris. Perspektiven einer kritischen Militärsoziologie. Bielefeld: Transcript.

Heinemann, Winfried (2016): Das SOWI im Lichte der Akten. In: Dörfler-Dierken, Angelika/Kümmel, Gerhard (Hrsg.): Am Puls der Bundeswehr. Militärsoziologie in Deutschland zwischen Wissenschaft, Politik, Bundeswehr und Gesellschaft. Wiesbaden: Springer VS, 35–50.

Howaldt, Jürgen (2008): Die Soziologie in Zeiten der Wissensgesellschaft – Kritische Anmerkungen zu einer unzeitgemäßen Unterscheidung. In: Euler, Dieter/Howaldt, Jürgen/Reinmann, Gabi/Weiß, Reinhold (Hrsg.): Neue Forschungsverständnisse in den Sozialwissenschaften: Konsequenzen für die Berufsbildungsforschung im Bundesinstitut für Berufsbildung. Wissenschaftliche Diskussionspapiere Heft 94. Bonn: Bundesinstitut für Berufsbildung, 27–42.

Kaufmann, Franz-Xaver (1976): Zum Verhältnis von Soziologie und Politik – Das Beispiel Zweiter Familienbericht. In: Zeitschrift für Soziologie, 5: 3, 285–306.

Klein, Paul (2004): Das Sozialwissenschaftliche Institut der Bundeswehr in der Politikberatung. In: Kümmel, Gerhard (Hrsg.): Wissenschaft, Politik und Politikberatung. Erkundungen zu einem schwierigen Verhältnis. Frankfurt a.M. et al.: Peter Lang, 31–49.

Kühl, Stefan (2003): Wie verwendet man Wissen, das sich gegen die Verwendung sträubt? Eine professionssoziologische Neubetrachtung der Theorie-Praxis-Diskussion in der Soziologie. In: Franz, Hans-Werner/Howaldt, Jürgen/Jacobsen, Heike/Kopp, Ralf (Hrsg.): Forschen – lernen – beraten. Der Wandel von Wissensproduktion und -transfer in den Sozialwissenschaften. Berlin: Edition sigma, 71–92.

Luhmann, Niklas (1977): Theoretische und praktische Probleme der anwendungsbezogenen Sozialwissenschaften: Zur Einführung. In: Wissenschaftszentrum Berlin (Hrsg.): Interaktion von Wissenschaft und Politik. Theoretische und praktische Probleme der anwendungsorientierten Sozialwissenschaften. Frankfurt a.M./New York: Campus, 16–39.

Luhmann, Niklas (1991): Die Wissenschaft der Gesellschaft. Frankfurt a.M.: Suhrkamp.

Luhmann, Niklas (2005): Theoretische und praktische Probleme der anwendungsbezogenen Sozialwissenschaften. In: Luhmann, Niklas (Hrsg.): Soziologische Aufklärung 3. 4. Aufl. Wiesbaden: Westdeutscher Verlag, 369–385.

Maasen, Sabine/Elberfeld, Jens/Eitler, Pascal/Tändler, Maik (Hrsg.) (2011): Das beratene Selbst: Zur Genealogie der Therapeutisierung in den »langen« Siebzigern. Bielefeld: Transcript.

Mackewitsch, Reinhard (1999): Sozialwissenschaftliche Forschung als Politikberatung. In: Sozialwissenschaftliches Institut der Bundeswehr (Hrsg.): 25 Jahre Sozialwissenschaftliches Institut der Bundeswehr. Eine zukunftsorientierte Standortbestimmung. Strausberg: Sozialwissenschaftliches Institut der Bundeswehr, 75–95.

Mayntz, Renate (1994): Politikberatung und politische Entscheidungsstrukturen: Zu den Voraussetzungen des Politikberatungsmodells. In: Murswieck, Axel (Hrsg.): Regieren und Politikberatung. Opladen: Leske + Budrich, 17–29.

Mielke, Gerd (1999): Die politische Planung steckt in der Zwickmühle. Über die Struktur und Qualität sozialwissenschaftlicher Beratung in den Staatskanzleien der Länder. Ein Werkstattbericht. In: Frankfurter Rundschau, 27.7.1999, 18.

Murswieck, Axel (1994a): Einleitung. In: ders. (Hrsg.): Regieren und Politikberatung. Opladen: Leske + Budrich, 9–13.

Murswieck, Axel (1994b): Wissenschaftliche Beratung im Regierungsprozeß. In: ders. (Hrsg.): Regieren und Politikberatung. Opladen: Leske + Budrich, 103–119.

Murswieck, Axel (Hrsg.) (1994c): Regieren und Politikberatung. Opladen: Leske + Budrich.

N.N. (2009): Charles C. Moskos. Online unter: <http://charlesmoskos.com/index.htm> (letzter Zugriff: 27.1.2019).

Nullmeier, Frank (2011): Max Weber Revisited: Zum Verhältnis von Politik und Wissenschaft. Oder: Politikberatung als Nebenberuf. In: Lamping, Wolfram/Schridde, Henning (Hrsg.): Der konsultative Staat. Reformpolitik und Politikberatung. Opladen: Verlag Barbara Budrich, 39–46.

Offe, Claus (1977): Die kritische Funktion der Sozialwissenschaften. In: Wissenschaftszentrum Berlin (Hrsg.): Interaktion von Wissenschaft und Politik. Theoretische und praktische Probleme der anwendungsorientierten Sozialwissenschaften. Frankfurt a.M./New York: Campus, 321–329.

Pielke, Roger A., Jr. (2007): The Honest Broker. Making Sense of Science in Policy and Politics. Cambridge: Cambridge University Press.

Prisching, Manfred (2000): Bilder von Wissenschaftlern in Literatur und Realität. In: Panagl, Oswald/Weiss, Walter (Hrsg.): Noch einmal Dichtung und Politik. Vom Text zum politisch-sozialen Kontext, und zurück. Wien/Köln/Graz: Böhlau Verlag, 31–84.

Raphael, Lutz (2018): Die Verwissenschaftlichung des Sozialen – Wissens- und Sozialordnungen im Europa des 20. Jahrhunderts. In: ders.: Ordnungsmuster und Deutungskämpfe. Wissenspraktiken im Europa des 20. Jahrhunderts. Göttingen: Vandenhoeck & Ruprecht, 13–49.

Rehberg, Karl-Siegbert (2001): Eine Wiederbegegnung von Politik und Soziologie? Einführung in die Abendveranstaltung. In: Allmendinger, Jutta (Hrsg.): Gute Gesellschaft? Verhandlungen des 30. Kongresses der Deutschen Gesellschaft für Soziologie in Köln 2000. Teil B. Opladen: Leske + Budrich, 1317–1321.

Rietmann, Stefan/Sawatzki, Maik (Hrsg.) (2018): Zukunft der Beratung. Von der Verhaltens- zur Verhältnisorientierung? Wiesbaden: Springer VS.

Rüb, Friedbert W. (2011): Inkompatible Welten? Politik und die Grenzen wissenschaftlicher Politikberatung. In: Lamping, Wolfram/Schridde, Henning (Hrsg.): Der konsultative Staat. Reformpolitik und Politikberatung. Opladen: Verlag Barbara Budrich, 63–87.

Saam, Nicole J./Petran, Wolfgang (2001): Einleitung. In: Degele, Nina/Münch, Tanja/Pongratz, Hans J./Saam, Nicole J. (Hrsg.): Soziologische Beratungsforschung. Perspektiven für Theorie und Praxis der Organisationsberatung. Opladen: Leske + Budrich, 7–13.

Sala, Roberto (2017): Verwissenschaftlichung des Sozialen – Politisierung der Wissenschaft? Zum Verhältnis von Wissenschaft und Politik in der Geschichtsschreibung des 19. und 20. Jahrhunderts. In: Berichte zur Wissenschaftsgeschichte, 40: 4, 333–349.

Schelsky, Helmut (1961): Der Mensch in der wissenschaftlichen Zivilisation. In: ders. (1965): Auf der Suche nach Wirklichkeit. Gesammelte Aufsätze. Düsseldorf–Köln: Eugen Diederichs Verlag, 439–480.

Schneider, Wolfgang L. (1989): Kooperation als strategischer Prozeß. Administrative Auftragsforschung im Spannungsfeld zwischen professionellem Interesse und politischer Instrumentalisierung. In: Beck, Ulrich/Bonß, Wolfgang (Hrsg.): Weder Sozialtechnologie noch Aufklärung? Analysen zur Verwendung sozialwissenschaftlichen Wissens. Frankfurt a.M.: Suhrkamp, 302–331.

Schneidewind, Uwe/Singer-Brodowski, Mandy (Hrsg.) (2014): Transformative Wissenschaft. Klimawandel im deutschen Wissenschafts- und Hochschulsystem. 2. Aufl. Marburg: Metropolis.

Schubert, Klaus von (1983): Ansprache anläßlich des Ausscheidens von Professor Dr. Ralf Zoll aus dem Amt des Direktors des SOWI der Bundeswehr in München am 31. Januar 1983. SOWI-Vorträge 2. München: Sozialwissenschaftliches Institut der Bundeswehr.

Schützeichel, Rainer/Brüsemeister, Thomas (2004): Einleitung. In: dies. (Hrsg.): Die beratene Gesellschaft. Zur gesellschaftlichen Bedeutung von Beratung. Wiesbaden: VS Verlag für Sozialwissenschaften, 7–18.

Spaemann, Robert (1990): Ars longa vita brevis. In: Löw, Reinhard/Spaemann, Robert/Koslowski, Peter (Hrsg.): Expertenwissen und Politik. Weinheim: VCH, Acta Humaniora, 15–26.

Stehr, Nico (2001): Moderne Wissensgesellschaften. In: Aus Politik und Zeitgeschichte, 36/2001, 7–14.

Stengers, Isabelle (1998): Wem dient die Wissenschaft? München: Gerling Akademie Verlag.

Streeck, Wolfgang (2009): Man weiß es nicht genau: Vom Nutzen der Sozialwissenschaften für die Politik. MPIfG Working Paper 09/11. Köln: Max-Planck-Institut für Gesellschaftsforschung.

Strohschneider, Peter (2014): Zur Politik der Transformativen Wissenschaft. In: Brodocz, André/Herrmann, Dietrich/Schmidt, Rainer/Schulz, Daniel/Schulze Wessel, Julia (Hrsg.): Die Verfassung des Politischen. Festschrift für Hans Vorländer. Wiesbaden: Springer VS, 175–192.

Weber, Max (1917/19): Wissenschaft als Beruf. In: Mommsen, Wolfgang J./Schluchter, Wolfgang/Morgenbrod, Birgitt (Hrsg.): Max Weber. Bd. I/17: Wissenschaft als Beruf 1917/1919/Politik als Beruf 1919. Studienausgabe der Max-Weber-Gesamtausgabe. Tübingen: J.C.B. Mohr (Paul Siebeck), 1–23.

Weingart, Peter/Lentsch, Justus (2008): Wissen, Beraten, Entscheiden: Form und Funktion wissenschaftlicher Politikberatung in Deutschland. Weilerswist: Velbrück.

Weingart, Peter (2003): Wissenschaftssoziologie. Bielefeld: Transcript.

Wiarda, Jan-Martin (2015): Was macht die Beratung mit dem Berater? Über die Folgen von Politikberatung für die Wissenschaft am Beispiel des Max-Planck-Instituts für Bildungsforschung. Dissertation, Humboldt-Universität zu Berlin.

Wissenschaftsrat (2009): Wissenschaftspolitische Stellungnahme zum Sozialwissenschaftlichen Institut der Bundeswehr (SWInstBw), Strausberg (Drs. 9500-09). Aachen: Wissenschaftsrat.

WZB – Wissenschaftszentrum Berlin (Hrsg.) (1977): Interaktion von Wissenschaft und Politik. Theoretische und praktische Probleme der anwendungsorientierten Sozialwissenschaften. Frankfurt a.M./New York: Campus.

Zoll, Ralf (2016): Von wissenschaftlicher Politikberatung zur militärischen Dienststelle. Eine Kurzgeschichte des Sozialwissenschaftlichen Instituts der Bundeswehr (SOWI). In: Dörfler-Dierken, Angelika/Kümmel, Gerhard (Hrsg.): Am Puls der Bundeswehr. Militärsoziologie in Deutschland zwischen Wissenschaft, Politik, Bundeswehr und Gesellschaft. Wiesbaden: Springer VS, 21–33.

Teil II:
Methoden der empirischen Militärsoziologie

Quantitative und qualitative Methoden in der militärsoziologischen Forschung. Grundzüge, Gemeinsamkeiten, Unterschiede, Verknüpfungen

Heiko Biehl und Maren Tomforde[1]

1 Einleitung

In den letzten Jahren hat die Militärsoziologie ihren methodischen Grundlagen und Instrumenten eine verstärkte Aufmerksamkeit geschenkt. Mehrere jüngst erschienene Hand- und Lehrbücher sind Ausdruck einer gestiegenen Sensibilität im Umgang mit Forschungsmethoden (Carreiras/Castro 2013; Soeters et al. 2014). Noch Mitte der 2000er-Jahre lag kaum einschlägige Literatur zur Anwendung und zu den Besonderheiten sozialwissenschaftlicher Methoden in der Militärsoziologie vor. Diese Lücke war allein schon deshalb bemerkenswert, weil sich die militärsoziologische Forschung seit ihrer Begründung auf geradezu vorbildliche Weise durch einen Pluralismus und die Integration sozialwissenschaftlicher Methoden auszeichnet. Im Zweiten Weltkrieg hatte die Gruppe von Forschern um Samuel Stouffer (1949/50) von den US-Streitkräften den Auftrag erhalten, die Moral der Truppe zu untersuchen und Vorschläge zur Stärkung der Kampfbereitschaft zu erarbeiten. Hierzu wurden in einem Zeitraum von rund vier Jahren rund 200 Einzelstudien durchgeführt. Dabei bedienten sich die Forscher der ganzen Palette an Methoden, die die Sozialwissenschaften damals bereithielten. Soldaten wurden per schriftlichem Fragebogen, in Fokusgruppen oder Tiefeninterviews befragt. Die Forscher begleiteten die Soldaten an die Front und nahmen beobachtend am Alltag der Truppe teil. Bis heute findet sich in militärsoziologischen Untersuchungen – wie in kaum einem anderen soziologischen Bereich – sowohl ein Nebeneinander als auch ein Miteinander unterschiedlicher methodischer Ansätze. Eine spezifische militärsoziologische Methode, die für diese Disziplin exklusive Geltung beanspruchen könnte, gibt es zwar nicht. Doch die Anwendung und Umsetzung quantitativer und qualitativer Ansätze in den Streitkräften bedarf spezifischer Bedingungen und Adaptionen.

---

[1] Dieser Beitrag stellt eine Aktualisierung und Überarbeitung eines älteren Artikels (Biehl/Tomforde 2005) dar.

Die Militärsoziologie zeichnet sich, wie von einer modernen Sozialwissenschaft gefordert, durch den multiperspektivischen und methodenpluralistischen Zugriff auf ihren Erkenntnisgegenstand aus. Diese Vielfalt der Methoden ist Ausdruck der Interdisziplinarität, die die Militärsoziologie prägt. Bekanntermaßen ist dieses Forschungsfeld kein exklusives Terrain von Soziologinnen und Soziologen, sondern eine ganze Bandbreite von Disziplinen widmet sich – mit jeweils eigenen methodischen Standards – den Streitkräften und der militärischen Gewalt. Neben Soziologinnen und Soziologen dominieren Politikwissenschaftlerinnen und Politikwissenschaftler das Feld. Es finden sich aber ebenso Vertreterinnen und Vertreter aus Ethnologie, Psychologie, Organisations- und Verwaltungswissenschaft, Ethik und Theologie, die sich an der militärsoziologischen Diskussion beteiligen.

Doch die Pluralität sozialwissenschaftlicher Methoden in der Forschung, von der auch die anderen Beiträge in diesem Band Auskunft geben, ist voraussetzungsvoll. Es muss ein kritisches Bewusstsein von den Grundlagen, Annahmen, Möglichkeiten und Grenzen der jeweiligen methodischen Zugänge vorhanden sein. Nur so sind deren Befunde zu würdigen, einzuordnen und zu bewerten. Der Beitrag macht sich daher zur Aufgabe, in groben Umrissen einen Überblick über sozialwissenschaftliche Methoden und deren Anwendung in der Militärsoziologie zu bieten.

Dazu werden in einem ersten Schritt die Gemeinsamkeiten und Unterschiede von quantitativen und qualitativen Methoden porträtiert sowie deren Stärken und Schwächen diskutiert (Abschnitt 2). Dem schließen sich Darlegungen zur Verbindung beider Verfahrensweisen, der sogenannten Triangulation, an (Abschnitt 3). Abschließend werden vorhandene Lücken und Trends der Methoden in der militärsoziologischen Forschung präsentiert (Abschnitt 4).

2 Quantitative und qualitative Methoden im Vergleich

Wissenschaft zeichnet sich durch Methoden aus. Dies gilt für Natur-, Geistes- und Sozialwissenschaften gleichermaßen. Methoden dienen der Reglementierung und Strukturierung des Forschungsprozesses und ermöglichen überhaupt erst wissenschaftlich kontrollierte Erkenntnisse. In diesem Punkt unterscheidet sich sozialwissenschaftliche Forschung grundsätzlich vom essayistischen oder feuilletonistischen Räsonieren über Gesellschaft. Zwar kann auch Letzteres zu Einsichten in die soziale Wirklichkeit führen. Doch allein die kontrollierte Anwendung wissenschaftlicher Methoden in Untersuchungen führt zu Erkenntnissen, die überprüfbar und möglichst unabhängig von den vorwissenschaftlichen Eigenheiten der Forschenden entstanden sind.

Die verschiedenen Verfahren, derer sich die Sozialwissenschaften bedienen, werden für gewöhnlich in quantitative und qualitative Methoden unterteilt (Box-Steffensmeier et al. 2008: Part VI, Part VII, Part VIII; Diekmann 2007; Elbe 2002: 210-218; Soeters et al. 2014: Part II, Part III). Diese Unterscheidung bezieht sich zunächst auf die Form der gewonnenen Daten. Die Differenzen zwischen beiden Verfahren durchziehen jedoch den gesamten Forschungsprozess. Quantitative Methoden quantifizieren ihren Untersuchungsgegenstand und gewinnen auf der Basis einer großen Fallzahl mittels statistischer Auswertungen verallgemeinerbare Erkenntnisse. Ein bekanntes Beispiel sind die Fragebogenerhebungen der Umfrageforschung. Bei qualitativen Methoden steht die genaue Beschaffenheit des Untersuchungsgegenstands im Mittelpunkt des Interesses, den es detailliert zu analysieren und zu beschreiben gilt, um spezifische Erkenntnisse abzuleiten. Im Folgenden werden quantitative und qualitative Methoden idealtypisch porträtiert, wobei die Unterschiede und Gegensätze zwischen beiden Ansätzen betont werden. Anhand der wissenschaftstheoretischen Orientierung, des Selbstverständnisses, der Erkenntnisabsicht, des Bezugs zum Untersuchungsgegenstand sowie der Auswerteregeln und -verfahren werden die Differenzen zwischen den beiden methodischen Ausrichtungen herausgearbeitet. Dennoch darf nicht übersehen werden, dass eine Reihe von Gemeinsamkeiten zwischen ihnen besteht. Beide Methodenstränge dienen der Erfassung sozialer Phänomene mittels objektivierender und überprüfbarer Verfahren und Techniken. Beiden geht es sowohl um praktisch relevante Befunde wie um den theoretischen und methodischen Erkenntnisfortschritt.

2.1 Grundzüge quantitativer Methoden

Die quantitativen Methoden lehnen sich in ihrem Selbstverständnis an die Naturwissenschaften an, was nicht zuletzt in der intensiven Verwendung statistischer Verfahren zum Ausdruck kommt. Dahinter steht die Grundüberzeugung, dass sich soziale Größen zahlenmäßig erfassen lassen und eine Überprüfung von Ausprägungen und Ursache-Wirkungs-Zusammenhängen möglich ist (Backhaus et al. 2016). Ziel quantitativer Forschung ist mithin die Erklärung sozialer Phänomene: Bezogen auf die Militärsoziologie kann etwa von Interesse sein, weshalb ein Staat eine Wehrpflicht- oder eine Freiwilligenarmee unterhält (Haltiner 1998), warum jemand Soldat wird (Moskos 1977) oder was Soldaten zum Kämpfen motiviert (Stouffer et al. 1949/50).

Die verwendeten Daten lassen sich zum einen danach unterscheiden, welche Ebene sie adressieren (Soeters et al. 2014: Part III). Persönliche Befragungen greifen auf der Mikroebene die Eigenschaften und Einstellungen von Individuen ab.

Hierzu zählen sowohl Befragungen innerhalb der Streitkräfte (vgl. den Beitrag von Richter in diesem Band) als auch Erhebungen in der Gesamtbevölkerung (siehe die Beiträge von Rothbart, Steinbrecher und Wanner in diesem Band). Struktur- und Prozessdaten (etwa zu wirtschaftlichen Größen, Angaben zu Organisationen oder Messungen von Kriegen und Konflikten) zielen stärker auf die gesellschaftliche Meso- und Makroebene (Heß 2018). Bei Letzteren wird – idealtypischerweise – davon ausgegangen, dass der Zugriff auf den Forschungsgegenstand diesen ebenso wie die gewonnenen Ergebnisse unbeeinflusst lässt. Die Forschenden erheben laut ihrem Selbstverständnis folglich objektive Daten zu bereits vorhandenen Größen, zu denen jede Wissenschaftlerin und jeder Wissenschaftler bei gleichen Voraussetzungen genauso gekommen wäre. Somit begreifen sie sich – zugespitzt formuliert – als Überbringer von Befunden, die unabhängig vom Untersuchungsvorgang existieren. Etwas anders verhält es sich bei Erhebungen auf der Mikroebene. Hierbei kommt es oftmals zu einem Austausch zwischen den Forschenden und den Untersuchten, aus dem sich erst die Daten generieren. Das standardisierte Interview und das Ausfüllen des Fragebogens stellen somit eine soziale Interaktion dar, die es methodisch zu kontrollieren gilt (siehe hierzu den Beitrag von Rothbart in diesem Band). In den letzten Jahren ist eine zunehmende Aufmerksamkeit der quantitativ ausgerichteten Sozialforschung für die Beziehungen zwischen Forschungsprozess und Untersuchungsobjekt zu verzeichnen. Mit der Frage, ob die Veröffentlichung von Umfrageergebnissen in Form der sogenannten Sonntagsfrage im Vorlauf von Wahlen Einfluss auf deren Ausgang nimmt, hat diese Problematik sogar Eingang in die öffentliche und politische Diskussion gefunden (Hoffmann 2017; Reumann 1983).

Eine Ethik gegenüber dem Forschungsgegenstand haben die quantitativen Methoden vor allem im Bereich des Datenschutzes ausgebildet, wobei in aller Regel zu garantieren ist, dass die für die Forschung erhobenen Daten so aufbereitet und präsentiert werden, dass keine Rückschlüsse auf einzelne Personen möglich sind. Diese Standards sind für Befragungen innerhalb der Bundeswehr sogar ministeriell festgelegt und für alle Forschenden verbindlich. Besonderer Wert wird darüber hinaus auf die Einhaltung von Verfahren gelegt. Der Nachweis von Unzulänglichkeiten bei der Erhebung von Daten, in der statistischen Auswertung oder gar die Manipulation von Analysen und Befunden diskreditiert eine wissenschaftliche Untersuchung in massiver Weise.[2]

---

[2] Als Paradebeispiel eines wissenschaftlichen Betrugs kann der Artikel von Michael LaCour und Donald Green (2014) gelten. Der in der führenden, eher naturwissenschaftlich ausgerichteten Zeitschrift »Science« erschienene Beitrag beruhte auf erfundenen Daten. Die Publikation des Aufsatzes beschädigte nicht nur das Renommee der beteiligten Wissenschaftler, sondern auch die des hochangesehenen Journals.

Das Erkenntnisinteresse quantitativer Methoden ist es, allgemeine Gesetzmäßigkeiten – häufig in Form von Ursache-Wirkungs-Zusammenhängen – aufzudecken. Dazu werden zunächst deduktiv aus den Theorien überprüfbare Thesen abgeleitet (Diekmann 2007: 140–148). Aufschlussreich sind Untersuchungen, die sich nicht auf eine Theorie beschränken, sondern mehrere Ansätze einem empirischen Vergleich unterziehen, um das jeweilige Erklärungspotenzial abzuschätzen. So wird in der Militärsoziologie seit dem Zweiten Weltkrieg diskutiert, was Soldaten zum Kämpfen motiviert. Sind dies kollektive Zielsetzungen politischer, religiöser und ideologischer Natur oder ist es eher der Zusammenhalt der militärischen Gemeinschaft, die soldatische Kameradschaft (siehe bereits Stouffer et al. 1949/50)? Nach Abschluss der Auswertungen und Analysen erlauben die gewonnenen Erkenntnisse wiederum Rückschlüsse auf die verwendeten Theorien und legen Modifikationen und Verbesserungsvorschläge nahe. Das gesamte Vorgehen ist theoriegeleitet und deduktiv angelegt, obwohl der Schwerpunkt vieler quantitativer Studien eher auf der Generierung neuer empirischer Befunde als auf der Fortentwicklung sozialwissenschaftlicher Theorien liegt (siehe hierzu den Beitrag von Biehl in diesem Band). Der Untersuchungsprozess ist insofern statisch, als Theorie und Empirie nicht während des Forschungsprozesses fortlaufend aufeinander bezogen werden, sondern nur zu Beginn und gegen Ende der Untersuchung. In diesem Punkt ist wiederum die Anlehnung der quantitativen Methoden an das naturwissenschaftliche Ideal zu erkennen.

Das empirische Kernstück quantitativer Methoden ist die statistische Erfassung und Verarbeitung sozialer Phänomene. Dabei folgt die Forschung der Grundannahme, dass aufgrund der Untersuchung einer ausreichend qualifizierten Stichprobe Aussagen über die Gesamtheit der Fälle, aus der die Stichprobe gezogen wurde, möglich sind. Dies vollzieht sich letztlich durch die Aggregation von Einzelfällen, wenn sich beispielsweise die Meinung der Bevölkerung als Summe der Ansichten aller (bzw. aller befragten) Bürgerinnen und Bürger konstituiert (siehe hierzu den Beitrag von Wanner in diesem Band). So ermöglicht die jährliche Bevölkerungsbefragung des ZMSBw auch aufgrund ihres repräsentativen Samples von jeweils über 2.000 Befragten Rückschlüsse auf die Einstellungen der bundesdeutschen Bevölkerung in Gänze (Steinbrecher et al. 2019). Grundlage der Erhebung sind klassischerweise Fragebögen – ob im schriftlichen, mündlichen, telefonischen oder Online-Format. Diese enthalten sowohl geschlossene als auch offene Fragen. Geschlossene Fragen zeichnen sich dadurch aus, dass die Antwortkategorien vorgegeben sind, etwa: »stimme zu«, »bin unentschieden« und »lehne ab«. Diese Art der Fragen eignet sich am besten für die statistische Verarbeitung, da sie unmittelbar in Zahlen und Daten umgesetzt werden kann. Bei offenen Fragen, die auf die Präsentation von Antwortvorgaben verzichten, ist dies ebenfalls möglich. Allerdings müssen dafür zunächst die Angaben der Befragten zu Kategorien zusammengefasst werden.

Die Erfassung der Daten sowie deren statistische Verarbeitung erfolgt mit spezialisierter Software (SPSS, Stata, R, AMOS etc.). Durch die rasante Entwicklung der Hard- und Software in den letzten Jahrzehnten sind Auswertemöglichkeiten erleichtert und erweitert worden. Dies erlaubt es, im Zuge der Auswertungen verschiedene Möglichkeiten und Verfahren durchzuprüfen, bis eine geeignete statistische Lösung gefunden ist. Da die Ergebnisse Zahlenformate aufweisen, sind sie zumeist in grafischer und tabellarischer Form aufbereitet, was deren Anschaulichkeit nochmals erhöht.

Die Phase der Datenerhebung ist mit einem hohen Aufwand an Organisation, Kosten und Ressourcen verbunden. Bei Projekten auf der Individualebene muss ein Fragebogen erstellt, häufig in großer Zahl von mehreren Tausend gedruckt und versendet werden. Die ausgefüllten Exemplare werden dann zur Erstellung des Datensatzes eingelesen (siehe hierzu den Beitrag von Richter in diesem Band). Online-Befragungen sind weniger ressourcenintensiv, setzen jedoch voraus, dass die Grundgesamtheit der Befragten gleichermaßen über einen passenden Hardware- und Softwarezugang verfügt. Die Forschenden sind bei all diesen Schritten als Organisatoren und Koordinatoren gefragt; sie treten aber nicht notwendigerweise mit ihren Untersuchungsobjekten in direkten Kontakt. Insofern ist es zulässig, von einer – im Gegensatz zu qualitativen Verfahren – geringen Involvierung der Wissenschaftlerinnen und Wissenschaftler zu sprechen. Zwar ist bei quantitativ ausgelegten Verfahren der (teilnehmenden) Beobachtung und Experimenten der Einfluss der Forschenden gegeben. Prinzipiell bleibt aber die Objektivität und damit die Unabhängigkeit der Wissenschaftler ein wesentliches Gütekriterium quantitativer Sozialforschung.

Quantitative Vorgehensweisen, insbesondere Befragungen (Griffith 2014), sind im Rahmen von Organisationsberatungen, wie sie in der Militärsoziologie üblich sind, deshalb so beliebt und geeignet, da die Auswertungen Daten, Zahlen und Prozentwerte liefern, die sich ansprechend aufbereiten und innerhalb einer Organisation gut kommunizieren lassen (siehe hierzu die Beiträge von Kümmel und Richter in diesem Band). Dies liegt zunächst daran, dass dem Beratenen der Eindruck hoher Objektivität vermittelt werden kann. Daten werden als Fakten weitergegeben und häufig als solche anerkannt – zumal Behörden ohnehin an den Umgang mit Zahlen gewöhnt sind. Die Ergebnisse quantitativer Studien sind mithin leichter in die übliche Organisationskommunikation, wie sie auch Streitkräfte und Verteidigungsministerien pflegen, einzupassen, als dies bei den Befunden qualitativer Untersuchungen der Fall ist. Zudem gibt die Präsentation von Fragen und Antwortprozenten den Beratenen das Gefühl, sie könnten die Untersuchung, ihre Teilschritte und das Ergebnis selbst nachvollziehen oder gar überprüfen. Hierin liegt jedoch auch die Gefahr, dass sich die Forschenden auf (zumeist unerquickliche) Diskussionen über die genaue Ausgestaltung ihrer Befragungsinstrumente oder die adäquate Interpretation von Ergebnissen einlassen müssen. Die Wahrscheinlichkeit solcher Debatten ist erfahrungsgemäß dann besonders hoch, wenn die Befunde dem Beratenen wenig gelegen kommen.

2.2 Grundzüge qualitativer Methoden

Quantitative und qualitative Methoden unterscheiden sich nicht allein in den verwendeten Verfahren und eingesetzten Techniken. Sie zeichnen sich auch durch eine jeweils unterschiedliche Forschungslogik aus, der sie bei der Erkenntnisproduktion verpflichtet sind (Roslon 2016: 9). Teilweise liegen abweichende Grundüberzeugungen hinsichtlich Wissenschaft, Gesellschaft und Individuum vor. Dem gesetzmäßigen Erklären des quantitativen Ansatzes ist ein Verstehen auf ideografischer Ebene mithilfe des qualitativen Ansatzes gegenübergestellt, der eng mit der hermeneutischen Methode des Auslegens und Interpretierens verknüpft ist (Filstead 1979: 33; Gadamer 1960; Girtler 2001: 36 f.). Die Konzeption der analytischen Induktion beziehungsweise der Hermeneutik legt nahe, dass die Untersuchungsstrategie zu Beginn der Forschung nicht in Stein gemeißelt ist, sondern sich im Laufe des Forschungsprozesses sukzessive entwickeln kann und sollte. Im Idealfall sind von Beginn an Datenerhebung und -auswertung eng miteinander verknüpft und bedingen einander. Dies bedeutet, dass mit der Erhebung der ersten Daten bereits die Auswertearbeit und damit einhergehend die Konzept- und Theorieentwicklung einsetzt. Die Ergebnisse der Auswertung beeinflussen den weiteren Forschungsprozess, können ihn modifizieren und in neue Richtungen lenken (Geertz 1973: 3 ff.). Laut dem Ethnologen Clifford Geertz geht es im Sinne der unterschiedlichen Auslegungs- und Interpretationsmöglichkeiten nicht um die Erhebung einer vermeintlich objektiven Wahrheit, sondern um eine Horizonterweiterung durch den Interpretationsprozess der Forschung (Geertz 1973: 14).

Im Zentrum qualitativer Methoden stehen somit nicht statistische Berechnungen und gesetzmäßige Bedingungen für Handlungsabläufe, sondern das Handeln der Akteure selbst. Dabei wird wie in der quantitativen Forschung nach den Gesetzmäßigkeiten und Regeln gesucht, an die die Handelnden gebunden sind. Der qualitative Forschungsansatz bringt eine große Offenheit in den Zugangsweisen zu dem zu untersuchenden Forschungsfeld mit sich. Diese Offenheit und der sinnverstehende Zugang zum empirischen Feld, die nicht mit einer

Beliebigkeit und Ziellosigkeit zu verwechseln sind, beziehen sich auf Theorien, Methoden, Fokussierungen sowie auf das Forschungsinteresse, welches sich im Laufe der Erhebung verschieben kann (vgl. Mruck/Mey 2007). Der thematische Rahmen einer Forschung wird zu Beginn skizziert, im Laufe der methodischen Auseinandersetzung mit dem zu untersuchenden Phänomen jedoch immer wieder den Gegebenheiten angepasst (vgl. Beer 2008a; Welz 2013).

Der qualitative Ansatz ist somit darauf ausgerichtet, die Realität der sozialen Welt durch Methoden zu erfassen, die einen möglichst direkten Bezug zu den Akteuren erlauben. Dabei wird der Mensch als Gegenstand der Untersuchung ernst genommen. Es wird angestrebt, die Weltsicht der involvierten Akteure offenzulegen. Im Allgemeinen bezieht sich der Terminus »emisch« auf dieses Bedeutungsuniversum der Untersuchten, während der Begriff »etisch« für die Kategorien und Definitionen steht, die von Forschenden von außen an den Untersuchungsgegenstand herangetragen werden (Sökefeld 2003: 97). Die Forschung zu den kulturellen Deutungsmustern von Bundeswehrsoldaten, die im Afghanistaneinsatz gedient und Gewalt sowohl als Opfer wie auch als Täter erfahren haben, ist ein Beispiel für eine militärsoziologische Forschung, die die Sichtweisen und Interpretationen der Akteure in den Mittelpunkt stellt (Tomforde 2015). Diese qualitative Untersuchung fokussierte sich auf die subjektiven Wahrnehmungen und Interpretationen militärischer Gewalt von Einsatzsoldaten. Das Töten gehört zu den verstecktesten Phänomenen moderner Kriege, da es an kultur- und sozialwissenschaftlicher Forschung hierzu mangelt (Joas/Knöbl 2008). Um diesem Defizit zu begegnen, wurde in der Untersuchung beleuchtet, wie das Töten und andere Gewalterfahrungen von Afghanistanrückkehrern wahrgenommen, interpretiert und mit Bedeutung versehen wurde.

Durch das Miterleben des zunächst fremden, unbekannten Handelns vermag der Wissenschaftler das Handeln in seinem Entwurf und in seinen Konsequenzen zu erfahren. Entsprechend muss er die Alltagswirklichkeiten erfassen, um die betreffende Untersuchungseinheit von innen heraus verstehen zu können, wie es der Ethnologe Bronislaw Malinowski (2014 [1922]), der Begründer des emischen Ansatzes, verlangt hat. Eine emische, ethnografische Perspektive kann aber nur erreicht werden, wenn der Forscher aktiv am Leben der Beobachteten teilnimmt und mittels Introspektion und Innenschau eigene Einblicke gewinnt. Diese ethnologische Herangehensweise geht über das reine Beobachten, das zur Generierung quantitativer wie qualitativer Daten dienen kann, deutlich hinaus. Die Teilnahme an der zu erforschenden Welt erlaubt es den Wissenschaftlerinnen und Wissenschaftlern, das typische Handeln sowie die Regeln für soziale Interaktion, die oftmals unbewusst vorhanden sind, adäquat zu erfassen und zu analysieren. Für die Forschenden bedeutet dies, dass sie sich auf eine Gratwanderung zwischen einer wissenschaftlichen Außensicht und der Innenansicht der handelnden Menschen begeben müssen, ohne dabei eine der beiden Perspektiven zu vernachlässigen. Mittlerweile gibt es einige Ethnologen, die im Soldatenstatus und in Uniform langfristige teilnehmende Beobachtungen bei ausgewählten militärischen Einheiten durchführen. Zu nennen ist hier die norwegische Ethnologin Tone Danielsen, die nach intensiver Feldforschung 2018 ihr Buch »Making Warriors in a Global Era: An Ethnographic Study of the Norwegian Naval Special Operations Commando« publiziert hat. Zu ihrer Rolle als Forscherin schreibt sie: »Living with a military unit encourages you to form relationships. There is no after hours during exercises; you are stuck with the people 24/7 [...]. It is not possible to be present in a small unit over a long period without a social role« (Danielsen 2018: 6).

Wenn Forscherinnen und Forscher ihren Alltag über einen langen Zeitraum so intensiv mit den zu Untersuchenden verbringen, ist es eine persönliche Herausforderung, immer wieder die forschende Außenperspektive auf die zu Untersuchenden einzunehmen, mit denen sich unweigerlich soziale Beziehungen unterschiedlichster Art und Tiefe entwickeln. Das Bestreben der qualitativen Forschung ist kein breit angelegter Vergleich und keine deduktive Überprüfung von Hypothesen. Es ist vielmehr das Eindringen in die Tiefe des Einzelfalls, um mittels eines induktiven Vorgehens, von erfahrbaren Einzelfällen ausgehend, Aussagen über Besonderheiten bestimmter sozialer Phänomene treffen und deren generelle Gemeinsamkeiten herausstellen zu können. Genauso wenig wie ausschließliche Deduktion, das heißt, eine reine Ableitung des Besonderen aus dem Allgemeinen, existieren kann, gibt es einen Induktivismus in purer Form, da immer theoretische Überlegungen und Vorentscheidungen in qualitative Forschungsprozesse einfließen (Beer/König 2020: 13; Beer 2008a). Es werden idealtypische Regeln gesucht, die soziales Handeln bestimmen und die von den Akteuren selbst aufgrund ihrer Nähe zu den eigentlichen Handlungsabläufen wiedererkannt werden können. Diese zum Teil noch nicht bekannten Regeln können mittels eines abduktiven Verfahrens hypothetisch formuliert werden, um dann auf kreative Weise das Aufspüren neuer Zusammenhänge sowie ein besseres Fallverständnis zu ermöglichen. Der deutsche Soziologe Jo Reichertz (2007: 221 f.) schreibt bezüglich der Vorzüge einer abduktiven Herangehensweise, die eng mit den Prinzipien der Grounded Theory verknüpft ist: »Abductive efforts seek some (new) order, but they do not aim at the construction of *any* order, but at the discovery of an order which *fits* the surprising facts; or, more precisely, which solves the practical problems that arise from these«.

Laut der dreistufigen Erkenntnislogik des US-amerikanischen Philosophen Charles Sanders Peirce hebt der deduktive Ansatz hervor, dass etwas sein muss, und der induktive Ansatz, dass etwas tatsächlich wirksam ist, während der abduktive Schluss lediglich zeigt, dass etwas sein kann (Peirce 1974 [1934]: 5171).

Dem induktiven Vorgehen gemäß betrachtet auch ein qualitativ ausgerichteter Wissenschaftler seinen Gegenstand nicht mittels einer vorgefertigten, endgültigen Theorie, sondern bettet ihn erst während und nach der Untersuchung in theoretische Konzepte ein. Theoretische Ansätze sollen während qualitativer Untersuchungen nicht verifiziert oder falsifiziert, sondern modifiziert und der beobachteten Realität der Befragten angepasst werden. Theorien der qualitativen Ethnologie und Soziologie weisen somit einen prozessualen Charakter auf (Glaser/Strauss 1967: 10–12). Hier sei insbesondere die von den Soziologen Barney Glaser und Anselm Strauss entwickelte Grounded Theory genannt, die als die klassische, Theorien generierende qualitative Forschungsmethode bezeichnet werden kann (Glaser/Strauss 1967; Strübing 2004). Die Grounded Theory bietet einen Ansatz, Theorien direkt aus den Daten heraus zu entwickeln. Glaser und Strauss waren Vertreter des interpretativen Paradigmas und gingen davon aus, dass »empirische Forschung nicht erklärend, sondern verstehend« sein sollte, da die Interaktion von Personen erst interpretiert werden muss (Schmidt et al. 2015: 36; dagegen Elbe 2002: 219–239).

Dem qualitativen Ansatz liegt vor allem in der Ethnologie ferner eine prinzipiell holistische Auffassung zugrunde. Einzelerscheinungen und -probleme werden im Gesamtzusammenhang der jeweiligen Kultur oder Organisation gesehen (Fischer 1988: 69). Die Untersuchung von Teilbereichen oder von speziellen Problemen wird eingebettet in eine Gesamtanalyse der Untersuchungsgruppe. Der holistische Ansatz strebt die systematische Aufnahme möglichst aller Bereiche eines Forschungsgegenstandes an. Die Menge des Feststellbaren ist daher theoretisch wie praktisch unendlich. Aus diesem Grund muss im Laufe der Untersuchung das Thema eingegrenzt werden. Dies geschieht zumeist durch problemorientierte Fragestellungen und Ausgangshypothesen. Induktive und deduktive Ansätze werden hier miteinander verknüpft.

Hauptinstrument der qualitativen Forschung ist das Interview, welches in Form und Ablauf sehr unterschiedlich gestaltet sein kann: Während eines standardisierten, strukturierten Interviews gibt der Forscher dem Befragten ein festes Frage-Schema vor, welches dem der schriftlichen Fragebogenerhebungen sehr ähnelt. Bei halbstrukturierten Interviews wird vorab ein schriftlicher Leitfaden erstellt, der die wichtigsten Aspekte enthält, die in der Befragung zur Sprache kommen sollen. Mit dem Leitfaden wird jedoch flexibel umgegangen, das heißt, dass sich je nach Gesprächsverlauf und Situation die Reihenfolge der Fragen sowie die Unterthemen ändern können. Im Rahmen des narrativen, freien Interviews wird dem Befragten noch mehr Raum bei der Themenwahl und Erzählweise gegeben (Schlehe 2008: 120). Diese Interviewform bietet sich insbesondere an, wenn der Forscher etwas über Ereignisse, Erfahrungen oder Deutungsmuster lebensgeschichtlicher Prozesse erfahren möchte, die sich nicht leicht durch Schemata fassen lassen. Subjektive Wahrnehmungen sowie das lokale und kulturelle Wissen der Akteure sollen in Erfahrung gebracht werden. Um viele Erfahrungshorizonte in den Forschungsprozess integrieren zu können, sollte die Gruppe der Interviewten möglichst heterogen gehalten werden. Halbstrukturierte und narrative Interviews unterscheiden sich von standardisierten Interviews hauptsächlich in der Hinsicht, dass sie den Befragten im Rahmen eines (halb-)offenen Gesprächs in den Forschungsprozess aktiv einbeziehen (Schlehe 2003: 77-83).

Ein weiteres wichtiges Instrument, das vor allem in der Ethnologie Anwendung findet, ist die teilnehmende Beobachtung, die sich von der strukturierten Erhebungsmethode mittels vorgefertigter Fragebogen stark unterscheidet (Stodulka 2014). Für die teilnehmende Beobachtung begibt sich der ethnografisch arbeitende Wissenschaftler für einen Zeitraum von einem Monat bis zu zwei Jahren in den Lebensraum der zu untersuchenden Gruppe, um das Alltagsleben der Menschen so differenziert und umfassend wie möglich zu erfassen (siehe hierzu den Beitrag von Barfod in diesem Band). Der Forschende selbst ist bei diesem Ansatz das wichtigste Erhebungsinstrument, da er sich physisch und psychisch erheblich in den Untersuchungsprozess einbringen muss (vgl. Schmidt-Lauber 2010). Teilnehmende Beobachtung stellt die »an einer konkreten Fragestellung orientierte, vorher geplante und sorgfältig dokumentierte Wahrnehmung mit allen Sinnen« dar (Beer 2008b: 167). Die teilnehmende Beobachtung fördert das emische Verständnis des Untersuchungsgegenstandes, deckt zu bearbeitende Forschungsfelder auf und dient als Kontrolle der sprachlich orientierten Verfahren (Beer 2008b: 168).

Ergänzt werden die Interviews und die teilnehmende Beobachtung oftmals durch eine sehr diverse methodische *toolbox* (Bernard 2011; Dowling et al. 2018; Schensul/LeCompte 2013). Diese beinhaltet das systematische Sammeln wissenschaftlich auswertbarer Daten über Verhältnisse vor Ort und das Notieren von Ereignissen (z.B. Feiern, Rituale, Konflikte, historische Begebenheiten, Tagesabläufe, Traditionen, Erzählungen, typische Sprachausdrücke). Um komplexe lokale soziale und kulturelle Zusammenhänge besser verstehen zu können, werden unter anderem Netzwerkanalysen durchgeführt oder auch partizipative Methoden angewandt (z.B. partizipative Aktionsforschung, Community Mapping, Photovoice). Die erhobenen Daten werden abschließend in »dichten Beschreibungen« (Geertz 1973) zusammengefasst und unter anderem mittels Kategorien- und Typenbildung analysiert (Seipel/Rieker 2003: 170-171; siehe hierzu die Beiträge von Elbe und Leonhard in diesem Band). Während der Untersuchung sollten die Forschenden die eigenen kulturell geprägten Einstellungen und Verhaltensweisen möglichst weit im Hintergrund halten.

Zentral ist, dass es im Zuge dieses qualitativen Forschungsprozesses zu einer mehrfachen Selektion kommt: Erstens sind immer nur selektive Wahrnehmungen komplexer Situationen möglich. Zweitens kommt es während der Transformation und Dokumentation solcher Wahrnehmungen und Erfahrungen zu einer weiteren Auswahl. Die verschriftlichten Daten zeigen deshalb stets einen von den Forschenden und Beforschten gestalteten Ausschnitt der realen Feldsituation in Form von Daten, Bildern, Filmen, Fotos und Tonaufnahmen.

Die Feldforschung inklusive teil- oder unstrukturierter Fragemethoden ist als eine kommunikative Leistung sowohl aufseiten des Forschers als auch des Befragten anzusehen. Während sich der Wissenschaftler auf die Alltagswelt seines Gegenstandes einlassen muss, ist der Befragte in der Hinsicht gefordert, dass er sich an die Untersuchung (z.B. Interviews) anpassen muss. Eine Forschungssituation, in der das Individuum so wenig wie möglich aus seiner gewohnten Alltagswelt herausgerissen wird, verspricht Ergebnisse, die der Wirklichkeit der Handelnden möglichst nahekommen. Ethische Grundsätze qualitativer Forschung fordern – genau wie die Standards quantitativer Untersuchungen – die Freiwilligkeit der Teilnahme an der Forschung, die informierte Zustimmung der Untersuchten, den optimalen Schutz der Befragten vor negativen Folgen der Untersuchung sowie eine bedingungslose Offenlegung der Hintergründe und Finanzgeber der Forschung ein.

In der qualitativen Sozialforschung existiert weder eine einheitliche Norm für Erhebungsverfahren noch für Analysetechniken. Stattdessen steht ein breites Spektrum an Auswerteverfahren zur Verfügung, die auf unterschiedliche Schwerpunkte abzielen. Zu nennen sind hier die oben besprochene Grounded Theory, die qualitative Inhaltsanalyse, die interpretative Textauswertung oder der Ansatz der (objektiven) Hermeneutik. Daten werden interpretiert und geordnet, systematisiert und reduziert. Dabei nähert sich der Forscher seinem Datenmaterial wiederum mit einer offenen Grundhaltung, die es erlaubt, neue und unerwartete Aspekte für die Analyse zu erschließen. Die verfügbaren Daten werden (oftmals mithilfe qualitativer Datenanalyse-Software wie ATLAS/ti und MAXQDA) kodiert und kategorisiert oder einzelne Fälle oder Textpassagen im Rahmen einer sequenziellen Analyse gründlicher ausgewertet (vgl. Mey/Ruppel 2018). Anschließend werden die Ergebnisse verdichtet oder typisiert, sodass verallgemeinernde Ausführungen und Schlussfolgerungen über den Untersuchungsgegenstand ermöglicht werden.

Der unstrukturierten teilnehmenden Beobachtung und anderen, vermeintlich weichen, qualitativen Verfahren wird zuweilen, auch wegen der relativ geringen Anzahl der Befragten, der Vorwurf gemacht, dass eine Validitäts- und Reliabilitätskontrolle der Ergebnisse nicht möglich sei. Mit hohen Fallzahlen operierend, um die aufgestellten Hypothesen und Theorien in einem operationalen

Verfahren testen zu können, scheint beim quantitativen Ansatz bereits die Wissenschaftlichkeit durch die Masse der Befragten unter Beweis gestellt zu sein. Wie zahlreiche, wissenschaftliche qualitative Studien der Sozial- und Kulturwissenschaften jedoch belegen, braucht es nicht notwendigerweise Tausende von Befragten und einen deduktiven, vorgefertigte Modelle überprüfenden Ansatz, um das soziale und kulturelle Zusammenleben erforschen zu können. Im Gegenteil, bestimmte Untersuchungsbereiche, wie die Regelhaftigkeit des Sozialverhaltens oder (sub-)kulturelle Ausprägungen einer Organisation sind eher einem qualitativen Vorgehen zugänglich und ermöglichen differenzierte Aussagen über Handlungsabläufe, Praktiken und Strukturen menschlichen Handelns.

Tabelle 1 listet die beschriebenen Gemeinsamkeiten und vor allem die Unterschiede zwischen quantitativen und qualitativen Methoden auf, wie sie in der empirischen Militärsoziologie im Besonderen und in der empirischen Sozialforschung im Allgemeinen Anwendung finden. Angesichts der zutage tretenden Differenzen stellt sich umso drängender die Frage, wie die beiden Herangehensweisen verbunden werden können, um sich ergänzende empirische Einblicke zu gewinnen.

Tabelle 1: Idealtypische Methodenunterschiede in der empirischen Militärsoziologie

Merkmale	Quantitative Methoden	Qualitative Methoden
Wissenschaftliche Orientierung	Naturwissenschaften	Geisteswissenschaften
Absicht der Erkenntnis	Erklären	Verstehen
Erklärungsabsicht	Ursache-Wirkungs-Zusammenhang	Erforschung von Lebenswelten und Interaktion, Sicht der Betroffenen steht im Mittelpunkt
Forschungsprozess	Statisch	Dynamisch
Beziehung Theorie – Empirie	Deduktion	Induktion
Gütekriterien	Objektivität, Repräsentativität	»Weiche«, realitäts- und praxisnahe Daten
Typisches Erhebungsinstrument	Fragebogen	Teilnehmende Beobachtung
Natur der gewonnenen Daten	Quantitativ (Zahlen)	Qualitativ (Text)
Auswerteverfahren	Statistik	Hermeneutik
Ergebnispräsentation	Zahlen, Prozentangaben, statistische Kennziffern	Zitate, Beschreibungen, Bilder

Anmerkung: Eigene Zusammenstellung.

3   Triangulation – der steinige Königsweg?

Umfassende Forschungsergebnisse zu verschiedenen Untersuchungsfeldern, auch im Militär, können durch die Erhebungsstrategie der Triangulation, d.h. durch die Verknüpfung quantitativer und qualitativer Instrumente gewonnen werden. Der Begriff Triangulation stammt vom lateinischen *triangulum* (Dreieck) und wurde ursprünglich in der Landvermessung und im Schiffsverkehr angewandt. In diesen Bereichen steht er für die Lokalisierung eines Punktes im Raum, der von verschiedenen Standpunkten aus anvisiert wird (vgl. Bernasconi 2009: 99). Übertragen auf die Sozialwissenschaften beinhaltet Triangulation »die Einnahme unterschiedlicher Perspektiven auf einen untersuchten Gegenstand« (Flick 2011: 12). Mit anderen Worten wird eine bewusste Kombination unterschiedlicher Forschungsansätze und Methoden bei der Untersuchung eines Phänomens angewandt. Ziel ist es, breitere, vielfältigere und tiefere Erkenntnisse über einen Gegenstand zu gewinnen, als es die alleinige Anwendung von quantitativen oder qualitativen Werkzeugen erlauben würde (Bernasconi 2009: 98 f.; vgl. Seipel/Rieker 2003: 224−226). Der Methodenpluralismus und die Etablierung von Multiperspektivität bei der Erhebung und Analyse von Daten dient somit der Festigung wie der Relativierung sozialwissenschaftlicher Ergebnisse (Fichten/Dreier 2003: 2). Bereits in den 1970er-Jahren haben sich US-amerikanische Evaluationsforscher gegen einen epistemologisch abgeleiteten Dogmatismus in der Methodenwahl und für eine Vereinbarkeit quantitativer und qualitativer Forschungsansätze ausgesprochen (Strodtholz/Kühl 2002: 21 f.). Mittlerweile hat sich in den empirischen Sozialwissenschaften ein pragmatisches Verständnis etabliert, demzufolge die Kombination quantitativer und qualitativer Methoden und Ansätze die Chance bietet, reichhaltigere Informationen über den Forschungsgegenstand zu sammeln und zu fundierteren Ergebnissen zu gelangen. Die Triangulation gilt mittlerweile vielen als Königsweg sozialwissenschaftlicher Methode[3] (vgl. zu diesem Thema grundlegend: Baur et al. 2018; Flick 2007, 2011, 2017).

Bereits die Geburtsstunde der empirischen Militärsoziologie ist mit der Triangulation von Methoden verbunden. Die US-Untersuchungen zur Situation und Motivation von Soldaten im Zweiten Weltkrieg basierten auf der Verknüpfung quantitativer und qualitativer Verfahren (Stouffer et al. 1949/50). Insbesondere bei

---

3   Im Bereich der Studien zu sozialer Ungleichheit hat es in den vergangenen Jahren gar einen »mixed method turn« gegeben. Quantitativ arbeitende Forscher haben sich im Zuge dieses neuen turns ethnografischen Daten zugewandt, um den zahlenmäßig umfangreichen Datensätzen analytische Tiefe zu verleihen. Umgekehrt wenden sich Ethnologen quantitativen Daten zu, um den Erkenntnissen aus ihren stationären Feldstudien eine gewisse Breite zu verleihen (Sykes et al. 2018: 228 f.).

Quantitative und qualitative Methoden in der militärsoziologischen Forschung

der militärsoziologischen Einsatzbegleitung zeigt sich das Neben- und Miteinander beider Herangehensweisen bis in unsere Tage. Auch die Untersuchungen zu den Einsätzen der Bundeswehr, die sich seit etwa zwanzig Jahren etabliert haben, verbinden quantitative und qualitative Instrumente (Biehl/Keller 2016; Seiffert et al. 2012). Demgegenüber sind andere Themenfelder der Militärsoziologie von einer Methode dominiert. Untersuchungen zu sicherheitspolitischen Einstellungen sind in der Regel quantitativ ausgerichtet (Steinbrecher et al. 2019, siehe hierzu den Beitrag von Steinbrecher in diesem Band). Analysen zur soldatischen Identität beruhen hingegen vorwiegend auf qualitativen Instrumenten (siehe hierzu den Beitrag von Leonhard in diesem Band).

Will man hingegen beide Herangehensweisen verknüpfen, dann stehen vier Arten der Triangulation bereit: Erstens gibt es die *Datentriangulation*, die eine Bezugnahme auf unterschiedliche Datenquellen bei der Untersuchung eines Forschungsgegenstandes darstellt. Bei Anwendung derselben Forschungsmethoden auf unterschiedliche Datenquellen können potenziell neue empirische Befunde und theoretische Perspektiven auf die untersuchte Fragestellung gewonnen werden (vgl. Flick 2011: 13; Denzin 1970: 310). Bei einer Untersuchung der Militärkooperation zwischen deutschen und italienischen Streitkräften im Kosovo konnte beispielsweise ein deutsch-italienisches Forscherteam unterschiedlichste quantitative und qualitative Datensätze sowohl bei italienischen als auch bei deutschen Soldaten generieren. Auf diese Weise entstand ein hoch differenziertes Bild über die interkulturellen, organisationskulturellen und politischen Herausforderungen einer derartigen Militärkooperation (Tomforde 2008; Tomforde/Keller 2007). Zweitens können im Rahmen einer *Forschertriangulation* (englisch: investigator triangulation) unterschiedliche Ansätze in einer Untersuchung zur Anwendung kommen. Auf diese Weise soll eine erhöhte Zuverlässigkeit bei der Datenerhebung gewährleistet werden. Diese Art der Datentriangulation wurde etwa bei einer Untersuchung der Einsatzmotivation von Bundeswehrsoldaten in Bosnien-Herzegowina erfolgreich durchgeführt (Biehl/Tomforde 2005). Drittens bezieht sich die *Theorietriangulation* auf die Anwendung unterschiedlichster, zum Teil konträrer Theorieansätze. Auf diesem Wege sollen alternative Erklärungen von Phänomenen mitberücksichtigt werden. Viertens existieren bei der viel beachteten *Methodentriangulation* zwei Varianten. Bei der sogenannten *within-method* wird zum Beispiel innerhalb eines Fragebogens mit zwei unterschiedlichen Skalen zur Erfassung eines Themas gearbeitet (Flick 2017: 53). Die *between-method* bezieht sich auf die Kombination unterschiedlichster Methoden, wie sie häufiger in der Militärsoziologie, aber auch in der Ethnologie vorzufinden ist (Flick 2017: 47). Die Methodenkombination dient der Überwindung methodisch bedingter Begrenztheiten sowie der Überprüfung von Befunden. Zusammengefasst verfolgt die Triangulation drei übergeordnete Ziele: Erstens soll die Validität der Forschungsergebnisse durch die Multiperspektivität sowie durch die Anwendung verschiedener Theorieansätze und Methoden erhöht werden. Zweitens soll die Reliabilität von Forschungsergebnissen gesteigert und drittens die Theoriebildung gefördert werden (Flick 2011: 16). Uwe Flick (2017: 53) plädiert für eine systematische Triangulation der Perspektiven und ein Konzept einer umfassenden Triangulation: »Instead of seeing investigator, theoretical, methodological, and data triangulation as alternative forms, we can integrate them in a more comprehensive way as steps building on each other«.

Eine große Herausforderung für einen triangulären Forschungsansatz, der quantitative und qualitative Methoden miteinander verbindet, ist die Gegensätzlichkeit beider Forschungstraditionen sowie der Grundannahmen bezüglich soziokultureller Phänomene. Während in der quantitativen Forschung eher positivistische Vorstellungen und die Auffassung einer feststehenden Wirklichkeit vorherrschen, überwiegen in der qualitativen Forschungstradition konstruktivistische Ansichten sowie die Überzeugung, dass sich unsere Wirklichkeit in einem steten Wandel befindet und von den Menschen immer wieder (re-)konstituiert wird (Sykes et al. 2018: 228 f.; siehe hierzu den Beitrag von Elbe in diesem Band).

In Projekten, die sich um die Einbindung quantitativer und qualitativer Vorgehensweisen bemühen, treffen unterschiedliche Methoden-, Theorie- und Wissenschaftsverständnisse aufeinander. Erschwerend kommt hinzu, dass diese von unterschiedlichen Forschertypen mit voneinander abweichender Wissenschaftskultur vertreten werden, die nicht zuletzt verschiedenen Disziplinen angehören. Dabei ist es bereits ohne diese persönlichen Diskrepanzen schwer genug, das Erkenntnisinteresse sowie das theoretische und methodische Vorgehen abzustimmen und die gewonnenen Ergebnisse zu einem einheitlichen Bild zu verdichten. Entsprechend sind in der empirischen Forschungspraxis Verbindungen beider Verfahren und Ergebnisse auf dem Vormarsch, wenn sie auch nach wie vor eher die Ausnahme als die Regel darstellen (Seipel/Rieker 2003: 29).

In diesem Kontext sind grundlegende Arbeiten zu den Möglichkeiten der Integration quantitativer und qualitativer Methoden entstanden (vgl. Bernard 2011; Kelle/Erzberger 2000; Sykes et al. 2018). Erfolg versprechend ist die klare und frühzeitige Definition eines triangulären, methodenintegrativen Programms, das ein Forscherteam gemeinsam verfolgt und immer wieder revidiert (vgl. Sykes et al. 2018: 227). Dabei muss beachtet werden, dass sich die Anwendung qualitativer Methoden nicht auf die Untersuchung mikrosoziologischer Phänomene beschränkt und, vice versa, quantitative Ansätze nicht ausschließlich für makrosoziologische Fragestellungen in Erwägung kommen. Solch klare Zuordnungen sind infolge gemischter Ansätze immer seltener anzutreffen (Lamnek 2010: 256 f.). Letztlich stehen zwei Wege offen, wie Triangulation trotz all der angesprochenen Schwierigkeiten gelingen kann (Flick 2004: Kap. 5 & 6): Die qualitative Forschung kann erstens als Wegbereiterin quantitativer Untersuchungen fungieren. Dabei wird zunächst mittels qualitativer Methoden ein neues oder zumindest weitgehend unbekanntes Forschungsfeld erschlossen. Zunächst werden Eindrücke und Ergebnisse gewonnen, aus denen wissenschaftliche Thesen generiert werden. In einem zweiten Untersuchungsschritt werden diese aufgegriffen und in quantitative Instrumente überführt, die eine empirische Überprüfung mittels statistischer Verfahren erlauben. Bei dieser Herangehensweise dienen die qualitativen Methoden dazu, das Forschungsfeld für die quantitativen Verfahren in einer Art Pretest vorzubereiten.

Zweitens können qualitative und quantitative Methoden in einem Forschungsprozess tief integriert werden. Diese gleichberechtigte Koexistenz beider Verfahren ist zwar relativ schnell postuliert, in der Praxis jedoch schwieriger umzusetzen. Hierbei ist es notwendig, die Stärken und Schwächen der jeweiligen Verfahren zu erkennen und optimal aufeinander abzustimmen. Dies erfordert eine fortwährende Koordinierung während des gesamten Forschungsprozesses. Gelingen jedoch entsprechende Anstrengungen, dann ergänzen sich die beiden Methoden auf beinahe ideale Art und Weise. Die quantitativen Verfahren können die Erkenntnisse der qualitativen Methoden bemessen, sie gewichten sowie prägende und vernachlässigbare Eindrücke unterscheiden. Die Befunde der qualitativen Untersuchung dienen im Gegenzug als Hintergrund zu den Zahlen und Daten. Sie können bestimmte Zusammenhänge anhand eingängiger Beispiele illustrieren und verschiedene Facetten des Untersuchungsgegenstandes aufzeigen. Zudem können sie dort zur Erläuterung oder Erklärung herangezogen werden, wo sich im Forschungsprozess ein entsprechender Bedarf herauskristallisiert hat, der aufgrund von abgeschlossenen quantitativen Erhebungen nachträglich nicht mehr erfasst werden kann.

4 Zum Schluss: Das Verhältnis quantitativer und qualitativer Methoden in der empirischen Militärsoziologie

Über viele Jahrzehnte bestand in der Soziologie ein weitgehender Konsens, dass die Vielfalt der gesellschaftlichen Realität nur durch eine Vielfalt sozialwissenschaftlicher Methoden zu erfassen sei. Nach dem wegweisenden Positivismusstreit der 1960er-Jahre hatte sich eine friedliche Koexistenz von quantitativ und qualitativ orientierten Forschenden eingestellt. Bereits Anfang der 1990er-Jahre hielt Matthias von Saldern (1992) einen Nekrolog auf den Methodenstreit in den Sozialwissenschaften. Lange fand sich kaum eine scharfe Debatte oder ein intensiver Streit zwischen beiden

Schulen. Dies bedeutet aber keineswegs, dass ein harmonisches und fruchtbares Miteinander die Forschungsanstrengungen in den Sozialwissenschaften prägt. Vielmehr haben sich verschiedene Forschungszweige herausgebildet, in denen häufig eine Methode und ein Ansatz dominieren. So sind quantitative Methoden Standard in der politikwissenschaftlichen Wahlforschung, in der transdisziplinär geprägten Einstellungsforschung oder in der Bildungssoziologie. Qualitative Methoden sind wiederum typisch für die Wissenssoziologie und die Ethnologie. Forschende mit festgelegten methodischen Ausrichtungen haben beziehungsweise suchen kaum noch den Zugang zu methodisch anders gelagerten Diskussionszusammenhängen. Die Arbeiten und Befunde der methodischen »Gegenseite« werden zum Teil gar nicht mehr wahrgenommen, da der Resonanz- und Reputationsraum der eigenen Methode ausreichend ist.

Doch spätestens mit der Gründung der Akademie für Soziologie 2017 ist hierzulande der Streit zwischen qualitativ und quantitativ Forschenden wieder aufgebrochen.[4] Die Frage der Angemessenheit und Leistungsfähigkeit sozialwissenschaftlicher Methoden ist dabei mit organisationspolitischen Interessen sowie der Konkurrenz um Forschungsgelder und Positionen verbunden. In der Militärsoziologie zeichnen sich bislang keine solchen Aufspaltungstendenzen ab. Hierfür ist das Fach schlichtweg zu klein, die Anzahl der Forschenden zu gering und persönliche Konkurrenzen sind aufgrund der starken internationalen Ausrichtung kaum vorhanden. Vielmehr gibt es ein Neben- und Miteinander quantitativ und qualitativ orientierter Militärsoziologinnen und -soziologen. Gemeinsam sind ihnen die thematischen Interessen – an den Streitkräften, an der soldatischen Profession, an der militärischen Organisation sowie an militärischer Gewalt in Kriegen und Konflikten. Was die Militärsoziologie zusammenhält, ist nicht das einheitliche Methodenverständnis, und noch weniger der geteilte theoretische Zugriff, sondern das gemeinsame Interesse am Erkenntnisgegenstand. Dies erleichtert es der Militärsoziologie als empirischer Sozialforschung, den Mix, die Kombination und die Integration verschiedener Methoden beizubehalten und fortzuentwickeln.

Gerade in der Begleitung von Soldaten in Kriegen, Konflikten und Einsätzen erweist sich die militärsoziologische Forschung dabei bis heute als innovativ.

---

4 Die 2017 gegründete Akademie für Soziologie hat sich zum Ziel gesetzt, »ein genaueres und verlässlicheres Verständnis der Prozesse sozialen Wandels zu erlangen und theoretisch präzisiertes und überprüftes Erfahrungswissen zu gesellschaftlichen Vorgängen zu gewinnen« (Akademie für Soziologie 2017: 2). Grundlage hierfür seien »systematische wissenschaftliche Methoden«, worunter letztlich quantitative Verfahren verstanden werden (ebd.). Mehr zum Selbstverständnis und zu den Absichten der Akademie für Soziologie ist auf deren Website zu finden: <https://akademie-soziologie.de>.

Betrachtet man die neuere Literatur, zeigt sich die Verwendung einer ganzen Palette quantitativer und qualitativer Verfahren. So werden Instrumente, die bereits im Zweiten Weltkrieg zur Anwendung kamen, wie (teilnehmende) Beobachtungen und sozialwissenschaftliche Begleitungen, einsatzbegleitende Befragungen von Soldaten, persönliche Interviews, Gespräche mit Fokusgruppen, Dokumentenanalysen etc. fortgeführt. Hinzu treten neue Herangehensweisen wie die qualitative (Vaughan/Schum 2001) und quantitative Analyse (Kleinreesink 2017) von Memoirenliteratur. Die vielleicht bemerkenswerteste methodische Innovation der letzten Jahre ist aus einer Kooperation historischer und sozialwissenschaftlicher Forschung hervorgegangen (Neitzel/Welzer 2011; Römer 2012). Beiden Arbeiten liegt mit den Abhörprotokollen von Wehrmachtsangehörigen in alliierter Kriegsgefangenschaft eine exklusive Quelle zugrunde, die einen solch unmittelbaren Zugriff auf die Erfahrungs-, Erlebnis- und Gesprächswelten von Soldaten ermöglicht, wie er durch die üblichen reaktiven Verfahren selten gelingt.

Ungeachtet dieser Innovationskraft und der häufigen Verschränkung verschiedener Ansätze ist die methodische Entwicklung der Militärsoziologie keine reine Erfolgsgeschichte. Mit Blick auf die quantitativ ausgerichtete Forschung ist – zumal hierzulande – ein Übergewicht der Messung von Einstellungen und Meinungen zu konstatieren. Da nur sehr wenige deutsche Militärsoziologen auch ethnografisch arbeiten, geraten soldatische Handlungen zu selten in den Fokus (als Ausnahme siehe Münch 2015, v.a. Kap. VIII). Dies führt zu Befunden, die eher auf Eindrücke und Einschätzungen von Armeeangehörigen abheben als auf deren Tun.

In der internationalen Militärsoziologie wurden in den letzten Jahren von qualitativ forschenden Sozialwissenschaftlern einige eindrucksvolle Werke zur soziokulturellen Praxis der unterschiedlichsten Streitkräfte veröffentlicht (Danielsen 2018; McFate 2018; Ruffa 2018). Ein Sammelband von Birgitte Refslund Sørensen und Eyal Ben-Ari (2019) befasst sich mit ethnologischen Perspektiven auf zivil-militärische Verflechtungen. Im Mittelpunkt dieser Studien steht die Erforschung emischer Sichtweisen von Militärangehörigen sowie deren Alltagspraxis samt ihrer kulturspezifischen Bedeutung, die dieser seitens der Akteure beigemessen wird. Qualitative Erhebungen und Publikationen dieser Art sind noch immer rar gesät. Dennoch erlauben sie in ihrer Gesamtheit ein tiefergehendes sozialwissenschaftliches Verständnis von Militärkulturen und -operationen, Gewalt und Krieg (s. auch Ben-Ari 1998; Moelker 2014; Nordstrom 2004; Simons 1997; Tomforde 2016, 2017; Weber 2012; Winslow 1997). Durch die verschiedenen Einsatzszenarios heutiger Streitkräfte scheint die Frage, wie soldatische Akteure tatsächlich handeln und diesem Handeln Bedeutung beimessen, mehr denn je von Bedeutung zu sein.

Die vorliegenden Untersuchungen sind häufig noch sehr auf die Mikroebene von individuellen Akteuren innerhalb wie außerhalb der Streitkräfte fokussiert. Zunehmend sollte die Interaktion zwischen diesen Individuen und der Mesoebene der militärischen Organisation in den Blick geraten. Gerade bei einer solch »starken« Organisation wie den Streitkräften mit definierten Hierarchien, präzisen Verhaltensvorgaben und massiven Eingriffsmöglichkeiten in das Handeln Einzelner stellt dies eine eklatante konzeptionelle Lücke dar. Die historisch fundierte, organisationssoziologische Studie von Stefan Kühl (2014), die organisationsethnografische Erhebung zu US-militärischer Führung in Afghanistan von Anna Simons (2017) oder die multidimensionale Tiefenanalyse der Rolle der britischen Armee im Rahmen der »Operation Banner« in Nordirland Anfang der 1970er-Jahre von Edward Burke (2018) zeigen exemplarisch, wie gewinnbringend solch ein Ebenen verbindender Ansatz sein kann – nicht nur im Rahmen der Militärsoziologie. Die methodische Entwicklung der Sozialwissenschaften ist nicht abgeschlossen. Methodische Kombinationen und Innovationen sind weiterhin erforderlich und zu fördern.

Literatur

Akademie für Soziologie (2017): Aufruf zur Gründung einer »Akademie für Soziologie«, April 2017. Mannheim: Akademie für Soziologie.
Backhaus, Klaus/Erichson, Bernd/Plinke, Wulff/Weiber, Rolf (2016): Multivariate Analysemethoden. Eine anwendungsorientierte Einführung. 14., überarb. und aktual. Aufl. Berlin: Springer-Gabler.
Baur, Nina/Kelle, Udo/Kuckartz, Udo (Hrsg.) (2018): Mixed Methods. Kölner Zeitschrift für Soziologie und Sozialpsychologie. Sonderheft 57. Wiesbaden: Springer VS.
Beer, Bettina (Hrsg.) (2008a): Methoden ethnologischer Feldforschung. Berlin: Reimer Verlag.
Beer, Bettina (2008b): Systematische Beobachtung. In: dies. (Hrsg.): Methoden ethnologischer Feldforschung. Berlin: Dietrich Reimer Verlag, 167–189.
Beer, Bettina/König, Annika (2020): Einleitung: Methoden der ethnologischen Feldforschung. In: dies. (Hrsg.): Methoden ethnologischer Feldforschung. 3., überarb. und aktual. Aufl. Berlin: Dietrich Reimer Verlag, 9–34.
Ben-Ari, Eyal (1998): Mastering Soldiers: Conflict, Emotion, and the Enemy in an Israeli Military Unit. New York: Berghahn Books.
Bernard, H. Russell (2011): Research Methods in Anthropology: Qualitative and Quantitative Approaches. 5. Aufl. Lanham/MD: AltaMira Press.

Bernasconi, Tobias (2009): Triangulation in der empirischen Sozialforschung am Beispiel einer Studie zu Auswirkungen und Voraussetzungen des barrierefreien Internets für Menschen mit geistiger Behinderung. In: Empirische Sonderpädagogik, 1: 1, 96–109.

Biehl, Heiko/Tomforde, Maren (2005): Quantitative und qualitative Methoden in der Militärsoziologie am Beispiel von Einsatzbefragungen. In: Leonhard, Nina/Werkner, Ines-Jacqueline (Hrsg.): Militärsoziologie. Eine Einführung. Wiesbaden: VS Verlag für Sozialwissenschaften, 310–329.

Biehl, Heiko/Keller, Jörg (2016): Ein anderer Blick auf den Einsatz. Die Forschung des SOWI zu Auslandseinsätzen. In: Dörfler-Dierken, Angelika/Kümmel, Gerhard (Hrsg.): Am Puls der Bundeswehr. Militärsoziologie in Deutschland zwischen Wissenschaft, Politik, Bundeswehr und Gesellschaft. Wiesbaden: Springer VS, 189–205.

Box-Steffensmeier, Janet M./Brady, Henry/Collier, David (Hrsg.) (2008): The Oxford Handbook of Political Methodology. Oxford: Oxford University Press.

Burke, Edward (2018): An Army of Tribes: British Army Cohesion, Deviancy and Murder in Northern Ireland. Liverpool: Liverpool University Press.

Carreiras, Helena/Castro, Celso (Hrsg.) (2013): Qualitative Methods in Military Studies. Research Experiences and Challenges. Abingdon: Routledge.

Danielsen, Tone (2018): Making Warriors in a Global Era: An Ethnographic Study of the Norwegian Naval Special Operations Commando. Lanham: Lexington Books.

Denzin, Norman K. (1970): The Research Act. Chicago: Aldine.

Diekmann, Andreas (2007): Empirische Sozialforschung. Grundlagen, Methoden, Anwendungen. 4. Aufl. Reinbek: Rowohlt.

Dowling, Robyn/Lloyd, Kate/Suchet-Pearson, Sandie (2018): Qualitative Methods III: Experimenting, Picturing, Sensing. In: Progress in Human Geography, 42: 5, 779–788.

Elbe, Martin (2002): Wissen und Methode. Grundlagen der verstehenden Organisationswissenschaft. Opladen: Leske & Budrich.

Fichten, Wolfgang/Dreier, Birgit (2003): Triangulation of Subjectivity. In: Forum Qualitative Sozialforschung/Forum Qualitative Social Research, 4: 2, 1–29.

Filstead, William J. (1979): Qualitative Methods: A Needed Perspective in Evaluation Research. In: Cook, Thomas D./Reichardt, Charles S. (Hrsg.): Qualitative and Quantitative Methods in Evaluation Research. Beverly Hills: Sage.

Fischer, Klaus (1988): Einfache Arten zur Berechnung von Maßzahlen und aufbereiteten Datenreihen. In: ders. (Hrsg.): Grundlagen der Statistik. Wiesbaden: Gabler, 55–83.

Flick, Uwe (2004): Triangulation: Eine Einführung. 1. Aufl. Wiesbaden: VS-Verlag.
Flick, Uwe (2007): Qualitative Sozialforschung: Eine Einführung. Reinbek: Rowohlt.
Flick, Uwe (2011): Triangulation: Eine Einführung. 3., aktual. Aufl. Wiesbaden: VS-Verlag.
Flick, Uwe (2017): Mantras and Myths: The Disenchantment of Mixed-Methods Research and Revisiting Triangulation as a Perspective. In: Qualitative Inquiry, 23: 1, 46–57.
Gadamer, Hans-Georg (1960): Wahrheit und Methode. Berlin: Akademie Verlag.
Geertz, Clifford (1973): The Interpretation of Cultures: Selected Essays. New York: Basic Books.
Girtler, Roland (2001): Methoden der Feldforschung. 4., völlig neu bearb. Auflage. Wien: Böhlau.
Glaser, Barney G./Strauss, Anselm L. (1967): The Discovery of Grounded Theory. Strategies for Qualitative Research. New York: Aldine de Gruyter.
Griffith, James (2014): Survey Research in Military Settings. In: Soeters, Joseph/Shields, Patricia/Rietjens, Sebastiaan (Hrsg.): Routledge Handbook of Research Methods in Military Studies. Abingdon: Routledge, 179–193.
Haltiner, Karl W. (1998): The Definite End of the Mass Army in Western Europe? In: Armed Forces & Society, 25: 1, 7–36.
Heß, Julius (2018): Herr Kagame träumt von Singapur. Eine globale quantitative Analyse zum Verhältnis von Freiheit, Sicherheit und Staatlichkeit. In: Steinbrecher, Markus/Biehl, Heiko/Bytzek, Evelyn/ Rosar, Ulrich (Hrsg.): Freiheit oder Sicherheit? Ein Spannungsverhältnis aus Sicht der Bürgerinnen und Bürger. Wiesbaden: Springer VS, 11–50.
Hoffmann, Hanna (2017): Beeinflussen veröffentlichte Umfrageergebnisse die Wählerschaft? In: Faas, Thorsten/Molthagen, Dietmar/Mörschel, Tobias (Hrsg.): Demokratie und Demoskopie. Machen Zahlen Politik? Wiesbaden: Springer VS, 97–119.
Joas, Hans/Knöbl, Wolfgang (2008): Kriegsverdrängung. Ein Problem in der Geschichte der Sozialtheorie. Frankfurt a.M.: Suhrkamp.
Kelle, Udo/Erzberger, Christian (2000): Quantitative und Qualitative Methoden: kein Gegensatz. In: Flick, Uwe/Kardorff, Ernst von/Steinke, Ines (Hrsg.): Qualitative Forschung. Ein Handbuch. Reinbek: Rowohlt, 299–309.
Kleinreesink, L.H.E. Esmeralda (2017): On Military Memoirs. A Quantitative Comparison of International Afghanistan War Autobiographies, 2001–2010. Leiden: Brill.

Kühl, Stefan (2014): Ganz normale Organisationen. Zur Soziologie des Holocaust. Frankfurt a.M.: Suhrkamp.
LaCour, Michael J./Green, Donald P. (2014): When Contact Changes Minds: An Experiment on Transmission of Support for Gay Equality. In: Science 346: 6215, 1366–1369.
Lamnek, Siegfried (2010): Qualitative Sozialforschung. 5., überarb. Aufl. Weinheim/Basel: Beltz Verlag.
Malinowski, Bronislaw (2014 [1922]): Argonauts of the Western Pacific. 4. Aufl. London: Routledge.
McFate, Montgomery (2018): Military Anthropology: Soldiers, Scholars and Subjects at the Margins of Empire. London: Hurst.
Mey, Günter/Ruppel, Paul Sebastian (2018): Qualitative Forschung. In: Decker, Oliver (Hrsg.) Sozialpsychologie und Sozialtheorie. Wiesbaden: Springer VS, 205–244.
Moelker, René (2014): Riding with Veterans. Berlin: Springer.
Moskos, Charles C. (1977): From Institution to Occupation. Trends in Military Organization. In: Armed Forces & Society, 4: 1, 41–50.
Mruck, Katja/Mey, Günter (2007): Grounded Theory and Reflexivity. In: Bryant, Anthony/Charmaz, Kathy (Hrsg.): The Handbook of Grounded Theory. London: Sage, 487–510.
Münch, Philipp (2015): Die Bundeswehr in Afghanistan. Militärische Handlungslogik in internationalen Interventionen. Freiburg: Rombach.
Neitzel, Sönke/Welzer, Harald (2011): Soldaten. Protokolle vom Kämpfen, Töten und Sterben. 2. Aufl. Frankfurt a.M.: S. Fischer.
Nordstrom, Carolyn (2004): Shadows of War. Berkeley: University of California Press.
Peirce, Charles Sanders (1974 [1934]): Collected Papers of Charles Sanders Peirce. Hrsg. von C. Hartstone und Paul Weiss. Cambridge: Harvard University Press.
Reichertz, Jo (2007): Abduction: The Logic of Discovery of Grounded Theory. In: Bryant, Anthony/Charmaz, Kathy (Hrsg.): The SAGE Handbook of Grounded Theory. London: Sage, 214–227.
Reumann, Kurt (1983): Gibt es den Fallbeil-Effekt für die kleinen Parteien? Zum Streit um die Veröffentlichung von Umfrage-Ergebnissen vor Wahlen. In: Frankfurter Allgemeine Zeitung, 9.3.1983, 4.
Römer, Felix (2012): Kameraden. Die Wehrmacht von innen. München/Zürich: Piper.

Roslon, Michael (2016): Wege der Kommunikationsforschung – Grundzüge der Methodologie quantitativer und qualitativer Forschung. In: Journal für korporative Kommunikation, 1, 4–16.
Ruffa, Chiara (2018): Military Cultures in Peace and Stability Operations: Afghanistan and Lebanon. Philadelphia: University of Pennsylvania Press.
Saldern, Matthias von (1992): Qualitative Forschung – quantitative Forschung: Nekrolog auf einen Gegensatz. In: Empirische Pädagogik, 6: 4, 377–399.
Schensul, Jean J./LeCompte, Margaret D. (2013): Specialized Ethnographic Methods: A Mixed Methods Approach. 2. Aufl. Lanham: AltaMira Press.
Schlehe, Judith (2008): Formen qualitativer ethnografischer Interviews. In: Beer, Bettina (Hrsg.): Methoden ethnologischer Feldforschung. 2., überarb. und aktual. Aufl. Berlin: Reimer Verlag, 119–142.
Schlehe, Judith (2003): Qualitative ethnographische Interviewformen. In: Beer, Bettina (Hrsg.): Methoden der Feldforschung. Berlin: Reimer Verlag: 71–93.
Schmidt, Janina/Dunger, Christine/Schulz, Christian (2015): Was ist »Grounded Theory«? In: Schnell, Martin W./Schulz, Christian/Heller, Andreas/Dunger, Christine (Hrsg.): Palliative Care und Hospiz. Eine Grounded Theory. Wiesbaden: Springer Fachmedien, 35–58.
Schmidt-Lauber, Brigitta (2010): Die Lust des Forschers auf das Feld – und: Wer wird nicht Ethnograf? Ein Plädoyer. In: Binder, Beate/Ege, Moritz/Schwanhäußer, Anja/Wietschorke, Jens (Hrsg.): Orte – Situationen – Atmosphären: Kulturanalytische Skizzen. Frankfurt a.M.: Campus Verlag, 33–43.
Seiffert, Anja/Langer, Phil C./Pietsch, Carsten (Hrsg.) (2012): Der Einsatz der Bundeswehr in Afghanistan. Sozial- und politikwissenschaftliche Perspektiven. Wiesbaden: VS Verlag für Sozialwissenschaften.
Seipel, Christian/Rieker, Peter (2003): Integrative Sozialforschung – Konzepte und Methoden der qualitativen und quantitativen empirischen Forschung. Weinheim: Juventa-Verlag.
Simons, Anna (2017): 21st-Century Challenges of Command: A View from the Field. Carlisle/PA: Strategic Studies Institute/U.S. Army War College Press.
Simons, Anna (1997): The Company They Keep. Life Inside the U.S. Army Special Forces. New York: The Hearst Corporation.
Soeters, Joseph/Shields, Patricia M./Rietjens, Sebastiaan (Hrsg.) (2014): Routledge Handbook of Research Methods in Military Studies. Abingdon: Routledge.
Sökefeld, Martin (2003): Strukturierte Interviews und Fragebögen. In: Beer, Bettina (Hrsg.): Methoden und Techniken der Feldforschung. Berlin: Reimer, 95–118.
Sørensen, Birgitte Refslund/Ben-Ari, Eyal (Hrsg.) (2019): Civil-Military Entanglements. Anthropological Perspectives. Oxford: Berghahn Books.

Steinbrecher, Markus/Graf, Timo/Biehl, Heiko (2019): Sicherheits- und verteidigungspolitisches Meinungsbild in der Bundesrepublik Deutschland. Ergebnisse und Analysen der Bevölkerungsbefragung 2019. Forschungsbericht 122. Potsdam: Zentrum für Militärgeschichte und Sozialwissenschaften der Bundeswehr.

Stodulka, Thomas (2014): Feldforschung als Begegnung – Zur pragmatischen Dimension ethnographischer Daten. In: Sociologus, 64: 2, 179–206.

Stouffer, Samuel A./Hovland, Carl Iver/Lumsdaine, Arthur A./Sheffield, Fred D. (Social Science Research Council) (1949/50): The American Soldier. Studies in Social Psychology in World War II. 4 Bände. Princeton/NJ: Princeton University Press.

Strodtholz, Petra/Kühl, Stefan (2002): Qualitative Methoden der Organisationsforschung: Ein Überblick. In: Kühl, Stefan/Strodtholz, Petra (Hrsg.): Methoden der Organisationsforschung: Ein Handbuch. Reinbek: Rowohlt, 11–29.

Strübing, Jörg (2004): Grounded Theory. Zur sozialtheoretischen und epistemologischen Fundierung des Verfahrens der empirisch begründeten Theoriebildung. Wiesbaden: VS Verlag.

Sykes, Bryan/Verma, Anjuli/Hancock, Black Hawk (2018): Aligning Sampling and Case Selection in Quantitative-Research Designs: Establishing Generalizability Limits in Mixed-Method Studies. In: Ethnography, 19: 2, 227–253.

Tomforde, Maren (2008): Towards Transnational Identities in the Armed Forces? German-Italian Military Cooperation in Kosovo. In: Soeters, Joseph/Manigart, Philippe (Hrsg.): The Management of Cultural Diversity During Multinational Crisis Response Operations: A Comparative Analysis. London: Routledge, 129–140.

Tomforde, Maren (2015): Einsatzkultur und die Deutung von Gewalt beim Militär. In: Salzborn, Samuel/Zapf, Holger (Hrsg.): Krieg und Frieden: Kulturelle Deutungsmuster. Frankfurt a.M.: Peter Lang, 109–136.

Tomforde, Maren (2016): »Mein neuer Stamm«: Ein ethnologischer Blick auf die Bundeswehr. In: Dörfler-Dierken, Angelika/Kümmel, Gerhard (Hrsg.): Am Puls der Bundeswehr. Militärsoziologie in Deutschland zwischen Wissenschaft, Politik, Bundeswehr und Gesellschaft. Wiesbaden: Springer VS, 235–256.

Tomforde, Maren (2017): Cultural Dimensions of Violence in the Military. In: Kernic, Franz/Holenweger, Michael/Jager, Michael (Hrsg.): Leadership in Extreme Situations. Wiesbaden: Springer VS, 149–166.

Tomforde, Maren/Keller, Jörg (2007): Findings from Fieldwork on German-Italian Cooperation at MNB SW (KFOR), PRIZREN (September 2005). In: Coops, Cees M./Szvircsev Tresch, Tibor (Hrsg.): Cultural Challenges in Military Operations. NDC Occasional Paper 23. Rom: NATO Defense College, 143–154.

Vaughan, David K./Schum, William A. (2001): Motivation in U.S. Narrative Accounts of the Ground War in Vietnam. In: Armed Forces & Society, 28: 1, 7–31.
Weber, Claude (2012): A genou les hommes. Debout les officiers. La socialization des Saint-Cyriens, Rennes: Presses universitaires de Rennes.
Welz, Gisela (2013): Die Pragmatik ethnografischer Temporalisierung. Neue Formen der Zeitorganisation in der Feldforschung. In: Hess, Sabine/Moser, Johannes/Schwertl, Maria (Hrsg.): Europäisch-ethnologisches Forschen. Neue Methoden und Konzepte. Berlin: Reimer Verlag, 39–54.
Winslow, Donna (1997): The Canadian Airborne Regiment in Somalia. A Socio-Cultural Inquiry. Ottawa: Minister of Public Works and Government Services.

Meinung oder Methode? Potenzielle Fehler in quantitativen Befragungen der Bundeswehr

Chariklia Rothbart

1 Einleitung

In der Bundeswehr gibt es, wie in vielen anderen Organisationen, ein relativ großes Interesse an Mitarbeiterbefragungen. Ziel dieser Art von Umfragen ist es meist, herauszufinden, was die Mitarbeiter[1] über ihren Arbeitgeber denken, wie zufrieden sie insgesamt und mit ihren Vorgesetzten oder auch mit ihrer Tätigkeit sind und vieles mehr. Die Befragungsergebnisse liefern dabei wertvolle Erkenntnisse für organisatorische Entscheidungen und können – bei wiederholter Befragung – die Wirksamkeit entwickelter und implementierter Maßnahmen evaluieren (vgl. die Beiträge von Richter und Kümmel in diesem Band). Wie die Vielzahl von bundeswehrinternen Befragungen des Zentrums für Militärgeschichte und Sozialwissenschaften der Bundeswehr (ZMSBw) beziehungsweise des Sozialwissenschaftlichen Instituts der Bundeswehr (SOWI) zeigt, ist das ministerielle Interesse an dieser Art von Studien äußerst groß.

Die Forschungsarbeiten des ZMSBw beleuchten ein breites Spektrum von Themen. So wurde beispielsweise nach dessen Einführung der Freiwillige Wehrdienst umfangreich evaluiert (Kramer 2014). Auch die Umsetzung der Modernisierung der administrativen Informationstechnologie (Krampe 2013; Richter 2013), die Wirksamkeit der Attraktivitätsagenda (Bulmahn/Höfig 2013; Höfig 2014; Richter 2016) oder die Integration von Frauen in die Bundeswehr (Kümmel 2014) wurden bzw. werden mithilfe von Mitarbeiterbefragungen systematisch untersucht.[2] Neben diesen internen Studien gibt es externe Umfragen der Streitkräfte, welche die Einstellungen in der deutschen Bevölkerung erforschen. Das

---

1 Zur Verbesserung der Lesbarkeit wird in diesem Beitrag nur die männliche Form bei personenbezogenen Substantiven und Pronomen verwendet. Die Nutzung des generischen Maskulinums ist als geschlechtsneutral zu verstehen und soll keine Benachteiligung des weiblichen oder diversen Geschlechts darstellen. Die Personenbezeichnungen gelten für alle Geschlechterformen.
2 Beispielhafte Themenauswahl. Die genannten Studien können auf dem Publikationsserver des ZMSBw heruntergeladen werden: <https://opus4.kobv.de/opus4-zmsbw/solrsearch/index/search/searchtype/series/id/3>.

ZMSBw führt zum Beispiel seit 1996 jährlich eine Befragung zum sicherheits- und verteidigungspolitischen Meinungsklima in der Bundesrepublik Deutschland durch (vgl. den Beitrag von Steinbrecher zu militärbezogenen Bevölkerungsbefragungen in diesem Band). Diese und andere Studienarbeiten des ZMSBw basieren meist auf qualitativen und quantitativen Daten.

Um solche Daten zu gewinnen, kann man aus verschiedenen Forschungsdesigns und Techniken der empirischen Umfrageforschung wählen. Zu den gängigsten Datenerhebungstechniken gehören die Inhaltsanalyse, die Beobachtung, nichtreaktive Messverfahren und Befragungen. Mithilfe dieser Verfahren werden verschiedene Fragestellungen, Thesen oder auch wissenschaftliche Theorien getestet.[3] Die passende Methode wird schließlich meist abhängig von der wissenschaftlichen Fragestellung und den zur Verfügung stehenden Kosten- und Zeitressourcen ausgewählt. Umfragen in und von der Bundeswehr werden von wissenschaftlichen Mitarbeitern in der Bundeswehr oder von extern beauftragten Experten durchgeführt. Damit soll sichergestellt werden, dass die Studien wissenschaftlichen Qualitätsstandards entsprechen, denn wissenschaftliche Befragungen grenzen sich von anderen Umfragen in der Art und Weise der Erfassung der sozialen Wirklichkeit, der Nachvollziehbarkeit und der theoretischen Argumentationsweise ab (Atteslander 2010: 172). Dennoch sind Befragungen, die den wissenschaftlichen Anforderungen entsprechen, nicht frei von Fehlern. Die Methodenforschung versteht das Interview als »planmäßiges Vorgehen mit wissenschaftlicher Zielsetzung, bei dem die Versuchsperson durch eine Reihe gezielter Fragen oder mitteilender Stimuli zu verbalen Informationen veranlaßt werden soll« (Scheuch 1973: 70 f.). Die gewonnenen Informationen sollen für die Untersuchung der Fragestellung relevante Fakten über den Befragten oder Einstellungen und Verhaltensweisen des Befragten enthalten. Aber nicht ohne Grund sind sich Methodenforscher darüber einig, dass die Befragung, obwohl sie die meistgenutzte Methode der sozialwissenschaftlichen Datenerhebung ist, ein fehleranfälliges Erhebungsverfahren ist. Wie folgend gezeigt werden soll, ist das Interview als reaktives Messverfahren, in dem sich die Untersuchungsobjekte bewusst sind, Teil einer Untersuchung zu sein, durchaus fehleranfällig. Aus diesem Grund liegt der Fokus dieses Beitrags auf der Beschreibung von Fehlern und der Sensibilisierung für Fehler, die in wissenschaftlichen (quantitativen) Interviews –

---

3   Als Überblicks- und Einführungsliteratur siehe z.B. Schnell et al. (2013). Handbücher und Enzyklopädien zu qualitativen und quantitativen Methoden z.B. Baur und Blasius (2014), Bortz und Döring (2006), de Leeuw et al. (2008) und Lavrakas (2008).

wie sie in der empirischen Sozialforschung in den Streitkräften häufig verwendet werden – auftreten können.[4]

Empirische Analyseergebnisse aus den internen und externen Umfragen der Streitkräfte werden neben der detaillierten Auswertung für die Grundlagenforschung vor allem genutzt, um evidenzbasierte Politikberatung betreiben zu können. Umso wichtiger ist es daher für die beteiligten Forscher sowie für mögliche Rezipienten der Studienergebnisse, potenzielle Einflussgrößen und ihre Wirkung auf die Qualität der Daten zu kennen, um die Forschungsergebnisse methodisch sorgfältig einschätzen zu können. Ungeachtet dessen gibt es jedoch kaum methodische Forschungsergebnisse speziell zu quantitativen Erhebungen zu sicherheitspolitischen oder bundeswehrspezifischen Themen. Daher überrascht es kaum, dass eine Vielzahl der Rezipienten von Umfrageergebnissen der Streitkräfte diesen entweder vollkommen unreflektiert vertraut oder sie – ganz nach dem Motto »Traue keiner Statistik, die du nicht selbst gefälscht hast.« – absolut infrage stellt. Unter anderem aufgrund dieses Forschungsdesiderates wurde am ZMSBw durch die Autorin dieses Beitrags eine methodische Dissertation zu Messfehlern in interviewer-administrierten Befragungen zu sicherheitspolitischen Einstellungen angefertigt. Die Grundlage der Untersuchung bilden dabei zwei Bevölkerungsbefragungen des ZMSBw aus dem Jahr 2014, die Methodenexperimente enthalten und deren Daten ausführlich methodisch analysiert wurden.[5]

Dieser Aufsatz soll dabei helfen, Aufmerksamkeit für die Fehleranfälligkeit von Befragungen über sicherheitspolitische Themen und die Bundeswehr zu schaffen, um einen angemessenen Umgang mit den darauf basierenden wertvollen empirischen Ergebnissen und Erkenntnissen zu ermöglichen – ganz nach dem Motto »Traue keiner Statistik, die du nicht selbst verstanden hast«. Aufgrund des angesprochenen Forschungsdesiderates können in diesem Beitrag allerdings nur Vermutungen zu Methodeneffekten in Befragungen der Streitkräfte geäußert und vereinzelte, eher unsystematische Forschungsergebnisse referiert werden. Einführend wird auf die Besonderheit der Messung von Einstellungen eingegangen (Abschnitt 2). Ferner werden die verschiedenen Fehler, die in Befragungen vorkommen können, basierend auf dem Konzept des Total Survey Errors (Totaler Umfragefehler) überblicksartig vorgestellt (Abschnitt 3). Angesichts der besonderen Problematik von Messfehlern werden diese im darauffolgenden Abschnitt detaillierter beschrieben (Abschnitt 4)

---

4   Genauer gesagt werden einmalig durchgeführte wissenschaftliche quantitative Befragungen mit Einzelpersonen diskutiert. Quantitative Interviews zeichnen sich durch einen hohen Standardisierungsgrad und eine hohe Stichprobengröße aus. Weitere Interviewformen sind z.B. Gruppeninterviews, Haushaltsbefragungen oder Panelstudien sowie qualitativ ausgerichtete Formen wie Leitfadeninterviews oder narrative Interviews.
5   Die Dissertation wird voraussichtlich 2021 abgeschlossen, Rothbart i.V.

und ihre Folgen für die Qualität der gemessenen Umfragedaten skizziert (Abschnitt 5). Abschließend erfolgt eine Zusammenfassung des Beitrags und eine Diskussion bzw. Kontextualisierung der Befunde bezüglich der Fehleranfälligkeit von Befragungen von und in den Streitkräften (Abschnitt 6).

2   Die Messung von Einstellungen

Eine Einstellung wird allgemein definiert als Bewertung eines Stimulus (z.B. Eaton/ Visser 2008; Haddock/Maio 2014). Der Stimulus ist dabei das Einstellungsobjekt, das die Person selbst, eine andere Person oder Gruppe, ein abstrakter Begriff, ein politisches oder gesellschaftliches Thema, ein Gegenstand oder etwas anderes sein kann. In der Forschung werden Einstellungen einerseits klassisch als eingestellt sein auf einen Stimulus und die damit verbundene Verhaltensbereitschaft und andererseits als soziale Wertung angesehen (Eckardt 2015: 65). Modernere Auffassungen des Einstellungsbegriffs fokussieren auf Letzteres und betonen, dass die Bewertung eines Objekts im Interview situationsabhängig entsteht, basierend auf den verfügbaren Informationen zum Objekt (Wissen, Impressionen und Assoziationen).[6] Um die Gefahr der Messung von situationsabhängig verzerrten Einstellungen in Befragungen zu minimieren, sollten dementsprechend die Bedingungen für alle Befragten im Interview möglichst gleich gehalten werden. Da dies in der Forschungspraxis nicht immer möglich ist, ist es umso wichtiger, dass Umfrageforscher mögliche Fehlerquellen in Befragungen kennen, ihre Wirkung einschätzen und bei der Interpretation ihrer Analyseergebnisse berücksichtigen können. Dazu soll dieser Artikel einen Beitrag leisten.

In der Literatur finden sich verschiedene Konzepte von Einstellungen. Als das wichtigste gilt das Multikomponentenmodell (Eagly/Chaiken 1993; Zanna/ Rempel 1988), in dem die Einstellung als zusammenfassende Bewertung, basierend auf einer affektiven, kognitiven und verhaltensbezogenen Komponente verstanden wird (z.B. Albarracin et al. 2008; Fabrigar et al. 2005; Haddock/Maio 2007, 2014; Schumann 2009a). In den Bevölkerungsbefragungen des ZMSBw wird zum Beispiel regelmäßig das persönliche Sicherheitsempfinden und die Wahrnehmung verschiedener Bedrohungen erhoben. Da diese eine subjektive Bewertung darstellen, zählen sie zu dem affektiven, also dem emotionalen Teil einer Einstellung (Rothbart 2017: 19). Ebenso wird durch das ZMSBw regelmäßig die Einstellung der Bürger zu den Verteidigungsausgaben und dem Personalumfang erfragt (zuletzt

---

6   Für einen Überblick über Einstellungstheorien siehe Fishbein und Ajzen (1975). Für eine historische Perspektive: Eagly und Chaiken (1993).

Steinbrecher 2021). Hierbei wird die kognitive Komponente einer Einstellung gemessen, da bei der Beantwortung der Fragen Informationen und Wissen über das Einstellungsobjekt durch den Befragten reflektiert werden müssen. Bei Fragen zu den Aktivitäten der Bürger in Bezug zu den Streitkräften (zuletzt Biehl 2018) wird hingegen die Verhaltenskomponente angesprochen.

Einstellungen gelten allgemein als längerfristig und stabil, werden aber sozial erlernt und sind daher grundsätzlich auch (situativ) veränderbar (Mummendey/ Grau 2008: 26 f.).[7] Daher ist die Gefahr der Verzerrung der Antwort bzw. der Einstellungsmessung im Befragungsprozess vor allem bei Befragten besonders hoch, die keine oder nur eine schwach ausgeprägte Meinung zum Einstellungsobjekt oder zum Umfragethema haben oder wenig motiviert sind. Da Einstellungen nicht direkt beobachtbar sind, wird in der wissenschaftlichen Befragung aus den messbaren Reaktionen auf das Einstellungsobjekt auf latente Einstellungsmerkmale des Befragten geschlossen (Fazio/Olson 2003).[8]

Die klassische Testtheorie liefert ein mathematisch-statistisches Messmodell, welches das theoretische Konstrukt (die zu messende Einstellung) mit dem Messinstrument (durch Indikator/Item gemessener Wert) verbindet. Dabei wird davon ausgegangen, dass es hypothetisch einen »wahren« Einstellungswert einer Person gibt. Der in einer Befragung gemessene Wert bzw. die Antwortreaktion kann jedoch durch zufällige und systematische Fehler bei der Messung verzerrt sein und entspricht somit mitunter nicht der tatsächlichen Einstellung des Befragten (Krebs/Menold 2014). In der Methodenforschung wird davon ausgegangen, dass zufällige Fehler eher unproblematisch sind, da sie sich bei einer ausreichend großen Anzahl von Messungen (bzw. Befragungsteilnehmern) ausgleichen.[9] Da systematische Fehler in die gleiche Richtung verzerrt sind, können sie (bei einem Item) nicht ausgeglichen werden und stellen demnach ein erhebliches Problem für die Umfrageforschung dar.[10] Aus diesem Grund gibt es seit der Etablierung der Umfragemethodik auch Forschungsansätze, die sich, ähnlich wie die klassische Testtheorie, mit der Messung von Merkmalen und den dabei auftretenden Fehlern beschäftigen. Auch sie gehen davon aus, dass der tatsächliche Einstellungswert

---

7 Zur Entstehung von Einstellungen siehe ausführlicher etwa Mayerl (2009), Mayerl und Urban (2008).
8 Einstellungen können explizit oder implizit gemessen werden (ausführlicher z.B. Devos 2008; Fazio/Olson 2003; Haddock/Maio 2014). Quantitative Befragungen gehören zu den expliziten Messverfahren.
9 Die Annahme ist: Werte streuen zufällig über und unter dem »wahren Wert« und gleichen sich theoretisch bei einer größeren Zahl an Messungen aus.
10 Einen Überblick dazu bieten Biemer und Trewin (1997).

eines Befragten durch systematische und zufällige Fehler im Interview verzerrt wird (Diekmann 2013: 439−446).[11]

Bereits in den 1940er-Jahren gab es erste empirische Studien und Experimente, aus denen geschlussfolgert wurde, dass das Antwortverhalten der Befragten kontextabhängig ist (z.B. Cantril 1947; Hyman/Sheatsley 1950; Payne 1951; Rugg 1941; Rugg/Cantril 1942; Stember/Hyman 1949). In den 1960er-Jahren setzte schließlich eine (handlungs-)theoretische Auseinandersetzung mit dem Antwortverhalten von Teilnehmern in Befragungen ein (vgl. für einen Überblick Esser 1985). Anfang der 1980er-Jahre wurde die wissenschaftliche Auseinandersetzung mit dem Befragtenverhalten im Interview interdisziplinär ausgerichtet. Dabei ging man vor allem der Frage nach, wie die Stimuli durch den Befragten kognitiv verarbeitet werden und welche Mechanismen die Verbalisierung von Informationen im Interview (Antwortreaktion des Befragten) determinieren.[12] Das Interview wird dabei verstanden als »hochkomplexer Prozess« (Schumann 2009b: 181), bei dem Informationen aufgenommen, verarbeitet, gespeichert, erinnert und abgerufen werden müssen.[13]

3 Das Konzept des Total Survey Errors

Mit dem Konzept des Total Survey Errors (TSE; deutsch: Totaler Umfragefehler) wurden erstmals alle potenziellen Ursachen von Fehlern in Umfragen in einem Modell berücksichtigt. Dabei werden Fehler beschrieben und untersucht, die in der Planung und Durchführung des wissenschaftlichen Interviews auftreten können. Damit werden ganzheitlich die Ursachen von Verzerrungen (englisch: »bias«, systematische Fehler) und Varianzen (zufällige Fehler) der Daten in Befragungen berücksichtigt.[14] Fehlertypen werden nach Groves und Kollegen (2009: 42) in

---

11 So beispielsweise die Theorie der Frage bzw. Fragebatterie (Holm 1974a, 1974b), die rationale Entscheidungstheorie (Esser 1977, 1985, 1986), kognitionspsychologische Ansätze (z.B. Groves et al. 2009: 217−258; Hippler et al. 1987; Schwarz 2007; Schwarz et al. 1994; Tourangeau/Bradburn 2010) sowie prozessorientierte Ansätze (z.B. Bachleitner et al. 2010).
12 Ausführlicher zum Ansatz der »Cognitive Aspects of Survey Methodology« siehe z.B. Schwarz (2007), Schwarz et al. (1990), Tanur (1994), Willis (2008).
13 Ausführlicher hierzu z.B. Schwarz et al. (1994), Tanur (1994), Tourangeau und Rasinski (1988).
14 Der Ansatz des Total Survey Errors wurde vor allem durch die Arbeiten von Groves (1989) geprägt, der die Ideen von Hansen, Hurwitz und Madow (1953) und Kish (1965) systematisch weiterentwickelte. Die Bezeichnung »Total Survey Error« wurde erstmals in Umfragen zur Gesundheit (Andersen et al. 1979) verwendet (vgl. Weisberg 2005: 13).

Fehler der Messung bzw. Beobachtungsfehler (»observational errors«) und Fehler der Stichprobe (»nonobservational errors«) unterschieden (vgl. Abbildung 1).[15]

Fehler der Stichprobe gefährden die sogenannte Repräsentativität[16] der Daten. Sie entstehen auf dem Weg von der definierten Grundgesamtheit über die Inferenzpopulation, die Auswahlgrundlage, die Stichprobe, die realisierte Stichprobe bis zum fertigen Datensatz. Die Grundgesamtheit oder Population ist dabei die Gesamtheit von Personen, die Ziel der Untersuchung sind und ein Merkmal oder eine Merkmalskombination aufweisen. Durch die wissenschaftliche Umfrage sollen verallgemeinerbare Aussagen über diese Personengruppe formuliert werden. Da meist eine Befragung von allen Elementen der Grundgesamtheit (Vollerhebung) nicht möglich ist, wird eine Personenauswahl durch eine Stichprobe getroffen (z.B. Jacob et al. 2013: 65–67; Steinbrecher et al. 2017: 188–189). Diese Auswahl erfolgt auf der Basis von bestimmten Regeln (Rasch et al. 2014: 23). Sie kann auf unterschiedliche Art und Weise realisiert werden: zufällig oder nicht zufällig.[17] Bei Letzterem wird eine willkürliche oder bewusste Auswahl nach besonderen Kriterien getroffen, die sich aus der Fragestellung ergeben. Im Gegensatz dazu haben bei zufälligen Auswahlverfahren alle Elemente der Grundgesamtheit eine reale Chance, in die Stichprobe zu gelangen.[18]

Bei Befragungen von und in der Bundeswehr arbeiten Wissenschaftler häufig mit Zufallsstichproben, die in einem einstufigen oder mehrstufigen Verfahren gezogen werden. In der jährlichen Bevölkerungsbefragung des ZMSBw wird zum Beispiel ein dreistufiges Verfahren zur Auswahl der Befragten für das computergestützte persönliche Interview angewendet (zuletzt Steinbrecher et al. 2021). Dabei werden im ersten Schritt sogenannte Sample-Points (Gebiete in Deutschland) abgegrenzt, daraus anschließend Haushalte nach dem Random-Route-Prinzip ausgewählt und im letzten Schritt ein Befragter nach dem Geburtstagschlüssel ausgewählt.[19]

---

15   In der Methodenliteratur gibt es auch andere Systematiken, die einzelnen Komponenten finden sich aber in allen Kategorisierungen gleichermaßen wieder. So werden die Fehler z.B. nach Stichprobenfehler (»sampling error«) und Nicht-Stichprobenfehler (»nonsampling error«) unterschieden (z.B. Bautista 2012; Biemer/Lyberg 2003; Faulbaum 2014; Faulbaum et al. 2009; Proner 2011; Roßmann 2017) oder in drei (z.B. Diekmann 2013: 416) oder vier (vgl. Fuchs 2008) Fehlertypen aufgeteilt.
16   Der Begriff der »Repräsentativität« wird zwar häufig (auch in militärsoziologischen Publikationen) genutzt, ist in der Methodenforschung aus verschiedenen Gründen jedoch umstritten und wird in der Statistik nicht als Fachbegriff verwendet.
17   Einen Überblick bieten z.B. Diekmann (2013: 373–432), Häder und Häder (2014), Hansen et al. (1953) sowie Stenger und Gabler (1994).
18   Idealerweise sollte die Chance für alle Elemente gleich groß sein.
19   Random-Route-Prinzip: Von einem zufällig ausgewählten Startpunkt innerhalb des Sample-Points wird jeder x-te Haushalt ausgewählt (Begehungsregel). Geburtstagschlüssel:

Zufallsstichproben haben den Vorteil, dass sie inferenzstatistische Aussagen ermöglichen. Das heißt, aus den in der Stichprobe gemessenen Verteilungen und Zusammenhängen bezüglich der interessierenden Fakten, Einstellungen oder Verhaltensweisen kann – mit einer gewissen Fehlertoleranz – auf Parameter in der Grundgesamtheit geschlossen werden.

Abbildung 1: Fehlerkomponenten des Total Survey Errors

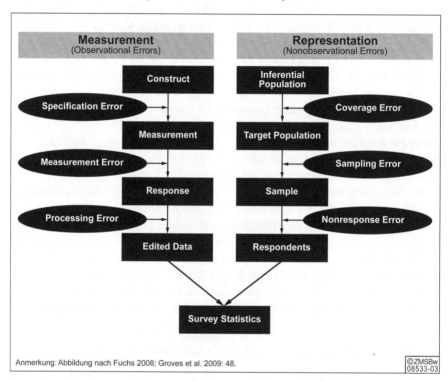

Anmerkung: Abbildung nach Fuchs 2008; Groves et al. 2009: 48.

Um eine Stichprobe ziehen zu können, muss im ersten Schritt die Grundgesamtheit exakt definiert werden. Darauf basierend enthält die Auswahlgesamtheit schließlich alle Elemente, die eine Chance (größer null) haben, in die Stichprobe zu gelangen. Dabei kann es mitunter dazu kommen, dass bestimmte Gruppen in der Stichprobe über- oder unterrepräsentiert sind. Dies ist dann der Fall, wenn die

---

Diejenige im Haushalt lebende und zur Grundgesamtheit gehörende Person wird befragt, die zuletzt Geburtstag hatte.

Auswahlgesamtheit unvollständig ist oder die Zusammensetzung der Stichprobe nicht den Merkmalsverteilungen der Grundgesamtheit entspricht. Aufgrund dieser fehlenden Deckungsgleichheit können inferenzstatistische Aussagen inkorrekt sein. Dieser Fehler wird im TSE-Ansatz als »coverage error« bezeichnet (ausführlicher z.B. Häder/Häder 2014; Lohr 2008). Die Auswahlgesamtheit – auch Auswahlrahmen genannt – bildet die Grundlage für die Ziehung der Bruttostichprobe. Der Fehler, der in diesem Schritt auftritt, wird Stichprobenfehler (»sampling error«) oder auch Standardfehler genannt (Groves/Lyberg 2010; Kronthaler 2014; Schäfer 2016). Er gibt die geschätzte Streuung der Stichprobenkennwerte (z.B. Streuung des Mittelwertes) um den »wahren Wert« in der Grundgesamtheit an.[20] Anhand des Stichprobenfehlers werden Konfidenzintervalle bestimmt. Sie geben an, wie präzise die Messung ist.

Ausfälle und die Nicht-Teilnahme von Personen können ebenfalls die Qualität der Daten beeinflussen. Wenn Personen nicht erreichbar sind oder nicht an der Untersuchung teilnehmen können oder wollen und sich diese Personen systematisch von den Befragungsteilnehmern hinsichtlich bestimmter Merkmale unterscheiden, kann es zu (Unit-)Nonresponse-Fehlern (»unit nonresponse error«) kommen. In Bevölkerungsbefragungen, die online durchgeführt werden, ist beispielsweise die Gefahr für einen Nonresponse-Fehler in Bezug auf das Merkmal Alter höher, weil ältere Personen häufiger keinen Internetzugang haben. Gleiches kann in Befragungen innerhalb der Bundeswehr etwa für Angehörige des Mannschaftsdienstgrades[21] angenommen werden, da diese – wie Erfahrungen zeigen – im Vergleich zu anderen seltener an Umfragen teilnehmen können (bspw. durch einen fehlenden dienstlichen IT-Arbeitsplatz) oder wollen. Der Nonresponse-Fehler ist der wohl am häufigsten untersuchte Fehler aus dem TSE-Modell (Fuchs 2008: 898). Durch einen Abgleich der erhobenen Paradaten (in computergestützten persönlichen Befragungen z.B. durch die Speicherung der Adresse des Nicht-Teilnehmers) mit externen Daten (z.B. offizielle Statistik) können die Abweichungen der realisierten Stichprobe von der Bruttostichprobe relativ gut geschätzt und untersucht werden.[22]

Fehler der Messung, nach Groves und Kollegen »observational errors«, entstehen hingegen auf dem Weg vom theoretischen Konstrukt über das Messinstrument, die Antwortreaktion, die protokollierte Antwort bis zum finalen Datensatz. Vor der Durchführung einer Befragung werden zuerst das Forschungsproblem, die

---

20   Der Stichprobenumfang (Fallzahl) und die tatsächliche Streuung der Werte in der Grundgesamtheit determinieren den Standardfehler.
21   Dazu gehören Freiwillig Wehrdienstleistende (FWDL) und Soldaten auf Zeit (SaZ) mit einer maximalen Dienstzeit von 25 Jahren.
22   Für einen Überblick zu methodischen Untersuchungen zu den Ursachen und Folgen von (Unit-)Nonresponse siehe z.B. Groves et al. (2002), Schupp und Wolf (2015).

Forschungsfrage und Hypothesen formuliert. In der Konzeptspezifikation erfolgt dann die Präzisierung der relevanten Konzepte und Begriffe sowie die Formulierung von Anweisungen, wie die theoretischen Konstrukte messbar gemacht werden sollen (Operationalisierung).[23] Dabei wird bestimmt, nach welchen Regeln die Untersuchungseinheit (der Befragte) den vorher festgelegten Kategorien oder Ausprägungen einer Variable (Merkmal) zugeordnet wird (Diekmann 2013: 239). Ziel ist es, dass die Variablen oder Items als Indikatoren das theoretische Konstrukt möglichst gut abbilden (Fuchs 2008: 898). Ist dies nicht der Fall, so ist die Validität der Daten gering. Mit anderen Worten: Der Fragebogen bzw. die Fragen messen nicht das, was gemessen werden soll. Dieser Fehler wird im TSE-Modell Spezifikationsfehler (»specification error«) genannt. Die Validität der Daten wird demnach direkt durch den Umfrageforscher über eine gute oder schlechte Operationalisierung beeinflusst. Im Vergleich dazu hat der Wissenschaftler auf den Fehler, der während des Antwortprozesses entsteht, eine deutlich geringere Einflussmöglichkeit.[24] Dieser Messfehler (»measurement error«) besteht aus verschiedenen Quellen, die einzeln oder gemeinsam zufällige und systematische Fehler zur Folge haben können. Er ist die »Differenz zwischen der aufgrund der Operationalisierung des Konstrukts (ausformulierte Fragen bzw. Items im Fragebogen) erwarteten Antwort und der noch nicht protokollierten Antwort der befragten Person, die mündlich geäußert wurde oder als mentale Repräsentation entstanden ist« (Rat für Sozial- und Wirtschaftsdaten 2014: 13). Potenzielle Quellen des Messfehlers sind das Messinstrument, der Befragte, die Situation und – sofern vorhanden – der Interviewer.[25] Wie bereits beschrieben, reagiert der Befragte auf verschiedene Stimuli und die spezifische Situation des Interviews. Befragungsdaten sind daher immer »Konstrukte der sozialen Wirklichkeit«, die »zeit-örtlich relativiert und stark kontextgebunden« sind (Atteslander 2010: 170). Dementsprechend sollten bei der Wahl des Forschungsdesigns und der Erhebungsmethode alle potenziellen Fehlerquellen und ihre relative Bedeutung für die Qualität der Daten berücksichtigt werden. Kenntnisse zu Fehlerquellen, deren Wirkungsmechanismen und Wissen darüber, wie Fehlerquellen durch entsprechende Designentscheidungen kontrolliert

---

23   Das zu messende theoretische Konstrukt können soziodemografische Merkmale des Befragten, Einstellungen, Verhaltensweisen, Wissen usw. sein.
24   Durch ein gutes Design des Fragebogens und die Auswahl von gut ausgebildeten Interviewern kann dieser Fehler allerdings verringert werden.
25   Für einen vergleichenden Überblick zu Messfehlern siehe z.B. Biemer und Lyberg (2003), Groves (1989), Groves et al. (2009). Die Komponenten des Messfehlers werden in der Literatur teils unterschiedlich systematisiert. Manche Forschungsarbeiten unterteilen Messfehler in Erhebungsmethode, Fragebogen bzw. Messinstrument, Befragter und Interviewer (z.B. Fuchs 2008). In diesem Beitrag wird die Erhebungsmethode als Teil des Messinstruments verstanden.

werden können, sind dazu unerlässlich.[26] Dazu leisten der Ansatz des Total Survey Errors und die vielfältigen empirischen Forschungsarbeiten zu Messfehlern im Interview einen großen Beitrag.

Neben dem Spezifikations- und dem Messfehler, der im folgenden Abschnitt ausführlicher vorgestellt wird, gehört der Prozessfehler (»processing error«) zu den Fehlern der Messung.[27] Er ergibt sich aus der Differenz der im Interview verbalisierten Antwort des Befragten und dem im Datensatz gespeicherten Zahlenwert. Diese Differenz kann das Resultat einer fehlerhaft protokollierten Antwort durch den Befragten selbst (schriftlicher Fragebogen oder Online-Befragung) oder den Interviewer (computergestützte persönliche oder telefonische Befragung) sein. Darüber hinaus können Fehler bei der Aufbereitung und Bereinigung der Daten durch den Forscher oder das Umfrageinstitut entstehen (Rat für Sozial- und Wirtschaftsdaten 2014: 14). Ebenso können Hardware- oder Softwareprobleme während des Interviews zu technischen Fehlern führen und/oder die (protokollierte) Antwort des Befragten beeinflussen.

4 Messfehler in Befragungen

Eine der vier potenziellen Messfehlerquellen ist der Befragte selbst. Wenn Messfehler direkt oder indirekt den Merkmalen oder Verhaltensmustern des Befragten zugeordnet werden können, spricht man von Befragteneffekten (z.B. Dykema et al. 2008; Esser 1985, 1986; Groves 1989: 407–448).[28] Auch das Verhalten des Befragten in der Interviewsituation kann die Wahrscheinlichkeit für Messfehler erhöhen – beispielsweise, wenn der Befragte während eines Telefoninterviews andere Tätigkeiten ausübt und dadurch seine Konzentration gestört ist. Im Interview kann es auch zu einer Interaktion der verschiedenen Fehlerquellen für Messfehler kommen. Denkbar ist etwa, dass Befragte abhängig von ihren spezifischen Merkmalen unterschiedlich auf formale Aspekte des Messinstruments oder der Frage reagieren. Wie bereits dargestellt, gibt es verschiedene Phasen, die der Befragte durchläuft, ehe er zu einer verbalen Antwortreaktion gelangt. Im Interview muss der Befragte die Informationen des Stimulus (Item) wahr- bzw. aufnehmen, verarbeiten, beurteilen, bewerten und – bei standardisierten Befragungen – in das

---

26   Zudem müssen vom Forscher die Kosten für alle getroffenen Entscheidungen in die Überlegungen einbezogen werden.
27   Dieser Fehler ist auch als Verarbeitungsfehler, Bearbeitungsfehler oder technischer Fehler in der deutschsprachigen Literatur zu finden.
28   In der Literatur wird der Begriff teils als Oberbegriff für alle Erhebungseffekte verwendet.

vorgegebene Antwortformat einpassen. Wenn eine oder mehrere Phasen nicht korrekt durchlaufen werden, kann es zu Messfehlern kommen.[29]

Im letzten Schritt der Informationsverarbeitung, der Einpassung der mental formulierten Antwort in das vorgegebene Antwortformat, wird bereits deutlich, dass neben den Merkmalen des Befragten die Eigenschaften des Erhebungsinstruments – in diesem Fall die Antwortvorgaben – die Antwortreaktion des Befragten beeinflussen können. Fehler, die aufgrund des Instruments entstehen, nennt man Instrumenteffekte. Sie sind das Resultat der Reaktion des Befragten auf verschiedene Aspekte des Messinstruments, zum Beispiel die Art der Befragung (Modus, Technik, Standardisierungsgrad) oder andere formale Aspekte wie die Platzierung, Art und Formulierung der Items bzw. Fragen und Antworten (z.B. Eirmbter/Jacob 1996; Groves 1989: 449–552; Jacob et al. 2013: 39; Jacob/Eirmbter 2000: 297).[30]

Von Mode-Effekten spricht man bei Fehlern der Messung, die aufgrund des Erhebungsmodus entstehen (z.B. Biemer/Lyberg 2003: 188–214; de Leeuw/Hox 2014; Engel 2014; Groves et al. 2009: 168–172; Weisberg 2005: 278–296). Typische Erhebungsmodi in der empirischen Sozialforschung sind selbst-administrierte Befragungen (Online-Interviews oder Paper-and-pencil-Befragungen) oder Interviews, die von einem Interviewer durchgeführt werden. Zu Letzteren zählen computergestützte telefonische (CATI) oder persönliche (CAPI) Befragungen.[31] Die Entscheidung für einen bestimmten Modus oder die Mischung aus verschiedenen Modi richtet sich nach der Fragestellung, der verfügbaren Zeit und den finanziellen Mitteln sowie anderen methodischen Überlegungen.[32] Dementsprechend wurden und werden in quantitativen Umfragen von und innerhalb der Bundeswehr immer wieder unterschiedliche Erhebungsmodi eingesetzt. Die jährliche Bevölkerungsbefragung des ZMSBw wird beispielsweise seit einigen Jahren computergestützt persönlich durch einen Interviewer durchgeführt (zuletzt Steinbrecher et al. 2021), während interne Befragungsdaten zumeist selbst-administriert online oder im Intranet (z.B. die Umfrage zur Evaluation der Attraktivität der Bundeswehr als Arbeitgeber von 2013, Höfig 2014) oder schriftlich mittels eines versendeten Fragebogens erhoben werden (z.B. die

---

29   Zu Problemen im Antwortfindungsprozess siehe z.B. Groves et al. (2009: 225–241) sowie Mummendey und Grau (2008: 38–59).
30   Effekte aufgrund des Erhebungsmodus werden in der deutschsprachigen Literatur meist nicht als Instrumenteffekte klassifiziert. Aus Autorinnensicht allerdings sollte der Modus (ähnlich wie der Fragebogen und die darin enthaltenen Fragen und Antworten) als Merkmal des Messinstruments, also des Mittels zur Erfassung der Einstellung, aufgefasst werden.
31   CATI ist die Abkürzung für Computer Assisted Telephone Interviewing; CAPI steht für Computer Assisted Personal Interviewing.
32   Einen Überblick zu Vor- und Nachteilen der verschiedenen Modi und Hilfestellungen bietet de Leeuw (2008). Zu Mixed-Mode-Befragungen siehe z.B. de Leeuw et al. (2008).

Personalbefragung 2016 zur Attraktivität der Bundeswehr als Arbeitgeber, Richter 2016; oder die Befragungen der Soldaten bzw. Veteranen des 22. Kontingents ISAF, zuletzt Seiffert/Heß 2019). Verschiedene Forschungsarbeiten zeigen, dass der Erhebungsmodus einen Einfluss auf das Antwortverhalten der Befragten haben kann, beispielsweise in Form unterschiedlicher Verteilungen der (Einstellungs-) Merkmale und deren Zusammenhänge (unterschiedliche Messergebnisse/Resultate) je nach Modus (z.B. de Leeuw 1992). In der Methodenforschung wird angenommen, dass Mode-Unterschiede am stärksten zwischen Befragungen mit und ohne Interviewer ausgeprägt sind (Schnell 2012: 310). Zum Beispiel neigen Befragte in Interviews, die von einem Interviewer durchgeführt werden, eher dazu, vermeintlich sozial wünschenswerte oder positive Antworten zu geben (soziale Erwünschtheit).[33] Darüber hinaus gibt es Hinweise darauf, dass die stärkere Präsenz des Interviewers im CAPI-Modus zu mehr sozialer Erwünschtheit führt als in CATI-Interviews (Groves 1989: 517 f.). Auch bei der Messfehlerursache Modus sind Interaktionseffekte mit anderen Messfehlerquellen denkbar. So haben Merkmale und Verhaltensweisen des Interviewers im Interview aufgrund ihrer unmittelbaren Präsenz einen stärkeren Einfluss in CAPI als in CATI (z.B. Kreuter 2008).

Effekte des Instruments können, neben dem Einfluss des Modus, ebenso aufgrund von formalen Aspekten des Fragebogens entstehen. Dabei spielen unter anderem das Layout, die Länge oder Anzahl der Items, die verwendete Filterführung, Anweisungen für den Interviewer oder Befragten sowie die im Fragebogen enthaltenen Items eine wichtige Rolle (Holyk 2008). Items bestehen zumeist aus einer Frage oder Aussage und den dazu passenden Antwortmöglichkeiten (sogenannte Likert-Items[34]). Wenn der Inhalt eines oder mehrerer Items oder durch sie ausgelöste kognitive Assoziationen beim Befragten die Antwortreaktionen auf die folgenden Items verändern, spricht man von Kontexteffekten (Einfluss der Reihenfolge der Items im Fragebogen). Auch die Formulierung eines Items, also der Fragetext und die Antwortmöglichkeiten, können die Antwortreaktion des Befragten beeinflussen. In diesem Zusammenhang wird in der Methodenforschung häufig über die Antwortskala diskutiert. Dabei geht es um die Frage nach der optimalen Formatierung (offen versus geschlossen), Anzahl der Antwortkategorien (gerade versus ungerade, Anzahl der Optionen), Reihenfolge und (verbale oder

---

33   Auf das Konzept der sozialen Erwünschtheit wird im folgenden Abschnitt ausführlicher eingegangen.
34   Strenggenommen ist diese Bezeichnung nicht ganz korrekt. Sie wird aber umgangssprachlich häufig in der Umfrageforschung verwendet. Ausführlicher dazu siehe Likert (1932).

numerische) Beschriftung der Antwortoptionen. All diese Designentscheidungen können potenzielle Ursachen für Messfehler sein.

In der bereits angesprochenen Dissertation der Autorin dieses Beitrags bestätigen sich mehrheitlich die berichteten Messfehler für Items zu sicherheitspolitischen Themen und Einstellungen zu den Streitkräften (Rothbart i.V.). Anhand eines experimentellen Vergleichs von identischen Items in einer CAPI- und einer CATI-Erhebung mit verschiedenen Antwortoptionen (jeweils vier, fünf oder sieben) wurde der Einfluss des Modus und des Antwortskalenformates untersucht. Dabei zeigten sich signifikante Unterschiede in univariaten Verteilungen von Einstellungen und multivariaten Zusammenhängen sowie – jedoch teils geringe – Differenzen hinsichtlich der Validität und Reliabilität der gemessenen Daten. Zudem weisen die Analysen darauf hin, dass sich der Erhebungsmodus auf das Satisficing-Verhalten[35] der Befragten auswirkt – genauer gesagt auf die Neigung, keine inhaltliche Antwort zu wählen (Item-Nonresponse) oder aber inhaltsunabhängig in Mustern zu antworten. Ähnliches gilt für die Anzahl der angebotenen Antwortoptionen.

Während Befragte in Umfragen ohne einen Interviewer mehr oder weniger auf sich allein gestellt sind, können Interviewer den Teilnehmern in intervieweradministrierten Befragungen Hilfestellungen geben. Interviewer können zum Beispiel bei Unklarheiten seitens des Befragten Erläuterungen liefern, Befragte motivieren oder durch gezieltes Nachfragen Item-Nonrespondenten zu einer inhaltlichen Antwort bewegen. Die Anwesenheit eines Interviewers kann zudem helfen, eine vertrauliche Atmosphäre zu schaffen und den Befragten dadurch zu ehrlicheren Antworten bewegen. Geschulte Interviewer können dazu beitragen, Messfehler zu reduzieren und somit die Datenqualität zu erhöhen. Kontrastierend dazu können Interviewer aber auch eine entscheidende Ursache für Messfehler sein. Dies ist dann der Fall, wenn der Befragte in seinem Antwortverhalten aufgrund von Merkmalen und bewussten oder unbewussten Verhaltensweisen des Interviewers beeinflusst wird und eine vom »wahren Wert« abweichende Antwortreaktion zeigt (z.B. Glantz/Michael 2014).[36] Diese Art des Messfehlers wird Interviewereffekt genannt. Wie bereits bemerkt, zeigen diverse empirische Studien, dass die Anwesenheit eines Interviewers die Tendenz des Befragten, sozial

---

35   Satisficing ist die Strategie des Befragten, die Fragen mit möglichst geringem Aufwand zufriedenstellend zu beantworten. Auf Satisficing wird im Abschnitt 5 ausführlicher eingegangen.
36   Weitere Literatur zu Interviewereffekten z.B. Biemer und Lyberg (2003: 149–187), Groves (1989: 357–406), Groves et al. (2009: 291–328), Kreuter (2008).

erwünscht zu antworten, erhöhen kann.[37] Dabei spielen beobachtbare (CAPI) oder teils hörbare (CATI) Merkmale des Interviewers, wie z.B. Geschlecht, Alter, Herkunft oder Kleidungsstil, eine entscheidende Rolle. Wie Untersuchungen zeigen, werden Merkmale des Interviewers vor allem dann wirksam, wenn sie mit dem Thema der Befragung oder des Items in Zusammenhang stehen (Kreuter 2008: 370). Beispielsweise hat das Geschlecht des Interviewers bei Fragen zu Vorurteilen gegenüber Frauen einen stärkeren Einfluss auf das Antwortverhalten des Befragten als bei Fragen zu sicherheitspolitischen Einstellungen. Denkbar ist im ersten Fall, dass ein männlicher Befragter bei einem männlichen Interviewer andere Antworten gibt als bei einer weiblichen Interviewerin. Bei bundeswehrinternen Umfragen muss dies berücksichtigt werden, beispielsweise bei Fragen bezüglich der Integration von Frauen in die Streitkräfte. Auch Verhaltensweisen des Interviewers können die Antwortreaktion des Befragten im Interview verändern. Neben sichtbaren und hörbaren Merkmalen und explizit intendierten Handlungen können dezentere (unabsichtliche) Verhaltensweisen des Interviewers, wie Gesichtsausdrücke oder die Betonung von Wörtern, von dem Befragten als Hinweise darauf verstanden werden, welche situationsspezifischen Normen (vermeintlich) gelten. Trifft dies im Interview zu, so wird der Befragte seine Antwort gegebenenfalls daran anpassen. Aufgrund der direkteren Zugänglichkeit zu den Merkmalen und Verhaltensweisen des Interviewers und dem höheren sozialen Druck infolge der direkten Interaktion ist – wie Forschungsergebnisse zeigen – die Wahrscheinlichkeit für Interviewereffekte und soziale Erwünschtheit in persönlich durchgeführten Befragungen höher als bei telefonischen (vgl. Kreuter 2008: 371). Dieser Effekt bestätigt sich in den Analysen der Autorin auch für Items zur Messung von sicherheitspolitischen Einstellungen (Rothbart i.V.).

Neben den bisher vorgestellten Ursachen von Messfehlern – Instrument, Befragte und Interviewer – kann auch die Interviewsituation einen Einfluss auf die kognitiven Prozesse des Befragten und damit auf seine Antwortreaktion haben (Bachleitner et al. 2010; Bachleitner/Aschauer 2009; Jacob et al. 2013: 37–53; Jacob/Eirmbter 2000: 53–73). Dieser »Reizhintergrund« (Atteslander/Kneubühler 1975: 53) wird durch die Anwesenheit von dritten Personen, durch Störungen des Interviews, durch die Tageszeit und den Ort der Befragung sowie andere Aspekte determiniert.

Aufgrund von Befunden aus der Forschung kann man davon ausgehen, dass zum Beispiel die Anwesenheit von weiteren Personen während des Interviews vor allem dann die Wahrscheinlichkeit für Messfehler erhöht, wenn durch deren

---

37 Einen sehr guten Überblick zu empirischen Untersuchungen zum Einfluss des Interviewers liefern West und Blom (2017).

Präsenz – ähnlich wie bei Einflüssen durch den Interviewer – sozial erwünschtes Antwortverhalten ausgelöst wird oder sich das Bezugssystem bezüglich der situativ geltenden Normen verschiebt. So kann beispielsweise die tatsächliche Einstellung eines Befragten gegenüber dem Stimulusobjekt Bundeswehr negativ sein. Falls eine Person während der Befragung anwesend ist, die selbst Soldat ist, könnte es sein, dass der Befragte nicht antwortet (Item-Nonresponse) oder eine positive Einstellung zur Bundeswehr verbalisiert (sozial erwünschtes Antwortverhalten), da er seine wahre Meinung nicht preisgeben möchte. Denkbar ist allerdings auch, dass sich der Befragte durch den anwesenden Bundeswehrangehörigen an mehr positive Aspekte und Argumente erinnert und er dementsprechend zu einem positiveren Urteil gelangt. Ähnlich wie bei Merkmalen des Interviewers beeinflusst die Anwesenheit einer dritten Person vor allem dann die Antwortreaktionen des Befragten, wenn die Eigenschaften dieser Person mit der Befragung oder der Frage zu tun haben.

Nicht nur Personen, sondern auch Raum und Zeit sind potenzielle Einflussfaktoren. Je nach Tageszeit kann der Befragte zum Beispiel unterschiedlich motiviert sein, die Fragen des Interviewers zu beantworten. Auch seine kognitiven Kapazitäten können je nach Tageszeit und vorangegangener Belastung variieren. Eine Befragung in einem eher ruhigen Umfeld (z.B. zu Hause) wird weniger Störungen und Ablenkungen aufweisen als ein Interview, bei dem der Befragte unterwegs ist.[38]

5 Die Folgen von Messfehlern für die Datenqualität

Der Messfehler gilt in der Forschung als die Komponente des Total Survey Errors, die am schädlichsten für die Qualität der Daten ist (Biemer 2010: 823; Biemer/Lyberg 2003: 41). Die Verzerrungen aufgrund des Messfehlers sind zwar in Relation zu den anderen Fehlertypen im TSE-Modell gering, aber als Ergebnis des spezifischen Messinstruments bzw. der Messmethode sind die Fehler dabei vorrangig systematisch und damit der Bias relativ hoch (Taddicken 2010).[39] Daher

---

38 Bei den heute üblichen Dual-Frame-Stichproben für CATI-Interviews wird ein Teil der Befragten am Mobiltelefon interviewt. Daher kann es sein, dass Befragte sich während des Interviewvorgangs am Arbeitsplatz, im Einkaufszentrum oder im Straßenverkehr befinden. Dies könnte potenziell zu mehr Störungen und weniger Aufmerksamkeit bzw. Konzentration des Befragten führen.

39 Zum Effekt von Messfehlern in Befragungen auf uni- und multivariate Analysen ausführlicher z.B. Biemer und Trewin (1997). Nicht alle Einflüsse, die die Antwortreaktion des Befragten im Interview beeinflussen, resultieren notwendigerweise in systematisch verzerrten Umfragedaten. Natürlich ist auch eine positive Wirkung hinsichtlich der Validität der Daten möglich (Jacob et al. 2013: 40).

werden in diesem Abschnitt Folgen für die Qualität der Daten aufgrund von Messfehlern näher erläutert.

Die Datenqualität lässt sich anhand verschiedener Aspekte wie der Aktualität, der Relevanz oder der Glaubwürdigkeit der Ergebnisse ausmachen (Fuchs 2008). Der TSE-Ansatz stellt eine gute Grundlage zur Bewertung der Datenqualität bereit (Rat für Sozial- und Wirtschaftsdaten 2014: 5). Im Sinne des TSE kann sich Qualität auf die (fehlerhafte) Zusammensetzung der Stichprobe (»nonobservational errors«) sowie auf den Messvorgang oder das -instrument (»observational errors«) beziehen. Die Qualität der Daten basiert dabei auf der Differenz zwischen der Schätzung aus der Stichprobe und den Parametern der Grundgesamtheit (Biemer/Lyberg 2003: 34–36). Die Evaluation eines Messinstruments erfolgt häufig über die Gütekriterien Objektivität, Reliabilität und Validität (Groves 1987: 157).

Die Gültigkeit der Messung wird als Validität bezeichnet. Dabei geht es um die Frage, ob der Fragebogen oder das Item das misst, was gemessen werden soll. Eine valide Messung besitzt demnach keine zufälligen oder systematischen Fehler (Himme 2009: 491). Ein direkter Indikator der Datenqualität bzw. der Validität der Messung ist der Abstand der gemessenen Daten bzw. Stichprobenkennwerte vom »wahren Wert« in der Population. Dieser Abstand kann bestimmt werden, indem die Antworten aller Befragten aus der Stichprobe (also die gemessenen Werte im Datensatz) mit objektiven Daten aus der Population abgeglichen werden. Die Validität der in einer Umfrage gemessenen Parteipräferenz (sogenannte Sonntagsfrage) kann beispielsweise mit zeitlich parallelen »echten« Wahlergebnissen abgeglichen werden. Die Validität des erfassten Einkommens könnte mit administrativen Daten des Statistischen Bundesamtes überprüft werden. Stimmen die Stichprobenkennwerte mit den Vergleichswerten aus der Population überein, kann man von einer hohen Qualität der Daten hinsichtlich der Gültigkeit der Messung ausgehen. Bei der Messung von (sicherheitspolitischen) Einstellungen ist dies allerdings nicht oder nur mit erheblichem Aufwand und methodischen Einschränkungen möglich.[40] Da in den Befragungen von und innerhalb der Streitkräfte zumeist Einstellungen und Meinungen erhoben werden, ist eine Einschätzung der Validität der Daten schwierig.

Die Reliabilität ist als die Zuverlässigkeit der Messung eines Merkmals definiert. Das bedeutet, dass die gemessenen Daten reliabel sind, wenn bei

---

40 Eine Möglichkeit zur Berechnung der Validität und der Reliabilität sind »Multi-Trait-Multi-Method«-Experimente (MTMM, ausführlicher dazu z.B. Revilla 2010; Saris et al. 2004) oder generalisierte MTMM-Experimente (ausführlicher dazu z.B. Oberski et al. 2017). Bei diesen Verfahren muss eine Messung allerdings wiederholt werden, was in den meisten Befragungen aus Kosten- und Zeitgründen nicht möglich ist und auch mit anderen methodischen Problemen behaftet ist.

einer Wiederholung der Messung mit einem identischen Messinstrument der Befragte die gleiche Antwort gibt bzw. die Stichprobenkennwerte bei beiden Befragungen gleich sind. Ist dies der Fall, dann misst der Fragebogen zuverlässig. Ein Instrument kann jedoch zuverlässig messen, ohne valide zu sein, denn, im Gegensatz zur Validität, wird die Reliabilität nur durch zufällige Fehler bestimmt (Himme 2009: 487). Der klassischen Testtheorie folgend wird die Reliabilität sichtbar anhand des (theoretischen) Vergleichs der Varianz der Messwerte mit der Varianz der »wahren Werte«. Da Letztere nicht erfassbar ist, werden andere, zum Teil aufwendige Methoden zur Bestimmung der Reliabilität durchgeführt.[41] Eine häufig angewandte Methode, um die Reliabilität des Messinstruments bzw. einer Itembatterie zu schätzen, ist die Konsistenzanalyse mithilfe des Koeffizienten Alpha (Cronbach 1951). Hierbei wird allerdings strenggenommen nur die interne Konsistenz der Items einer Skala bestimmt.

In der Methodenforschung wird die Qualität der gemessenen Daten, neben der Validität und Reliabilität, meist mit der Häufigkeit von fehlenden Werten (z.B. de Leeuw/Hox 2008: 467), der Tendenz von Befragten zu Antwortmustern (z.B. Fricker/Tourangeau 2010: 935) oder der Antwortlänge bzw. dem Informationsgehalt der Antworten der Befragten bei offenen Fragen (z.B. Hox et al. 2004: 449–450) in Verbindung gesetzt. Diese Aspekte werden von den Forschern häufig als Indikatoren für die Datenqualität verwendet. Dabei wird angenommen, dass sogenannte Satisficing-Strategien der Befragten ursächlich für fehlende Werte, Antwortmuster oder die Antwortlänge sind. Satisficing ist definiert als die Strategie des Befragten, die Fragen mit möglichst geringem Aufwand zufriedenstellend zu beantworten. Neigt der Befragte im Interview zu Satisficing, so werden die kognitiven Prozesse zur Beantwortung des Items nicht vollständig durchlaufen. In der Folge werden verzerrte, unvollständige oder gar keine Informationen aus dem Gedächtnis des Befragten zur Beantwortung der Frage abgerufen und verarbeitet (Krosnick 1991: 214 f.). Die gemessene Antwortreaktion des Befragten entspricht daher nicht dem »wahren Wert« und kann als Messfehler interpretiert werden. In der Literatur findet man verschiedene Arten von Satisficing, die sich bezüglich ihres Ausmaßes und ihrer Form unterscheiden. Schwächer ausgeprägte Formen des Satisficing zeigen sich zum Beispiel daran, dass der Befragte die erstbeste Antwortmöglichkeit auswählt, die er mehr oder weniger passend findet. Auch das inhaltsunabhängige konsequente Zustimmen zu allen Items in einer Itembatterie zählt zu den schwächer ausgeprägten Satisficing-Strategien von Befragten.[42] Letzteres

---

41   Einen Überblick dazu bieten z.B. Himme (2009: 487–491) und Rammstedt (2010: 242–249).
42   Diese Zustimmungstendenz (Akquieszenz) wird in der Literatur jedoch immer dann als stärkere Satisficing-Form interpretiert, wenn sie Folge von sozialer Erwünschtheit ist.

ist eine Ausprägung der allgemeinen Tendenz des Befragten zu Antwortmustern (engl. »response styles«). Dabei neigt der Befragte bei der Mehrzahl oder allen Items in einer Fragebatterie dazu, unabhängig vom Inhalt des Items, eine zustimmende (Akquieszenz, engl. »acquiescence response style«, kurz ARS) oder ablehnende Antwortmöglichkeit (Disakquieszenz, engl. »disacquiescence response style«, kurz DARS), oder, wenn vorhanden, die neutrale Mittelkategorie zu wählen (»midpoint response style«, kurz MRS) (vgl. Roßmann 2017: 73). Auch die Wahl einer extremen Antwortoption (engl. »extreme response style«, ERS) oder deren Vermeidung (engl. »mild response style«, kurz MLRS) zählen zu den bekanntesten Antwortmustern.

Stärker ausgeprägte Satisficing-Strategien zeigen sich zum Beispiel anhand einer Item-Nonresponse-Neigung der Befragten (Wahl der »weiß nicht«- oder »keine Angabe«-Option) oder in absolut willkürlichem Antworten des Befragten.[43] In der Methodenforschung wird angenommen, dass Merkmale des Interviewten allein oder in Kombination mit der Interviewsituation bzw. dem Messinstrument ursächlich für das Satisficing-Verhalten sind (Roßmann 2017: 73–74).[44] So haben einerseits die Schwierigkeit des Items und andererseits die (situativen) kognitiven Fähigkeiten des Befragten einen entscheidenden Einfluss auf die Wahrscheinlichkeit für Satisficing im Interview (Krosnick 1991: 225). Satisficing wird auch als »Persönlichkeitsmerkmal von Befragten mit geringer Ich-Stärke« (Schnell et al. 2013: 354) bezeichnet. Dabei wird das inhaltsunabhängige Antworten als Strategie zur Vermeidung von nicht absehbaren Folgen der Antwortreaktion im Interview interpretiert. Antwortstile liegen dieser Auffassung zufolge ursächlich begründet in erlernten Behauptungsstrategien von »eher unterprivilegierten« (Häder 2015: 217) Befragungsteilnehmern, die eine undefinierte bedrohliche Interviewsituation zu bewältigen versuchen. Esser (1977: insb. 255–259) betont dazu allerdings, dass Antwortmuster als situationsspezifische Reaktionsstrategie verstanden werden sollten und nicht als Folge eines situationsunabhängigen Persönlichkeitsmerkmals des Befragten.

Anders als Antwortmuster ist sozial erwünschtes Antwortverhalten als Spezialfall von Satisficing nicht unabhängig vom Inhalt des Items, da die eigene Meinung an (vermutete) Normen angepasst wird. Dazu sind allerdings Annahmen seitens des Befragten nötig, welche Antwortreaktion für ihn selbst und – wenn vorhanden – für den Interviewer oder auch für anwesende Dritte sowie für relevante Gruppen

---

43 Ausführlicher zu Satisficing-Strategien siehe z.B. Kaminska et al. (2010), Krosnick et al. (1996) und Roßmann (2017). Zu den extremen Formen des Satisficing (»Nondifferentiation« oder »Straightlining«) z.B. Yan (2008).
44 Als Literaturüberblick siehe z.B. Vaerenbergh und Thomas (2013).

oder gesamtgesellschaftlich sozial erwünscht ist (Mummendey/Grau 2008: 166).[45] Eine Anpassung der Antwort erfolgt nur, wenn der Befragte mit (negativen) sozialen Reaktionen auf seine Antwort aufgrund von verletzten Normen rechnet. Vor allem in Befragungen, die durch einen Interviewer durchgeführt werden, werden soziale und situationsspezifische Normen relevant. Daher stellt sozial erwünschtes Antworten vor allem – jedoch nicht ausschließlich – in CATI- und CAPI-Befragungen ein methodisches Problem dar. Dieses tritt auch in Umfragen von und innerhalb der Bundeswehr auf. So wurde in einer Studie zur Vereinbarkeit von Dienst- und Privat- bzw. Familienleben darauf hingewiesen, dass die Befragungsergebnisse der Zivilbevölkerung und der Bundeswehrangehörigen aufgrund verschiedener Erhebungsmodi und damit vermuteter unterschiedlicher Normen und Motive der Befragten nur eingeschränkt zu vergleichen sind (Wanner/Höfig 2014: 18). Für die interne Mitarbeiterbefragung (postalischer Fragebogen) wurde vermutet, dass einige Befragte das Interview nutzten, um Probleme als »anonymer Ankläger« besonders hervorzuheben, während in der Bevölkerungsstichprobe (CAPI) einige Interviewte unbewusst eine »Verteidigerrolle« einnahmen und sich bzw. ihren Arbeitgeber gegenüber dem anwesenden Interviewer besonders positiv darstellen wollten.

Neben der Anwesenheit eines Interviewers (oder von dritten Personen) wird die Wahrscheinlichkeit für das Auftreten von sozial erwünschtem Antwortverhalten erhöht, wenn im Interview heikle, unangenehme oder sensible Themen behandelt werden, denn hier sind die erwarteten Kosten bzw. Konsequenzen von sozial unerwünschten Antworten für den Befragten höher als bei unkritischen Themen. Da in den jährlich durchgeführten Bevölkerungsbefragungen des ZMSBw zum Teil Einstellungen zu kontrovers diskutierten sicherheitspolitischen Fragen erhoben werden, ist die Gefahr von sozial erwünschten Antworten der Befragten vermutlich höher als bei anderen Umfragen. Soziale Erwünschtheit lässt sich allerdings nur schwer in Interviewdaten identifizieren, da verschiedene Aspekte gesellschaftlicher oder situationsspezifischer Normen einen Einfluss auf den Befragten haben können. Dementsprechend ist die Vorstellung, was als sozial erwünscht gilt, nicht bei allen Befragten gleich und kann somit nicht einfach ermittelt werden. Abhängig von Merkmalen des Befragten und der in der Interviewsituation relevanten Bezugsgruppe, an der sich der Befragte orientiert, passt er seine Antwortreaktion an. Möglich ist ebenso, dass der Befragte im Interview versucht, sich selbst

---

45   Das Ausmaß des sozial erwünschten Antwortens im Interview ist abhängig von der Stärke der internalisierten sozialen Rollenerwartungen des Befragten (kulturelle Normen) und konkreten Hinweisreizen (situationsspezifische Normen) in der Befragungssituation (ausführlicher z.B. Callegaro 2008).

außergewöhnlich schlecht darzustellen, zu protestieren oder dass er völlig andere Ziele mit seiner von der tatsächlichen Einstellung abweichenden Antwortreaktion anstrebt (Mummendey/Grau 2008: 165–173).

Der Befragte ist sich also (anders als die Forschungsobjekte in den Naturwissenschaften) darüber bewusst, dass er ein Untersuchungsobjekt ist und kann daher – vorsätzlich oder unabsichtlich – die Ergebnisse der Untersuchung beeinflussen. Problematisch ist dies für die Qualität der Daten, da die gemessene Antwortreaktion von einem Befragten mit der Tendenz zu inhaltsunabhängigen Antwortmustern oder sozial erwünschten Antworten vermutlich nicht seinem »wahren Wert« entspricht. Wenn schließlich viele Befragte in Umfragen zu Antwortmustern neigen, kann die Beziehung der gemessenen Werte mit den dahinterliegenden latenten Variablen beeinträchtigt sein (Cheung/Rensvold 2000: 196). Das bedeutet, dass bei Personen, die in Mustern oder sozial erwünscht antworten, mit demselben Messinstrument mitunter etwas anderes gemessen wird als bei Befragten, die valide antworten. Somit sind keine gültigen Aussagen über die Verteilungen und Zusammenhänge der interessierenden Merkmale und Einstellungen in der Grundgesamtheit möglich. Anders ausgedrückt: Häufigkeitsverteilungen, Mittelwerte, Varianzen und Kovarianzen aus der Stichprobe sind systematisch verzerrt (Baumgartner/Steenkamp 2001: 146–148). Daher werden Antwortmuster typischerweise als Indikatoren für die Qualität der gemessenen Daten genutzt.[46]

Neben den bisher dargestellten Satisficing-Strategien kann der Befragte seine wahre Einstellung verschleiern, indem er keine inhaltliche Antwortoption, sondern die Option »weiß nicht« oder »keine Angabe« wählt. In der Methodenliteratur wird dies als Item-Nonresponse bezeichnet.[47] In vielen Befragungen werden die beiden Item-Nonresponse-Optionen entweder direkt (vor allem bei Online- und schriftlichen Befragungen) oder als Reservemöglichkeit, die nur für den Interviewer sichtbar ist (CATI oder CAPI), angeboten – so auch in den meisten Umfragen, die in oder von den Streitkräften durchgeführt werden. Die Wahl von »keine Angabe« wird von Umfrageforschern typischerweise als Antwortverweigerung interpretiert. Die Wahl von »weiß nicht« ist im Unterschied dazu durchaus valide und empirisch wertvoll, wenn der Befragte tatsächlich keine Meinung zum Thema

---

46 Ausführlicher zur Wirkung der verschiedenen Typen von Antwortmustern auf Messergebnisse und Analysen siehe z.B. für eine Übersicht Vaerenbergh und Thomas (2013: 197) oder Baumgartner und Steenkamp (2001: 146–148) für eine Gesamtübersicht der Effekte mit den grundlegenden Annahmen und Formeln.

47 Eine Übersicht zu Item-Nonresponse bieten z.B. Beatty und Douglas (2002), Engel und Schmidt (2014), Gabriel und Thaidigsmann (2009), Groves et al. (2002), Proner (2011) sowie Stocké und Stark (2005).

oder zum Einstellungsobjekt hat. Die Wahrscheinlichkeit hierfür ist in Befragungen zu (sicherheits-)politischen Themen größer als in anderen Umfragen, da im Unterschied zu vielen anderen Einstellungen, die in Umfragen gemessen werden – wie beispielsweise die Meinung zu Personen aus dem Umfeld oder zu bestimmten Nahrungsmitteln –, politische Einstellungen vor allem von den kognitiven Fähigkeiten und der politischen Informiertheit und Interessiertheit einer Person abhängen (vgl. Huber/Steinbrecher 2015: 106). Zudem sind Befragte (subjektiv) unterschiedlich betroffen von verschiedenen Politikbereichen und diese sind von verschiedener Relevanz für ihre persönlichen Lebensumstände (Westle/Tausendpfund 2019: 12). Die zu messenden (sicherheits-)politischen Einstellungen beziehen sich demnach auf komplexe Sachverhalte, von denen zumindest einige Befragte vermutlich nicht viel wissen.[48] In den Bevölkerungsbefragungen des ZMSBw wird zum Beispiel regelmäßig die Unterstützung und Ablehnung verschiedener Auslandseinsätze der Streitkräfte evaluiert. Im Gegensatz dazu sind die Themen der Befragungen innerhalb der Streitkräfte – beispielsweise Fragen zur Mitarbeiterzufriedenheit oder ähnlichem – etwas weniger voraussetzungsvoll, da sie bei den Befragten zumeist weniger Wissen erfordern.[49]

Bei der Messung von (sicherheits-)politischen Einstellungen kann demnach die Wahl der »weiß nicht«-Option aufgrund einer fehlenden Meinung zum Thema valide und empirisch wertvoll sein. Wie die Methodenforschung allerdings ebenso zeigt, kann die Wahl von »weiß nicht« nicht ohne Weiteres als echte Meinungslosigkeit interpretiert werden. Es wird betont, dass ein Befragter in Umfragen zu Einstellungen eine Item-Nonresponse-Option wählt, weil er entweder – trotz umfangreichen Wissens zum Thema oder aufgrund von Unwissenheit – keine Meinung hat oder er seine tatsächliche Einstellung nicht mitteilen möchte. Sind die zur Beantwortung des Items nötigen Informationen nicht direkt verfügbar, zugänglich oder generierbar oder ist der Befragte kognitiv überfordert, kann es auch sein, dass der Befragte nicht antworten kann oder will (Beatty/Douglas 2002). Darüber hinaus kann die empfundene Unsicherheit der eigenen Antwort und die vom Befragten angenommenen Anforderungen bezüglich der Genauigkeit der

---

48 Die empirischen Untersuchungen von Steinbrecher und Biehl (2019) weisen darauf hin, dass das Niveau des sicherheits- und verteidigungspolitischen Wissens etwa dem des allgemeinen politischen Wissens entspricht.

49 Experimentelle Studien zeigen sogar, dass Befragte im Interview selbst zu fiktiven politischen Themen oder Personen eine Meinung äußern. Urban und Mayerl (2013: 260) gehen sogar soweit, dass sie die provokante These aufstellen, dass Umfragedaten zu politischen Einstellungen »instabile, wirklichkeitsfremde Forschungsartefakte« und daher keine »politikbestimmten bzw. politikzugeschriebenen Bewertungen mit hoher personaler Zentralität und Stabilität« sind.

Antwort einen Einfluss auf die Wahrscheinlichkeit für Item-Nonresponse haben (Gabriel/Thaidigsmann 2009: 285). Auffällig bei den eben berichteten Ursachen für Item-Nonresponse ist, dass sie vor allem im Befragten selbst begründet sind.[50]

Aufgrund dieser Überlegungen wird in der Literatur angenommen, dass die Wahl von »weiß nicht« wahrscheinlich ist, wenn der kognitive Aufwand für den Befragten hoch ist und seine Motivation, das Item inhaltlich zu beantworten, überlagert. Der Befragte wird die Antwort wiederum explizit verweigern (»keine Angabe«), wenn die emotionalen oder sozialen Kosten zur Beantwortung der Frage seiner Ansicht nach zu hoch sind. Dies ist meist bei sehr persönlichen Fragen, bei sensiblen Themen (wie z.B. Einstellungen zur Bundeswehr) oder bei Fragen nach unerwünschten Merkmalen oder Verhaltensweisen der Fall. Befragte neigen zudem in Interviews verstärkt zu Item-Nonresponse, wenn ihre Einstellung nicht in das vorgegebene Antwortformat passt. Ein Befragter mit neutraler oder ambivalenter Meinung kann diese beispielsweise bei einer Antwortskala ohne eine neutrale Mitteloption nicht ausdrücken. Folglich wählt er entweder eine inhaltliche Antwortoption, die seiner tatsächlichen Einstellung am nächsten kommt, oder aber eine Item-Nonresponse-Option. In diesem Beispiel liegt die Ursache für Item-Nonresponse im Messinstrument bzw. dem Fragebogendesign begründet (Instrumenteffekt).

Wie deutlich wird, haben die kommunikative Absicht des Befragten und seine Motivation einen erheblichen Einfluss auf die Beantwortung von Fragen. Wird der Aufwand vom Befragten als zu hoch eingeschätzt, möchte er nicht über das vorgegebene Thema nachdenken oder hat Angst, sozial unerwünscht zu antworten, wird er eine Item-Nonresponse-Option oder eine inhaltliche Antwort wählen, die nicht seiner wahren Meinung entspricht (vgl. Gabriel/Thaidigsmann 2009: 285 f.). Neben den Eigenschaften des Interviewers, der Interviewsituation, des Messinstruments bzw. des Items, sind also die kommunikative Absicht und Motivation sowie andere Merkmale des Befragten für Messfehler relevant. Wenn schließlich das Item-Nonresponse-Verhalten von vielen Befragten mit den für die Analyse »relevanten Befragtenmerkmalen korreliert« (Stocké/Stark 2005: 4), dann beeinträchtigt das die Qualität der Daten. Diese Gefahr besteht auch in den Bevölkerungsbefragungen des ZMSBw zum sicherheitspolitischen Meinungsklima. Empirische Daten zeigen, dass die Meinung zur Bundeswehr mit zunehmendem Alter positiver ist (Biehl 2017: 73). Wenn nun aber aufgrund einer kognitiven Überforderung viele Befragte höheren Alters bei Items zur Einstellung zur Bundeswehr die Antwortoptionen »weiß nicht« oder »keine Angabe« wählen, dann wären bundeswehrkritisch eingestellte Personen in der Gruppe der Befragten mit

---

50   Wenngleich die Ursachen für Item-Nonresponse multikausal sind.

validen Antworten überrepräsentiert. Als Resultat könnten die Daten systematisch in Richtung eines negativen Einstellungsprofils der deutschen Bevölkerung verzerrt und empirische Zusammenhänge zu anderen theoretischen Konstrukten verändert sein.

In diesem Fallbeispiel hängen die fehlenden Werte zwar nicht direkt mit dem zu messenden Konstrukt (Einstellung zur Bundeswehr), aber mit anderen Variablen im Datensatz zusammen (kognitive Fähigkeiten des Befragten, vermittelt über das Alter). Diese Form von Item-Nonresponse nennt man »missing at random«. Sie ist deshalb problematisch, weil – wie beschrieben – bei Analysen mit listenweisem Fallausschluss Befragte mit fehlenden Werten systematisch unterrepräsentiert sind und daher die Daten und inferenzstatistischen Analyseergebnisse verzerrt sind. Da die fehlenden Werte allerdings mithilfe von Variablen, die für das Fehlen ursächlich sind (hier das Alter der Befragten), schätzbar sind, ist diese Form der fehlenden Werte aus inferenzstatistischer Sicht verhältnismäßig wenig problematisch. Liegen die Ursachen für die fehlenden Werte, also für das Item-Nonresponse-Verhalten des Befragten, aber im Item selbst begründet, dann sind die Missings systematisch mit dem zu messenden Merkmal verbunden (»not missing at random«). Eine Schätzung ist in diesem Fall nicht möglich und somit weitaus problematischer (de Leeuw/Hox 2008).[51] In vielen Fällen liegen fehlende Angaben der Befragten auch ursächlich im Messinstrument begründet (Fragebogendesign oder Sensibilität der Items).

6 Zusammenfassung und Diskussion

In vielen empirisch-sozialwissenschaftlichen Studien in und von den Streitkräften werden Einstellungen von Untersuchungsobjekten, d.h. von Bundeswehrangehörigen oder Personen aus der Bevölkerung, erhoben. Da Einstellungsmerkmale aber nicht direkt beobachtbar sind, müssen sie von den Forschenden mit geeigneten Methoden messbar gemacht werden. In quantitativen Befragungen erfolgt dies durch die beobachtbare Reaktion des Befragten auf einen Stimulus im Interview. Das Stimulusobjekt ist ein Item in einem Fragebogen, das meist aus einer Frage oder Aussage und den dazu passenden Antwortmöglichkeiten besteht. Items sind demnach Indikatoren, die das theoretische Konstrukt – also die zu messende Einstellung – möglichst gut abbilden (Operationalisierung).

---

51 Zur Unterscheidung und den spezifischen Folgen von verschiedenen Typen von fehlenden Werten (»missing completely at random«, »missing at random«, »not missing at random«) siehe ausführlicher z.B. Schnell (2012: 172).

Wie die Methodenforschung zeigt, ist ein wissenschaftliches Interview und die dabei stattfindende Messung von Einstellungen aber fehleranfällig. So setzt sich der im Interview gemessene Einstellungswert der klassischen Testtheorie und anderen Ansätzen zufolge aus dem »wahren Wert« des Befragten (der tatsächlichen Einstellung) und aus zufälligen und systematischen Fehlern zusammen. Im Konzept des Total Survey Errors werden diese systematisiert in Fehler der Stichprobe (»nonobservational errors«) und Fehler der Messung (»observational errors«). Der wohl bekannteste Fehlertyp von Letzterem ist der Messfehler. Er entsteht, wenn Merkmale des Befragten selbst, des Interviewers, des Messinstruments und/oder der Interviewsituation die Antwortreaktion des Befragten im Interview verändern. Der Messfehler ist besonders problematisch, da er meist auf systematischen Fehlern beruht, welche die Daten verzerren. In der Folge ist die Validität (Gültigkeit) der Messung beeinträchtigt und damit die inferenzstatistischen Analysen und entsprechende Schlussfolgerungen fehlerhaft.

Befragungen innerhalb der Bundeswehr können solche Messfehler enthalten, denn die Interviewten sind sich darüber bewusst, dass sie Untersuchungsobjekte sind. Daher wird die Umfrage möglicherweise von einigen als Möglichkeit genutzt, dienstliche Unstimmigkeiten und Probleme als anonymer Ankläger zu äußern und eventuell besonders hervorzuheben, um Impulse für Veränderungen in der Organisation Bundeswehr zu setzen oder diese zu beschleunigen. Vergleicht man nun bundeswehrinterne Umfrageergebnisse mit Befunden aus einer Bevölkerungsbefragung zum gleichen Thema, so kann es sein, dass Unterschiede zwischen der Bundeswehr und zivilen Arbeitgebern überschätzt werden. Während Befragte in Mitarbeiterbefragungen, die vom eigenen Arbeitgeber durchgeführt werden, unter Umständen eher dazu neigen, etwas negativer zu antworten, kann man für Befragte in Umfragen außerhalb des beruflichen Umfelds Gegenteiliges vermuten. Da die Antworten der Befragten in normalen Bevölkerungsbefragungen keine Wirkung bei ihren Arbeitgebern entfalten können, werden sie vermutlich weniger dazu tendieren, Probleme zu übertreiben. Vielmehr kann man annehmen, dass vor allem in Befragungen mit einem Interviewer der Druck der sozialen Erwünschtheit dazu führt, dass der eigene Arbeitgeber oder die berufliche Situation von den Befragten besser dargestellt wird, als es tatsächlich der Fall ist.

Diese Vermutung wird untermauert durch empirische Ergebnisse einiger Umfragen des ZMSBw. Beispielsweise finden sich in der Studie zur Vereinbarkeit von Dienst und Privat- bzw. Familienleben (Bulmahn et al. 2014) starke Abweichungen bei der Messung der beruflichen Belastungen und deren Auswirkungen zwischen der Stichprobe der befragten Bundeswehrangehörigen und der Stichprobe aus der Bevölkerung. Trotz der Anpassung der Alters- und Geschlechtsstruktur der Bevölkerungsstichprobe an das Sample aus der Bundeswehr (Gewichtung zur besseren Vergleichbarkeit) blieben die Unterschiede weitestgehend bestehen. In Abstimmung mit externen Experten von renommierten Umfrageinstituten kamen die beteiligten Wissenschaftlerinnen des ZMSBw zu der Vermutung, dass die Differenzen zwischen den beiden Stichproben zumindest teilweise durch Messfehler erklärbar sind (Wanner/Höfig 2014: 18). Ähnliches kann für die Studie zur Attraktivität der Bundeswehr als Arbeitgeber 2013 (Bulmahn/Höfig 2013; Höfig 2014) vermutet werden, in der die Befriedigung der berufsbezogenen Bedürfnisse durch den Arbeitgeber und die Dienstzufriedenheit in der bundeswehrinternen Studie durch die Befragten deutlich schlechter bewertet wurde als in der Bevölkerung.

Generell ist die persönliche Relevanz und damit die Motivation zur Teilnahme und zur Beantwortung der Fragen für die Befragten in Mitarbeiterumfragen als höher zu bewerten als in allgemeinen Bevölkerungsbefragungen. Dennoch besteht bei Umfragen innerhalb der Streitkräfte die Gefahr, dass eine zu häufige Durchführung solcher Projekte die Bundeswehrangehörigen überlastet und somit die Motivation vermindert. Darüber hinaus könnte die zunehmende Menge von Umfragen bei den Beschäftigten vermehrt zu Frustration führen, wenn keine spürbaren Veränderungen einsetzen. Dementsprechend sollten sozialwissenschaftliche Umfragen in den Streitkräften sparsam und methodisch gewissenhaft eingesetzt und die Ergebnisse und damit verbundene organisatorische Maßnahmen den Mitarbeitern nachvollziehbar kommuniziert werden.

Moderne Demokratien sind darauf angewiesen, das Meinungsbild der Bevölkerung zu berücksichtigen. Die in Umfragen gemessenen politischen Einstellungen der Bürger können dabei helfen, politische Entscheidungen zu treffen und demokratisch zu legitimieren sowie regelmäßig zu evaluieren. Dazu leistet die jährliche Bevölkerungsbefragung des ZMSBw einen Beitrag und ist daher wertvoll. In Befragungen zu sicherheits- und verteidigungspolitischen Einstellungen ist, wie in diesem Beitrag gezeigt wurde, die Wahrscheinlichkeit für Messfehler jedoch aufgrund der besonderen Thematik höher als bei Umfragen, die keine politischen Einstellungen messen. Zudem ist es wahrscheinlich, dass Einstellungen zu sicherheits- und verteidigungspolitischen Themen in der deutschen Bevölkerung weniger ausgeprägt oder gefestigt sind als bei anderen – nicht politischen – Umfragethemen. Zum einen deshalb, weil politische Themen sehr komplex sind, zum anderen, weil sie für die Bürger – im Vergleich zu anderen Themen – unter Umständen weniger Alltagsrelevanz aufweisen. Dementsprechend bilden sich die in der Befragung gemessenen Einstellungen bei einigen Befragten vermutlich erst im Prozess des Interviews selbst, was das Risiko für Befragten-, Instrument-, Interviewer- oder auch Situationseffekte erhöht. Umfrageergebnisse zu (sicherheits-)politischen Einstellungen sollten also, wie einleitend beschrieben, nicht gänzlich unreflektiert rezipiert werden. Auf der anderen Seite sollten empirische Befunde aus Befragungen – trotz der in diesem Artikel beschriebenen Fehleranfälligkeit – auch nicht vollkommen infrage gestellt werden. Veränderungen der sicherheitspolitischen Einstellungen in der Bevölkerung können mithilfe der jährlichen Bevölkerungsbefragung, die einige Fragen seit nunmehr über zwei Jahrzehnten regelmäßig stellt, durch die Langzeitbeobachtung relativ valide ermittelt werden. Sie ist zudem von ausgesprochen hohem Wert, wenn mit ihr richtig umgegangen und sie richtig verstanden wird.

Literatur

Albarracin, Dolores/Wang, Wie/Li, Hong/Noguchi, Kenji (2008): Structure of Attitudes. Judgments, Memory, and Implications for Change. In: Crano, William D./Prislin, Radmila (Hrsg.): Attitudes and Attitude Change. New York: Psychology Press, 19–39.

Andersen, Ronald/Kasper, Judith D./Frankel, Martin R./Banks, Martha J./Daughety, Virginia S. (1979) (Hrsg.): Total Survey Error. San Francisco: Jossey-Bass.

Atteslander, Peter (2010): Methoden der empirischen Sozialforschung. Berlin: Erich Schmidt Verlag.

Atteslander, Peter/Kneubühler, Hans-Ulrich (1975): Verzerrungen im Interview. Zu einer Fehlertheorie der Befragung. Opladen: Westdeutscher Verlag.

Bachleitner, Reinhard/Aschauer, Wolfgang (2009): Zur Situationsspezifität von Raum, Zeit und Befindlichkeit in der Umfrageforschung. In: Weichbold, Martin/Bacher, Johann/Wolf, Christof (Hrsg.): Grenzen und Herausforderungen der Umfrageforschung. Wiesbaden: VS Verlag für Sozialwissenschaften, 515–537.

Bachleitner, Reinhard/Weichbold, Martin/Aschauer, Wolfgang (2010): Die Befragung im Kontext von Raum, Zeit und Befindlichkeit. Beiträge zu einer prozessorientierten Theorie der Umfrageforschung. Wiesbaden: VS Verlag für Sozialwissenschaften.

Baumgartner, Hans/Steenkamp, Jan-Benedict E. M. (2001): Response Styles in Marketing Research: A Cross-National Investigation. In: Journal of Marketing Research, 38: 2, 143–156.

Baur, Nina/Blasius, Jörg (Hrsg.) (2014): Handbuch Methoden der empirischen Sozialforschung. Wiesbaden: Springer VS.

Bautista, René (2012): An Overlooked Approach in Survey Research: Total Survey Error. In: Gideon, Lior (Hrsg.): Handbook of Survey Methodology for the Social Sciences. New York: Springer, 37–49.

Beatty, Paul/Douglas, Herrmann (2002): To Answer or Not to Answer: Decision Processes Related to Survey Item Nonresponse. In: Groves, Robert M./Dillman, Don A./Eltinge, John L./Little, Roderick J.A. (Hrsg.): Survey Nonresponse. New York: John Wiley & Sons, 71–85.

Biehl, Heiko (2017): Haltungen der Bürgerinnen und Bürger zur Bundeswehr. In: Steinbrecher, Markus/Biehl, Heiko/Rothbart, Chariklia: Sicherheits- und verteidigungspolitisches Meinungsbild in der Bundesrepublik Deutschland. Ergebnisse und Analysen der Bevölkerungsbefragung 2017. Forschungsbericht 117. Potsdam: Zentrum für Militärgeschichte und Sozialwissenschaften der Bundeswehr, 63–77.

Biehl, Heiko (2018): Haltungen der Bürgerinnen und Bürger zur Bundeswehr. In: Steinbrecher, Markus/Biehl, Heiko/Graf, Timo: Sicherheits- und verteidigungspolitisches Meinungsbild in der Bundesrepublik Deutschland. Ergebnisse und Analysen der Bevölkerungsbefragung 2018. Forschungsbericht 118. Potsdam: Zentrum für Militärgeschichte und Sozialwissenschaften der Bundeswehr, 72–93.

Biemer, Paul P. (2010): Total Survey Error: Design, Implementation, and Evaluation. In: Public Opinion Quarterly, 74: 5, 817–848.

Biemer, Paul P./Lyberg, Lars (2003): Introduction to Survey Quality. New York: John Wiley & Sons.

Biemer, Paul P./Trewin, Dennis (1997): A Review of Measurement Error Effects on the Analysis of Survey Data. In: Lyberg, Lars/Biemer, Paul/Collins, Martin/de Leeuw, Edith D./Dippo, Cathryn/Schwarz, Norbert/Trewin, Dennis (Hrsg.): Survey Measurement and Process Quality. New York: John Wiley & Sons, 601–632.

Bortz, Jürgen/Döring, Nicola (2006): Forschungsmethoden und Evaluation für Human- und Sozialwissenschaftler. Heidelberg: Springer.

Bulmahn, Thomas/Hennig, Jana/Höfig, Chariklia/Wanner, Meike (2014): Ergebnisse der repräsentativen Bundeswehrumfrage zur Vereinbarkeit von Dienst und Privat- bzw. Familienleben. Forschungsbericht 107. Potsdam: Zentrum für Militärgeschichte und Sozialwissenschaften der Bundeswehr.

Bulmahn, Thomas/Höfig, Chariklia (2013): Ergebnisse der repräsentativen Bundeswehrumfrage zur Attraktivität des Arbeitgebers Bundeswehr. Ergebnispräsentation im BMVg, Berlin, am 22.10.2013 (Power-Point-Präsentation).

Callegaro, Mario (2008): Social Desirability. In: Lavrakas, Paul J. (Hrsg.): Encyclopedia of Survey Research Methods. Thousand Oaks: Sage, 825–826.

Cantril, Hadley (1947): Gauging Public Opinion. Princeton: Princeton University Press.

Cheung, Gordon W./Rensvold, Roger B. (2000): Assessing Extreme and Acquiescence Response Sets in Cross-Cultural Research Using Structural Equations Modeling. In: Journal of Cross-Cultural Psychology, 31: 2, 187–212.
Cronbach, Lee J. (1951): Coefficient Alpha and the Internal Structure of Tests. In: Psychometrika, 16: 3, 297–334.
de Leeuw, Edith D. (1992): Data Quality in Mail, Telephone and Face to Face Surveys. Amsterdam: TT-Publikaties.
de Leeuw, Edith D. (2008): Choosing the Method of Data Collection. In: de Leeuw, Edith D./Hox, Joop J./ Dillman, Don A. (Hrsg.): International Handbook of Survey Methodology. New York: Lawrence Erlbaum, 113–135.
de Leeuw, Edith D./Hox, Joop J. (2008): Missing Data. In: Lavrakas, Paul J. (Hrsg.): Encyclopedia of Survey Research Methods. Thousand Oaks: Sage, 467–471.
de Leeuw, Edith D./Hox, Joop J. (2014): Survey Mode and Mode Effects. In: Engel, Uwe/Jann, Ben/Lynn, Peter/Scherpenzeel, Annette/Sturgis, Patrick (Hrsg.): Improving Survey Methods: Lessons from Recent Research. New York: Routledge, 22–34.
de Leeuw, Edith D./Hox, Joop J./Dillman, Don A. (Hrsg.) (2008): International Handbook of Survey Methodology. New York: Lawrence Erlbaum.
Devos, Thierry (2008): Implicit Attitudes 101. Theoretical and Empirical Insights. In: Crano, William D./Prislin, Radmila (Hrsg.): Attitudes and Attitude Change. New York: Psychology Press, 61–84.
Diekmann, Andreas (2013): Empirische Sozialforschung: Grundlagen, Methoden, Anwendungen. Reinbeck bei Hamburg: Rowohlt-Taschenbuch-Verlag.
Dykema, Jennifer/Blixt, Steven/Stevenson, John (2008): Respondent-Related Error. In: Lavrakas, Paul J. (Hrsg.): Encyclopedia of Survey Research Methods. Thousand Oaks: Sage, 745–748.
Eagly, Alice H./Chaiken, Shelly (1993): The Psychology of Attitudes. New York: Harcourt Brace.
Eaton, Asia A./Visser, Penny S. (2008): Attitudes. In: Lavrakas, Paul J. (Hrsg.): Encyclopedia of Survey Research Methods. Thousand Oaks: Sage, 39–41.
Eckardt, Georg (2015): Sozialpsychologie – Quellen zu ihrer Entstehung und Entwicklung. Wiesbaden: Springer.
Eirmbter, Willy H./Jacob, Rüdiger (1996): Fragen zu Fragen: Instrumentenbedingte Antwortverzerrungen? In: ZUMA-Nachrichten, 20: 38, 90–111.
Engel, Uwe (2014): Survey Modes and Response Effects: Overview and Introduction. In: Engel, Uwe/Jann, Ben/Lynn, Peter/Scherpenzeel, Annette/Sturgis, Patrick (Hrsg.): Improving Survey Methods: Lessons from Recent Research. New York: Routledge, 15–21.

Engel, Uwe/Schmidt, Björn Oliver (2014): Unit- und Item-Nonresponse. In: Baur, Nina/Blasius, Jörg (Hrsg.): Handbuch Methoden der empirischen Sozialforschung. Wiesbaden: Springer VS, 331–348.

Esser, Hartmut (1977): Response Set – Methodische Problematik und soziologische Interpretation. In: Zeitschrift für Soziologie, 6: 3, 253–263.

Esser, Hartmut (1985): Befragtenverhalten als »rationales Handeln« – Zur Erklärung von Antwortverzerrungen in Interviews. ZUMA-Arbeitsbericht 85/01. Mannheim: Zentrum für Umfragen, Methoden und Analysen.

Esser, Hartmut (1986): Können Befragte lügen? Zum Konzept des »wahren Wertes« im Rahmen der handlungstheoretischen Erklärung von Situationseinflüssen bei der Befragung. In: Kölner Zeitschrift für Soziologie und Sozialpsychologie, 38, 314–336.

Fabrigar, Leandre R./MacDonald, Tara K./Wegener, Duane T. (2005): The Structure of Attitudes. In: Albarracin, Dolores/Johnson, Blair T./Zanna, Mark P. (Hrsg.): The Handbook of Attitudes. New York: Psychology Press, 79–124.

Faulbaum, Frank (2014): Total Survey Error. In: Baur, Nina/Blasius, Jörg (Hrsg.): Handbuch Methoden der empirischen Sozialforschung. Wiesbaden: Springer VS, 439–453.

Faulbaum, Frank/Prüfer, Peter/Rexroth, Margrit (2009): Was ist eine gute Frage? Wiesbaden: VS Verlag für Sozialwissenschaften.

Fazio, Russell H./Olson, Michael A. (2003): Implicit Measures in Social Cognition Research: Their Meaning and Use. In: Annual Review of Psychology, 54: 1, 297–327.

Fishbein, Martin/Ajzen, Icek (1975): Belief, Attitude, Intention, and Behavior: An Introduction to Theory and Research. Reading: Addison-Wesley.

Fricker, Scott/Tourangeau, Roger (2010): Examining the Relationship Between Nonresponse Propensity and Data Quality in Two National Household Surveys. In: Public Opinion Quarterly, 74: 5, 934–955.

Fuchs, Marek (2008): Total Survey Error (TSE). In: Lavrakas, Paul J. (Hrsg.): Encyclopedia of Survey Research Methods. Thousand Oaks: Sage, 896–902.

Gabriel, Oscar W./Thaidigsmann, S. Isabell (2009): Item Nonresponse: Ausprägung und Ursachen. In: Schoen, Harald/Rattinger, Hans/Gabriel, Oscar W. (Hrsg.): Vom Interview zur Analyse. Methodische Aspekte der Einstellungs- und Wahlforschung. Baden-Baden: Nomos, 282–319.

Glantz, Alexander/Michael, Tobias (2014): Interviewereffekte. In: Baur, Nina/Blasius, Jörg (Hrsg.): Handbuch Methoden der empirischen Sozialforschung. Wiesbaden: Springer VS, 313–322.

Groves, Robert M. (1987): Research on Survey Data Quality. In: Public Opinion Quarterly, 51: 4/2, 156–172.

Groves, Robert M. (1989): Survey Errors and Survey Costs. New York: John Wiley & Sons.
Groves, Robert M./Dillman, Don A./Eltinge, John L./Little, Roderick J.A. (Hrsg.) (2002): Survey Nonresponse. New York: John Wiley & Sons.
Groves, Robert M./Fowler, Floyd J./Couper, Mick P./Lepkowski, James M./Singer, Eleanor/Tourangeau, Roger (2009): Survey Methodology. Hoboken: John Wiley & Sons.
Groves, Robert M./Lyberg, Lars (2010): Total Survey Error: Past, Present, and Future. In: Public Opinion Quarterly, 74: 5, 849–879.
Haddock, Geoffrey/Maio, Gregory R. (2007): Einstellungen: Inhalt, Struktur und Funktionen. In: Jonas, Klaus/Stroebe, Wolfgang/Hewstone, Miles (Hrsg.): Sozialpsychologie. 5., vollständig überarb. Aufl. Heidelberg: Springer, 187–223.
Haddock, Geoffrey/Maio, Gregory R. (2014): Einstellungen. In: Jonas, Klaus/Stroebe, Wolfgang/Hewstone, Miles (Hrsg.): Sozialpsychologie. 6., vollständig überarb. Aufl. Heidelberg: Springer, 197–229.
Häder, Michael (2015): Empirische Sozialforschung. Wiesbaden: Springer VS.
Häder, Michael/Häder, Sabine (2014): Stichprobenziehung in der quantitativen Sozialforschung. In: Baur, Nina/Blasius, Jörg (Hrsg.): Handbuch Methoden der empirischen Sozialforschung. Wiesbaden: Springer VS, 283–297.
Hansen, Morris H./Hurwitz, William N./Madow, William G. (1953): Sample Survey Methods and Theory. New York: John Wiley & Sons.
Himme, Alexander (2009): Gütekriterien der Messung: Reliabilität, Validität und Generalisierbarkeit. In: Albers, Sönke/Klapper, Daniel/Konradt, Udo/Walter, Achim/Wolf, Joachim (Hrsg.): Methodik der empirischen Forschung. Wiesbaden: Gabler, 485–500.
Hippler, Hans-Jürgen/Schwarz, Norbert/Sudman, Seymour (Hrsg.) (1987): Social Information Processing and Survey Methodology. New York: Springer.
Höfig, Chariklia (2014): »War for Talents« – Die Attraktivitätsoffensive der Bundeswehr aus der Perspektive sozialwissenschaftlich-empirischer Untersuchungen. In: Bundeswehrverwaltung. Fachzeitschrift für Administration, 58: 11, 249–252.
Holm, Kurt (1974a): Theorie der Frage. In: Kölner Zeitschrift für Soziologie und Sozialpsychologie, 26: 1, 91–114.
Holm, Kurt (1974b): Theorie der Fragebatterie. In: Kölner Zeitschrift für Soziologie und Sozialpsychologie, 26: 2, 316–341.
Holyk, Gregory G. (2008): Questionnaire Design. In: Lavrakas, Paul J. (Hrsg.): Encyclopedia of Survey Research Methods. Thousand Oaks: Sage, 656–659.

Hox, Joop J./de Leeuw, Edith D./Kreft, Ita G. G. (2004): The Effect of Interviewer and Respondent Characteristics on the Quality of Survey Data: A Multilevel Model. In: Biemer, Paul P./Groves, Robert M./Lyberg, Lars E./Mathiowetz, Nancy A./Sudman, Seymour (Hrsg.): Measurement Errors in Surveys. New York: Wiley, 439–461.

Huber, Sascha/Steinbrecher, Markus (2015): Wahlverhalten und politische Einstellungen. In: Zmerli, Sonja/Feldman, Ofer (Hrsg.): Politische Psychologie. Handbuch für Studium und Wissenschaft. Baden-Baden: Nomos, 105–122.

Hyman, Herbert/Sheatsley, Paul B. (1950): The Current Status of American Public Opinion. In: Payne, John C. (Hrsg.): The Teaching of Contemporary Affairs. Twenty-First Yearbook of the National Council for the Social Studies. Washington: National Council of Social Studies, 11–34.

Jacob, Rüdiger/Eirmbter, Willy H. (2000): Allgemeine Bevölkerungsumfragen: Einführung in die Methoden der Umfrageforschung mit Hilfen zur Erstellung von Fragebögen. München: Oldenburg.

Jacob, Rüdiger/Heinz, Andreas/Decieux, Jean Philippe (2013): Umfrage. Einführung in die Methoden der Umfrageforschung. München: Oldenburg.

Kaminska, Olena/McCutcheon, Allan L./Billiet, Jaak (2010): Satisficing Among Reluctant Respondents in a Cross-National Context. In: Public Opinion Quarterly, 74: 5, 956–984.

Kish, Leslie (1965): Survey Sampling. New York: John Wiley & Sons.

Kramer, Robert (2014): Sozialwissenschaftliche Begleitstudie zur Evaluation des Freiwilligen Wehrdienstes. Ergebnisse der Zweitbefragung der Freiwilligen Wehrdienst Leistenden mit Diensteintritt im Zeitraum von Juli 2011 bis April 2012. Forschungsbericht 108. Potsdam: Zentrum für Militärgeschichte und Sozialwissenschaften der Bundeswehr.

Krampe, Thomas (2013): Nutzerzufriedenheit HERKULES. Ergebnisse der Befragung der Anwender und Anwenderinnen 2013. Forschungsbericht 103. Potsdam: Zentrum für Militärgeschichte und Sozialwissenschaften der Bundeswehr.

Krebs, Dagmar/Menold, Natalja (2014): Gütekriterien quantitativer Sozialforschung. In: Baur, Nina/Blasius, Jörg (Hrsg.): Handbuch Methoden der empirischen Sozialforschung. Wiesbaden: Springer VS, 425–438.

Kreuter, Frauke (2008): Interviewer Effects. In: Lavrakas, Paul J. (Hrsg.): Encyclopedia of Survey Research Methods. Thousand Oaks: Sage, 369–371.

Kronthaler, Franz (2014): Statistik angewandt. Datenanalyse ist (k)eine Kunst. Berlin: Springer Spektrum.

Krosnick, Jon A. (1991): Response Strategies for Coping with the Cognitive Demands of Attitude Measures in Surveys. In: Applied Cognitive Psychology, 5: 3, 213–236.

Krosnick, Jon A./Narayan, Sowmya/Smith, Wendy R. (1996): Satisficing in Surveys: Initial Evidence. In: Braverman, Marc T./Slater, Jana K. (Hrsg.): Advances in Survey Research: New Directions for Evaluation. San Francisco: Jossey-Bass, 29–44.

Kümmel, Gerhard (2014): Truppenbild ohne Dame? Eine sozialwissenschaftliche Begleituntersuchung zum aktuellen Stand der Integration von Frauen in die Bundeswehr. Forschungsbericht 106. Potsdam: Zentrum für Militärgeschichte und Sozialwissenschaften der Bundeswehr.

Lavrakas, Paul J. (Hrsg.) (2008): Encyclopedia of Survey Research Methods. Thousand Oaks: Sage.

Likert, Rensis (1932): A Technique for the Measurement of Attitudes. In: Archives of Psychology, 22: 140, 1–55.

Lohr, Sharon L. (2008): Coverage and Sampling. In: de Leeuw, Edith D./Hox, Joop J./Dillman, Don A. (Hrsg.): International Handbook of Survey Methodology. New York: Lawrence Erlbaum, 97–112.

Mayerl, Jochen/Urban, Dieter (2008): Antwortreaktionszeiten in Survey-Analysen. Messung, Auswertung und Anwendungen. Wiesbaden: VS Verlag für Sozialwissenschaften.

Mummendey, Hans/Grau, Ina (2008): Die Fragebogen-Methode. Göttingen: Hogrefe.

Oberski, Daniel L./Kirchner, Antje/Eckman, Stephanie/Kreuter, Frauke (2017): Evaluating the Quality of Survey and Administrative Data with Generalized Multitrait-Multimethod Models. In: Journal of the American Statistical Association, 112: 520, 1477–1489.

Payne, Stanley (1951): The Art of Asking Questions. Princeton: Princeton University Press.

Proner, Hanna (2011): Ist keine Antwort auch eine Antwort? Wiesbaden: VS Verlag für Sozialwissenschaften.

Rammstedt, Beatrice (2010): Reliabilität, Validität, Objektivität. In: Wolf, Christof/Best, Henning (Hrsg.): Handbuch der sozialwissenschaftlichen Datenanalyse. Wiesbaden: VS Verlag für Sozialwissenschaften, 239–258.

Rasch, Björn/Friese, Malte/Hofmann, Wilhelm/Naumann, Ewald (2014): Quantitative Methoden 1. Einführung in die Statistik für Psychologen und Sozialwissenschaftler. Berlin/Heidelberg: Springer.

Rat für Sozial- und Wirtschaftsdaten (2014): Qualitätsstandards zur Entwicklung, Anwendung und Bewertung von Messinstrumenten in der sozialwissenschaftlichen Umfrageforschung. RatSWD Working Paper Series 230. Berlin: Rat für Sozial- und Wirtschaftsdaten.

Revilla, Melanie (2010): Quality in Unimode and Mixed-Mode Designs: A Multitrait-Multimethod Approach. In: Survey Research Methods, 4: 3, 151–164.

Richter, Gregor (2013): Nutzerzufriedenheit HERKULES. Ergebnisse der Befragung der Dienststellenleiter und -leiterinnen 2013. Forschungsbericht 102. Potsdam: Zentrum für Militärgeschichte und Sozialwissenschaften der Bundeswehr.

Richter, Gregor (2016): Wie attraktiv ist die Bundeswehr als Arbeitgeber? Ergebnisse der Personalbefragung 2016. Forschungsbericht 113. Potsdam: Zentrum für Militärgeschichte und Sozialwissenschaften der Bundeswehr.

Roßmann, Joss (2017): Satisficing in Befragungen. Theorie, Messung und Erklärung. Wiesbaden: Springer VS.

Rothbart, Chariklia (2017): Subjektive Sicherheit. In: Steinbrecher, Markus/Biehl, Heiko/Rothbart, Chariklia: Sicherheits- und verteidigungspolitisches Meinungsbild in der Bundesrepublik Deutschland. Ergebnisse und Analysen der Bevölkerungsbefragung 2017. Forschungsbericht 117. Potsdam: Zentrum für Militärgeschichte und Sozialwissenschaften der Bundeswehr, 18–35.

Rothbart, Chariklia i.V.: Messfehler in interviewer-administrierten Befragungen zu politischen Einstellungen. Eine systematische Untersuchung zum Einfluss des Erhebungsinstruments, des Befragten, des Interviewers und der Interviewsituation auf die Qualität der Daten. Dissertation, Universität Potsdam.

Rugg, Donald (1941): Experiments in Wording Questions: II. In: Public Opinion Quarterly, 5: 1, 91–92.

Rugg, Donald/Cantril, Hadley (1942): The Wording of Questions in Public Opinion Polls. In: The Journal of Abnormal and Social Psychology, 37: 4, 469–495.

Saris, Willem E./Satorra, Albert/Coenders, Germà (2004): A New Approach to Evaluating the Quality of Measurement Instruments: The Split-Ballot MTMM Design. In: Sociological Methodology, 34: 1, 311–347.

Schäfer, Thomas (2016): Methodenlehre und Statistik. Einführung in Datenerhebung, deskriptive Statistik und Inferenzstatistik. Wiesbaden: Springer.

Scheuch, Erwin K. (1973): Das Interview in der Sozialforschung. In: König, René (Hrsg.): Handbuch der empirischen Sozialforschung. Band 2: Grundlegende Methoden und Techniken der empirischen Sozialforschung. Erster Teil. Stuttgart: Ferdinant Enke, 66–190.

Schnell, Rainer (2012): Survey-Interviews: Methoden standardisierter Befragungen. Wiesbaden: VS Verlag für Sozialwissenschaften.

Schnell, Rainer/Hill, Paul B./Esser, Elke (2013): Methoden der empirischen Sozialforschung. München: Oldenbourg.

Schumann, Siegfried (2009a): Strukturierte Einstellungen – Einstellungsstrukturen: Überlegungen am Beispiel der Parteisympathie. In: Kaspar, Hanna/Schoen, Harald/Schumann, Siegfried/Winkler, Jürgen R. (Hrsg.): Politik – Wissenschaft – Medien. Wiesbaden: VS Verlag für Sozialwissenschaften, 203–219.

Schumann, Siegfried (2009b): Vernachlässigbare Details? Konsequenzen der Variation von Antwortvorgaben. In: Schoen, Harald/Rattinger, Gabriel (Hrsg.): Vom Interview zur Analyse. Methodische Aspekte der Einstellungs- und Wahlforschung. Baden-Baden: Nomos, 180–205.

Schupp, Jürgen/Wolf, Christof (2015) (Hrsg.): Nonresponse Bias. Qualitätssicherung sozialwissenschaftlicher Umfragen. Wiesbaden: VS Verlag für Sozialwissenschaften.

Schwarz, Norbert (2007): Cognitive Aspects of Survey Methodology. In: Applied Cognitive Psychology, 21: 2, 277–287.

Schwarz, Norbert/Bless, Herbert/Hippler, Hans-Jürgen/Strack, Fritz/Sudman, Seymour (1994): Cognitive and Communicative Aspects of Survey Measurement. In: Borg, Ingwer/Mohler, Peter P. (Hrsg.): Trends and Perspectives in Empirical Research. Berlin/New York: Walter de Gruyter, 40–56.

Schwarz, Norbert/Strack, Fritz/Hippler, Hans-Jürgen (1990): Kognitionspsychologie und Umfrageforschung: Themen und Befunde eines interdisziplinären Forschungsgebietes. ZUMA-Arbeitsbericht 90/07. Mannheim: Zentrum für Umfragen, Methoden und Analysen.

Seiffert, Anja/Heß, Julius (2019): Leben nach Afghanistan – Die Soldaten und Veteranen der Generation Einsatz der Bundeswehr. Ergebnisse der sozialwissenschaftlichen Langzeitbegleitung des 22. Kontingents ISAF. Forschungsbericht 119. Potsdam: Zentrum für Militärgeschichte und Sozialwissenschaften der Bundeswehr.

Steinbrecher, Markus (2021): Einstellungen zur Höhe der Verteidigungsausgaben, zum Personalumfang der Bundeswehr und zu bewaffneten Drohnen. In: Steinbrecher, Markus/Graf, Timo/Biehl, Heiko/Irrgang, Christina: Sicherheits- und verteidigungspolitisches Meinungsbild in der Bundesrepublik Deutschland. Ergebnisse und Analysen der Bevölkerungsbefragung 2020. Forschungsbericht 128. Potsdam: Zentrum für Militärgeschichte und Sozialwissenschaften der Bundeswehr, 201–225.

Steinbrecher, Markus/Biehl, Heiko (2019): Nur »freundliches Desinteresse«? Ausmaß und Determinanten verteidigungspolitischen Wissens in Deutschland. In: Westle, Bettina/Tausendpfund, Markus (Hrsg.): Politisches Wissen. Relevanz, Messung und Befunde. Wiesbaden: Springer VS, 145–175.

Steinbrecher, Markus/Biehl, Heiko/Rothbart, Chariklia (2017): Sicherheits- und verteidigungspolitisches Meinungsbild in der Bundesrepublik Deutschland. Ergebnisse und Analysen der Bevölkerungsbefragung 2017. Forschungsbericht 117. Potsdam: Zentrum für Militärgeschichte und Sozialwissenschaften der Bundeswehr.

Steinbrecher, Markus/Graf, Timo/Biehl, Heiko/Irrgang, Christina (2021): Sicherheits- und verteidigungspolitisches Meinungsbild in der Bundesrepublik Deutschland. Ergebnisse und Analysen der Bevölkerungsbefragung 2020. Forschungsbericht 128. Potsdam: Zentrum für Militärgeschichte und Sozialwissenschaften der Bundeswehr.

Stember, Herbert/Hyman, Herbert (1949): How Interviewer Effects Operate Through Question Form. In: International Journal of Opinion and Attitude Research, 3, 493–512.

Stenger, Horst/Gabler, Siegfried (1994): Theory and Practice of Sample Surveys. In: Borg, Ingwer/Mohler, Peter P. (Hrsg.): Trends and Perspectives in Empirical Research. Berlin/New York: Walter de Gruyter, 125–138.

Stocké, Volker/Stark, Tobias (2005): Stichprobenverzerrung durch Item-Nonresponse in der international vergleichenden Politikwissenschaft. Working Paper 05-43. Mannheim: Sonderforschungsbereich 504, Universität Mannheim.

Taddicken, Monika (2010): Feldexperimente in der empirischen Sozialforschung: Probleme und Lösungen an einem Beispiel aus der Umfragemethodologie. In: Sozialwissenschaftlicher Fachinformationsdienst, soFid (Hrsg.): Methoden und Instrumente der Sozialwissenschaften, 2010/1, 35–43.

Tanur, Judith M. (Hrsg.) (1994): Questions About Questions. Inquiries Into the Cognitive Bases of Surveys. New York: Russell Sage Foundation.

Tourangeau, Roger/Bradburn, Norman M. (2010): The Psychology of Survey Response. In: Marsden, Peter V./Wright, James D. (Hrsg.): Handbook of Survey Research. Bingley: Emerald Group Publishing Limited, 315–346.

Tourangeau, Roger/Rasinski, Kenneth A. (1988): Cognitive Processes Underlying Context Effects in Attitude Measurement. In: Psychological Bulletin, 103: 3, 299–314.

Urban, Dieter/Mayerl, Jochen (2013): Politische Einstellungen: Gibt es die denn überhaupt? Warnung vor einer »schlechten« Praxis politischer Einstellungsforschung. In: Keil, Silke I./Thaidigsmann, S. Isabell (Hrsg.): Zivile Bürgergesellschaft und Demokratie. Wiesbaden: Springer VS, 259–272.

Vaerenbergh, Yves van/Thomas, Troy D. (2013): Response Styles in Survey Research: A Literature Review of Antecedents, Consequences, and Remedies. In: International Journal of Public Opinion Research, 25: 2, 195–217.

Wanner, Meike/Höfig, Chariklia (2014): Methodisches Design der Studie. In: Bulmahn, Thomas/Hennig, Jana/Höfig, Chariklia/Wanner, Meike: Ergebnisse der repräsentativen Bundeswehrumfrage zur Vereinbarkeit von Dienst und Privat- bzw. Familienleben. Forschungsbericht 107. Potsdam: Zentrum für Militärgeschichte und Sozialwissenschaften der Bundeswehr, 13–18.

Weisberg, Herbert F. (2005): The Total Survey Error Approach. A Guide to the New Science of Survey Research. Chicago: University of Chicago Press.

West, Brady T./Blom, Annelies G. (2017): Explaining Interviewer Effects: A Research Synthesis. In: Journal of Survey Statistics and Methodology, 5: 2, 175–211.

Westle, Bettina/Tausendpfund, Markus (2019): Politisches Wissen. Relevanz, Messung und Befunde. In: dies. (Hrsg.): Politisches Wissen. Relevanz, Messung und Befunde. Wiesbaden: Springer VS, 1–19.

Willis, Gordon B. (2008): Cognitive Aspects of Survey Methodology (CASM). In: Lavrakas, Paul J. (Hrsg.): Encyclopedia of Survey Research Methods. Thousand Oaks: Sage, 103–105.

Yan, Ting (2008): Nondifferentiation. In: Lavrakas, Paul J. (Hrsg.): Encyclopedia of Survey Research Methods. Thousand Oaks: Sage, 520–521.

Zanna, Mark P./Rempel, John K. (1988): Attitudes: A New Look at an Old Concept. In: Bar-Tal, Daniel/Kruglanski, Arie W. (Hrsg.): The Social Psychology of Knowledge. Cambridge: Cambridge University Press, 315–334.

Qualitative In-situ-Untersuchung von militärischen Hochrisikotruppenteilen

Jakob Rømer Barfod

1 Einleitung

Der deutsche General von Moltke[1], einer der bedeutendsten Militärstrategen, formulierte das berühmte Prinzip »Kein Plan überlebt die erste Feindberührung«, das die Kernelemente militärischer Führung, Taktik und Planung umfasst, sowie die Beziehung zum Führen in Kontexten, die von hohen Risiken geprägt sind. Pläne sind wichtig, aber für den Erfolg einer Operation ist eine wohldurchdachte und effektive Führung in Hochrisikosituationen zwingend erforderlich (Trewin et al. 2010).

Es gibt bisher wenige Forschungsarbeiten über militärische Truppenteile, die in mit hohem Risiko verbundenen Situationen operieren, und zahlreiche Wissenschaftler haben zum Ausdruck gebracht, dass diese Thematik weiter untersucht werden sollte (Anaki et al. 2012; Bangari 2014; Baran/Scott 2010; Beyer 2010; Börjesson et al. 2011; Campbell et al. 2010; Fisher et al. 2010; Hannah et al. 2009; Hannah et al. 2010; Ramthun 2013; Yammarino et al. 2010), sowohl auf der Mikro- als auch auf der Meso- und Makroebene (Campbell et al. 2010). Es stellt ein Problem dar, dass so wenig über die Handlungen und Prozesse bekannt ist, die die Führung gefährlicher, unklarer und zeitkritischer Operationen kennzeichnen. Campbell und Kollegen (2010) argumentieren, dass die existierende Literatur zur Führung in Hochrisikosituationen hauptsächlich aus Anekdoten, Memoiren, historischen Berichten, retrospektiven Fragebögen oder Forschungsarbeiten besteht, die in simulierten oder beinahe riskanten Kontexten durchgeführt wurden, was auf einen Mangel an empirischer Forschung hinweist. Wie wird in Hochrisikotruppenteilen des dänischen Militärs Führung praktiziert und wie wird diese ermöglicht? So lautet die aktuelle Fragestellung meiner Studie, deren Methodik im vorliegenden Beitrag erörtert werden soll. Es handelt sich hierbei um laufende Forschungsarbeiten unter Einsatz qualitativer In-situ-Methoden, wodurch die bestehende Lücke im Bereich interaktionaler In-situ-Untersuchungen kleiner mili-

---

[1] Helmuth Karl Bernhard Graf von Moltke (26. Oktober 1800−24. April 1891) war Chef des Generalstabes der Königlich Preußischen Armee. Er war einer der ersten militärischen Befehlshaber, die die Notwendigkeit betonten, große Armeen in kleinere und überschaubarere Truppenteile aufzuteilen, die Kontrolle über ihre eigene Versorgungskette und ihre Bewegung haben (Trewin et al. 2010).

tärischer Truppenteile, die unter hohen Risiken tätig sind und dabei unter hohem Druck stehen, geschlossen werden soll. Wenn wir die Praxis vor Ort verstehen wollen, muss auch die Forschungsarbeit vor Ort (in situ) stattfinden.

Im ersten Abschnitt über militärische Führung werden die besonderen Umstände militärischer Führung und ihre Beziehung zu kontextabhängiger, mit hohen Risiken verbundener Gefahr in einem durch Instabilität, Chaos, Unsicherheit und Zerstörung gekennzeichneten Umfeld erläutert (Sookermany et al. 2015). Ich werde näher auf den Risikobegriff eingehen und Beispiele für mit hohen Risiken verbundene Kontexte anführen. Darüber hinaus wird die Grundlage für meine Überlegungen zur Untersuchung der Führung in einem militärischen Kontext gelegt. Im anschließenden Abschnitt über Methodik und Datenerfassung werde ich erläutern, wie ich die In-situ-Untersuchung der Hochrisikotruppenteile des dänischen Militärs in Afghanistan und nördlich des Polarkreises durchführe. Die Nutzbarkeit meines Ansatzes in einem militärischen Kontext sowie die damit verbundenen Vorteile, deren Wert und die Möglichkeiten werden ebenfalls erörtert. Meine Überlegungen aus dem Feld, beispielsweise in Bezug auf die Gefahr, zu sehr in das Feld einzutauchen (Hammersley/Atkinson 2007), werden anhand einiger Beispiele verdeutlicht und damit verbunden auch die Grenzen von Insider-Forschung erläutert. Der letzte Abschnitt enthält einige abschließende Bemerkungen und eine sehr kurze Abhandlung einiger möglicher theoretischer Beiträge.

2 Militärische Führung

Zunächst wird erläutert, wie Führung als ein Phänomen verstanden werden kann und wie sich das Verständnis von Führung als etwas »Heroischem« zu einem stärker kontextualisierten und gesellschaftlich konstruierten Phänomen gewandelt hat, bei dem Führung nicht einem bestimmten Individuum inhärent ist.

Ziegler und DeGrosky (2008) zufolge stimmen aktuelle Forschungsarbeiten zur Führung in dem Punkt überein, dass ein neues Führungsparadigma auftritt. Ein Paradigma, mit dem ein Wandel von einem »industriellen« zu einem »postindustriellen« Führungsmodell erfolgt. Das industrielle Modell stellte das Individuum (d.h. den Führenden) in den Mittelpunkt. Führung basierte auf der Macht aufgrund einer hierarchischen Position und war historisch als Verhalten konzeptualisiert, das anderen aufgetragen wird oder auf Weisung von anderen erfolgt – ein Führungskonzept, das die Eigenschaft des Führenden einzelnen Personen zuweist und somit heroische Definitionen von Führung hervorbringt. Führung im Sinne des postindustriellen Modells wird eher als beziehungsorientierter Prozess gesehen, der auf geteilter Macht beruht, während Führung heutzutage zunehmend als gemeinsamer oder kollaborativer Prozess konzeptualisiert wird. Somit erfolgt eine Verschiebung weg von der heroischen Sichtweise (daher die häufig verwendete Bezeichnung »postheroische Führung«), denn Führung wird in einer Situation stets gemeinschaftlich umgesetzt und resultiert somit aus den Beziehungen der Akteure, ein Effekt, der auf prozessuale Weise durch eine Gruppe von Menschen erzeugt wird, ein Produkt ihrer lokalen Interaktionen (Denis et al. 2012). Führung wird dabei nicht als Eigenschaft einzelner Personen angesehen, sondern als kollektives Phänomen, das verschiedene Personen untereinander aufteilen oder miteinander teilen und das potenziell veränderlich ist und in der Interaktion geschaffen wird (Denis et al. 2012). Es ist daher angemessen, den Fokus auf die Führungsinteraktion (Rost 1993) zu richten, bei der die Fähigkeit zu hinterfragen, Neugier und die Wichtigkeit, ein Klima der Zusammenarbeit und der gemeinsamen Entscheidungsfindung zu schaffen, und nicht Befehle und Kontrolle wesentliche Elemente sind (Ziegler/DeGrosky 2008). Führung wird im Wesentlichen dadurch beeinflusst, wie die Geführten ihr Verständnis von der offiziell führenden Person im Hinblick auf ihre Interpretation der Persönlichkeit, Verhaltensweise und Effektivität dieser Person entwickeln. Shamir (2007) zufolge ist effektive Führung ebenso das Ergebnis einer guten Gefolgschaft wie das guter Führer (Avolio et al. 2009). Gemäß der Beschreibung im Führungskonzept der dänischen Streitkräfte, genannt FKODIR 121-5, ist Führung nicht das Privileg offiziell ernannter Führer, sondern alle in einem Führungsraum handelnde Personen sind Teil des Führungsprozesses (Forsvarskommandoen 2008):

> »Gute Führung bedeutet, dass im Zusammenspiel mit anderen relevanten Akteuren Bedingungen geschaffen werden, die es ermöglichen, Aufgaben im Hinblick auf die Erreichung aktueller und zukünftiger Ziele gut und effektiv zu erfüllen [...]. Führung stellt somit einen Prozess der gegenseitigen Beeinflussung dar, an dem Führende, Mitarbeiter und andere relevante Akteure beteiligt sind [...]. Ungeachtet der Tatsache, dass die führende Person die offizielle Führungsverantwortung innehat, obliegt es jedem Einzelnen, sich nach besten Kräften zu bemühen, gute Führung zu ermöglichen.«[2]

Im Hinblick auf die vorhergehende Erörterung des Führungsbegriffes besteht eine interessante Fragestellung darin, ob über militärische Führung an sich gesprochen werden kann oder ob es sachdienlicher ist, über Führung in einem militärischen Kontext zu sprechen. Wie Sookermany, Sand und Breivik (2015) ausführen, ist ein wesentliches und in gewissem Maße kennzeichnendes Merkmal militärischer Leistung und Führung – in diesem Fall – die Verbindung mit kontextueller

---

2 Übersetzung aus dem Dänischen durch den Autor.

Gefahr in einer von Instabilität, Chaos, Unsicherheit und Zerstörung geprägten Umgebung. Betrachtet man militärisches Verhalten in seiner reinsten Form als ein Instrument organisierter politischer Gewalt (Weber 1946), ist es keine abgedroschene Phrase, zu sagen, dass dieses auf existenzielle Weise mit Gefahr verbunden ist – letztlich riskieren Soldaten beim Ausführen militärischer Aufträge zum Zweck der Erfüllung politischer Ziele ihr Leben und das anderer Menschen (Sookermany et al. 2015). Das Führen sozusagen am Rande der Notwendigkeit erfordert gemeinsame Anstrengungen des gesamten Truppenteils, um zum Erfolg zu gelangen. Erfolgreiche militärische Einsatzteams erkennen, dass Handlungsweisen aus der »guten alten Zeit«, als Offiziere und Führer Befehle erteilten und Kontrolle ausübten und die Soldaten einfach Gehorsam leisteten, ohne dies zu hinterfragen, in der heutigen modernen Gesellschaft nicht mehr angebracht sind. Im heutigen Umfeld, das durch eine Zunahme der fachlichen Kompetenz und des Bewusstseins für angemessene Führung gekennzeichnet ist sowie durch die gestiegene Erwartung von Mannschaftssoldaten, sich im neu entstehenden Umfeld einzubringen, ist der direktive Stil (militärischer) Führung möglicherweise nicht mehr gerechtfertigt. Aus diesem Grund sind militärische Führer gleichermaßen davon abhängig, dass ihre Untergebenen explizite Vorschläge und Sichtweisen unterbreiten, wie sie auch von ihnen erwarten, als »strategische Gefreite« Entscheidungen direkt vor Ort zu treffen, wenn sie allein, häufig ohne Möglichkeit der Kommunikation, agieren und mit ungeplanten Krisensituationen konfrontiert werden (Tripodi/Wolfendale 2012). Sie wissen, dass das erfolgreiche Bestehen in einem gefährlichen Umfeld Durchhaltewillen und Wachsamkeit gegenüber dem erfordert, was um sie herum passiert, und Fragen gestellt und Antworten gefunden werden müssen. Weick (2001) bezeichnet dies als »Achtsamkeit«, »Situationsdeutung« und »Erprobung«. Soldaten, die über längere Zeiträume in diesem Umfeld agieren und der Notwendigkeit der ständigen Innovation und des Wandels ausgesetzt sind, um wachsam und einsatzbereit an der Spitze zu bleiben, müssen kontinuierlich motiviert werden, z.B. durch Aufforderung zu aktiver Teilnahme (Bangari 2014).

In Einsätzen erfolgt Führung in einem militärischen Umfeld, das mit hohen Risiken verbunden ist. Alles was im Leben passiert, ist risikobehaftet. Risiken als solche stellen eine Konstante dar, der alle Menschen tagtäglich beggenen. Es handelt sich sowohl um eine subjektive als auch um eine objektive Abstraktion (Campbell 2006; Hansson 2005), verbunden mit unterschiedlichen Bedeutungen, was zur Ambiguität beiträgt (Trewin et al. 2010; Ward/Chapman 2003). Johnson (2007) weist darauf hin, dass bestimmte Konzepte der militärischen Einsatzwirksamkeit in wesentlichem Maße auf der Anwendung bestimmter Techniken und Verfahren beruhen, die in einem zivilen Kontext wahrscheinlich als unethisch betrachtet werden (Trewin et al. 2010). Ein Beispiel hierfür wäre das Töten unschuldiger Menschen im Rahmen von Kollateralschäden, um ein bestimmtes militärisches Ziel zu erreichen. Beim Führen in Situationen, die von hohen Risiken geprägt sind, muss der Einfluss von Intuition (Kaempf et al. 1996), Ausbildung (Yardley/Kakabadse 2007) und Erfahrung (Quińones et al. 1995) berücksichtigt werden, wenn Operationen geplant und durchgeführt werden (Trewin et al. 2010). Risiken bergen in sich die Möglichkeit, etwas zu verlieren und etwas zu gewinnen (Sookermany et al. 2015).

Der moderne Mensch meidet üblicherweise Risiken und strebt nach Sicherheit. Im Gegensatz dazu muss das Eingehen von Risiken nur unter bestimmten Bedingungen als wesentlicher Faktor akzeptiert und ausgelegt werden, beispielsweise in der militärischen Ausbildung oder während militärischer Operationen (Sookermany et al. 2015). In einem Einsatzgebiet der dänischen Streitkräfte (Afghanistan) müssen Soldaten (z.B. Militärberater) von Punkt A nach Punkt B bewegt werden. Auf der Grundlage von Erkenntnissen aus dem militärischen Nachrichtenwesen und den Handlungsweisen des Gegners wurde in der Risikoanalyse der NATO festgelegt, dass drei stark gepanzerte, minensichere und gegen Angriffe aus dem Hinterhalt geschützte Fahrzeuge sowie neun speziell ausgebildete, mit Pistolen, Schnellfeuergewehren, leichten Maschinengewehren, Granatwerfern und mehreren Systemen zur geschützten Kommunikation ausgerüstete Soldaten erforderlich sind, um einen einzelnen Soldaten in bestimmten Hochrisikogebieten zu bewegen oder zu transportieren. Dies ist auf die hohe Gefahr zurückzuführen, dass ein Fahrzeug z.B. mittels fahrzeugverbrachter, personenverbrachter oder magnetischer behelfsmäßiger Sprengvorrichtungen (improvised explosive devices, IED) angegriffen wird, gefolgt von einem Scharfschützenangriff oder (weiteren) Selbstmordanschlägen. Wenn ein Fahrzeug zerstört wurde, werden zwei weitere Fahrzeuge benötigt, um tote und verwundete Soldaten zu evakuieren, schutzbedürftige Ausrüstung zu bergen und gleichzeitig weitere feindliche Angriffe abzuwehren. In einem anderen dänischen Einsatzgebiet in der Region der Arktis[3] (Grönland) operieren speziell ausgebildete Einheiten des dänischen Militärs an Land, auf See und in der Luft. Dieses Gebiet ist so abgelegen und unwirtlich, dass ungeeignete Techniken, Verfahren und Taktiken bei unvorhersehbaren Ereignissen unmittelbar zu einem hohen Risiko für die eingesetzten Kräfte führen. So kann die Bruchlandung eines Helikopters, der keine Ausrüstung zum Überleben in der Arktis an Bord hat, in Grönland schwerwiegende Folgen haben, da sich die Witterungsverhältnisse dort oftmals abrupt ändern.

Die besonderen Umstände militärischer Führung und deren Beziehung zu kontextueller, mit hohen Risiken verbundener Gefahr in einem durch Instabilität,

---

3   Grönland stellt einen großen Teil der Arktis dar und ist ein autonomer Bestandteil des Königreichs Dänemark.

Chaos, Unsicherheit und Zerstörung geprägten Umfeld wurden nun erläutert und die Begriffe Risiko und hohes Risiko ausführlich behandelt. Bei der Einschätzung von Risiken spielt der Kontext somit eine wesentliche Rolle. So kann beispielsweise der Einsatz stark gepanzerter Fahrzeuge zu einem höheren Risikograd führen und was als defensive Haltung oder Herangehensweise gedacht war, kann Aggressionen hervorrufen. Soldaten müssen sich deshalb der Tatsache bewusst sein, dass ihr Verhalten und Auftreten zu mehr oder weniger Risiken führen kann. Sich der örtlichen Bevölkerung gegenüber freundlich und entgegenkommend zu verhalten, kann das Risiko minimieren. Als wir uns während einer Operation mit einigen örtlichen afghanischen Soldaten unterhielten, sagte ein dänischer Soldat zu mir:

> »Jakob, was wir hier machen, ist der beste Schutz, den wir haben können. So etwas wie Freundschaften mit ihnen [den afghanischen Soldaten] schließen, sie wollen uns nicht erschießen. Wenn etwas nicht in Ordnung ist, werden sie mehr Vertrauen haben und uns berichten, was los ist. Dies ist die beste Sicherheit, die wir vor Ort kriegen können. Begegne ihnen mit Achtung gegenüber ihrem Land und ihrer Sprache.«[4]

In diesem Abschnitt sollte die Grundlage für meine Überlegungen zur Untersuchung des Führens in von hohen Risiken geprägten Situationen gelegt werden. Im folgenden Abschnitt soll dies nun genauer erläutert werden. Unter Berücksichtigung dieser Überlegungen und meiner Herangehensweise an die im Folgenden beschriebene Methodik lautet die (aktuelle) Fragestellung meiner Studie: Wie wird in Hochrisikotruppenteilen des dänischen Militärs Führung praktiziert und wodurch wird diese ermöglicht?

3 Methodik und Datenerfassung

Das Führen in Kontexten mit hohem Risiko stellt das am wenigsten untersuchte Gebiet der Führungsforschung dar (Bangari 2014). Da der Großteil der Literatur zu diesem Thema theoretischer Natur ist (Dixon et al. 2017), muss untersucht werden, wie Führung in Hochrisikokontexten in der Praxis erfolgt. Der Mangel an Forschungsarbeiten auf diesem Gebiet ist darauf zurückzuführen, dass dieses Umfeld sowohl für Führungspersonal als auch für Wissenschaftlerinnen und Wissenschaftler in hohem Maße unvorhersehbar ist und der Zugang zu Einheiten,

---

[4] Dieses Zitat stammt, wie auch die folgenden Zitate, aus den Feldeinsätzen des Autors, vgl. Abschnitt 3.1.

die Einsatz- oder Kampfaufträge ausführen, insbesondere in den Anfangsphasen von Operationen sehr eingeschränkt ist (Bangari 2014). Aus diesem Grund ist die Mehrzahl der Untersuchungen nicht situationsbezogen und findet nicht vor Ort (in situ) statt. Ein Beispiel hierfür ist die jüngste umfassende Studie von Dixon und Kollegen (2017), in deren Rahmen Soldaten, die kurz zuvor aus dem Irak und aus Afghanistan zurückgekehrt waren, in West Point befragt wurden, um ihre in Extremsituationen erlebten Erfahrungen einzufangen. Ihre Untersuchung wurde nicht vor Ort durchgeführt und aufgrund des Kontextes sowie der reflektierten Art der Daten nutzten Dixon und ihre Kollegen (2017) ein narratives Analyseverfahren, das aus persönlichen und telefonisch geführten Interviews bestand.

Meine Forschungsarbeiten orientieren sich an klassischen Methoden der Anthropologie. Anthropologen beschäftigen sich mit Menschen als sozialen Wesen und die Anthropologie vermittelt eine bestimmte Art, soziale Phänomene zu verstehen. Die Anthropologie ist investigativ und qualitativ und Anthropologen versuchen in erster Linie zu verstehen, warum Menschen so handeln, sprechen und gemeinsam existieren, wie dies der Fall ist (Holstein/Gubrium 2008). Für die Anwendung dieser Methodik in einem militärischen Kontext ist es erforderlich, dass der betreffende Wissenschaftler eine hohe Akzeptanz erfährt und die Soldaten, zu denen er gehört, ihm vertrauen. Bei der hier beschriebenen Methodik kann die Forschung nicht von der forschenden Person losgelöst werden; aus diesem Grund sind im Folgenden der Forschungsprozess und die ihn ausführende Person Bestandteil der Beschreibung. Die Grenzen dieses Ansatzes werden in den Abschnitten 3.3 und 3.5 erläutert und vertieft.

3.1 Forschungsansatz und Datengewinnung

In diesem Abschnitt wird beschrieben und erläutert, wie ich mich vorbereitet habe, welche Arten von Daten ich erfasst habe und wie ich einen qualitativen und eingebetteten In-situ-Ansatz verwende. Meine laufende empirische Forschungsarbeit basiert auf ethnografischen Feldstudien, während denen ich über ausgedehnte Zeiträume an einer Vielzahl von Ausbildungen sowie taktischen Verfahren und Prozessen teilnehme und diese beobachte. Ich bin ein Offizier der dänischen Streitkräfte im aktiven Dienst und habe in mehr als 30 Jahren militärische Erfahrungen gesammelt. Ziel der Feldstudien ist es, einigermaßen »akkurat«[5] zu verstehen, wie Hochrisikotruppenteile des dänischen Militärs in einem Umfeld trainieren

---

5   Unter »akkurat« verstehe ich hier die Möglichkeit, zu dokumentieren, was in der In-situ-Situation tatsächlich gesagt (Tonaufnahmen) und getan (Videoaufzeichnungen) wurde.

und operieren, in dem sie hohen Risiken ausgesetzt sind, wobei die sichtbar ausgeübte Führung im Fokus steht. Es handelt sich um komplexitätsbewusste Forschung, bei der die Komplexität nicht durch die Methodik reduziert, sondern vielmehr gesteigert wird, da die Grenzen meines Konzeptverständnisses durch die empirischen Daten immer stärker ausgelotet werden.

Bevor ich mich in den Hochrisikokontext begab, habe ich mich in zweierlei Hinsicht vorbereitet. Zunächst habe ich mit den Soldaten der betreffenden Einheit trainiert, habe an den Geländeübungen und am Gefechtsschießen teilgenommen und dadurch vor allem das Vertrauen der Soldaten gewonnen. Darüber hinaus habe ich bei diesen Gelegenheiten mein Vorhaben in Bezug auf die technische Ausrüstung (insbesondere eine Kamera für den Gefechtshelm sowie ein Mikrofon für Tonaufnahmen im Feld) und den Forschungsansatz überprüft. Ich stellte Überlegungen dazu an, wie zum Beispiel die Beobachtung des Führens in der Praxis durchgeführt werden kann, welche Fragen geeignet sind, um einen Dialog einzuleiten, und wie, wann und wo ich Fragen stellen sollte. Wie ist es möglich, abgesessen zu sein, ein feuerbereites Gewehr zu tragen, sich der Lage bewusst zu sein und dessen, was auf taktischer Ebene geschieht, und – gleichzeitig – Feldinterviews mit Tonaufnahmen durchzuführen, ohne die Aufmerksamkeit des Soldaten weg von der taktischen Lage zu lenken? Wann ist es angemessen, ein Gespräch zu beginnen? Wenn man in einem sehr lauten gepanzerten Fahrzeug sitzt, das durch schwieriges Gelände fährt, oder wenn man in einem sehr lauten Hubschrauber sitzt, der über das grönländische Packeis fliegt? Und wie zeichne ich die Unterhaltung auf? Auf der Grundlage meiner »Übungserfahrung« habe ich meine Verfahren und Herangehensweisen im Laufe der In-situ-Forschungsarbeit kontinuierlich sorgfältig angepasst und mir beispielsweise die folgende Frage gestellt: Welche Fragen und Gespräche wären für genau diese Soldaten im Trupp und in diesem spezifischen Kontext in diesem Augenblick sinnvoll?

Meine Daten sind drei verschiedenen Kategorien zuzuordnen: Beobachtungen, Teilnahme und Gespräche. Zu *Beobachtungen* gehört alles, was ich sehe und höre und was mit meiner Helmkamera aufgezeichnet werden kann. Ich kann sehen, was die Soldaten tatsächlich tun. Unter *Teilnahme* werden meine eigenen Erfahrungen, meine Gefühle und Überlegungen einbezogen. Ich bin mir meiner selbst bewusst und kann mich selbst als Akteur im Feld sehen. Als Wissenschaftler kann ich das reflektieren, was in mir als Soldat geschieht und als Daten verwenden. Ich habe Zugang zu Subjektivität und dazu, wie Dinge wirklich einen Sinn ergeben. Die Beobachtungen werden demzufolge intensiver, wenn ich in einem Zustand erhöhter Wachsamkeit bin. Die Kategorie *Gespräche* umfasst Unterhaltungen, Interviews und Dialoge sowie zahlreiche retrospektive Überlegungen zu Geschehnissen vor Ort. In diesen Kontexten vor Ort zu sein, bietet mir die Möglichkeit, zu beobachten, mich einzubringen und wenn möglich Gespräche zu führen, was einmalig ist. Wie beispielsweise Risiken vor Ort entstehen und beurteilt werden, kann nicht in nachträglich geführten Interviews untersucht werden. Durch meine Anwesenheit vor Ort bin ich dabei, wenn Risiken wahrgenommen, erkannt und überwunden werden. Als ein Beispiel für die Kombination von *Beobachtung* und *Teilnahme* soll Folgendes angeführt werden:

Während eines gemeinsam geplanten Aufklärungseinsatzes bestand eine gewisse Wachsamkeit gegenüber möglichen Risiken. Unsere Aufgabe als dänische Einheit bestand darin, gemeinsam mit einigen NATO-Beratern eine Brücke und einen afghanischen Kontrollpunkt zu erkunden, und wir waren angeblich der einzige NATO-Truppenteil in dem Gebiet. Plötzlich drängten sich afghanische Polizei, dänische Soldaten, »unsere« Berater, türkische und britische Einheiten in dem Gebiet. Ich stand mit zwei dänischen Führern an der Brücke und beobachtete das Durcheinander, als der Gesamtverantwortliche zu mir sagte: »Es herrscht gerade maximales Durcheinander!« Ich stimmte zu und der andere Führer gab folgenden Funkspruch an alle Soldaten ab: »Kein Berater darf unseren Sicherheitsbereich verlassen. Beachten Sie dies!« Die Ankunft weiterer militärischer und ziviler Fahrzeuge verstärkte das Durcheinander und er fuhr über Funk fort: »Alle haben ihren Funkkanal auf Kanal vier zu stellen und das Sprechen einzustellen, außer dies ist zwingend erforderlich!« Ein anderer Truppführer traf ein und fragte: »Was geht hier vor?« Der Gesamtverantwortliche antwortete: »Weiß nicht.« Bei so vielen Akteuren am gleichen Ort konnte ich die potenzielle Gefahr totalen Chaos' erkennen, das entstünde, wenn in dieser Situation etwas passieren würde, und suchte nach der nächsten geeigneten Deckung. Dann befahl der Gesamtverantwortliche über Funk: »Bevor hier totales Chaos ausbricht – im Moment sind hier türkische, britische, dänische und afghanische Einheiten – falls etwas passiert, halten Sie Ihre Positionen, um ›green on green‹[6] oder ›green on blue‹[7] zu vermeiden. Gehen Sie in Deckung und halten Sie Ihre Position, bis wir einen Überblick über die Situation haben. Ende.«

In diesem Beispiel spielte Potenzialität eine Rolle – es wurde nicht auf uns geschossen, aber die Möglichkeit bestand. Wir haben die gleiche Situation unterschiedlich wahrgenommen, es wurde jedoch abschließend eine gemeinsame Bewertung hergestellt. Durch Beobachtung und Teilnahme wurde mir ein Zugang dazu ermöglicht, wie der Erkennungsprozess abläuft, und ich war sogar Teil der

---

6   »Green on green« meint typischerweise das Feuern von örtlichen Kräften auf ihre eigenen Kameraden.

7   »Green on blue« steht typischerweise für einen Angriff, bei dem ein örtlicher Polizeibeamter oder Soldat auf Koalitionstruppen in Afghanistan feuert.

Produktion. Diese Produktion umfasst die Art und Weise, wie Risiken vor Ort wahrgenommen und beurteilt werden, wie Sinnstiftung vor Ort entsteht und kommuniziert wird und wie Maßnahmen vor Ort abgestimmt und koordiniert werden. Ich führe eine In-situ-Untersuchung der vor Ort erfolgenden Produktion der Erfahrungen durch, von denen üblicherweise in nachträglich durchgeführten Interviews berichtet wird.

Sämtliche Daten wurden in Afghanistan im Zeitraum Januar bis März 2018 und im Juli 2018 sowie in Grönland im September 2018 erfasst. Das empirische Material besteht aus 21 während Einsätzen im Feld geführten Interviews (Einzelpersonen oder Zielgruppe, bei abgesessener Patrouille, beim Fahren in gepanzerten Fahrzeugen oder beim Fliegen in einem Hubschrauber), 11 Zielgruppeninterviews sowie 7 ausführlichen Interviews (bis zu zwei Stunden) mit Einzelpersonen in Feldlagern oder an Bord eines Schiffes auf Patrouille in der Arktis; darüber hinaus aus 35 mündlichen Befehlen, 15 Nachbesprechungen, 19 Einsatzbesprechungen und Anweisungen. Alle Elemente liegen als Ton- und/oder Videoaufzeichnungen vor. Die in mehr als 70 Tagen gemachten Beobachtungen reichen demnach von formellen Befehlen, bei denen ich lediglich als Beobachter anwesend war, bis zu tatsächlichen Einsätzen, an denen ich teilnahm. All diese Beobachtungen führen zu einer Erweiterung meines Wissens darüber, wie Führung in militärischen Hochrisikotruppenteilen praktiziert wird. Die Beobachtungen sowie meine unmittelbaren Überlegungen sind auf über 200 Seiten Feldnotizen festgehalten, die ich innerhalb von 48 Stunden nach den jeweiligen Ereignissen, zumeist am Abend desselben Tages, verfasst habe. Einen Überblick gibt die nachfolgende Tabelle.

Tabelle 1: Umfang der elektronisch und schriftlich erfassten Daten

Datenquelle	Minuten	Anmerkungen
Mündliche Befehle	1.124	35 mündliche Befehle für taktische Manöver
Feldinterviews	2.135	21 Interviews (auch mit Sprechpausen)
Nachbereitungsbesprechungen	320	15 Nachbereitungsbesprechungen. Mit der Nachbereitungsbesprechung wird ein Auftrag bzw. Einsatz beendet.
Anweisungen	140	Zum Beispiel unter Zeitdruck erteilte lagebezogene Kurzbefehle an das Team.
Einsatzbesprechungen	256	Eine Kombination aus allgemeiner Unterrichtung und kurzer Zusammenfassung verschiedener kleinerer Punkte.
Besprechung	329	Zum Beispiel spontane Zusammenkünfte zur Erörterung diverser Themen.
Zugbesprechung	212	Üblicherweise vom Zugführer geleitete Besprechungen, alle Mannschaftsdienstgrade und Unteroffiziere sind versammelt.
Besprechung der Unterführer	48	Zum Beispiel Absprache zwischen den Unterführern (Portepeeunteroffiziere) verschiedener Züge zur Vereinheitlichung von Verfahren bei der gemeinsamen Nutzung von Waffen und Ausrüstung.
»Klassische« Interviews	1.230	18 Interviews mit Einzelpersonen oder Zielgruppen.
Videoaufzeichnungen	1.391	Zum Beispiel Befehle, Nachbereitungsbesprechungen, Patrouillen und Aufklärungsaufträge, die bspw. in Folgeinterviews verwendet wurden.
	(7.185)	
Beobachtungsminuten insgesamt	60.000	Teilnahme z.B. an Gefechtsschießen. Ausbildung und Gefechtsübungen vor dem Einsatz nicht eingeschlossen.
Feldnotizen		Mehr als 200 Schreibmaschinenseiten
Minuten insgesamt	67.185	

3.2 Empirische Daten aus dem Feld

Der nachfolgende Abschnitt ist ein Ausschnitt aus einer *dichten Beschreibung* meiner täglichen Forschungsarbeit im Feld, der verdeutlicht, wie die Daten der drei Kategorien erfasst wurden. Die dichte Beschreibung ist ein von Clifford Geertz (1973) entwickeltes Konzept, bei dem sich der Wissenschaftler eingehend mit Einzelfällen beschäftigt und über diese berichtet, um anschließend z.B. verallgemeinernde Aussagen und Theorien zu entwickeln (Tracy 2013). Im Folgenden wird gezeigt, wie die Beobachtungen, Teilnahme und Gespräche zu einer Verdichtung der Beschreibung der alltäglichen (Führungs-)Arbeit der Soldaten in einem Hochrisikokontext führen. Die enge Beziehung zwischen Wissenschaftler und Teilnehmer kann als Ressource betrachtet werden, aber bevor sie dies werden kann, muss sie transparent sein (Geertz 1973).

Nach einer langen Fahrt erreichen wir den Einsatzort, ein von T-Mauern und Stacheldraht umschlossenes Gelände mit neuen Entwässerungsgräben und relativ neuen Gebäuden. Vor dem Verlassen des Fahrzeuges schalte ich meine Helmkamera ein. Zwei Soldaten, der Truppführer, unsere beiden Begleiter (ein britischer Oberst und ein dänischer Militärdolmetscher) und ich betreten das Gebäude, in dem das Treffen mit einem afghanischen Minister stattfinden soll. In dem Gebäude gibt es zahlreiche verschachtelte Gänge und Flure, Soldaten sowie ziviles Sicherheitspersonal aus anderen Ländern sind dort ebenfalls anwesend. Wir überprüfen den Raum zum Beispiel in Bezug auf die Zugänglichkeit, die örtlichen Wachen und deren Umgang mit Waffen, Fluchtwege sowie Möglichkeiten der Evakuierung oder geschützte Bereiche. Der Truppführer und ich verlassen das Gebäude und kehren zum Rest des Trupps zurück. Über Funk gibt er eine Beschreibung des Gebäudes durch und weist den Trupp hinsichtlich des Einsatzes einer Schnellen Eingreiftruppe (Quick Reaction Force)[8] ein. Der stellvertretende Truppführer stellt einen Einsatzplan auf. Unter taktischen Gesichtspunkten frage ich mich, warum sie die Fahrzeuge nicht direkt in Fahrtrichtung abgestellt haben, für den Fall, dass etwas passiert und wir unter Zeitdruck wegfahren müssen. Aus Rücksicht auf die Gruppendynamik beschließe ich, meine Gedanken für mich zu behalten. Sie könnten es als unangemessenen Eingriff in ihre Art des taktischen Vorgehens werten, was die Beziehung zwischen den Soldaten und mir in gewissem Maße beeinträchtigen würde. Ich führe mit dem Truppführer ein langes Gespräch über verschiedene Themen und denke die ganze Zeit über die Unterhaltung und deren Beitrag zum Forschungsprojekt nach.

Bei laufender Kamera lösen der Truppführer und ich die beiden anderen Soldaten im Gebäude pünktlich gemäß Einsatzplan ab. Hier steht meine Rolle als Soldat zu 100 Prozent im Mittelpunkt. Als ich den Raum betrete, suche ich die Umgebung ab, achte dabei verstärkt auf Veränderungen gegenüber dem ersten Mal, als ich in diesem Raum war, und überlege, wo mögliche Bedrohungen wie Selbstmordattentäter auftreten könnten. Ich überprüfe noch einmal die Sicherung

---

8   Charakteristisch für jede militärische Operation sind die Einplanung und der mögliche Einsatz eines Reservetruppenteils für den Fall, dass ein unvorhergesehenes Ereignis eintritt. Dieser Truppenteil wird üblicherweise als Schnelle Eingreiftruppe (Quick Reaction Force) bezeichnet.

meiner Waffe und versichere mich noch einmal, dass das Magazin ordnungsgemäß eingelegt ist. Ich habe keine Angst, bin aber sehr aufmerksam. Es ist fast wie ein anderer Arbeitstag. Meine Gefühle sind nicht vollkommen anders, wenn ich das Einsatzumfeld betrete. Meine jahrzehntelange Arbeitserfahrung in von hohen Risiken geprägten Umgebungen offenbart sich. Ich bin fit, ich habe meine Ausrüstung überprüft, ich weiß, wo sich diese befindet und wie ich sie einsetze. Dies gibt mir Gelassenheit und Vertrauen. Kontrolle über die eher materiellen Dinge zu haben, hilft mir dabei, meine Gefühle zu bewältigen – zahlreiche tief in mir verwurzelte Strukturen können möglicherweise plötzlich auftretende Ängste abbauen. Die abzulösenden Kameraden setzen uns kurz über die Lage in Kenntnis – darüber, wer den Raum verlässt und betritt, wie sich die anderen Koalitionssoldaten und Mitarbeiter privater Sicherheitsfirmen verhalten und wie sie die Sachlage in Bezug auf unsere beiden Begleiter einschätzen. Ich überprüfe in Eigeninitiative den Raum, die Fenster, die Anzahl der Türen, ob diese verschlossen sind, wer sich im Raum befindet, welche Waffen sich im Raum befinden usw. Der Truppführer und ich stimmen uns darüber ab, wer welche Maßnahmen ergreift, wenn etwas passiert. Wenn wir evakuieren müssen, wird er sich um den Oberst kümmern und ich ihm Feuerschutz geben und mit meiner linken Hand die rechte Tür öffnen, woraufhin sie den Raum verlassen. Während wir aufmerksam und wachsam sind, unterhalten wir uns leise über seine Erfahrungen mit guter und schlechter Führung. Wir schauen uns beim Gespräch selten an, richten unsere Aufmerksamkeit stattdessen auf den Raum und verfolgen alle Bewegungen und Veränderungen. Wir tragen weiterhin unsere Funkkopfhörer im Ohr und erhalten über das taktische Netz fortdauernd Informationen von den anderen Teammitgliedern, etwa darüber, ob Menschen mit oder ohne Waffen das Gebäude betreten oder verlassen. Über Funk macht ein Soldat den Vorschlag, die Fahrzeuge umzustellen und gibt genau an, wohin. Des Weiteren bittet er um Erlaubnis, die Helme abzunehmen und stattdessen eine Feldmütze zu tragen. Der Truppführer genehmigt dies per Funk, indem er sagt: »Ist gekauft«. Nach einer halben Stunde werden wir abgelöst und ich schalte meine Kamera beim Verlassen des Gebäudes aus. Da sie mich gebeten hatten, mich aktiv am taktischen Auftrag zu beteiligen, habe ich ein gutes Gespür dafür, dass mich das Team in vollem Umfang akzeptiert, und ich glaube, dass ich einen Beitrag zum Team geleistet habe, indem ich eine Aufgabe übernahm und so einem anderen Soldaten eine Pause ermöglichte.

Ich gehe zu meinem Fahrzeug, trinke Wasser, esse einen Riegel und schreibe Feldnotizen in mein Notizbuch. Der Fahrer ist sehr wissbegierig und beginnt, sich mit mir zu unterhalten. Ich schalte mein Mikrofon ein. In Bezug auf Führung ist er der Meinung, dass die Führung im Vergleich zu seinen Erfahrungen als Wehrpflichtiger in dieser Einheit sehr »fließend« ist. Er sagt:

»Hier kann jeder alles machen und jeder weiß alles. Wenn etwas passiert, ist jeder gleich und die erste und beste Meldung einer Feindberührung führt zur Einleitung von Maßnahmen. Nicht immer ist es der Feldwebel, der den Überblick über die Situation hat. Er ist zwar entsprechend ausgebildet, aber viele Soldaten sind qualifizierter als er. Unser Feldwebel kann den erfahreneren Soldaten sehr gut folgen und setzt viel Vertrauen in sie. Jeder weiß, was wir tun und wie die Aufgabe zu erfüllen ist.«

Ich denke, dass sich seine Aussage haargenau mit meinen Beobachtungen der bis dahin erfolgten Führung vor Ort deckt und unterhalte mich noch zehn Minuten mit ihm. Dann müssen wir losfahren und ich schalte mein Mikrofon aus.

Nach der Ankunft im Stützpunkt stellen wir die Fahrzeuge ab, entladen sie und ich nehme mit eingeschaltetem Mikrofon an der Nachbereitungsbesprechung des Teams teil. Diese findet in kompletter Gefechtsausrüstung im Besprechungsraum statt, während ich in einer Ecke sitze und sie verfolge. In Besprechungen wie diesen bleibe ich eher passiver Beobachter, außer ich habe den Eindruck, dass ich wirklich etwas beitragen kann. Ein Soldat, der an dem Auftrag beteiligt war, hat übergangsweise die Führung übernommen und wird in den kommenden Wochen als Truppführer fungieren. In der Nachbereitungsbesprechung fragt er die Mitglieder des Teams: »Seid Ihr es gewohnt, dass vor dem Verlassen des Stützpunktes ein Einsatzplan erstellt wird?« Die Soldaten bestätigen dies, woraufhin der neue Truppführer ein anderes Verfahren vorstellt und zusammenfassend sagt: »Es kann für Euch eine Möglichkeit sein, dieses Verfahren anzuwenden, aber wenn Ihr mit der anderen Methode gut zurechtkommt, dann nutzt Ihr die.« Wir hatten während des Auftrages am selben Tag einige Probleme, die richtige Zufahrt in einen afghanischen Stützpunkt zu finden, und der Führer bittet den Kommandanten des Spitzenfahrzeugs, zu erklären, was passiert war: »Kannst Du uns kurz erläutern, was passierte, als wir nicht in die Liegenschaft einfahren konnten?« Der Soldat erklärt dem Trupp, dass die ihm übermittelten Aufklärungsergebnisse nicht mit dem Gelände übereinstimmten und er deshalb beim Fahren Anpassungen der Route vornehmen musste. Nach der Ankunft hatte er die örtliche Zelle Sicherheit (Site Security Cell, SSC) kontaktiert und über die aufgetretenen Schwierigkeiten informiert, aber die Antwort erhalten, dass dies normalerweise kein Problem sei. »Vielleicht haben wir während der Fahrt etwas übersehen«, sagt er. Und weiter: »Ich möchte, dass die anderen Fahrzeugkommandanten aufmerksamer sind, beim Fahren die Karte lesen und auf den Weg achten«. Ohne es explizit anzusprechen, bittet er wahrscheinlich die anderen Kameraden um Unterstützung bei der Navigation im schwierigen Gelände. Einer der anderen Fahrzeugführer antwortet, »Ich stimme Dir zu«, und der Truppführer entgegnet auf freundliche und ruhige Art: »Kann ich etwas dazu sagen? Wir sind alle Aufklärer und jedes Fahrzeug muss wissen, wo es sich befindet. Fahrzeugkommandanten müssen wissen, wo sie sich befinden, und das Gleiche gilt für die Fahrer. Ich schlage vor, dass diejenigen, die nicht mit der Stadt und den Straßen vertraut sind, sich informieren. Dies kommt dem ganzen Trupp zugute.« Ich kann fühlen, dass sich einige der Soldaten ein wenig schämen, ihre Aufgabe nicht gut genug erledigt zu haben, aber niemand antwortet.

Meine Forschungsarbeit ist qualitativer Natur und phänomenologisch motiviert. Ich bin an den subjektiven Handlungen und nicht zuletzt daran interessiert, welche Bedeutung subjektiv Handelnde verschiedenen Handlungen beimessen. Die aktuelle Fragestellung meiner Forschungsarbeit zeigt, dass der Bedeutungsaspekt für mich von zentralem Interesse ist. Praxis wird in einem Prozess erzeugt, in dem Bedeutung co-kreiert und zwischen Akteuren im Führungsraum ausgehandelt wird. Da die Praxis von der Co-Kreation beeinflusst wird, muss ich als Wissenschaftler in den Prozess dieser Sinnstiftung eintauchen. Insofern liegt damit ein anthropologischer und ethnografischer Ansatz nahe, zumal ich daran interessiert bin, wie die Akteure selbst die Praxis von Führung und Kooperation erzeugen. Zentrales Element in diesem Prozess ist die Art und Weise, wie sie ihre »soziale Welt« deuten und verstehen. Da ich anthropologisch arbeite, muss ich meine Untersuchungen selbstverständlich vor Ort durchführen, in diesem Fall in Afghanistan und Grönland. Mit meiner Forschung schließe ich die von zahlreichen Wissenschaftlern beschriebene Lücke, die sogar in den jüngsten Arbeiten auf diesem Gebiet aufgezeigt wurde (z.B. Dixon et al. 2017). In der qualitativen Forschung wird der Schwerpunkt auf Phänomene und Menschen gelegt und Worten mehr Bedeutung als Zahlen beigemessen. Verglichen mit dem Prüfen von Variablen wird es somit leichter, Entdeckungen zu machen (Dixon et al. 2017). Ich versuche nicht, kausale Kontexte zu identifizieren und zu erklären, sondern subjektive Bedeutungsuniversen zu interpretieren, zu verstehen und zu charakterisieren. In dieser Hinsicht ist das Ziel meiner Forschung, die Komplexität zu erfassen, die das Auftreten des den Schwerpunkt meiner Forschungsarbeit bildenden Phänomens kennzeichnet, sowie möglichst viele Aspekte der Komplexität und Ambiguität zu beschreiben, um eine Komplexitätsorientierung der Methodik zu erreichen. Der Forschungsbereich wird in diesem Sinne niemals losgelöst von sozialen Prozessen und vom spezifischen Kontext angegeben, sondern kontinuierlich konstruiert, beispielsweise durch die Art und Weise, wie Menschen über die Welt sprechen, weshalb die konstruierte Realität sowohl mehrdeutig als auch instabil ist (Mik-Meyer/Justesen 2010). Als qualitativ arbeitender Wissenschaftler ist für mich offensichtlich, dass meine Anwesenheit und Erfahrung als Ressource betrachtet werden kann.

3.3 Vorteile, Möglichkeiten und Wert dieses Forschungsansatzes

Ein wesentlicher Vorteil der teilnehmenden Beobachtung ist, dass sie es ermöglicht, den Ablauf von Interaktionen in der Praxis zu beobachten. Sie stellt eine besondere Gelegenheit für die Analyse der Bedeutung des Kontextes im Hinblick auf menschliche Handlungen und Haltungen dar und erlaubt somit ein tieferes Verständnis des untersuchten Phänomens. Ebenso kann durch die teilnehmende Beobachtung Kenntnis über »stillschweigendes Wissen« gewonnen werden, da es möglich wird, Dinge zu erkennen, die in der Organisation als so selbstverständlich betrachtet werden, dass man im Alltag nicht darüber nachdenkt und sie deshalb auch nicht in einem Interview oder beim Ausfüllen eines Fragebogens erwähnt.

Die im Auszug beschriebene Situation, in der ich von meiner Rolle als »Soldat zu 100 Prozent« spreche, ist ein Beispiel für aktive Teilnahme und dafür, wie wir zusammenarbeiten. Gemeinsam bewältigen wir die Dualität der Anwesenheit; wir achten aufmerksam auf die Geschehnisse im Raum, auf unser Gespräch und finden ein Gleichgewicht, sodass die Unterhaltung keine Störung darstellt. Wir haben eine gemeinsame Ausrichtung zum Raum hin. Indem wir uns beispielsweise nicht anschauen, zeigen wir permanent, dass wir verstehen, was unsere Hauptaufgabe ist, und dass unsere Unterhaltung von untergeordneter Bedeutung ist. Es gibt ein stillschweigendes Wissen darüber, was an diesem Einsatz wichtig ist und wir erinnern uns gegenseitig daran, indem wir zum Beispiel unsere Aufmerksamkeit nach außen richten. Gemeinsam bewältigen wir die durch die riskante Situation und die Verantwortung für die Situation hervorgerufenen Emotionen. Diese qualifizierte Kompetenz wird nur durch unsere jahrelange Ausbildung und Disziplin ermöglicht. Die Nachbereitungsbesprechung, während der ich größtenteils die Rolle eines Zuhörers in einer Ecke des Raumes einnehme, ist ein Beispiel für Beobachtungen. Hier erlebe ich, wie der Trupp die Erfahrungen des Tages rekonstruiert und gemeinsam sortiert (z.B. »Kannst Du uns kurz erläutern, was passiert ist [...]?«). Das während der Sicherung im Raum geführte »Einsatzgespräch« mit dem Truppführer sowie die anschließende Unterhaltung mit dem Fahrer im Fahrzeug sind Beispiele für Gespräche und bilden einen guten Kontrast zu den Beobachtungen. Die drei Datenkategorien ergänzen sich gegenseitig auf ideale Weise. In den Gesprächen sprechen die Soldaten über das, was wir tatsächlich im Nachbereitungsprozess machen, bei dem »sanfte Autorität« (z.B. »Kann ich etwas dazu sagen?«) des Truppführers und Kooperation im Dialog (z.B. »Ich stimme Dir zu«) veranschaulichen, was der Fahrer im Fahrzeug gesagt hat (z.B. Führung ist »fließend« und »jeder [ist] gleich«). Meine Beobachtungen liefern konkrete Beispiele und durch meine Teilnahme sowie mein »enges Verhältnis« erhalte ich einen besseren Zugang zu ihrer sozialen Welt und zu der Praxis, in der die In-situ-Erfahrung der Soldaten generiert wird. In meiner Forschungsarbeit bin ich insbesondere an der Praxis interessiert und daran, die Methoden zu analysieren, die Menschen verwenden, um ihren Alltag in einer sinnvollen sowie ordentlichen Art und Weise zu organisieren – wie sie ihren Alltag bewältigen. King (2006) drückt dies folgendermaßen aus: »Wenn die Sozialwissenschaften überzeugende Erklärungen des Militärs liefern wollen, müssen sie ihren Fokus vor allem auf das richten, wodurch sich soldatisches Handeln auszeichnet« (King 2006: 510). Dadurch, dass ich vor Ort bin, bekomme ich Zugang zu anderenfalls unzugänglichen Daten und gelange somit zu einem umfassenderen Verständnis dafür, wie »die Dinge laufen«. Aufgrund meiner teilnehmenden Beobachtung wird das Befolgen eines Interviewleitfadens detaillierter, nuancierter und ausführlicher, da konkrete Beispiele genannt werden. Darüber hinaus begegnen mir andere Themen, die mich möglicherweise überraschen und deren Wichtigkeit ich nicht erkenne, bevor ich anwesend bin. Ich beobachte die Praxis und Handlungen, die nicht vorhersehbar waren, und erhalte so die Möglichkeit, nicht nur das zu untersuchen, was gerade passiert ist, sondern auch die von den Soldaten formulierten Erklärungen dafür. Durch meine Anwesenheit ist es mir möglich, Fragen zu stellen, auch wenn dies nicht vorgesehen war. Meine Anwesenheit schafft einen Mehrwert, da ich neue Datenquellen erschließe.

Hierzu folgt ein Beispiel in der Kombination von Beobachtung und Gespräch aus meiner Forschungsarbeit.

Aufgrund plötzlicher Feindeinwirkung während eines Einsatzes sitzen wir erneut in einem anderen Stützpunkt ohne geeignete Ausrüstung wie Schlafsäcke usw. fest. Trotz dieser Situation herrscht eine gute Atmosphäre und der Truppführer informiert uns in einem kleinen Raum über die Lage vor Ort, der Raum ist mit Gewehren, Funkgeräten, Rucksäcken, Schutzausrüstung, einem Spind, einem Tiefkühlschrank, drei Sofas und einem Fernseher und vielem mehr vollgestopft. Der Trupp soll am nächsten Tag zwei Einsätze durchführen, aber wir benötigen dafür einsatzbezogene, der Geheimhaltung unterliegende Informationen. In diesem Stützpunkt haben wir keinen Zugang zum Netz für Verschlusssachen, weshalb der Kamerad des Truppführers im Hauptstützpunkt die benötigte eingestufte Information in die truppinterne Gruppe eines Messengerdienstes einstellt. Als Offizier weiß ich, dass dies nicht wirklich den Vorschriften entspricht, aber es ist ein gutes Beispiel dafür, wie es läuft, wenn Dinge funktionieren sollen. Einige Tage später führe ich mit den beiden Truppführern ein Folgeinterview. Darin geht es unter anderem um das beschriebene Ereignis. Ein Truppführer erklärt, dass dies die einfachste Lösung gewesen war und es sich in Abwägung des Risikos gelohnt hat, so zu handeln. Er sagt:

»Als Aufklärer unternehmen wir alles, um die Aufgabe zu erfüllen – auch bei Beeinträchtigung durch Sicherheitsbelange. Man muss sich häufig ein wenig über Grenzen hinwegsetzen. Wir verstoßen oft gegen ein paar Vorschriften, um Angelegenheiten zu klären. Ich bin überzeugt, dass andere gesagt hätten, dies sei nicht erlaubt, aber wir sind anderer Meinung. Wir sehen Möglichkeiten, wo sich andere Einheiten möglicherweise mehr auf die Einschränkungen konzentrieren.«

Der andere Truppführer fügt hinzu:

»Heute hatte ich zum Beispiel einen platten Reifen. Ich habe den Vorfall nicht an das Hauptquartier gemeldet, weil sie mich wahrscheinlich aufgehalten und eine Bergungsmaßnahme eingeleitet hätten. Es ist ein Balanceakt zwischen Vorschriften und Realität. Ein anderes Beispiel von heute ist der Typ von der Kampfmittelbeseitigung. Er hatte nicht seine komplette Erste-Hilfe-Grundausstattung dabei. Das ist ein schwerer Verstoß gegen die Vorschriften und ich habe den Befehl, ihn zurückzuweisen. Stattdessen habe ich ihm gesagt, dass er die Ausstattung in Zukunft immer bei sich tragen muss und ich seine Teilnahme ausnahmsweise gestatte. Was wollte ich damit erreichen? Dass er nächstes Mal daran denkt, und das wird er ganz sicher! Wir machen, was sinnvoll ist. Wir gehen nicht so sehr auf Vorschriften ein, um mehr aus der Ausbildung und den Soldaten herauszuholen.«

Diese Beispiele verdeutlichen, wie die Soldaten auf pragmatische Art und Weise versuchen, Dinge zu erledigen und sinnstiftend zu handeln, indem sie Vorschriften lediglich als Richtlinien betrachten, wie sie ihren Alltag organisieren, rückblickend Wirklichkeit co-kreieren und über die Möglichkeiten zum Überdenken ihrer Verfahren und Taktiken reflektieren.

Dieser Ansatz, bei dem mit verschiedenen Quellen gearbeitet wird, ermöglicht den Blick auf das, was (tatsächlich)[9] passiert, beispielsweise wie das Leben auf sinnvolle und geordnete Weise organisiert wird – ein Blick, der unabhängig von der Sinnstiftung der Soldaten ist. Ich sehe und höre, was sie tun, ohne dass sie selbst es sehen und hören, weil sie mit etwas anderem beschäftigt sind. Sie können nicht sehen und hören, weil sie hoch konzentriert mit etwas befasst sind, beispielsweise mit einer potenziellen Bedrohung wie einem Afghanen, der sich abweichend und anders verhält, was auf einen Selbstmordattentäter hindeuten könnte. Ein einzigartiger Blickwinkel, der nicht von der Beobachtung der Soldaten abhängt,

---

9   Ich habe das Wort »tatsächlich« in Klammern geschrieben, da es natürlicherweise unterschiedliche Ansichten und Auffassungen in Bezug auf das gibt, was »tatsächlich« geschieht. Die meisten Akteure haben eine leicht voneinander abweichende Wahrnehmung der Geschehnisse.

die stets dadurch eingeschränkt ist, dass die Soldaten damit beschäftigt sind, ihre taktische Aufgabe zu erfüllen. Ich kann sehen, was für sie einfach unsichtbar ist – Dinge, die Routine sind, die als selbstverständlich hingenommen werden und die sich außerhalb ihrer Wahrnehmung befinden. Wenn ich zum Beispiel ein nuanciertes und tiefes Verständnis der verschiedenen und individuellen Aspekte des Risikokonzeptes entwickeln möchte, das sich mit der Zeit ändern kann, muss ich vor Ort sein, um aktuelle Geschehnisse wahrzunehmen und die Soldaten nach ihren unmittelbaren Gedanken, Gefühlen und Überlegungen befragen zu können. Während meiner Feldforschung führte ich mit einigen jungen Soldaten Interviews vor und nach ihrem ersten »richtigen« Einsatz in einem Hochrisikokontext durch. Drei Soldaten äußerten sich folgendermaßen:

»Es ist töricht, keine Angst zu haben. Es ist wichtig, Angst zu haben. Man muss diese Todesangst zulassen. Das ist es, was dich antreibt, dein Bestes zu geben. Natürlich hat man nicht die ganze Zeit Todesangst, aber sie ist ständig im Kopf.«

»Gestern habe ich bei der Sicherheitsbelehrung etwas Angst verspürt. Als wir die Bilder von den VBIEDs [fahrzeugverbrachte behelfsmäßige Sprengvorrichtungen] und PBIEDs [durch Personen verbrachte behelfsmäßige Sprengvorrichtungen] sahen, dachte ich, ›scheiße‹, das passiert direkt auf der anderen Seite der Mauer, und es kann uns genauso wie sie treffen [ein dänischer Trupp war ein paar Monate zuvor mit VBIEDs angegriffen worden]. Dir gehen Gedanken durch den Kopf – ist es das wert?«

»[w]ir müssen unseren eigenen Sinn finden, warum wir hier sind.«

Ihre ursprünglichen Erwartungen und Vorstellungen in Bezug auf Risiken änderten sich im Laufe mehrerer Einsätze und normalisierten sich sozusagen. Ich sehe Beispiele dafür, dass Soldaten unterschiedliche Ansichten in Bezug auf Risiken haben und wie Führungspraxis diese Erfahrung beeinflussen kann. Kurz gesagt, hilft mir meine Anwesenheit vor Ort bei der Beantwortung der Fragestellung meiner Forschungsarbeit, da sie diese mit Inhalt füllt und dem Verständnis des Feldes mehr Substanz verleiht. Worin besteht also die Bedeutung dieser Art der Forschung? Dadurch, dass ich mich zum Beispiel den gleichen Bedingungen wie die Soldaten aussetze, gewinne ich Vertrauen und werde im Feld akzeptiert. Indem ich nah an den Soldaten dran bin, mit ihnen »darüber«[10] spreche, erhalte ich Zugang zu speziellen Kenntnissen; die Soldaten bekommen einen besseren Einblick in die Art von Daten, die »ich brauche« und können eine Verbindung zu meiner Welt als Wissenschaftler herstellen. Als ich einmal die Möglichkeit verpasste, ein Treffen zwi-

---

10 Wie im ersten Abschnitt über Führung beschrieben, können zahlreiche Begriffe, Konzepte und Auffassungen im Verständnis von Führung zusammengefasst werden; deshalb schreibe ich »darüber«.

schen den Truppführern zu beobachten, sagte ein Soldat zu mir: »Jakob, bei diesem Treffen hast Du echt was verpasst. Es hätte Dir viel Spaß gemacht, als Beobachter dabei zu sein«. Der Truppführer und ich lernten uns mit der Zeit immer besser kennen und er entwickelte ein gutes Gespür dafür, was für meine Forschungsarbeit interessant sein könnte. Es findet eine Co-Kreation der Forschung statt, denn mein eigenes und das im Feld vorherrschende Verständnis ist »Kritik« ausgesetzt – plötzlich müssen die Soldaten über das, was sie als selbstverständlich erachten, nachdenken und es begründen, und ich ebenfalls. Sowohl mein eigenes Verständnis als auch das Vorverständnis und das »Als-selbstverständlich-Hinnehmen« im Feld ist Kritik ausgesetzt und die Welt wird in einem gemeinsamen Prozess der Sinnstiftung neu interpretiert. Nicht nur bei mir als Wissenschaftler, sondern auch im Feld erfolgt eine kritische Auseinandersetzung miteinander. Dies wird in Bezug zu der Tatsache gesetzt, dass bei »traditioneller Forschung« das Feld dem kritischen Blick des Wissenschaftlers ausgesetzt ist, wogegen ich selbst bei meinem Ansatz ebenfalls kritisch betrachtet werde. Nach ein paar Wochen im Einsatz sagte beispielsweise ein Soldat zu mir, dass er selten einen Offizier wie mich getroffen hätte, der derart gute soldatische Umgangsformen zeige, die Uniform richtig tragen würde und Kontrolle über seine sämtlichen Waffen sowie seine eigene Ausrüstung habe. Aufgrund dessen vertraute er mir und öffnete mir seine Welt, zu der ich nun als Wissenschaftler Zugang hatte. Somit ergibt sich eine Gelegenheit, das Feld, von dem die Soldaten ein Teil sind, neu zu interpretieren. Indem ich die Welt mit ihnen erlebe, kann ich ihre Welt durch sie neu interpretieren. Wenn wir über eine taktische Aufgabe sprechen, die zu erfüllen ist, kann Sinnstiftung gemeinsam erfolgen. Üblicherweise rutscht der Wissenschaftler aus dem Feld heraus, er und das Feld sind sich selbst überlassen und es wird jeweils ein eigener Sinn gestiftet. Aber wie nah an der Praxis sollte ich sein? Einige Vor- und Nachteile meiner Methode sind in der nachfolgenden Tabelle zusammengefasst.

Tabelle 2: Vor- und Nachteile qualitativer In-situ-Untersuchung im Militär

Pro	Kontra
– Unmittelbarer Zugang zum Schwerpunktphänomen der Handlung und Koordination im Feld. – Dichte Beschreibungen. – Es existieren kaum vergleichbare Forschungsarbeiten. – Akteure reagieren so, als hätten sie es mit einem Kameraden und nicht mit einem Wissenschaftler zu tun, was möglicherweise die Aufrichtigkeit und Offenheit fördert. – Ermöglicht Einblicke in die Motivation, Insider-Bedeutungen und implizite Annahmen, durch die Handlungen gesteuert werden. – Wissenschaftler verfügen über tiefgehenden und weitreichenden Zugang zum tiefen Hintergrund der Einheit, wodurch eine einzigartige Perspektive entsteht, von der aus Zusammenhänge mit einer Bandbreite an Themen hergestellt werden können, die anderenfalls möglicherweise unbeachtet blieben. – Ergebnisse sind möglicherweise auf ähnliche Truppenteile übertragbar.	– Rückblickende Berichte über das tatsächliche Geschehen erfolgen im Nachhinein. – Exklusiver und eingeschränkter Zugang. – Kostspielig (Ausbildung, Munition, Hubschrauberflüge, Verpflegung, Unterkunft usw. über Monate hinweg). – Zeitintensiv. – In hohem Grad abhängig davon, dass dem Wissenschaftler vertraut und er akzeptiert wird. – Aufgrund des Zeit- und Kostenaufwands ist es schwierig, Daten aus mehreren vergleichbaren Kontexten zu erhalten. – Der Wissenschaftler benötigt offizielle Genehmigungen und Sicherheitsüberprüfungen für das Einsatzgebiet. – Der Wissenschaftler kann in solch einem Maße eintauchen, dass es schwer werden kann, beispielsweise die einheitsspezifischen Interaktionen und Werte wahrzunehmen. – (Ethik und Täuschung)[11]

Anmerkung: Eigene Darstellung in Anlehnung an Tracy (2013) und Flick (2013).

3.4 Überlegungen aus dem Feld: Dilemmata, Möglichkeiten und Herausforderungen

Der abschließende Teil dieses Abschnitts enthält einige meiner Überlegungen aus dem Feld, beispielsweise in Bezug auf die Gefahr, im Feld zu sehr einzutauchen, und damit verbunden eine Erläuterung der Grenzen von Insider-Forschung.

Ich habe den Vorteil, mit den Geschehnissen bereits vertraut zu sein und eine Fülle von Hintergrundinformationen zu verstehen. Ein erstes Dilemma besteht jedoch darin, wie sehr ich mich in das Geschehen einbringen soll. Sich abzusondern scheint aber nicht nur unmöglich, sondern auch unethisch zu sein (Tracy 2013: 140). Ich glaube, dass durch meine Erfahrung im Feld unmittelbare Erkenntnisse generiert werden und Mut gemacht wird, Fragen zu stellen, um eine aufschluss-

---

11 Dies kann soweit gehen, dass einige Wissenschaftler möglicherweise etwas verschweigen und nur teilweise offenlegen, welche Art von Forschung sie betreiben.

reichere Wissenserzeugung zu fördern. Auch wenn die Gefahr besteht, dass mein abduktiver[12] Ansatz durch vorgefasste Denkmuster beeinträchtigt wird, bin ich der Ansicht, dass die durch Vertrauen entstehenden Vorteile und ein intuitives Verständnis der Organisationskultur mit einem großen Nutzen sowie mit zahlreichen Möglichkeiten in Bezug auf den Prozess der Sinnstiftung verbunden sind (Allen/Kayes 2012). In Anbetracht meines Hintergrundes wird der Gewinn neuer Erkenntnisse möglicherweise erschwert und ich muss die Probleme umgehen, die mit dem Machtgefüge und den persönlichen Befindlichkeiten einhergehen, die durch meine Stellung hervorgerufen werden (beispielsweise können in Interviews gegebene Antworten durch die Tatsache beeinflusst sein, dass ich Offizier bin und die interviewten Personen mir unterstellt sind) (vgl. Tracy 2013). Zu Beginn meiner Forschungsarbeit sahen einige Soldaten mich eher als Offizier und nicht als Wissenschaftler, aber mit der Zeit habe ich mich zunehmend in die Trupps eingefügt und bin so ein nahezu integrierter Teil der Interaktionen geworden.

Das Risiko, zu sehr einzutauchen, ist offensichtlich. Als Insider habe ich möglicherweise vorgefasste Annahmen und frage in Gesprächen nicht tiefgründig genug nach, um die vielschichtigen Bedeutungen einer Erfahrung zu erfassen. Möglicherweise identifiziere ich mich in solch einem Maße mit der Umwelt, dass ich ein Bestandteil von ihr werde und folglich die Perspektive des Wissenschaftlers aus den Augen verliere, wodurch die wissenschaftliche Analyse erschwert wird. Ich riskiere eine Überidentifizierung mit dem Feld, sodass es schwierig wird, dieses von außen zu untersuchen. Da ich während meiner Feldstudien kein eingetauchter Beobachter oder Teilnehmer werden wollte, versuchte ich ganz bewusst, nicht in diese Lage zu geraten, und achtete darauf, meine Beobachtung und Beteiligung regelmäßig zu unterbrechen und mich zur Reflexion und Analyse zurückzuziehen (Gold 1958). An den meisten Abenden habe ich mich in einem einfachen Lagerraum »eingeschlossen«, um Feldnotizen niederzuschreiben und über die Geschehnisse des Tages nachzudenken, wobei sich neue Fragen, Ideen und Gedanken ergaben. Der Kontakt zu meinem Vorgesetzten via E-Mail war ebenfalls hilfreich, denn als Soldat unter Soldaten bestand die Wahrscheinlichkeit, dass ich meine Hauptaufgabe aus den Augen verlieren könnte, die in dem Betreiben von Forschung und nicht in der Durchführung militärischer Operationen lag. Ich verschickte meine Feldnotizen zweimal pro Woche per E-Mail und erhielt diese mit

---

12 Meine Forschung ist insofern abduktiv, als ich mich im Wesentlichen nicht auf die Entwicklung oder Prüfung allgemeiner Gesetze konzentriere und nicht zwangsläufig eine bestimmte, im Voraus festgelegte Reihenfolge von Schritten ausführe. Dennoch versuche ich, meinen Fokus auf die Kontexte zu richten, in denen meine Fragen entstehen.

Kommentaren und Fragen versehen zurück. Dies führte zu einer reflektierenden Haltung und adaptiven Entwicklung des Forschungsansatzes.

In meinem Bestreben, mich als Wissenschaftler selbst zu reflektieren, prüfe ich sorgfältig, wie meine Kultur, mein Alter, mein Geschlecht und mein äußeres Erscheinungsbild von anderen Soldaten interpretiert werden. Während meiner Forschungsarbeit prüfte ich kritisch mein eigenes Ego und das Ausmaß, in dem ich bereit bin, mich anzupassen, damit ich von Soldaten akzeptiert werde. Eine Überlegung war zum Beispiel, ob ich meine Dienstgradabzeichen tragen sollte oder nicht. Der Dienstgrad des Majors kann bei einigen Soldaten bestimmte Erinnerungen, Gefühle oder Reaktionen hervorrufen oder auslösen; als Wissenschaftler verfüge ich jedoch nicht über die üblichen Eigenschaften oder Privilegien eines Majors, da ich die Soldaten nicht führen darf und dies auch nicht von mir erwartet wird. Darüber hinaus habe ich militärisches Führungspersonal viele Jahre lang ausgebildet und meine Herangehensweise an (militärische) Führung wird durch viele Aspekte beeinflusst. Theorien haben meine Herangehensweise an Führung zum Teil geprägt und werden bei der Beurteilung, welche Theorien in einem militärischen Kontext nützlich sind, mit meiner umfassenden Erfahrung verknüpft. Aufgrund meines Masterabschlusses in Organisationspsychologie, meiner eigenen Erfahrungen in der Führung dieser speziellen militärischen Einheit sowie meiner Teilzeitbeschäftigung als Bergführer kann ich Führung nicht nur von einem militärischen Standpunkt aus beobachten. Abschließend kann festgestellt werden, dass meine Herangehensweise an Führung nicht nur auf meinem Beruf als Offizier basiert, sondern auch auf meinen Erfahrungen aus zahlreichen anderen Tätigkeiten. Bei einem Forschungsprojekt wie diesem gibt es zahlreiche Akteure und es werden unterschiedliche Erwartungen an mich als Wissenschaftler, Offizier oder Kamerad gestellt. Somit bringt das Arbeiten so nah an der Praxis einige ethische Herausforderungen und viele zu berücksichtigende Faktoren mit sich. Etwas Typisches, das ich berücksichtigen muss, ist die Frage, ob ich unethische – oder sogar illegale – Verhaltensweisen und Grenzüberschreitungen beobachte beziehungsweise aufzeichne. Ich habe mitunter Dinge gehört und erlebt, die meiner Meinung nach nicht angemessen waren, habe aber nicht darauf reagiert. So wurden die Frauen vor Ort von Soldaten als »Zelte« bezeichnet (unter Bezugnahme auf die Burka) oder Soldatinnen von Männern als »schwanzlos« verunglimpft. Ein weiteres Beispiel sind meine Überlegungen zu der Frage, ob ich taktische Verhaltensweisen und Entscheidungen, z.B. wie die Fahrzeuge taktisch abgestellt werden, kommentieren oder in diese eingreifen soll. Die mit der Rolle eines integrierten Insiders, der gleichzeitig teilnehmender Beobachter ist, verbundenen Schwierigkeiten und Herausforderungen werden auch im Schriftverkehr deutlich, den ich im Anschluss an meine Feldstudien mit einem in Dänemark stationierten hochrangigen Offizier per E-Mail führte. Er hatte mir als Türöffner geholfen, Zugang zum Feld zu erhalten und ich schrieb ihm in einer E-Mail, dass mein Aufenthalt bei der Einheit in Afghanistan erfolgreich gewesen war. In seiner Antwort befragte er mich zur Leistungsfähigkeit der Einheit: »Ist Ihnen eigentlich irgendetwas aufgefallen, auf das ich achten muss?« Ich kannte den Offizier bereits von früher und verstand seine Frage sehr genau, aber da ich nach dem Prinzip der Zustimmung nach Inkenntnissetzung arbeite und die damit verbundenen ethischen Aspekte berücksichtige, unterließ ich es, ihm von meinen subjektiven Erfahrungen zu berichten und ihm eine Einschätzung zu meiner persönlichen und professionellen Beurteilung der taktischen Leistungsfähigkeit der Einheit zu geben. Unabhängig davon, ob meine Einschätzung gut oder schlecht ausfällt, würde das zwischen mir und der Einheit aufgebaute Vertrauen beeinträchtigt sein.

3.5 Grenzen dieses Forschungsansatzes

Worin besteht bei dieser Art von Forschung die offensichtliche Schwierigkeit? Ein Ethnograf, der integrierter Insider ist, kann mit einem Gast auf einer Dinnerparty verglichen werden. Als guter Gast nimmt der Wissenschaftler das Angebot an, Teil der Gesellschaft zu sein und gibt nicht nur Lippenbekenntnisse gegenüber dem Gastgeber ab (Jensen 2003). Als Gast übernimmt der Wissenschaftler zeitweilig eine zweifache Rolle: Er ist ein Teil der Gesellschaft und gleichzeitig Außenstehender, er ist ein Fremder, aber so erkennbar, weder durch Distanziertheit noch durch reines Wiederholen. Es wird vom Gast erwartet, dass er sich zwischen dem Offensichtlichen und dem Verborgenen bewegen kann und somit etwas »aufs Spiel« setzt.

Der Wissenschaftler muss sogar etwas für diese »Nichtkonformität« mit Vorhersagbarem und Vertrautem tun – sein Ziel ist, dass etwas geschieht, da es ansonsten zu langweilig wäre. Wie lade ich mich also selbst zu der Party ein? Wie gelingt es mir einerseits zu verstehen, eine Verbindung herzustellen und mich einzubringen, ohne nur Lippenbekenntnisse abzugeben, und andererseits nicht zu kritisch und beleidigend zu sein, was zu meinem Ausschluss von der Party führen würde? Es ist wie eine Gratwanderung. Ich darf nicht uninteressant werden und muss häufig prüfen, ob ich es mir erlauben kann, eine Frage zu stellen – oder ob ich dadurch zu tief eintauchen würde. Es ist wichtig, stets zu prüfen, ob ein Gespräch Vertrauen schafft und eine gute Beziehung aufbaut. Meine Forschung kann nur als eine mögliche »Lesart« präsentiert werden und es erscheint somit unangemessen, über Verallgemeinerungen zu sprechen, da qualitative Studien selten die erforderliche Genauigkeit einer repräsentativen Stichprobe erreichen und dies auch nicht anstreben (Bazeley 2013). Ich versuche, ein mögliches Verständnis zu generieren, das von einem Kontext auf einen anderen übertragen werden kann, in Abhängigkeit davon, wie sehr diese Kontexte zueinander »passen« (Flick 2013; Tracy 2013). Somit scheint es eher angebracht, über das Konzept der Übertragbarkeit[13] zu sprechen, da in diesem Fall nicht die allgemeinen Bedingungen für die Gültigkeit eines Ergebnisses oder einer Theorie ermittelt werden müssen. Stattdessen findet ein Wissenstransfer von einer Studie zu einer spezifischen neuen Situation statt. Damit überträgt sich die Zuständigkeit für das Vornehmen von Verallgemeinerungen vom Wissenschaftler auf den Leser oder potenziellen Anwender der Ergebnisse (Flick 2013). Miles, Huberman und Saldana schreiben dazu: »jegliche Übertragung der Ergebnisse einer Studie auf andere Kontexte liegt in der Verantwortung des Lesers und nicht des Wissenschaftlers. Die Ergebnisse müssen in ausreichendem Maße ›dichte‹ Beschreibungen enthalten, damit die Leser die potenzielle Übertragbarkeit und Eignung für ihre eigenen Zwecke beurteilen können« (Miles et al. 2013: 314). Eine ausführliche und dichte Beschreibung des Kontextes, in dem eine Studie durchgeführt wurde, ist nicht nur für das Verständnis des Falles unerlässlich, sondern auch, um den Transfer des erworbenen Wissens von einem Fall zu einem anderen und die Anwendung theoretischer Erkenntnisse zu ermöglichen oder weitere Analysen und tiefergehendes Verständnis durch Replikationen oder Vergleichsstudien zu fördern (Bazeley 2013). Oftmals können Kenntnisse beispielsweise über Prozesse erlangt werden und Lernen findet ungeachtet dessen statt. In diesem Transferprozess ist eine aktive Übertragung von einem Kontext zu einem anderen selbstverständlich unerlässlich.

4 Schlussbetrachtung und theoretischer Beitrag

Dadurch, dass ich beschreibe und analysiere, wie Führung als eine vor Ort erbrachte Leistung praktiziert wird, kann ich auf der Grundlage dessen, was in militärischen Hochrisikotruppenteilen »tatsächlich« geschieht, die Forschung zur Führung im militärischen Kontext möglicherweise in praktischer Hinsicht auf den neuesten Stand bringen. Dieses Wissen ermöglicht es Anwendern vielleicht, sich der Art und Weise bewusst zu werden, in der Führung praktiziert wird, und könnte letztlich eine Verbesserung der Führungspraktiken am Arbeitsplatz herbeiführen (Clifton 2009).

---

13 Der Begriff der »transferability« (Übertragbarkeit) wurde von Lincoln und Guba (1985) als Alternative zur Verallgemeinerung eingeführt und beschreibt insbesondere den fallbezogenen Wissenstransfer – die einzige von den Autoren als legitim angesehene Form (Bazeley 2013: 410).

Meiner Ansicht nach gibt es keinen festen Punkt, von dem aus qualitative Forschung als am besten geeignet und legitim betrachtet werden muss, und die Menschen werden ihr eigenes Gespür für gute Forschung entwickeln, was wiederum für ihre eigenen Verstehens- und Sinnstiftungsprozesse förderlich ist (Cassell et al. 2009). Die soziale Welt befindet sich ständig im Wandel, weshalb kontextuelle Erklärungen und situative Bedeutungen für kontinuierliche Sinnstiftung von wesentlicher Bedeutung sind (Tracy 2013). Während meiner Forschungsarbeit bin ich im Kontext vertieft und wenn ich versuche, den Einzelfall zu verstehen und nicht gesetzesähnliche Erklärungen aufzustellen, kann ich meine Studie als das bezeichnen, was Welch et al. (2011) »*interpretive sensemaking*« (interpretierende Sinnstiftung) nennen. Als Beispiel soll der Vorgang an der Brücke dienen, als das Führungspersonal vor Ort seiner eigenen Einschätzung des potenziellen Risikos durch seinen Dialog Bedeutung zuschrieb und ich Teil des Kontextes war. Oder die Nachbereitungsbesprechung, in der ein Soldat erklärte, was in Bezug auf die Probleme bei der Navigation geschehen war, und die Soldaten den Vorgang rückblickend verstanden. Mein Ziel ist es, dichte Beschreibungen zu generieren und zu ermessen, wie der soziale Kontext menschliche Handlungen mit Bedeutung erfüllt.

In den Forschungsarbeiten zum Thema Führung wurde der Schwerpunkt auf die Rolle einer einzelnen Person gelegt, die ein Team führt (Avolio et al. 2009). In der jüngsten Zeit haben sich Wissenschaftler verstärkt für plurale Formen der Führung interessiert (Denis et al. 2012), wobei mehr als eine einzelne Person auf irgendeine Art und Weise an Führungsaufgaben beteiligt ist. Dabei wurden die Begriffe der »*shared leadership*« (geteilte Führung, Pearce/Conger 2003), »*distributed leadership*« (verteilte Führung, Gronn 2002) sowie »*collective leadership*« (gemeinsame Führung, Denis et al. 2012) geprägt, um Varianten dieses Phänomens zu beschreiben (Storey 2017). Die vorliegenden Forschungsergebnisse deuten bislang darauf hin, dass die in Hochrisikotruppenteilen praktizierte Führung von den Konzepten der geteilten und der verteilten Führung Gebrauch macht. Bei geteilter Führung wird Führung als eine gemeinsame Eigenschaft des Teams aufgefasst und jeder kann sich in den Prozess einbringen. Dies wurde beispielsweise in den Fällen deutlich, in denen Truppführer Soldaten an Befehlen beteiligten und Soldaten sich selbst einbrachten. Wie es einer der Soldaten formulierte, nahm er die Führung im Trupp als »fließend« wahr und »die erste und beste Meldung einer Feindberührung führt zur Einleitung von Maßnahmen«. Die Soldaten müssen nicht darauf warten, dass der offizielle Führer eine Entscheidung trifft. Geteilte Führung kann als ein Prozess verstanden werden, in dem eine Person mehrere Mitglieder eines Teams einbezieht. Der Begriff der geteilten Führung weist Überschneidungen mit beziehungsorientierter Führung sowie mit komplexitätsorientierter Führung auf und unterscheidet sich von eher traditionellen, hierarchischen oder vertikalen Führungsmodellen. Obwohl sich zahlreiche Autoren mit der Idee der geteilten Führung beschäftigt haben, hat diese in der akademischen Literatur zum Thema Führung erst kürzlich Beachtung erfahren und in relativ wenigen Studien wurde versucht, sich mit dem Konzept der geteilten Führung auseinanderzusetzen (Avolio et al. 2009; Storey 2017).

Meine bisherige Forschungsarbeit hat in sehr unterschiedlichen militärischen Kontexten stattgefunden – von den staubigen Wüsten Afghanistans, wo beispielsweise die Taliban der Gegner sind, bis zu den eisigen und stürmischen Gewässern und Landschaften nördlich des Polarkreises, wo in erster Linie die extreme Natur den Gegner darstellt. Ich werde mit einer umfassenden Analyse meiner Daten beginnen, der erste Eindruck zeigt jedoch, dass es eine auffallende Ähnlichkeit zwischen den beiden Kontexten gibt, aber auch Unterschiede existieren. In beiden Kontexten zeichnen sich die Trupps dadurch aus, dass sie aus Erfahrungen, Fehlern und Irrtümern lernen und das Erlernte nutzen wollen, um neue Verfahren anzupassen oder zu überdenken. Des Weiteren sind Sachkenntnisse weitaus wichtiger und anerkannter als der traditionelle militärische Dienstgrad und jedes Teammitglied bringt sich irgendwann in die zu einer Entscheidung führenden Prozesse ein oder kann dies tun. Die Strukturen und die Regelmäßigkeit beispielsweise der Durchführung von Nachbereitungsbesprechungen scheinen ein wenig abzuweichen, was wahrscheinlich auf Zeitfaktoren, technische Kenntnisse und den Grad des Risikos zurückzuführen ist.

In diesem Beitrag sollte die Methodik meiner Studie erläutert werden, die sich mit der folgenden Fragestellung beschäftigt: Wie wird in Hochrisikotruppenteilen des dänischen Militärs Führung praktiziert und wie wird diese ermöglicht? Es wurde ein Einblick in meine laufende Forschungsarbeit vermittelt und ich habe versucht, den Einsatz qualitativer In-situ-Methoden zu beschreiben und unterstützende Argumente anzuführen, um die in Bezug auf In-situ-Forschung im Militär bestehende Lücke zu schließen. Meiner Ansicht nach ist die Forschung im dänischen Militär für die Praxis vorbehaltlos nutzbringend und bedeutungsvoll und es wird eine gewisse Verbesserung erreicht. Die beschriebene Methodik erleichtert diesen Prozess, da die Forschung bereits an die Praxis gekoppelt ist. Ich begreife die Schaffung guter Führungspraktiken in den dänischen Streitkräften als ständig fortlaufenden Prozess, wodurch die Praxis eine Bereicherung durch die Forschung erfährt und umgekehrt auch die Forschung durch die Praxis vorangetrieben wird.

Bei künftigen Forschungsarbeiten im Bereich militärischer Führung und Risikorelevanz muss eine enge Verbindung zur militärischen Praxis aufrechterhalten werden. Gemäß der umfassenden Forschungsbibliografie von Sookermany, Sand und Breivik (2015) wurde nur ein Drittel der durch Fachleute geprüften Artikel (n=139) in militärspezifischen Fachzeitschriften veröffentlicht, wobei quantitative Forschungsarbeiten überwiegen. Sie weisen darauf hin, dass qualitative Studien notwendig sind, um relevant und praxisnah zu sein, und begrüßen mehr Forschungsarbeiten dieser Art in der Zukunft. Besondere militärische Situationen sowie von hoch qualifiziertem Militärpersonal durchgeführte Operationen erfordern kontextbezogene Forschung und in diesem Zusammenhang können qualitative Studien wichtig sein. Mein Forschungsprojekt stellt nur einen bescheidenen Versuch dar, diese Lücke zu schließen.

Literatur

Allen, Nate/Kayes, D. Christopher (2012): Leader Development in Dynamic and Hazardous Environments: Company Commander Learning Through Combat. In: Mc Kee, Anne/Eraut, Michael (Hrsg.): Learning Trajectories, Innovation and Identity for Professional Development. Dordrecht: Springer Netherlands, 93–111.

Anaki, David/Brezniak, Tamar/Shalom, Liron (2012): Faces in the Face of Death: Effects of Exposure to Life-Threatening Events and Mortality Salience on Facial Expression Recognition in Combat and Noncombat Military Veterans. In: Emotion, 12: 4, 860–867.

Avolio, Bruce J./Walumbwa, Fred O./Weber, Todd J. (2009): Leadership: Current Theories, Research, and Future Directions. In: Annual Review of Psychology, 60: 1, 421–449.

Bangari, Ravindra Singh (2014): Establishing A Framework of Transformational Grassroots Military Leadership: Lessons from High-Intensity, High-Risk Operational Environments. In: Vikalpa, 39: 3, 13–34.

Baran, Benjamin E./Scott, Cliff W. (2010): Organizing Ambiguity: A Grounded Theory of Leadership and Sensemaking Within Dangerous Contexts. In: Military Psychology, 22: Sup. 1, S42–S69.

Bazeley, Pat (2013): Qualitative Data Analysis: Practical Strategies. Los Angeles: Sage.

Beyer, Patrick D. (2010): Authentic Leadership In-Extremis: A Study of Combat Leadership. Dissertation, Capella University, Minneapolis.

Börjesson, Mats/Österberg, Johann/Enander, Ann (2011): Risk and Safety Attitudes Among Conscripts During Compulsory Military Training. In: Military Psychology, 23: 6, 659–684.

Campbell, Donald J./Hannah, Sean T./Matthews, Michael D. (2010): Leadership in Military and Other Dangerous Contexts: Introduction to the Special Topic Issue. In: Military Psychology, 22: Sup. 1, S1–S14.

Campbell, Scott (2006): Risk and the Subjectivity of Preference. In: Journal of Risk Research, 9: 3, 225–242.
Cassell, Catherine/Bishop, Victoria/Symon, Gillian/Johnson, Phil/Buehring, Anna (2009): Learning to be a Qualitative Management Researcher. In: Management Learning, 40: 5, 513–533.
Clifton, Jonathan (2009): Beyond Taxonomies of Influence: »Doing« Influence and Making Decisions in Management Team Meetings. In: Journal of Business Communication, 46: 1, 57–79.
Denis, Jean-Louis/Langley, Ann/Sergi, Viviane (2012): Leadership in the Plural. In: The Academy of Management Annals, 6: 1, 211–283.
Dixon, Deirdre P./Weeks, Michael/Boland, Richard J./Perelli, Sheri (2017): Making Sense When it Matters Most: An Exploratory Study of Leadership In Extremis. In: Journal of Leadership and Organizational Studies, 24: 3, 294–317.
Fisher, Kelly/Hutchings, Kate/Sarros, James C. (2010): The »Bright« and »Shadow« Aspects of In Extremis Leadership. In: Military Psychology, 22: Sup. 1, S89–S116.
Flick, Uwe (Hrsg.) (2013): The SAGE Handbook of Qualitative Data Analysis. Los Angeles: Sage.
Forsvarskommandoen (2008): Forsvarets Ledelsesgrundlag (FKODIR 121-5). Kopenhagen: Forsvarskommandoen.
Geertz, Clifford (1973): The Interpretation of Cultures: Selected Essays. New York: Basic Books.
Gold, Raymond L. (1958): Roles in Sociological Field Observations. In: Social Forces, 36: 3, 217–223.
Gronn, Peter (2002): Distributed Leadership as a Unit of Analysis. In: The Leadership Quarterly, 13: 4, 423–451.
Hammersley, Martyn/Atkinson, Paul (2007): Ethnography: Principles in Practice. London: Routledge.
Hannah, Sean T./Campbell, Donald J./Matthews, Michael D. (2010): Advancing a Research Agenda for Leadership in Dangerous Contexts. In: Military Psychology, 22: Sup. 1, S157–S189.
Hannah, Sean T./Uhl-Bien, Mary/Avolio, Bruce/Cavarretta, Fabrice L. (2009): A Framework for Examining Leadership in Extreme Contexts. In: The Leadership Quarterly, 20: 6, 897–919.
Hansson, Sven Ove (2005): Seven Myths of Risk. In: Risk Management, 7: 2, 7–17.
Holstein, James A./Gubrium, Jaber F. (2008): Handbook of Constructionist Research. New York: Guilford Press.

Jensen, Henrik Dahl (2003): Det inviterende perspektiv: indledende betragtninger. Mellemværender, festskrift til Lars-Henrik Schmidt. Kopenhagen: Danmarks Pædagogiske Universitetsforlag.

Johnson, Chris W. (2007): The Paradoxes of Military Risk Assessment. In: Boyer, A. G./Gauthier, N. J. (Hrsg.): Proceedings of the 25th International Systems Safety Conference. Unionville/VA: International Systems Safety Society, 859–869.

Kaempf, George L./Klein, Gary/Thordsen, Marvin L./Wolf, Steve (1996): Decision Making in Complex Naval Command-and-Control Environments. In: Human Factors: The Journal of Human Factors and Ergonomics Society, 38: 2, 220–231.

King, Anthony (2006): The Word of Command: Communication and Cohesion in the Military. In: Armed Forces & Society, 32: 4, 493–512.

Lincoln, Yvonna S./Guba, Egon G. (1985): Naturalistic Inquiry. Newbury Park: Sage.

Mik-Meyer, Nanna/Justesen, Lise (2010): Kvalitative metoder. I organisations- og ledelsesstudier. Kopenhagen: Hans Reitzels Forlag.

Miles, Matthew B./Huberman, A. Michael/Saldana, Johnny (2013): Qualitative Data Analysis: A Methods Sourcebook. Thousand Oaks: Sage Publications.

Pearce, Craig L./Conger, Jay A. (2003): Shared Leadership: Reframing the Hows and Whys of Leadership. Thousand Oaks/London: Sage.

Quiñones, Miguel A./Ford, J. Kevin/Teachout, Mark S. (1995): The Relationship Between Work Experience and Job Performance: A Conceptual and Meta-Analytic Review. In: Personnel Psychology, 48: 4, 887–910.

Ramthun, Alex J. (2013): Shared Leadership in Dangerous Environments: Testing a Model for Military Teams Using Mixed Methods Research. Dissertation, University of Nebraska.

Rost, Joseph C. (1993): Leadership for the Twenty-First Century. Westport: Praeger.

Shamir, Boas (2007): Follower-Centered Perspectives on Leadership: A Tribute to the Memory of James R. Meindl. Hackensack/NJ: World Scientific.

Sookermany, Anders McD/Sand, Trond Svela/Breivik, Gunnar (2015): Risk-Taking Attitudes and Behaviors Among Military Personnel in Dangerous Contexts. A Categorized Research Bibliography. Oslo: Norwegian Defence University College.

Storey, John (Hrsg.) (2017): The Routledge Companion to Leadership. New York: Routledge.

Tracy, Sarah J. (2013): Qualitative Research Methods. Collecting Evidence, Crafting Analysis, Communication Impact. Chichester: Wiley-Blackwell.

Trewin, Neil/Ojiako, Udechukwu/Johnson, Johnnie (2010): Risk Management and Its Practical Application: Lessons from the British Army. In: Journal of Risk Research, 13: 5, 669–686.

Tripodi, Paolo/Wolfendale, Jessica (2012): New Wars and New Soldiers: Military Ethics in the Contemporary World. Farnham: Ashgate.

Ward, Stephen/Chapman, Chris (2003): Transforming Project Risk Management into Project Uncertainty Management. In: International Journal of Project Management, 21: 2, 97–105.

Weber, Max (1946): Politics As a Vocation. New York: Oxford University Press.

Weick, Karl E. (2001): Making Sense of the Organization. Oxford: Blackwell Publishers.

Welch, Catherine/Piekkari, Rebecca/Plakoyiannaki, Emmanuella/Paavilainen-Mäntymäki, Eriikka (2011): Theorising from Case Studies: Towards a Pluralist Future for International Business Research. In: Journal of International Business Studies, 42: 5, 740–762.

Yammarino, Francis J./Mumford, Michael D./Connelly, Mary Shane/Dionne, Shelley D. (2010): Leadership and Team Dynamics for Dangerous Military Contexts. In: Military Psychology, 22: Sup. 1, S15–S41.

Yardley, Ivan/Kakabadse, Andrew (2007): Understanding Mission Command: A Model for Developing Competitive Advantage in a Business Context. In: Strategic Change, 16: 1–2, 69–78.

Ziegler, Jennifer A./DeGrosky, Michael T. (2008): Managing the Meaning of Leadership: Leadership as »Communicating Intent« in Wildland Firefighting. In: Leadership, 4: 3, 271–297.

Einen Versuch wär's wert: Die Bedeutung von Experimenten und Simulationen für die militärsoziologische Forschung

Martin Elbe und Markus Steinbrecher

1 Experimente – der Königsweg der Wissenschaft?

Experimente gelten als der Königsweg der Wissenschaft und manchmal gar als Letztgrund der Unterscheidung, ob ein Tun wissenschaftlich ist oder nicht – doch stößt diese Betrachtung recht schnell an Grenzen: »Ein Astronom kann nicht mit Planeten experimentieren und ein Geologe keine Kontinentalplatten verschieben, sondern beide müssen mit genauen Beobachtungen und möglichst exakten Messungen zufrieden sein« (Steurer/Buddeberg 2004: 37). Diese Feststellung gilt auch hinsichtlich des Militärs für die Mikro- und für die Makroperspektive: So ist Paparone (2013) gar nicht besonders innovativ, wenn er militärische Operationen generell als Experimente betrachtet – haben doch frühe Militärpsychologen den Ersten Weltkrieg insgesamt als ein Experiment der Moderne eingeschätzt (Hohenthal 2017). Für die soziologische Sicht auf das Militär haben Experimente jedoch eine engere, spezifisch-methodologische Bedeutung: als explizites Forschungsdesign.

Wie Keuschnigg und Wolbring (2015) in ihrer Einleitung anmerken, hat in Deutschland eine soziologische Diskussion um Experimente als spezifische Untersuchungsform lange nicht stattgefunden und so kann das Lehrbuch von Zimmermann (1972) noch immer als Standardwerk gelten. Eine Definition von »Experiment« sollte dementsprechend die von Zimmermann (1972) aufgestellten Anforderungen erfüllen: *Unter einem Experiment wird die planvolle Variation von Einflüssen auf einzelne Merkmale (Variablen) verstanden, deren Ergebnisse sich messen lassen.* Ob es sich beim Messvorgang um begleitende Beobachtungen oder anschließende Befragungen handelt, ob die planvolle Variation in einer hoch kontrollierten Situation (Laborexperiment), in einer dem Lebensalltag nahen Situation (Feldexperiment) oder als Umfrageexperiment in einer standardisierten quantitativen Befragung stattfindet und wie viele Variablen im Experiment gemessen werden, ist unterschiedlich – und doch handelt es sich bei allen aufgeführten Varianten um experimentelle Settings. In der weitest möglichen Fassung beschränken sich Experimente nicht auf konkrete soziale Settings, sondern können als Gedankenexperimente vorgenommen werden.

Hierzu zählen Utopien (insbesondere Morus 2012), die ganze Gesellschaften simulieren, aber auch reduktionistische Gedankenexperimente, die versuchen, einzelne Begriffe oder Konzepte mit besonderer sozialer Relevanz zu isolieren. Während Gesellschaftsutopien ihre lebensweltliche Entsprechung in Umsetzungsversuchen – die üblicherweise politisch oder ideologisch und nicht wissenschaftlich begründet werden – finden können (z.B. das Mincome-Experiment[1] in der kanadischen Stadt Dauphin; Forget 2008), finden reduktionistische Gedankenexperimente keine Entsprechung in der realen Gesellschaft, sondern erfüllen ihren Zweck darin, eine Folie zur theoretischen Differenzbildung in der Realität darzustellen.

Dieser Beitrag beschäftigt sich mit der Bedeutung von Experimenten und Simulationen in der militärsoziologischen Forschung. Ausgehend vom Gedankenexperiment im 2. Abschnitt werden im 3. Abschnitt verschiedene Typen von Experimenten mit ihren spezifischen Merkmalen und Ausprägungen vorgestellt. Zudem sollen einige zentrale Gütekriterien experimenteller Forschung diskutiert werden. Im 4. Abschnitt wird ein kurzer Überblick über die Themen und Schwerpunkte experimenteller Forschung in der Militärsoziologie der letzten Jahre präsentiert und im 5. Abschnitt konkrete Beispiele von Labor-, Feld- und Umfrageexperimenten vorgestellt. Zudem gehen wir auf die Simulation als Sonderform des Experiments ein. Der 6. Abschnitt enthält einige Überlegungen zum Experiment als spezifischer Art der sozialen Interaktion, während der letzte Abschnitt abschließende Bemerkungen zu Experiment und Simulation liefert.

2 Das Gedankenexperiment als Startpunkt

Es mag irritierend sein, eine rein kognitive Leistung als Experiment zu bezeichnen, aber die Grundform allen weiteren Experimentierens findet letztlich in der gedanklichen Vorwegnahme einer *planvollen Variation von Einflüssen auf einzelne Merkmale* statt. Die klassische Form eines reduktionistischen Gedankenexperiments

---

[1] Das Mincome-Experiment von 1974 bis 1977 sollte die Wirkung eines bedingungslosen Grundeinkommens unter realen Bedingungen untersuchen. Hierfür erhielten alle 10.000 Einwohner der Stadt Dauphin in Kanada monatlich 100 Dollar, ohne Prüfung der Bedürftigkeit oder weiterer Voraussetzungen. 1977 wurde das Experiment aufgrund der schlechten wirtschaftlichen Gesamtlage Kanadas abgebrochen und zunächst auch nicht weiter ausgewertet. Erst in den letzten Jahren wurden Ergebnisse dieses Feldexperiments veröffentlicht (Forget 2008).

ist der Idealtyp nach Max Weber (1980). Idealtypen verweisen auf grundlegende Ideen, die

> »in dieser absolut idealen reinen Form vielleicht ebenso wenig je in der Realität auftreten wie eine physikalische Reaktion, die unter Voraussetzung eines absolut leeren Raums errechnet ist. [...] Je schärfer und eindeutiger konstruiert die Idealtypen sind: je weltfremder sie also, in diesem Sinne, sind, desto besser leisten sie ihren Dienst, terminologisch und klassifikatorisch sowohl wie heuristisch« (Weber 1980: 10).

Um Idealtypen bilden zu können, wird im ersten Schritt das Wesentliche der zugrunde liegenden Idee expliziert, also die markanten Merkmale in extremer Form und möglichst deutlicher Abgrenzung zu ähnlichen Erscheinungen der sozialen Welt formuliert. Im zweiten Schritt werden diese Aspekte zur reinen Idee übersteigert, sodass die denkbar radikalste Form einer spezifischen Merkmalskombination erreicht wird – dies ist das eigentliche Gedankenexperiment. So wird die reine Rationalität der jeweiligen grundlegenden Idee erzeugt. Mit diesem Idealtyp lassen sich Vergleiche zu real anzutreffenden Einzelfällen oder Realtypen – als typischerweise in der sozialen Realität auftretende Erscheinungen – anstellen (zum Forschen mit Idealtypen vgl. Bohnsack 2014; Elbe 2002; Elbe/Saam 2008; Gerhardt 2001; Kelle/Kluge 2010; Lehnert 2007). Das Forschungsverfahren soll hier als Idealtypendifferenz bezeichnet werden.

Diese Form des Gedankenexperiments unterscheidet sich vom allgemeinen theoretischen Räsonieren und einer umfassenden Theoriebildung durch die Realitätsferne des Idealtyps, bei gleichzeitiger Klarheit der Begriffe. Idealtypen können bei der Theoriebildung helfen, stellen selbst aber keine Theorien dar. Für Max Weber sind die protestantische Ethik, die mittelalterlichen Städte und die Herrschaftstypologie Beispiele für die Bildung von Idealtypen. Speziell die Durchsetzung rationaler Herrschaftssysteme befördert die »rationale Uniformierung des Gehorsams einer Vielzahl von Menschen« (Weber 1980: 681). Hier setzt auch seine Kontrastierung des Gedankenexperiments der Herrschaftstypen mit der Realität moderner Armeen an: Diese benötigen neben der rationalen Disziplinierung durchaus Emotionalität und Hingabe, generell aber vor allem Vergemeinschaftung im militärischen Massengebilde. Dass dabei langfristig die Wehrpflicht (in Webers Diktion: Dienstpflicht) zur Disposition steht und der Berufssoldat kriegstechnisch überlegen sein wird, ist eine Erkenntnis Webers (1980), die er aus dem Vergleich tatsächlicher militärischer Gegebenheiten in ihrer historischen Entwicklung mit dem Idealtyp rational-bürokratischer Disziplinierung ableitet (vgl. hierzu Wachtler 1983). Max Weber konfrontiert also sein (Gedanken-)Experiment mit der sozialen Wirklichkeit, mehr noch: Das Gedankenexperiment ist für ihn die

Voraussetzung der wissenschaftlichen Erklärung, nachdem die soziale Realität aufgrund der Differenz zum Idealtyp verstanden wurde. Die Überprüfung des Gedankenexperiments auf seine Erklärungskraft in der Realität ist also für Max Weber zentral in der Nutzung des experimentellen Settings. Durch die planvolle Variation einzelner Merkmale (im Rahmen der Übersteigerung bei der Bildung des Idealtyps) wird die Kontrastierung mit der Realität als Differenzbildung und damit als Form der Messung ermöglicht. Dies muss allerdings nicht zwangsweise mathematisch-statistisch, sondern kann im argumentativen Abgleich mit der sozialen Realität erfolgen.

3 Typen sozialwissenschaftlicher Experimente und ihre Merkmale

Wie bereits angedeutet, stellt das Bilden von Idealtypen eine Tatsachenbeschreibung dar, die keine vollkommene Entsprechung in der sozialen oder natürlichen Umwelt hat. Die rationale Herrschaft mithilfe eines bürokratischen Verwaltungsstabes in Reinform kann es nicht geben – eben *weil* es die reinste Form, der Idealtyp ist (Weber 1980: 10). Letztlich ist jedes Experiment zu dem Zeitpunkt, zu dem es entworfen wird, zuerst einmal ein Gedankenexperiment – erst die Konfrontation mit der sozialen Realität verwandelt es zu einem Laborexperiment, Feldexperiment oder Umfrageexperiment.

Im Folgenden werden die wichtigsten Typen sozialwissenschaftlicher Experimente und einige ihrer zentralen Merkmale vorgestellt. Für die ausführlichen Details der technischen Beschreibung experimenteller Settings verweisen wir auf die entsprechenden Methodenlehrbücher oder Übersichtsartikel (z.B. Behnke et al. 2006; Bortz/Döring 2002; Diekmann 2008; Druckman et al. 2011; Faas/Huber 2010; Huber 2013; Mertens 1975; Teigen 2014; Zimmermann 1972). Zentrales Merkmal von Experimenten ist die Aufteilung in Experimental- und Kontrollgruppe und die Zufälligkeit (Randomisierung) der Zuordnung der Untersuchungsobjekte zu den jeweiligen Gruppen. Während in der Experimentalgruppe ein Stimulus (Treatment) oder in mehreren Experimentalgruppen verschiedene Varianten eines Stimulus eingesetzt werden, erhält die Kontrollgruppe entweder ein Placebo oder gar kein Treatment. Vergleicht man dann die verschiedenen Versuchsgruppen, können Schlussfolgerungen über die Beeinflussung der zu erklärenden Variable durch die variierte Erklärungsvariable gezogen werden.

Für die Durchführung von Experimenten und die Aufteilung der Probanden auf die verschiedenen Gruppen gibt es unterschiedliche Designs (für eine ausführlichere Darstellung siehe z.B. Behnke et al. 2006; Diekmann 2008). Zu den weit verbreiteten Formen gehört das einfache Post-Test-Design. In dieser einfachsten Form des Experiments wird die Experimentalgruppe dem Stimulus ausgesetzt und anschließend die Werte von Experimental- und Kontrollgruppe verglichen (siehe zum Beispiel das Umfrage-Framing-Experiment von Steinbrecher et al. 2017 unten). Klassisch hingegen ist das Pre-Test-Post-Test-Design: Hier gibt es in allen Gruppen jeweils eine Messung vor und nach Ausbringung des Treatments, sodass der Unterschied der Veränderung zwischen Vorher- und Nachhermessung, also die Differenz der Differenzen, betrachtet wird. Weitere, komplexere Experimentalsettings sind Solomons Vier-Gruppen-Design mit jeweils zwei Experimental- und zwei Kontrollgruppen, das Multigruppen-Design für unabhängige Variablen mit mehr als zwei Ausprägungen oder das faktorielle Design, in dem Wechselwirkungen zwischen verschiedenen unabhängigen Variablen untersucht werden können.

Der größte Vorteil experimenteller Forschung ist es, kausale Zusammenhänge zwischen verschiedenen Variablen zu untersuchen. Werden die Randomisierung der Teilnehmerinnen und Teilnehmer und die systematische Manipulation des Treatments eingehalten, lassen sich Unterschiede in der abhängigen Variable auf die experimentellen Variationen der unabhängigen Variable zurückführen. Tritt diese Differenz zwischen den Gruppen auf, spricht man von interner Validität der Ergebnisse. Ein Postulat der Experimentalforschung ist daher die Kontrolle der Experimentalsituation. Durch den Ausschluss weiterer einflussnehmender dritter Variablen – so die Absicht – kann in besonders reiner Form der Kausalzusammenhang zwischen einer Ursache und deren Wirkung überprüft werden. Der Preis für diese Isolation des Ursache-Wirkungs-Zusammenhangs ist die Herauslösung des Forschungssettings aus der sozialen Realität. Es werden im Extremfall Aussagen über Zusammenhänge in Laborsituationen erzeugt, deren Gültigkeit in der sozialen Realität und damit ihre Generalisierung erst nachzuweisen ist. Eine zentrale Frage an experimentelle Forschung ist daher, ob die Ergebnisse extern valide sind, das heißt, ob sie auch außerhalb des spezifischen experimentellen Settings in anderen Situationen gelten. Die zentrale Forderung an experimentelle Forschung ist daher die Replizierbarkeit der Ergebnisse in unterschiedlichen Kontexten, mit anderen Probanden und zu verschiedenen Zeitpunkten.

Im Folgenden werden kurz verschiedene Typen von Experimenten vorgestellt und wie in Abbildung 1 auf einer Achse mit den Polen »Nähe zur sozialen Realität« und »Kontrolle und Randomisierung« systematisiert. Ausgangspunkt ist dabei das zugrunde liegende Gedankenexperiment.

Abbildung 1: Experimentelle Settings

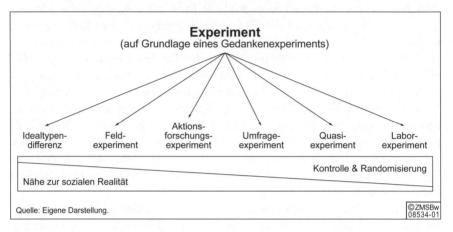

Quelle: Eigene Darstellung.

Bei der schon besprochenen *Idealtypendifferenz* wird das Ergebnis des Gedankenexperiments mit real vorkommenden Einzelfällen oder Realtypen verglichen, sodass systematische, begründete Abweichungen des tatsächlichen Verhaltens vom zu erwartenden Verhalten deutlich werden und auch die Handlungsgründe verstanden werden können (Elbe 2002). Hierbei wird die direkte soziale Realität in einem Ausschnitt erhoben, die Kontrolle über die einflussnehmenden Variablen und die Zufälligkeit der Probanden-Auswahl sind aber gering.

Dies ist bei klassischen Feldexperimenten auch der Fall, hier sind sich die Teilnehmerinnen und Teilnehmer nicht bewusst, dass sie Teil eines Experiments sind (Zimmermann 1972). In der Alltagsumgebung von Versuchspersonen wird ein Stimulus ausgebracht, der diese zu einem messbaren Verhalten animiert, so zum Beispiel beim berühmten Lost-Letter-Experiment (Milgram et al. 1965). Hier wurden scheinbar verlorene, frankierte und adressierte Briefumschläge in öffentlichen Räumen ausgelegt. Aufgrund der Anzahl der abgeschickten Briefe, die beim Adressaten ankamen, ließen sich Rückschlüsse auf die Einstellungen der Menschen ziehen, die diese Orte frequentieren (und sich z.B. nach Sozialindizes unterscheiden). Feldexperimente zeichnen sich durch eine hohe Realitätsnähe aus – teilweise lassen sich politische Handlungen oder Maßnahmen wie die weiter unten diskutierte Vietnam Draft Lottery im Nachhinein als Feldexperimente interpretieren und entsprechend für die Forschung nutzen (vgl. 5.2). Eine in den letzten Jahren in vielen Wissenschaftsdisziplinen, aber auch außerhalb der Wissenschaften besonders populär gewordene Form von Feldexperimenten beruht auf der Methode des sogenannten Nudgings (Deutsch: sanft anstupsen), die von den

Verhaltensökonomen Thaler und Sunstein geprägt wurde (Thaler/Sunstein 2008). Damit sollen die Teilnehmerinnen und Teilnehmer der Nudging-Maßnahmen durch leichte Anstöße oder Informationen dazu gebracht werden, ihr Verhalten in einer gesellschaftlich wünschenswerten oder objektiv besseren Weise zu verändern, zum Beispiel ihr Ernährungsverhalten (Spitznagel et al. 2018). Wichtig ist, dass die Teilnehmenden nicht gezwungen werden, sondern frei sind, ihre Entscheidungen und ihr Verhalten in jeder möglichen Weise festzulegen. Das Beispiel der Studie von Spitznagel und Kolleginnen zeigt die Anwendungsmöglichkeit von Nudging in einem militärischen Kontext. In einer weiten Interpretation betreibt das Militär selbst allerdings schon lange Nudging, indem es etwa mit Taschenkarten, Warnhinweisen, Merksätzen sowie Geboten und Verboten seine Angehörigen dazu bringen möchte, sich im Sinne der Erwartungen der Organisation zu verhalten und bestimmte als rational betrachtete Entscheidungen zu treffen oder Handlungen durchzuführen.[2] Interpretiert man den Begriff des Nudgings allerdings eng, stehen viele Funktionslogiken des Militärs dieser Methode entgegen, denn es wird in den Streitkräften vor allem mit Geboten und Verboten gearbeitet, welche die Entscheidungsfreiheit der Organisationsmitglieder deutlich einschränken.[3]

Die Nähe zum sozialen Setting ist ebenfalls bei *Aktionsforschungsexperimenten* (auch: Tatforschung) gegeben. Hier wird die soziale Realität mit Laborsituationen vermischt (Lewin 1968). Zentral ist ein Gruppensetting, in dem die Beteiligten aufeinander einwirken und dabei Einstellungs- oder Verhaltensänderungen erzeugen. Dies ist der experimentelle Laboranteil, er wird beobachtet und dokumentiert, wobei die Teilnehmenden zu Selbstbeobachtung und Selbstreflexion angehalten werden – hierdurch werden gruppendynamische Prozesse in die Laborsituation integriert (Elbe 2016). Die Zusammensetzung der Gruppen kann sich aus dem Arbeits- oder Lebensalltag ergeben, zentral ist aber, dass davon ausgegangen wird, dass die Teilnahme an der Gruppe ein erster Schritt zum Lösungsbeitrag für das behandelte Problem darstellt (Prinzip des »Hier und Jetzt«). Die Gruppenzusammensetzung ist damit explizit nicht zufällig und genau durch diese Realitätsnähe wird der Transfer der Einstellungs- oder Verhaltensänderung in den Alltag befördert. Für Kurt Lewin (1968), der als einer der Begründer der experimentellen Sozialpsychologie gilt, war es wichtig, einen spezifisch ethischen

---

2   Hier zeigt sich die Notwendigkeit einer besseren Abgrenzung des Nudging-Konzepts von anderen Methoden der Verhaltenssteuerung und -beeinflussung – die Grenzen sind hier teilweise schwer zu ziehen (z.B. Düber 2016).
3   Dies steht der Definition von Thaler und Sunstein entgegen: »A nudge, as we will use the term, is any aspect of the choice architecture that alters people's behavior in a predictable way without forbidding any options or significantly changing their economic incentives. [...] Nudges are not mandates« (Thaler/Sunstein 2008: 6).

Anspruch in die Forschung mit Experimenten einzubringen: Die Forschung sollte auch den Veränderungen, die sie auslöst, gerecht werden und sie verantwortungsvoll mitgestalten. Gruppendynamik und Aktionsforschung im Anschluss an Lewin waren die Grundlage für die sozialpsychologische Veränderungstechnik der Organisationsentwicklung. Experimentell-partizipative Methoden der Aktionsforschung sind in vielen sozialen und professionellen Settings bis heute wichtige Ansätze für angewandte Forschung.

Umfrageexperimente finden in der sozialen Realität statt. In einer standardisierten Befragung wird ein Stimulus gesetzt, dessen Einfluss auf das Verhalten oder die Antworttendenz als Differenz zwischen einer Experimental- und einer Kontrollgruppe gemessen wird (Chong/Druckman 2007a, 2007b). Große Aufmerksamkeit in der militärsoziologischen Forschung zu zivil-militärischen Beziehungen erhielten die Umfrageexperimente von Gelpi und Kollegen zum Einfluss realer oder wahrgenommener militärischer (und ziviler) Verluste auf sicherheits- und verteidigungspolitische Einstellungen der US-amerikanischen Bevölkerung (z.B. Gelpi et al. 2006, 2007, 2009). Zahlreiche weitere Forscherinnen und Forscher ließen sich von diesem Ansatz inspirieren (z.B. Gartner 2008; Johns/Davies 2019; Rich 2019). Als besonderer Typ des Umfrageexperiments sind in den letzten Jahren Framing-Experimente populär geworden (Faas/Huber 2010). Der Stimulus in Framing-Experimenten stellt häufig einen Rahmen im Sinne des Primings dar, es werden also in der Experimentalgruppe bestimmte Kognitionen ausgelöst, z.B. durch die vorangeschaltete Beschäftigung mit einem bestimmten Thema oder die Erwähnung eines spezifischen Stimulus. Die Randomisierung ist hier gegeben, da die Probanden (bei einer Zufallsstichprobe) zufällig ausgesucht und den jeweiligen Gruppen zugeordnet werden können. Die Kontrolle über die einflussnehmenden Variablen ist aber gering, weil unklar ist, in welchem Maße die Befragten sich vorher mit der Thematik befasst haben. Die Erhebung findet im Gegensatz zum Laborexperiment im sozialen Umfeld der Probanden statt. Die Nähe zum sozialen Setting ist damit eher gegeben, auch wenn die Befragten sich bewusst sind, dass sie an einem Forschungsprozess teilnehmen. Die Erhebungssituation ist also immer noch künstlich, sodass auch Umfrageexperimente hinsichtlich ihrer externen Validität kritisiert werden. Weiter unten wird ein Framing-Experiment im Rahmen einer Umfrage zur Bündnisverteidigung in der NATO genauer besprochen (vgl. 5.1). Zudem werden zahlreiche Probleme der Umfrageforschung anhand der Methodenexperimente von Rothbart erläutert (vgl. 5.1 und den entsprechenden Beitrag in diesem Band).

Bei *Quasiexperimenten* (Huber 2013) fehlt in der Regel die Kontrollgruppe – dies ist häufig bei gesellschaftspolitischen Programmen der Fall, die bei ihrer Durchführung für die ganze Bevölkerung gelten (Behnke et al. 2006: 59 ff.), oder bei den in der Einleitung angesprochenen militärischen Operationen. Die Wirksamkeit des Treatments kann bei Quasi-Experimenten nur durch eine Reihe von Messungen festgestellt werden. Veränderungen in den Werten und Messungen nach dem Ausbringen des Treatments können als Wirkung des Quasiexperiments interpretiert werden. Die Relevanz von Drittvariablen kann allerdings bei dieser Art des Experiments nie ausgeschlossen werden, weil es unmöglich ist, alle relevanten Faktoren zu beeinflussen oder gar zu kontrollieren. Daher sind unterschiedliche Interpretationen der Ergebnisse und darauf aufbauende wissenschaftliche, aber auch politische Meinungsverschiedenheiten stets möglich.

Laborexperimente schließlich stellen die Isolierung und Variation von in der Realität vorkommenden Variablen und ihrer Wirkung auf menschliche Einstellungen oder menschliches Verhalten in der künstlichsten und am stärksten kontrollierten Form dar (Zimmermann 1972). Die Zuordnung zu Experimental- oder Kontrollgruppen erfolgt streng randomisiert, der Bezug zwischen unabhängiger und abhängiger Variable ist eindeutig kausal und wird nicht durch weitere Einflüsse moderiert. Die Variation der Treatment-Variable unterliegt in vollem Umfang den Forscherinnen und Forschern. Weiter unten werden drei Laborexperimente mit militärsoziologischen Fragestellungen kurz vorgestellt (vgl. 5.3).

4 Experimente mit militärsoziologischen Fragestellungen oder mit Militärbezug

Experimente gibt es in naturwissenschaftlichen wie in sozialwissenschaftlichen Disziplinen, auch in Bezug auf Krieg und Militär finden Experimente in verschiedenen Forschungsgebieten statt. So wird zum Beispiel in der Verhaltensbiologie unter anderem sowohl im Hinblick auf Menschen als auch auf Tiere kriegerisches Verhalten experimentell untersucht. Fessler und Holbrook (2014) stellten fest: Wenn Menschen synchron marschieren, nimmt ihre Angst vor gegnerischer Bedrohung ab und ihre Aggressionsbereitschaft steigt. Auch in der militärsoziologischen Forschung kommen die verschiedenen experimentellen Settings vor, selbst Formen der Aktionsforschung, die über den Forschungskontext hinaus einen Gestaltungsanspruch haben (Annen 2000). In diesem und dem nächsten Abschnitt werden Experimente mit militärsoziologischen Fragestellungen oder Militärbezug genauer vorgestellt.

Nachdem Wilhelm Wundt zu Anfang des 20. Jahrhunderts eine ganze Generation von Psychologen, Sozialpsychologen und Soziologen dahingehend geprägt hatte, dass Experimente einen hohen Stellenwert für die Erlangung psychologischer und sozialwissenschaftlicher Erkenntnisse haben, wurden bereits im Ersten Weltkrieg psychologische Experimentaleinrichtungen eingesetzt, um Kriegsversehrte zu therapieren (z.B. Hohenthal 2017 zu Gehörstimulanz). Hierbei gab es früh Verbindungen zwischen der experimentell-diagnostisch orientierten Wehrpsychologie und der Soziologie. So gehörte bereits 1932 die »Soziologische Auswertung aller Eignungsprüfungen« zu den Laboratoriumsaufgaben der »Heerespsychotechnik« (Simoneit 1990: 15). Auch wenn zu den Themen der Wehrpsychologen in der ersten Hälfte des 20. Jahrhunderts unter anderem Untersuchungen der soldatischen Tätigkeit und der militärischen Gemeinschaften gehörten, stand doch die Eignungsdiagnostik insbesondere für Kraftfahrer, Funker, Flieger oder Offiziere – und hierfür war die Schaffung experimentell-diagnostischer Verfahren notwendig – im Vordergrund der Alltagsarbeit. Allerdings bedurfte es für die verlässliche Durchführung der Eignungsdiagnostik grundlegender Experimente zur Normierung oder Neujustierung der psychologischen Tests (Flik 1988).[4] Anfang der 1940er-Jahre wurde die experimentelle sozialpsychologische Forschung in der Wehrmacht eingestellt[5] und erst nach Gründung der Bundeswehr in den 1950er-Jahren wieder neu eingeführt. Anfang der 1970er-Jahre kam dann die soziologische Forschung des Sozialwissenschaftlichen Instituts der Bundeswehr (SOWI, heute Teil des ZMSBw) hinzu.

Exemplarische Themen experimenteller sozialwissenschaftlicher Forschung im und zum Militär der letzten Jahre finden sich in Tabelle 1. Hier werden sowohl soziologische als auch psychologische Experimente aufgeführt, wobei sich in vielen Arbeiten Überschneidungen zeigen. Da die englischsprachigen Zeitschriften,[6] die für die beispielhafte Übersicht hauptsächlich herangezogen wurden, dominant waren, finden sich nur jeweils ein deutsch- und ein französischsprachiger Artikel in der Übersicht.

4　Ein Beispiel hierfür sind die »experimentelle[n] Untersuchungen über den Einfluss sekundärer Tiefensehfaktoren bei der Pulfrich'schen Silhouettentafel« in den 1930er-Jahren (Flik 1988: 37).

5　Die Heeres- und die Luftwaffenpsychologie wurden 1942 aufgelöst, wofür wohl die Begutachtungen verschiedener Generale und NS-Funktionäre (insbesondere Göring und Keitel werden hier genannt) als zum Offizieranwärter nur bedingt geeignet den Anstoß gaben (Flik 1988).

6　Für die in Tabelle 1 aufgeführten Experimente wurden die einschlägigen militärsoziologischen und -psychologischen Zeitschriften der letzten 20 Jahre ausgewertet. Dies betrifft insbesondere die Zeitschriften »Armed Forces & Society«, »Military Psychology« und »Res Militaris«, die nur oder doch hauptsächlich (im Falle von Res Militaris) englischsprachige Artikel veröffentlichen. Diese wurden um militärspezifische Experimente ergänzt, die in anderen Quellen beschrieben wurden, aber nicht systematisch auszuwerten waren, z.B. weil es sich nicht um Periodika handelt oder die Zeitschriften nicht einschlägig sozialwissenschaftlich waren.

Tabelle 1: Beispiele für militärsoziologische Experimente der letzten Jahre

Titel	Autor(en)	Jahr	Schlagwort 1	Schlagwort 2	Schlagwort 3
Effects of Chemical Protective Clothing, Exercise, and Diphenhydramine on Cognitive Performance During Sleep Deprivation	Williams et al.	1997	Gesundheit	Stress	Militärische Operation
Decision Making by Military Students Under Severe Stress	Larsen	2001	Kompetenzen/ Ausbildung	Stress	Entscheidungsverhalten
A Great Place to Start? The Effect of Prior Military Service on Hiring	Kleykamp	2009	Veteranen	Rekrutierung	Minoritäten
Soldier Performance in High Operations Tempo Conditions: West Point Contributions	Matthews et al.	2009	Kompetenzen/ Ausbildung	Stress	Militärische Operation
Rules Versus Evidence in Memory and Non-Memory Decision-Making	Dobbins/ Han	2009	Gedächtnisabfrage	Leistung	Entscheidungsverhalten
Team Perceived Trustworthiness in a Complex Military Peacekeeping Simulation	Lee et al.	2010	Team	Zuverlässigkeit	Soziale Normen
Caught in the Draft: Vietnam Draft Lottery Status on Political Attitudes	Erikson/ Stoker	2011	Einstellungen	Zivilmilitärische Beziehungen	Gesundheit
Military Experience in Elections and Perception of Issue Competence: An Experimental Study with Television Ads	Teigen	2012	Veteranen	Zivilmilitärische Beziehungen	Kompetenzen/ Ausbildung
Modélisation de la radicalité mentale: comment comprendre l'extrémisme?	Bronner	2012	Terrorismus	Entscheidungsverhalten	Soziale Normen
An Experimental Study of Social Norms in Situation	Firing et al.	2012	Soziale Normen	Gesundheit	Kompetenzen/ Ausbildung
Eye Metrics: An Alternative Vigilance Detector for Military Operators	McIntire et al.	2013	Eye Tracking	Gesundheit	Militärische Operation

Titel	Autor(en)	Jahr	Schlagwort 1	Schlagwort 2	Schlagwort 3
Measuring Team Performance in Complex and Dynamic Military Environments: The SPOTLITE Method	MacMillan et al.	2013	Team	Leistung	Performanz
Status- and Stigma-related Consequences of Military Service and PTSD: Evidence from a Laboratory Experiment	Hipes et al.	2015	Stigma	Gesundheit	Veteranen
Preparatory Military Training: An Experiment in Integrating Minorities in the Swedish Armed Forces	Österberg	2017	Kompetenzen/ Ausbildung	Integration	Minoritäten
Nudging in der Speisenausgabestelle des Zentralen Instituts des Sanitätsdienstes der Bundeswehr München: Lässt sich eine »Healthy Choice« fördern?	Spitznagel et al.	2018	Ernährung	Gesundheit	Sanitäts- dienst
Who Supports U.S. Veterans and Who Exaggerates Their Support?	Kleykamp et al.	2018	Einstellungen	Zivil- militärische Beziehungen	Veteranen
Supersoldiers or Rulebreakers? Unpacking the Mind-Set of Special Operations Forces	Dalgaard- Nielsen/ Holm	2018	Militärische Operation	Leistung	Soziale Normen
Elite Military Cues and Public Opinion About the Use of Military Force	Golby et al.	2018	Zivil- militärische Beziehungen	Einstellungen	Militärische Operation

Quelle: Eigene Darstellung. Anmerkung: Es wurden jeweils drei Schlagworte aufgenommen, die entweder zu den Artikeln angegeben waren oder anhand der Beschreibung der Experimente neu vergeben und anschließend (wenn möglich) generalisiert wurden. Die Einträge wurden chronologisch nach Erscheinungsjahr sortiert. PTBS: Posttraumatische Belastungsstörung.

Analysiert man die 18 hier aufgeführten Experimente mittels Gruppierung der Schlagwörter, lässt sich feststellen, dass die wichtigsten Themen Formen militärischer Operationen sowie Gesundheit (sechsmal), vor Kompetenzen der Soldatinnen und Soldaten und Kadetten mit Trainingsprozessen (fünfmal) waren. Es folgen Experimente, die sich mit Veteranen und zivil-militärischen Beziehungen sowie sozialen Normen (jeweils viermal) beschäftigten. Drei Nennungen betreffen jeweils

Leistung und Stress, Entscheidungsverhalten sowie Einstellungen. Teamfaktoren und Minderheiten wurden jeweils zweimal untersucht und weitere Themen waren nur einmal Gegenstand eines Experiments. Neben Einsatzthemen stehen Gesundheit und Fragen des Personalmanagements im Vordergrund experimenteller Settings der empirischen Sozialpsychologie des Militärs. Insgesamt zeigt diese exemplarische Zusammenstellung die thematische Vielfalt bei der Anwendung experimenteller Forschung im und zum Militär. Im Folgenden werden Beispiele für die in Abschnitt 3 erläuterten Typen von Experimenten vorgestellt und deren Ergebnisse diskutiert, um die angesprochene Diversität der methodischen und thematischen Zugänge zu verdeutlichen.

5 Darstellung ausgewählter Experimente mit militärsoziologischen Fragestellungen

5.1 Umfrageexperimente

Dieser Unterabschnitt stellt kurz das Design und einige zentrale Ergebnisse von zwei Umfrageexperimenten vor, die im Rahmen der militärsoziologischen Forschung am Zentrum für Militärgeschichte und Sozialwissenschaften der Bundeswehr (ZMSBw) durchgeführt wurden. Beide Experimente waren Teil der jährlichen Bevölkerungsbefragung (vgl. den Beitrag von Steinbrecher in diesem Band) und verfolgten einerseits methodische, andererseits inhaltliche Fragestellungen.

Die Experimente in den beiden Bevölkerungsbefragungen 2014 untersuchen systematisch Ursachen für Messfehler in Umfragen am Beispiel sicherheitspolitischer Einstellungen (vgl. auch den Beitrag von Rothbart in diesem Band). Es wurden drei Experimente zum Einfluss der Erhebungsinstrumente auf die Qualität der Daten integriert. So wurde getestet, ob die Variation des Erhebungsmodus (Experiment 1), der Antwortskala (Experiment 2) oder des Interviewers (Experiment 3) einen Einfluss auf Merkmalsverteilungen, Variablenbeziehungen, die Gütekriterien der Messung und auf die Wahrscheinlichkeit von Satisficing-Verhalten der Befragten im Interview hat. Satisficing ist definiert als die Strategie der oder des Befragten, die Fragen mit möglichst geringem Aufwand zur Zufriedenheit des Interviewers zu beantworten und kann zum Beispiel über die Häufigkeit von Item-Nonresponse und das Auftreten bestimmter Antwortmuster gemessen werden. Im ersten Umfrageexperiment wurden 44 identische Items zeitgleich in einem persönlichen (Computer-Assisted Personal Interview, CAPI) und in einem telefonischen Interview (Computer-Assisted Telephone Interview, CATI) erhoben. Da die Befragten den beiden Erhebungsmodi nicht zufällig zugeteilt werden konnten –

die Stichprobenziehung erfolgte separat und unabhängig voneinander –, wurde mithilfe von geeigneten Analyseverfahren (Out-of-Sample-Predictions und Matching-Verfahren) getestet, ob gefundene Unterschiede im Sinne des totalen Umfragefehlers (englisch: Total Survey Error; z.B. Weisberg 2005; vgl. den Beitrag von Rothbart in diesem Band) als Selektions- oder als Messfehler interpretiert werden können. Im zweiten Experiment wurden die Befragten (in beiden Modi) zufällig in drei Gruppen mit jeweils vier, fünf oder sieben Antwortoptionen aufgeteilt. So kann der Einfluss der Skala auf das Antwortverhalten der Befragten untersucht werden. Darüber hinaus wurden für das dritte Experiment zahlreiche Items erhoben, welche eine Ex-post-facto-Analyse der Einflüsse des Befragten, des Interviewers und der Interviewsituation ermöglichen. Im Sinne des Total-Survey-Error-Ansatzes wurde ferner das Zusammenspiel der Messfehlerquellen Instrument, Befragte, Interviewer und Interviewsituation ausgewertet (vgl. den Beitrag von Rothbart in diesem Band). Um der Struktur der Daten gerecht zu werden und Interviewereinflüsse zu analysieren und zu kontrollieren, wurden zudem Mehrebenenanalysen durchgeführt. Die Ergebnisse zu den genannten Experimenten werden in einer noch ausstehenden Dissertationsschrift veröffentlicht.

Während die bisher vorgestellten Umfrageexperimente methodische Fragestellungen verfolgten, ging es in einem Framing-Experiment in der Bevölkerungsbefragung 2017 des ZMSBw um die inhaltliche Positionierung der Befragten zur Bündnisverteidigung und den Einfluss verschiedener Stimuli auf die Bereitschaft, Deutschlands Verbündete in Mittel- und Osteuropa zu verteidigen. Framing bedeutet hier, dass ein Thema auf eine spezifische Art und Weise konzeptualisiert, also ein bestimmter inhaltlicher Schwerpunkt in der Darstellung durch Medien oder politische Akteure gewählt wird. Framing kann bei den Adressaten drei Aspekte beeinflussen: Die Bereitstellung neuer Überlegungen oder Interpretationen zu einem Thema im Gedächtnis, die Erhöhung der Zugänglichkeit bestimmter Überlegungen im Gedächtnis und die Stärke des Einflusses bestimmter Überlegungen auf die Bewertungen eines Individuums in Bezug auf ein Einstellungsobjekt (Chong/Druckman 2007a, 2007b).[7]

Im Rahmen des Framing-Experiments wurden die Befragten auf fünf Gruppen aufgeteilt. Jede Gruppe erhielt eine Frage zur Bündnisverteidigung in einer anderen Fassung. Der ersten Gruppe wurde die Frage ohne einen zusätzlichen Stimulus gestellt. Sie ist daher die Kontrollgruppe dieses Umfrageexperiments. Alle anderen Gruppen erhielten vor der eigentlichen Frage einen anderen Stimulus

---

7   Diese Darstellung ist stark vereinfacht. Für weitergehende Ausführungen zu Framing und Framing-Experimenten sei auf die beiden Überblicksaufsätze von Chong und Druckman (2007a, 2007b) verwiesen.

beziehungsweise Frame. So kann geprüft werden, wie sich bestimmte Einordnungen oder Zusatzinformationen auf die Einstellung der Bürgerinnen und Bürger zur Bündnisverteidigung auswirken. Die zweite Gruppe erhielt den Hinweis, dass Politiker auf die Bündnisverpflichtungen Deutschlands verweisen. Die dritte Gruppe wurde auf die aus dem NATO-Vertrag erwachsenden Pflichten hingewiesen, während die vierte Gruppe die Angabe erhielt, dass die Bündnispartner Deutschland im Kalten Krieg unterstützt hätten. Die fünfte Gruppe wurde mit einem Verweis auf zunehmende Spannungen zwischen der NATO und Russland konfrontiert. Die Ergebnisse zeigen, dass die Stimuli die Unterstützung bzw. Zustimmung zu einem Einsatz deutscher Truppen im Falle eines Angriffs von außen auf einen NATO-Bündnispartner in Osteuropa beeinflussen. Verweisen Politiker auf die Bündnisverpflichtungen Deutschlands, hat dies keine Wirkung. Sehr wohl wirkt sich ein Verweis auf den NATO-Vertrag und eine Bezugnahme auf den Kalten Krieg und die damals erfolgte Unterstützung (West-)Deutschlands durch seine Bündnispartner aus. Werden die Befragten auf wachsende Spannungen zwischen Russland und der NATO aufmerksam gemacht, sinkt die Unterstützung für die Entsendung deutscher Truppen unter das Basisniveau. Weiterführende Analysen zeigen insbesondere die starke Wirkung des »Kalter Krieg«-Stimulus. Befragte, die diesem Frame ausgesetzt wurden, weisen im Mittel eine höhere Zustimmung zur Bündnisverteidigung auf als Befragte, die keinen Stimulus erhalten haben. Die Effekte der unterschiedlichen Frames bleiben teilweise auch erhalten, wenn deren Einflüsse durch soziodemografische und Einstellungsvariablen kontrolliert werden.

Bei der Bewertung und Einordnung der Ergebnisse ist darauf hinzuweisen, dass es sich bei einem Framing-Experiment im Rahmen einer Umfrage um eine vereinfachte Abbildung der Realität handelt. Die Befragten wurden nur mit jeweils einem Frame konfrontiert. In der Realität werden es immer verschiedene Frames sein, die in der Regel gleichzeitig von unterschiedlichen Akteuren genutzt werden (Chong/Druckman 2007a, 2007b). Hier ist nicht nur im Sinne der Überlegungen von Entman (2004) von Wechselbeziehungen zwischen verschiedenen Akteursgruppen auszugehen. Vielmehr werden üblicherweise im Rahmen realer politischer Kommunikation verschiedene Stimuli miteinander kombiniert. Es ist also von Wechselwirkungen auszugehen, die durch die Konzentration des in der Bevölkerungsbefragung 2017 durchgeführten Umfrageexperiments auf jeweils einen Stimulus nicht abgebildet werden können. Dementsprechend ist daher zu erwarten, dass die Effekte der Stimuli in realistischen Kommunikationssituationen schwächer sein werden, als es die Untersuchungsergebnisse nahelegen. Zudem werden bestimmte Bürgerinnen und Bürger (etwa wegen ihrer Persönlichkeitseigenschaften, parteipolitischer Orientierungen, Werteorientierungen oder vorhandenem politischen Wissen) für bestimmte Frames empfänglicher sein als für andere.

Auch solche sogenannten Moderatoreffekte (Chong/Druckman 2007a) konnten wegen fehlender Daten im Rahmen der weitergehenden Analysen nicht geprüft werden. Dennoch liefern die Ergebnisse einen überzeugenden Beleg dafür, dass das Framing von außen- und sicherheitspolitischen Fragen Effekte auf individuelle Einstellungen haben und die öffentliche Meinung durch die Art und Weise der Präsentation einer politischen Sachfrage durchaus beeinflusst werden könnte.

5.2 Feldexperimente

In der militärsoziologischen Forschung werden auch Feldexperimente genutzt. Als Beispiel sollen hier einige Analysen auf Basis der Vietnam Draft Lottery in den USA herausgegriffen werden. Mithilfe einer Lotterie wurden zwischen 1969 und 1972 diejenigen männlichen US-Amerikaner bestimmt, die ihren Wehrdienst in Vietnam ableisten mussten.[8] Über mehrere Jahre hinweg wurden Geburtsdaten und Kombinationen der Anfangsbuchstaben gezogen, welche die Reihenfolge der Musterungen und Einberufungsbescheide bestimmten. So wurde 1969 als Erstes der 14. September gezogen. Alle Amerikaner mit diesem Geburtstag aus den Geburtsjahren 1944 bis 1950 wurden als erste gemustert bzw. einberufen. In keinem der Jahre wurden alle wehrpflichtigen US-Amerikaner eingezogen. Zum Beispiel wurden auf Basis der Ziehung im Jahr 1969 nur die ersten 195 gezogenen Tage für die Einberufung berücksichtigt. 1970 hingegen waren es nur die ersten 125 gezogenen Tage. Die Aufsätze auf Basis der Vietnam Draft Lottery nutzen die Ziehungen und die darauf basierenden Einberufungen als natürliches Experiment. Ein Teil der männlichen US-Amerikaner hat dabei das Treatment Einberufung und Wehrdienst erhalten (Experimentalgruppe), ein anderer Teil nicht (Kontrollgruppe).

Der Beitrag von Angrist und Kolleginnen (2011) dient als Beispiel für eine Reihe von Aufsätzen, welche die ökonomischen Folgen des Militärdienstes in Vietnam betrachten. Im Gleichklang mit vorangehenden Aufsätzen dokumentieren Angrist et al. (2011) deutlich geringere Einkommen bei weißen Vietnam-Veteranen im Vergleich zu anderen Weißen ohne Einberufung in den 1970er- und 1980er-Jahren. Die Schere in den Einkommen zwischen beiden Gruppen schließt sich aber in den 1990er-Jahren. Den Vietnam-Veteranen gelingt es also, wegen des Wehrdienstes verlorene oder nicht erzielte Einkommen im späteren Verlauf ihres Erwerbslebens zu kompensieren.

---

8   Für eine ausführliche Darstellung der Ziehungsprozedur und -regeln vgl. Angrist (1991) und Marshall (1967), für kürzere Darstellungen vgl. Davenport (2015) und Erikson und Stoker (2011).

Andere Analysen auf Basis der Vietnam-Lotterie betrachten die Folgen der Einberufung für politische Einstellungen und politisches Verhalten. Erikson und Stoker (2011) können mit Paneldaten zeigen, dass die Wahrscheinlichkeit bzw. das relative Risiko, für den Kriegseinsatz eingezogen zu werden, klare Effekte auf ausgewählte politische Einstellungen und das politische Verhalten der Einberufenen hat. So sind Vietnam-Veteranen im Vergleich zu Personen, die nicht eingezogen worden sind, negativer gegenüber dem Krieg eingestellt, politisch eher links bzw. nach US-amerikanischem Verständnis liberal und wählen eher Kandidatinnen und Kandidaten der Demokraten. In Vietnam eingesetzte US-Amerikaner haben zudem eine höhere Wahrscheinlichkeit, die Parteibindung ihrer Jugendzeit vor Vietnam aufzugeben. Einige dieser Veränderungen sind selbst nach Jahrzehnten noch festzustellen, insbesondere der Wechsel der Parteibindung und die generelle Haltung zum Einsatz in Vietnam.

Analysen auf Basis der Vietnam Draft Lottery nehmen nicht nur die unmittelbar Betroffenen in den Blick, sondern auch deren Eltern oder Nachkommen und können so zeigen, dass dieses Feldexperiment sich auf einen relativ großen Personenkreis auswirkt. So zeigt Davenport (2015), dass die Wahlbeteiligung bei der US-Präsidentschaftswahl 1972 bei Eltern von einberufenen Männern in New Hampshire höher war als bei Eltern, deren Söhne nicht nach Vietnam gehen mussten. Davenport findet zudem heraus, dass dieser Effekt besonders stark in Gemeinden und Städten ist, in denen es im Vorfeld mindestens einen Gefallenen in Vietnam gab. Johnson und Kollegen (2018) gelingt es zu demonstrieren, dass sich Kinder von Männern, die nach Vietnam einberufen wurden, mit einer größeren Wahrscheinlichkeit freiwillig zum Militärdienst melden – die Vietnam-Lotterie also zu einer »Vererbung« einer Militärtradition innerhalb der Familie führt.

Feldexperimente bieten den großen Vorteil, dass sie in der sozialen Realität außerhalb der Künstlichkeit des Labors oder einer Umfrage durchgeführt werden können und im Nachhinein Ereignisse oder Maßnahmen von Forscherinnen und Forschern als Stimuli eines Feldexperiments verwendet oder entsprechend interpretiert werden können. Dementsprechend ist die externe Validität von Feldexperimenten hoch. Dies wird allerdings dadurch erkauft, dass die Kontrolle über Versuchsbedingungen und -personen gering ist, was negative Konsequenzen für die interne Validität der Ergebnisse haben kann. Feldexperimente können zudem nicht für alle Fragestellungen verwendet werden, weil der Methode praktische, ethische oder finanzielle Begrenzungen gesetzt sind (Faas/Huber 2010: 729).

5.3 Laborexperimente

Für Laborexperimente werden wegen der leichten Verfügbarkeit häufig Studierende von Universitäten oder Personen mit Wohnsitz in Universitätsstädten genutzt, so auch im Fall der drei hier präsentierten Beispiele: Jeremy M. Teigen (2012) untersucht den Einfluss militärischer Erfahrung von Kandidaten für den US-Kongress auf die Wahrnehmung von deren Führungsqualitäten, die Entwicklung affektiver Nähe zwischen Wählern und Kandidaten sowie die zugeschriebene Themenkompetenz im Bereich der Sicherheits- und Verteidigungspolitik. Mithilfe von echten und für das Experiment veränderten TV-Werbesendungen und Flugblättern und unter Variation der Parteizugehörigkeit der Kandidaten findet Teigen nur geringe Effekte der militärischen Erfahrung. Während die wahrgenommenen Führungsqualitäten und die affektive Nähe zum Kandidaten zwischen Experimental- und Kontrollgruppe nicht variieren, unterscheiden sich die Kompetenzbewertungen. Kandidaten mit militärischer Vorerfahrung werden als kompetenter im Bereich der Sicherheits- und Verteidigungspolitik betrachtet. Die Parteizugehörigkeit der Kandidaten spielt für diesen Effekt keine Rolle. Die militärische Erfahrung der Kandidaten dient also offensichtlich als Heuristik für deren generelle Bewertung durch die Wählerinnen und Wähler.

Im zweiten Beispiel geht es um die status- und stigmabezogenen Konsequenzen eines Dienstes im Militär und von Kriegserfahrungen, die zu einer Posttraumatischen Belastungsstörung (PTBS) führen (Hipes et al. 2015). In der Experimentalstudie mit einem studentischen Sample mussten die Teilnehmenden mit fiktiven Partnern interagieren. Dabei gab es neben der Kontrollgruppe drei Experimentalgruppen: In der ersten Experimentalgruppe war der Interaktionspartner ein Militärangehöriger, in der zweiten Gruppe war der Partner ein Veteran der Einsätze im Irak oder in Afghanistan und in der dritten Gruppe war der Partner ein Veteran der Einsätze im Irak oder in Afghanistan, der unter PTBS leidet. Es wurde untersucht, ob sich zwischen den Gruppen die Wahrnehmung des Status beziehungsweise des Einflusses des Interaktionspartners und die soziale Distanz vom Partner in Abhängigkeit von dessen Merkmalen unterscheiden. Zudem sollte geprüft werden, ob vorheriger Kontakt zu Veteranen den Einfluss der Wahrnehmung der Partner moderiert. Einfluss und Status wurden über die Zahl der Übereinstimmungen beziehungsweise Veränderungen hin zur Übereinstimmung mit dem Partner in 20 Vergleichstests gemessen. Soziale Distanz wurde über die Bereitschaft operationalisiert, mit dem gleichen Partner an einer zweiten Phase der Studie teilzunehmen. Die Ergebnisse zu Einfluss und Status zeigen, dass sich Militärdienst positiv und Einsatzerfahrung bzw. PTBS negativ darauf auswirken. Die persönliche Bekanntschaft mit Veteranen hat eine moderierende Wirkung und kann die beobachteten negativen Effekte abmildern. Die Erwartungen, dass sich Einsatzerfahrung und insbesondere PTBS negativ auf die soziale Distanz auswirken, wird von der Studie nicht bestätigt. Die Ergebnisse insgesamt zeigen, dass Militärangehörige in den USA Respekt genießen, sich Einsatzerfahrungen und insbesondere PTBS als Labels aber negativ auf die generell positive Grundhaltung auswirken. Persönliche Erfahrungen und Kontakte scheinen von besonderer Relevanz zu sein und können daher dazu beitragen, eine mögliche Kluft zwischen Zivilisten und Militär zu schließen.

Im dritten Beispiel geht es um Soldatinnen und Soldaten bzw. soldatische Studenten als Probanden in einem Experiment zu kooperativem Verhalten an der Universität der Bundeswehr in München (Johannemann et al. 2016; Wiens et al. 2015). Im Rahmen verschiedener Kooperationsspiele (z. B. Ultimatumspiel nach Güth et al. 1982) wurde geprüft, ob sich Offizieranwärter der Bundeswehr kooperativer gegenüber zivilen Probanden verhalten als eine rein zivile Vergleichsgruppe. Die Ergebnisse offenbaren, dass sich angehende Soldatinnen und Soldaten im Mittel altruistischer, kooperativer, vertrauensvoller und vertrauenswürdiger verhalten als Zivilistinnen und Zivilisten. Dementsprechend scheint sich die auf Kameradschaft und Übernahme von (gesellschaftlicher) Verantwortung ausgerichtete Ausbildung von Soldatinnen und Soldaten positiv auszuwirken.

Die drei Laborexperimente illustrieren das Potenzial hinsichtlich der Variation der Experimentalbedingungen und der genauen Bestimmung kausaler Wirkungen, die so in Feld- oder Umfrageexperimenten schwerlich möglich wären. Die Darstellung macht aber auch deutlich, dass ein Laborexperiment in der Regel nur Teil eines umfassenderen Forschungsprozesses sein kann. Experimentell festgestellte kausale Zusammenhänge müssen beispielsweise mit anderen Probanden in anderen Kontexten repliziert werden, um die Aussagekraft der Befunde zu vergrößern.

5.4 Simulationen als Sonderform des Experiments

Mit dem erwähnten Experiment von Lee und Kollegen (2010) in Bezug auf Vertrauen in Einsatzteams in Friedensmissionen rückt eine besondere Art von Laborexperiment in den Fokus: die Simulation. Simulationen als experimentelles Setting haben in den Sozialwissenschaften eine lange Tradition und fanden schon früh im militärischen Kontext Anwendung, z.B. als Simulationen für die Aus- und Weiterbildung von Offizieren sowie als Planungsunterstützung für operative Planungen (im sogenannten Sandkasten) oder als Spielsimulation im Rahmen von militärischen Übungen. Die Einführung von komplexen Personaleignungsverfahren im Zuge der Personalauswahl für Offiziere ab Mitte der 1920er-Jahre in Deutschland stellt eine besondere Form von militärischer Simulation dar, da hier Verhaltensweisen simuliert werden sollten, die als aussagekräftig für die

Führungseignung gelten (Sarges 2001) und selbst Gegenstand sozialwissenschaftlicher Dokumentation und Forschung wurden (Simoneit 1990). In der DDR wurde die Simulationstechnik unter anderem »als kostensenkendes Verfahren zu Pilotenausbildung« und bevorzugte Anwendung zur »Lösung militärmedizinischer und militärpsychologischer Aufgaben« beschrieben (Mitze 1989: 241). Auch heute noch gilt im Simulationsbereich: Wenn Simulationen zu Trainingszwecken in Hochrisiko-Verwendungen eingesetzt werden, erfolgt im Vorfeld eine Validierung durch eine Experimentalphase, wie z.b. bei der Eignungsdiagnostik von Militärpiloten (Noser/Läge 2011).

Erste ausgearbeitete Kriegssimulationsapparate wurden durch die Freiherren von Reißwitz (Vater und Sohn) Anfang des 19. Jahrhunderts entworfen und ab 1824 in der preußischen Armee eingeführt (Historische Commission 1889). Die spezifische Ausgestaltung wurde immer weiter verfeinert, sodass sich Sandkasten- und Landkartenformate ergänzten. Mit Einzug moderner Informationstechnologien erfolgt die Grundsimulation in der Regel computergestützt. Militärische Übungen sind mittlerweile ohne Planungsübungstechnik (Walitschek 1977) und computergestützte Simulation nicht mehr denkbar (Donohue et al. 1986). Doch dient diese Form der (Groß-)Experimente dem Training und nicht der Erforschung der Streitkräfte. Dabei vermischt sich zunehmend die Trainings- und Spielebene mit neuen Hard- und Softwareausstattungen (z.B. Virtual-Reality-Brillen) zwischen dem militärischen und dem zivilen Bereich einerseits, andererseits gibt es auch an Universitäten (z.B. der University of Southern California) Projekte, in denen erforscht wird, wie gut Soldatinnen und Soldaten in virtuellen Einsätzen lernen, sich selbst zu kontrollieren (Riedl 2015).

Ausgehend von einer militärsoziologischen Fragestellung ist in entsprechenden Simulationen mit dem Schritt der Modellbildung, der dem eigentlichen Simulationsexperiment vorausgeht, ein Gedankenexperiment vorgeschaltet, in dem die Grundbedingungen von Umweltzuständen und möglichen Verhaltensweisen festgelegt werden (Modellierung). Es folgen die Durchführung des Simulationsexperiments (einschließlich Validierung), die Interpretation der Simulationsergebnisse und ein abschließender Realitätsabgleich (in Anlehnung an Wissenschaftsrat 2014: 9). Abbildung 2 stellt die Phasen eines Simulationsexperiments schematisch dar.

Abbildung 2: Simulationsprozess

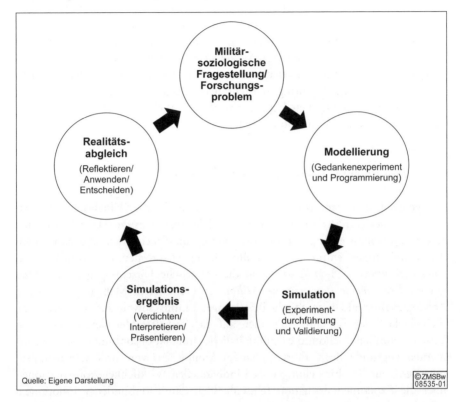

Quelle: Eigene Darstellung

Für Simulationen im Militär gibt es bereits seit 2004 eine eigene Zeitschrift, »The Journal of Defense Modeling and Simulation: Applications, Methodology, Technology«. 2017 wurde unter anderem ein Sonderheft zur sozialwissenschaftlichen Simulation in den Streitkräften veröffentlicht (Davis/O'Mahony 2017a), indem die besondere Stärke der experimentellen Simulationstechnik dargestellt wird (z.B. Davis/O'Mahony 2017b). Es werden qualitative Experimente zur Entscheidungsfindung in sicherheitsrelevanten Lagen simuliert, um Situationen unter Ungewissheit besser einschätzen zu können. Ähnlich wie Delphi-Studien, als spezifische Form der Expertenbefragung, eignen sich Simulationen im Forschungskontext insbesondere, um komplexe oder tabubehaftete soziale Situationen zu erforschen und den Umgang mit Ungewissheit und unsicherem Wissen in den Forschungskontext mit einfließen zu lassen. Die besondere Stärke liegt darin, dass hier künstliche Realitäten geschaffen werden, die Handlungs- oder

Entscheidungskontexte simulieren, dabei eine große Freiheit in der Handlungs- und Entscheidungswahl lassen, zugleich aber in eine Laborsituation als künstliche (ggf. virtuelle) Umgebung einzubinden sind. Die Themen, die hier abgedeckt werden, reichen von der ethischen Begründung von Entscheidungen in Simulationen (Reed et al. 2016) über Vorhersagen bezüglich bewaffneter Konflikte (Cederman/ Weidmann 2017) bis hin zu effektiven Tests nicht tödlicher Waffen (Mezzacappa 2013).[9] Ehlers (2014: 12) bringt die zentralen Vorteile von Simulationen auf den Punkt: »Was im praktischen Experiment zu gefährlich oder ethisch bedenklich wäre, lässt sich in der Simulation erproben.«

6   Experimente als soziale Interaktionsform

Wie generell in der empirischen Sozialforschung ist für die Teilnahme an Experimenten in der empirischen Militärsoziologie Freiwilligkeit der Versuchspersonen eine Grundvoraussetzung für die Erzeugung von Ergebnissen, die zum einen den Gütekriterien empirischer Sozialforschung entsprechen und zum anderen auch den *ethischen Anforderungen* an die empirische Forschung genügen. Dies gilt für *Experimente innerhalb des Militärs* in besonderem Maß, da hier soziale Abhängigkeiten und hierarchische Beziehungen Einfluss sowohl auf die tatsächliche Freiwilligkeit der Teilnahme als auch auf das Verhalten der Versuchspersonen ausüben können. Schon die grundsätzliche Interaktionsordnung, die Experimenten zugrunde liegt, führt zu einem komplexen, von Rollenerwartungen, präexperimentellen Einstellungen und individuellen Wirklichkeitskonstruktionen über die Experimentalsituation (einschließlich damit verbundener Emotionen, z.B. Ängste und Zwänge) geprägten Interaktionszusammenhang zwischen Versuchsperson und Versuchsleiter (Mertens 1975). Dies bezieht sich einerseits auf die einzelnen Individuen, andererseits aber auch auf die Gruppenkontexte, die aufgrund der Komplexität (speziell militärischer) sozialwissenschaftlicher Experimente, eine Verortung, die über Zweierbeziehungen hinausgeht, notwendig macht.

Ein besonderer ethischer Anspruch an Experimente ist in Situationen mit hoher Rollendifferenzierung und starkem hierarchischem Gefälle gegeben. Zahlreiche sozialpsychologische Experimente – insbesondere Philip Zimbardos Stanford-Prison-Experiment und Stanley Milgrams Stromschlag- und Autoritätsexperiment – haben deutlich gemacht, dass die soziale Labor-Situation mit den dort auftretenden Rollendifferenzierungen und isolierten Verhaltensanteilen eine

---

9   Zum Überblick über Modellbildung und Simulation in den Sozialwissenschaften in Bezug auf Gewalt und Krieg vgl. Weidmann (2014).

eigenständige Interaktionsordnung erzeugen (Elbe 2016; Slater 2005). Dies führt aufseiten der Versuchspersonen dazu, dass Erfahrungen gemacht werden und eigene Verhaltensweisen erlebt werden, die in regulären sozialen Situationen so bisher nicht aufgetreten sind und vielleicht niemals aufgetreten wären (z.B. andere Menschen herabzuwürdigen oder ihnen absichtlich Schmerzen zuzufügen) – dies muss psychisch verarbeitet werden und stellt damit an die Versuchsleiter die Anforderung, eine Reflexionsphase mit zu planen, um die Bedingungen und Folgen des Experiments aufzuarbeiten. Insbesondere in militärischen Kontexten ist dies bei der Planung und Durchführung von Experimenten zu berücksichtigen. Zahlreiche sozialpsychologische Experimente, die zwischen den 1930er- und 1970er-Jahren stattfanden, haben hinsichtlich ihrer Anlage forschungsethische Probleme deutlich gemacht. Sowohl Zimbardos als auch Milgrams Experimente wären heute nicht mehr an einer Hochschule in der westlichen Hemisphäre durchführbar oder genehmigungsfähig. Kühl (2005) reinterpretiert die genannten klassischen sozialpsychologischen Experimente aus der Perspektive der Organisationssoziologie und regt unabhängig von ihrer ethischen Brisanz an, aus den Ergebnissen Rückschlüsse auf das Verhalten in Organisationen zu ziehen. Damit werden nicht nur Ablauf und Ergebnisse dezidiert militärsoziologischer Experimente für die empirische Militärsoziologie zugänglich, sondern sozialwissenschaftliche Experimente generell.

Sozialwissenschaftliche Experimente erzeugen prinzipiell ein Spannungsfeld zwischen vollständiger Informiertheit sowie unaufgebbarer Menschenwürde einerseits und der erforderlichen Naivität gegenüber der Anlage des spezifischen Experiments andererseits, um z.B. Effekte der sozialen Erwünschtheit oder »demand effects« – Teilnehmer des Experiments interpretieren dessen Sinn und passen ihr Verhalten an – generell zu vermeiden (Zimmermann 1972). Hieraus ergeben sich Täuschungsstrategien, die vielfach in Experimenten zum Einsatz kommen. Teilnehmerinnen und Teilnehmer an Experimenten bleiben unter solchen Bedingungen vielfach »Datenlieferanten« und »Versuchspersonen«, werden also nicht als gleichberechtigte Partner im Forschungsprozess angenommen. Dies wird im Ansatz der Aktionsforschung (Lewin 1968; vgl. Kap. 3) vermieden. Mit der Annahme der Verantwortung für die Entwicklung im sozialen Feld, das durch das Experiment begründet und untersucht wird, werden die Teilnehmenden im Experiment zu Partnern – das gilt für Versuchspersonen und -leiter gleichermaßen. Die Anlage des Experiments ist offenzulegen und in seiner Ausgestaltung der gemeinsamen Weiterentwicklung in der Experimentaldurchführung ebenso zugänglich, wie die Interpretation der erzeugten Daten in ihrer Bedeutung eine gemeinsame Anforderung an die teilnehmenden Personen und die Leiter stellt und nicht ein Privileg der Forscherinnen und Forscher ist.

Eine solch ethisch begründete Auffassung von Experimenten erscheint speziell im Militär mit seinen stark hierarchischen Prägungen und einer vielfach unterstellten »Befehls- und Gehorsamskultur« ungewohnt, hat aber in den Ansätzen zur Inneren Führung und zum Staatsbürger in Uniform für die Bundeswehr (vgl. BMVg 2008) einen Rahmen, der eine partizipative Forschungsperspektive nicht nur ermöglicht, sondern gleichsam erfordert. Die Zentrale Dienstvorschrift A-2710/1 (BMVg 2018) zu empirischen Untersuchungen zur Einstellungs-, Meinungs- und Verhaltensforschung in der Bundeswehr regelt:

»– für welche Aufgaben bzw. Zwecke die Daten erhoben werden,
- dass die Teilnahme freiwillig ist,
- dass durch eine Ablehnung der Teilnahme keine Nachteile entstehen,
- dass Erhebung und Auswertung der Daten anonymisiert bzw. pseudonymisiert durchgeführt werden und die beabsichtigte Bekanntgabe des Untersuchungsergebnisses keinen Rückschluss auf Einzelpersonen zulässt,
- dass die erhobenen Daten nach Ablauf der Aufbewahrungsfrist vernichtet werden.« (BMVg 2018: 4)

Damit ist ein ethischer Rahmen gesetzt, der Experimente als soziale Interaktionsform im Militär sowohl in die Forschung als auch in die Organisation Militär einbindet.

7 Zusammenfassung

Wie gezeigt wurde, sind Experimente nicht nur ein besonderes Forschungsdesign mit spezifischen Voraussetzungen und hohen Ansprüchen an Planung, Durchführung und Evaluation, sondern bieten mit ihrer unmittelbaren Nähe zum zugrunde liegenden Gedankenexperiment auch eine große Klarheit in der Messung von Zusammenhängen (seien diese nun kausal oder teleologisch begründet). Experimentelle Ergebnisse sind aber zugleich von der besonderen Herausforderung geprägt, dass sie von einer künstlich erzeugten Situation (und diese ist bei allen Experimenten letztlich vorhanden) auf reale soziale Gegebenheiten übertragen werden müssen und aufgrund ihrer manipulativen Erzeugung besonderen ethischen Anforderungen genügen müssen. Dies gilt in besonderem Maß für das Militär, das gleichwohl mit dem häufigen Einsatz von Simulationen in Übungen, Ausbildung und Personalauswahl eine hohe Vertrautheit mit experimentellen Settings aufweist. In der empirischen Militärsoziologie finden sich durchaus experimentelle Settings, wie im vierten und fünften Abschnitt gezeigt wurde, allerdings werden andere

Forschungsdesigns (insbesondere Feldstudien mit quantitativen Befragungen und Fallstudien mit Interviews) häufiger durchgeführt.

Hier scheint also noch ein umfassendes und vielfältiges Potenzial für experimentelle Forschung zu schlummern. Trotz der prinzipiellen Zulässigkeit von Experimenten werden diese für militärsoziologische Studien innerhalb der Bundeswehr im Grunde nicht genutzt. Im Anschluss an die in Abschnitt 5 genannten Beispiele ließen sich allerdings mit Umfrageexperimenten schnell und ohne großen Aufwand die Effekte von Informationen, Maßnahmen oder Szenarien auf Einstellungen und Verhalten von Soldatinnen und Soldaten wie von zivilen Angehörigen der Streitkräfte untersuchen. Weiteres Potenzial besteht auch für Bevölkerungsbefragungen, in denen mit Umfrage- oder Feldexperimenten Einflüsse auf die öffentliche Meinung zu außen- und sicherheitspolitischen Fragen systematisch untersucht werden könnten. Auch bestimmte politische Entscheidungen und Maßnahmen wie die Aussetzung der Wehrpflicht, die Schließung oder Eröffnung von Standorten der Bundeswehr oder die Auswahl von Soldatinnen und Soldaten für den Auslandseinsatz könnten als quasi-experimentelle Stimuli betrachtet werden und der Einfluss dieser Treatments auf verschiedene Formen von Einstellungen und Verhalten von Individuen oder auf Aggregateigenschaften und -merkmale untersucht werden. Auch als Vorstudie oder zum Test neuer empirischer Instrumente scheinen experimentelle Verfahren besonders geeignet, da sie mit wenig organisatorischem und finanziellem Aufwand umzusetzen sind. Diese Beispiele belegen das umfassende Potenzial für die Anwendung experimenteller Methoden, gerade in der empirischen Militärsoziologie. Dies gilt umso mehr, da Experimente aufgrund der Gestaltungsmacht für die Forscherinnen und Forscher vielfach immer noch als Krönung der empirischen Wissenschaft gelten.

Literatur

Angrist, Joshua D. (1991): The Draft Lottery and Voluntary Enlistment in the Vietnam Era. In: Journal of the American Statistical Association, 86: 415, 584–595.

Angrist, Joshua D./Chen, Stacey H./Song, Jae (2011): Long-term Consequences of Vietnam-Era Conscription: New Estimates Using Social Security Data. In: American Economic Review, 101: 3, 334–338.

Annen, Hubert (2000): Förderwirksame Beurteilung. Aktionsforschung in der Schweizer Armee. Frauenfeld: Huber.

Behnke, Joachim/Baur, Nina/Behnke, Nathalie (2006): Empirische Methoden der Politikwissenschaft. Paderborn et al.: Schöningh.

BMVg – Bundesministerium der Verteidigung (2008): Innere Führung, Selbstverständnis und Führungskultur. Zentrale Dienstvorschrift A-2600/1. Berlin: Bundesministerium der Verteidigung.

BMVg (2018): Empirische Untersuchungen zur Einstellungs-, Meinungs- und Verhaltensforschung in der Bundeswehr. Zentrale Dienstvorschrift A-2710/1. Berlin: Bundesministerium der Verteidigung.

Bohnsack, Ralf (2014): Rekonstruktive Sozialforschung: Einführung in qualitative Methoden. 9. Aufl. Opladen: Barbara Budrich/UTB.

Bortz, Jürgen/Döring, Nicola (2002): Forschungsmethoden und Evaluation für Human- und Sozialwissenschaftler. 3. Aufl. Berlin: Springer.

Bronner, Gérald (2012): Modélisation de la radicalité mentale: comment comprendre l'extrémisme? In: Res Militaris, 2: 3, 1–19.

Cederman, Lars-Erik/Weidmann, Nils (2017): Predicting Armed Conflict: Time to Adjust Our Expectations? In: Science, 355: 6324, 474–476.

Chong, Dennis/Druckman, James (2007a): Framing Theory. In: Annual Review of Political Science, 10: 1, 103–126.

Chong, Dennis/Druckman, James (2007b): A Theory of Framing and Opinion Formation in Competitive Elite Environments. In: Journal of Communication, 57: 1, 99–118.

Dalgaard-Nielsen, Anja/Holm, Kirstine (2018): Supersoldiers or Rulebreakers? Unpacking the Mind-Set of Special Operations Forces. In: Armed Forces & Society, Online First: <https://doi.org/10.1177/0095327X18755109>.

Davenport, Tiffany C. (2015): Policy-Induced Risk and Responsive Participation: The Effect of a Son's Conscription Risk on the Voting Behavior of His Parents. In: American Journal of Political Science, 59: 1, 225–241.

Davis, Paul/O'Mahony, Angela (2017a): Special Issue: Representing Social Science in National-Security-Related Modeling and Simulation. In: The Journal of Defense Modeling and Simulation, 14: 1.

Davis, Paul/O'Mahony, Angela (2017b): Representing Qualitative Social Science in Computational Models to Aid Reasoning under Uncertainty: National Security Examples. In: The Journal of Defense Modeling and Simulation, 14: 1, 57–78.

Diekmann, Andreas (2008): Empirische Sozialforschung. Grundlagen, Methoden, Anwendungen. 19. Aufl. Reinbek bei Hamburg: Rowohlt.

Dobbins, Ian/Han, Sanghoon (2009): Rules Versus Evidence in Memory and Non-Memory Decision-Making. In: Military Psychology, 21: Sup. 1, S113–S122.

Donohue, George/Bennett, Bart/Hertzog, Jon (1986): The RAND Military Operations Simulation Facility: An Overview. Santa Monica: Rand.

Druckman, James N./Green, Donald P./Kuklinski, James H./Lupia, Arthur (2011): Cambridge Handbook of Experimental Political Science. Cambridge et al.: Cambridge University Press.

Düber, Dominik (2016): Überzeugen, Stupsen, Zwingen – Die Konzeption von Nudge und Libertärem Paternalismus und ihr Verhältnis zu anderen Formen der Verhaltenssteuerung. In: Zeitschrift für Praktische Philosophie, 3: 1, 437–486.

Ehlers, Wolfgang (2014): Simulation – die dritte Säule der Wissenschaft. In: Themenheft Forschung 10/Simulation Technology. Stuttgart: Universität Stuttgart, 8–12.

Elbe, Martin (2002): Wissen und Methode. Grundlagen der verstehenden Organisationswissenschaft. Opladen: Leske+Budrich.

Elbe, Martin (2016): Sozialpsychologie der Organisation: Verhalten und Intervention in sozialen Systemen. Berlin: Springer Gabler.

Elbe, Martin/Saam, Nicole (2008): »Mönche aus Wien, bitte lüftets eure Geheimnisse.« Über die Abweichungen der Beratungspraxis von den Idealtypen der Organisationsberatung. In: Gruppendynamik und Organisationsberatung. Zeitschrift für angewandte Sozialpsychologie, 39: 3, 326–350.

Entman, Robert (2004): Projections of Power. Framing News, Public Opinion, and U.S. Foreign Policy. Chicago/London: The University of Chicago Press.

Erikson, Robert/Stoker, Laura (2011): Caught in the Draft: Vietnam Draft Lottery Status on Political Attitudes. In: American Political Science Review, 105: 2, 221–237.

Faas, Thorsten/Huber, Sascha (2010): Experimente in der Politikwissenschaft: Vom Mauerblümchen zum Mainstream. In: Politische Vierteljahresschrift, 51: 4, 721–749.

Fessler, Daniel/Holbrook, Colin (2014): Marching into Battle: Synchronized Walking Diminishes the Conceptualized Formidability of an Antagonist in Men. In: Biology Letters, 10: 8, 20140592.

Firing, Kristian/Karlsdottir, Ragnheidur/Laberg, Jon Christian/Wicklund, Robert (2012): An Experimental Study of Social Norms in Situation. In: Military Psychology, 24: 6, 542–550.

Flik, Gotthilf (1988): Zur Geschichte der Wehrpsychologie 1934–1943. Aufbau der Bundeswehrpsychologie 1951–1966. Untersuchungen des Psychologischen Dienstes der Bundeswehr. Sonderreihe: Zur Geschichte der Wehrpsychologie. Bd. 1. Bonn: Bundesministerium der Verteidigung.

Forget, Evelyn (2008): The Town with no Poverty: A History of the North American Guaranteed Annual Income Social Experiments. Winnipeg: University of Manitoba.

Gartner, Scott S. (2008): The Multiple Effects of Casualties on Public Support for War: An Experimental Approach. In: American Political Science Review, 102: 1, 95–105.

Gelpi, Christopher/Feaver, Peter D./Reifler, Jason (2006): Success Matters. Casualty Sensitivity and the War in Iraq. In: International Security, 30: 3, 7–46.

Gelpi, Christopher/Feaver, Peter D./Reifler, Jason (2009): Paying the Human Costs of War. American Public Opinion and Casualties in Military Conflicts. Princeton/Oxford: Princeton University Press.

Gelpi, Christopher/Reifler, Jason/Feaver, Peter (2007): Iraq the Vote: Retrospective and Prospective Foreign Policy Judgments on Candidate Choice and Casualty Tolerance. In: Political Behavior, 29: 2, 151–174.

Gerhardt, Uta (2001): Idealtypus: Zur methodologischen Begründung der modernen Soziologie. Frankfurt a.M.: Suhrkamp.

Golby, James/Feaver, Peter/Dropp, Kyle (2018): Elite Military Cues and Public Opinion About the Use of Military Force. In: Armed Forces & Society, 44: 1, 44–71.

Güth, Werner/Schmittberger, Rolf/Schwarze, Bernd (1982): An Experimental Analysis of Ultimatum Bargaining. In: Journal of Economic Behavior & Organization, 3: 4, 367–388.

Hipes, Crosby/Lucas, Jeffrey/Kleykamp, Meredith (2015): Status- and Stigma-related Consequences of Military Service and PTSD: Evidence from a Laboratory Experiment. In: Armed Forces & Society, 41: 3, 477–495.

Historische Commission bei der Königl. Akademie der Wissenschaften (Hrsg.) (1889): Allgemeine Deutsche Biographie. Bd. 28. Reinbeck-Rodbertus. Leipzig: Duncker & Humblot.

Hohenthal, Andrea Gräfin von (2017): Wissenschaft im Krieg? Der Austausch von deutschen und britischen Psychologen vor, während und nach dem Ersten Weltkrieg. In: Journal für Psychologie, 25: 1, 83–110.

Huber, Oswald (2013): Das psychologische Experiment. Eine Einführung. 6. Aufl. Bern: Huber/Hogrefe.

Johannemann, Kirsten/Morasch, Karl/Wiens, Marcus (2016): Can Occupational Norms Foster Cooperative Behavior? An Experimental Study Comparing Cooperation by Military Officers and Civilians. Working Papers in Economics, 28: 1. München: Universität der Bundeswehr München.

Johns, Robert/Davies, Graeme A.M. (2019): Civilian Casualties and Public Support for Military Action: Experimental Evidence. In: Journal of Conflict Resolution, 63: 1, 251–281.

Johnson, Tim/Dawes, Christopher T./McGue, Matt/Iacono, William G. (2018): Numbers Assigned in the Vietnam-Era Selective Service Lotteries Influence the Military Service Decisions of Children Born to Draft-Eligible Men: A Research Note. In: Armed Forces & Society, 44: 2, 347–367.

Kelle, Udo/Kluge, Susann (2010): Vom Einzelfall zum Typus. Fallvergleich und Fallkontrastierung in der qualitativen Sozialforschung. 2. Aufl. Wiesbaden: VS Verlag.

Keuschnigg, Marc/Wolbring, Tobias (Hrsg.) (2015): Experimente in den Sozialwissenschaften. Baden-Baden: Nomos.

Kleykamp, Meredith (2009): A Great Place to Start? The Effect of Prior Military Service on Hiring. In: Armed Forces & Society, 35: 2, 266–285.

Kleykamp, Meredith/Hipes, Crosby/MacLean, Alair (2018): Who Supports U.S. Veterans and Who Exaggerates Their Support? In: Armed Forces & Society, 44: 1, 95–115.

Kühl, Stefan (2005): Ganz normale Organisationen. Organisationssoziologische Interpretationen simulierter Brutalitäten. In: Zeitschrift für Soziologie, 34: 2, 90–111.

Larsen, Rolf (2001): Decision Making by Military Students Under Severe Stress. In: Military Psychology, 13: 2, 89–98.

Lee, Adrienne/Bond, Gary/Russell, Deborah/Tost, Jeremy/González, Carlo/Scarbrough, Pamela (2010): Team Perceived Trustworthiness in a Complex Military Peacekeeping Simulation. In: Military Psychology, 22: 3, 237–261.

Lehnert, Matthias (2007): Sinn und Unsinn von Typologien. In: Gschwend, Thomas/Schimmelfennig, Frank (Hrsg.): Forschungsdesign in der Politikwissenschaft: Probleme – Strategien – Anwendungen. Frankfurt a.M.: Campus, 91–120.

Lewin, Kurt (1968): Die Lösung sozialer Konflikte. 3. Aufl. Bad Nauheim: Christian-Verlag.

MacMillan, Jean/Entin, Eileen/Morley, Rebecca/Bennett, Winston Jr. (2013): Measuring Team Performance in Complex and Dynamic Military Environments: The SPOTLITE Method. In: Military Psychology, 25: 3, 266–279.

Marshall, Burke (1967): In Pursuit of Equity: Who Serves When Not All Serve? Report of the National Advisory Commission on Selective Service. Washington/DC: U.S. Government Printing Office.

Matthews, Michael/Defiori, Kim/Feltner, David (2009): Soldier Performance in High Operations Tempo Conditions: West Point Contributions. In: Military Psychology, 21: Sup. 1, S130–S137.

McIntire, Lindsey/McKinley, Andy/McIntire, John/Goodyear, Chuck/Nelson, Justin (2013): Eye Metrics: An Alternative Vigilance Detector for Military Operators. In: Military Psychology, 25: 5, 502–513.

Mertens, Wolfgang (1975): Sozialpsychologie des Experiments. Das Experiment als soziale Interaktion. Hamburg: Hoffmann und Campe.
Mezzacappa, Elizabeth (2013): Effectiveness Testing of Non-Lethal Weapons. In: The Journal of Defense Modeling and Simulation, 11: 2, 91–101.
Milgram, Stanley/Mann, Leon/Harter, Susan (1965): The Lost Letter-Technique: A Tool of Social Research. In: Public Opinion Quarterly, 29: 3, 437–438.
Mitze, Wilhelm (1989): Der Psychologische Dienst der Bundeswehr 1966–1974. Untersuchungen des Psychologischen Dienstes der Bundeswehr. Sonderreihe: Zur Geschichte der Wehrpsychologie. Bd. 1. Bonn: Bundesministerium der Verteidigung.
Morus, Thomas (2012): Utopia. Lateinisch/Deutsch. Stuttgart: Reclam.
Noser, Philip/Läge, Damian (2011): Eignungsdiagnose von Militärpiloten: Testentwicklung zur Messung von Multitasking-Fähigkeiten. Zürich: Universität Zürich.
Österberg, Johan (2017): Preparatory Military Training: An Experiment in Integrating Minorities in the Swedish Armed Forces. In: Res Militaris, ERGOMAS Issue 5, 1–12.
Paparone, Chris (2013): The Sociology of Military Science: Prospects for Post-institutional Military Design. London: Bloomsbury.
Reed, Gregory/Petty, Mikel/Jones, Nicholaos/Morris, Anthony/Ballenger, John/Delugach, Harry (2016): A Principles-Based Model of Ethical Considerations in Military Decision Making. In: The Journal of Defense Modeling and Simulation, 13: 2, 195–211.
Rich, Timothy S. (2019): Casualties and Public Support for Military Conflict with North Korea. In: Political Science & Politics, 52: 1, 25–29.
Riedl, Philipp (2015): Militärsimulation. Virtuelle Schlachtfelder. In: Campus. Zeitschrift des Studentischen Konvents der Universität der Bundeswehr München, 1/2015, 8–11.
Sarges, Werner (2001): Die Assessment Center-Methode. Herkunft, Kritik und Weiterentwicklungen. In: ders. (Hrsg.): Weiterentwicklungen der Assessment Center-Methode. 2. Aufl. Göttingen: Hogrefe, VII–XXXII.
Simoneit, Max (1990): Vom Werden der deutschen Wehrmachtspsychologie. Ein geschichtlicher Rückblick. In: Fritscher, Werner (Hrsg.): Dokumente zur Deutschen Wehrpsychologie 1914–1945. München: Verlag für Wehrwissenschaften, 1–56.
Slater, Lauren (2005): Von Menschen und Ratten: Die berühmten Experimente der Psychologie. 4. Aufl. Weinheim: Beltz.

Spitznagel, Selina/Lindner, Yvonne/Zimmermann, Thomas/Filipiak, Birgit/Winkler, Gertrud (2018): Nudging in der Speisenausgabestelle des Zentralen Instituts des Sanitätsdienstes der Bundeswehr München: Lässt sich eine »Healthy Choice« fördern? In: Wehrmedizinische Monatsschrift, 62: 8, 244–259.
Steinbrecher, Markus/Biehl, Heiko/Rothbart, Chariklia (2017): Sicherheits- und verteidigungspolitisches Meinungsbild in der Bundesrepublik Deutschland. Ergebnisse und Analysen der Bevölkerungsbefragung 2017. Forschungsbericht 117. Potsdam: Zentrum für Militärgeschichte und Sozialwissenschaften der Bundeswehr.
Steurer, Johann/Buddeberg, Claus (2004): Wissenschaftstheoretische Medizin. In: Buddeberg, Claus (Hrsg): Psychosoziale Medizin. 2. Aufl. Berlin: Springer, 35–68.
Teigen, Jeremy (2012): Military Experience in Elections and Perception of Issue Competence: An Experimental Study with Television Ads. In: Armed Forces & Society, 39: 3, 415–433.
Teigen, Jeremy (2014): Experimental Methods in Military and Veteran Studies. In: Soeters, Joseph/Shields, Patricia/Rietjens, Sebastiaan (Hrsg.): Routledge Handbook of Research Methods in Military Studies. London: Routledge, 228–237.
Thaler, Richard/Sunstein, Cass (2008): Nudge. Improving Decisions About Health, Wealth, and Happiness. New Haven/CT: Yale University Press.
Wachtler, Günther (1983): Militär, Krieg, Gesellschaft: Texte zur Militärsoziologie. Frankfurt a.M.: Campus.
Walitschek, Hubert (1977): Planungsübungstechnik. Auftrag/Leitung, Vorbereitung, Durchführung, Auswertung. 2. Aufl. Regensburg: Walhalla und Praetoria.
Weber, Max (1980): Wirtschaft und Gesellschaft: Grundriß der verstehenden Soziologie. 5. Aufl. Tübingen: Mohr.
Weidmann, Nils (2014): Gewalt und Krieg. In: Braun, Norman/Saam, Nicole (Hrsg.): Handbuch Modellbildung und Simulation in den Sozialwissenschaften. Wiesbaden: Springer VS, 1049–1071.
Weisberg, Herbert F. (2005): The Total Survey Error Approach. A Guide to the New Science of Survey Research. Chicago: University of Chicago Press.
Wiens, Marcus/Johannemann, Kirsten/Morasch, Karl/Hofmann, Martin (2015): Offizier und Gentleman? Eine experimentelle Untersuchung berufsbezogener Normen am Beispiel des Offiziers. Volkswirtschaftliche Diskussionsbeiträge, 27: 2. München: Universität der Bundeswehr.
Williams, Diane/Englund, Carl/Sucec, Anthony/Overson, Mark (1997): Effects of Chemical Protective Clothing, Exercise, and Diphenhydramine on Cognitive Performance During Sleep Deprivation. In: Military Psychology, 9: 4, 329–358.

Wissenschaftsrat (2014): Bedeutung und Weiterentwicklung von Simulation in der Wissenschaft. Positionspapier. Dresden: Wissenschaftsrat.

Zimmermann, Ekkart (1972): Das Experiment in den Sozialwissenschaften. Stuttgart: Teubner.

Teil III:
Anwendungsfelder der empirischen Militärsoziologie

Ganz normale Organisationsforschung.
Empirische Befragungen in der Bundeswehr

Gregor Richter

1 Einleitung

Der Mainstream der militärbezogenen empirischen Sozialforschung hat zweifelsohne eine methodische Präferenz für standardisierte Umfragen entwickelt: »Surveys are ever-present and expanding in their use in society. So too, the military has increasingly used surveys to gather information from soldiers [...] for purposes of informing the development and implementation of policies« (Griffith 2014: 191).

Diese generelle Einschätzung über die internationale, militärbezogene empirische Sozialforschung trifft auch für Bundeswehrthemen zu, d.h. qualitative Forschungsansätze sind nach wie vor, auch hierzulande, eher die Ausnahme als die Regel. Dies gilt zumindest für die von den Streitkräften selbst initiierte Sozialforschung, wie sie zum Beispiel am Zentrum für Militärgeschichte und Sozialwissenschaften der Bundeswehr (ZMSBw) praktiziert wird. Einen gewissen Charme hat dabei die These, dass die Vorliebe für »Zahlen, Daten, Fakten«, wie sie in Reports und Analysen auf Basis von Meinungs- und Umfrageforschung zum Ausdruck kommt, eine spezifisch hohe Unsicherheit, der das Militär in einer volatilen Organisationsumwelt kontinuierlich ausgesetzt ist, durch die Rationalität von »harten« Messergebnissen – wenigstens teilweise – kompensieren soll. Wenn demnach standardisierte Fragebögen – von Cicourel in einer frühen Abhandlung zu Fragen der Methode und Messung in der Soziologie mit einem nicht unkritischen Unterton als »Vorfixierte Auswahlfragebogen« (1974 [1964]: 152) betitelt – den eher zweifelhaften Ruf genießen, nichtantizipierte Situationsdefinitionen bei den Befragten von vornherein auszuschließen, so wird dieser methodische Makel zu einem vermeintlichen Vorteil aus Sicht der Organisation beziehungsweise des Militärs in seiner Rolle als Auftraggeber von Umfragen.

Methoden und Techniken der empirischen Sozialforschung und insbesondere der Umfrageforschung, des *Survey Research* (siehe Marsden/Wright 2010), gehören nicht nur zum Standardrepertoire sozialwissenschaftlicher Teildisziplinen wie der Militärsoziologie (Leonhard/Werkner 2012b) und der Militärpsychologie (Laurence/Matthews 2012). Vielmehr reklamieren auch militärbezogene, interdisziplinäre Fachdiskurse wie die »Defence Studies« (Deschaud-Dutard 2018) oder die »Military Studies« (Soeters et al. 2014) in entsprechenden Überblickswerken die Bedeutung von Befragungsstudien für den Erkenntnisfortschritt.

Den Startpunkt für die empirische Sozialforschung im Militär im engeren Sinne bildet der Eintritt der USA in den Zweiten Weltkrieg 1941 und die ein Jahr danach ins Leben gerufene »Research Branch« des US War Department unter der Leitung von Samuel A. Stouffer. Ergebnis dieses über drei Jahre dauernden Mammutprojekts waren über zweihundert Berichte auf Basis Hunderttausender Interviews mit Soldaten. Die Studien zu »The American Soldier« (Stouffer 1949) haben nicht nur die militärsoziologische Forschung auf Jahre hinweg befruchtet, sondern waren ebenso richtungsweisend für die Methodenentwicklung in den Sozialwissenschaften im Allgemeinen. Diese Anfangsphase ist *erstens* geprägt durch einen hohen Praxisbezug – schließlich sollte mit den Forschungen die Wissensbasis über die motivationalen Grundlagen bei den US-Soldaten erhöht werden – und *zweitens* durch eine relative Transparenz im Umgang mit den Befragungsergebnissen: So wurden seit Dezember 1943 bis kurz vor Kriegsende monatlich erscheinende Newsletter mit ausgewählten Umfrageergebnissen unter dem Titel »What the Soldier Thinks« von der »Morale Service Division« im US War Department herausgegeben und an militärische Führungskräfte auch in Übersee verteilt. Zwar werden heute im Geschäftsbereich des Bundesministeriums der Verteidigung (BMVg) interne Befragungsergebnisse in der Regel mit einem gewissen Zeitverzug veröffentlicht, eine flächendeckende, bundeswehrinterne Verbreitung jedoch fand letztmalig im Rahmen der zwei Befragungswellen zur Neuausrichtung der Bundeswehr 2012 und 2014 (siehe Richter 2016) statt, als der Ergebnisbericht vor der Weitergabe an die Presse allen Dienststellenleitungen zur Kenntnis gebracht wurde.

Für die folgenden grundsätzlichen Überlegungen ist die Unterscheidung von Friedrichs (1990 [1973]: 50) zwischen drei Phasen empirischer Forschungsprojekte, dem Entstehungs-, Begründungs- und Verwertungszusammenhang, hilfreich. In den Entstehungszusammenhang fallen dabei alle Schritte, die zu einer Forschungsfragestellung führen. Auslöser für Projekte können soziale Problemlagen, ein Erkenntnisinteresse von Entscheidern oder sich aus dem Forschungsstand ergebende Anschlussfragestellungen sein. Der Begründungszusammenhang umfasst den eigentlichen Forschungsprozess, angefangen von der Konzept- und Theoriebildung, der Operationalisierungs- und Erhebungsphase bis hin zur Analyse und Interpretation des Datenmaterials. Zum Verwertungszusammenhang schließlich zählt die Kommunikation der Forschungsergebnisse gegenüber Auftraggebern, in die wissenschaftliche Öffentlichkeit hinein bis hin zur medialen Verbreitung. Im Folgenden wird im Anschluss an frühere Arbeiten (Richter 2017) davon ausgegangen, dass zwischen empirischer Sozialforschung zu militärischen oder zivilen Organisationen kaum Unterschiede in der Phase des Begründungszusammenhangs bestehen, d.h. dass das Repertoire an Forschungsmethoden und -techniken im Fall der Untersuchung des Militärs nicht von dem der Erforschung anderer Organisationstypen, wie Unternehmen, Kirchen oder Universitäten, abweicht oder abweichen müsste. Eine gegenteilige Position wurde nach Kenntnisstand des Autors auch noch nicht formuliert. Wirft man beispielsweise einen Blick in den Sammelband von Soeters und Kollegen (2014), so begegnen einem die gängigen sozialwissenschaftlichen Standardmethoden und -techniken. Unabhängig hiervon gibt es eine Position in der Militärsoziologie, die dazu rät, den jeweiligen »Aggregatzustand« der Organisation zu berücksichtigen, d.h. Untersuchungsergebnisse, die in sogenannten In-extremis-Situationen gefunden werden, sind nicht auf den Routinebereich unter Friedensbedingungen – im Bundeswehrjargon als Grundbetrieb bezeichnet – übertragbar (Kolditz 2006). Wie für jedwede Organisationsforschung gilt, dass die Wahl der geeigneten Methode vor dem Hintergrund der spezifischen wissenschaftlichen Fragestellung und der organisationalen Umweltparameter zu erfolgen hat.

Demgegenüber lassen sich, so die zentrale These des Beitrags, einige forschungspraktische Unterschiede entlang des Entstehungs- und des Verwertungszusammenhangs empirischer Befragungsstudien identifizieren. Hierzu werden im Anschluss (Abschnitt 2) kurz die Besonderheiten militärischer Organisationen skizziert. Es folgen Ausführungen zum Verhältnis von (militärsoziologischer) Theoriebildung und empirischer Sozialforschung (Abschnitt 3). Kern des Beitrags ist die Darstellung von typischen Problemfeldern bei Befragungen in der Bundeswehr anhand des idealisierten Ablaufs von Forschungsprojekten, von der Problemdefinition bis hin zur Ergebnisverwertung (Abschnitt 4). Hierbei fließen Erfahrungen des Autors mit eigenen bundeswehrinternen Befragungsstudien ein, die selbstverständlich subjektiv gefärbt sind und aus denen – dies sei vorausgeschickt – nur bedingt allgemeine Empfehlungen für eine erfolgreiche Durchführung von Studien in Streitkräften abgeleitet werden können. Gegenstand des vorliegenden Beitrags sind bundeswehrinterne Befragungen, die in den meisten Fällen vom ZMSBw in Potsdam oder dessen Vorläufer, dem Sozialwissenschaftlichen Institut der Bundeswehr (SOWI), durchgeführt wurden. Zum Gegenstand des Beitrags gehören aber auch Studien anderer Einrichtungen, die mit Einverständnis des BMVg innerhalb der Bundeswehr Erhebungen durchführen (siehe z.B. Wombacher/Felfe 2012), nicht jedoch Befragungen außerhalb der institutionellen Grenzen der Bundeswehr, wenn beispielsweise in deutschlandweiten Umfragen Gruppenvergleiche zwischen Soldaten und anderen, zivilen Berufsgruppen angestellt werden (siehe z.B. Jackson et al. 2012). Diese müssen selbstverständlich nicht durch das BMVg genehmigt werden und fallen nicht unter die sogenannte

Ressortforschung, also jene Forschung, die von nachgeordneten Dienststellen eines Bundesressorts (wie z.b. dem ZMSBw) durchgeführt wird. Schließlich folgt ein Resümee, in dem die diagnostizierten Defizite der aktuellen Forschungspraxis zusammengefasst und Lösungswege aufgezeigt werden (Abschnitt 5).

2 Charakteristische Merkmale des Organisationstyps Militär

Es existieren einige Besonderheiten militärischer Organisationen im Vergleich zu anderen Organisationstypen. Hierzu zählen besondere Formen der Rekrutierung und Sozialisation, die hohe Bedeutung von Symbolen und Ritualen im militärischen Alltag, die militärspezifische Kameradschaft, das Prinzip von Befehl und Gehorsam bis hin zu Zuschreibungen des Militärs als eine »totale Institution« im Sinne Erving Goffmans (1973 [1961]). Alle Versuche jedoch, die dem Militär einen Sui-generis-Status zusprechen wollen, laufen bei nüchterner Betrachtung ins Leere. Selbst die Gefahr für Leib und Leben, der sich Soldatinnen und Soldaten unter Umständen aussetzen, kann nicht als Alleinstellungsmerkmal reklamiert werden, wenn man sich die oftmals lebensbedrohlichen Einsatzbedingungen in Organisationen wie der Feuerwehr oder der Polizei vor Augen führt. Insofern ist »der Unterschied zwischen militärischen und anderen, z.B. wirtschaftlichen, Organisationen keinesfalls grundsätzlich, sondern kontingent« (Apelt 2012: 135).

Diese Kontingenz ist *einerseits* militärhistorisch zu verstehen, wirft man beispielsweise einen Blick auf die unterschiedliche Struktur frühneuzeitlicher Söldnertruppen und der kasernierten Massenheere des 19. und 20. Jahrhunderts. Sie ist aber *andererseits* querschnittlich aufzufassen im Sinne von graduellen Unterschieden zwischen militärischen Organisationen und anderen Organisationstypen. Zwar spielen beim Militär wirtschaftliche Zielsetzungen (Budgeteinhaltung, effizienter Einsatz von materiellen Ressourcen, d.h. Kriegsmitteln) eine nicht unerhebliche Rolle, sie sind aber nicht wie bei privatwirtschaftlichen Unternehmen oberste Organisationsziele (z.B. die Gewinnerzielung).

Aus Perspektive der empirischen Sozialforschung sind vier solcher kontingenter Merkmale militärischer Organisationen hervorzuheben: Das besondere Verhältnis militärischer Organisationen gegenüber ihrer Organisationsumwelt lässt sich *erstens* trefflich mit der Vorstellung von »verdünnter Rückkopplung« beschreiben:

> »Zahlreiche Merkmale der Militärorganisation erklären sich aus der Tatsache, daß sie im Vergleich zur Wirtschaftsunternehmung weniger Möglichkeiten der Erfolgskontrolle besitzt, um die funktionale Adäquatheit ihrer Struktur, ihrer Ausrüstung, ihrer Ausbildungsverfahren und ihrer Aktionsprogramme objektiv zu überprüfen.« (Geser 1983: 145)

Ob Strukturen und eingeübte Handlungsmuster sinnvoll waren, erweist sich in der Regel erst im Ernst- beziehungsweise Kriegsfall, der objektiv betrachtet jedoch eher den Ausnahmezustand für die Organisation darstellt. Anders verhält es sich zum Beispiel bei Wirtschaftsunternehmen, die durch die Umsatzentwicklung und die Reaktionen von Kunden kontinuierlich Rückkopplungen aus der Organisationsumwelt erhalten. Die Offenheit der Performanz der militärischen Profession und der militärischen Eliten würde andererseits Raum für die Definition von Standards und Kriterien bieten, was aber erfahrungsgemäß nicht aktiv von diesen Gruppen wahrgenommen wird.

Eng verwandt mit der verdünnten Rückkopplung ist *zweitens* die für militärische Organisationen besondere Ungewissheit: Selbst die beste Planung aus der Friedenszeit und die realistischsten Manöver können zukünftige Ungewissheiten des Krieges oder anderer Einsatzszenarien nur bedingt antizipieren. Der preußische Offizier und Militärintellektuelle Carl von Clausewitz bringt diesen Umstand in seiner bekannten Metapher vom »Nebel des Krieges« auf den Punkt: »Der Krieg ist das Gebiet der Ungewißheit; drei Vierteile derjenigen Dinge, worauf das Handeln im Kriege gebaut wird, liegen im Nebel einer mehr oder weniger großen Ungewißheit« (Clausewitz 2018 [1832]: 64). Der im Vergleich zu vielen anderen Organisationen hohe Grad der Formalisierung und Ritualisierung der Handlungen und die ausgeprägte hierarchische Zentralisierung werden oft als Kompensationsversuch für eine solche Ungewissheit interpretiert (Elbe 2018a).

Besonderheiten der streitkräftebezogenen Organisationsforschung, angefangen von methodischen Problemstellungen über Fragen des Feldzugangs, des geeigneten Erhebungszeitpunkts bis hin zu forschungsethischen Erwägungen, resultieren *drittens* aus dem »Janusgesicht« des Militärs (Elbe 2018a). Das Militär befindet sich die meiste Zeit über im sogenannten kalten Aggregatzustand, in dem sich die tägliche Arbeit in militärischen Stäben und Dienststellen kaum von anderen, staatlichen Organisationen unterscheidet. Es stehen dann Verwaltungsfragen, die Abrechnung von Dienstreisen und die Haushaltsplanung im Vordergrund. Im sogenannten heißen Aggregatzustand hingegen, also unter Einsatzbedingungen oder im Gefecht, können sich organisationsinterne Kommunikationsprozesse, Entscheidungsstrukturen und Relevanzsysteme radikal verschieben. Kaum ein anderer Organisationstyp vereint in sich zwei derart unterschiedliche »Aggregatzustände«, die je nach Änderung von Umweltfaktoren aktiviert werden.

Eine *vierte* Besonderheit militärischer Organisationen betrifft das Verhältnis von Individuum und Organisation. Beim Eintritt in die meisten Organisationen entsteht in Anlehnung an Chester Barnard (1938) eine folgenreiche »Indifferenzzone«, die sich als ein pauschales Einverständnis des neuen Organisationsmitglieds interpretieren lässt, bis zu einem gewissen Umfang Befehlen, Anweisungen und Vorgaben von Vorgesetzten Folge zu leisten. Eine Besonderheit militärischer Organisationen ist es, dass dieser anfänglich nicht genau spezifizierte »Generalgehorsam« (Kühl 2005: 102) zu gegebener Zeit eine sehr breite Auslegung erfahren kann und im Extremfall bis hin zum Einsatz des eigenen Lebens reicht.

Vor allem die Merkmale »verdünnte Rückkopplung« und »Unsicherheit« dürften die Ursache dafür sein, dass das Militär zu den am besten untersuchten Organisationstypen zählt. Einen zusätzlichen Grund findet man in der hochgradigen Legitimationsbedürftigkeit dieser staatlichen Organisation, die mit nicht unerheblichen öffentlichen Mitteln finanziert ist, sich oft aber schwertut, ihren gesellschaftlichen Nutzen überzeugend unter Beweis zu stellen, wenn zum Beispiel behauptet wird, die Sicherheit Deutschlands werde am Hindukusch verteidigt. An wissenschaftliche Forschung, d.h. auch empirische Befragungen, wird dann die Hoffnung herangetragen, sie könne solche Legitimationslücken füllen. Forschungen dieser Art wurden an anderer Stelle als »substitutionale Evaluations- und Wirkungsforschung« (Richter 2017: 669) bezeichnet. Befragungsdaten werden dann als Ersatz für fehlende harte Daten herangezogen.

3   Verhältnis von Theorie und Empirie

Praxisorientierter Auftragsforschung innerhalb der Bundeswehr wird oft kritisch vorgehalten, Daten zu generieren, die weitgehend ohne theoretische Fundierung und auf deskriptivem Niveau erhoben und in der Analysephase theoretisch kaum eingeordnet werden (Leonhard/Werkner 2012a: 29). Dabei zeigte gerade das bereits angeführte Großprojekt »The American Soldier« eindrücklich das Potenzial »for examining the interplay of social theory and applied social research« (Merton/Kitt 1950: 40) auf. Die bekannte Theorie der Bezugsgruppen, die in Auseinandersetzung mit dem Datenmaterial der »Research Branch« des US War Department weiterentwickelt wurde, gilt heute als Paradebeispiel für die Arbeitsteilung und das ertragreiche Zusammenwirken von Theorie und Empirie (vgl. Mackert/Steinbicker 2013: 11). Der Soziologe Robert K. Merton, selbst Mitglied der Arbeitsgruppe um Stouffer, konnte gerade an der Bezugsgruppentheorie seine Konzeption der »Theorien Mittlerer Reichweite« (Merton 1995: 83 ff.; Mackert/Steinbicker 2013: 45 ff.) ausarbeiten. Ebenso lässt sich am Beispiel von Soldaten der Kern der Theorie der relativen Deprivation gut erläutern. Unzufriedenheit mit der eigenen Situation, zum Beispiel der bisherigen Karriere, ist nicht nur die Widerspiegelung objektiver Umstände, sondern relativ und hängt vom Vergleichsmaßstab ab, den das Individuum heranzieht, d.h. der von ihm gewählten Referenz- beziehungsweise Bezugsgruppe. Die Befragungsdaten zeigten erst einmal den nicht leicht zu interpretierenden Befund, dass in Einheiten des US-Militärs, in denen Beförderungen relativ häufiger waren als in Vergleichsgruppen, die subjektive Zufriedenheit mit den Karrierechancen bei den Befragten relativ geringer war. Merton erweiterte nun in der Folge die Theorie der relativen Deprivation zu einer allgemeinen Theorie der Referenzgruppe, bei der Nichtmitgliedschaftsgruppen zum Bezugspunkt für die eigene Bewertung der Lebensumstände, zum Beispiel der Karriereentwicklung, werden. In diesem Zusammenhang wurde auch der Begriff der antizipierenden Sozialisation geprägt, der mittlerweile Eingang in den alltäglichen Sprachgebrauch gefunden hat (Mackert/Steinbicker 2013: 82 ff.).

Anspruch an empirische Sozialforschung sollte es demnach sein – ganz im Sinne eines inkrementellen Verständnisses des Fortschritts in Wissenschaft und Praxis –, Stück für Stück (militärsoziologische) Theorien weiterzuentwickeln:

> »Systematic empirical materials help advance social theory by imposing the task and by affording the opportunity for interpretation along lines often unpremeditated, and social theory, in turn, defines the scope and enlarges the predictive value of empirical findings by indicating the conditions under which they hold.« (Merton/Kitt 1950: 40)

Dieses hehre Ideal wird von Befragungsstudien in der Bundeswehr nur selten eingelöst. Die folgenden Ausführungen zu Umfragen sind daher als Versuch zu verstehen, die Gründe dafür zu identifizieren und aufzuzeigen, wie das Wechselspiel von Theorie und Empirie sowohl für die Interessen der Wissenschaft als auch für die Praxisanforderungen des Militärs als Auftraggeber nutzenbringender gestaltet werden kann.

4 Befragungen in der Bundeswehr

Sozialwissenschaftliche Forschungsprojekte, insbesondere solche, deren Kern eine quantitative Befragung ist, lassen sich in die eingangs erwähnten drei Phasen (Entstehungs-, Begründungs- und Verwertungszusammenhang) einteilen. Im Folgenden sollen typische Probleme skizziert werden, vor denen die Forschenden und ihre Auftraggeber im Fall von Umfragen in der Bundeswehr stehen.

4.1 Entstehungszusammenhang

Wenn die Bundeswehr Bedarf an Erkenntnissen über die innere Lage der Organisation sowie über Möglichkeiten der Optimierung von organisatorischen Strukturen und Prozessen hat, dann ist sie auf eigene Untersuchungen angewiesen, indem sie Forschungsaufträge entweder an bundeswehreigene Einrichtungen, an kommerzielle Institute oder an Beratungsunternehmen vergibt. Eine Beschäftigung mit Bundeswehrthemen in der universitären Wissenschaft ist eher die Ausnahme. Dennoch gilt: »Die Streitkräfte gehören – trotz des Nischendaseins militärsoziologischer Forschungen – wahrscheinlich zu den am besten untersuchten Organisationen« (Apelt 2012: 143). Die im Vergleich zu anderen Organisationstypen überdurchschnittlich intensive Beforschung der Streitkräfte lässt sich mit einem besonderen Erkenntnisbedarf der politischen Leitung und der militärischen Führung des Verteidigungsressorts erklären, der sich direkt aus spezifischen Merkmalen der Organisation selbst ableitet, insbesondere der hohen Unsicherheit und der oftmals nicht vorhandenen Möglichkeit, Effektivität und Effizienz der Organisation unter Beweis zu stellen. Dabei sind Schlussfolgerungen, die durch die Erforschung des »kalten Aggregatzustands«, d.h. im Friedens- oder Grundbetrieb des Militärs, gezogen werden, nicht unbedingt übertragbar auf den »heißen Aggregatzustand« unter Einsatz- und Kampfbedingungen. Hinzu kommt, dass die politische Leitung und militärische Führung versucht, durch Umfragen die typischen Meldewege von unten nach oben zu umgehen, um ungefiltert die Meinung der Truppe zu erfahren.

Auftragsforschung diente in den letzten Jahrzehnten weniger der Beantwortung von präzisen Fragestellungen als vielmehr der Strukturierung eines diffusen Problems qua Umfrageforschung und kann vielfach als ministerieller Reflex auf innere Vorkommnisse und öffentlichen Druck, etwa durch den Wehrbeauftragten des Deutschen Bundestages oder den Deutschen Bundeswehrverband (DBwV), verstanden werden. Unspezifische Entstehungszusammenhänge von Auftragsforschung münden jedoch oft in unspezifische Verwertungszusammenhänge – ein Resultat, das für die wissenschaftliche Nutzung der Befragungen ebenso wenig fruchtbar ist wie für den Auftraggeber. Hier sind vor allem die Forschenden in der Pflicht, bereits in der Definitionsphase von Befragungen in der Bundeswehr eine klare und insbesondere wissenschaftlich anschlussfähige Fragestellung zu entwickeln – etwas, das oft nur mit Beharrlichkeit gegenüber dem (ministeriellen) Auftraggeber realisiert werden kann.

Ein Großteil der Bundeswehrumfragen ist anlassbezogen und eine politische Reaktion auf öffentlichkeitswirksame Vorgänge, so etwa die Befragung von studierenden Offizieren an den Universitäten der Bundeswehr in München und Hamburg 2007 (Bulmahn et al. 2010), nachdem dort rechtsextremistische Äußerungen auf studentischen Veranstaltungen innerhalb des Campus gefallen sein sollen. Eine Reihe von Befragungen an der Offizierschule der Deutschen Marine in Flensburg-Mürwik (Lewin 2018) steht mit dem tödlichen Unfall einer Offizierschülerin auf dem Segelschulschiff »Gorch Fock« 2011 in Zusammenhang.

Während für die beiden genannten Projekte an Ausbildungseinrichtungen der Bundeswehr der Auslöser in der bundeswehr*externen* Öffentlichkeit gefunden werden kann, sind zum Beispiel Befragungen zur 2011 eingeleiteten Neuausrichtung der Bundeswehr (Richter 2016) Reaktionen auf bundeswehr*interne* Kritik, wonach bei den Veränderungen der Fokus zu sehr auf Strukturen und Prozessen läge und organisationskulturellen Aspekten zu wenig Beachtung geschenkt würde. Eine Studie von Elbe (2018b) mit ehemaligen Zeitoffizieren wiederum hat ihren Ursprung in der Arbeit des »Runden Tisches«, einem Gremium aus Vertretern der Bundeswehr und der freien Wirtschaft. Die Studie stellte unter anderem die Frage nach weiteren Kooperationsmöglichkeiten zwischen Bundeswehr und Wirtschaft und den Chancen eines institutionalisierten Kompetenztransfers. Die Situation hierzulande dürfte repräsentativ für die internationale Militärsoziologie sein, sofern diese auf Praxisrelevanz und institutionelle Anbindung an das Militär angewiesen ist. Klassisches Beispiel ist eine Vielzahl von Studien zu Personalthemen in den USA in den 1970er-Jahren (siehe z.B. die Beiträge in Goldman/Segal 1976), die durch den Wegfall der Wehrpflicht in unmittelbarer Reaktion auf das Debakel des Vietnamkrieges initiiert wurden.

Eine an der Weiterentwicklung von Theorien Mittlerer Reichweite interessierte Militärsoziologie steht vor mehreren Problemen. Nach Friedrichs (1990 [1973]: 50) können soziale Fragestellungen, Probleme der Theoriebildung oder ein ministerieller Auftrag Auslöser für empirische Forschungsprojekte sein. In allen drei Fällen fungiert das Verteidigungsministerium als Gatekeeper: Es nimmt mal mehr, mal weniger bewusst und aktiv Einfluss auf die Forschungsfragestellung, indem es externen Forscherinnen und Forschern den Feldzugang etwa bei politisch brisanten Fragestellungen verweigert oder aber im Rahmen der Auftragsforschung den zu untersuchenden Gegenstand so abgrenzt, dass aus wissenschaftlicher Sicht interessante Aspekte eines Phänomens gar nicht beleuchtet werden können.

Vergleichsweise hoch liegen die Hürden für den Feldzugang, wenn Untersuchungen nahe am heißen Aggregatzustand stattfinden sollen, zum Beispiel direkt vor Ort in Auslandseinsätzen der Bundeswehr. Wie stark die Hindernisse für den Feldzugang und die Veröffentlichung von Ergebnissen bei empirischen Befragungen sind, ist erfahrungsgemäß von der sich gerade im Amt befindlichen politischen Leitung des Verteidigungsressorts abhängig. Dennoch gilt hier, dass die Torwächterproblematik das Forschungsfeld Militär im Verhältnis zu zivilen Organisationen allenfalls als kontingent charakterisiert, sieht man einmal davon ab, dass im Fall von Befragungen in zivilen Organisationen oftmals Ausweichmöglichkeiten vorhanden sind, wenn ein angefragtes Unternehmen den Feldzugang verwehrt, die Forschungsfragestellung aber in einem anderen, beispielsweise branchengleichen, Unternehmen untersucht werden kann. Militärorganisationen hingegen haben einen gefestigten Monopolcharakter; Alternativen zu Umfragen unter Soldatinnen und Soldaten bestehen so gut wie nicht.

Typische Entscheidungen bei Befragungsstudien, etwa über konkrete Forschungsfragestellungen, die Definition von Begriffen, über die Operationalisierung und Auswahl von Indikatoren, das Auswahlverfahren usw. sind bei Bundeswehrbefragungen wie bei Befragungen in anderen Organisationen gleichermaßen zu fällen. Der Erfahrung nach sollte der Studienkommunikation in der Definitionsphase (mit dem Ziel, wichtige Akteure und Gatekeeper mit »ins Boot zu holen«) bei Untersuchungen in der Bundeswehr besondere Aufmerksamkeit geschenkt werden. Zudem empfiehlt sich eine gründliche Recherche, auch um die Frage zu entscheiden, ob eine Sekundäranalyse von vorhandenen Befragungsdaten möglich oder aber eine Primärerhebung unabdingbar ist. Erfahrungsgemäß liegen zu vielen Themenfeldern bereits Untersuchungen und Datenbestände vor, deren wissenschaftliches Potenzial durch oft kurzfristig angelegte Projekte und Berichtsformate meist nicht vollumfänglich ausgeschöpft wurde. Hier lohnt sich die Nachfrage bei entsprechenden Einrichtungen wie dem ZMSBw.

Die Durchführung von Befragungen in der Bundeswehr ist also stark reglementiert. Dies gilt für Untersuchungen im kalten wie im heißen Aggregatzustand gleichermaßen. Eine Zentrale Dienstvorschrift über »Empirische Untersuchungen zur Einstellungs-, Meinungs- und Verhaltensforschung in der Bundeswehr« (BMVg 2018) regelt, unter welchen Voraussetzungen und Vorgaben Personalbefragungen stattfinden können. So legt die Vorschrift fest, dass eine dienstliche, empirische Untersuchung nur durchgeführt werden darf, wenn sie einschließlich des Erhebungsinstrumentes nach Abstimmung mit den jeweils betroffenen Kommandos der militärischen Organisationsbereiche von dem für die Steuerung zuständigen Fachreferat im BMVg eine Registriernummer erhalten hat, die dann auf den Erhebungsunterlagen auszuweisen ist. Der Genehmigungsprozess führt nicht selten dazu, dass Studiendesigns und Befragungsinstrumente nach ministeriellen Vorgaben überarbeitet werden müssen.

Auch Privatpersonen und externen Forschungseinrichtungen kann die Durchführung von Befragungen zu Forschungszwecken erlaubt werden. Sie durchlaufen dabei grundsätzlich denselben Genehmigungsprozess wie bundeswehrinterne Forscher und Forscherinnen und sind dabei verpflichtet, die Untersuchungsergebnisse vor Veröffentlichung dem BMVg zur Prüfung zuzuleiten. In besonderen Fällen kann sich das Ministerium vorbehalten, einer Veröffentlichung der Ergebnisse nicht oder nur in Teilen zuzustimmen. Aus wissenschaftlicher Sicht sind solche Einschränkungen zu bedauern, da politische Rationalitätskriterien die Verfolgung von gewissen militärsoziologischen Forschungsfragestellungen nicht erlauben. Generell aber gilt sowohl für bundeswehrinterne wie -externe Institutionen, dass der Feldzugang in der Praxis trotz dieses formalen Genehmigungsprozesses im Verhältnis zu den üblichen Hindernissen in anderen öffentlichen und privaten Organisationen keine besondere Hürde darstellt.

4.2 Begründungszusammenhang

Die Standards für Befragungsstudien, beispielsweise die Anforderungen an Frageformulierung, Halo-Effekte, Länge des Erhebungsinstruments usw. gelten für Bundeswehrbefragungen gleichermaßen wie für andere Befragungsstudien im zivilen Bereich; hier sei auf die einschlägige Grundlagenliteratur verwiesen (z.B. Friedrichs 1990 [1973]; Marsden/Wright 2010). Fünf Aspekte sollen jedoch vertieft angesprochen werden, da sie in gewissem Umfang die oben ausgeführten Besonderheiten militärischer Organisationen reflektieren und zum Teil forschungspraktische Limitationen von bundeswehrinternen Befragungen darstellen: a) Forschungsdesign, b) Auswahlverfahren, c) Rücklauf, d) Erhebungszeitpunkt und e) Auswerteverfahren.

a) Forschungsdesign: Befragungen in der Bundeswehr sind so gut wie immer als quasi-experimentelle Designs mit nicht randomisierter Zuordnung von Experimental- und Kontrollgruppe angelegt, wobei häufig Querschnitte oder unechte Panels, aber nur selten Längsschnitte vorkommen. Quasi-experimentelle Designs werden verwendet, um Organisationsveränderungen, Implementationen von Programmen oder Maßnahmenpakete zu evaluieren. Ein Beispiel ist die Befragungsstudie zur Einführung des Dienststellencontrollings Anfang der 2000er-Jahre (Richter 2007). Die Studie sollte die Wirkungen von Controlling auf Führungsprozesse und mögliche nichtintendierte Folgen der Einführung dieses betriebswirtschaftlichen Instruments aufzeigen.

Ein anderes Beispiel ist die begleitende Befragungsstudie zur 2014 ins Leben gerufenen »Agenda Attraktivität«, einem umfangreichen Programm zur Steigerung der Attraktivität der Bundeswehr als Arbeitgeber (Richter 2020b). Verglichen wurden hier Personen, die selbst bereits Wirkungen der Agenda-Maßnahmen wahrgenommen hatten (als Experimentalgruppe), mit Bundeswehrangehörigen, die noch nicht in das Programm involviert waren (als Kontrollgruppe). Kritisch zu sehen ist der weitgehende Verzicht auf echte Längsschnittdesigns, mit denen Effekte von Programmen und Agenden im Zeitverlauf klarer isoliert werden könnten, d.h. sozialer Wandel in der Bundeswehr wird durch die aktuelle Forschungspraxis nur unvollständig abgebildet. Längsschnittdesigns setzen jedoch Forschungskontinuität und eine langfristigere Planung voraus, was eine von der Tagespolitik getriebene Auftragsforschung häufig nicht ausreichend priorisiert. Zu bedauern ist also der oftmals vorzufindende Ad-hoc-Charakter der Untersuchungen in der Bundeswehr.

b) Auswahlverfahren: Sobald das Verfahren für die Genehmigung von Befragungen erfolgreich durchlaufen ist und alle Stakeholder mit an Bord geholt wurden, steht die Forscherin oder der Forscher vor recht komfortablen Bedingungen, was die Stichprobenziehung betrifft. Die Bereitstellung von personenbezogenen, dienstlichen E-Mail-Adressen für Online-Befragungen und von dienstlichen Adressen der Bundeswehrangehörigen für postalische Befragungen ist keine Hürde, da die Bundeswehr über ein integriertes und zentralisiertes Personalwirtschaftssystem verfügt. Die Datenbestände erlauben eine mehrdimensionale Stichprobenziehung zu vielen relevanten Kriterien. Eine Präfiguration oder Ex-ante-Gewichtung der Stichprobe etwa nach Dienstgradgruppen, Geschlecht, Dienstalter usw. ist technisch problemlos umsetzbar. Zu beachten ist bei bundeswehrinternen Online-Befragungen, dass bestimmte Teilgruppen nicht über personenbezogene, dienstliche E-Mail-Adressen verfügen und keinen kontinuierlichen Zugang zu einem Arbeitsplatzcomputer haben. So sind beispielsweise Mannschaftsdienstgrade oder seegehende Einheiten unterrepräsentiert, was zu entsprechenden Stichprobenverzerrungen führen kann. Generell ist eine schriftliche Befragung unter Qualitätsaspekten einer Online-Befragung im Internet oder im Intranet der Bundeswehr vorzuziehen, da somit auch die angesprochenen Zielgruppen gut erreicht werden können.

Je nach Forschungsfragestellung und Wahl der Grundgesamtheit – z.B. alle Angehörigen des Heeres, alle zivilen Bediensteten in Bundeswehrdienstleistungszentren oder eben alle militärischen und zivilen Bundeswehrangehörigen insgesamt – sind Entscheidungen über die Auswahlgesamtheit zu treffen. In der Regel wird eine Stichprobe die geeignete Lösung sein, um den Befragungsaufwand und die Kosten der Studie so gering wie möglich zu halten. Der Repräsentativität wird, so zeigt die Erfahrung, insbesondere von Auftraggebern im BMVg und anderen Anspruchsgruppen von Bundeswehrbefragungen hohe Bedeutung zugemessen; von ihr hängt die militärinterne Glaubwürdigkeit und Belastbarkeit der Ergebnisse stark ab. Dabei herrscht bei den Auftraggebern ein Repräsentativitätsverständnis vor, wonach die Teilgesamtheit im Hinblick auf sozialstrukturelle Merkmale die Struktur der Grundgesamtheit abbilden sollte.

Eine Stichprobe ist ein verkleinertes Abbild der Grundgesamtheit, d.h. der Theorie nach sollten die Ausprägungen *aller* beliebigen Merkmalskombinationen genauso verteilt sein wie in der Grundgesamtheit. Um die Repräsentativität einer Stichprobe gut abschätzen zu können, sollte aus *pragmatischer* Sicht für den Fall von Bundeswehrumfragen eine Gleichverteilung für die Merkmale Geschlecht, Alter, Zugehörigkeit zu einer Teilstreitkraft oder einem Organisationsbereich, Status (d.h. Soldatinnen und Soldaten, Beamtinnen und Beamte, Arbeitnehmerinnen und Arbeitnehmer) und nach Dienstgrad- bzw. Laufbahngruppe sichergestellt werden.

Für die Gruppe der Soldaten und Soldatinnen ist insbesondere das Dienstverhältnis (d.h. Berufssoldaten, Soldaten auf Zeit, Freiwillig Wehrdienstleistende) zu berücksichtigen. Infolge von teilgruppenspezifischen Unterschieden bei der Antwortbereitschaft ist zudem oftmals eine »disproportional geschichtete Auswahl« (Scheuch 1974: 35) die Methode der Wahl, bei der zum Beispiel Mannschaftssoldatinnen und -soldaten, Unteroffiziere ohne Portepee, Arbeitnehmerinnen und Arbeitnehmer, Beamtinnen und Beamte des einfachen und mittleren Dienstes sowie Soldatinnen und Soldaten auf Zeit und Freiwillig Wehrdienstleistende überrepräsentiert sind. Als Faustregel gilt, dass die Antwortbereitschaft mit der Stellung in der Organisationshierarchie positiv korreliert. So wurde beispielsweise die Stichprobe der bundeswehrinternen Personalbefragung 2020 ex ante gewichtet, d.h. sie enthielt relativ mehr Mannschaftsdienstgrade und Tarifbeschäftigte der Entgeltgruppen 1 bis 4; Stabsoffiziere und Beamtinnen und Beamte des höheren Dienstes hingegen wurden geringer gewichtet. Im Ergebnis stand eine in Hinblick auf Dienstgrad- und Laufbahngruppen weitgehend repräsentative Stichprobe zur Verfügung (Richter 2020b: 51 ff.).

c) Rücklauf: Ein zuweilen inflatorischer Gebrauch von bundeswehrinternen Umfragen, wie er in den letzten Jahren zu verzeichnen ist, geht zunehmend auf Kosten der Rücklaufquoten. Dies lässt sich beispielsweise an einer langjährigen Auftragsstudie zur Evaluation der Nutzerzufriedenheit mit der Bundeswehr-IT-Ausstattung und der 2006 ins Leben gerufenen Betreiberlösung auf Basis einer öffentlich-privaten Partnerschaft (mit dem passenden Projektnamen »HERKULES«) ablesen:

> »Seit Beginn der HERKULES-Studie muss für die Befragung der Dienststellenleiter und -leiterinnen eine kontinuierliche Verringerung des Rücklaufs konstatiert werden ($n_{(2009)}$=306; $n_{(2010)}$=268; $n_{(2011)}$=217; $n_{(2013)}$=183). Grund für den immer geringer werdenden Rücklauf dürfte eine generelle Befragungsmüdigkeit bei den Dienststellenleitungen angesichts der in den letzten Jahren sich häufenden bundeswehrinternen Umfragen sein.« (Richter 2013: 20)

Ein ähnlicher Trend kann von Umfragen in den US-Streitkräften berichtet werden, wobei die dort angeführten Erklärungen für den Rückgang der Quoten auf die Situation in der Bundeswehr übertragbar sein dürften:

> »For example, in the U.S. Navy, the top three reasons for non-response were a belief that surveys have no impact, general apathy towards surveys and survey length. Studies have also indicated the following reasons as pertinent: over surveying; the size and formal structure of

the organization, high work demands; and lack of perceived benefit to respondents.« (Davis et al. 2013: 161)

Eine Befragungsmüdigkeit infolge rituell durchgeführter Mitarbeiterbefragungen ohne definierte Follow-up-Prozesse und ohne konkrete betriebliche Handlungsempfehlungen lässt sich ebenso in der Bundeswehr wie in der Unternehmenswelt beklagen.

Es empfiehlt sich deshalb über die formalen Verfahren gemäß der erwähnten Zentralen Dienstvorschrift hinaus frühzeitig andere, fachlich zuständige Akteure im nachgeordneten Bereich des BMVg einzubinden. Plant man beispielsweise eine Befragung des ärztlichen Personals, so sollten die Kommandobehörden des Zentralen Sanitätsdienstes der Bundeswehr informiert und bei den entsprechenden Stellen Unterstützung für das Vorhaben eingeworben werden. So hat es sich für höhere Rücklaufquoten von postalischen Befragungen als förderlich erwiesen, wenn neben dem standardmäßigen Anschreiben der Forschergruppe ein motivierendes Begleitschreiben, z.B. des Inspekteurs des Sanitätsdienstes, beigelegt wurde. Analoge Vorgehensweisen sind auch für Online-Befragungen sinnvoll.

Dass militärbezogene Auftragsforschung keine Wirkungen bei der politischen Leitung und der militärischen Führung entfalte, ist jedoch eher ein Vorurteil der befragten Mitarbeiterinnen und Mitarbeiter, wie ein Band mit einer Übersicht zur Forschung am mittlerweile aufgelösten SOWI zeigt (vgl. Dörfler-Dierken/ Kümmel 2016). Die dort vertretenen Beiträge aus Politik, Bundeswehr und Forschung zeichnen ein Bild, wonach die wissenschaftlichen Ergebnisse sehr wohl militärische Entscheidungen und politische Prozesse beeinflusst haben. Bekanntermaßen ist der *Impact* von sozialwissenschaftlichen Forschungsergebnissen eher indirekt und über Bewusstseinsbildungsprozesse vermittelt und somit für die Organisationsmitglieder nicht immer unmittelbar einer konkreten Studie, ihren Ergebnissen und den dort ggf. ausgesprochenen praxisrelevanten Empfehlungen zurechenbar. Positive Einstellungen gegenüber Befragungen und eine in der Folge höhere Antwortbereitschaft entstehen dann, wenn die Befragungsteilnehmerinnen und -teilnehmer ein Feedback erhalten und bei den verantwortlichen Stellen erkennbar Konsequenzen aus den Untersuchungsergebnissen gezogen werden (vgl. Foster Thompson/Surface 2009).

d) Erhebungszeitpunkt: Gerade bei militärspezifischen Forschungsfragestellungen wie beispielsweise zur Einsatzmotivation und zur Kampfmoral sollte die Methode und vor allem der Erhebungszeitpunkt mit besonderer Sorgfalt gewählt werden. Hierzu ein illustratives Beispiel: In dem Fachjournal »Armed Forces & Society« (AF & S) wurde 2006 eine kritische Debatte über eine Feldstudie zur Kampfmoral von irakischen und US-amerikanischen Soldaten während der Operation »Iraqi

Freedom« 2003 geführt (Wong et al. 2003; MacCoun et al. 2006). Neben der Auseinandersetzung über die Eignung quantitativer und qualitativer Methoden wurde vor allem kritisch hinterfragt, inwieweit Selbstauskünfte von irakischen Kriegsgefangenen valide Aussagen über deren Einsatzmotivation erlauben. Das Problem sozial erwünschten Antwortverhaltens ist in extremen Situationen sicherlich von besonderer Brisanz: Prompt erfahren die amerikanischen Forscher von den befragten Irakern in amerikanischer Gefangenschaft, dass sie nur unter Zwang auf Seite der irakischen Armee gekämpft und die Kriegsziele des Diktators Saddam Hussein keineswegs geteilt hätten. Die Debatte in der AF & S hat der militärsoziologischen Community erneut vor Augen geführt, dass militärbezogene Befragungen den Aggregatzustand ihres Gegenstandes (kalt oder heiß) in der Erhebungsphase und vor allem beim Ziehen von Schlussfolgerungen reflektieren müssen. Ihren Ausgangspunkt hat die Debatte in dem mittlerweile klassischen Aufsatz von Shils und Janowitz (1948), die auf einer Befragung von Wehrmachtssoldaten in britischer Kriegsgefangenschaft beruhte. Aus der spezifischen Situation heraus nachvollziehbar, gaben die Soldaten an, dass ihre Motivation bis zuletzt durchzuhalten nicht darauf gründete, weil man von der Mission und den Zielen des Krieges überzeugt war. Vielmehr basierte die Kampfmoral auf einem Gefühl der Verbundenheit und sozialen Verpflichtung gegenüber den Kameraden, die man nicht im Stich lassen wollte.

Bei Befragungen im kalten Aggregatzustand der Bundeswehr ist zu beachten, dass eine Feldphase von mindestens vier Wochen veranschlagt wird (wegen häufiger Dienstreisen und Lehrgängen kann man nur mit längeren Feldphasen alle Personen der Auswahlgesamtheit erreichen) und nicht in die Ferienzeit fällt. Eine Erinnerungsaktion ist bei Online-Befragungen leicht zu realisieren, bei postalischen Befragungen nur mit erhöhtem Aufwand.

e) Auswerteverfahren: Als Ziele der empirischen Sozialwissenschaft – nicht nur der Militärsoziologie – können die Beschreibung, Klassifizierung und Erklärung von Tatbeständen, die sozialtechnologische Anweisung (insbesondere das Aufdecken von nichtintendierten Handlungsfolgen von Organisationsinterventionen), die Optimierung von Handlungszusammenhängen und von Abläufen in der Organisation sowie die Prognose zukünftiger Entwicklungen angeführt werden. Je nach wissenschaftlicher Ausrichtung und Beratungsinteresse der Auftraggeber von Bundeswehrumfragen kann der Schwerpunkt variieren.

»Typologien und Klassifikationen haben die Entwicklung des soziologischen Denkens nachhaltiger beeinflußt als theoretische Konstruktionen, die sich am Ideal eines deduktiven Aussagensystems orientieren« (Ziegler 1973: 11). Diese Einschätzung trifft für die militärbezogene empirische Sozialforschung – so darf man bedauern – auch heute noch weitgehend zu. Das Gros der Bundeswehrbefragungen beschränkt sich auf deskriptive Statistiken und Auswertungen von Wissensbeständen und Einstellungen der Befragten zu den unterschiedlichsten Themenfeldern entlang sozialdemografischer Merkmale (z.B. Richter 2013; Lewin 2018), d.h. es herrscht der Typus der populationsbeschreibenden Untersuchung vor. Erst in den letzten Jahren ist ein Trend erkennbar, wonach bundeswehrinterne Befragungsstudien wenigstens ansatzweise genutzt werden, soziale Tatbestände zu erklären oder einen Beitrag zum sozialwissenschaftlichen Theorienvergleich zu leisten (so z.B. Richter 2020a).

4.3 Verwertungszusammenhang

Generell gilt, dass die anlassbezogene und von Bundeswehrstellen durchgeführte empirische Forschung – solange sie selbst wissenschaftliche Ansprüche hegen –, bis auf wenige Ausnahmen immer auch einer breiteren Öffentlichkeit zur Verfügung gestellt wurde. Unberührt hiervon sind Datenerhebungen der Gruppe »Organisationspsychologie« im Streitkräfteamt (Bonn), die oftmals als bundeswehrinterne Primärerhebungen realisiert werden und sich von vorneherein nicht an die (wissenschaftliche) Öffentlichkeit richten.

Eine typische Kommunikation von Ergebnissen einer beispielsweise durch das ZMSBw durchgeführten Befragungsstudie im Auftrag des BMVg hat in der *Erstverwertung* etwa folgende Sequenz: Vorlage des Ergebnisberichts an das Fachreferat im BMVg, direkte Information der Leitung (Minister/Ministerin), Information der beteiligten Fachreferate und Aufgabensteller aus dem nachgeordneten Bereich, Präsentation der Befragungsergebnisse bei den Aufgabenstellern, schließlich Freigabe des Forschungsberichts und Publikation. Ein solches »Erstverwertungsrecht« der Ergebnisse ist auch typisch für Auftragsforschungen im nichtmilitärischen Umfeld. In der Regel werden die Daten danach für wissenschaftliche Vorträge, Zeitschriftenveröffentlichungen, Sammelbände usw. genutzt.

Das ZMSBw bietet darüber hinaus – wie andere ministerielle Forschungseinrichtungen (z.B. die Bundesanstalt für Arbeitsschutz und Arbeitsmedizin) – die Möglichkeit, die archivierten Forschungsberichte einzusehen und herunterzuladen (auf dem öffentlichen Publikationsserver des ZMSBw finden sich aktuell 140 Forschungsberichte aus den Jahren 1975 bis 2021). Hier ist eine umfangreiche Dokumentation der empirischen Forschungspraxis in der Bundeswehr (z.B. Personalbefragungen) und für die Bundeswehr (z.B. Bevölkerungsbefragungen) der Öffentlichkeit und der Wissenschaft zugänglich.

Was die Möglichkeit zur *Zweitverwertung* von Befragungsdaten betrifft, lassen sich drei Fallgruppen unterscheiden. Eine *erste* Gruppe von Datenbeständen aus

Auftragsforschungen und die daraus resultierenden Forschungsberichte werden als »Verschlusssache – nur für den Dienstgebrauch« (VS-NfD) klassifiziert. Diese Daten sind grundsätzlich nicht zur Veröffentlichung freigegeben und werden deshalb nicht für eine Zweitverwertung an externe Forscherinnen und Forscher weitergereicht. Die Weitergabe würde zudem erst einmal voraussetzen, dass einem externen Interessierten überhaupt bekannt ist, dass eine Untersuchung zu der entsprechenden Thematik durchgeführt wurde, was in der Regel bei dieser Gruppe von Auftragsforschung nicht wahrscheinlich ist. Eine *zweite* Gruppe von Datenbeständen kann, wenn die Erstverwertung abgeschlossen ist, auf Anfrage von der Forschungseinrichtung in Absprache mit dem BMVg weitergegeben werden. Hier empfiehlt sich eine direkte Kontaktaufnahme mit der entsprechenden Einrichtung beziehungsweise eine Anfrage bei den durchführenden Forschern und Forscherinnen. Der *dritte* Fall einer mehr oder weniger barrierefreien Zugriffsmöglichkeit auf Befragungsdaten nach dem Vorbild des Datenservice für Sekundäranalysen bei der Gesellschaft Sozialwissenschaftlicher Infrastruktureinrichtungen (GESIS) ist für Bundeswehr-Studien eher die Ausnahme. Ebenso sind bisher nur in seltenen Fällen ältere Daten an solche Serviceforen abgegeben worden.

5   Resümee

Befragungen in der Bundeswehr unterscheiden sich nicht grundsätzlich von Mitarbeiterbefragungen in anderen Organisationen, was die Methodik und sozialwissenschaftliche Standards betrifft. Zu beachten sind jedoch Besonderheiten, besser: Befindlichkeiten aufseiten der Organisation, die die Zusammenarbeit mit dem Forscher oder der Forscherin betreffen. Hier kann nur empfohlen werden, frühzeitig im Forschungsprozess alle relevanten Entscheidungsträger einzubinden, damit der Feldzugang und die wissenschaftliche Verwertung der Befragungsergebnisse sichergestellt sind.

Eine Besonderheit ist sicherlich, dass das BMVg mit dem ZMSBw eine eigene Forschungseinrichtung zur (empirischen) Sozialforschung im Militär betreibt – sich somit gleichsam selbst erforscht –, diese Forschungsergebnisse aber der wissenschaftlichen Öffentlichkeit zugänglich macht. Wissenschaftliche Standards bilden sich hierbei primär in internationalen Kontexten heraus (Konferenzen, Forschungsgruppen, militärsoziologische Wissenschaftsorganisationen). Die Verflechtung von forschender und beforschter Organisation auf der jeweiligen nationalen Ebene ist im militärischen Kontext international nicht unüblich. Die Weiterentwicklung der Militärsoziologie und ihrer empirischen Forschungspraxis ist somit eher der internationalen Forschungsgemeinschaft der *Militär*soziologie anheimgestellt (z.B. in der International Sociological Association, Research Committee 01 (ISA RC 01), der European Research Group on Military and Society (ERGOMAS) und dem Inter-University Seminar on Armed Forces & Society (IUS)) als dem nationalen Austausch innerhalb der Soziologie (so gibt es in der Deutschen Gesellschaft für Soziologie (DGS) keine eigenständige Plattform für Militärsoziologie).

Ein zentrales Defizit der von Bundeswehreinrichtungen durchgeführten Auftragsforschung ist die weitgehende Theorieabstinenz und das oftmals nicht ausgeschöpfte Potenzial der vorhandenen Befragungsdaten. Eine verstärkte Verknüpfung zwischen Theorieentwicklung in der Militärsoziologie und der Forschungspraxis ist allenthalben angezeigt. Das Mertonsche Konzept der Theorien Mittlerer Reichweite stellt dabei ein adäquates Vorgehensmodell dar, mit dem dies in Zukunft besser gelingen könnte.

Literatur

Apelt, Maja (2012): Das Militär als Organisation. In: Apelt, Maja/Tacke, Veronika (Hrsg.): Handbuch Organisationstypen. Wiesbaden: VS Verlag für Sozialwissenschaften, 133–148.

Barnard, Chester I. (1938): The Functions of the Executive. Cambridge/MA: Harvard University Press.

BMVg – Bundesministerium der Verteidigung (2018): Empirische Untersuchungen zur Einstellungs-, Meinungs- und Verhaltensforschung in der Bundeswehr. Zentrale Dienstvorschrift A-2710/1. Berlin: Bundesministerium der Verteidigung.

Bulmahn, Thomas/Fiebig, Rüdiger/Wieninger, Victoria/Greif, Stefanie/Flach, Max H./Priewisch, Manon A. (2010): Ergebnisse der Studentenbefragung an den Universitäten der Bundeswehr Hamburg und München 2007. Forschungsbericht 89. Strausberg: Sozialwissenschaftliches Institut der Bundeswehr.

Cicourel, Aaron V. (1974 [1964]): Methode und Messung in der Soziologie. Frankfurt a.M.: Suhrkamp.

Clausewitz, Carl von (2018 [1832]): Vom Kriege. Hamburg: Nikol-Verlag.

Davis, Emma/Edgar, Elizabeth/Brackley, Anne (2013): Surveys: Understanding the Measurements that Inform Decision-Making. In: Johnston, P. John/Farley, Kelly M. (Hrsg.): Military Human Resource Issues: A Multinational View. Kingston, Ontario: Canadian Defence Academy Press, 157–164.

Deschaud-Dutard, Delphine (2018): Methods in Defence Studies. In: Galbreath, David G./Deni, John R. (Hrsg.): Routledge Handbook of Defence Studies. London/New York: Routledge, 40–52.
Dörfler-Dierken, Angelika/Kümmel, Gerhard (Hrsg.) (2016): Am Puls der Bundeswehr. Militärsoziologie in Deutschland zwischen Wissenschaft, Politik, Bundeswehr und Gesellschaft. Wiesbaden: Springer VS.
Elbe, Martin (2018a): Führung unter lernförderlichen Arbeitsbedingungen am Beispiel von Einsatzorganisationen. In: Arbeit. Zeitschrift für Arbeitsforschung, Arbeitsgestaltung und Arbeitspolitik, 27: 4, 345–367.
Elbe, Martin (2018b): Berufskarrieren ehemaliger Zeitoffiziere: Erfahrungen und Erfolgsfaktoren. Forschungsbericht 115. Potsdam: Zentrum für Militärgeschichte und Sozialwissenschaften der Bundeswehr.
Foster Thompson, Lori/Surface, Eric A. (2009): Promoting Favorable Attitudes Toward Personnel Surveys: The Role of Follow-Up. In: Military Psychology, 21: 2, 139–161.
Friedrichs, Jürgen (1990 [1973]): Methoden empirischer Sozialforschung. 14. Aufl. Wiesbaden: Springer Fachmedien.
Geser, Hans (1983): Soziologische Aspekte der Organisationsformen in der Armee und in der Wirtschaft. In: Wachtler, Günther (Hrsg.): Militär, Krieg, Gesellschaft – Texte zur Militärsoziologie. Frankfurt/New York: Campus, 140–164.
Goffman, Erving (1973 [1961]): Asyle. Über die soziale Situation psychiatrischer Patienten und anderer Insassen. Frankfurt a.M.: Suhrkamp.
Goldman, Nancy L./Segal, David R. (Hrsg.) (1976): The Social Psychology of Military Service. Beverly Hills/London: Sage.
Griffith, James (2014): Survey Research in Military Settings. In: Soeters, Joseph/Shields, Patricia M./Rietjens, Sebastiaan (Hrsg.): Routledge Handbook of Research Methods in Military Studies. London/New York: Routledge, 179–193.
Jackson, Joshua J./Thoemmes, Felix/Jonkmann, Kathrin/Lüdtke, Oliver/Trautwein, Ulrich (2012): Military Training and Personality Trait Development: Does the Military Make the Man, or Does the Man Make the Military. In: Psychological Science, 23: 3, 270–277.
Kolditz, Thomas A. (2006): Research in In Extremis Settings. Expanding the Critique of »Why They Fight«. In: Armed Forces & Society, 32: 4, 655–658.
Kühl, Stefan (2005): Ganz normale Organisationen. Organisationssoziologische Interpretationen simulierter Brutalitäten. In: Zeitschrift für Soziologie, 34: 2, 90–111.
Laurence, Janice H./Matthews, Michael D. (Hrsg.) (2012): The Oxford Handbook of Military Psychology. Oxford/New York: Oxford University Press.

Leonhard, Nina/Werkner, Ines-Jacqueline (2012a): Einleitung: Militär als Gegenstand der Forschung. In: dies. (Hrsg.): Militärsoziologie – Eine Einführung. 2., aktual. und erg. Aufl. Wiesbaden: VS Verlag für Sozialwissenschaften, 19–35.

Leonhard, Nina/Werkner, Ines-Jacqueline (Hrsg.) (2012b): Militärsoziologie – Eine Einführung. 2., aktual. und erg. Aufl. Wiesbaden: VS Verlag für Sozialwissenschaften.

Lewin, Nicole (2018): Offizieranwärterinnen und -anwärter der Marine im ersten Ausbildungsjahr – Motivation, berufliche Identität und Evaluation der Ausbildung. Forschungsbericht 116. Potsdam: Zentrum für Militärgeschichte und Sozialwissenschaften der Bundeswehr.

MacCoun, Robert J./Kier, Elizabeth/Belkin, Aaron (2006): Does Social Cohesion Determine Motivation in Combat? An Old Question with an Old Answer. In: Armed Forces & Society, 32: 4, 646–654.

Mackert, Jürgen/Steinbicker, Jochen (2013): Zur Aktualität von Robert K. Merton. Wiesbaden: Springer VS.

Marsden, Peter, V./Wright, James D. (Hrsg.) (2010): Handbook of Survey Research. 2. Aufl. Bingley: Emerald.

Merton, Robert K. (1995): Soziologische Theorie und soziale Struktur. Herausgegeben und eingeleitet von Volker Meja und Nico Stehr. Berlin/New York: De Gruyter.

Merton, Robert K./Kitt, Alice S. (1950): Contributions to the Theory of Reference Group Behavior. In: Merton, Robert K./Lazarsfeld, Paul F. (Hrsg.): Continuities in Social Research. Studies in the Scope and Method of »The American Soldier«. Glencoe/IL: Free Press, 40–105.

Richter, Gregor (2007): Controlling und Führungsprozesse in der Bundeswehr – Ergebnisse einer empirischen Untersuchung. In: ders. (Hrsg.): Die ökonomische Modernisierung der Bundeswehr. Sachstand, Konzeptionen und Perspektiven. Wiesbaden: VS-Verlag, 103–138.

Richter, Gregor (2013): Nutzerzufriedenheit HERKULES. Ergebnisse der Befragung der Dienststellenleiter und -leiterinnen 2013. Forschungsbericht 102. Potsdam: Zentrum für Militärgeschichte und Sozialwissenschaften der Bundeswehr.

Richter, Gregor (2016): Sozialwissenschaftliche Begleitung von Reformen in der Bundeswehr. In: Dörfler-Dierken, Angelika/Kümmel, Gerhard (Hrsg.): Am Puls der Bundeswehr. Militärsoziologie in Deutschland zwischen Wissenschaft, Politik, Bundeswehr und Gesellschaft. Wiesbaden: Springer VS, 317–330.

Richter, Gregor (2017): Methoden und Daten zur Erforschung spezieller Organisationen: Bundeswehr. In: Liebig, Stefan/Matiaske, Wenzel/Rosenbohm, Sophie (Hrsg.): Handbuch empirische Organisationsforschung. Wiesbaden: Springer Gabler, 657–674.

Richter, Gregor (2020a): Explaining Retention of Medical Officers: A Comparison of Person-Organization Fit and the I/O Model. In: Kümmel, Gerhard (Hrsg.): Was es (heute) heißt, Soldat zu sein. Baden-Baden: Nomos-Verlag, 175–189.

Richter, Gregor (2020b): Wie attraktiv ist die Bundeswehr als Arbeitgeber? Ergebnisse der Personalbefragung 2020. Forschungsbericht 126. Potsdam: Zentrum für Militärgeschichte und Sozialwissenschaften der Bundeswehr.

Scheuch, Erwin K. (1974): Auswahlverfahren in der Sozialforschung. In: König, René (Hrsg.): Handbuch der empirischen Sozialforschung. Band 3a: Grundlegende Methoden und Techniken. 3. Aufl. Stuttgart: Dtv, 1–96.

Shils, Edward A./Janowitz, Morris (1948): Cohesion and Disintegration in the Wehrmacht in World War II. In: Public Opinion Quarterly, 12: 2, 280–315.

Soeters, Joseph/Shields, Patricia M./Rietjens, Sebastiaan (Hrsg.) (2014): Routledge Handbook of Research Methods in Military Studies. London/New York: Routledge.

Stouffer, Samuel A. (1949): The American Soldier. Studies in Social Psychology in World War II. Bd. 2. Princeton/NJ: Princeton University Press.

Wombacher, Joerg/Felfe, Joerg (2012): United We Are Strong: An Investigation into Sense of Community among Navy Crews. In: Armed Forces & Society, 38: 4, 557–581.

Wong, Leonard/Kolditz, Thomas A./Millen, Raymond A./Potter, Terrence M. (2003): Why They Fight: Combat Motivation in the Iraq War. Carlisle Barracks/PA: Strategic Studies Institute, U.S. Army War College.

Ziegler, Rolf (1973): Typologien und Klassifikationen. In: Albrecht, Günther/Daheim, Hansjürgen/Sack, Fritz (Hrsg.): Soziologie. Sprache, Bezug zur Praxis, Verhältnis zu anderen Wissenschaften. Opladen: Westdeutscher Verlag, 11–47.

Im Urteil der Bürgerinnen und Bürger: militärbezogene Bevölkerungsbefragungen

Markus Steinbrecher

1   Einleitung

Dieser Beitrag befasst sich mit militärbezogenen Bevölkerungsbefragungen und schließt sowohl durch das Militär beauftragte als auch extern durchgeführte Befragungen der Bevölkerung ein. Quantitative, standardisierte Umfragen haben sich seit den 1930er-Jahren in den USA und seit den späten 1940er-Jahren auch in Deutschland als Instrument zur Erhebung und Messung der öffentlichen Meinung – das ist die Zusammenfassung aller mit Umfragen gemessenen Meinungen einzelner Bürgerinnen und Bürger – etabliert.[1] Auch durch das Militär oder das Verteidigungsministerium werden regelmäßig Umfragen in Auftrag gegeben und deren Ergebnisse in den politischen Prozess eingebracht. Diese Ergebnisse dienen vorrangig entweder zur Information oder der politischen Legitimation von Entscheidungen und Maßnahmen (Kohr 1989).

Auf Basis von Bevölkerungsumfragen hat sich unter Nutzung der Instrumente der Einstellungsforschung eine eigenständige und kontinuierliche Debatte entwickelt, die mittlerweile einen eigenen Strang der Militärsoziologie darstellt (Kümmel/Biehl 2015). Für diesen Teil der Militärsoziologie gilt – im Gegensatz zu anderen Bereichen – der häufig vorgebrachte Vorwurf des empirischen Überschusses bei gleichzeitiger theoretischer Profillosigkeit (Kümmel/Biehl 2015: 15) nicht. Dies zeigt sich schon daran, dass die in diesem Beitrag diskutierten Fragen, Probleme und Ergebnisse militärbezogener Bevölkerungsbefragungen sich in vielfältiger Weise mit diversen sozialwissenschaftlichen Forschungsfeldern und Diskussionssträngen überschneiden, die als theoretisch und empirisch weit entwickelt bezeichnet werden können. Dazu zählen z.B. die außen- und sicherheitspolitische Einstellungsforschung aus der Politischen Soziologie, die Forschung zu individuellen Informationsverarbeitungsprozessen aus der Kommunikationswissenschaft beziehungsweise der Politischen Psychologie oder Studien zum Verhalten politischer

---

1   Für einen ausführlichen Überblick der Entwicklung der Umfrageforschung in Deutschland zu außen- und sicherheitspolitischen sowie militärbezogenen Einstellungen sei auf die Zusammenstellung bei Rattinger et al. (1995) verwiesen.

Akteure und Institutionen aus dem Bereich Internationale Beziehungen oder Vergleichende Politikwissenschaft. Betrachtet werden in diesem Beitrag vor allem die Situation und die Besonderheiten militärbezogener Bevölkerungsbefragungen in Deutschland nach 1945. Hinzu kommen ausgewählte quantitative empirische Ergebnisse von den 1980er-Jahren bis heute. An verschiedenen Stellen finden sich zudem Hinweise auf den internationalen Forschungsstand, vor allem aus dem nordamerikanischen Raum, der wie in vielen Bereichen der politischen Einstellungs- und Verhaltensforschung vielfach eine Vorreiterrolle einnimmt.

Der Beitrag ist wie folgt aufgebaut: Im zweiten Abschnitt werden zunächst verschiedene Typen militärbezogener Bevölkerungsbefragungen vorgestellt. Darauf aufbauend sollen Motive für die Durchführung von Umfragen mit Bezug zu den Streitkräften dargestellt und diskutiert werden, bevor auf einige ausgewählte Probleme eingegangen wird, die für die Umfrageforschung allgemein und militärbezogene Befragungen besonders relevant sind. Anschließend soll es um den Einfluss und die Relevanz militärbezogener Befragungen für politische Entscheidungen gehen. Der dritte Abschnitt zeigt Ergebnisse zu ausgewählten Fragen militärbezogener Bevölkerungsbefragungen, darunter Einstellungen und Haltungen zu den Streitkräften sowie zu sicherheitspolitischen Themen in Deutschland.

2 Militärbezogene Bevölkerungsbefragungen: Typen, Motive und Probleme

2.1 Typen militärbezogener Bevölkerungsbefragungen

Grundsätzlich ist zwischen verschiedenen Typen militärbezogener Bevölkerungsbefragungen zu unterscheiden. Umfragen können thematisch einen Militärbezug aufweisen oder nicht – im weiteren Verlauf sind nur erstere von Interesse. Als Auftraggeber dieser Befragungen kann das Militär beziehungsweise das Verteidigungsministerium, im deutschen Fall das Bundesministerium der Verteidigung (BMVg), in Erscheinung treten. Es interessieren sich aber auch andere Institutionen wie Think-Tanks, politische Stiftungen, Medien, wissenschaftliche Einrichtungen oder einzelne Wissenschaftler für die Haltungen der Bürgerinnen und Bürger zum Militär oder außen- und sicherheitspolitischen Fragen. Beispiele für solche Studien oder Umfrageprogramme mit Bezug zu Deutschland sind die international vergleichenden »Transatlantic Trends«-Studien, die im Auftrag des German Marshall Fund of the United States (und teilweise dem Chicago Council on Foreign Relations) zwischen 2002 und 2015 durchgeführt wurden (The German Marshall Fund of the United States 2018; Inter-University Consortium for Political and Social Research 2018), die Eurobarometer für die Europäische Kommission (Europäische Kommission 2018) oder die regelmäßigen Befragungen, die für die Körber-Stiftung (z.B. Körber-Stiftung 2017) oder die Pew Foundation (z.B. Pew Research Center 2017) durchgeführt werden. Zu erwähnen sind auch die Befragungen kommerzieller Anbieter wie des Instituts für Demoskopie (IfD) in Allensbach, Infratest Dimap oder der Forschungsgruppe Wahlen, die im Auftrag von Zeitungen und Fernsehsendern immer wieder Fragen mit Bezug zum Militär oder der Außen- und Sicherheitspolitik stellen oder ganze thematische Schwerpunkte in ihre Befragungen einschließen. Aus historischer Perspektive sind vor allem die Studien anzuführen, die im Auftrag der United States Information Agency (USIA) oder des Office of Military Government for Germany, United States (OMGUS) oder anderer alliierter Einrichtungen zwischen Ende des Zweiten Weltkriegs und den 1990er-Jahren in (West-)Deutschland und anderen europäischen Ländern stattfanden. Neben diesen umfangreichen und über längere Zeiträume laufenden Umfrageprogrammen gab es zahlreiche Einzelstudien, von denen hier nur einige beispielhaft angeführt werden können, etwa die Studie zu Strategischen Kulturen in ausgewählten europäischen Ländern (Biehl et al. 2011) oder eine Panelstudie zu außen- und sicherheitspolitischen Einstellungen in Deutschland nach der Wiedervereinigung (Holst 1993).

Von besonderer Relevanz für diesen Beitrag sind Befragungen, die im Auftrag des BMVg in Deutschland durchgeführt werden. Dies ist regelmäßig mindestens seit Beginn der 1960er-Jahre der Fall.[2] Beispiele für Befragungen für das BMVg, welche die außen- und sicherheitspolitische öffentliche Meinung der gesamten Bevölkerung erheben sollen, sind die Studienreihe zur »Wehrpolitischen Lage« zwischen 1981 und 2006, die jährlichen Bevölkerungsbefragungen des Sozialwissenschaftlichen Instituts der Bundeswehr (SOWI) bzw. des Zentrums für Militärgeschichte und Sozialwissenschaften der Bundeswehr (ZMSBw) seit 1996 sowie die Medienresonanzstudien des Zentrums Informationsarbeit Bundeswehr (ZInfoABw) bzw. der Akademie für Information und Kommunikation der Bundeswehr (AIK) seit 2012; die AIK als Vorgängerinstitut des ZInfoABw hat seit 1990 Befragungen der Bevölkerung durchgeführt (z.B. Hoffmann 1993).

---

2 Frühestes nachweisbares Erhebungsjahr ist 1962 (Eichenberg 1989: 43–46, 59). Es ist aber nicht auszuschließen, dass auch davor Bevölkerungsbefragungen im Auftrag des BMVg durchgeführt worden sind. Informationen dazu waren aus frei verfügbaren Quellen nicht zu erhalten – Rattinger und Kollegen (1995: 43) wiesen bereits 1995 darauf hin, dass Daten und Materialien zu BMVg-Studien vor 1981 verloren gegangen sind. Heinemann datiert den Beginn der sozialwissenschaftlichen Forschung für die Bundeswehr auf den Anfang der 1960er-Jahre (Heinemann 2016: 42 f.) – dies scheint auch für Bevölkerungsbefragungen zu gelten, siehe oben.

Hinzu treten einerseits Befragungen von Teilgruppen der Bevölkerung und Spezialpopulationen wie die Jugendstudien des SOWI, die zwischen 1993 und 2011 stattfanden und mittlerweile an der Helmut-Schmidt-Universität angesiedelt sind. Andererseits gibt es neben den bereits angeführten Mehrthemenbefragungen Untersuchungen mit besonderem inhaltlichen Fokus wie etwa die Studien zum Werbeslogan »Wir.Dienen.Deutschland« in den 2010er-Jahren. Eine Besonderheit der Studien im Auftrag des BMVg ist, dass ein größerer Teil im Rahmen der eigenen Ressortforschung erarbeitet wird, was aus ministerieller Sicht Vorteile wie Loyalität, Zuverlässigkeit und Einflussmöglichkeiten auf das ressorteigene Forschungsinstitut mit sich bringt (Barlösius 2008: 14–18). Für die praktische Seite der Durchführung etwa der jährlichen ZMSBw-Bevölkerungsbefragung bedeutet das, dass das ZMSBw verantwortlich für Realisierung, Vorbereitung und Auswertung ist und mit der Forschungsarbeit im Feld – bei geringen eigenen Kapazitäten, nach öffentlicher Ausschreibung – kommerzielle Institute wie Ipsos/INRA, Infas oder Kantar/TNS Emnid beauftragt. Es werden aber auch Studien des BMVg außerhalb der Ressortforschung erhoben und zum Beispiel von Universitäten oder kommerziellen Erhebungsinstituten übernommen – dies gilt etwa für die Kurzbefragungen des ZInfoABw, bei denen einige Fragen in sogenannten Omnibus-Studien kommerzieller Anbieter eingeschaltet werden, um möglichst kurzfristige exklusive Erkenntnisse zu ausgewählten Fragen zu gewinnen.

Ist bei allen bisher genannten Studien im Auftrag der Streitkräfte das Meinungsbild der eigenen Bevölkerung im Fokus, besteht auch ein Interesse an den Haltungen der Bevölkerung in den Ländern, in denen eigene Streitkräfte stationiert sind oder eingesetzt werden. Die bereits genannten Umfragen im Auftrag der USIA sind ein Beispiel für das Interesse der USA an den Einstellungen der Deutschen zur Außen- und Sicherheitspolitik während des Kalten Krieges. Doch auch die Bundeswehr beziehungsweise das BMVg oder die NATO lassen im Rahmen der operativen Kommunikation Umfragen in den Einsatzländern durchführen, zum Beispiel in Afghanistan quartalsweise im Rahmen der »Afghanistan Nationwide Quarterly Assessment Research«-Befragung (ANQAR; z.B. D3 Systems 2017; Resolute Support 2018). Es gibt also sehr unterschiedliche Formate von Bevölkerungsbefragungen im Themenfeld Militär sowie Außen- und Sicherheitspolitik. Im weiteren Verlauf konzentriert sich der Beitrag auf Mehrthemenbefragungen der gesamten deutschen Bevölkerung im Auftrag des BMVg.

2.2 Motive für militärbezogene Bevölkerungsbefragungen

Befragungen der Bevölkerung dienen – wie schon zu Beginn angedeutet – der Befriedigung des Informationsbedürfnisses des Auftraggebers, aber auch der Legitimation politischer Forderungen und Entscheidungen. Letztendlich sollen auf Umfragen basierende Forschungsergebnisse einen Beitrag zur Lösung praktischer Probleme liefern (Wiesendahl 2016: 85). Für militärbezogene Bevölkerungsbefragungen im Auftrag der Streitkräfte lässt sich das Modell des idealtypischen Politikzyklus mit den Schritten 1) Problemwahrnehmung, 2) Informationsgewinnung, 3) Programmentwicklung, 4) (Regierungs-)Entscheidung, 5) Vollzug, 6) Wirkungskontrolle, 7) Programmevaluation (Hesse/Ellwein 2012: 410) verwenden, die nacheinander abgearbeitet werden, in der empirischen Realität aber fließend ineinander übergehen oder nicht alle durchlaufen werden. Umfragen kann man als Instrument vor allem in den Schritten 1, 2 und 7 einordnen.

Jenseits des generellen Informationsbedürfnisses staatlicher Bürokratien liegt eines der zentralen Motive für die Durchführung beziehungsweise Beauftragung von Bevölkerungsbefragungen durch die Streitkräfte oder das BMVg im eigenen Land im Integrationsziel der Inneren Führung begründet. So heißt es in der einschlägigen Zentralen Dienstvorschrift A-2600/1 unter Nummer 401: »Die Ziele der Inneren Führung bestehen darin, [...] die Einbindung der Bundeswehr in Staat und Gesellschaft zu erhalten und zu fördern, Verständnis für den Auftrag der Bundeswehr im Rahmen der deutschen Sicherheits- und Verteidigungspolitik bei den Bürgerinnen und Bürgern zu gewinnen sowie die Soldatinnen und Soldaten aktiv in die durch ständigen Wandel geprägten Streitkräfte einzubeziehen (Integration); [...]« (BMVg 2008). Ohne Informationen über die Haltungen der Bevölkerung zum Militär sowie zu Sicherheits- und Verteidigungspolitik lässt sich dieses Ziel nicht erreichen. Dem trägt auch der Ressortforschungsplan des Bundesministeriums der Verteidigung Rechnung: Demnach sollen sozialwissenschaftliche Forschungsergebnisse und Analysen »zur Klärung der Rahmenbedingungen für die Bundeswehr bei[tragen] und [...] im Zuge der Beratung bei politischen, administrativen und militärfachlichen Entscheidungen eingebracht [werden]« (BMVg 2015: 29). Als ein Schwerpunkt der sozialwissenschaftlichen Ressortforschung im Geschäftsbereich des Verteidigungsministeriums wird Forschung zum Themengebiet Bundeswehr und Gesellschaft festgelegt, bei der die »Gewinnung und Bereitstellung wissenschaftlich fundierter Erkenntnisse zur Bedeutung und zum Funktionswandel von Streitkräften, zu deren Akzeptanz und Attraktivität innerhalb der Bundeswehr und in der Bevölkerung, zum Zustand der Streitkräfte und zu soziokulturellen Entwicklungen in der Gesellschaft« (BMVg 2015: 30) im Vordergrund stehen. Es sollen Einstellungsforschung und

Meinungsumfragen durchgeführt werden, »die sich mit militärsoziologischen Kernfragen zu den zivil-militärischen Beziehungen beschäftigen« (BMVg 2014: Nr. 205). Somit ist die Begründung für ministeriell beauftragte Umfrageforschung in Deutschland durch thematische Festlegungen einerseits hinreichend präzise, lässt andererseits aber genug Spielraum für ein breites Spektrum an sicherheits- und verteidigungspolitischen wie bundeswehrspezifischen Themen. Ähnliche Festlegungen in Form von Forschungsprogrammen oder -agenden gibt es selbstverständlich auch in anderen Ländern, zum Beispiel in Großbritannien (Ministry of Defence 2017a, 2017b) oder Australien (Australian Government 2018a, 2018b). Bei Bevölkerungsbefragungen in Einsatzländern wie Afghanistan sind diese Teil eines umfassenden Lagebildes für die strategische und operative Planung und werden auch den regionalen Kommandeuren zur Verfügung gestellt (Resolute Support 2017).

Der Legitimationsaspekt staatlicher Handlungen und Entscheidungen ist nicht nur aus rationaler Perspektive relevant, sondern auch aus demokratietheoretischer Sicht: Ein gewisses Maß an Unterstützung für politische Handlungen und Maßnahmen ist in demokratischen Staaten eine Grundvoraussetzung für die Legitimität und Akzeptanz von Politik durch die Bürgerinnen und Bürger, unabhängig davon, ob man sich auf die Seite partizipatorischer (z.B. Bachrach/Botwinick 1992) oder eliteorientierter Demokratietheoretiker schlägt (z.B. Schumpeter 2008 [1942]). Bevölkerungsbefragungen können ein zentrales Instrument sein, um herauszufinden, wie es um die Unterstützung oder Ablehnung bestimmter Maßnahmen durch die Bevölkerung bestellt ist. So »stellen die Einstellungen, Meinungen und Haltungen der Bürgerinnen und Bürger eine wesentliche Richtgröße für sicherheitspolitische Entscheidungen dar und stecken den Möglichkeitsraum der Sicherheits- und Verteidigungspolitik ab«, auch wenn de facto verschiedene sicherheitspolitische Maßnahmen wie die Aufstellung der Bundeswehr oder die Stationierung von Pershing-Mittelstreckenraketen gegen zahlreiche Widerstände und Ablehnung in der Bevölkerung durchgesetzt worden sind (Kümmel/Biehl 2015: 25 f.).

Ein Interesse an den Haltungen der Bürgerinnen und Bürger besteht auch in nicht demokratischen Staaten, obwohl der Legitimationsaspekt für staatliche Handlungen sicherlich weniger relevant ist. So wurden beispielsweise in der DDR Befragungen der Bevölkerung beziehungsweise von Jugendlichen zu außen- und sicherheitspolitischen Themen durchgeführt (z.B. Förster 1999; Niemann 1993). Letztere wurden vor allem vom Zentralinstitut für Jugendforschung in Leipzig erhoben – die entsprechende Literatur belegt einerseits den Unwillen der politischen Führung, die ermittelten Ergebnisse überhaupt zur Kenntnis zu nehmen (z.B. Friedrich 1999), zweifelt andererseits aber an der Reliabilität und Validität der

Ergebnisse dieser Befragungen wegen möglicher Effekte sozialer Erwünschtheit (z.B. Meyen 2003). Methodische Probleme können sich bei militärbezogenen Bevölkerungsbefragungen allerdings generell ergeben, wie der folgende Abschnitt zeigt.

2.3 Probleme bei militärbezogenen Bevölkerungsbefragungen

Probleme bei militärbezogenen Bevölkerungsbefragungen lassen sich vor allem in zwei Gruppen einteilen. Zum einen sind methodische Probleme im weiteren Sinn anzuführen, deren Vielfalt sich gut durch das Konstrukt des Totalen Umfragefehlers abbilden lässt (Weisberg 2005). Fehler bei Umfragen lassen sich demnach grundsätzlich in die Kategorien Repräsentationsfehler – das sind vor allem Fehler, die bei der Stichprobenziehung und der Auswahl der Zielpersonen entstehen – und Messfehler einteilen. Letztere treten beispielsweise durch mangelnde Validität und Reliabilität der Messung beziehungsweise der Messinstrumente sowie durch Verarbeitungsfehler und Verständnisprobleme aufseiten der Befragten auf (vgl. ausführlicher die Beiträge von Rothbart und Wanner in diesem Band). Zum anderen sind Probleme zu nennen, die sich aus dem Zielkonflikt zwischen wissenschaftlichem Anspruch der Forscherinnen und Forscher sowie den Interessen des Auftraggebers einer Studie ergeben. Während sozialwissenschaftliche Forschung vor allem darauf ausgelegt ist, Theorien anzuwenden und Hypothesen zu testen, geht es aus der Sicht des ministeriellen Auftraggebers vor allem um die schnelle Bereitstellung von Wissen für die politische Praxis, die ohne großen theoretischen Anspruch die empirische Realität deskriptiv erfasst (z.B. Streeck 2009: 8). Auf beide Problemkategorien wird im Folgenden etwas detaillierter eingegangen:

Aus der ersten Kategorie sollen vor allem Aspekte herausgegriffen werden, die mit den Befragten selbst zusammenhängen. Während bei Befragungen der Bevölkerung in Einsatzländern teilweise massive Probleme mit dem Feldzugang und der Erreichbarkeit von Befragten, beispielsweise aufgrund der Sicherheitslage oder kultureller Normen, bestehen, können solche Aspekte bei Umfragen in Deutschland vernachlässigt werden, auch wenn die Ausschöpfungsquote bei verschiedenen Befragungsmodi seit Jahren sinkt (z.B. Blohm 2013; Schnell 1997) und damit die Herausforderung steigt, in der Stichprobe wirklich ein genaues Abbild der Grundgesamtheit herzustellen. Das wichtigere Problem bei der Durchführung von Bevölkerungsumfragen im Inland ist, ob die Bürgerinnen und Bürger über ausreichende Informationen und Kenntnisse verfügen, um in Umfragen reliable und valide Angaben zu ihren Einstellungen machen zu können. Für außen- und sicherheitspolitische Einstellungen und militärbezogene Themen galt lange Zeit der sogenannte Almond-Lippmann-Konsens (Almond 1950; Lippmann 1922). Mit diesem Schlagwort wird zusammengefasst, dass viele Bürgerinnen und Bürger sich nicht für Politik allgemein und besonders nicht für Außen- und Sicherheitspolitik sowie das Militär interessieren und sie wenig Kenntnisse über diese Themenbereiche haben. Daher seien die Haltungen und Einstellungen zu diesen Themenfeldern instabil, unstrukturiert und leicht zu beeinflussen. Die Schlussfolgerung daraus war, dass die öffentliche Meinung keine große Rolle für politische Entscheidungen in diesen Politikbereichen spielen sollte und konnte (Endres et al. 2015; Holsti 1992).

Mittlerweile gilt der Almond-Lippmann-Konsens in dieser strengen Interpretation als überholt und wurde durch revisionistische Ansätze mit verschiedenen theoretischen und inhaltlichen Schwerpunkten verdrängt. So konnte ein Zweig der entsprechenden Literatur zeigen, dass die öffentliche Meinung auf der Aggregatebene trotz der genannten Defizite rational und objektiv nachvollziehbar auf politische Ereignisse und Entscheidungen der Eliten reagiert (»rational public«, z.B. Isernia et al. 2002; Page/Shapiro 1992; Shapiro/Page 1988). Zudem gibt es umfassende Evidenz, die belegt, dass die Bevölkerung bei der Einschätzung außen- und sicherheitspolitischer Fragen Kosten-Nutzen-Bewertungen durchführt und zur Grundlage ihrer Haltungen macht, etwa in Form von ökonomischen Eigeninteressen (z.B. Carrubba/Singh 2004; Schoen 2008) oder militärischen Verlusten (z.B. Gelpi et al. 2005, 2009). Ein anderer Zweig der revisionistischen Forschung belegt, dass die Bürgerinnen und Bürger ihre spezifischen Einstellungen zu außen- und sicherheitspolitischen Fragen von grundlegenden Haltungen beziehungsweise Grundorientierungen zu allgemeinen Fragen der internationalen Politik ableiten (z.B. Hurwitz/Peffley 1987). Zu diesen sogenannten »postures« gehören die Dichotomien Internationalismus-Isolationismus, Militarismus-Nonmilitarismus, Unilateralismus-Multilateralismus und, in europäischen Ländern, Atlantizismus-Antiatlantizismus (vgl. für eine ausführlichere Darstellung Mader 2015). Auch andere generalisierte Orientierungen können den Bürgerinnen und Bürgern im Sinne von Heuristiken die Einstellungsbildung und Informationsverarbeitung erleichtern. In der Literatur finden sich hierzu zahlreiche Vorschläge und empirische Befunde, etwa zu Wertorientierungen (z.B. Pötzschke et al. 2012), Bewertungen von politischen Akteuren oder Spitzenpersonal (z.B. Balmas 2018), Gruppenbindungen und Identität (z.B. Schoen 2008) oder zu Parteibindungen und Elitensignalen, die über die Massenmedien übermittelt werden (z.B. Mader/Fiebig 2015; Rattinger et al. 2016).

Auch wenn für Deutschland gezeigt werden konnte, dass außen- und sicherheitspolitische Kenntnisse nicht unter dem Wissensniveau zu anderen Politikfeldern oder dem allgemeinen politischen Wissen liegen (Steinbrecher/Biehl 2019), können alle aufgeführten Ansätze nicht das grundsätzliche Problem überdecken, dass das Informationsniveau und Interesse an Außen- und Sicherheitspolitik in Deutschland und anderen Ländern gering ist und damit eine der Prämissen des Almond-Lippmann-Konsenses weiterhin gilt. Dies schlägt sich einerseits in möglichen Problemen mit der Reliabilität und Validität des Antwortverhaltens der Befragten in Bevölkerungsumfragen nieder, wenn diese Nicht-Einstellungen (Converse 1970) abgeben oder aber ihre Antworten auf der Basis der genannten Mechanismen aus anderen Einstellungen ableiten. Andererseits ist die geringe Relevanz außen- und sicherheitspolitischer Fragen für das Wahlverhalten in Deutschland eine nachvollziehbare und wahrscheinliche Konsequenz – die einzige Ausnahme in dieser Hinsicht war die Bundestagswahl 2002, bei der Gerhard Schröder und die SPD durch ihre kategorische Ablehnung einer deutschen Beteiligung an einer US-geführten Intervention im Irak profitieren konnten (Fuchs/Rohrschneider 2005; Schoen 2004). Für die USA ist die empirische Evidenz in dieser Hinsicht eindeutiger (z.B. Aldrich et al. 2006; Rattinger 1990).

Hinsichtlich der zweiten Kategorie an möglichen Problemen bei militärbezogenen Bevölkerungsbefragungen lässt sich der Zielkonflikt zwischen wissenschaftlicher und politischer Logik nur bedingt lösen. Wissenschaftliche Prinzipien wie Wahrhaftigkeit, Objektivität und kritisches Hinterfragen stehen dem militärischen Sicherheits-, Abschirmungs- und Geheimhaltungsinteresse entgegen (Wiesendahl 2016: 88 f.). Allerdings kann man davon ausgehen, dass dieser Gegensatz bei Bevölkerungsbefragungen deutlich weniger ins Gewicht fällt als bei Umfragen innerhalb der Streitkräfte, da es ohnehin öffentliche Umfragen von anderen Auftraggebern zum Themenbereich gibt (siehe Abschnitt 2.1). Dies gilt selbstverständlich auch für vom ministeriellen Auftraggeber als potenziell kritisch oder politisch brisant eingestufte Fragen. Divergierende Interessen zwischen Wissenschaft und Auftraggeber kann es nicht nur im Hinblick auf die Veröffentlichung oder die Geheimhaltung von Forschungsergebnissen geben, auch in Bezug auf thematische Breite und methodische Durchdringung der Befragungsdaten kann es vonseiten der Streitkräfte oder des Ministeriums Ansprüche geben (etwa die thematische Engführung oder die Fokussierung auf deskriptive Statistiken), die dem wissenschaftlichen Erkenntnisinteresse entgegenstehen oder die Möglichkeiten der vorhandenen Daten nicht ausschöpfen, ggf. wird auch die Beauftragung mit der Untersuchung des Themenfeldes ausgesetzt. Allerdings erscheint das bei einem Blick auf die Publikationen und Forschungsberichte des ZMSBw bzw. SOWI auf der Basis von Bevölkerungsbefragungen ein geringeres Problem zu sein als bei der Auswertung von streitkräfteinternen Umfragen (vgl. den Beitrag von Richter in diesem Band). Außerdem stehen die Daten der Bevölkerungsbefragungen nach der Berichterstattung für das Ministerium und der entsprechenden ressortinternen Auswertung den Forschern zur weiteren öffentlichen Verwendung zur Verfügung, weshalb eine Analyse nach wissenschaftlichen Kriterien und Regeln möglich ist (z.B. Biehl/Schoen 2015; Steinbrecher et al. 2018).

Ein weiteres Problem im Hinblick auf das Informationsinteresse der ministeriellen Auftraggeber empirischer Studien ist, dass aus wissenschaftlicher Sicht keine deterministischen Vorhersagen möglich sind. Von politischer Seite gewünscht sind klare Wenn-dann-Aussagen sowie die eindeutige Herausstellung kausaler Mechanismen inklusive der genauen Identifikation der Steuerrädchen beziehungsweise Variablen, an denen man drehen muss, um bestimmte Effekte oder Veränderungen zu erzielen. Stattdessen können durch Sozialwissenschaftlerinnen und Sozialwissenschaftler nur Wahrscheinlichkeitsaussagen abgegeben werden und aufgrund unterschiedlicher theoretischer Zugänge und abweichender interpretatorischer Ansätze können sich Befunde und Interpretation durchaus zwischen verschiedenen Befragungen und Analysen widersprechen (Wiesendahl 2016: 90–92). Hinzu kommt, dass es durch das vorherrschende Falsifikationsprinzip aus Forschersicht empirische Wahrheit nur auf Widerruf gibt (Streeck 2009), Befunde also keine dauerhafte Gültigkeit besitzen (können).

Ein letzter kritischer Punkt im Hinblick auf das in Abschnitt 2.2 präsentierte Modell des idealtypischen Politikzyklus ergibt sich aus dem fehlenden Feedback von ministerieller Seite oder durch die Streitkräfte generell. So ist häufig unklar, was mit den in Berichten dokumentierten Befragungsergebnissen im ministeriellen Arbeitsprozess geschieht. Damit ist es fraglich, ob diese Ergebnisse wirklich zur Anpassung von Politik oder der Evaluation von Programmen oder Maßnahmen herangezogen werden. Ein seltener Rückkopplungsmechanismus in einzelnen Fällen ist die gezielte Nachfrage nach thematischen Sonderauswertungen aus dem BMVg, in anderen Fällen gibt es anekdotische Evidenz für die Verwendung entsprechender Forschungsergebnisse in der öffentlichen Kommunikation durch die ministerielle Leitung, wie der nächste Abschnitt zeigt.

2.4 Relevanz und Wirkung militärbezogener Bevölkerungsbefragungen

Substanzielle wissenschaftliche Analysen zur Relevanz und Wirkung der Ergebnisse militärbezogener Bevölkerungsbefragungen auf politische Entscheidungen liegen für Deutschland nur in sehr begrenztem Ausmaß vor – Ausnahmen sind eine Studie von Shell zur Politik der Regierung West-Berlins nach dem Mauerbau (Shell 1965) und eine vergleichende Untersuchung von Risse-Kappen (1991), die zeigt, dass der Einfluss der öffentlichen Meinung auf die Außenpolitik in Deutschland im Laufe der Zeit zugenommen hat. Stattdessen gibt es entweder normativ-theoretische Überlegungen (z.B. Wiesendahl 2016) oder anekdotische Evidenz, so etwa über eine Verwendung von Ergebnissen der Bevölkerungsbefragungen des SOWI im Verteidigungsausschuss des Deutschen Bundestages (Nachtwei 2016: 156 f.). Auch ist bekannt, dass die politische Leitung des BMVg die Ergebnisse von Befragungen in der politischen Diskussion nutzt, so z.B. die damalige Verteidigungsministerin Ursula von der Leyen am 26. November 2015 in der Bundestags-Debatte über den Verteidigungshaushalt 2016 (Biehl et al. 2015: 6). Auch andere Akteure lassen Ergebnisse der Bevölkerungsbefragungen in die sicherheitspolitische Debatte im politischen wie öffentlichen Raum einfließen (Thießen 2016: 63).

Insbesondere für die USA gibt es eine Vielzahl von Untersuchungen, die nachweisen können, dass es einen Einfluss der öffentlichen Meinung beziehungsweise von Umfrageergebnissen auf politische Entscheidungen sowie Wechselwirkungen zwischen beiden gibt (z.B. Burstein 2003; Wlezien/Soroka 2016). So wurde in der Metaanalyse von Burstein (2003: 36) deutlich, dass die öffentliche Meinung in drei Viertel der untersuchten Fälle einen Einfluss auf Politik und politische Entscheidungen hatte. Die Stärke dieses Effekts wird von der Salienz – das ist die Wichtigkeit und öffentliche Präsenz eines Themas – beeinflusst: Je wichtiger ein Thema ist, desto wahrscheinlicher ist, dass die Politik die Haltung der Bürgerinnen und Bürger berücksichtigt oder diese sogar vollkommen umsetzt (Wlezien/Soroka 2016). Die Relevanz der öffentlichen Meinung wird in den von Burstein (2003) verwendeten Analysen nicht verringert, wenn die Aktivitäten von Interessenverbänden, Parteien oder Eliten als zusätzliche Erklärungsvariable in umfassenden Analysemodellen berücksichtigt werden. Für diesen Beitrag von besonderer Bedeutung ist, dass es in der Verteidigungspolitik eine höhere Responsivität politischer Entscheidungen gegenüber den Haltungen der Bevölkerung gibt als in anderen Politikbereichen. Dies zeigt sich besonders bei der Einstellung zu den Verteidigungsausgaben und der Höhe des Verteidigungsetats (z.B. Eichenberg/Stoll 2003; Hartley/Russett 1992; Wlezien 1995), die wie ein Thermostat aufeinander zu reagieren scheinen. Diese Befunde sind ein zusätzlicher Beleg für die inkorrekten Annahmen des Almond-Lippmann-Konsenses. Burstein (2003) selbst weist aber auf die teilweise relativ dünne Ergebnislage in diesem Bereich hin, sodass im weiteren Verlauf seines Aufsatzes eine detaillierte Forschungsagenda formuliert wird, die in Teilen noch abzuarbeiten ist. Eindeutig steckt die Forschung zu diesem Bereich in Deutschland, insbesondere im Hinblick auf Verteidigungspolitik, noch in den Kinderschuhen, es kann aber von einer rekursiven beziehungsweise gegenseitigen Wechselbeziehung zwischen öffentlicher Meinung und politischen Handlungen ausgegangen werden, die möglicherweise so weit geht, dass politische Entscheidungen gemäß der antizipierten Reaktionen der Bevölkerung getroffen werden (Rattinger et al. 1995). So könnte der Bundestag ein weniger robustes militärisches Mandat für einen Bundeswehr-Einsatz beschließen, um Verluste und die Wahrscheinlichkeit von Kampfhandlungen zu minimieren, die sich aus Sicht der Politik wiederum negativ auf die Zustimmung der Bevölkerung auswirken könnten. Anders als für die USA (Gelpi et al. 2005, 2009) gibt es für diesen vermuteten Zusammenhang in Deutschland allerdings keine empirische Evidenz. Wie es um generelle empirische Ergebnisse zu außen- und sicherheitspolitischen Einstellungen in Deutschland bestellt ist, zeigt der nächste Abschnitt.

3 Themen und ausgewählte Ergebnisse militärbezogener Bevölkerungsbefragungen

Bevölkerungsbefragungen zum Militär enthalten ein umfassendes Spektrum an Themen. Die Bandbreite erstreckt sich von Haltungen zu grundsätzlichen Problemen der Außen- und Sicherheitspolitik wie der Frage nach der Legitimität des Einsatzes militärischer Gewalt (Militarismus-Nonmilitarismus, s.o.), der Kooperation mit anderen Ländern in Fragen der internationalen Politik (Unilateralismus-Multilateralismus) oder Bewertungen der allgemeinen Sicherheitslage über Haltungen zu den Streitkräften, zur Wehrpflicht oder der Höhe der Verteidigungsausgaben bis hin zu Einstellungen zu spezifischen sicherheitspolitischen oder militärbezogenen Fragen, etwa der Position zu einem konkreten Auslandseinsatz der Bundeswehr, der Bewertung bestimmter Personalwerbemaßnahmen der Streitkräfte oder der Ausrüstung und Ausstattung der Soldatinnen und Soldaten. Angesichts der aufgezeigten Themenvielfalt kann hier kein breiter Überblick über empirische Ergebnisse gegeben werden. Vielmehr werden nur ausgewählte Aspekte schlaglichtartig hervorgehoben. Für die thematische Auswahl werden die Kategorien zur Ordnung der empirischen Forschung zu zivil-militärischen Beziehungen von Kümmel und Biehl (2015) verwendet, die zwischen drei Betrachtungsebenen der entsprechenden Forschung unterscheiden: »(1) die Haltung der Bürgerinnen und Bürger zur Sicherheitspolitik, zu militärischen Aufgaben und Einsätzen, (2) die Einstellung zu den Streitkräften als Organisation beziehungsweise Institution sowie (3) die Unterstützung für das Militär und das soziale Ansehen des Soldaten« (Kümmel/Biehl 2015: 25). Die beiden letzten Themen werden wegen inhaltlicher Überschneidungen in einem Unterabschnitt zusammengefasst und es wird vor allem die Entwicklung im Zeitverlauf betrachtet.

3.1 Einstellungen und Haltungen zu sicherheitspolitischen Fragen und Themen

Die in Abschnitt 2.3 vorgestellten Grundorientierungen decken Kernaspekte der internationalen Politik ab und sind zentrale Bestandteile von individuellen Einstellungssystemen im Bereich der Außen- und Sicherheitspolitik (z.B. Mader 2015). Zudem werden sie in aggregierter Perspektive verwendet, um das Konzept der strategischen Kultur abzubilden (Biehl et al. 2011). Dass die deutsche strategische Kultur durch die Ablehnung von militärischer Gewalt als Instrument in der internationalen Politik sowie eine starke multilaterale und eher internationale Ausrichtung charakterisiert werden kann (Junk/Daase 2013), zeigt Abbildung 1. Hier wird die Zustimmung zu drei Indikatoren im Zeitverlauf zwischen 2000 und 2018 dargestellt, welche die Dimensionen Internationalismus-Isolationismus, Militarismus-Nonmilitarismus und Unilateralismus-Multilateralismus repräsentieren – es werden die relativen Häufigkeiten für die zustimmenden Antwortoptionen zusammengefasst. Abgesehen vom Ausreißer im Jahr 2015 zeigt sich in allen Jahren, dass die Deutschen den Einsatz militärischer Gewalt mehrheitlich ablehnen. Der Anteil der Befürworter liegt unter 40 Prozent, in vielen Jahren (2005 bis 2011, ab 2016) sogar unter 30 Prozent. Die Zustimmung von 50 Prozent zum Einsatz militärischer Gewalt im Jahr 2015 ist vermutlich durch den Bürgerkrieg in der Ukraine sowie das Erstarken des sogenannten Islamischen Staates (IS) zu erklären. Ein ähnlich starker Ausschlag, allerdings bei einem grundsätzlich höheren Zustimmungsniveau, zeigt sich für die Haltung der Deutschen zu der Frage, ob ihr Land eher eine aktive oder eher eine passive Außen- und Sicherheitspolitik verfolgen soll. Während die Meinung zu dieser Frage bis 2013 gespalten ist und die Befürworter eines passiven Verhaltens teilweise in der Mehrheit sind, bekennt sich die Mehrheit der Bevölkerung in Deutschland ab 2014 zum internationalen Engagement ihres Landes und scheint damit dem Elitendiskurs zu folgen (Graf 2021). Dass das Prinzip des Multilateralismus bei den Deutschen stark verankert ist, zeigt die stets hohe Zustimmung zur NATO-Mitgliedschaft Deutschlands. Außer in ausgewählten Jahren im ersten Jahrzehnt der 2000er-Jahre werden stets Zustimmungswerte von über 60 Prozent, seit 2017 von über 70 Prozent erreicht. Auch hier scheinen sich Veränderungen des sicherheitspolitischen Umfeldes Deutschlands in den Grundorientierungen der Bürgerinnen und Bürger widerzuspiegeln.

Abbildung 1: Einstellungen zu grundlegenden Fragen der Außen- und Sicherheitspolitik im Zeitverlauf

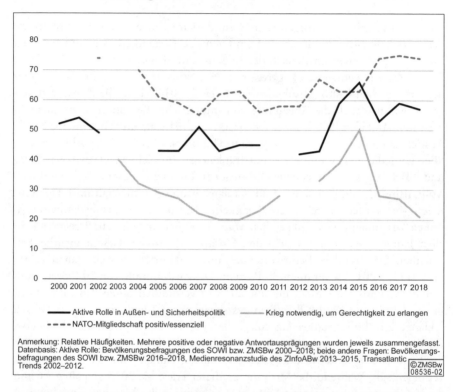

Ein zentraler Rahmen für die Außen- und Sicherheitspolitik ist, wie sicher sich Bürgerinnen und Bürger fühlen und wie sie die Situation der Sicherheitslage generell einschätzen. Abbildung 2 zeigt die Bewertung der Sicherheitslage für drei Dimensionen – weltweit, national, persönlich – im Zeitverlauf zwischen 2000 und 2018. Die Bevölkerung konnte ihr Sicherheitsempfinden jeweils auf einer mehrstufigen Skala angeben, die über die verschiedenen Umfragen hinweg variierte. Dargestellt werden daher Mittelwerte auf einer Skala zwischen 0 (sehr unsicher) und 1 (sehr sicher) – leider liegen nicht zu allen Zeitpunkten Umfrageergebnisse vor. Mit Werten zwischen 0,36 und 0,44 wird die Sicherheit weltweit zwischen 2015 und 2018 als eher unsicher eingeschätzt. Damit wird diese Dimension deutlich schlechter bewertet als die persönliche Sicherheit oder die Situation in Deutschland. Die Bewertung dieser beiden Aspekte liegt stets über 0,5, in vielen Jahren über 0,6, in einigen sogar über 0,7 (2013 und 2014). Die persönliche Sicherheitslage wird außer im Jahr 2015 immer positiver bewertet als die nationale Lage. Die Menschen in Deutschland fühlen sich also im Mittel persönlich sicher und beurteilen auch die Situation der Sicherheit des Landes im Mittel eher positiv. Im Zeitverlauf zeigen sich teils deutliche Veränderungen von mehr als 0,15 Skalenpunkten für die Einschätzung der nationalen Lage und von fast 0,25 Skalenpunkten für die persönliche Situation. Der niedrigste Wert für diese Einschätzung wird 2003 erreicht, möglicherweise noch ein Effekt der allgemeinen Unsicherheit nach den Anschlägen in den USA am 11. September 2001.

Abbildung 2: Sicherheitsbewertungen im Zeitverlauf

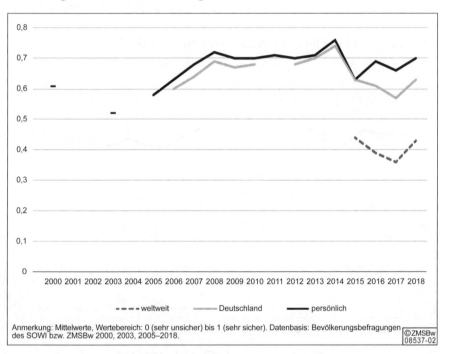

Anmerkung: Mittelwerte, Wertebereich: 0 (sehr unsicher) bis 1 (sehr sicher). Datenbasis: Bevölkerungsbefragungen des SOWI bzw. ZMSBw 2000, 2003, 2005–2018.

3.2 Einstellungen und Haltungen zu den Streitkräften

Ein zentrales Element der Perspektive der Bevölkerung auf die zivil-militärischen Beziehungen ist die Einstellung zur Bundeswehr. Die Bürgerinnen und Bürger können hier ihre allgemeine Haltung zu den Streitkräften mit mehreren positiven und negativen Antwortmöglichkeiten angeben. Für die Darstellung in Abbildung 3 wurden die positiven und negativen Antworten jeweils zusammengefasst. Wie die

Abbildung zeigt, variiert der Anteil der Bürgerinnen und Bürger mit einer positiven Einstellung zur Bundeswehr im betrachteten Zeitraum von 1999 bis 2018 zwischen 75 und 83 Prozent. Negative Bewertungen der Streitkräfte kommen von zwischen 13 und 23 Prozent der Befragten. Ein Großteil der Bevölkerung steht also positiv zur Bundeswehr. Die hohe Stabilität über einen Zeitraum von 20 Jahren spricht dafür, dass kurzfristige Ereignisse oder die mediale Diskussion über Vorkommnisse und Skandale wie beispielsweise im Jahr 2017 (Stichworte Pfullendorf und Franco A.) die grundsätzlich positive Sicht der Deutschen auf die Bundeswehr nicht erschüttern können. Auch für zahlreiche andere Indikatoren, die generelle Haltungen zu den Streitkräften messen sollen, etwa das Institutionenvertrauen in die Bundeswehr, zeigt sich ein ähnliches Ausmaß langfristiger Stabilität (Biehl 2021a).

Abbildung 3: Einstellung zur Bundeswehr im Zeitverlauf

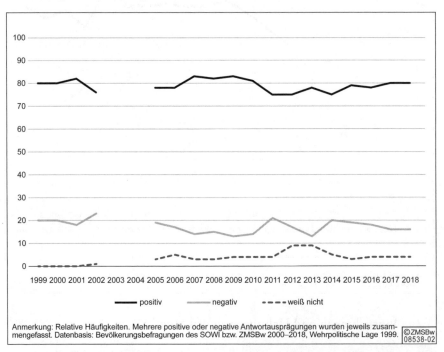

Ein weiteres zentrales Thema der zivil-militärischen Beziehungen ist die Frage nach den ökonomischen Ressourcen, die den Streitkräften zur Verfügung gestellt werden (sollen). Abbildung 4 zeigt den Verlauf der Einstellung zur Veränderung der Verteidigungsausgaben im Zeitraum zwischen 1981 und 2018. Die Bürgerinnen und

Bürger konnten angeben, ob die Ausgaben des Verteidigungshaushalts gesenkt, erhöht oder auf dem gleichen Niveau gehalten werden sollen. Der Verlauf der Haltung der Bevölkerung zu dieser Frage ist ein Spiegelbild der Entwicklung der sicherheitspolitischen Lage. Mit der Entspannung in den 1980er-Jahren zeigt sich ein Anstieg des Anteils derjenigen, die die Verteidigungsausgaben senken möchten, von 27 Prozent im Jahr 1981 auf 54 Prozent im Jahr 1989. Nach dem Ende des Kalten Krieges spricht sich mit 63 beziehungsweise 67 Prozent in den Jahren 1990 bis 1992 eine deutliche Mehrheit der Deutschen für eine Verringerung der Ausgaben für das Militär aus und zeigt somit den Willen, die sogenannte Friedensdividende einzufahren. Entsprechend nimmt der Anteil derjenigen ab, welche die Ausgaben erhöhen oder auf dem gleichen Niveau halten wollen. Der jeweils niedrigste Wert für beide Kurven im gesamten Zeitraum wird Anfang der 1990er-Jahre erreicht (3 Prozent für Erhöhung im Jahr 1991, 28 Prozent für gleiches Niveau 1992). Ab Mitte der 1990er-Jahre verschwindet die Mehrheit für eine Senkung des Verteidigungsetats. Stattdessen verschiebt sich die Position der Bevölkerung hin zu einem Erhalt des Ausgabenniveaus. Zwischen 44 und 59 Prozent der Bürgerinnen und Bürger sprechen sich in den Jahren 1995 bis 2013 für diese Position aus und stellen damit entweder eine relative oder sogar absolute Mehrheit dar. Nur 2001 zeigt sich als Reaktion auf die Anschläge in den USA am 11. September ein starker Anstieg des Anteils derjenigen, die mehr Verteidigungsausgaben befürworten, auf 42 Prozent – dies ist der höchste Wert dieser Kurve im Zeitraum zwischen 1981 und 2014. Das Jahr 2014 ist mit dem Beginn des Bürgerkrieges in der Ukraine, dem Erstarken des sogenannten IS in Syrien und im Irak sowie dem starken Fokus des Elitendiskurses in Deutschland auf die gewachsene Verantwortung des Landes ein Wendepunkt für die Haltungen zur Entwicklung des Verteidigungsetats. So sprechen sich in diesem Jahr 32 Prozent für erhöhte Ausgaben aus (+13 Prozentpunkte im Vergleich zu 2013), während mit 46 Prozent die relative Mehrheit immer noch für einen Erhalt des Ausgabenniveaus ist. Ab 2015 ist dann die relative beziehungsweise absolute Mehrheit der Deutschen für mehr Ausgaben für die Streitkräfte – eine Rolle spielt dabei auch die schlechte Lage der Bundeswehr bei Ausrüstung und Bewaffnung (Steinbrecher 2021). Insgesamt zeigt sich also bei der Einstellung zur Veränderung der Verteidigungsausgaben im Zeitverlauf eine beachtliche Volatilität des Meinungsbildes, die sich vor allem durch Ereignisse und Veränderungen der sicherheitspolitischen Lage erklären lässt – ein Beleg für das Konzept der »rationalen Öffentlichkeit« (siehe Abschnitt 2.3).

Abbildung 4: Einstellung zur Veränderung der Verteidigungsausgaben im Zeitverlauf

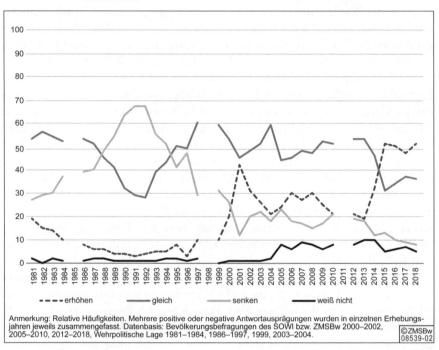

Anmerkung: Relative Häufigkeiten. Mehrere positive oder negative Antwortausprägungen wurden in einzelnen Erhebungsjahren jeweils zusammengefasst. Datenbasis: Bevölkerungsbefragungen des SOWI bzw. ZMSBw 2000–2002, 2005–2010, 2012–2018, Wehrpolitische Lage 1981–1984, 1986–1997, 1999, 2003–2004.

Seit mehr als 25 Jahren befindet sich die Bundeswehr in Auslandseinsätzen. Im Rahmen der Vereinten Nationen, der Europäischen Union und der NATO hat die Bundeswehr sich an mehr als 40 abgeschlossenen Einsätzen beteiligt. Zu Beginn des Jahres 2018 war Deutschland mit etwa 3.800 Soldatinnen und Soldaten in 16 vom Bundestag beschlossenen Missionen in Europa, Afrika und dem Nahen Osten engagiert. Die Haltungen der Bevölkerung zu den Einsätzen sind nicht nur aus den in Abschnitt 2.2 angesprochenen Gründen relevant, vielmehr wünschen sich auch die Soldatinnen und Soldaten eine breite Unterstützung (z.B. Würich/Scheffer 2014). Empirische Studien zu den Einstellungen der deutschen Bevölkerung zu den Auslandseinsätzen haben in diesem Zusammenhang wiederholt gezeigt, dass es Vorbehalte und Skepsis gegen ein internationales Engagement der Bundeswehr gibt, insbesondere, wenn es sich hierbei um sogenannte robuste Mandate mit kriegerischem Charakter handelt (z.B. Biehl 2021b; Mader 2017, Rattinger et al. 2016). Dies bestätigt sich auch in Abbildung 5, welche die Bewertung ausgewählter Auslandseinsätze der Bundeswehr im Zeitverlauf zeigt.

Dargestellt werden Mittelwerte – die verwendete Skala hat einen Wertebereich zwischen 0 (lehne völlig ab) und 1 (stimme völlig zu). Die wohlwollende Skepsis der Deutschen gegenüber den fünf Einsätzen spiegelt sich in den Mittelwerten wider, die sich mit wenigen Ausnahmen im Bereich zwischen 0,5 (dem Mittelpunkt der Skala) und 0,6 bewegen. Ausnahmen sind das Jahr 2014, in dem alle Einsätze mit Werten zwischen 0,41 und 0,49 leicht beziehungsweise eher negativ bewertet werden, sowie der ISAF-Einsatz in Afghanistan und der UNIFIL-Einsatz im Libanon, die in den Jahren 2010 bis 2014 fast durchgängig Werte unter 0,5 erreichen. Die Unterschiede in den Mittelwerten zeigen, dass die Bevölkerung durchaus zwischen verschiedenen Einsätzen beziehungsweise verschiedenen Szenarien differenzieren kann – der Atalanta-Einsatz zur Überwachung der Seegebiete und der Eindämmung der Piraterie wird durchgängig (mit) am besten bewertet. Der UNIFIL- und der ISAF-Einsatz erhalten zwischen 2005 und 2014 durchgehend die schlechtesten Bewertungen, wobei das bei UNIFIL sicherlich an der mangelnden Nachvollziehbarkeit des Einsatzzwecks liegt und bei ISAF bzw. der NATO-Mission Resolute Support (RS) mit der Gefährlichkeit des Einsatzes in Afghanistan zusammenhängt. Der nahezu parallele Verlauf aller Kurven seit 2012 spricht dafür, dass die Bevölkerung Einsätze auf der Basis identischer Heuristiken bewertet (vgl. Abschnitt 2.3) und dass Ereignisse und Veränderungen der Sicherheitslage sich nicht differenziert auf die Bewertung einzelner Missionen auswirken. Insgesamt bestätigt sich aber das eingangs skizzierte Bild wohlwollender Skepsis gegenüber der Beteiligung der Bundeswehr an Auslandseinsätzen außerhalb des Bündnisgebiets.

Abbildung 5: Bewertung ausgewählter Auslandseinsätze der Bundeswehr im Zeitverlauf

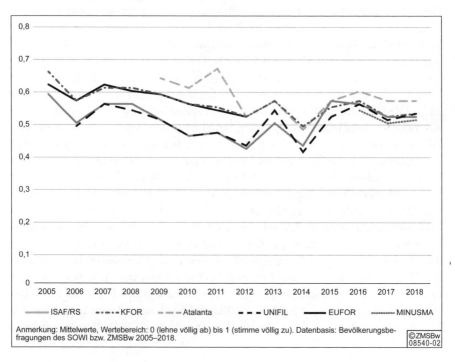

4 Schlussbetrachtung

Ziel dieses Beitrages war es, die Situation, die Besonderheiten und Probleme sowie ausgewählte Ergebnisse militärbezogener Bevölkerungsbefragungen in Deutschland darzustellen. Die Ausführungen zeigen, dass es sich bei diesem Teilgebiet empirischer Sozialforschung zu den Streitkräften beziehungsweise der Militärsoziologie um einen Bereich handelt, der theoretisch und methodisch weit entwickelt sowie gut anschlussfähig an Diskurse verschiedener politikwissenschaftlicher und soziologischer Teildisziplinen ist. Zudem unterliegt er geringeren Restriktionen vonseiten der Streitkräfte beziehungsweise des Verteidigungsministeriums als die direkt auf die Streitkräfte sowie die Soldatinnen und Soldaten ausgerichtete Forschung, die in den meisten anderen Beiträgen dieses Bandes im Vordergrund steht. Hinzu kommt bei allen Problemen in Bezug auf die Messung außen- und sicherheitspolitischer Einstellungen die umfassende Verfügbarkeit quantitativer empirischer Daten aus verschiedenen Quellen, die großes Potenzial für weitere empirische Analysen in diesem Politikbereich bietet. Forschungslücken sind vor allem im Hinblick auf die Relevanz der Ergebnisse von Bevölkerungsbefragungen für politische Entscheidungen und Maßnahmen festzustellen, sodass häufig unklar ist, in welchem Maße die Haltungen der Bevölkerung politisches Handeln beeinflussen oder gar mitbestimmen.

Die hier beispielhaft dargestellten Ergebnisse aus Bevölkerungsbefragungen in Deutschland offenbaren, dass einerseits Unterbrechungen der Befragungskontinuität zu Erkenntnislücken führen, die nicht mehr im Nachhinein geschlossen werden können, und andererseits eine Teil-Standardisierung der Befragungsinstrumente über die Zeit notwendig ist, um die Vergleichbarkeit der Ergebnisse sicherzustellen. Die Vergleichbarkeit stellt auch ein Problem bei der Analyse unterschiedlicher Untersuchungen dar, da in der Regel verschiedene Frageformulierungen und Antwortskalen verwendet werden, die teilweise zu abweichenden, ggf. auch widersprüchlichen Ergebnissen führen (müssen). Hier wäre es sinnvoll, eine Verständigung zwischen unterschiedlichen Forschungseinrichtungen dahingehend zu erreichen, dass Normskalen verwendet werden – allerdings erscheint dies vor allem aus Gründen der Befragungskontinuität im Zeitverlauf und der divergierenden Interessen der verschiedenen Auftraggeber unrealistisch.

Literatur

Aldrich, John/Gelpi, Christopher/Feaver, Peter/Reifler, Jason/Sharp, Kristin T. (2006): Foreign Policy and the Electoral Connection. In: Annual Review of Political Science, 9, 477–502.
Almond, Gabriel A. (1950): The American People and Foreign Policy. New York: Harcourt, Brace.
Australian Government (2018a): National Security Science and Technology. Policy and Priorities. Canberra.
Australian Government (2018b): Defence Science and Technology Capability Portfolio. Canberra.
Bachrach, Peter/Botwinick, Aryeh (1992): Power and Empowerment. A Radical Theory of Participatory Democracy. Philadelphia: Temple University Press.
Balmas, Meital (2018): Tell Me Who Is Your Leader, and I Will Tell You Who You Are: Foreign Leaders' Perceived Personality and Public Attitudes toward Their Countries and Citizenry. In: American Journal of Political Science, 62: 2, 499–514.
Barlösius, Eva (2008): Zwischen Wissenschaft und Staat? Die Verortung der Ressortforschung. Berlin: Wissenschaftszentrum Berlin für Sozialforschung.

Biehl, Heiko (2021a): Haltungen der Bürgerinnen und Bürger zur Bundeswehr. In: Steinbrecher, Markus/Graf, Timo/Biehl, Heiko/Irrgang, Christina: Sicherheits- und verteidigungspolitisches Meinungsbild in der Bundesrepublik Deutschland. Ergebnisse und Analysen der Bevölkerungsbefragung 2020. Forschungsbericht 128. Potsdam: Zentrum für Militärgeschichte und Sozialwissenschaften der Bundeswehr, 123–149.

Biehl, Heiko (2021b): Einstellungen zu den Auslandseinsätzen der Bundeswehr. In: Steinbrecher, Markus/Graf, Timo/Biehl, Heiko/Irrgang, Christina: Sicherheits- und verteidigungspolitisches Meinungsbild in der Bundesrepublik Deutschland. Ergebnisse und Analysen der Bevölkerungsbefragung 2020. Forschungsbericht 128. Potsdam: Zentrum für Militärgeschichte und Sozialwissenschaften der Bundeswehr, 247–261.

Biehl, Heiko/Fiebig, Rüdiger/Giegerich, Bastian/Jacobs, Jörg/Jonas, Alexandra (2011): Strategische Kulturen in Europa. Die Bürger Europas und ihre Streitkräfte. Strausberg: Sozialwissenschaftliches Institut der Bundeswehr.

Biehl, Heiko/Höfig, Chariklia/Steinbrecher, Markus/Wanner, Meike (2015): Sicherheits- und verteidigungspolitisches Meinungsklima in der Bundesrepublik Deutschland. Ergebnisse und Analysen der Bevölkerungsbefragung 2015. Forschungsbericht 112. Potsdam: Zentrum für Militärgeschichte und Sozialwissenschaften der Bundeswehr.

Biehl, Heiko/Schoen, Harald (Hrsg.) (2015): Sicherheitspolitik und Streitkräfte im Urteil der Bürger. Theorien, Methoden, Befunde. Wiesbaden: Springer VS.

Blohm, Michael (2013): Ausschöpfungsquoten und Stichprobenqualität. Erkenntnisse aus dem ALLBUS. Präsentation beim Workshop Methoden der empirischen Sozialforschung in amtlichen Haushaltsstatistiken. Wiesbaden.

BMVg – Bundesministerium der Verteidigung (2008): Innere Führung. Selbstverständnis und Führungskultur. Zentrale Dienstvorschrift A-2600/1. Berlin: Bundesministerium der Verteidigung.

BMVg (2014): Wissenschaftliche Arbeit des Zentrums für Militärgeschichte und Sozialwissenschaften der Bundeswehr. Zentrale Dienstvorschrift A-2713/2. Berlin: Bundesministerium der Verteidigung.

BMVg (2015): Ressortforschungsplan des Bundesministeriums der Verteidigung für 2016 ff. Berlin: Bundesministerium der Verteidigung.

Burstein, Paul (2003): The Impact of Public Opinion on Public Policy: A Review and an Agenda. In: Political Research Quarterly, 56: 1, 29–40.

Carrubba, Clifford J./Singh, Anand (2004): A Decision Theoretic Model of Public Opinion: Guns, Butter, and European Common Defence. In: American Journal of Political Science, 48: 2, 218–231.

Converse, Philip E. (1970): Attitudes and Non-Attitudes: Continuation of a Dialogue. In: Tufte, Edward R. (Hrsg.): The Quantitative Analysis of Social Problems. Reading/MA: Addison-Wesley, 168–189.

D3 Systems (2017): Methods Report. ANQAR Wave 38. Tysons Corner, VA.

Eichenberg, Richard C. (1989): Public Opinion and National Security in Western Europe: Consensus Lost? Ithaca/NY: Cornell University Press.

Eichenberg, Richard C./Stoll, Richard J. (2003): Representing Defense: Democratic Control of the Defense Budget in the United States and Western Europe. In: The Journal of Conflict Resolution, 47: 4, 399–422.

Endres, Fabian/Schoen, Harald/Rattinger, Hans (2015): Außen- und Sicherheitspolitik aus Sicht der Bürger. Theoretische Perspektiven und ein Überblick über den Forschungsstand. In: Biehl, Heiko/Schoen, Harald (Hrsg.): Sicherheitspolitik und Streitkräfte im Urteil der Bürger. Theorien, Methoden, Befunde. Wiesbaden: Springer VS, 39–65.

Europäische Kommission (2018): Public Opinion <http://ec.europa.eu/comm frontoffice/publicopinion/index.cfm> (letzter Zugriff 30.7.2018).

Förster, Peter (1999): Die Entwicklung des politischen Bewußtseins der DDR-Jugend zwischen 1966 und 1989. In: Friedrich, Walter/Förster, Peter/Starke, Kurt (Hrsg.): Das Zentralinstitut für Jugendforschung Leipzig 1966–1990. Geschichte, Methoden, Erkenntnisse. Berlin: edition ost, 70–165.

Friedrich, Walter (1999): Geschichte des Zentralinstituts für Jugendforschung. In: Friedrich, Walter/Förster, Peter/Starke, Kurt (Hrsg.): Das Zentralinstitut für Jugendforschung Leipzig 1966–1990. Geschichte, Methoden, Erkenntnisse. Berlin: edition ost, 13–69.

Fuchs, Dieter/Rohrschneider, Robert (2005): War es dieses Mal nicht die Ökonomie? Der Einfluss von Sachfragenorientierungen auf die Wählerentscheidung bei der Bundestagswahl 2002. In: Falter, Jürgen W./Gabriel, Oscar W./Weßels, Bernhard (Hrsg.): Wahlen und Wähler. Analysen aus Anlass der Bundestagswahl 2002. Wiesbaden: VS Verlag für Sozialwissenschaften, 339–356.

Gelpi, Christopher/Feaver, Peter D./Reifler, Jason (2005): Success Matters. Casualty Sensitivity and the War in Iraq. In: International Security, 30: 3, 7–46.

Gelpi, Christopher/Feaver, Peter D./Reifler, Jason (2009): Paying the Human Costs of War. American Public Opinion and Casualties in Military Conflicts. Princeton et al.: Princeton University Press.

The German Marshall Fund of the United States (2018): Transatlantic Trends – Public Opinion <www.gmfus.org/initiatives/transatlantic-trends---public-opinion> (letzter Zugriff: 27.4.2021).

Graf, Timo (2021): Einstellungen zum außen- und sicherheitspolitischen Engagement Deutschlands. In: Steinbrecher, Markus/Graf, Timo/Biehl, Heiko/Irrgang, Christina: Sicherheits- und verteidigungspolitisches Meinungsbild in der Bundesrepublik Deutschland. Ergebnisse und Analysen der Bevölkerungsbefragung 2020. Forschungsbericht 128. Potsdam: Zentrum für Militärgeschichte und Sozialwissenschaften der Bundeswehr, 48–73.

Hartley, Thomas/Russett, Bruce (1992): Public Opinion and the Common Defense: Who Governs Military Spending in the United States? In: American Political Science Review, 86: 4, 905–915.

Heinemann, Winfried (2016): Das SOWI im Lichte der Akten. In: Dörfler-Dierken, Angelika/Kümmel, Gerhard (Hrsg.): Am Puls der Bundeswehr. Militärsoziologie in Deutschland zwischen Wissenschaft, Politik, Bundeswehr und Gesellschaft. Wiesbaden: Springer VS, 35–50.

Hesse, Joachim J./Ellwein, Thomas (2012): Das Regierungssystem der Bundesrepublik Deutschland. 10., vollst. neu bearb. Aufl. Baden-Baden: Nomos.

Hoffmann, Hans V. (1993): Demoskopisches Meinungsbild in Deutschland zur Sicherheits- und Verteidigungspolitik 1992. Waldbröl: AIK.

Holst, Christian (1993): Sicherheitsorientierung und Status quo – Einstellungen zur Bundeswehr in der Bevölkerung in Ost- und Westdeutschland 1992 bis 1993. DFG-Projekt »Struktur und Determinanten außen- und sicherheitspolitischer Einstellungen in der Bundesrepublik Deutschland«, Forschungsbericht 6. Bamberg: Universität Bamberg.

Holsti, Ole R. (1992): Public Opinion and Foreign Policy: Challenges to the Almond-Lippmann Consensus. In: International Studies Quarterly, 36: 4, 439–466.

Hurwitz, Jon/Peffley, Mark (1987): How Are Foreign Policy Attitudes Structured? A Hierarchical Model. In: American Political Science Review, 81: 4, 1099–1120.

Inter-University Consortium for Political and Social Research (2018): Transatlantic Trends Survey Series, <www.icpsr.umich.edu/icpsrweb/ICPSR/series/235> (letzter Zugriff: 27.4.2021).

Isernia, Pierangelo/Juhász, Zoltán/Rattinger, Hans (2002): Foreign Policy and the Rational Public in Comparative Perspective. In: The Journal of Conflict Resolution, 46: 2, 201–224.

Junk, Julian/Daase, Christopher (2013): Germany. In: Biehl, Heiko/Giegerich, Bastian/Jonas, Alexandra (Hrsg.): Strategic Cultures in Europe. Security and Defence Policies Across the Continent. Wiesbaden: Springer VS, 139–152.

Körber-Stiftung (2017): Hälfte der Deutschen sieht Deutschland international geschwächt <www.koerber-stiftung.de/pressemeldungen-fotos-journalistenservice/haelfte-der-deutschen-sieht-deutschland-international-geschwaecht-1216> (letzter Zugriff: 27.4.2021).

Kohr, Heinz-Ulrich (1989): Public Opinion Surveys on Security Policy and the Armed Forces: Policy Polling or Scientific Research? SOWI-Arbeitspapier 25. München: Sozialwissenschaftliches Institut der Bundeswehr.

Kümmel, Gerhard/Biehl, Heiko (2015): Gradmesser der zivil-militärischen Beziehungen. Der Beitrag von Umfragen und Einstellungsforschung zur Militärsoziologie. In: Biehl, Heiko/Schoen, Harald (Hrsg.): Sicherheitspolitik und Streitkräfte im Urteil der Bürger. Theorien, Methoden, Befunde. Wiesbaden: Springer VS, 13–38.

Lippmann, Walter (1922): Public Opinion. New York: Macmillan.

Mader, Matthias (2015): Grundhaltungen zur Außen- und Sicherheitspolitik in Deutschland. In: Biehl, Heiko/Schoen, Harald (Hrsg.): Sicherheitspolitik und Streitkräfte im Urteil der Bürger. Theorien, Methoden, Befunde. Wiesbaden: Springer VS, 69–96.

Mader, Matthias (2017): Öffentliche Meinung zu Auslandseinsätzen der Bundeswehr. Zwischen Antimilitarismus und transatlantischer Orientierung. Wiesbaden: Springer VS.

Mader, Matthias/Fiebig, Rüdiger (2015): Determinanten der Bevölkerungseinstellungen zum Afghanistaneinsatz. Prädispositionen, Erfolgswahrnehmungen und die moderierende Wirkung individueller Mediennutzung. In: Biehl, Heiko/Schoen, Harald (Hrsg.): Sicherheitspolitik und Streitkräfte im Urteil der Bürger. Theorien, Methoden, Befunde. Wiesbaden: Springer VS, 97–121.

Meyen, Michael (2003): Einschalten, Umschalten, Ausschalten? Das Fernsehen im DDR-Alltag. Leipzig: Leipziger Universitätsverlag.

Ministry of Defence (2017a): Science and Technology Strategy 2017. London.

Ministry of Defence (2017b): MOD Area of Research Interest. London.

Nachtwei, Winfried (2016): Sicherheitspolitische Entscheidungsprozesse und Ergebnisse militärsoziologischer Forschungen. In: Dörfler-Dierken, Angelika/Kümmel, Gerhard (Hrsg.): Am Puls der Bundeswehr. Militärsoziologie in Deutschland zwischen Wissenschaft, Politik, Bundeswehr und Gesellschaft. Wiesbaden: Springer VS, 151–165.

Niemann, Heinz (1993): Meinungsforschung in der DDR. Die geheimen Berichte des Instituts für Meinungsforschung an das Politbüro der SED. Köln: Bund-Verlag.

Page, Benjamin I./Shapiro, Robert Y. (1992): The Rational Public: Fifty Years of Trends in Americans' Policy Preferences. Chicago: University of Chicago Press.

Pew Research Center (2017): NATO's Image Improves on Both Sides of the Atlantic. European Faith in American Military Support Largely Unchanged. Washington/DC: Pew Research Center.

Pötzschke, Jana/Rattinger, Hans/Schoen, Harald (2012): Persönlichkeit, Wertorientierungen und Einstellungen zu Außen- und Sicherheitspolitik in den Vereinigten Staaten. In: Politische Psychologie, 2, 4–29.

Rattinger, Hans (1990): Bestimmungsfaktoren des Wahlverhaltens bei der amerikanischen Präsidentschaftswahl 1988 unter besonderer Berücksichtigung politischer Sachfragen. In: Politische Vierteljahresschrift, 31: 1, 54–78.

Rattinger, Hans/Behnke, Joachim/Holst, Christian (1995): Außenpolitik und öffentliche Meinung in der Bundesrepublik: Ein Datenhandbuch zu Umfragen seit 1954. Frankfurt a.M. et al.: Peter Lang.

Rattinger, Hans/Schoen, Harald/Endres, Fabian/Jungkunz, Sebastian/Mader, Matthias/Pötzschke, Jana (2016): Old Friends in Troubled Waters. Policy Principles, Elites, and U.S.-German Relations at the Citizen Level After the Cold War. Baden-Baden: Nomos.

Resolute Support (2017): ANQAR Wave 38. Regional Look, TAAC – C. November 2017. Präsentation. Kabul.

Resolute Support (2018): ANQAR Wave 38. National Look. Jan 2018. FINAL Version 2.0. Präsentation. Kabul.

Risse-Kappen, Thomas (1991): Public Opinion, Domestic Structure, and Foreign Policy in Liberal Democracies. In: World Politics, 43: 4, 479–512.

Schnell, Rainer (1997): Nonresponse in Bevölkerungsumfragen. Ausmaß, Entwicklung und Ursachen. Opladen: Leske + Budrich.

Schoen, Harald (2004): Winning by Priming? Campaign Strategies, Changing Determinants of Voting Intention, and the Outcome of the 2002 German Federal Election. In: German Politics and Society, 22: 3, 65–82.

Schoen, Harald (2008): Identity, Instrumental Self-Interest and Institutional Evaluations. Explaining Public Opinion on Common European Policies in Foreign Affairs and Defence. In: European Union Politics, 9: 1, 5–29.

Schumpeter, Joseph A. (2008 [1942]): Capitalism, Socialism, and Democracy. New York: Harper Perennial.

Shapiro, Robert Y./Page, Benjamin I. (1988): Foreign Policy and the Rational Public. In: Journal of Conflict Resolution, 32: 2, 211–247.

Shell, Kurt L. (1965): Bedrohung und Bewährung. Führung und Bevölkerung in der Berlin-Krise. Köln/Opladen: Westdeutscher Verlag.

Steinbrecher, Markus (2021): Einstellungen zur Höhe der Verteidigungsausgaben, zum Personalumfang der Bundeswehr und zu bewaffneten Drohnen. In: Steinbrecher, Markus/Graf, Timo/Biehl, Heiko/Irrgang, Christina: Sicherheits- und verteidigungspolitisches Meinungsbild in der Bundesrepublik Deutschland. Ergebnisse und Analysen der Bevölkerungsbefragung 2020. Forschungsbericht 128. Potsdam: Zentrum für Militärgeschichte und Sozialwissenschaften der Bundeswehr, 201–225.

Steinbrecher, Markus/Biehl, Heiko/Bytzek, Evelyn/Rosar, Ulrich (Hrsg.) (2018): Freiheit oder Sicherheit? Ein Spannungsverhältnis aus Sicht der Bürgerinnen und Bürger. Wiesbaden: Springer VS.

Steinbrecher, Markus/Biehl, Heiko (2019): Nur »freundliches Desinteresse«? Ausmaß und Determinanten verteidigungspolitischen Wissens in Deutschland. In: Westle, Bettina/Tausendpfund, Markus (Hrsg.): Politisches Wissen. Relevanz, Messung und Befunde. Wiesbaden: Springer VS, 145–175.

Streeck, Wolfgang (2009): Man weiß es nicht genau: Vom Nutzen der Sozialwissenschaften für die Politik. Köln: Max-Planck-Institut für Gesellschaftsforschung.

Thießen, Jörn (2016): True love? Neue Herausforderungen für die Militärsoziologie nach der Wende. In: Dörfler-Dierken, Angelika/Kümmel, Gerhard (Hrsg.): Am Puls der Bundeswehr. Militärsoziologie in Deutschland zwischen Wissenschaft, Politik, Bundeswehr und Gesellschaft. Wiesbaden: Springer VS, 57–66.

Weisberg, Herbert F. (2005): The Total Survey Error Approach: A Guide to the New Science of Survey Research. Chicago: University of Chicago Press.

Wiesendahl, Elmar (2016): Vom Nutzen und Nachteil sozialwissenschaftlicher Forschung für die Bundeswehr. In: Dörfler-Dierken, Angelika/Kümmel, Gerhard (Hrsg.): Am Puls der Bundeswehr. Militärsoziologie in Deutschland zwischen Wissenschaft, Politik, Bundeswehr und Gesellschaft. Wiesbaden: Springer VS, 85–103.

Wlezien, Christopher (1995): The Public as Thermostat: Dynamics of Preferences for Spending. In: American Journal of Political Science, 39: 4, 981–1000.

Wlezien, Christopher/Soroka, Stuart N. (2016): Public Opinion and Public Policy. In: Oxford Research Encyclopedia of Politics, <https://doi.org/10.1093/acrefore/9780190228637.013.74>.

Würich, Sabine/Scheffer, Ulrike (2014): Operation Heimkehr. Bundeswehrsoldaten über ihr Leben nach dem Auslandseinsatz. Berlin: Christoph Links.

Die Anderen und ich: Meinungsklimaforschung in der empirischen (Militär-)Soziologie

Meike Wanner

1 Einleitung

»Das Ganze ist mehr als die Summe seiner Teile« (Aristoteles, 384–322 v.Chr.). Dieser häufig zitierte Ausspruch des griechischen Philosophen kann auf viele Bereiche angewendet werden. Auch in der sozialwissenschaftlichen Forschung lassen sich hierfür empirische Belege finden. Als eine Pionierin der Meinungsklimaforschung konnte Elisabeth Noelle-Neumann in einer Vielzahl von Studien aufzeigen, dass im Rahmen demoskopischer Interviews nicht nur die persönliche Einstellung der Studienteilnehmer zu bestimmten Themen erhoben werden kann, sondern dass sich der Großteil der Befragten auch eine Einschätzung zutraut, wenn man sie nach der Meinung der »meisten anderen« Bürgerinnen und Bürger, also nach dem antizipierten *Meinungsklima* zu einer Thematik fragt (Noelle-Neumann 2001: 25). Dass diese Einschätzung nicht immer mit der Realität übereinstimmen muss, sondern mehr zu sein scheint als das bloße Aggregat der individuell erfragten Meinungen, welches Demoskopen häufig als Meinungsbild bezeichnen, konnte durch vielfältige Forschung zur Theorie der öffentlichen Meinung eindrucksvoll beschrieben werden (Noelle-Neumann 2001: 40 f.; Roessing 2009: 117).

Doch was verbirgt sich hinter dem Begriff der öffentlichen Meinung beziehungsweise des Meinungsklimas? Wie wird die öffentliche Meinung in empirischen Studien erhoben und aus welchen Gründen irren sich die Bürgerinnen und Bürger über die gesellschaftlichen Mehr- und Minderheitsverhältnisse zu bestimmten Themen? Im vorliegenden Beitrag wird zunächst der Begriff der öffentlichen Meinung beziehungsweise des Meinungsklimas eingeführt und definiert. Anschließend werden unterschiedliche Indikatoren dargestellt, die im Rahmen sozialwissenschaftlicher Studien zur Meinungsklimamessung Anwendung finden. Schließlich wird anhand empirischer Daten aufgezeigt, dass sich auch im Bereich *militärbezogener Sozialforschung* Widersprüche zwischen den auf individueller Ebene erfragten und aggregierten Meinungsverteilungen und dem wahrgenommenen Meinungsklima beobachten lassen. In diesem Zusammenhang werden mögliche Gründe für diese Fehlwahrnehmung sowie die Folgen, die daraus erwachsen können, diskutiert.

2 Öffentliche Meinung als »soziale Haut«

Die eingehende Beschäftigung mit dem Begriff der öffentlichen Meinung verdeutlicht, dass dieser bereits seit langer Zeit existiert, seine Verwendung weit verbreitet ist und er im Zeitverlauf mit einer Vielzahl unterschiedlicher Namen belegt wurde.[1] Im vorliegenden Beitrag erfolgt eine Beschränkung auf die Begriffe öffentliche Meinung und Meinungsklima, die im Folgenden synonym verwendet werden. Der Begriff der öffentlichen Meinung scheint schwer zu fassen zu sein: »There is no generally accepted definition of ›public opinion‹. Nevertheless, the term has been employed with increasing frequency since it came into popular usage [...]« (Davison 1968: 188; vgl. hierzu auch Key 1961: 8). Dies ist auch die Ansicht von Hermann Oncken, der anmerkt: »Wer ihn [den Begriff der öffentlichen Meinung] fassen und bestimmen will, erkennt sofort, dass er es mit einem zugleich tausendfältig sichtbaren und schemenhaften, zugleich ohnmächtigen und überraschend wirksamen Wesen, einem Proteus zu tun hat, der sich in unzähligen Verwandlungen darstellt und uns immer wieder entschlüpft, wenn wir ihn zu halten glauben« (Oncken 1914 [1904]: 224 f.).

Im zweiten Kapitel seines Buches »Public Opinion: Nature, Formation, and Role« diskutierte Harwood L. Childs (1965) 40 Definitionen des Begriffs öffentliche Meinung und differenzierte sie hinsichtlich unterschiedlicher Aspekte wie zum Beispiel den Voraussetzungen für die Entstehung öffentlicher Meinung oder den Trägern und Themen öffentlicher Meinung. Die umfangreiche Betrachtung offenbart, dass die meisten Definitionen einen, manche auch mehrere Aspekte umfassen, aber eine Definition, die alle relevanten Aspekte beinhaltet, kaum möglich zu sein scheint (Childs 1965: 24). In der Meinungsklimaforschung haben sich, basierend auf der Vielzahl der Definitions- und Deutungsversuche, drei unterschiedliche Auffassungen von öffentlicher Meinung herausgebildet.

Ein erstes Verständnis von öffentlicher Meinung, das sich aus den eher technisch-instrumentellen Definitionen, die Childs diskutiert, ableiten lässt, ist die Vorstellung von öffentlicher Meinung als Ergebnis der Umfrageforschung (vgl. Gollin 1980: 448; Noelle-Neumann 2001: 323; Roessing 2009: 48, 2013: 482). Die Ergebnisse von Bevölkerungsbefragungen werden folglich mit der öffentlichen Meinung gleichgesetzt (Warner 1939: 377). Kritik an diesem Verständnis von

---

1 »Die Erscheinung, die hier unter dem Begriff öffentliche Meinung behandelt wird, ist – soweit sich das heute erkennen lässt – pankulturell, d.h., man trifft die öffentliche Meinung bei allen Völkern zu allen Zeiten [...]. Auf die Bedeutung dieser Erscheinung weist auch die Tatsache hin, dass sie mit vielen anderen Namen belegt wurde. Ganz einfach: Opinione, opinion [...], climate of opinion, law of opinion, law of reputation, law of fashion [...]« (Noelle-Neumann 2009: 427 f.).

öffentlicher Meinung äußert unter anderen Blumer (1948), der anmerkt, dass die Anhänger dieser Sichtweise es nicht nur versäumen, eindeutige Kriterien des Untersuchungsgegenstands der öffentlichen Meinung zu identifizieren, sondern ebenso die Komplexität dieses Gegenstands verkennen, die sich aufgrund vielfältiger gesellschaftlicher Wechselwirkungen ergibt. »This difficulty [...] signifies that current public opinion polling gives an inaccurate and unrealistic picture of public opinion because of the failure to catch opinions as they are organized and as they operate« in a functioning society« (Blumer 1948: 547).[2]

Eine zweite Möglichkeit, den Begriff der öffentlichen Meinung zu deuten, bietet das sogenannte Elitekonzept (vgl. Roessing 2009: 49–58). Dieses reicht historisch weit zurück: »Public opinion may be said to be that sentiment on any given subject which is entertained by the best informed, most intelligent, and most moral persons in the community [...]« (Mackinnon 1828: 15). Öffentliche Meinung wird als die Meinung einer informierten Elite verstanden, die sich im Rahmen eines rationalen, öffentlichen Diskurses bildet. Als Träger der öffentlichen Meinung werden unter anderen Schriftsteller, Philosophen und Publizisten gesehen (vgl. Böning 1989: 407). Das Elitekonzept schließt folglich die Mehrzahl der Staatsbürgerinnen und Staatsbürger, aufgrund mangelnder Qualifikation, vom Meinungsbildungsprozess und politischer Partizipation aus (vgl. Gallus/Lühe 1998: 11). Bis in die zweite Hälfte des 19. Jahrhunderts dominierte das Elitekonzept und mit ihm eine vorwiegend philosophisch-normative Bestimmung des Begriffs der öffentlichen Meinung.[3] Mit dem Blick auf das Frankreich des Jahres 1848 erkannte jedoch der Politologe Ernst Fraenkel: »Der Traum einer politischen Elite, als Exponentin einer vorgegebenen, einheitlichen öffentlichen Meinung posieren und regieren zu können, war in dem Augenblick ausgeträumt, in dem sich der heterogene, d.h. aber der Klassencharakter der bürgerlichen Gesellschaft des damaligen Frankreich nicht länger verhüllen ließ« (Fraenkel 1968: 150). Die Erfahrungen aus den beiden Weltkriegen führten zu der Erkenntnis, dass bei der Bildung der öffentlichen Meinung auch irrationale oder, wie das Beispiel der Kriegspropaganda zeigt, manipulative Kräfte wirken können. In der Folge wandelte

---

2   Ähnliche Kritikpunkte führt Rogers an und kommt zu der Schlussfolgerung: »About all the polls had done was to tell us the numbers of persons who answered yes or no or who confessed ignorance or indifference when they were asked specific questions. [...] To say that ›public opinion‹ is being ›measured‹ is to make skimmed milk masquerade as cream« (Rogers 1949: 9).
3   Roessing betont, dass das Elitekonzept nicht die Wirklichkeit wiedergibt, sondern, als normative Theorie, ein Idealbild der Wirklichkeit darstellt. »Anders als empirisch-analytische Theorien versuchen normative Theorien nicht die Wirklichkeit zu beschreiben und zu erklären, sondern definieren Anforderungen, die erfüllen muss, was den Namen ›öffentliche Meinung‹ verdient« (Roessing 2013: 483).

sich das Verständnis des Untersuchungsgegenstands der öffentlichen Meinung und das Verhalten der Einzelnen und insbesondere deren Beziehungen untereinander – die gesellschaftliche Interaktion und Kommunikation – rückten in das Zentrum der Betrachtung (Gallus/Lühe 1998: 22).[4]

Auf dieser gewandelten Sichtweise basiert das dritte Konzept, das sogenannte Integrationskonzept, das insbesondere Noelle-Neumann aufgreift und öffentliche Meinung als soziale Kontrolle oder als »soziale Haut« beschreibt (Noelle-Neumann 2001: 257; Roessing 2009: 55 f., 2013: 484 f.; Eichhorn 2015: 120–123). Im Vergleich zum Elitekonzept gesteht das Integrationskonzept nicht nur allen Menschen der Gesellschaft Teilhabe an den Prozessen öffentlicher Meinung zu, sondern basiert gerade auf den Prozessen, die durch gesellschaftliche Interaktion und Kommunikation entstehen (Gallus/Lühe 1998: 11). Das Konzept postuliert, dass Integration durch einen ausreichenden Grad an Konsens, Handlungs- und Entscheidungssicherheit entsteht (Noelle-Neumann 2001: 324). »Öffentliche Meinung ist gegründet auf das unbewusste Bestreben von in einem Verbund lebenden Menschen, zu einem gemeinsamen Urteil zu gelangen, zu einer Übereinstimmung, wie sie erforderlich ist, um handeln und wenn notwendig entscheiden zu können« (Noelle-Neumann 2009: 428). Menschen beobachten ihre Umwelt fortlaufend, um sich darüber klar zu werden, welche Meinungen man problemlos äußern kann und mit welchen Meinungen man Gefahr läuft, sich sozial zu isolieren. Dies bedeutet, »dass die Menschen ihre Umwelt beobachten, wachsam wahrnehmen, wie die meisten anderen Menschen denken und wie die Tendenzen sind, welche Einstellungen zunehmen, was sich durchsetzen wird« (Noelle-Neumann 2001: 23). Die Umweltwahrnehmung speist sich dabei aus zwei Quellen: der direkten Beobachtung des persönlichen Umfeldes und der indirekten Beobachtung durch die Massenmedien (Noelle-Neumann 1989). Um aus diesen Beobachtungen das vorherrschende Meinungsklima zu unterschiedlichen Themen zu antizipieren, wird ein »quasistatistisches Wahrnehmungsorgan« postuliert, mit dem Umweltsignale interpretiert und eingeordnet werden.[5] Dabei

---

4   Den diskursiven Prozess der öffentlichen Meinungsbildung beschreibt auch Habermas als Kriterium für die Qualität der öffentlichen Meinung (vgl. Habermas 1965).

5   »Was wir heute mit den Mitteln der Demoskopie erkennen, die Fähigkeit eines quasistatistischen Organs, Häufigkeitsverteilungen, Meinungsänderungen in der Umwelt mit großer Empfindlichkeit wahrzunehmen [...]« (Noelle-Neumann 1989: 165). Diese Vorstellung Noelle-Neumanns wird jedoch von einigen Forschern infrage gestellt und es existieren konkurrierende Ansätze darüber, welche Faktoren für die Meinungsklimawahrnehmung verantwortlich sind. Fields und Schuman sind etwa der Ansicht, dass bereits vorhandene Einstellungen einer Person zu einem Thema die Meinungsklimawahrnehmung maßgeblich beeinflussen (Looking-Glass-Hypothese) (vgl. Fields/Schuman 1976; vgl. dazu auch Eichhorn 2015: 133; Scherer 1990; Taylor 1982).

müssen die wahrgenommenen Mehr- und Minderheitsverhältnisse bestimmter Meinungen nicht unbedingt mit den tatsächlichen Verteilungen übereinstimmen. Auch die unterschiedliche Sichtbarkeit der beteiligten Meinungslager ist für die Meinungsklimawahrnehmung relevant (Roessing 2009: 117). Dies kann dazu führen, dass eine Mehrheitsmeinung zu einem bestimmten Thema fälschlicherweise als Minderheitsmeinung wahrgenommen wird und umgekehrt. Ein Phänomen, das Noelle-Neumann (2001) im Rahmen ihrer Theorie der öffentlichen Meinung mit der Schweigespiralhypothese untersucht: »Um Isolation bei den Mitmenschen zu vermeiden, tendieren Menschen dazu, ihre eigene Meinung öffentlich zu verschweigen, wenn sie die Mehrheitsmeinung [...] gegen sich gerichtet sehen. Umgekehrt tendieren diejenigen, die die Mehrheit [...] auf ihrer Seite sehen, dazu, besonders häufig ihre Überzeugung auch in der Öffentlichkeit zu zeigen« (Donsbach/Stevenson 1986: 8; dazu auch Noelle-Neumann 2001: 13−18). Oder wie es Noelle-Neumann (2001: 49) treffend formuliert: »Sich im Einklang mit dem Zeitgeist zu fühlen, löst die Zunge.«

Der Vergleich mit dem Elitekonzept lässt das Integrationskonzept komplexer erscheinen, da es auch die Meinung der Elite mit dem sogenannten Meinungsführerkonzept abbildet (Gallus/Lühe 1998: 27 f.).[6] Weiterhin verweist Noelle-Neumann auf die empirische Überprüfbarkeit des Integrationskonzepts: »Wenn bestimmte Grundvoraussetzungen der Theorie erfüllt sind, wie zum Beispiel Aktualität, eine moralische oder ästhetische Komponente, der Tenor der Massenmedien gemessen worden ist, lassen sich überprüfbare Prognosen über individuelles Verhalten [...] und gesellschaftliche Meinungsverteilungen ableiten« (Noelle-Neumann 2001: 339).[7] Im vorliegenden Beitrag wird der Begriff der öffentlichen Meinung beziehungsweise des Meinungsklimas gemäß des Integrationskonzepts aufgefasst und wie folgt definiert:

> »[w]ertgeladene, insbesondere moralisch aufgeladene Meinungen und Verhaltensweisen [...], die man − wo es sich um festgewordene Übereinstimmung handelt, zum Beispiel Sitte, Dogma − öffentlich zeigen muss, wenn man sich nicht isolieren will; oder bei im Wandel

---

6 »Persönlichkeitsstarke Meinungsführer leiten die öffentliche Meinung. Auf der einen Seite nehmen sie unter anderem über die Medien, auf dem Weg der veröffentlichten Meinung Einfluß auf das Meinungsklima. Auf der anderen Seite sind die Meinungsführer diejenigen, welche dem Konformitätsdruck widerstehen, durch hartnäckiges Vertreten ihrer Auffassungen [...] und der öffentlichen Meinung eine neue Richtung geben können [...]« (Gallus/Lühe 1998: 27−29). Weiterführende Literatur zum Meinungsführerkonzept: Jäckel (2011: 125−157), Lazarsfeld et al. (1948) und Schenk (2007: 350−400).
7 Zu den Grundvoraussetzungen für Prozesse der öffentlichen Meinung vgl. Roessing (2009: 77−80, 116) und Jäckel (2011: 286).

begriffenem ›flüssigen‹ Zustand öffentlich zeigen kann, ohne sich zu isolieren.« (Noelle-Neumann 2009: 437)[8]

Als zentrales Motiv des ständigen Abschätzens und Vergewisserns über Mehr- und Minderheitsverhältnisse zu bestimmten Themen lässt sich die Isolationsfurcht ausmachen (Noelle-Neumann 2001: 200−205). Wie sich diese Furcht, mit der eigenen Meinung allein dazustehen, auswirken kann, wird bei der Betrachtung des Konformitätsexperiments von Solomon E. Asch aus dem Jahr 1951 deutlich. Das Experiment, das mit College-Studenten durchgeführt wurde, sah wie folgt aus: Dem Versuchsteilnehmer und mehreren anderen Personen, die vorgeblich ebenfalls Versuchsteilnehmer waren, wurden auf einer Projektionswand vier Linien dargeboten, eine Standardlinie und drei unterschiedlich lange Vergleichslinien. Die Versuchsteilnehmer wurden dazu aufgefordert, im Beisein aller anderen Teilnehmer die Linie zu benennen, welche die gleiche Länge wie die Standardlinie aufweist. Allerdings war nur einer der anwesenden Teilnehmer eine echte »naive« Versuchsperson, die übrigen Anwesenden waren in das Experiment eingeweiht und wurden vom Versuchsleiter instruiert, sowohl kollektiv richtige als auch kollektiv falsche Urteile abzugeben. Im Ergebnis zeigte sich, dass einige der echten Versuchspersonen, die ihr Urteil zumeist als Vorletzte abgeben mussten, ihre Meinung einmal oder mehrmals an die Gruppenmeinung anpassten (Asch 1987: 450 f.; Sader 2000: 160−164).[9] Asch konnte mit seinen Experimenten zum Konformitätsdruck folglich zeigen, dass sich manche Menschen Mehrheitsurteilen selbst dann anschließen, wenn sie mit eigenen Augen sehen oder mit eigenen Ohren hören können, dass diese Urteile falsch sind.[10]

---

8   Die Unterscheidung des Begriffs öffentliche Meinung in die Aggregatzustände fest, flüssig und luftartig geht auf Tönnies zurück. »Der Grad ihrer Festigkeit ist der Grad ihrer Einheitlichkeit [...] Die feste öffentliche Meinung ist eine allgemeine unerschütterliche Überzeugung [...]« (Tönnies 2006 [1922]: 137). »Flüssige öffentliche Meinung liegt vor, wenn Überzeugungen ins Wanken geraten, ein Wandel in den Überzeugungen stattfindet. Die luftartige öffentliche Meinung ist für Tönnies das wechselhafte Meinen der Menschen zu konkreten Vorgängen in bezug auf Gegenstände öffentlicher Meinung« (Roessing 2009: 13; vgl. dazu auch Tönnies 2006 [1922]: 137 f., 258 f.).
9   »One fourth of the critical subjects was completely independent; at the other extreme, one third of the group displaced the estimates toward the majority in one half or more of the trials« (Asch 1966: 130).
10 Einschränkend sei an dieser Stelle angemerkt, dass sich die echten »naiven« Versuchspersonen weniger häufig konform verhielten, wenn die Versuchsanordnung variiert wurde, indem z.B. die Einstimmigkeit der übrigen Versuchsteilnehmer aufgebrochen wurde und der Proband soziale Unterstützung für seine Einschätzung erhielt (vgl. Asch 1963: 185 f., 1987: 477 f.). Andere Beispiele von Meinungsanpassungen, die auf die massenmediale Berichterstattung über vermeintliche Wahlausgänge zurückzuführen sind, wurden in der

3 Indikatoren der Meinungsklimamessung

Rüdiger Jacob, Andreas Heinz und Jean Philippe Décieux (2013: 139) bezeichnen die Messung des wahrgenommenen Meinungsklimas in der empirischen Sozialforschung als einen »Sonderfall der Einstellungsmessung«. Es wird nicht erfragt, wie sich die persönliche Einstellung des Befragten zu einer Thematik darstellt, sondern wie wohl die Mehrheit der Bevölkerung über eine Sache denkt. Hinsichtlich der Entwicklung und praktischen Erprobung demoskopischer Messinstrumente zur Meinungsklimamessung ist Noelle-Neumann und dem von ihr im Jahr 1947 gegründeten Institut für Demoskopie Allensbach eine bedeutende Rolle zuzuschreiben (Jäckel 2011: 286). In einer Vielzahl von Studien zur Erforschung der öffentlichen Meinung wurden unterschiedliche Fragemodelle verwendet, die sich grob in zwei Gruppen kategorisieren lassen.[11]

Es wurden beispielsweise Fragestellungen entwickelt, die auf die Wahrnehmung des Meinungsklimas, der Mehr- und Minderheitsverhältnisse zu bestimmten gesellschaftlichen Themen, fokussieren. Mit der Frage »Jetzt einmal abgesehen von Ihrer eigenen Meinung: Was glauben Sie: Sind die meisten Leute in der Bundesrepublik für oder gegen [Thema der Untersuchung]?« (Noelle-Neumann 2001: 25; vgl. auch Roessing 2009: 117)[12] liegt ein relativ einfacher, eindimensionaler Indikator vor, um die Bereitschaft und Fähigkeit der Menschen zur Meinungsklimawahrnehmung zu messen (Scherer et al. 2006: 113). Zu der von ihr entwickelten Frage merkt Noelle-Neumann an: »Es hätte gut sein können, daß die Mehrzahl der Befragten darauf antwortet: ›Wie soll ich das wissen, was die meisten Menschen denken [...]? Ich bin doch kein Prophet.‹ Aber so antworten die Menschen auf diese Art von Fragen nicht. Als sei es das Selbstverständlichste, geben 80 bis 90 Prozent eines

---

Forschungsliteratur als »last minute swing« oder »bandwagon effect« bekannt (vgl. Jäckel 2011: 282–284; Lazarsfeld et al. 1948; Noelle-Neumann 2001: 19 f.).

11   Die in diesem Abschnitt dargestellten Fragemodelle stellen lediglich eine Auswahl dar, um einen Eindruck über die Vielgestalt der empirischen Messung des Meinungsklimas zu skizzieren. Ein Anspruch auf Vollständigkeit wird nicht erhoben.

12   Roessing verweist auf die »Prozentmethode« als alternativen Ansatz zu der hier benannten Fragestellung zur Wahrnehmung der Mehr- und Minderheitsverhältnisse. Dabei sollen die Probanden einschätzen, wieviel Prozent der Bevölkerung sich wohl für oder gegen eine Thematik aussprechen. Er argumentiert jedoch, dass diese Art der Frage die Probanden oft überfordert, was zu hohen Anteilen von Item-Nonresponse führen kann, und dass es gemäß der Theorie der öffentlichen Meinung auf ein Gefühl von Meinungsverteilungen ankommt und nicht auf die Schätzung genauer Zahlenverhältnisse (vgl. Roessing 2009: 129–135). »Aufgrund der empirischen Befunde muß man davon ausgehen, daß der Prozess der öffentlichen Meinung mit all seinen Bestandteilen – Medientenor, Isolationsdrohung, Isolationsfurcht, Umweltbeobachtung, Rede- und Schweigetendenz – zwar empfunden wird, aber nicht mit dem rationalen Bewußtsein erkannt wird« (Noelle-Neumann 1992: 387).

repräsentativen Querschnitts der Bevölkerung ab 16 Jahren eine Einschätzung der Umweltmeinung« (Noelle-Neumann 2001: 25).[13] Es lassen sich folglich mit diesem Indikator empirische Belege dafür finden, dass sich ein Großteil der Befragten eine Meinungsklimaeinschätzung zutraut. Offen bleibt jedoch, worauf genau diese Einschätzung beruht. Einen Hinweis dafür, dass die benannten Formen der Umweltbeobachtung von Bedeutung sind, liefern die Entwicklungen der Meinungsklimawahrnehmung im Zeitvergleich und die Kongruenz dieser Entwicklung zu gesellschaftlichen Meinungstrends (Noelle-Neumann 2001: 27 f.; Scherer et al. 2006: 113).[14] »Was meinen Sie, wie es weitergeht, wie die Ansichten in einem Jahr sein werden: Werden dann mehr Leute als heute oder weniger Leute als heute für [Thema der Untersuchung] sein?« (Noelle-Neumann 2001: 25 f.; Roessing 2009: 118).

Ein weiterer Indikator bezieht sich auf Vermutungen der Probanden über das Eintreffen realer Ereignisse, die von der Mehrheitsmeinung abhängig sind: »Wer gewinnt die Wahl? – Was denken die meisten Leute?« (Noelle-Neumann 2001: 27; Roessing 2009: 118). Eine weitere Fragestellung, um herauszufinden, mit welcher Meinung man in der Wahrnehmung der Befragten eher Gefahr läuft, sich sozial zu isolieren oder sich sogar öffentlichen Anfeindungen auszusetzen, ist der »Zerstochene-Reifen-Test«, der beispielhaft wie folgt formuliert werden kann: »Hier ist ein Auto abgebildet, an dem ein Reifen aufgeschnitten wurde. Hinten auf der Heckseite ist ein Aufkleber für eine Partei, aber man kann nicht mehr lesen, welche Partei auf dem Aufkleber stand – aber was vermuten Sie: bei Aufklebern für welche Partei ist die Gefahr am größten, daß Reifen zerschnitten werden, bei welcher Partei?« (Noelle-Neumann 2001: 79 f.; Roessing 2009: 119).

Die zweite Kategorie von Fragestellungen zur Erforschung des Meinungsklimas behandelt die öffentliche Sichtbarkeit und Aktivität der unterschiedlichen Meinungslager. »Für [...] Noelle-Neumann stellt nicht nur das explizite verbale Äußern einer Meinung, eines Standpunktes ›Meinung‹ dar, sondern auch das

---

13 Vgl. auch das Konzept der Nicht-Einstellung (vgl. Converse 1970) und das Konzept des sozial erwünschten Antwortverhaltens (Diekmann 2013: 447–451; Klein/Kühhirt 2010; Möhring/Schlütz 2010: 61; Reinecke 1992: 26 f.; Schnell 2012: 58 f.).
14 Um der Frage der Einflussfaktoren auf die Bildung der Meinungsklimaeinschätzung auf die Spur zu kommen, existieren Studien, die die Korrelation mit anderen Faktoren, insbesondere der Mediennutzung (vgl. Irwin/van Holsteyn 2002; Neuwirth/Frederick 2004) und den wahrgenommenen Medieninhalten (vgl. Gunther/Christen 2002; Kim et al. 2004) untersuchen. Die Studien kranken jedoch daran, dass die Medienberichterstattung nicht kontrolliert wurde (z.B. durch eine zeitlich etwas vorgelagerte und parallel zur Erhebung durchgeführte Medieninhaltsanalyse), sodass aufgezeigte Zusammenhänge zwischen der Meinungsklimawahrnehmung und dem Einfluss der Massenmedien bis zu einem gewissen Maß nur spekulativ bleiben können (vgl. Scherer et al. 2006: 113).

Tragen von Abzeichen, die Verwendung von Automobilaufklebern, insgesamt jedes Verhalten, das die Zugehörigkeit zu einem Meinungslager in der Öffentlichkeit erkennen lässt« (Roessing 2009: 122). Ein Indikator, der dazu dient, die öffentliche verbale Unterstützung einer Meinung oder eben eine Schweigetendenz zu untersuchen, ist der »Eisenbahntest«, der in unterschiedlichen Variationen existiert.[15] »Angenommen, Sie hätten eine fünfstündige Eisenbahnfahrt vor sich und in ihrem Abteil ist jemand, der beginnt sich ganz für [Thema, Gegenstand] (in jedem zweiten Interview: ganz gegen [Thema, Gegenstand]) auszusprechen. Würden Sie sich gern mit demjenigen unterhalten, um seinen Standpunkt näher kennenzulernen, oder würden Sie keinen großen Wert darauf legen?« (Noelle-Neumann 2001: 317 f.; Roessing 2009: 140). Anhand dieser Frage soll untersucht werden, wie die Vertreterinnen und Vertreter der unterschiedlichen Meinungslager reagieren, wenn sie in einem Gespräch mit der eigenen oder der Gegenmeinung konfrontiert werden (Roessing 2009: 140). Die Hypothese, die mit dieser Fragestellung überprüft werden soll, lautet: Im Rahmen einer Kontroverse sind die verschiedenen Meinungslager unterschiedlich bereit, sich öffentlich sichtbar für ihre Ansicht einzusetzen (Noelle-Neumann 2001: 35). Die im Eisenbahntest beschriebene Situation hat den Sinn, im demoskopischen Interview Öffentlichkeit zu simulieren. Das Eisenbahnabteil zeichnet sich dadurch aus, dass jeder Zutritt hat und Personen anwesend sind, deren Namen und Ansichten dem Probanden unbekannt sind. Die simulierte Öffentlichkeit des Eisenbahnabteils ist dabei jedoch so klein, dass auch ein relativ schüchterner Mensch sich an dem Gespräch beteiligen kann, wenn ihm danach zumute ist (Roessing 2009: 141).

Neben dem Eisenbahntest existieren andere Fragestellungen und Tests, die dazu dienen, die simulierte Öffentlichkeit zu variieren. Im sogenannten »Reportertest« wird etwa gefragt, ob man bereit wäre, einem Fernsehreporter, der mit Kamera und Mikrofon unterwegs ist, zu einem bestimmten Thema Rede und Antwort zu stehen (Donsbach/Stevenson 1986: 29; Roessing 2009: 146–153). Allerdings wird hier kritisiert, dass die simulierte Öffentlichkeit in diesem Test zu groß sei und zudem den Verlust der Anonymität des Redenden mit sich bringt, sodass sich dadurch viele Probanden generell weigern würden, in einer solchen Situation zu sprechen (Noelle-Neumann 2001: 318; Roessing 2009: 189).[16] Dies dürfte zu Verzerrungen und zu Beeinträchtigungen der Validität führen. Eine weitere Fragevariation

---

15 Variationen dieser Fragestellung gibt es mit anderen Verkehrsmitteln wie dem Bus oder dem Flugzeug (vgl. Roessing 2009: 143).
16 Roessing merkt an, dass methodische Weiterentwicklungen zur Überprüfung der Validität des Reportertests denkbar und wünschenswert sind: So »sollten Reportertests mit unterschiedlich großen Öffentlichkeiten (und, wenn möglich, unter genereller Weglassung der Androhung des Verlustes der Anonymität) durchgeführt werden [...]. In einer Split

besteht darin, dass statt der Rede- die Zeigebereitschaft der Probanden ermittelt wird. Diese Indikatoren untersuchen beispielsweise, ob die Befragten bereit wären, Anstecker zu tragen oder einen Aufkleber an das eigene Auto anzubringen, um sich damit öffentlich sichtbar für oder gegen eine Thematik zu positionieren (Roessing 2009: 144).[17]

Aus methodischer Sicht ist an den dargestellten Fragestellungen zur Ermittlung der öffentlichen Meinung zu kritisieren, dass die Fragen sehr lang sind. Duane Alwin und Brett Beattie diskutieren in ihrem Aufsatz zum sogenannten KISS-Prinzip (»keep it simple, stupid« oder auch »keep it short and simple«) die Problematik, dass in empirischen Studien die Reliabilität ausführlicher Frageformulierungen im Vergleich mit kurzgehaltenen Fragetexten abnimmt (Alwin/Beattie 2016).[18] In der Methodenliteratur existieren konkrete Gebote, um Problemen im Datenerhebungsprozess vorzubeugen, die auf Frageformulierungen basieren. Diese besagen unter anderem, dass Fragen möglichst kurz sein und einfache und eindeutige Begriffe beinhalten sollten (Porst 2014: 689–692; zu solchen generellen methodischen Fragen vergleiche den Beitrag von Rothbart in diesem Band). Problematisch ist in diesem Zusammenhang zudem, dass bislang keine Ergebnisse systematischer Reliabilitätsanalysen für die entwickelten Fragestellungen vorliegen, sodass keine Aussage über die Güte der Indikatoren getroffen werden kann. Man kann folglich nicht wissen, ob die unterschiedlichen Fragestellungen zuverlässig das wahrgenommene Meinungsklima empirisch erfassen.[19] Hier wäre es sinnvoll, geeignetere von weniger geeigneten Fragemodellen zu unterscheiden, zum Beispiel mithilfe von Split-Ballot-Designs[20] oder von Multitrait-Multimethod-Matrizen, kurz MTMM-Validierung (Roessing 2009: 190; dazu auch Schnell et al. 1999: 150–155). Aktuell dominieren in der Meinungsklimaforschung quantitative Bevölkerungsbefragungen, aber es existieren auch experimentelle Studien

---

Ballot-Umfrage könnte der Einfluss der Vorstellung von lokaler, verglichen mit nationaler Verbreitung leicht untersucht werden« (Roessing 2009: 150 f.).

17   In der Meinungsklimaforschung findet in diesem Zusammenhang häufig die Fragebatterie zur öffentlichen Bekenntnisbereitschaft Anwendung (vgl. Roessing 2009: 174 f.).

18   »The key goal of the KISS principle is that unnecessary redundancy and complexity should be avoided, and the achievement of perfection depends on parsimony« (Alwin/Beattie 2016: 3).

19   Als weiterführende Literatur zum Thema Reliabilitätsanalysen vgl. Cronbach (1951) sowie Moosbrugger und Kelava (2012: 119 f.).

20   Eine Methode der gegabelten Befragung bzw. des Split-Ballot-Verfahrens ist die Verwendung von zwei unterschiedlichen Fragestellungen zur Messung eines Sachverhalts. Erhält man bei beiden Indikatoren ähnliche Ergebnisse, so können diese als relativ verlässlich betrachtet werden (vgl. Noelle-Neumann/Petersen 2005: 192 f.; Roessing 2009: 82, 2011: 45 f.).

und qualitative Verfahren (Hayes et al. 2001; Roessing 2009: 137). Thomas Roessing verweist in diesem Zusammenhang zum Beispiel auf Studien, die Gruppendiskussionen nutzen, um die tatsächliche und nicht nur die antizipierte Redebereitschaft der Probanden zu überprüfen (Roessing 2009: 165).

4 Empirische Befunde streitkräftebezogener Meinungsklimaforschung

Das Zentrum für Militärgeschichte und Sozialwissenschaften der Bundeswehr (ZMSBw) führt jährlich Bevölkerungsbefragungen zur Evaluation des sicherheits- und verteidigungspolitischen Meinungsklimas sowie zum Image der Bundeswehr durch (vgl. den Beitrag von Steinbrecher in diesem Band). Im Rahmen dieser Studie wird seit vielen Jahren sehr konstant und anhand einer Vielzahl unterschiedlicher Indikatoren die persönliche Einstellung der Bundesbürgerinnen und Bundesbürger zu den deutschen Streitkräften beleuchtet. Die Analysen führen zu einem sehr beständigen Ergebnis: Die große Mehrheit der deutschen Bevölkerung weist eine positive persönliche Einstellung zur Bundeswehr auf, betrachtet sie als einen wichtigen und legitimen Bestandteil der Gesellschaft und bringt ihr großes Vertrauen entgegen (Steinbrecher et al. 2016: 47–61; Wanner 2018: 20–25, 2019a: 27–33).

Seit dem Jahr 2012 wurde das Befragungsinstrument der Bevölkerungsbefragung des ZMSBw unter anderem um zwei Fragestellungen erweitert. Während die eine Frage, wie viele weitere Indikatoren des Fragebogens, auf die persönliche Einstellung der Befragten abzielt, fokussiert die zweite auf das wahrgenommene Meinungsklima zum Thema Ansehen der Bundeswehr (vgl. Abbildung 1). Es zeigen sich mehrere interessante Befunde: Zum einen wird deutlich, dass sich die Mehrzahl der Befragten zutraut, eine Einschätzung zum gesellschaftlichen Ansehen der Bundeswehr abzugeben. Lediglich 1 Prozent wählte im Jahr 2012 die Antwortkategorie »Weiß nicht/keine Angabe«.[21] Weiterhin wird deutlich, dass im Vergleich zum persönlichen Ansehen weniger Bürgerinnen und Bürger der Ansicht sind, die Bundeswehr erfahre auf gesamtgesellschaftlicher Ebene ein hohes Ansehen. Während 34 Prozent angeben, dass sie der Bundeswehr persönlich ein hohes Ansehen entgegenbringen, schmilzt dieser Anteil beim antizipierten

---

21 Es ist darauf hinzuweisen, dass die Kategorien »Weiß nicht« und »keine Angabe« im Interview nicht wie die übrigen Antwortkategorien vorgelesen wurden, um zu verhindern, dass sich zu viele Befragte in diese Antwortkategorien »flüchten«. Es ist anzunehmen, dass die Anteile höher ausgefallen wären, wenn die Antwortkategorien ebenfalls vorgelesen worden wären (vgl. Converse/Presser 1986: 35).

Meinungsklima um 20 Prozentpunkte auf 14 Prozent ab. Gleichzeitig sind die Anteile im durchschnittlichen und geringen Ansehensbereich größer. Offenbar besteht in Teilen der Bevölkerung die Wahrnehmung, dass die Bundeswehr von der Bevölkerungsmehrheit kritischer gesehen wird.

Abbildung 1: Ansehen der Bundeswehr

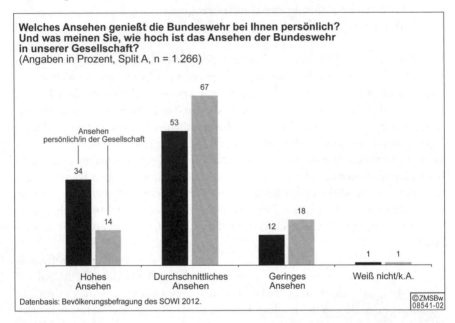

Von großer Bedeutung ist in diesem Zusammenhang, dass es sich bei diesem Befund aus dem Jahr 2012 nicht um eine einmalige Beobachtung handelt, die eventuell durch äußere Umstände hervorgerufen wurde. Die Betrachtung der beiden Fragen im Zeitverlauf zeigt auf, dass die Diskrepanz zwischen persönlicher Einstellung und Meinungsklimawahrnehmung zum Thema Ansehen der Bundeswehr in allen Folgeerhebungen erneut auftritt (vgl. Tabelle 1). In allen betrachteten Jahren gehen die Anteile auf der Positivseite zurück (zwischen -10 und -25 Prozentpunkten) und wachsen gleichzeitig in der Mittelkategorie (zwischen +7 und +18 Prozentpunkten) und in fast allen Jahren auch auf der Negativseite an (zwischen -1 und +6 Prozentpunkten).

Die Anderen und ich 363

Tabelle 1: Ansehen der Bundeswehr im Zeitvergleich

2012 (CATI)	Hohes Ansehen	Durch-schnittliches Ansehen	Geringes Ansehen	Weiß nicht/ k.A.
Persönlich	34	53	12	1
Meinungsklima	14	67	18	1

2013 (CATI)[1]	Eher hohes/ Hohes Ansehen	Teils/teils	Eher geringes/ Geringes Ansehen	Weiß nicht/ k.A.
Persönlich	56	31	13	1
Meinungsklima	32	47	19	2
2014 (CATI)[2]				
Persönlich	49	36	15	0
Meinungsklima	24	51	21	3
2014 (CAPI)				
Persönlich	54	33	11	2
Meinungsklima	39	43	11	7
2015 (CAPI)				
Persönlich	63	25	11	1
Meinungsklima	50	33	13	4
2016 (CAPI)				
Persönlich	60	28	11	2
Meinungsklima	46	38	11	5
2017 (CAPI)				
Persönlich	60	29	10	2
Meinungsklima	50	36	9	5

Anmerkungen: Angaben in Prozent. Einzelne Prozentangaben ergeben mitunter in der Summe nicht 100 Prozent, da sie gerundet wurden. 1) Im Jahr 2013 wurde ein Split-Ballot-Verfahren angewendet. Dargestellt sind die zusammengefassten Werte beider Splits. Zusätzlich wurde die Antwortskala ab 2013 von einer 3-stufigen auf eine 5-stufige Skala erweitert; die Werte der Kategorien »Eher hohes/Hohes Ansehen« sowie »Eher geringes/Geringes Ansehen« werden aus Gründen der Übersichtlichkeit zusammengefasst dargestellt; 2) Im Jahr 2014 wurden die Fragen in zwei Befragungen gestellt: computergestützte telefonische Interviews (CATI) und computergestützte persönliche Interviews (CAPI). Zusätzlich wurden ab 2014 die Frageformulierungen verändert.
Datenbasis: Bevölkerungsbefragungen des SOWI 2012 und des ZMSBw 2013–2017.

Neben der Betrachtung der Indikatoren im Zeitvergleich wurde zudem kritisch hinterfragt und überprüft, ob es sich bei der vorliegenden Beobachtung nicht um ein Resultat von Methodeneffekten handelt. Die zu diesem Zweck durchgeführten statistischen Analysen offenbaren, dass Einflüsse, die durch die verwendete Antwortskala, die Fragenreihenfolge, die Frageformulierung oder die Befragungsmethode hervorgerufen werden, unbedeutend oder gering sind und vernachlässigt werden können (Wanner 2018: 34–44, 2019a: 43–55). Das Phänomen, dass ein Teil der Bevölkerung das Meinungsklima zum Ansehen der Bundeswehr negativer einschätzt, als das Ansehen in der persönlichen Wahrnehmung ist, stellt folglich keine einmalige Beobachtung dar, die eventuell durch äußere Umstände oder Methodeneffekte hervorgerufen wurde, sondern es handelt sich dabei um einen robusten und konsistenten Effekt.

Im Rahmen einer weiteren Studie des ZMSBw wurde das beschriebene Phänomen der Diskrepanz zwischen persönlicher Einstellung und Meinungsklimawahrnehmung zum Thema Ansehen der Bundeswehr erstmalig als eine Ausprägung pluralistischer Ignoranz beschrieben (Wanner 2018: 45–52, 2019a: 56–64). Eine häufig verwendete Definition pluralistischer Ignoranz lautet: »›Pluralistic ignorance‹ is an erroneous cognitive belief shared by two or more people regarding the ideas, sentiments, and actions of other individuals« (O'Gorman 1975: 314). Übertragen auf die Forschung zur öffentlichen Meinung bezeichnet dies die Tatsache, dass Personen die Mehr- und Minderheitsmeinung zu bestimmten Themen in der Gesellschaft falsch einschätzen (Fields/Schuman 1976; Peter/Brosius 2013: 464; Taylor 1982). »Pluralistic ignorance is not ignorance in the ordinary sense of not knowing. On the contrary, it is knowledge of others that is mistakenly considered to be correct« (O'Gorman 1986: 333). Problematisch kann diese Fehleinschätzung werden, wenn sie das Verhalten derjenigen, die diesem Bias unterliegen, beeinflusst. »For example, bystanders fail to intervene in emergency situations, and students fail to ask questions in the classroom, because they mistakenly assume that others believe no intervention or clarification is necessary« (Munsch et al. 2014: 43). Deborah Prentice und Dale Miller konnten in einer ihrer Studien sogar zeigen, dass Studienteilnehmer, die wiederholt zu demselben Thema befragt wurden, ihre persönliche Einstellung zu bestimmten Themen an die der falsch antizipierten Mehrheitsmeinung anpassten (Prentice/Miller 1993: 248). Die Fehleinschätzung gesellschaftlicher Mehr- und Minderheitsverhältnisse zu bestimmten Themen kann somit zu einer Art selbsterfüllender Prophezeiung werden (Lichter 2008: 3647).

Abbildung 2: Aktivitäten mit Bezug zur Bundeswehr

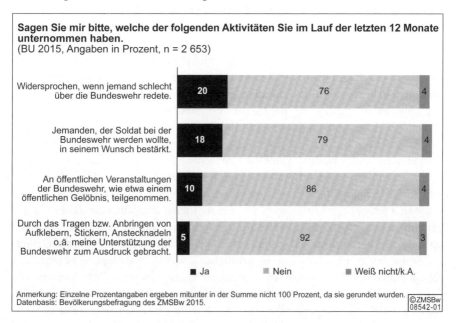

Um herauszufinden, wie es um die öffentliche Rede- oder auch Bekenntnisbereitschaft der Bevölkerung zum Thema Bundeswehr steht, wurde im Jahr 2015 erfragt, ob die Bürgerinnen und Bürger unterschiedliche Aktivitäten mit Bundeswehrbezug in den letzten 12 Monaten durchgeführt haben (vgl. Abbildung 2). Das Ergebnis: Die Bürgerinnen und Bürger setzen sich dann häufiger für die Bundeswehr ein, wenn es sich um eine kleine Öffentlichkeit, wie zum Beispiel in einer Gesprächssituation, handelt (Widersprochen, wenn jemand schlecht über die Bundeswehr redete: 20 Prozent; Jemanden, der Soldat bei der Bundeswehr werden wollte, in seinem Wunsch bestärkt: 18 Prozent). Mit zunehmender Öffentlichkeit und dadurch steigender Sichtbarkeit des eigenen Handelns schwindet hingegen die Bereitschaft, bundeswehrbezogene Aktivitäten durchzuführen (Teilnahme an Veranstaltungen der Bundeswehr: 10 Prozent; Tragen von Anstecknadeln oder Anbringen von Aufklebern zur Unterstützung der Bundeswehr: 5 Prozent).[22] Insgesamt wird die

---

22 Neben der öffentlichen Sichtbarkeit des eigenen Handelns können an dieser Stelle weitere Faktoren wirken, z.B. dass das Führen eines Gesprächs mit weniger Aufwand verbunden ist als die Teilnahme an einer Veranstaltung. Zudem sollte anhand zusätzlicher Indikatoren die grundsätzliche Haltung oder Bereitschaft der Probanden gemessen werden, Anstecker zu tragen oder Aufkleber an das eigene Auto anzubringen.

grundsätzlich positive Haltung zur Bundeswehr, die auf der persönlichen Ebene vorherrscht, nur von maximal einem Fünftel der Bundesbürgerinnen und Bundesbürger in unterstützende und öffentlich sichtbare Handlungen umgesetzt (Wanner 2019b).

Offenbar existiert in Deutschland eine Mehrheit, die sich in demoskopischen Interviews durchaus positiv zur Bundeswehr bekennt, ihre positiven Einstellungen aber nicht in unterstützenden Handlungen zum Ausdruck bringt – dies ist allerdings ein üblicher Befund in der politischen Einstellungs- und Verhaltensforschung, etwa bei Wahlbeteiligung oder politischer Partizipation (z.B. Steinbrecher 2009). Die Gründe für die Fehlwahrnehmung des Meinungsklimas zum Ansehen der Bundeswehr sind vielfältig. Denkbar wäre etwa, dass die Bevölkerung in dieser Hinsicht einem »conservative bias« unterliegt (Breed/Ktsanes 1961: 383). Das beschriebene Phänomen einer schweigenden Mehrheit kann also zutage treten, wenn sich persönliche Einstellungen zu einem Thema wandeln, aber dieser Wandel gesamtgesellschaftlich noch nicht wahrgenommen wird. »Such a lag between attitudes and perceptions will tend to occur in particular in periods of social change, [...] when public attitudes on an issue shift, but perceptions are lagging behind [...]« (Shamir/Shamir 1997: 230). Im vorliegenden Fall könnte diese konservative Haltung zu den Streitkräften, die eher distanzierte und anti-militaristische Einstellung der Bundesbürger beschreiben, die sich aus den Erfahrungen zweier Weltkriege herausbildete. »In Folge dieser Kriege hat sich in Deutschland im Unterschied zu seinen ehemaligen Gegnern jegliche Mythenbildung auf der Grundlage militärischer Erfolge verboten. Gedenktage werden kaum durch militärisches Zeremoniell geprägt und nationale Werte und Interessen nicht a priori durch militärische Gewalt legitimiert. Insoweit beruht die Abstinenz des Militärischen zu einem guten Teil auf Überzeugungen, Denkmustern und Mentalitäten, die sich nach dem Zusammenbruch 1945 herausgebildet haben« (Wagner/Biehl 2013: 25).

Einen weiteren Einflussfaktor stellt die Art der Wahrnehmung der Streitkräfte dar. Für das Entstehen der beobachteten Diskrepanz zwischen persönlicher Einstellung und Meinungsklimawahrnehmung können demnach Informationen verantwortlich sein, die von den Medien zu einem bestimmten Thema bereitgestellt werden.[23] »Die Genauigkeit der Klimaschätzung hängt nicht nur vom

---

23 Vgl. hierzu die Ergebnisse einer wissenschaftlichen Untersuchung, die die Diskrepanz zwischen persönlicher Einstellung und Meinungsklimawahrnehmung zum Ansehen der Bundeswehr erstmalig anhand eines medienzentrierten Untersuchungsansatzes analysiert (Wanner 2018, 2019a). Eine intensivere Mediennutzung, eine persönlich positive Einstellung zur Bundeswehr, die Wahrnehmung einer negativen generellen Medienberichterstattung über die Bundeswehr (Hostile-Media-Wahrnehmung) und die Einschätzung, dass die Medienberichte auf Dritte stärker wirken als auf die eigene Person (Third-Person-

individuellen Bemühen ab, sondern auch von der Adäquatheit der sozialen Umgebung; je inadäquater diese ist, desto wahrscheinlicher ist es, dass Ansichten und Verhaltensweisen der Mehrheit falsch wahrgenommen werden« (Schenk 2007: 543).[24] Schenk betont, dass die Medienberichterstattung häufig nur ganz bestimmte Teile der Umgebung wiedergibt oder dass die Fixierung der Medien auf negative Ereignisse (Negativismus) den Blick der Medienrezipienten in eine ganz bestimmte Richtung lenkt (Schenk 2007: 544). »In Wirklichkeit bevorzugen Presse und Rundfunk bei der von ihnen getroffenen Auswahl selbstverständlich die seltenen Ereignisse; sie verhalten sich dabei anti-repräsentativ« (Hofstätter 1966: 51). Die sogenannte Nachrichtenwert-Theorie besagt, dass gewisse Faktoren einer Nachricht bestimmen, ob diese als berichtenswert eingestuft wird oder nicht. »Der Begriff ›Nachrichtenfaktoren‹ bezeichnet Merkmale von Nachrichten über Ereignisse und Themen, die dazu beitragen, dass diese publikationswürdig beziehungsweise mit Nachrichtenwert versehen werden [...]. Je mehr Nachrichtenfaktoren eine Nachricht aufweist, umso größer ist ihr Nachrichtenwert [...]« (Kepplinger 2008: 3245).

Eine besondere Bedeutung kommt in diesem Zusammenhang den Produzenten der Medienbeiträge zu, denn Journalisten fungieren im Prozess der Nachrichtenentstehung als eine Art »Schleusenwärter« (Gatekeeper), die Inhalte selektieren und durch das Setzen von Prioritäten den Informationsfluss steuern (Jäckel 2011: 225).[25] Im Hinblick auf das Untersuchungsobjekt Bundeswehr zeigen Medienanalysen, dass Negativereignisse, die einen hohen Nachrichtenwert aufweisen, den primären Anlass für die Berichterstattung darstellen (Medien Tenor 2002: 26 f., 2003: 80 f.; Wanner 2015: 186 f.).

Weitere Studien konnten darlegen, dass sich nur wenige Journalisten in Deutschland intensiv mit Sicherheits- und Verteidigungspolitik beschäftigen und sich im Durchschnitt eher links der politischen Mitte einordnen (Lünenborg/Berghofer 2010; Weischenberg et al. 2005, 2006a, 2006b). »[J]ournalists' political leanings, which are in general liberal/left, are reflected in the media and

---

Wahrnehmung), tragen dazu bei, dass das gesellschaftliche Ansehen der Bundeswehr negativer eingeschätzt wird als die persönliche Haltung zu den Streitkräften.

24 »In other words, the media [...] can provide information about climates of opinion that may or may not mesh with reality« (Moy 2008: 167). Oder wie Schulz es noch etwas drastischer formuliert: »Da die Medien ein hochgradig strukturiertes und oft verzerrtes Bild der Wirklichkeit präsentieren und da die Menschen ihr Verhalten – wenigstens teilweise – an diesem Bild der Wirklichkeit ausrichten, haben die Massenmedien einen starken Einfluß auf das Individuum und auf die Gesellschaft insgesamt« (Schulz 1989: 140).

25 Weiterführende Literatur zum Gatekeeper-Konzept: Jäckel (2012: 51 f.), McCombs und Shaw (1976), Robinson (1973), Snider (1967), White (1950) sowie Whitney und Becker (1982).

at times mold a climate that does not reveal the actual distribution of opinion in society« (Shamir/Shamir 1997: 231). Bezogen auf das Untersuchungsobjekt Bundeswehr können diese Faktoren dazu beitragen, dass eine Überbetonung einer eher bundeswehrkritischen Perspektive in der generellen Medienberichterstattung wahrgenommen wird (»news bias«) (Staab 1990: 27).

Auch methodische Aspekte können das beschriebene Antwortverhalten der Befragten bedingen. Soziale Erwünschtheit[26] kann weitreichende Implikationen für die Messung der persönlichen Einstellung, aber auch die Meinungsklimawahrnehmung haben, da eine positive Selbstbeschreibung mit einer eher negativen Beschreibung der Meinung der anderen einhergehen kann. Der Hinweis der Interviewer zum Gesprächseinstieg, dass es sich um eine Studie zu aktuellen gesellschaftlichen Themen handelt, könnte die Befragten dazu veranlassen, so zu antworten, wie ihrer Ansicht nach ein »guter Bürger« auf diese Frage antworten würde (moralischer Bias) (Kemper et al. 2012: 8). Weiterhin ist denkbar, dass die Befragten auf der persönlichen Ebene eher sozial erwünscht oder im Sinne des antizipierten Auftraggebers der Studie antworten (Sponsorship-Effekt) und ihre tatsächliche Einstellung in der Antwort auf die Meinungsklimafrage ausdrücken. Eine weitere Möglichkeit besteht darin, dass der Effekt der sozialen Erwünschtheit auf die Beantwortung der Fragen nach der persönlichen Einstellung und dem antizipierten Meinungsklima gleichermaßen wirkt. In zukünftigen Forschungsarbeiten, die einen methodischen Schwerpunkt aufweisen, sollte der Frage eines möglichen Einflusses der sozialen Erwünschtheit genauer nachgegangen werden.

5 Fazit

Im vorliegenden Beitrag wurde herausgearbeitet, dass sich die Mehrheit der Bevölkerung eine Meinungsklimaeinschätzung im Rahmen eines demoskopischen Interviews zutraut. Dies muss jedoch nicht zwangsläufig bedeuten, dass die Bevölkerung die Mehrheitsverhältnisse zu bestimmten Themen genauso wahrnimmt, wie es die Ergebnisse der Umfrageforschung vermuten lassen. Vielmehr zeigt sich oft, dass Menschen ungerechtfertigte Annahmen über Gedanken, Gefühle und

---

26 »Unter sozial erwünschtem Antwortverhalten versteht man die Neigung von Befragten, ihre Antworten danach auszurichten, was innerhalb des normativen Systems ihrer Bezugswelt als sozial anerkannt und erwünscht gilt, wodurch der ›wahre Wert‹ verzerrt wird (social desirability bias, SDB)« (Möhring/Schlütz 2010: 61; vgl. dazu auch Diekmann 2013: 447–451; Klein/Kühhirt 2010; Reinecke 1992: 26 f.; Schnell 2012: 58 f.).

das Verhalten von Mitmenschen treffen (O'Gorman 1975: 314; Huck 2009: 57). Erwin Atwood und Ann Marie Major schlussfolgerten, nachdem sie sich einen Überblick über existierende Studien zur Meinungsklimawahrnehmung verschafft hatten: »In short, most people are not accurate at assessing the beliefs and opinions of others« (Atwood/Major 1996: 163). Die Befragten unterliegen oftmals pluralistischer Ignoranz, sie schätzen die Mehr- und Minderheitsmeinung zu bestimmten Themen in der Gesellschaft falsch ein. Auch in Bezug auf das Forschungsfeld Bundeswehr zeigen empirische Daten eine Diskrepanz zwischen der persönlichen Einstellung und dem wahrgenommenen Meinungsklima zum Thema Ansehen der Bundeswehr.

Es bleibt festzuhalten, dass die Meinungsklimawahrnehmung zu unterschiedlichen Themen von einer Reihe von Faktoren beeinflusst wird. Neben der direkten Wahrnehmung im persönlichen Lebensumfeld oder der indirekten medienvermittelten Wahrnehmung von Ansichten und Meinungsverteilungen können auch interne Prozesse, wie die persönliche Einstellung oder das »Involvement« gegenüber bestimmten Themen, von Relevanz sein. Diese unterschiedlichen Einflussfaktoren sollten im Rahmen zukünftiger Forschungsarbeiten analysiert werden, um das Phänomen der pluralistischen Ignoranz und die Konsequenzen, die daraus zum Beispiel für die öffentliche Rede- und Bekenntnisbereitschaft erwachsen können, besser zu verstehen.

Aus methodischer Sicht sollten zudem systematische Reliabilitätsanalysen durchgeführt werden, um zu überprüfen, ob die in der Meinungsklimaforschung verwendeten Indikatoren tatsächlich dazu geeignet sind, zuverlässig das wahrgenommene Meinungsklima empirisch zu erfassen. Auch die Verwendung der Methode der gegabelten Befragung (Split-Ballot-Verfahren), also die Verwendung unterschiedlicher Fragestellungen zur Messung eines Sachverhalts, sowie Mehrmethodendesigns, zum Beispiel die Kombination von quantitativen und qualitativen Methoden oder die Kombination von Umfrage- und Medieninhaltsanalysedaten, könnten zur Güte der empirischen Erfassung des wahrgenommenen Meinungsklimas in der Bevölkerung beitragen.

Literatur

Alwin, Duane F./Beattie, Brett A. (2016): The KISS Principle in Survey Design: Question Length and Data Quality. In: Sociological Methodology, 46: 1, 121–152.

Asch, Solomon E. (1963): Effects of Group Pressure upon the Modification and Distortion of Judgments. In: Guetzkow, Harold S. (Hrsg.): Groups, Leadership and Men: Research in Human Relations. New York/NY: Russel & Russel, 177–190.

Asch, Solomon E. (1966): Effects of Group Pressure upon the Modification and Distortion of Judgments. In: Campbell, James H./Hepler, Hal W. (Hrsg.): Dimensions in Communication: Readings. 4. Aufl. Belmont/CA: Wadsworth.

Asch, Solomon E. (1987): Group Forces in the Modification and Distortion of Judgments. In: ders.: Social Psychology. Oxford et al.: Oxford University Press, 450–501.

Atwood, Erwin L./Major, Ann Marie (1996): Good-Bye, Gweilo. Public Opinion and the 1997 Problem in Hong Kong. New Jersey/NJ: Hampton Press.

Blumer, Herbert (1948): Public Opinion and Public Opinion Polling. In: American Sociological Review, 13: 5, 542–549.

Böning, Holger (1989): Französische Revolution und deutsche Öffentlichkeit. In: Publizistik, 34: 4, 405–423.

Breed, Warren/Ktsanes, Thomas (1961): Pluralistic Ignorance in the Process of Opinion Formation. In: Public Opinion Quarterly, 25: 3, 382–392.

Childs, Harwood L. (1965): Public Opinion: Nature, Formation, and Role. Princeton/NJ: D. van Nostrand Company.

Converse, Philip Ernest (1970): Attitudes and Non-Attitudes: Continuation of a Dialogue. In: Edward R. Tufte (Hrsg.): Quantitative Analysis of Social Problems. Reading: Addison-Wesley, 168–189.

Converse, Jean M./Presser, Stanley (1986): Survey Questions. Handcrafting the Standardized Questionnaire. Beverly Hills/CA: Sage Publications.

Cronbach, Lee J. (1951): Coefficient Alpha and the Internal Structure of Tests. In: Psychometrika, 16: 3, 297–334.

Davison, W. Phillips (1968): Public Opinion: Introduction. In: Sills, David L. (Hrsg.): International Encyclopedia of the Social Sciences. Vol. 13: Psyc to Samp. New York/NY: The Macmillan Company & The Free Press, 188–197.

Diekmann, Andreas (2013): Empirische Sozialforschung. Grundlagen, Methoden, Anwendungen. 7. Aufl. Reinbek b. Hamburg: Rowohlt Taschenbuch Verlag.

Donsbach, Wolfgang/Stevenson, Robert L. (1986): Herausforderungen, Probleme und empirische Evidenzen der Theorie der Schweigespirale. In: Publizistik, 31: 8, 7–34.
Eichhorn, Wolfgang (2015): Emotionspsychologie. In: Pürer, Heinz (Hrsg.): Kommunikationswissenschaft als Sozialwissenschaft. Konstanz: UVK, 115–148.
Fields, James M./Schuman, Howard (1976): Public Beliefs About the Beliefs of the Public. In: Public Opinion Quarterly, 40: 4, 427–448.
Fraenkel, Ernst (1968): Deutschland und die westlichen Demokratien. 4., unveränderte Aufl. Stuttgart: W. Kohlhammer Verlag.
Gallus, Alexander/Lühe, Marion (1998): Öffentliche Meinung und Demoskopie. Opladen: Leske + Budrich.
Gollin, Albert E. (1980): Exploring the Liason Between Polling and the Press. In: Public Opinion Quarterly, 44: 4, 445–461.
Gunther, Albert C./Christen, Cindy T. (2002): Projection or Persuasive Press? Contrary Effects of Personal Opinion and Perceived News Coverage of Estimates of Public Opinion. In: Journal of Communication, 52: 1, 177–195.
Habermas, Jürgen (1965): Strukturwandel der Öffentlichkeit. Untersuchungen zu einer Kategorie der bürgerlichen Gesellschaft. 2. durchgesehene Aufl. Neuwied: Luchterhand.
Hayes, Andrew F./Shanahan, James/Glynn, Carroll J. (2001): Willingness to Express One's Opinion in a Realistic Situation as a Function of Perceived Support for That Opinion. In: International Journal of Public Opinion Research, 13: 1, 45–58.
Hofstätter, Peter R. (1966): Dynamik der Kommunikation. In: Becker, Karl/Siegel, Karl-August (Hrsg.): Dynamik der Kommunikation. Referate von der Jahrestagung der Katholischen Rundfunk- und Fernseharbeit in Deutschland 1966 in Hamburg. Frankfurt a.M.: Verlag Josef Knecht, 42–56.
Huck, Inga (2009): Wahrnehmungen und Wahrnehmungsphänomene im Agenda-Setting-Prozess. Baden-Baden: Nomos.
Irwin, Galen A./van Holsteyn, Joop J. M. (2002): According to the Polls. The Influence of Opinion Polls on Expectations. In: Public Opinion Quarterly, 66: 1, 92–104.
Jäckel, Michael (2011): Medienwirkungen. Ein Studienbuch zur Einführung. 5., vollst. überarb. und erw. Aufl. Wiesbaden: VS Verlag für Sozialwissenschaften.
Jäckel, Michael (2012): Medienwirkungen kompakt. Einführung in ein dynamisches Forschungsfeld. Wiesbaden: Springer VS.
Jacob, Rüdiger/Heinz, Andreas/Décieux, Jean Philippe (2013): Umfrage. Einführung in die Methoden der Umfrageforschung. München: Oldenbourg Verlag.

Kemper, Christoph J./Beierlein, Constanze/Bensch, Doreen/Kovaleva, Anastassiya/ Rammstedt, Beatrice (2012): Eine Kurzskala zur Erfassung des Gamma-Faktors sozial erwünschten Antwortverhaltens: Die Kurzskala Soziale Erwünschtheit-Gamma (KSE-G). GESIS-Working Papers 2012/25. Mannheim: GESIS – Leibniz-Institut für Sozialwissenschaften.

Kepplinger, Hans Mathias (2008): News Factors. In: Donsbach, Wolfgang (Hrsg.): The International Encyclopedia of Communication. Vol. 7. Media Corporations, Forms of – Objectivity in Reporting. New York/NY: John Wiley & Sons, 3245–3248.

Key, Vladimir O. (1961): Public Opinion and American Democracy. New York/NY: Alfred A. Knopf.

Kim, Sei-Hill/Han, Miejeong/Shanahan, James/Berdayes, Vicente (2004): Talking on ›Sunshine in North Korea‹: A Test of the Spiral of Silence as a Theory of Powerful Mass Media. In: International Journal of Public Opinion Research, 16: 1, 39–62.

Klein, Markus/Kühhirt, Michael (2010): Sozial erwünschtes Antwortverhalten bezüglich der Teilung häuslicher Arbeit. Die Interaktion von Interviewergeschlecht und Befragtenmerkmalen in Telefoninterviews. In: Methoden – Daten – Analysen, 4: 2, 79–104.

Lazarsfeld, Paul F./Berelson, Bernard/Gaudet, Hazel (1948): The People's Choice. How the Voter Makes Up his Mind in a Presidential Campaign. New York/NY: Columbia University Press.

Lichter, Robert S. (2008): Pluralistic Ignorance and Ideological Bias. In: Donsbach, Wolfgang (Hrsg.): The International Encyclopedia of Communication. Malden/MA: Blackwell Publishing, 3647–3649.

Lünenborg, Magreth/Berghofer, Simon (2010): Politikjournalistinnen und -journalisten. Aktuelle Befunde zu Merkmalen und Einstellungen vor dem Hintergrund ökonomischer und technologischer Wandlungsprozesse im deutschen Journalismus. Eine Studie im Auftrag des Deutschen Fachjournalisten-Verbandes (DFJV). Berlin: Freie Universität Berlin, Institut für Publizistik und Kommunikationswissenschaft.

Mackinnon, William A. (1828): On the Rise, Progress, and Present State of Public Opinion, in Great Britain, and Other Parts of the World. London: Saunders and Otley.

McCombs, Maxwell E./Shaw, Donald L. (1976): Structuring the »Unseen Environment«. In: Journal of Communication, 28: 2, 18–22.

Medien Tenor (2002): Ohne Glanz und Gloria. Das Medienbild der Bundeswehr und des Verteidigungsministers Januar 2001 bis Juni 2002. Forschungsbericht 124, 26–27.

Medien Tenor (2003): Ham' Se jedient? Das Bundeswehr-Bild im Wandel. Darstellung der Bundeswehr in deutschen Meinungsführermedien Januar 2001 bis Juli 2003. Forschungsbericht 139, 80–81.

Möhring, Wiebke/Schlütz, Daniela (2010): Die Befragung in der Medien- und Kommunikationswissenschaft. Eine praxisorientierte Einführung. 2., überarb. Aufl. Wiesbaden: VS Verlag für Sozialwissenschaften.

Moosbrugger, Helfried/Kelava, Augustin (Hrsg.) (2012): Testtheorie und Fragebogenkonstruktion. 2., akt. u. überarb. Aufl. Berlin/Heidelberg: Springer-Verlag.

Moy, Patricia (2008): Pluralistic Ignorance and Nonattitudes. In: Donsbach, Wolfgang/Traugott, Michael W. (Hrsg.): The Sage Handbook of Public Opinion Research. London: Sage Publications, 164–176.

Munsch, Christin L./Ridgeway, Cecilia L./Williams, Joan C. (2014): Pluralistic Ignorance and the Flexibility Bias: Understanding and Mitigating Flextime and Flexplace Bias at Work. In: Work and Occupations, 41: 1, 40–62.

Neuwirth, Kurt/Frederick, Edward (2004): Peer and Social Influence on Opinion Expression: Combining the Theories of Planned Behavior and the Spiral of Silence. In: Communication Research, 31: 6, 669–703.

Noelle-Neumann, Elisabeth (1989): Öffentliche Meinung. Die Entdeckung der Schweigespirale. Frankfurt a.M.: Ullstein.

Noelle-Neumann, Elisabeth (1992): Antwort auf Dieter Fuchs, Jürgen Gerhards und Friedhelm Neidhardt: Öffentliche Kommunikationsbereitschaft. In: Zeitschrift für Soziologie, 21: 5, 385–388.

Noelle-Neumann, Elisabeth (2001): Die Schweigespirale. Öffentliche Meinung – unsere soziale Haut. München: Langen Müller.

Noelle-Neumann, Elisabeth (2009): Öffentliche Meinung. In: Noelle-Neumann, Elisabeth/Schulz, Winfried/Wilke, Jürgen (Hrsg.): Fischer Lexikon Publizistik Massenkommunikation. Frankfurt a.M.: Fischer Taschenbuch Verlag, 427–442.

Noelle-Neumann, Elisabeth/Petersen, Thomas (2005): Alle, nicht jeder. Einführung in die Methoden der Demoskopie. 4. Aufl. Berlin: Springer Verlag.

O'Gorman, Hubert J. (1975): Pluralistic Ignorance and White Estimates of White Support for Racial Segregation. In: Public Opinion Quarterly, 39: 3, 313–330.

O'Gorman, Hubert J. (1986): The Discovery of Pluralistic Ignorance. An Ironic Lesson. In: Journal of the History of the Behavioral Sciences, 22: 4, 333–347.

Oncken, Hermann (1914 [1904]): Politik, Geschichtsschreibung und öffentliche Meinung. In: ders. (1914): Historisch-politische Aufsätze und Reden. Bd. 1. München: R. Oldenbourg Verlag, 203–243.

Peter, Christina/Brosius, Hans-Bernd (2013): Wahrnehmungsphänomene. In: Schweiger, Wolfgang/Fahr, Andreas (Hrsg.): Handbuch Medienwirkungsforschung. Wiesbaden: Springer VS, 463–480.

Porst, Rolf (2014): Frageformulierung. In: Baur, Nina/Blasius, Jörg (Hrsg.): Handbuch Methoden der empirischen Sozialforschung. Wiesbaden: Springer VS, 687–699.

Prentice, Deborah A./Miller, Dale T. (1993): Pluralistic Ignorance and Alcohol Use on Campus: Some Consequences of Misperceiving the Social Norm. In: Journal of Personality and Social Psychology, 64: 2, 243–256.

Reinecke, Jost (1992): Interviewer- und Befragtenverhalten: Theoretische Ansätze und methodische Konzepte. Opladen: Westdeutscher Verlag.

Robinson, Gertrude J. (1973): Fünfundzwanzig Jahre »Gatekeeper«-Forschung: Eine kritische Rückschau und Bewertung. In: Aufermann, Jörg/Bohrmann, Hans/Sülzer, Rolf (Hrsg.): Gesellschaftliche Kommunikation und Information. Forschungsrichtungen und Problemstellungen. Ein Arbeitsbuch zur Massenkommunikation. Frankfurt a.M.: Athenäum Verlag, 344–355.

Roessing, Thomas (2009): Öffentliche Meinung – die Erforschung der Schweigespirale. Baden-Baden: Nomos.

Roessing, Thomas (2011): Schweigespirale. Baden-Baden: Nomos.

Roessing, Thomas (2013): Öffentliche Meinung. In: Schweiger, Wolfgang/Fahr, Andreas (Hrsg.): Handbuch Medienwirkungsforschung. Wiesbaden: Springer VS, 481–494.

Rogers, Lindsay (1949): The Pollsters. Public Opinion, Politics, and Democratic Leadership. New York/NY: Alfred A. Knopf.

Sader, Manfred (2000): Psychologie der Gruppe. 7. Aufl. Weinheim: Juventa Verlag.

Schenk, Michael (2007): Medienwirkungsforschung. 3., vollst. überarb. Aufl. Tübingen: Mohr Siebeck.

Scherer, Helmut (1990): Massenmedien, Meinungsklima und Einstellung. Eine Untersuchung zur Theorie der Schweigespirale. Opladen: Westdeutscher Verlag.

Scherer, Helmut/Tiele, Annekaryn/Naab, Teresa (2006): Die Theorie der Schweigespirale: methodische Herausforderungen und empirische Forschungspraxis. In: Wirth, Werner/Fahr, Andreas/Lauf, Edmund (Hrsg.): Forschungslogik und -design in der Kommunikationswissenschaft. Band 2: Anwendungsfelder in der Kommunikationswissenschaft. Köln: Herbert von Halem Verlag, 107–138.

Schnell, Rainer (2012): Survey-Interviews. Methoden standardisierter Befragungen. Wiesbaden: VS Verlag für Sozialwissenschaften.

Schnell, Rainer/Hill, Paul B./Esser, Elke (1999): Methoden der empirischen Sozialforschung. 6. Aufl. München: Oldenbourg-Verlag.

Schulz, Winfried (1989): Massenmedien und Realität. Die »ptolemäische« und die »kopernikanische« Auffassung. In: Kaase, Max/Schulz, Winfried (Hrsg.): Massenkommunikation. Theorien, Methoden, Befunde. Opladen: Westdeutscher Verlag, 135–149.

Shamir, Jacob/Shamir, Michal (1997): Pluralistic Ignorance Across Issues and Over Time: Information Cues and Biases. In: Public Opinion Quarterly, 61: 2, 227–260.

Snider, Paul B. (1967): »Mr. Gates« Revisited: A 1966 Version of the 1949 Case Study. In: Journalism & Mass Communication Quarterly, 44: 3, 419–427.

Steinbrecher, Markus (2009): Politische Partizipation in Deutschland. Baden-Baden: Nomos.

Steinbrecher, Markus/Biehl, Heiko/Höfig, Chariklia/Wanner, Meike (2016): Sicherheits- und verteidigungspolitisches Meinungsklima in der Bundesrepublik Deutschland. Ergebnisse und Analysen der Bevölkerungsbefragung 2016. Forschungsbericht 114. Potsdam: Zentrum für Militärgeschichte und Sozialwissenschaften der Bundeswehr.

Staab, Joachim Friedrich (1990): Nachrichtenwert-Theorie. Formale Struktur und empirischer Gehalt. München: Alber.

Taylor, Garth D. (1982): Pluralistic Ignorance and the Spiral of Silence: A Formal Analysis. In: Public Opinion Quarterly, 46: 3, 311–335.

Tönnies, Ferdinand (2006 [1922]): Kritik der öffentlichen Meinung. Saarbrücken: Verlag Dr. Müller.

Wagner, Armin/Biehl, Heiko (2013): Bundeswehr und Gesellschaft. In: Aus Politik und Zeitgeschichte, 63: 44, 23–30.

Wanner, Meike (2015): Die mediale Darstellung der Bundeswehr. Analyse von Einflüssen auf die öffentliche Wahrnehmung und Bewertung der Streitkräfte. In: Biehl, Heiko/Schoen, Harald (Hrsg.): Sicherheitspolitik und Streitkräfte im Urteil der Bürger. Theorien, Methoden, Befunde. Wiesbaden: Springer VS, 179–205.

Wanner, Meike (2018): Die Diskrepanz zwischen persönlicher Einstellung und Meinungsklimaforschung. Empirische Analysen zum Thema Ansehen der Bundeswehr. Dissertation. Universität Potsdam.

Wanner, Meike (2019a): Das Ansehen der Bundeswehr. Persönliche Einstellung versus Meinungsklimawahrnehmung. Baden-Baden: Nomos.

Wanner, Meike (2019b): Die Deutschen und die Bundeswehr. Die schweigende Mehrheit steht hinter den Streitkräften. In: if – Zeitschrift für Innere Führung, 1/2019, 69–75.

Warner, Lucien (1939): The Reliability of Public Opinion Surveys. In: Public Opinion Quarterly, 3: 3, 376–390.

Weischenberg, Siegfried/Malik, Maja/Scholl, Armin (2005): Journalismus in Deutschland. Hamburg/Münster: Universität Hamburg/Westfälische Wilhelms-Universität Münster.
Weischenberg, Siegfried/Malik, Maja/Scholl, Armin (2006a): Die Souffleure der Mediengesellschaft. Report über die Journalisten in Deutschland. Konstanz: UVK.
Weischenberg, Siegfried/Malik, Maja/Scholl, Armin (2006b): Journalismus in Deutschland 2005. Zentrale Befunde der aktuellen Repräsentativbefragung deutscher Journalisten. In: Media-Perspektiven, 7/2006, 346–361.
White, David M. (1950): The »Gate Keeper«: A Case Study in the Selection of News. In: Journalism & Mass Communication Quarterly, 27: 4, 383–390.
Whitney, Charles D./Becker, Lee B. (1982): »Keeping the Gates« for Gatekeepers: The Effects of Wire News. In: Journalism & Mass Communication Quarterly, 59: 1, 60–65.

»Haben Se jedient?« Biografieforschung und Militär

Nina Leonhard

1 Einleitung

Dem Militär wird nicht nur äußerlich ein Hang zum Uniformen nachgesagt – und das aus gutem Grund. Klassische militärische Tugenden wie Disziplin und Kameradschaft verweisen darauf, dass in Streitkräften formale Vorgaben, Befehle und die Belange der Gruppe Vorrang haben sollen vor den Interessen und Bedürfnissen der einzelnen Soldatinnen und Soldaten. Militärisches Handeln ist organisiertes und damit arbeitsteiliges Handeln, das, um zu funktionieren, auf ein abgestimmtes Zusammenspiel von vielen abzielt. Vom anwendungsorientierten Zweig der militärsoziologischen Einstellungsforschung einmal abgesehen, wurden Soldaten in der Soziologie daher lange Zeit vornehmlich als Objekte militärischer Zurichtungsprogramme untersucht (z.b. Treiber 1973; Bröckling 1997); als individuell handelnde Subjekte rückten diese am ehesten in der Rolle des militärischen Führers in den Blick, der unter von außen vorgegebenen Bedingungen bestimmte Handlungsspielräume vorfindet oder sich diese suchen muss, um seiner Führungsrolle gerecht zu werden.[1]

Dies änderte sich mit der subjektorientierten Wende, die sich in Reaktion auf die zuvor dominierenden strukturfunktionalistischen Ansätze im Verlauf der 1970er- und 1980er-Jahre in den Sozialwissenschaften durchsetzte und unter anderem eine institutionelle Etablierung der Biografieforschung bewirkte. 1979 gründete sich eine »Arbeitsgruppe Biografieforschung« in der Deutschen Gesellschaft für Soziologie (DGS), die 1986 als »Sektion Biografieforschung« anerkannt wurde und bis heute fortbesteht (Fuchs-Heinritz 2010: 96). Diese Hinwendung zum Subjekt fand in der militärbezogenen Sozialisationsforschung (z.B. Birckenbach 1985) sowie insbesondere in der militärsoziologischen Geschlechterforschung (etwa: Seifert 1996) ihren Niederschlag. Auch die individuelle Erfahrungsdimension im Kontext von Militär und Krieg hat seitdem eine stärkere wissenschaftliche Berücksichtigung erfahren: thematisch zunächst vor allem auf den Zweiten Weltkrieg bezogen, seit

---

1 Die Verwendung der maskulinen Form erfolgt hier mit Absicht: Die Figur einer militärischen Führerin gibt es meines Wissens im Kontext regulärer Streitkräfte bislang nicht, auch wenn der Dienst von Soldatinnen nicht nur in der Bundesrepublik seit Jahrzehnten zum militärischen Alltag gehört.

den 1990er-Jahren auch hinsichtlich der Erfahrungen des politischen Umbruchs von 1989/90 und der Auslandseinsätze der Bundeswehr.

Im Folgenden wird dieses Forschungsfeld nach einer Rekapitulation der grundlegenden theoretischen wie methodischen Prämissen der sozialwissenschaftlichen Biografieforschung (Abschnitt 2) überblicksartig beschrieben (Abschnitt 3), bevor abschließend Möglichkeiten und Grenzen biografischer Ansätze für die Militärsoziologie diskutiert werden (Abschnitt 4).

2 Biografie(n): Soziale Form und methodischer Ansatz

Der Begriff »Biografie« setzt sich aus den griechischen Wörtern »bios« (Leben) und »gráphein« (schreiben) zusammen und bezeichnet die Darstellung beziehungsweise Erzählung des eigenen Lebens oder das einer anderen Person.[2] Als (wissenschaftliches) Konzept steht die Biografie zunächst allgemein für eine bestimmte Form medial gestützter Repräsentation des Vergangenen und damit für eine Form von sozialem Gedächtnis (vgl. Leonhard 2018): Was mündlich, schriftlich oder bildlich und zumeist narrativ, also in Gestalt einer Erzählung mit einem Anfang und einem Ende, dargestellt wird, ist kein genaues Abbild eines Lebens, sondern eine Auswahl bestimmter Ereignisse und Erlebnisse, die nachträglich gedeutet und mit Sinn versehen werden. Kulturell bedingte Vorstellungen von Zeit und Zeitlichkeit spielen ebenso eine Rolle wie die sozialen Gegebenheiten, nach denen sich bestimmt, was über wen als erzählenswert gilt und was nicht – und wer als Erzähler(in) hierfür infrage kommt.

Als Darstellungsform oder Textgattung lässt sich die Biografie bis in die Antike zurückverfolgen. Als Beschreibung des eigenen Lebens, also als autobiografische Kommunikation verstanden, ist die Biografie allerdings ein Kennzeichen und Produkt moderner Gesellschaften und erscheint vor allem in diesem Sinne als soziologisch relevant. Demnach ist die Möglichkeit, aber auch die Notwendigkeit, das eigene Leben sich selbst und anderen gegenüber zu vergegenwärtigen, als Folge von Individualisierungsprozessen zu fassen, die erst mit dem historischen Übergang in die Moderne und der damit verbundenen Ausdifferenzierung funktionaler Teilsysteme und entsprechender sozialer Rollen eingeleitet wurde. Durch die Freisetzung der Menschen aus traditionellen sozialen Bindungen haben sich die Möglichkeiten individueller Lebensführung erhöht. Damit gestiegen ist zugleich die Notwendigkeit, die Gestaltung des eigenen Lebens individuell zu begründen, und zwar in Auseinandersetzung mit den (vor)gegebenen Vorstellungen eines

---

2 Dieser Abschnitt beruht in Teilen auf der Darstellung in Leonhard (2016: Kap. 4.2).

»sozial anerkennungsfähigen Lebens« (Bude 1984: 12). Das bedeutet nicht, dass jeder und jede sein beziehungsweise ihr Leben unter modernen Bedingungen völlig eigenständig »lebt«. Strukturelle Rahmenbedingungen und soziale Erwartungen entscheiden auch heutzutage darüber, welche Arten der Lebensführung überhaupt zur Disposition stehen. Dennoch ist entscheidend, »*wie* sich die Individuen mit ihren Erfahrungen, Ansprüchen und Ressourcen auf die ungleich verteilten Optionen und Handlungsspielräume im Lebensverlauf beziehen« (Heinz 2000: 166, Hervorhebung im Original) und so ihr Leben gestalten. Beide Dimensionen des individuellen Lebens – die objektiven Bedingungen und Möglichkeiten ebenso wie die subjektive Auseinandersetzung damit – fallen in der Biografie eines Menschen folglich zusammen, wobei vor allem Ersteres erst durch Letzteres zugänglich wird: indem die Umstände, Ereignisse und Entscheidungen als ›Erfahrung‹ reflektiert und kommunikativ vergegenwärtigt werden.

An dieser prinzipiellen Mehrdeutigkeit biografischer Kommunikation setzt die sozialwissenschaftliche Biografieforschung auch methodisch an. Drei zentrale Analyseperspektiven lassen sich unterscheiden (vgl. Wohlrab-Sahr 2002; Kauppert 2010: 32–88):
– Ein erster Ansatz untersucht unter *retrospektiven* Gesichtspunkten die Art der individuellen Erfahrungsaufschichtung und somit die Frage, wie bestimmte Ereignisse oder Erlebnisse von der oder dem Einzelnen erfahren und in diesem Sinn verarbeitet wurden. Anhand der (auto)biografischen Darstellung erhält man demnach Auskunft darüber, wie, das heißt aufgrund welcher Erfahrungen, jemand so oder so »geworden« ist (z.B. Schütze 1983a; Rosenthal 1995).
– Ein zweiter Ansatz hebt unter *prospektiven* Gesichtspunkten darauf ab, die im Verlauf des bisherigen Lebens ausgebildete Struktur der individuellen Lebensführung zu rekonstruieren. Die (auto)biografische Darstellung gibt demnach Auskunft darüber, wie, das heißt nach welchen handlungsleitenden Regeln und Maximen, jemand sein oder ihr Leben »lebt« (z.B. Bude 1987; Weihrich 1998; Krähnke et al. 2017).
– Ein dritter Ansatz interessiert sich für die Typen und Strukturmerkmale der *Kommunikation* über das eigene Leben. Die (auto)biografische Darstellung gibt demnach Auskunft darüber, wie lebensgeschichtliche Erfahrungen kommunikativ dargestellt (z.B. Ulmer 1988; Koller 1993) und tradiert werden können (z.B. Welzer et al. 1997).

Ungeachtet der konkreten Fragestellung gibt es ein Erkenntnisinteresse, das die meisten biografischen Studien übergreifend verbindet. Dieses hebt auf die Erforschung des Verhältnisses von subjektiven und objektiven Entwicklungsprozessen ab, wobei sowohl Veränderungen im individuellen Lebensverlauf (wie Berufseinstieg, Arbeitslosigkeit, Krankheit, religiöse Konversion etc.) als auch Rückwirkungen von Makroereignissen (wie ein Krieg, Wirtschaftskrisen, ein politischer Systemwechsel etc.) auf der Mikroebene den Ausgangspunkt bilden können. Vor allem hier liegen – trotz vieler Gemeinsamkeiten – auch die Unterschiede zur geschichtswissenschaftlichen Biografieforschung begründet:[3] Die geschichtswissenschaftliche Biografieforschung interessiert sich eher für das individuell *Besondere* – klassischerweise für herausragende Persönlichkeiten (wie Herrscher und Königinnen, Generale und Politikerinnen), die (sich) einen *eigenen* Namen (gemacht) haben. Hier ist die Biografie ein etabliertes und verbreitetes Textgenre, um Erkenntnisse über Entwicklung und Wirkung einer Person in der Vergangenheit zu *vermitteln* (vgl. Epkenhans et al. 2006: X f.). Die historiografische Aufmerksamkeit richtet sich entsprechend auf die faktengetreue und quellengesättigte Beschreibung eines Lebensweges in Form einer Lebensgeschichte; die Konstruktionsmechanismen dieser Geschichte werden nur indirekt beleuchtet, sind aber – anders als in soziologischen Biografiestudien – kein eigener Bestandteil der Analyse beziehungsweise der Darstellung. Anschlussmöglichkeiten zu allgemeinen sozialtheoretischen Konzepten und Debatten sind deswegen zwar nicht ausgeschlossen, aber auch nicht üblich. Dagegen zielt die sozialwissenschaftliche Biografieforschung in der Regel darauf ab, bei absichtlich namenlos bleibenden Personen, das heißt anhand anonymisierten (auto)biografischen Datenmaterials, *typische* Wahrnehmungs-, Deutungs- und Handlungsmuster zu identifizieren. In der Soziologie haben deshalb biografische Fallstudien zur Illustration *allgemeiner* Verläufe, Handlungen und Erfahrungen Konjunktur. Die sozialen Regeln und Mechanismen, die diese typischen Verläufe, Handlungen und Erfahrungen generieren, werden idealiter zulasten der Beschreibung der betrachteten individuellen Lebenswege an und für sich hervorgehoben.

Die weiteren Ausführungen konzentrieren sich vor diesem Hintergrund auf die sozialwissenschaftliche Biografieforschung im engen Sinne. In materieller Hinsicht stützen sich solche Arbeiten in der Regel auf die Auswertung (auto)biografischer Quellen, die entweder speziell für diesen Zweck generiert wurden (z.B. in Form von Interviews) oder die in anderen Kontexten entstanden und hierfür genutzt werden

---

[3] Die Übergänge zwischen den Sozial- und Geschichtswissenschaften sind bekanntermaßen fließend. Die hier vorgenommene Gegenüberstellung des jeweiligen Umgangs mit Biografien ist daher idealtypisch zu verstehen – wohlwissend, dass insbesondere die Oral-History-Forschung (klassisch: Niethammer/Plato 1989; Niethammer et al. 1991) ein ähnlicher Umgang mit autobiografischen Zeugnissen kennzeichnet wie der auf die Erfahrungsrekonstruktion abhebende Zweig der soziologischen Biografieforschung (siehe oben); oder dass in neueren militärhistorischen Arbeiten neben Generalen mitunter auch die (Kollektiv-)Biografien »unbekannter« Soldaten niedrigerer Dienstgrade behandelt werden (z.B. Hammerich/Schlaffer 2011).

können. In selteneren Fällen kommen auch quantitative Erhebungsmethoden (Fragebogenbefragungen) zur Anwendung.[4]

Dass biografische Kommunikation alltäglich auf ganz verschiedene Weise stattfindet und demnach ganz unterschiedlich analysiert werden kann und muss, verdeutlicht die von Michael Corsten (1994: 200) erstellte Situationstypologie biografischer Kommunikation. Demnach sind Situationen, bei denen die Vergegenwärtigung des eigenen Lebens unter »instrumentellen« Vorzeichen, wie im Rahmen eines Bewerbungsgesprächs, im Vordergrund steht, von solchen zu unterscheiden, bei denen die biografische Selbstbeschreibung »konsumatorisch«, also an und für sich, stattfindet (wie etwa bei einer spontanen Unterhaltung im Zug) (ebd.). Die Logik der (auto)biografischen Darstellung unterscheidet sich darüber hinaus danach, ob diese – wie beim Gespräch im Zug – in der situativen Interaktion mit anderen entsteht oder »semantisch«, zum Beispiel als Personalakte oder als Memoiren in Buchform, erzeugt wird (ebd.). Für die sozialwissenschaftliche Analyse biografischer Kommunikation ist die Berücksichtigung des Entstehungskontextes mit den jeweiligen Erzeugungsregeln wichtig, da die Vergegenwärtigung des eigenen Werdegangs beim protokollierten Verhör vor Gericht naturgemäß anderen Regeln folgt als beim Beurteilungsgespräch mit dem Vorgesetzten, beim ersten Rendezvous im Café oder eben in einer Befragung durch eine Sozialwissenschaftlerin oder einen Sozialwissenschaftler. Die konkrete Situation, in der das untersuchte Datenmaterial entstanden ist, ist daher fester Bestandteil der Auswertung: als zu berücksichtigende Rahmenbedingung für die Textanalyse oder gar als Teil der Fragestellung selbst. Dies gilt insbesondere dann, wenn eigenes biografisches Material generiert wird. Meistens geschieht dies durch die Erhebung von Interviews.

Wie stets in der empirischen Sozialforschung ist in der Biografieforschung die Interviewkonzeption abhängig vom Untersuchungsgegenstand und der jeweiligen Fragestellung. Trotz unterschiedlicher Vorgehensweisen sind sich die meisten Biografieforscherinnen und Biografieforscher allerdings in ihrer Präferenz für eine eher offene Gesprächsgestaltung einig. Je weniger die Interviewsituation durch den Interviewer oder die Interviewerin vorstrukturiert wird, desto größer sind die Handlungsspielräume der befragten Person und desto eher ist es möglich, Einblicke in die Eigenlogik der jeweiligen Biografie (ob auf der Präsentations- oder Gestaltungsebene) zu erhalten. Damit verknüpft ist häufig eine Präferenz für erzählgenerieren-

---

4   Als Beispiel sei hier die Analyse von Berufsverläufen ehemaliger Offiziere genannt (Marr 2002; Elbe 2019), in der anhand quantitativer Fragebogenerhebungen das subjektive Erleben verschiedener sozialer Beziehungsfaktoren zu einer durchschnittlichen Karriereerzählung über den Lebenslauf hinweg verdichtet wird.

de Fragen, die der interviewten Person die Möglichkeit geben sollen, seine oder ihre Sichtweise mit je eigenen Schwerpunktsetzungen zu entwickeln. Nach den Vorgaben des »narrativen Interviews« von Fritz Schütze (1983a) sind Nachfragen seitens des oder der Interviewenden dabei ganz zurückzustellen (zur Kritik daran: Bude 1985); beim Ansatz des »problemzentrierten Interviews« (Witzel 2000; Mey 2000) sind diese dagegen von vornherein als Teil der Gesprächssituation vorgesehen. Ungeachtet dieser Differenzen sehen die meisten Ansätze einen Interviewteil (etwa gegen Ende des Gesprächs) mit vorab formulierten Fragen vor, durch die bestimmte Themen eingeführt oder Sachverhalte geklärt sowie zentrale biografische Daten – gegebenenfalls abgestützt durch einen kurzen Fragebogen – erhoben werden können.

Welche Problemstellungen mittels einer solchen Forschungsperspektive untersucht wurden, die unter militärsoziologischen Gesichtspunkten relevant sind, soll im Weiteren an ausgewählten Forschungsarbeiten aufgezeigt werden.

3 Militär und Krieg in der sozialwissenschaftlichen Biografieforschung

Blickt man auf biografische Studien, in denen Militär und Krieg eine wichtige Rolle spielen, lassen sich zwei zentrale Perspektiven unterscheiden: Im ersten Fall geht es um Arbeiten, die sich mit biografischen Prozessen im Allgemeinen beschäftigen und Militär- beziehungsweise Kriegserlebnisse als (mögliche) Einflussfaktoren auf diese Prozesse untersuchen. Der Fokus der Analyse liegt hier weniger auf den Bedingungen und Logiken militärischen Gewalthandelns an und für sich, sondern auf deren (potenzieller) Relevanz für die betrachtete Biografie (Abschnitt 3.1). Für den zweiten Fall stehen Arbeiten, die biografische Selbstbeschreibungen von Militärangehörigen explizit in den Blick nehmen, um soldatische Wahrnehmungs-, Deutungs- und Handlungsmuster zu erfassen (Abschnitt 3.2).

3.1 Militärdienst und Krieg in Biografien

Einschlägig für die zuerst genannte Perspektive sind vor allem die frühen Arbeiten von Gabriele Rosenthal (1986, 1987, 1990) zu den Generationen des Zweiten Weltkriegs, in denen sich die Autorin unter anderem mit der biografischen Relevanz soldatischer Gewalterfahrungen auseinandersetzt. Rosenthal arbeitet in diesem Zusammenhang für verschiedene Personengruppen – für Angehörige unterschiedlicher Jahrgangskohorten wie für an der Front kämpfende Soldaten im Unterschied zu im sogenannten Hinterland eingesetzten Militärangehörigen – typische biografische Umgangsstrategien heraus, die sich sowohl auf die Erfahrungsebene als auch auf die Art der Darstellung im Interview beziehen. Behandelt wird dabei einerseits das Problem der Sagbarkeit, das im Kontext des nationalsozialistischen Vernichtungskriegs sicherlich in besonders scharfer Form zutage tritt, jedoch angesichts des zivilgesellschaftlich gültigen Gewaltverbots auf eine grundsätzliche Schwierigkeit der Kommunikation über militärisches Gewalthandeln verweist. Diese zeigt sich nicht nur im Rahmen von Interviews, sondern kennzeichnet die zivil-militärischen Beziehungen in allgemeiner Hinsicht (vgl. hierzu die klassischen Überlegungen von Schütz 2011 [1945]). Andererseits rekonstruiert Rosenthal in ihren Interviewanalysen typische Haltungen zum Militärdienst in der Wehrmacht, die nicht nur Aufschluss über berufliche wie private Anknüpfungspunkte nach Kriegsende geben, sondern auch Rückschlüsse auf die subjektive Relevanz politisch-ideologischer und anderer Motive für die Kriegsteilnahme erlauben, wie sie nicht zuletzt in der Forschung zu soldatischer Einsatzmotivation diskutiert werden (vgl. hierzu den Überblick bei Biehl 2012 [2005]).

Die hier angedeuteten Anschlussmöglichkeiten für Debatten in der Militärsoziologie werden in einer Studie von Fritz Schütze (1989) besonders offenkundig. Unter Rückgriff auf die in ganz anderen Kontexten erarbeiteten Konzepte der biografischen Verlaufskurve und der biografischen Wandlung (Schütze 1983b) analysiert und vergleicht Schütze hier im Detail die Kriegserzählungen eines deutschen und eines US-amerikanischen Soldaten. Er arbeitet so systematisch Gemeinsamkeiten und Unterschiede im Umgang mit soldatischen Krisenerlebnissen heraus. Diese erlauben nicht nur Rückschlüsse auf die Bedingungen der Konstitution, der Stabilisierung und des Zerfalls soldatisch relevanter Wir-Gruppen (nationale Gemeinschaft, kleine Kampfgemeinschaft, Kameradschaft; siehe hierzu auch Kühne 1996), sondern eröffnen darüber hinaus Erkenntnisse über die Wechselwirkungen individueller Handlungsressourcen und äußerer Rahmenbedingungen im militärischen Kontext.

Als drittes und letztes Beispiel sei die vor allem für die Generationenforschung einschlägige Arbeit von Heinz Bude (1987) über die sogenannte Flakhelfer-Generation der Geburtsjahrgänge 1926 bis 1930 genannt. Auf der Grundlage lebensgeschichtlicher Interviews mit sogenannten sozialen Aufsteigern dieser Jahrgänge, die ab 1943 als Schüler zur Unterstützung der Luftabwehr eingezogen wurden, untersucht der Autor, welche »Lebenskonstruktionen« die betroffenen Personen vor dem Hintergrund dieser Erfahrungen mit der Zäsur von 1945 entwickelt haben, die ihnen den sozialen Aufstieg in der (alten) Bundesrepublik ermöglichten. In einer der drei vorgestellten Fallstudien rekonstruiert der Autor dabei auf plastische Weise einen in vormilitärischen und militärischen Organisationen angeeigneten soldatischen Habitus, der über die Militärzeit hinaus eine lebenslange Wirkung entfaltete. Obgleich der zeitliche Schwerpunkt der empirischen Analyse also auf der Zeit nach 1945 liegt, eröffnet diese Untersuchung gewissermaßen en passant Einblicke in militärische Sozialisationsprozesse und ihre mögliche Langzeitwirkung.

Studien wie die von Schütze, Rosenthal und insbesondere von Bude, die militärische Handlungszusammenhänge nicht primär unter militärspezifischen, sondern unter biografietheoretischen Gesichtspunkten untersuchen, sind militärsoziologisch insofern von Interesse, als sie erlauben, militärsoziologische Debatten unter anders gelagerten Vorzeichen zu rekapitulieren oder durch neue Schwerpunktsetzungen zu befruchten. Die Besonderheiten des soldatischen Dienstes werden in Arbeiten solchen Zuschnitts dagegen weniger genau betrachtet als in Studien, die sich auf der Grundlage autobiografischen Materials explizit mit den Streitkräften befassen.

3.2 Biografien im Militär

In militärbezogenen sozialwissenschaftlichen Studien finden sich biografische Ansätze zum einen im Kontext von Arbeiten, die sich mit soldatischen Identitäten vor dem Hintergrund des gewandelten Auftrags der Streitkräfte seit 1990 beschäftigen. Die auf den beruflichen Werdegang bezogene biografische Darstellung dient dabei häufig als Grundlage, um typische berufsbezogene Deutungsmuster oder Formen des Soldatseins herauszuarbeiten. Zum anderen gibt es Arbeiten, die sich explizit der biografischen Verarbeitung markanter soldatischer Erfahrungen widmen: Dies kann sich auf den (institutionell beabsichtigten) Wechsel zwischen militärischen und zivilen Verwendungsformen im Rahmen der militärischen Laufbahn im Inland oder auf den militärischen Einsatz im Ausland beziehen, ebenso wie auf die Auswirkungen des gesellschaftlichen Umbruchs von 1989/90.

Als erstes Beispiel für eine Deutungsmusteranalyse sei die Studie von Georg-Maria Meyer (1992) genannt, der als einer der ersten die Folgen des Endes des Kalten Krieges für das berufliche Selbstverständnis von Bataillonskommandeuren der Bundeswehr untersuchte. Die konzise herausgearbeiteten Reaktionsweisen der betrachteten Soldatengruppe auf diesen sicherheitspolitischen Umbruch wurden hier jedoch nicht noch einmal an die jeweilige Berufsbiografie zurückgebunden. Eine solche biografische Rückbindung nahm dagegen Christoph Eichel (2013) in einer ähnlich angelegten Studie rund zwei Jahrzehnte später vor – unter besonderer Berücksichtigung der Herausforderungen durch militärische Multinationalität und globale Einsatzszenarien. Im Vergleich zur klaren methodischen Vorgehensweise bei Meyer fällt die Analyse von Eichel jedoch qualitativ ab: Eine allgemeine, analytisch wenig spezifizierte Beschreibung des Offizierberufs vor dem Hintergrund der

Veränderungen seit den 1990er-Jahren steht weitgehend unverbunden neben der Präsentation des Interviewmaterials in Form von drei Soldatentypen, die leider nicht wirklich trennscharf erscheinen. Als drittes und letztes Beispiel für diese Art des Zugangs sei die von mir selbst durchgeführte Studie zum beruflichen Selbstverständnis junger Soldaten aus Ost- und Westdeutschland genannt (Leonhard 2007), in der auf der Grundlage berufsbiografischer Interviews eine Typologie soldatischer Identität vor dem Hintergrund des Wandels der »Armee der Einheit« zur »Armee im Einsatz« generiert wurde. Die anhand eines gemeinsamen Merkmalsraums empirisch bestimmten Typen wurden durch ausgewählte Fälle aus dem biografischen Datenmaterial illustriert; eine Rückbindung der herausgearbeiteten Berufshaltungen an den jeweiligen beruflichen Verlauf erfolgte dabei allerdings nicht systematisch, sondern nur fallbezogen, etwa indem eine bestimmte Laufbahn (wie die des Fachdienstoffiziers) als Ankerfall für einen bestimmten Typus (hier: »Soldatsein als Karriere«) ausgewählt wurde.

Zusammengefasst fokussieren die drei genannten Arbeiten trotz divergierender inhaltlich-konzeptioneller Anlagen auf das berufliche (Selbst-)Verständnis der untersuchten Soldatengruppen zum jeweiligen Zeitpunkt der Untersuchung, ohne deren biografische Genese im Sinne einer subjektiven Auseinandersetzung mit den bestehenden sozialen Gegebenheiten im zeitlichen Verlauf zu rekonstruieren. Im Mittelpunkt steht der Umgang mit den Herausforderungen der Gegenwart, weniger die Verarbeitung vergangener Erfahrungen. Die »objektiven« Bedingungen des Soldatseins werden vor dem Hintergrund eigener Erlebnisse und darauf gestützter Haltungen daher nur punktuell reflektiert.

Auf die Auseinandersetzung mit den Rahmenbedingungen des soldatischen Dienstes – hier: der Offizierausbildung – hebt dagegen eine kleinere Studie von Florian Müller, Martin Elbe und Ylva Sievi (2006) ab, die für den zweiten der oben genannten Ansätze steht. Unter Rückgriff auf das Konzept der alltäglichen Lebensführung wurde mittels qualitativer Interviews die individuelle Verarbeitung des Wechsels vom Militärdienst zum Studium an eine der beiden Universitäten der Bundeswehr untersucht. Das Autorenteam konzentrierte sich darauf, Möglichkeiten und Grenzen des Transfers von Alltagspraktiken aus der militärischen Ausbildung in das Studium zu identifizieren, um so Sozialisationseinflüsse militärischer wie ziviler (das heißt: akademischer) Art auf den Einzelnen zu bestimmen. Deutlich stärker als in den zuvor genannten Studien lag der Fokus bei dieser Untersuchung auf der zivil-militärischen Formierung von Offizierbiografien, die anhand autobiografischer Interviewerzählungen rekonstruiert wurde.

Während hier Anpassungsprozesse in Bezug auf reguläre Veränderungen im Rahmen der Offizierlaufbahn untersucht wurden, sei als Beispiel für eine militärbezogene Analyse des Umgangs mit einer gesamtgesellschaftlichen Umbruchserfahrung eine andere Studie von mir genannt, die sich mit den Berufsverläufen von Berufsoffizieren der Nationalen Volksarmee (NVA) der DDR im vereinigten Deutschland beschäftigt (Leonhard 2016). Grundlage dieses Forschungsprojektes waren abermals berufsbiografische Interviews, die mit vormaligen NVA-Offizieren geführt wurden. Der eine Teil der Befragten hatte die Streitkräfte im Zuge des Vereinigungsprozesses verlassen, während der andere von der Bundeswehr übernommen wurde und zum Zeitpunkt der Gespräche rund anderthalb Jahrzehnte nach der Vereinigung dort immer noch als Soldat diente. Mittels eines dreiteiligen Untersuchungsansatzes wurde zum einen fallübergreifend der gemeinsame Erfahrungshintergrund des Dienstes als Offizier in der DDR wie auch dessen Ausdifferenzierung im Zuge des Vereinigungskontextes herausgearbeitet. Darin spiegeln sich die jeweils unterschiedlichen Anforderungen des vereinigungsbedingten Berufswechsels beziehungsweise des politischen Seitenwechsels der beiden betrachteten Offiziergruppen ebenso wider wie die Folgen der durch die Bundeswehr implementierten Gedächtnispolitik, also der Ordnungswie Orientierungsleistungen, die seitens der Bundeswehr für die Auflösung der NVA und die Eingliederung von NVA-Personal in die eigenen Reihen erbracht wurden (vgl. ebd.: 62–69, 121–151). Zum anderen erfolgte anhand der Selbstbeschreibungen in den Interviews eine fallübergreifende Rekonstruktion zentraler berufsbiografischer Sinnwelten, die schließlich in Form einer Vierer-Typologie abgebildet wurde. Diese gibt nicht nur insgesamt Aufschluss über die Möglichkeiten, die den Interviewpartnern für ihre subjektive Verortung innerhalb der Vereinigungsgesellschaft zur Verfügung standen. Die Analyse der in den Interviews in Anspruch genommenen Wissensbestände belegt darüber hinaus die Wirkmächtigkeit »klassischer« militärischer Tugenden (wie Disziplin und Durchhaltevermögen) ebenso wie die zumindest potenzielle Attraktivität freiheitlich-demokratischer Wertbezüge, für die nicht zuletzt das Konzept der Inneren Führung steht, mit dem sich die von der Bundeswehr übernommenen NVA-Offiziere gewollt oder ungewollt auseinandersetzen mussten (ebd.: 229–237). Schließlich wurde die biografische Verarbeitung der mit Mauerfall und Vereinigung verbundenen Erfahrungen in ausgewählten Einzelfallstudien rekonstruiert. Dabei ließ sich unter anderem aufzeigen, dass und warum die zu DDR-Zeiten und während des Dienstes in der NVA ausgebildeten Lebensführungsarrangements nur in bestimmten Fällen »erfolgreich« in das vereinigte Deutschland beziehungsweise in die Bundeswehr transferiert werden konnten. Die biografietheoretische Rahmung ermöglichte an dieser Stelle, die für die soziale Welt des Militärs nicht selten vorschnell vorgenommene Gleichsetzung von individuell angeeigneten und sozial vorgegebenen Relevanzen genauer zu differenzieren, um so das Verhältnis von innerem und äußerem Wandel (einschließlich des damit verknüpften Anpassungsdrucks) zu beschreiben.

Als dritte und letzte Form der Analyse militärischer Umbruchserfahrungen sind schließlich Arbeiten zu nennen, die sich mit der autobiografischen Darstellung militärischer Einsätze – sogenannten Einsatzmemoiren – beschäftigen. Es handelt sich um eine Textgattung, die hierzulande aus den beiden Weltkriegen hinlänglich bekannt ist und hinsichtlich ihrer Auswirkungen auf gesellschaftliche Vorstellungen von Krieg und Militär mittlerweile eingehend untersucht wurde (z.B. Wrochem 2012). Bezogen auf die Bundeswehr ist dieses Thema jedoch erst seit der Beteiligung deutscher Soldatinnen und Soldaten am internationalen Einsatz in Afghanistan in den Blickpunkt der Öffentlichkeit gerückt. Inzwischen liegen erste Studien hierzu vor. Als Beispiel für eine international vergleichende Analyse sei auf die Arbeit der Niederländerin L.H.E. Kleinreesink (2017) verwiesen, die 54 autobiografische Bücher aus fünf Ländern (Kanada, Deutschland, Niederlande, Großbritannien, USA) untersucht hat. Kleinreesink hebt neben einer quantitativen Bestimmung des Profils von Soldatenautorinnen und -autoren und ihrer Motive fürs Schreiben auf eine inhaltliche Erfassung des Handlungsverlaufs ab, der den veröffentlichten Erzählungen zugrunde liegt. Ohne auf die Darstellungslogik der Bücher (und den biografischen Hintergrund ihrer Autorinnen und Autoren) im Einzelnen einzugehen, ermöglicht ihr die vergleichende Betrachtung, nationale Besonderheiten zu identifizieren, die auf die jeweilige strategische Kultur der untersuchten Länder verweisen. Den Befund, dass im deutschen Sample, das aus sieben Einsatzmemoiren besteht, Narrative dominieren, die von »Entzauberung« (»disenchantment«), von Enttäuschung, Verfall und Desillusionierung erzählen (ebd.: 287 f.), ist demnach auf die gesellschaftlich vorherrschende distanzierte Haltung gegenüber dem Einsatz militärischer Gewalt zurückzuführen, gegen die die Autorinnen und Autoren als Repräsentanten und Träger dieses Gewalteinsatzes hierzulande gewissermaßen anschreiben. Das subjektive Moment der Einsatzerfahrung tritt aus dieser Analyseperspektive gleichwohl fast gänzlich hinter die soziale und politische Rahmung der Afghanistanmission zurück. Gleichzeitig wird dadurch die funktionale Bedeutung, die autobiografische Kommunikation im öffentlichen Kontext einnehmen kann, klar herausgearbeitet.

Die ebenfalls auf Englisch verfasste Studie von Andrew Plowman (2020), die hier als zweites Beispiel für eine Beschäftigung mit aktuellen Einsatzmemoiren genannt werden soll, nimmt demgegenüber die Darstellungslogik von fünf Einsatzmemoiren von Bundeswehrangehörigen genauer in den Blick. Unter Rückgriff auf etablierte Konzepte aus der anglo-amerikanischen literaturwissenschaftlichen Forschung zu Militärmemoiren werden nicht nur inhaltliche und formale Gemeinsamkeiten und Unterschiede zwischen den Büchern herausgearbeitet. Im Vergleich zu ähnlichen Veröffentlichungen in anderen NATO-Staaten wird darüber hinaus die Frage einer spezifisch deutschen Prägung dieser Darstellungen ebenso wie ihrer wissenschaftlichen Rezeption diskutiert. Plowmans These, die Herausbildung dieser Einsatzliteratur sei als Beleg für eine »Normalisierung« dieses durch die Erfahrungen nach 1945 diskreditierten Genres hierzulande aufzufassen, muss man nicht unbedingt teilen, um sich seinem Plädoyer anzuschließen, dass eine Beschäftigung mit dieser Textgattung vielschichtige Einblicke in soldatische Wahrnehmungs-, Denk- und Handlungsweisen erlaubt, die – so wäre zu ergänzen – nicht nur unter literaturwissenschaftlichen, sondern gerade auch unter militärsoziologischen Fragestellungen noch genauer zu untersuchen sind.

4 Fazit und Ausblick

Wie der soeben vorgenommene Überblick über zentrale Ansätze und Prämissen der soziologischen Biografieforschung einerseits und vorliegende biografiebezogene Forschungsarbeiten zum Militär andererseits verdeutlicht, eröffnen biografische Forschungsansätze nicht nur Einblicke in die subjektiven Seiten des Soldatenseins, sondern liefern auch Erkenntnisse über die Genese und Wirkungen militärischer Sozialisation und dabei ausgebildeter Habitusformen. Während für die soziologische Biografieforschung Militär und Krieg Themenfelder darstellen, die – vom Zweiten Weltkrieg abgesehen – bislang eher selten für sich genommen untersucht wurden, hat die institutionalisierte Militärsoziologie den biografischen Ansatz zumeist als Mittel eingesetzt, um Zugang zu soldatischen Wahrnehmungs- und Deutungsmustern zu erhalten. Bisher wurden die theoretisch-konzeptionellen wie methodischen Möglichkeiten, die damit verbunden sind, kaum ausgeschöpft – nämlich das Verhältnis von Gegenwartsorientierung und Vergangenheitsbezug zu explizieren und insbesondere die Wechselbeziehung von subjektiven und objektiven Anteilen militärischer Biografien herauszuarbeiten, die stärker als viele andere Berufsbiografien »verwaltet« (Elbe 2018) sind.

Dies liegt ohne Zweifel auch daran, dass dieses Forschungsfeld und die Anzahl der in dieser Hinsicht versierten Militärforscherinnen und -forscher eher klein sind. Darüber hinaus zeichnet sich biografische Forschung durch eine bestimmte Vorstellung von Zeitlichkeit aus, für die es in der institutionalisierten Militärsoziologie als Ressortforschung – anders als in der Militärhistoriografie – bislang wenig Raum gab.

Biografische Studien kennzeichnet ein verzögertes Moment: Erst nachdem sich etwas ereignet hat, das als relevant angesehen wird – ob es sich um den Berufseintritt oder die Verpflichtung bei den Streitkräften, die individuellen Erfahrungen während eines Krieges oder den Umgang mit einer Krankheitsdiagnose (wie zum Beispiel PTBS) handelt –, interessiert sich der Biografieforscher und die Biografieforscherin dafür. Damit fällt er oder sie jedoch aus dem Rahmen, der namentlich für die sozialwissenschaftliche Forschung innerhalb der Streitkräfte gilt und der durch Praxis- und Aktualitätsbezug geprägt ist. Fehlen solche Bezüge, wird es mitunter schwierig, die für die Durchführung eines solchen Projektes notwendige institutionelle Unterstützung zu erhalten. Exemplarisch sei hierfür die oben erwähnte Studie zu den Berufsverläufen vormaliger NVA-Offiziere nach 1990 genannt, die letztlich nur aufgrund einer externen Förderung durch die Bundesstiftung zur Aufarbeitung der SED-Diktatur realisiert werden konnte. Aus Sicht der Bundeswehr gab es Mitte der 2000er-Jahre kein Interesse an einer derartigen Forschung, da die Entscheidungen, die im Kontext des Vereinigungsprozesses anstanden, inzwischen getroffen und umgesetzt worden waren und kein imminenter politischer Handlungsdruck in dieser Hinsicht mehr bestand. Vor allem gab es keinen Bedarf, Sein und Bewusstsein der aus dem Militärdienst ausgeschiedenen NVA-Soldaten zu untersuchen, da diese schon längst den organisationalen Zuständigkeitsbereich der Bundeswehr beziehungsweise des BMVg verlassen hatten. Gleichzeitig war man wenig daran interessiert, Konfliktlinien, die gerade etwas in den Hintergrund der öffentlichen Aufmerksamkeit getreten waren – »Ostalgie« und »Besserwessis«, unterschiedliche Gehälter in Ost- und Westdeutschland –, durch eine Studie aufgreifen zu lassen und damit erneut zum Thema zu machen.[5] Im vorliegenden Fall wurde die Verwaltung der organisationalen Erinnerung an die Schaffung der »Armee der Einheit«, wie bei allen sonstigen militärischen Ereignissen auch, lieber den eigens hierfür bestellten Historikern überantwortet, die – wenn die entsprechenden Dokumente freigegeben sind, was in der Regel nach Ablauf einer 30-jährigen Sperrfrist der Fall ist – ihrerseits unter historiografischen Vorzeichen rekonstruieren können, was damals passierte.

Auch wenn solche historiografischen Arbeiten von zentraler Bedeutung sind, können sie sozialwissenschaftliche Analysen nicht ersetzen, die neben der Erforschung militärischer Erfahrungswelten und soldatischer Sinnkonstruktionen die Frage nach den sozialen Formen und Funktionsbedingungen militärischer Lebensführung in den Blick nehmen und zu beantworten suchen. Eine stärkere Nutzung des Potenzials der Biografieforschung für die militärsoziologische Forschung erscheint aus diesem Grund unbedingt wünschenswert.

---

5   Dies ist im Übrigen auch der Grund, warum die oben ebenfalls genannte Studie zur soldatischen Identität ost- und westdeutscher Soldaten zunächst nur intern als »Gutachten« veröffentlicht werden durfte.

Literatur

Biehl, Heiko (2012 [2005]): Einsatzmotivation und Kampfmoral. In: Leonhard, Nina/Werkner, Ines-Jacqueline (Hrsg.): Militärsoziologie – Eine Einführung. 2., aktual. und erg. Aufl. Wiesbaden: VS Verlag für Sozialwissenschaften, 447–474.

Birckenbach, Hanne-Margret (1985): Mit schlechtem Gewissen – Wehrdienstbereitschaft von Jugendlichen. Zur Empirie der psychosozialen Vermittlung von Militär und Gesellschaft. Baden-Baden: Nomos.

Bröckling, Ulrich (1997): Disziplin. Soziologie und Geschichte militärischer Gehorsamsproduktion. München: Wilhelm Fink Verlag.

Bude, Heinz (1984): Rekonstruktionen von Lebenskonstruktionen – eine Antwort auf die Frage, was Biographieforschung bringt. In: Kohli, Martin/Günther, Robert (Hrsg.): Biographie und soziale Wirklichkeit. Neue Beiträge und Forschungsperspektiven. Stuttgart: Metzler, 7–28.

Bude, Heinz (1985): Der Sozialforscher als Narrationsanimateur. Kritische Anmerkungen zu einer erzähltheoretischen Fundierung der interpretativen Sozialforschung. In: Kölner Zeitschrift für Soziologie und Sozialpsychologie, 37: 2, 327–336.

Bude, Heinz (1987): Deutsche Karrieren. Lebenskonstruktionen sozialer Aufsteiger aus der Flakhelfer-Generation. Frankfurt a.M.: Suhrkamp.

Corsten, Michael (1994): Beschriebenes und wirkliches Leben. Die soziale Realität biographischer Kontexte und Biographie als soziale Realität. In: BIOS. Zeitschrift für Biographieforschung und Oral History, 7: 2, 185–205.

Eichel, Christoph (2013): Militärsoziologische Biographieforschung. Bataillonskommandeure im Kontext militärischer Multinationalität und globaler Einsätze. Berlin: Verlag Dr. Kovač.

Elbe, Martin (2018): Employography: Zur Verwalteten Biografie von Soldaten. In: Schilling, Elisabeth (Hrsg.): Verwaltete Biografien. Wiesbaden: Springer VS, 171–194.

Elbe, Martin (Hrsg.) (2019): Duale Karriere als Institution. Perspektiven ziviler Karrieren ehemaliger Offiziere. Berlin: Berliner Wissenschafts-Verlag.

Epkenhans, Michael/Förster, Stig/Hagemann, Karen (2006): Einführung: Biographien und Selbstzeugnisse in der Militärgeschichte – Möglichkeiten und Grenzen. In: dies. (Hrsg.): Militärische Erinnerungskultur. Soldaten im Spiegel von Biographien, Memoiren und Selbstzeugnissen. Paderborn: Schöningh, IX–XVI.

Fuchs-Heinritz, Werner (2010): Biographieforschung. In: Kneer, Georg/Schroer, Markus (Hrsg.): Handbuch spezielle Soziologien. Wiesbaden: VS Verlag für Sozialwissenschaften, 85–104.
Hammerich, Helmut R./Schlaffer, Rudolf J. (Hrsg.) (2011): Militärische Aufbaugenerationen der Bundeswehr 1955 bis 1970. Ausgewählte Biographien. München: Oldenbourg.
Heinz, Walter R. (2000): Selbstsozialisation im Lebenslauf. Umrisse einer Theorie biographischen Handelns. In: Hoerning, Erika M. (Hrsg.): Biographische Sozialisation. Stuttgart: Lucius & Lucius, 165–186.
Kauppert, Michael (2010): Erfahrung und Erzählung. Zur Topologie des Wissens. Wiesbaden: VS Verlag für Sozialwissenschaften.
Kleinreesink, L.H.E. (Esmeralda) (2017): On Military Memoirs. A Quantitative Comparison of International Afghanistan War Autobiographies, 2001–2010. Leiden/Boston: Brill.
Koller, Hans-Christoph (1993): Biographie als rhetorisches Konstrukt. In: BIOS. Zeitschrift für Biographieforschung und Oral History, 6: 1, 33–45.
Krähnke, Uwe/Finster, Matthias/Reimann, Philipp/Zschirpe, Anja (2017): Im Dienst der Staatssicherheit. Eine soziologische Studie über die hauptamtlichen Mitarbeiter des DDR-Geheimdienstes. Frankfurt/New York: Campus.
Kühne, Thomas (1996): Kameradschaft – »das Beste im Leben des Mannes«. Die deutschen Soldaten des Zweiten Weltkriegs in erfahrungs- und geschlechtergeschichtlicher Perspektive. In: Geschichte und Gesellschaft, 22: 4, 504–529.
Leonhard, Nina (2007): Berufliche Identität von Soldaten. Eine qualitative Untersuchung von jungen männlichen Soldaten der Bundeswehr aus den neuen und alten Bundesländern. SOWI-Gutachten 3/2007. Strausberg: Sozialwissenschaftliches Institut der Bundeswehr.
Leonhard, Nina (2016): Integration und Gedächtnis. NVA-Offiziere im vereinigten Deutschland. Konstanz/Köln: UVK/Halem.
Leonhard, Nina (2018): Biographie und kollektives/soziales Gedächtnis. In: Lutz, Helma/Schiebel, Martina/Tuider, Elisabeth (Hrsg.): Handbuch Biographieforschung. Wiesbaden: VS Springer, 511–522.
Marr, Rainer (Hrsg.) (2002): Kaderschmiede Bundeswehr? Vom Offizier zum Manager. Karriereperspektiven von Absolventen der Universitäten der Bundeswehr in Wirtschaft und Verwaltung. 2. Aufl. Neubiberg: gfw.
Mey, Günter (2000): Erzählungen in qualitativen Interviews: Konzepte, Probleme, soziale Konstruktionen. In: Sozialer Sinn. Zeitschrift für hermeneutische Sozialforschung, 1: 1, 135–151.

Meyer, Georg-Maria (1992): Soziale Deutungsmuster von Bataillonskommandeuren der Bundeswehr. Ein Beitrag zum professionellen Selbstverständnis einer militärischen Elite. Wiesbaden: Deutscher Universitäts-Verlag.

Müller, Florian/Elbe, Martin/Sievi, Ylva (2006): »Ich habe mir einfach einen kleinen Dienstplan für das Studium gemacht« – Zur alltäglichen Lebensführung studierender Offiziere. In: Hagen, Ulrich vom (Hrsg.): Armee in der Demokratie. Zum Verhältnis von zivilen und militärischen Prinzipien. Wiesbaden: VS Verlag für Sozialwissenschaften, 189–217.

Niethammer, Lutz/Plato, Alexander von (Hrsg.) (1989): Lebensgeschichte und Sozialkultur im Ruhrgebiet 1930–1960. 3 Bände. Berlin: Dietz.

Niethammer, Lutz/Plato, Alexander von/Wierling, Dorothee (1991): Die volkseigene Erfahrung. Eine Archäologie des Lebens in der Industrieprovinz der DDR. 30 biographische Eröffnungen. Berlin: Rowohlt.

Plowman, Andrew (2020): The Return of the Military Memoir: The Bundeswehr Deployment to Afghanistan and the Re-Emergence of a Literary Form. In: Modern Languages Open, 1, 1–19.

Rosenthal, Gabriele (Hrsg.) (1986): Die Hitlerjugend-Generation. Biographische Thematisierung als Vergangenheitsbewältigung. Essen: Verlag Die blaue Eule.

Rosenthal, Gabriele (1987): »... wenn alles in Scherben fällt ...« Von Leben und Sinnwelt der Kriegsgeneration. Opladen: Leske + Budrich.

Rosenthal, Gabriele (Hrsg.) (1990): »Als der Krieg kam, hatte ich mit Hitler nichts mehr zu tun.« Zur Gegenwärtigkeit des »Dritten Reichs« in Biographien. Opladen: Leske + Budrich.

Rosenthal, Gabriele (1995): Erlebte und erzählte Lebensgeschichte: Gestalt und Struktur biographischer Selbstbeschreibungen. Frankfurt a.M./New York: Campus.

Schütz, Alfred (2011 [1945]): Der Heimkehrer. In: ders.: Relevanz und Handeln 2. Gesellschaftliches Wissen und politisches Handeln. Alfred Schütz Werkausgabe Bd. 6. Konstanz: UVK, 91–111.

Schütze, Fritz (1983a): Biographieforschung und narratives Interview. In: Neue Praxis, 13: 3, 283–293.

Schütze, Fritz (1983b): Prozeßstrukturen des Lebensablaufs. In: Matthes, Joachim/Pfeifenberger, Arno/Stosberg, Manfred (Hrsg.): Biographie in handlungswissenschaftlicher Perspektive. Nürnberg: Verlag der Nürnberger Forschungsvereinigung, 67–129.

Schütze, Fritz (1989): Kollektive Verlaufskurve oder kollektiver Wandlungsprozeß. Dimensionen des Vergleichs von Kriegserfahrungen amerikanischer und deutscher Soldaten im Zweiten Weltkrieg. In: BIOS. Zeitschrift für Biographieforschung und Oral History, 2: 1, 31–109.

Seifert, Ruth (1996): Militär – Kultur – Identität. Individualisierung, Geschlechterverhältnisse und die soziale Konstruktion des Soldaten. Bremen: Edition Temmen.
Treiber, Hubert (1973): Wie man Soldaten macht. Sozialisation in »kasernierter Vergesellschaftung«. Düsseldorf: Bertelsmann Universitätsverlag.
Ulmer, Bernd (1988): Konversionserzählungen als rekonstruktive Gattung. Erzählerische Mittel und Strategien bei der Rekonstruktion eines Bekehrungserlebnisses. In: Zeitschrift für Soziologie, 17: 1, 19–33.
Weihrich, Margit (1998): Kursbestimmung. Eine qualitative Paneluntersuchung der alltäglichen Lebensführung im ostdeutschen Transformationsprozeß. Pfaffenweiler: Centaurus.
Welzer, Harald/Montau, Robert/Plaß, Christine (1997): »Was wir für böse Menschen sind!« Der Nationalsozialismus im Gespräch zwischen den Generationen. Tübingen: edition diskord.
Witzel, Andreas (2000): Das problemzentrierte Interview. In: Forum Qualitative Sozialforschung/Forum Qualitative Social Research, 1: 1, Art. 22.
Wohlrab-Sahr, Monika (2002): Prozessstrukturen, Lebenskonstruktionen, biographische Diskurse. Positionen im Feld soziologischer Biographieforschung und mögliche Anschlüsse nach außen. In: BIOS. Zeitschrift für Biographieforschung, Oral History und Lebensverlaufsanalysen, 15: 1, 3–23.
Wrochem, Oliver von (2012): Deutsche Generalsmemoiren nach 1945 als Grundlage nationaler Opfernarrative. In: Sabrow, Martin (Hrsg.): Autobiographische Aufarbeitung. Diktatur und Lebensgeschichte im 20. Jahrhundert. Leipzig: Akademische Verlagsanstalt, 44–71.

Glaube, Ethik, Innere Führung – Zur empirischen Erforschung weltanschaulicher Prägungen und normativer Grundlagen in den Streitkräften

Angelika Dörfler-Dierken

1 Einleitung: Religion und Militär

Religion ist seit Langem ein Thema der Militärsoziologie. Inzwischen ist der »cultural and religious turn« der Kultur- und Geisteswissenschaften auch hier angekommen. Das Interesse an Religion und Religionssoziologie erklärt sich zweifellos aus dem Wesen des Militärischen selbst, das durch Aufhebung des Tötungsverbots während kriegerischer Handlungen zu charakterisieren ist. Grundsätzlich ist Töten in allen zivilen Gemeinschaften verboten und schambesetzt – aus jüdischer, christlicher und islamischer Perspektive spätestens seit der dramatischen Schilderung des Brudermords von Kain an Abel (1. Mose 4, 3 ff.). Bereits in der Antike begleiteten Seher und Opferpriester die Kämpfer, um deren Aussonderung aus der Alltagswelt rituell zu begleiten, ihre Kampfkraft zu steigern und sie dann wieder in die zivile Gemeinschaft zu integrieren (Gladigow 1986). Selbst im laizistisch geprägten Frankreich helfen bis in die Gegenwart Militärgeistliche dabei, die soldatische Beschäftigung mit (letaler) Gewalt individuell zu verarbeiten. Militärseelsorge, also eine spezielle, von religiös und/oder kirchlich gebundenen Theologen durchgeführte Begleitung von Soldaten, gibt es in fast allen anderen Streitkräften.[1]

Damit stellt sich der Militärsoziologie die Aufgabe, danach zu fragen, wie Soldatinnen und Soldaten ihren Dienst und ihr Leben deuten und welche Riten sie praktizieren. Wie verhält sich soldatisches Handeln und Deuten zu den Äußerungen der organisierten Militärseelsorge, und welche Mobilisierungs- und Integrationsfähigkeit kommt den Militärgeistlichen in den Streitkräften zu? Kurzum: Welchen Nutzen hat die Militärseelsorge für die Soldatinnen und Soldaten? Zugleich stellt sich die Frage, ob und gegebenenfalls wie sich Militärseelsorgerinnen und -seelsorger sowie ihre uniformierte Klientel zu zivilen Kirchen und religiösen Gemeinschaften verhalten. Es ist zudem damit zu rechnen, dass Soldatinnen und Soldaten als kirchliche ›Laien‹ selbsttätig Religion ›produzieren‹,

---

[1] Für einen Überblick vgl. Bock (1994).

also ihre Erfahrungen und Erwartungen in einer Weise reflektieren und gestalten, die über ein rational-technisches Selbstverhältnis hinausweist und deshalb religiös genannt werden kann. Damit ergibt sich die Notwendigkeit einer Definition von Religion beziehungsweise Religiosität. Ein Vorverständnis erlaubt die allgemeine Formulierung »Bannung des Unheils« (Riesebrodt 2007: 136–174), denn sie macht aufmerksam auf die Dimension von Heil und Heilung, die Menschen durch religiöse Überzeugungen und Praktiken herbeizuführen suchen. Auch über die Frage nach Sinn kann Religion vorläufig definiert werden. Sie wäre dann zu beschreiben als ein »Sinn- und Wirklichkeitsbereich, der die Welt im Hinblick auf einen verborgenen, sich aber bisweilen offenbarenden Gesamtsinn bestimmbar macht« (Nassehi 1995: 103).

Allerdings haben sich nur wenige Religionssoziologen wissenschaftlich speziell mit Soldatinnen und Soldaten als religiösen Subjekten beschäftigt (z.B. Rüpke 1999). Dabei könnte die Religionssoziologie, in der die ältere Kirchensoziologie weitgehend aufgegangen ist,[22] eine sehr spannende Gruppe untersuchen. Denn die Angehörigen der deutschen Streitkräfte sind zu fast 90 Prozent männlich – im personalstarken Heer beträgt der Frauenanteil nur etwa sieben Prozent – und sie sind zu fast drei Vierteln jünger als 36 Jahre (Wanner/Dörfler-Dierken 2019: 23 f.). Militärseelsorger sind am Arbeitsplatz der Soldaten tätig, im Auslandseinsatz leben sie im Feldlager. Gottesdienste werden während der Dienstzeit gefeiert, häufig trägt der Pfarrer dabei Flecktarn mit einer Stola. Schon diese Besonderheiten sind bemerkenswert. Dazu kommt, dass sich die Soldatinnen und Soldaten von einer durchschnittlichen Kirchengemeinde unterscheiden: Die Häufigkeit des Gottesdienstbesuches und dessen Bedeutung steigt dort mit dem Lebensalter (Bedford-Strohm/Jung 2015: 479, 481), sodass sich in zivilen Gottesdiensten viele

---

2   Der Deutungsstreit zwischen Kirchen-, Christentums- und Religionssoziologie, geführt zwischen Vertreterinnen und Vertretern der Soziologie, Theologie und der Religionswissenschaft, dreht sich um die Frage, wie das Verhältnis von kirchlich gebundener zu nicht kirchlich gebundener Religiosität zu bestimmen ist. Zeigen die Menschen, die keine Beziehung zu den Kirchen haben, ›distanzierte Kirchlichkeit‹ oder tritt mit ihnen eine neue Religiosität auf den Plan, die unabhängig von den Kirchen zu beschreiben und zu untersuchen wäre? Pollack und Wegner (2017: 9 f.) fordern, »die Kehrtwende von der Kirchen- zur Religionssoziologie ihrerseits zu drehen und zwar nicht ein weiteres Mal um 180, sondern lediglich um – sagen wir – 90 Grad. Konkret: Es muss in Zukunft darum gehen, religions- und kirchensoziologische Ansätze, kultur- und strukturssoziologische Herangehensweisen sowie individualisierungstheoretische Tiefenhermeneutiken und makrosoziologische Korrelationsanalysen nicht länger gegen einander auszuspielen, sondern konstruktiv zueinander ins Verhältnis zu setzen«. Vgl. überblicksartig hierzu Daiber und Feige (2001) sowie Ebertz (2004).

ältere Menschen versammeln. Die Religionssoziologie weist zudem darauf hin, dass sich die Religiosität von (jungen) Männern von derjenigen von (jungen) Frauen unterscheidet (Spieß et al. 2015).

Es gibt nicht viele soziologische Studien zu Kirche und Religion beziehungsweise zu religiösen Vorstellungen und religiösem Leben in der Bundeswehr. Dabei ist Religion im öffentlichen Diskurs ein Thema geworden: Religion gilt seit den Anschlägen in New York am 11. September 2001 als Risiko für gesellschaftlichen Frieden, als »Brandbeschleuniger« (Werkner 2016; Thurau 2019), obwohl viele Gewaltkonflikte nicht religiös konnotiert sind oder die Religion der Akteure nur eine untergeordnete Bedeutung für die Legitimation der jeweiligen Konflikte hat (Vüllers 2019: 186). Für die deutsche Öffentlichkeit unübersehbar geworden ist das Themenfeld Religion und Militär beziehungsweise Glaube und militärische Gewalt bei Trauerfeiern für in Afghanistan gefallene Soldaten – sie wurden in ganzer Länge im Fernsehen übertragen.[33] Muss man seitdem von einer neuerlichen Verschmelzung des Heiligen und des Heldischen sprechen? Oder soll man eine Re-Sakralisierung der Streitkräfte konstatieren? Ist der Soldatentod im Auslandseinsatz wie der Opfertod eines frühchristlichen Märtyrers zu beschreiben und zu bewerten? Sind Soldaten die letzten zum Selbstopfer bereiten Menschen in der Gegenwart? Für Deutschland diagnostiziert die einschlägige militärsoziologische Literatur einerseits eine große »casualty shyness« (vgl. Kümmel/Leonhard 2004, 2005), eine »Schüchternheit« gegenüber dem Soldatentod. Andererseits finden sich Lobeshymnen auf Soldaten als letzte Helden in postheroischer Zeit (Münkler 2015). Seit einigen Jahren konstruieren einige junge Soldatinnen und Soldaten ihr Selbstbild von ihrer Bereitschaft zum Opfertod her (Bohnert/Reitstetter 2014).

Dieser Beitrag ist nun in fünf Teile gegliedert: Zunächst werden die Begriffe geklärt (Abschnitt 2), dann folgt ein Überblick zur kirchen- und religionssoziologischen Forschung zu Streitkräften und Zivilgesellschaften (Abschnitt 3). Im vierten Abschnitt werden sozialwissenschaftlich-empirische Forschungen zu religiös-weltanschaulichen Prägungen in der Bundeswehr unter den Gesichtspunkten Glaube, Militärseelsorge, Lebenskundlicher Unterricht (im Folgenden LKU) und Innere Führung vorgestellt. Ein kurzes Fazit zu Chancen und Problemen religionssoziologischer Forschung in den deutschen Streitkräften (Abschnitt 5) schließt diesen Beitrag ab.

---

3   Vgl. beispielsweise die Trauerfeier in Selsingen am 15. Oktober 2010 mit dem damaligen Bundesminister der Verteidigung Karl-Theodor zu Guttenberg.

2 Glaube, Ethik und Innere Führung – Definitionen

Jeder Mensch verfügt über ein grundlegendes Set eigener Überzeugungen. Das ist sein *Glaube* beziehungsweise seine *Weltanschauung*, ganz unabhängig davon, ob das von einer Kirche oder Religionsgemeinschaft gebildete und mit den Überzeugungen dieser übereinstimmende oder davon abweichende Ideen sind. Jeder Mensch handelt und reflektiert sein Tun. Das handlungsleitende Orientierungssystem wird *Ethik* genannt. Speziell für Soldatinnen und Soldaten der Bundeswehr gilt die Konzeption der *Inneren Führung*. Das ist ein aus dem Grundgesetz abgeleitetes System von Werten und Normen, das den soldatischen Alltag prägen und seit 1957 die Konvergenz der demokratischen, rechtlich geordneten, friedlich-zivilen Lebensform mit den militärischen Anforderungen herstellen und sichern soll (vgl. BMVg 1957).[4] Die Innere Führung schreibt fest, dass der Glaube beziehungsweise die Weltanschauung eines jeden Soldaten und einer jeden Soldatin frei gewählt und gelebt werden kann, solange sie sich im durch das Grundgesetz vorgegebenen Rechtsrahmen bewegt (Art. 4 GG; § 36 SG; vgl. auch Dreier 2018; Walz et al. 2006). Freie religiöse Betätigung wird staatlicherseits für alle Uniformträger garantiert. Katholische, evangelische, demnächst auch jüdische und muslimische Militärseelsorge bietet den Soldatinnen und Soldaten die Möglichkeit, ihr Grundrecht auf Religionsfreiheit zu realisieren (vgl. auch Antes/Wall 2018 sowie zu Regulierungen Kippenberg 2019).

Soldatinnen und Soldaten sind auch frei, die verfasste und ihnen dienstlich angebotene Militärseelsorge nicht in Anspruch zu nehmen. *Innere Führung* bezeichnet Binnenverhältnisse in der militärischen Organisation und benennt die Normen und Werte, die in den deutschen Streitkräften gelten. In der einschlägigen Zentralen Dienstvorschrift A-2600/1 »Innere Führung. Selbstverständnis und Führungskultur der Bundeswehr« (BMVg 2008, erlassen 2008/2018) wird gefordert, dass »Soldatinnen und Soldaten der Bundeswehr [...] aus innerer Überzeugung für Menschenwürde, Freiheit, Frieden, Gerechtigkeit, Gleichheit, Solidarität und Demokratie als den leitenden Werten unseres Staates aktiv eintreten« und sie »in der Bundeswehr verwirklich[en]« (Nr. 106 f.). Damit wird militärischem Sonderethos ein Riegel vorgeschoben. Die Innere Führung normiert also das berufliche Selbstverständnis (Dörfler-Dierken 2016), indem sie die Normen

---

4   Die Konzeption der Inneren Führung wurde maßgeblich entwickelt von Wolf Graf von Baudissin im Amt Blank. Vgl. die neue Ausgabe seiner Schriften (Baudissin 2014) und die dazugehörige Einleitung (Rosen 2014). Vgl. auch die Untersuchung zu den ethischen Grundlagen der Inneren Führung (Dörfler-Dierken 2005) und die Sammlung mit biografischen Aufsätzen (Schlaffer/Schmidt 2007).

und Werte des Grundgesetzes in die Bundeswehr hinein überträgt (BMVg 2008: Nr. 101–107, 301). Eines der zehn Gestaltungsfelder der Inneren Führung ist die Militärseelsorge (ebd.: Nr. 670–674).

Glaube ist eine einigermaßen stabile individuelle Überzeugung, die auf Transzendenz bezogen ist, wohingegen Weltanschauung eine einigermaßen stabile, (eher) auf Immanenz bezogene individuelle Überzeugung darstellt. Nach der Rechtsprechung des Bundesverfassungsgerichts gehören zur Religionsausübung freireligiöse und atheistische Feiern sowie andere Äußerungen religiösen und weltanschaulichen Lebens.[5] Soldatinnen und Soldaten bringen ihren Glauben und ihre Weltanschauung bei Dienstantritt in die Bundeswehr schon mit. Bei der weiteren Bildung und reflexiven Hinterfragung ihrer Überzeugungen hilft ihnen seit 1957 die Militärseelsorge.[6] Die Militärgeistlichen sind den jeweiligen militärischen Dienststellen und Kommandeuren »auf Zusammenarbeit zugeordnet«, ihnen also nicht militärisch unterstellt. Sie wirken in der Bundeswehr als kirchlich gebundene Bundesbeamte auf Zeit (zwischen sechs und zwölf Jahren) und kehren danach in den zivilen Kirchendienst zurück. Damit ist die Bundeswehr im internationalen Vergleich einen Sonderweg gegangen (Bock 1994). Die Militärgeistlichen sind im Auftrag des Staates auch für den LKU zuständig. In der Bundeswehr wird seit 1959 LKU durchgeführt,[7] seit 2009 verpflichtend und konfessionsübergreifend als »berufsethische Qualifizierungsmaßnahme« (BMVg 2018: Nr. 108). Demnächst wird eine neue Vorschrift zur Ethischen Bildung erlassen, die zusätzlich zum LKU erteilt werden soll (vgl. Elßner 2018).

Sozialwissenschaftlich-empirisch-quantitative Untersuchungen des soldatischen Handelns sind problematisch: Man kann zwar Ethikhandbücher unter dem Gesichtspunkt analysieren, welches Handeln sie den Soldatinnen und Soldaten nahelegen (Leitungslösung oder Selbstverantwortung beispielsweise). Oder man kann Probanden befragen, was sie tun würden, wenn sie mit diesem oder jenem Szenario konfrontiert wären. Tatsächliches ethisches Handeln kann jedoch nie

---

5   BMVg R I 4, 29. August 2005, R II 2, 39-05-05/140: Neugestaltung des Lebenskundlichen Unterrichts, Anm. 6.
6   Der Militärseelsorgevertrag ist am 22. Februar 1957 unterzeichnet worden. Er ist staatlich und kirchlich in den jeweiligen Amtsblättern veröffentlicht worden, etwa im Amtsblatt der Evangelischen Kirche in Deutschland (EKD), online abrufbar unter: <https://www.kirchenrecht-westfalen.de/pdf/5859.pdf> (letzter Zugriff: 27.4.2021). Für die römisch-katholische Kirche gelten das Reichskonkordat von 1933 und die Apostolische Konstitution Spirituali Militum Curae aus dem Jahr 1986; vgl. zur Einführung und Aufstellung der Militärseelsorge Dörfler-Dierken (2008).
7   Zum LKU, zu seiner Aufgabe und Geschichte vgl. Klein und Scheffler (1987), Kruse (1983), Kruse und Bald (1981) sowie Bormann (2007).

wirklich eingeübt oder gar vorausgesagt werden. Man kann sich nur vor der Handlung mental auf besonders herausfordernde Situationen des militärischen Dienstes einstellen und hinterher – nötigenfalls gerichtlich – feststellen, ob das jeweilige Handeln legal, moralisch und im ethischen Sinne ›gut‹ oder illegal, unangemessen und im ethischen Sinne ›schlecht‹ war.

Soldatinnen und Soldaten bringen ihre Vorstellungen vom richtigen und guten Leben mit, wenn sie in die Streitkräfte eintreten, und sie vertrauen darauf, dass der Dienstherr sie nicht enttäuscht (Göbel 2016). Gesetz und Glaube, überindividuelle Normen sowie individuelle Selbst- und Lebensdeutung bestimmen die sittlichen Maximen des je eigenen Handelns: die je individuelle Ethik beziehungsweise Moral. Diese soll übereinstimmen mit den Vorgaben der politischen Leitung und der militärischen Führung. Vorgegebene Normen, eigene Überzeugung und verantwortetes Handeln gehören zusammen. Das Verhältnis zwischen Norm und individueller Überzeugung ist in Deutschland so bestimmt, dass niemand gezwungen werden darf, wider sein Gewissen zu handeln.[8] Jeder ist im Rahmen der für alle geltenden Gesetze frei, entsprechend seiner individuellen Überzeugungen zu handeln und zu leben sowie sich mit Gleichgesinnten in religiösen oder weltanschaulichen Gemeinschaften zu verbinden. Dienstlich begründete Einschränkungen müssen, sofern unumgänglich, ertragen werden.

Es mag verwundern, dass weltanschauliche beziehungsweise religiöse Prägungen, kurzum: Glaube, in Zusammenhang mit Streitkräften untersucht wird. Schließlich ist das genau derjenige ›innere‹ Bereich menschlicher Subjektivität, der von keiner militärischen Dienstvorschrift geregelt wird. Denn unmissverständlich gilt Religions- und Gewissensfreiheit auch in der Kaserne und im Feldlager. Dass Glaube beziehungsweise individuelle religiöse Überzeugung ein Thema von zunehmender Bedeutung für die Bundeswehr geworden ist, hat verschiedene Gründe: einerseits die allgemeine gesellschaftliche, (geo)politische und kulturelle Entwicklung, andererseits aber auch spezifisch militärische. Wie in der deutschen Gesellschaft lässt sich zunehmende religiöse Diversifizierung auch in der Bundeswehr beobachten (Hoiningen 2016). Dazu kommt, dass Einsätze in stark religiös geprägten Kontexten und Konflikten nicht nur die Gesellschaft, sondern auch die Angehörigen der Streitkräfte irritieren. Das weckt die Frage nach der eigenen Religion, den eigenen Überzeugungen, der eigenen Opferbereitschaft. Diskutiert wird zudem sowohl militärfachlich als auch rechtlich und ethisch die Frage der Bedeutung des Schutzes religiöser Kulturgüter: Müssen Soldaten unter Einsatz

---

8   Vgl. aus katholischer Perspektive Gillner (2019) und Schavan (2019) sowie aus evangelischer Perspektive Ev. Kirchenamt der Bundeswehr (2009: 175–177).

ihres Lebens Buddha-Statuen vor der Zerstörungswut von Talibankämpfern verteidigen? Die Bundeswehr hat 2004 in Prizren (Kosovo) das serbisch-orthodoxe Erzengelkloster aus dem 14./15. Jahrhundert nicht gegen den einheimischen Mob verteidigt, sondern nur die Mönche evakuiert. Das brachte ihr viel Kritik ein. 2017 verabschiedete der UN-Sicherheitsrat die Resolution 2347 zum Kulturgutschutz. Zudem fragt sich mancher Verantwortliche in den Streitkräften, ob nicht die friedensstärkenden Ressourcen von Religion stärker genutzt werden sollten, um mentale, friedensförderliche Stabilisierung in religiös geprägten Einsatzkontexten zu fördern. So hat zum Beispiel die Bundeswehr in Afghanistan nicht dem Wunsch von Dorfältesten nach Unterstützung beim Bau einer Moschee stattgegeben. Nachdem dann aber in diesem Gebiet neuerlich Unruhen ausgebrochen waren, hat sich ein Kommandeur des Provincial Reconstruction Team gefragt, ob von einer Moschee mit einem friedensorientierten Imam nicht ein positives Signal zur Versöhnung verfeindeter Volksgruppen hätte ausgehen können (Rohrschneider 2019: 239 f.). Glaubensüberzeugungen sind für militärisches Handeln also auch auf der taktischen und der strategischen Ebene von Bedeutung. Deshalb ist es sowohl für die soldatischen Individuen wichtig, sich ihrer eigenen religiösen Prägung und Glaubensgewissheiten bewusst zu sein, als auch für die politische Leitung und militärische Führung von Streitkräften von Bedeutung, Glauben und Ethik der eigenen ebenso wie der fremden Soldatinnen und Soldaten beurteilen zu können.

Niemand bildet allein und für sich im stillen Kämmerlein seine Überzeugungen und sein Gewissen, seine Ethik und sein Handeln aus – und doch ist letztlich jeder dafür selbst verantwortlich. Vielfältige Sozialisationseinflüsse sind zu berücksichtigen: Neben Herkunftsfamilie (Primärsozialisation) und Freunde (Sekundärsozialisation) treten der Dienstherr (Tertiärsozialisation) und diverse Einflüsse durch Moralagenturen (vgl. die Aufsätze in Sautermeister 2019).

Abbildung 1: Das Zusammenspiel von Glaube, Ethik und Innerer Führung

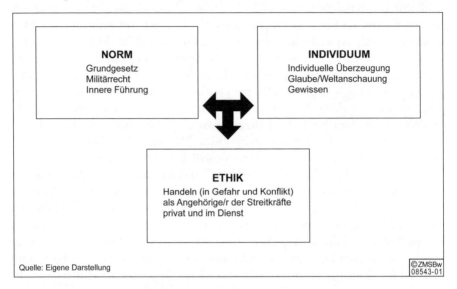

Quelle: Eigene Darstellung

In der Bundeswehr ist die religiöse Bildung bisher vor allem den Militärseelsorgerinnen und Militärseelsorgern übertragen (evangelisch und katholisch, jüdisch und demnächst auch muslimisch). Sie haben das Recht und die Pflicht zu freier, d.h. nur kirchlichen Regularien und Bekenntnissen verbundener und durch das Beichtgeheimnis geschützter Seelsorge an Soldaten jedweden Status und Ranges. Die in der militärischen Organisation wirkende seelsorgliche Begleitung von Soldatinnen und Soldaten unterliegt der Freiheit der Religionsausübung, die im Grundgesetz zugesagt ist (Bock 1994; zur historischen Entwicklung vgl. Dörfler-Dierken 2008, 2010). Durch die Abordnung der Militärseelsorger als Beamte auf Zeit soll eine Verflechtung wie in der Wehrmacht, in der die Feldgeistlichen dem militärischen Oberbefehl unterstanden, vermieden werden. Militärseelsorgerinnen und -seelsorger erteilen als Amtsträger des Staates den obligatorischen LKU, der das Ziel hat, soldatische Selbstverantwortung und die Übernahme von Verantwortung für andere zu stärken (BMVg 2018).

Wegen der besonderen Struktur der Verfasstheit der Militärseelsorge können die Geistlichen wie Abgesandte der zivilen Welt wirken. Sie haben eine »Zwitterstellung« als »außenstehende Insider« und »integrierte Outsider« inne (Biehl 2003: 345). Aus dieser Gegenüberstellung der Struktur von Militärseelsorge und Militär ergibt sich, dass es sich um zwei einander gegenüberstehende, einander aber auch ergänzende Systeme handelt, die nach je eigenen Regeln funktionieren.

Tabelle 1: Ethisch bildende Einflüsse auf Soldatinnen und Soldaten in der Bundeswehr

Militär	Kirche
Vorschriften	Pfarrer, Priester, Pastoralreferenten,
Disziplin	demnächst auch: Rabbiner und Imame
Vorbild	
Militärische Vorgesetzte	
Hierarchie	Offenes Angebot von Seelsorge
	für alle Soldatinnen und Soldaten
	Einladung zu Gottesdiensten, Andachten etc.
Unterrichte	Lebenskundlicher Unterricht
Recht und Soldatische Ordnung	
Politische Bildung	
Historische Bildung	

3 Kirchen- und religionssoziologische Forschung in Militär und Zivilgesellschaften

Natürlich werden auch Angehörige anderer Streitkräfte mit sozialwissenschaftlich-empirischer Methodik beforscht, und es lassen sich Trends der Forschung hinsichtlich ethischer und religiöser Phänomene im Militär beobachten. Allerdings ist die Idee der Zivilisierung der Streitkräfte im Sinne der Inneren Führung eine Besonderheit der Bundeswehr. In vielen Streitkräften gelten andere Regelungen: Während in der Bundesrepublik Deutschland die Militärgeistlichen ohne Dienstgrad und ohne Einbindung in die militärische Hierarchie ihre seelsorgerische Tätigkeit an den Soldatinnen und Soldaten verrichten, wird in vielen anderen Streitkräften die Einbindung von Militärgeistlichen in die militärische Hierarchie mit Uniform und Dienstgrad praktiziert. Manchmal tragen die Militärgeistlichen dort auch eine Schusswaffe (Bock 1994, 2001: 5; vgl. auch Bald/Kruse 1997; Werkner 2001). Wichtige US-amerikanische protestantische Denominationen, beispielsweise die Evangelical Lutheran Church in America, haben sich 2002 und 2003 gegen den Irak-Krieg positioniert und zählen um der Glaubwürdigkeit ihres Friedenszeugnisses willen keine Militärgeistlichen mehr zu ihrer Konfession. Dort gehören jetzt viele evangelische Militärgeistliche evangelikalen Denominationen an. Aufgrund dessen hat sich die geistige Ausrichtung des US-Militärs verändert (Ditscher 2019; Kümmel 2003). Ähnlich werden Tendenzen religiöser Evangelikalisierung oder »Theokratisierung« auch für andere Armeen beobachtet (vgl. zu

Israel: Roislien 2013; Levy 2014; Cohen 1999; zum Vergleich israelischer und türkischer Streitkräfte: Rosman 2016; zu Großbritannien und Deutschland im Vergleich: Barker/Werkner 2008). Wegen ihrer Besonderheiten konzentriert sich die vorliegende Darstellung auf die deutsche Situation und wirft nur gelegentlich Seitenblicke auf Untersuchungen zu Glaube und Ethik in anderen Streitkräften.

Bei Uniformträgern handelt es sich um eine andere Klientel als bei Zivilisten. Deshalb wird zu bedenken sein, ob und gegebenenfalls wie im Zivilbereich durchgeführte kirchen- und religionssoziologische Studien auf die Streitkräfte zu beziehen sind. Bisher gibt es keinen religionssoziologischen Vergleich zwischen zivilen religiösen Gemeinschaften und militärischen (Ausnahme: Lammer 2019). Dabei sind viele Unterschiede offensichtlich: Die Grundgesamtheit der Bevölkerung, mehr noch die Grundgesamtheit der Kirchenmitglieder, unterscheidet sich von der Grundgesamtheit der Soldaten (Wanner/Dörfler-Dierken 2019: 24 f.). Zudem sind die Angehörigen der Streitkräfte oder zumindest ein Teil von ihnen besonderen seelisch-psychischen Belastungen und ethischen Herausforderungen ausgesetzt, vor allem in Auslandseinsätzen (Seiffert/Heß 2019; vgl. auch Langer 2012; Zimmermann et al. 2012).

Die bisherige kirchen- und religionssoziologische Forschung im Bereich der Streitkräfte folgt Konzepten und Forschungsstrategien, die für den Zivilbereich entwickelt wurden, wobei unterschiedliche Untersuchungsmethoden zu sehr divergenten Ergebnissen geführt haben.[9] Auch aufgrund unterschiedlicher Religionsbegriffe (Überblick bei Pollack 2016, 2018; vgl. auch Knoblauch 1991; Ebertz 2004) haben sich diesbezüglich zwei Forschungsrichtungen herausgebildet: Eine von religiösen Institutionen her argumentierende akademische Schule, die Kirchenbindung misst und die Häufigkeit der Teilnahme an religiösen Ritualen zählt, steht einer zweiten gegenüber, die von Religiosität als anthropologischer Konstante ausgeht und Religion als kulturelles Phänomen betrachtet. Die eine Schule lässt sich auf den Begründer der Kirchenstatistik im 19. Jahrhundert zurückführen, den evangelischen Theologen Alexander von Oettingen (1827–1905), der »Die Moralstatistik« (1868) begründete. Die andere verdankt sich Friedrich Daniel Ernst Schleiermacher (1768–1834) und seiner Beschreibung einer nicht kirchlich geformten Religion. Dafür erläuterte er in »Über die Religion. Reden an die

---

9   Vgl. die kirchensoziologischen Studien, die seit 1972 als Kirchenmitgliedschaftsuntersuchungen vom Sozialwissenschaftlichen Institut der EKD regelmäßig durchgeführt werden (zuletzt: EKD 2014), vgl. zum Ansatz Hermelink und Weyel (2015). In der letzten Kirchenmitgliedschaftsstudie wurden erstmals auch Ausgetretene und Konfessionslose befragt. Die Diskussionen zum Ansatz dieser Studie sind im Ergebnisband dokumentiert (Bedford-Strohm/Jung 2015). Für die Katholische Kirche gibt es nichts Vergleichbares, dort arbeitet man mit Sinus-Milieustudien (vgl. Ebertz 2018b).

Gebildeten unter ihren Verächtern« (1799) die Idee, dass das ›Gefühl‹, das sich bei ›Anschauung des Universums‹ einstelle, der Religion zugrunde liege. Diese Forschungsrichtung argumentiert mit einem genuin menschlichen Bezug auf Transzendenz. So hat der US-amerikanische Soziologe und evangelische Theologe Peter L. Berger beispielsweise die Beobachtung, dass das letzte Konzert der Wiener Philharmoniker unter Kanonendonner beim Einmarsch der russischen Truppen stattfand, als Ausdruck des typisch anthropologischen Bedürfnisses nach Spiel interpretiert. Im Spiel begegnet uns das Transzendente (Berger 1970: 89). Der Konstanzer Soziologe Thomas Luckmann hat »die unsichtbare Religion« als ein Verbindungsglied zwischen Selbst und Anderen beschrieben, das von der letzten Transzendenz, dem Tod, her seine besondere Bedeutung erfährt (Luckmann 1991: 96 u.ö.). Auch Phänomene von Esoterik und Okkultismus oder sonstige Formen von Spiritualität können als religiös gedeutet werden – entscheidend ist jeweils das, was individuell ›erfahren‹ wird (Knoblauch 2009, auch mit Blick auf charismatische und pfingstlerische Bewegungen in Lateinamerika). Neue Schlagworte lauten ›entgrenzte Religion‹, ›religiöse Pluralisierung‹ und »Dispersion des Religiösen« (Ebertz 2018a). Der Münchner Theologe Friedrich Wilhelm Graf konstatierte in der Langzeitperspektive seit 1800 eine »Wiederkehr des Religiösen« und beschrieb das häufig bemühte ›Niedergangsparadigma‹ als »kulturpolitischen Topos« (Graf 2004: 70 f.). Beide Richtungen, die eher kirchenstatistische und die eher transzendenzbezogene, werden gelegentlich auch miteinander kombiniert, sodass die folgende Darstellung, die Kirchenbindung und Transzendenzorientierung unterscheidet, als schematisch zu verstehen ist.

3.1 Rückgang der Kirchenbindung

Deutschland ist seit mehr als einem halben Jahrtausend von zwei miteinander über lange Zeit und in verschiedenen Hinsichten konkurrierenden Konfessionen geprägt: den Katholiken, die sich an den Papst in Rom gebunden fühlen, und den Protestanten. Daneben gab es Juden, inzwischen in größerer Zahl auch Muslime, und immer auch solche Christen, die sich nicht als Teil einer der beiden obrigkeitlich verordneten Kirchen verstanden (Täufer, Spiritualisten etc.).

Wer zur Kirchgangshäufigkeit und/oder zur Zustimmung zu christlichen Dogmen forscht, wird häufig mit der Diagnose eines »Niedergangs der Religion« konfrontiert. Seit Jahren geht tatsächlich in Deutschland die Zahl der Kirchenmitglieder zurück, sodass vielfach eine Säkularisierung Deutschlands festgestellt wurde (Leonhard 2003; Werkner 2003; Rösel 2003). Diese These geht letztlich zurück auf Max Webers (1864–1920) Vorstellung eines Vordringens des okzidentalen Rationalismus in der Moderne. Zuletzt wurde im Mai 2019 die Studie des

Freiburger Forschungszentrums Generationenverträge »Langfristige Projektion der Kirchenmitglieder und des Kirchensteueraufkommens in Deutschland« veröffentlicht.[10] Sie prognostiziert, dass die Zahl der Mitglieder der beiden großen christlichen Kirchen in der Bundesrepublik bis 2060 um 49 Prozent zurückgehen wird. Für den Rückgang sei nicht nur der demografische Wandel verantwortlich, sondern vor allem der Rückgang der Zahl der Taufen, während die Zahl der Kirchenaustritte auf hohem Niveau stabil bleibe.

Gegen dieses Niedergangsparadigma spricht zweierlei: einerseits die aktuelle religionswissenschaftliche Theoriebildung, die eine »anthropologische Universalität der Erfahrungen der ›Selbsttranszendenz‹ und der sich daraus ergebenden Zuschreibungen von ›Heiligkeit‹« (Joas 2017: 440; vgl. auch Knoblauch 2002; Pickel/Spieß 2015) unter sich wandelnden gesellschaftlich-politischen Bedingungen beobachtet, und andererseits die Tatsache, dass die kirchlich gebundenen Christen in Deutschland noch immer die Mehrheit der Bevölkerung stellen. Zwar waren am 31. Dezember 2018 38 Prozent der Deutschen konfessionslos, aber 28 Prozent waren römisch-katholischer und 25 Prozent evangelischer Konfession (inklusive der Freikirchen), zudem gehörten etwa 2 Prozent zu orthodoxen Kirchen, 1 Prozent zu Freikirchen und 5 Prozent waren Muslime (FOWID 2019). Dazu kamen etwa 1 Prozent Angehörige ›sonstiger‹ Religionen, z.B. jüdischer oder buddhistischer Ausrichtung (ebd.).

Diese Zahlen können auch im Sinne eines ›Beharrensparadigmas‹ interpretiert werden. Denn trotz häufig zu hörender Kirchenkritik nimmt weder die Beteiligung an charismatischen oder pfingstlerischen Gruppen zu – was für andere Teile der Welt typisch ist – noch wird mit einem abrupten Wegbrechen der beiden christlichen Großkirchen gerechnet.[11] Meist erfassen Studien zur Kirchenmitgliedschaft

---

10 Vgl. hierzu die Übersicht und Materialien auf der Website der Deutschen Bischofskonferenz <https://dbk.de/themen/kirche-und-geld/projektion-2060> (letzter Zugriff: 27.4.2021). Auch aus der fünften EKD-Erhebung über Kirchenmitgliedschaft (Bedford-Strohm/Jung 2015) wird deutlich, dass die Zahl der evangelischen Bürgerinnen und Bürger in der Bundesrepublik Deutschland seit 1950 beständig zurückgeht: von 52 Prozent auf 37 Prozent in den alten Bundesländern im Jahr 2010 (Pollack et al. 2015).

11 In Ostdeutschland allerdings, der Kernregion des Protestantismus, sind weniger als ein Viertel der Menschen Kirchenmitglieder (Pollack 2012: 108–131, 2002, 2000; Pickel 2000). Daraus ist geschlossen worden, Ostdeutschland sei ein Sonderfall auf der religiösen Landkarte der Welt – denn nirgendwo sonst gebe es so wenig Sinn für Religion wie dort – auch im Vergleich zu anderen früheren Ostblock-Staaten (Pollack 2009: 105–124). Wegen vielfältiger Repression und konsequenter Erziehung im Geist des wissenschaftlichen Atheismus waren die – noch 1945 zu 95 Prozent protestantisch geprägten – Gebiete zum Ende der DDR 1989 stark dechristianisiert. Da aber die evangelische Kirche eine wichtige Funktion bei der Friedlichen Revolution innehatte (vgl. knapp Dähn/Heise 2003), erwarteten manche Kirchenvertreter und Politiker eine Rechristianisierung, wozu es in anderen

nur die Binnengruppe der Kirchenmitglieder. Erstmals wurde in der fünften Kirchenmitgliedschaftsstudie der Evangelischen Kirche in Deutschland (EKD) auch die Gruppe der Konfessionslosen – aus der evangelischen Kirche ausgetretene und »schon immer konfessionslose« Menschen – untersucht (Bedford-Strohm/Jung 2015). Konfessionslose sind in bemerkenswert hohem Maße davon überzeugt, »dass feste Glaubensüberzeugungen intolerant machen« (ebd.: 517). 69 Prozent von ihnen stimmen dieser Aussage zu, aber nur knapp 45 Prozent der evangelischen Christen (ebd.: 498). Andere Befragungen konnten feststellen, dass viele Konfessionslose christliche Basisüberzeugungen durchaus teilen. So stellte eine Befragung des Unternehmens Kantar fest: Jeder fünfte Konfessionslose glaubt an einen Gott, mehr als jeder vierte Befragte glaubt, dass Jesus in einer Person Gott und Mensch war, jeder vierte glaubt an ein Leben nach dem Tod (vgl. Pieper 2019). Wer sich in Befragungen als konfessionslos bezeichnet, unterscheidet sich also kaum von denjenigen, die an bestimmten Dogmen zweifeln und denen eine distanzierte Kirchlichkeit zugeschrieben wird (Kretzschmar 2001).

Dieser Befund ist ein starkes Indiz dafür, dass die jahrhundertelange christliche Prägung Deutschlands die Gesellschaft tief durchdrungen hat. Zugleich zeigen die Fragestellungen der zuvor genannten Untersuchung aber, wie suggestiv sie angelegt war: Die Demoskopie erhob die Akzeptanz traditionaler dogmatischer Spitzenformulierungen – und sie tat das ohne zu unterscheiden zwischen »ich glaube« im Sinne von »ich meine« und »ich glaube« im dogmatisch-kirchlichen Sinne, d.h. »ich halte es für unumstößlich wahr, weil es offenbart ist«. Sicher erschöpft sich Glaube im religiösen Sinne weder in der Zustimmung zu dogmatischen Spitzenformulierungen noch in kirchlich bestimmten Ritualen.[12] Offen vor Augen liegt nur das Finanzielle: Wer Kirchensteuer zahlt, gehört dazu. Andere Forschungen unterstreichen die Milieuabhängigkeit von Kirchenbindung und Religionsinteresse oder die Bildungsaffinität der Kirchenmitglieder (Ebertz 2018b und Calmbach 2012 mit Blick auf die SINUS-Milieustudien; Schulz et al. 2015).

Neuere kirchensoziologische Untersuchungen stellen fest, dass sich evangelische Christen und Konfessionslose hinsichtlich ihrer Grundhaltungen bei herausragenden Ereignissen im Lebenslauf unterscheiden: Während Konfessionslose als ihr stärkstes Gefühl, beispielsweise bei Heirat oder bei Geburt des ersten Kindes, Stolz nennen, nennen Christen Dankbarkeit (Ahrens 2018; »moralische Striktheit« untersuchte Meulemann 2000). Wer in biografischen Familieninterviews (über

---

Staaten des ehemaligen Ostblocks vielfach gekommen war (Pollack 2000; vgl. auch Pickel 2000; Pollack et al. 1998). Nicht so in Ostdeutschland, als eine der wenigen Regionen der Welt, wo die meisten Bürger sich als konfessionslos bezeichnen – manche sprechen von »Gewohnheitsatheismus« (Krötke 2003: 107).

12   Zu Ritualen vgl. Hagen und Tomforde (2012).

drei Generationen hinweg) in Ostdeutschland atheistische sowie religiösspirituelle Erfahrungen und deren Deutung analysiert, lernt überraschend viele Mischformen von atheistischem Materialismus, Spiritualismus, säkularisiertem Heilsdenken und Neuentdeckung christlicher Vorstellungswelt kennen. Zwischen den Generationen gibt es auch gesprächsweise Annäherungen an die christlich geprägte Auferstehungshoffnung als eine Form »[g]roße[r] Transzendenz in der postsozialistischen Gesellschaft« (Wohlrab-Sahr et al. 2009). Der von Luckmann eingeführte Begriff der großen Transzendenz steht für die radikale Diskontinuität menschlichen Lebens, wie sie sich beim Tod auftut; wer über das, was nach seinem eigenen Tod kommt, nachdenkt, kann nur spekulieren – ebenso wie die Hinterbliebenen (Luckmann 1985).

3.2 Transzendenzorientierungen

Es gibt viele Menschen, die nicht von christlichen Kirchen geprägt sind, sich aber trotzdem für religiös halten. Wie die Menschen in allen anderen Teilen der Welt suchen die Europäer und auch die Deutschen nach »Erfahrungen großer Transzendenz« (Knoblauch 2002: 295). Bezeichnet werden damit alle »dreidimensionalen«, die alltägliche intersubjektive Kommunikation und Wirklichkeit überschreitenden Erfahrungen. Das Interesse an deren Erforschung steht in Zusammenhang mit einer Zunahme individueller Subjektivität in Glaubensdingen – man will ›erfahren‹ statt ›zuhören‹ – und diese Erfahrung soll ganzheitlich sein. Die Differenz von Glaube und Wissen wird tendenziell aufgehoben, sodass man sogar von einer »Entdifferenzierung von Kultur und Religion« (Knoblauch 2002: 296) sprechen kann. Es geht den Menschen darum, eine »persönliche Transformation zu durchleben und eine unmittelbare Transzendenzerfahrung zu machen« (Knoblauch 2002: 297). Diese Form von Religiosität kann bewusst demokratisch sein, insofern es keine religiösen Virtuosen oder Anführer im Unterschied zu Laien gibt, und sie kann anti-institutionell sein, weil sie keiner Mittler oder Funktionsträger im Verkehr mit dem Heiligen bedarf. Zu beobachten sind in diesem Feld auch religiöse Gruppen, die sich um einzelne ›Gurus‹ bilden, oder auch die Wahrnehmung magischer Praktiken, die Menschen betreiben (z.B. das Mitführen von Schutzamuletten) und Formen von Ekstase oder Mystik. Zudem gilt es, Typen von Religion und individueller Religiosität zu unterscheiden – z.B. gilt der Katholizismus als priesterlicher, der Protestantismus dagegen als prophetischer Typus (Ebertz 2016). Was Menschen in ihrer Kommunikation als religiöses Thema identifizieren und nennen ist von einem wissenschaftlichen Begriff von Religion ebenso zu unterscheiden wie von einer religiösen Erfahrung, die den Probanden möglicherweise gar nicht als spezifisch religiöse Erfahrung bewusst ist. Denn die

Erfahrung einer transzendenten Wirklichkeit muss von den religiösen Subjekten nicht in religiöse Sprache übersetzt werden können.

Die Möglichkeiten der Datenerhebung sind hier mannigfaltig: Dimensionen des Gottesbildes der Menschen – zeichnen sie ihren je eigenen Gott als mächtig, stark, kämpferisch und durchsetzungsfähig oder als klein, schwach und zärtlich – können abgefragt werden. Erforscht werden könnten auch Erfahrungen oder Erwartungen von Schutz, Trost und Hilfe, ebenso Gefühle von Scham, Schuld oder Ekstase. Gefragt werden können die Probanden nach ihren Transzendenzerfahrungen. Untersucht werden kann auch die Kenntnis religiöser Texte (heilige Geschichten wie beispielsweise »Der barmherzige Samariter«) und Lieder oder Gebräuche (Weihwasser, Beichte, Messe, Abendmahl, Amulette etc.). Das ist bisher nur in Ansätzen erfolgt. Gegenwärtig wird entsprechend der Theorie von der kommunikativen und sozialen Verfasstheit der Religion eher gefragt, was den Menschen als religiöses Thema erscheint: »Im Folgenden sind Themen aufgelistet, bei denen für einige Menschen Religion eine Rolle spielt. Wie ist das für Sie? Für mich ist [bzw. sind] der Sinn des Lebens/der Tod/Werte wie Gerechtigkeit, Freiheit, Frieden/ein Recht auf Leben (in Bezug auf ungeborenes Leben, die Todesstrafe o.Ä.)/die Natur/ die Geburt eines Kindes/Fragen von Sterbehilfe, Selbsttötung o.Ä./Anfang und Ende der Welt/Schuld ein (eher) religiöses Thema« (Bedford-Strohm/Jung 2015: 491 f.). Während evangelische Christen auf alle diese Fragen mit 40–68 Prozent (eher) zustimmend antworten, tun das nur 6–20 Prozent der Konfessionslosen.

Durchgesetzt für die Erforschung von Religion hat sich das mehrdimensionale Religionsmodell von Stefan Huber, der fünf Dimensionen des Glaubens unterscheidet: Ideologie, Ritual, Erfahrung, Interesse, Gottesdienst (Huber 2003). So kann Huber die Stärke der einzelnen Komponenten von Religiosität messen und deren innere Struktur aufweisen. Dieses Religionsmodell wird etwa vom Bertelsmann-Religionsmonitor »Woran glaubt die Welt?« verwendet (Bertelsmann-Stiftung 2009).

4 Empirische Erforschung von Glaube, Ethik und Innerer Führung

4.1 Glaube: Zunehmende religiöse Vielfalt

Religiöse Vorstellungs- und Sinnwelten können mit empirisch-qualitativer ebenso wie mit empirisch-quantitativer Methode erforscht werden. Aus der allgemeinen Kirchenstatistik interessieren in Zusammenhang mit den Streitkräften vor allem die Daten zu jungen Menschen, denn die deutschen Streitkräfte sind jung: Die

Zahl der jungen Menschen aus den alten Bundesländern zwischen 20 und 29 Jahren, die der evangelischen Kirche kaum oder überhaupt nicht verbunden sind, ist nach einem deutlichen Rückgang im Jahr 2002 wieder so stabil wie zuvor und liegt bei 43 Prozent. Zugleich ist aber die Zahl der jungen Menschen zwischen 20 und 29 Jahren aus den alten Bundesländern, die der evangelischen Kirche sehr oder eher verbunden sind, auf 32 Prozent gestiegen, den höchsten Wert seit es Kirchenmitgliedschaftsstudien gibt (Pollack et al. 2015: 193). Wie steht es also mit der Kirchenverbundenheit junger Soldatinnen und Soldaten, insbesondere derjenigen aus Ostdeutschland? Welche Themen identifizieren sie als religiöse Themen? Welche Transzendenzerfahrungen haben sie gemacht? Wer Soldaten zuhört, wird nicht nur kirchlich-christliches Gedankengut, sondern auch eine Renaissance germanischer religiöser Vorstellungen beobachten können.

Tabelle 2: Kirchen- und Religionszugehörigkeit in den deutschen Streitkräften

Welcher Glaubensrichtung bzw. welchem religiösen Bekenntnis sind Sie verbunden?	
Römisch-katholisch	23,6
Evangelisch	32,3
Orthodox	0,3
Islamisch	0,4
Jüdisch	0,1
Sonstige Glaubensrichtung/Bekenntnis (bitte nennen)	2,2
Keiner/nicht zutreffend	40,4
Weiß nicht	0,6

Anmerkungen: Angaben in Prozent. Daten nach Wanner und Ebeling (2013: 26, n = 7.744).

Hier fallen einige Unterschiede zu den Kirchenmitgliedschaftsstatistiken für die deutsche Bevölkerung auf. Anders als in der Bevölkerung ist die konfessionelle Bindung der Soldatinnen und Soldaten verteilt: In den deutschen Streitkräften dienen mehr Protestanten als ihr Anteil an der deutschen Bevölkerung nahelegt. Besonders das Offizierkorps ist evangelisch geprägt (Bald 2000). Die kirchliche Bindung der Offiziere liegt deutlich über derjenigen der deutschen Bevölkerung: Zu 78 Prozent gehört diese Funktionselite einer der beiden christlichen Konfessionen an (Hagen 2003: 352 f.). Ob das der Bildungs- und Bindungsarbeit der Militärseelsorge zu verdanken ist, die Weiterbildungsveranstaltungen speziell für militärische Führungskräfte und für Generale veranstaltet, oder andere Gründe hat, ist bisher nicht erforscht. Bei der Bundeswehrumfrage 2013 (Wanner/Ebeling 2013) haben 169 von 7.744 Soldatinnen und Soldaten in die Leerzeile »Sonstige

Glaubensrichtung/Bekenntnis (bitte nennen)« eine andere Religionszugehörigkeit geschrieben (siehe Tabelle 3 für die konkrete Verteilung der Nennungen):

Tabelle 3: »Sonstige Glaubensrichtungen« in den deutschen Streitkräften

Angegebene Glaubensrichtung bzw. religiöses Bekenntnis	
Buddhistisch	10,4
Christlich (ohne Konfession)	3,7
Evangelische Freikirche	6,0
Neuapostolische Kirche	22,2
Heidentum/Asatru	7,1
Atheismus	14,5
Agnostizismus	7,0
Konfessionslos/aus der Kirche ausgetreten	10,1
Kein Gefühl der Verbundenheit mit der eigenen Konfession	4,9
Sonstiges	14,0

Anmerkungen: Angaben in Prozent. Daten nach Wanner und Ebeling (2013: 26).

Auffällig ist in dieser – insgesamt recht kleinen – Gruppe der große Anteil Angehöriger der Neuapostolischen Kirche, die in den deutschen Streitkräften dienen, sowie die Existenz von Vertretern des (Neu-)Heidentums. In der deutschen Bevölkerung geht die Zahl der Menschen, die der Kirche hoch oder teils verbunden sind, beständig zurück – ob es auch in den deutschen Streitkräften solche Entwicklungen gibt, ist bisher unbekannt. Grundlegende Unterschiede zwischen Militärkirche und Zivilkirche fallen allerdings ins Auge: Im Zivilleben müssen sich das Kirchenmitglied oder die an Kirche und Glauben Interessierten zu einem besonderen Ort persönlich hinbegeben, um den geistlichen Funktionsträger und die sich um ihn sammelnde Gemeinde zu treffen. Und das Kirchenmitglied muss das in seiner Freizeit tun, meist an dem für »seelische Erhebung« gesetzlich geschützten Sonntagvormittag (vgl. Art. 140 GG). Vor diesem Hintergrund ist das Modell der Soldatenseelsorge – der Pfarrer arbeitet und lebt in seiner Gemeinde, Gottesdienst wird während der Dienstzeit gefeiert – in hohem Maße bemerkenswert. Dazu kommt, dass zum Pfarrer alle Soldatinnen und Soldaten gehen können, ohne befürchten zu müssen, dass angesprochene Probleme Einfluss auf den Dienstalltag nehmen oder öffentlich werden. Es gilt in jedem Fall das Beichtgeheimnis. In einer Institution mit totalen Zügen hat die Militärgeistlichkeit somit eine psychosoziale Entlastungsfunktion.

Die inhaltliche Auseinandersetzung von Soldatinnen und Soldaten mit Sinnfragen und dem Umgang mit Tod und Verwundung dürfte untrennbar mit

Glaubensvorstellungen verbunden sein (vgl. Scheffler 2003). Man kann erwarten, dass sich Soldatinnen und Soldaten stärker beschäftigen mit Fragen des Sterbens, aber auch mit Sterbehilfe und Selbsttötung als viele andere Menschen. Bundeswehrpsychologen berichten, dass in Auslandseinsätzen und Missionen nicht nur Posttraumatische Belastungsstörungen (PTBS) ausgelöst werden, sondern auch Gefühle von Scham und Schuld (moral injury) mächtig werden können, bei denen weniger Medikamente oder therapeutische Gespräche als vielmehr Seelsorgerinnen und Seelsorger wirksam helfen.

4.2 Ethik: Unterschiede zwischen gläubigen und nicht gläubigen Menschen

Glaube, Ethik und Innere Führung stehen in einem komplexen Verweiszusammenhang und sind nicht nur vor dem Hintergrund bundeswehrinterner Dienstvorschriften und Regelungen zu betrachten, sondern auch in Zusammenhang mit gesellschaftlichen Entwicklungen und politischen Entscheidungen. Denn allgemeine Trends oder religiös-kirchliche Entwicklungen spiegeln sich in den Streitkräften. Das heißt allerdings nicht, dass die Bundeswehr tatsächlich noch ein Spiegel der Gesellschaft wäre, wie zu Zeiten der Wehrpflichtarmee immer gerne betont wurde. Das Stichwort der Gegenwart heißt Entkirchlichung, umso größer ist die Bedeutung der empirisch-quantitativen Erforschung von Glaube, Ethik und Innerer Führung in der Bundeswehr. Nicht mehr einer christlichen Kirche anzugehören oder noch nie einer angehört zu haben, ist für viele Menschen (insbesondere aus Ostdeutschland) zur Normalität geworden. Das hat Folgen für die Selbstdefinition, auch und gerade für diejenige junger Menschen. Festgestellt werden konnten beispielsweise schon vor Jahrzehnten signifikante Unterschiede bei Moralbildern und Wertkonflikten: Gläubige kirchennahe Jugendliche zeigen häufiger als kirchenferne »ideellen Altruismus« sowie eine positivere Ausrichtung des Lebensgefühls (Pickel 2015; vgl. auch Schmidtchen 1992: 119, 1993; Feige 1998; Feige/Gennerich 2008). Der Vergleich von 1.000 Grundwehrdienstleistenden aus Ostdeutschland mit fast 600 Grundwehrdienstleistenden aus Westdeutschland offenbarte: Von den Soldaten aus Ostdeutschland gingen 92,7 Prozent selten oder nie in die Kirche; Gleiches galt für eine Mehrheit der westdeutschen Soldaten, dort waren es aber ›nur‹ 62,4 Prozent (Collmer 1993). Vor diesem Hintergrund könnte die Abnahme von Kirchenbindung ein Problem für die Funktionsfähigkeit der Bundeswehr bedeuten, denn ideeller Altruismus wird von der Bundeswehr gefordert, wenn Auslandseinsätze humanitär und politisch begründet werden.

4.3 Militärseelsorge

Viele politische Gestalter sind der Überzeugung, dass die christliche Bindung der Mehrheit der Bevölkerung in Deutschland zum Zusammenhalt der Gesellschaft beitrage und deshalb staatlich geschützt und gefördert werden sollte. Dies schließt allerdings nicht aus, dass die gegenwärtig stärker sichtbar werdende gesellschaftliche Konfliktlinie zwischen säkular orientierten Akteuren auf der einen und religiösen Akteuren auf der anderen Seite bis in die politischen Parteien hineinreicht. Bisher ist die Militärseelsorge unangefochten in ihrem Dienst für die Soldatinnen und Soldaten (Scheffler 2004). Dienstvorschriften und Richtlinien sichern den Dienst rechtlich ab: »Die Militärseelsorge ist der von den Kirchen geleistete, vom Staat gewünschte und unterstützte Beitrag zur Sicherung der freien religiösen Betätigung in den Streitkräften. Sie stellt sich die Aufgabe, unter Wahrung der freiwilligen Entscheidung des Einzelnen das religiöse Leben zu wecken, zu festigen und zu vertiefen. Dadurch fördert sie zugleich die charakterlichen und sittlichen Werte der Soldaten und Soldatinnen und hilft die Verantwortung zu tragen, vor die die Soldaten oder Soldatinnen als Waffenträger gestellt sind. Militärseelsorge ist Teil der kirchlichen Arbeit, ausgerichtet auf die Besonderheiten des militärischen Dienstes« (BMVg 2014 [1956]; vgl. auch BMVg 2008: Nr. 670–674; § 36 SG). Zu den katholischen und evangelischen Geistlichen kommt eine gewisse Zahl von Rabbinern (und Imamen) hinzu. Der staatlich finanzierte Dienst von Pfarrerinnen, Pfarrern, Priestern, Pastoralreferentinnen und Pastoralreferenten, kurzum: von Militärseelsorgern, insgesamt derzeit etwa 200 Personen (davon etwa 120 evangelischen, 80 katholischen Bekenntnisses, 8 jüdischen Glaubens) wird von zwei Bundesoberbehörden im Geschäftsbereich des Bundesministeriums der Verteidigung, dem Evangelischen Kirchenamt für die Bundeswehr und dem Katholischen Militärbischofsamt, geleitet.

Die sozialwissenschaftliche Untersuchung der Werteorientierungen und Einstellungen von Militärgeistlichen steht noch am Anfang und ist bisher nur für katholische Priester und Pastoralreferenten erfolgt. Erwartungsgemäß zeigte sich, dass für alle katholischen Militärgeistlichen »fester Glaube« am wichtigsten ist, für die Pastoralreferenten zudem eine »glückliche Partnerschaft« und die »Auseinandersetzung mit Sinnfragen« (Wendl 2010: 6). Kritik an der Militärseelsorge kommt aus zwei Richtungen. Die einen sagen: Wenn die Zahl christlicher Soldatinnen und Soldaten abnimmt, die Zahl konfessionsloser dagegen zunimmt, bedarf es der konfessionell gebundenen Militärseelsorge nicht mehr. Auch könne, so argumentieren die anderen, die Seelsorge für Soldatinnen und Soldaten ehrlicher von zivilen Kirchengemeinden als von einer ›Militärkirche‹ aus durchgeführt werden, weil die Militärgeistlichen durch den Dienst unter den Soldaten letztlich doch militarisiert würden (Werkner 2001). Manche Veröffentlichungen von Militärgeistlichen (Steinen 2006; Schubert 2019) scheinen diesem Vorwurf, der vor allem von pazifistischen Christen erhoben wird, recht zu geben. In der akademischen Ausbildung von Theologinnen und Theologen spielt die Militärseelsorge so gut wie keine Rolle. Für US-amerikanische katholische Colleges wurde gefordert, die Kurse für Soldatinnen und Soldaten angesichts von Inkonsistenzen der katholischen Soziallehre einzustellen (Thomas 2007). In Deutschland können die Offiziere im Rahmen ihrer militärischen Ausbildung an den Universitäten der Bundeswehr in München und Hamburg (dort lehren jeweils zwei konfessionell gebundene Theologen) das Fachstudium ergänzende ethische Studien betreiben. Innerhalb der Bundeswehr lehren an der Führungsakademie der Bundeswehr (Hamburg) und am Zentrum Innere Führung (Koblenz) Theologen und Militärgeistliche der beiden großen christlichen Konfessionen.

Die Militärseelsorgerinnen und Militärseelsorger erfreuen sich großen Ansehens in der Bevölkerung und in der Bundeswehr (Bock 2001: 23 f.).[13] Diese Untersuchung wurde zwar schon während des Bosnien-Einsatzes der Bundeswehr in den Jahren 1997 und 1998 durchgeführt, dürfte aber im Grundsatz auch heute noch gelten, denn seitdem hat es keine größeren öffentlichen Diskussionen um die Frage der Abschaffung der Militärseelsorge mehr gegeben. 81 Prozent der Bevölkerung fanden es »sehr gut« oder »eher gut«, dass es Militärseelsorge gibt (Bock 2001: 22, n = 2.560). Etwa 26 Prozent der Befragten waren damals der Auffassung, »dass die Kirche nichts mit der Bundeswehr zu tun haben sollte«; sie wollten aber trotzdem die Uniformträger bestmöglich betreut wissen (Bock 2001: 47).

Mehr Akzeptanz noch als durch die Bevölkerung, erfuhr die Militärseelsorge durch die Soldaten selbst. Hoch ist die Anerkennung für ihren Dienst an den Heimatstandorten, sofern die Militärgeistlichen unter den Bedingungen der Wehrpflichtarmee »situative Solidarität« zeigten (Feige 1983: 47–56), höher noch für die Begleitung im Einsatz. Der Aussage, »Ich persönlich finde es gut, dass Pfarrer im Lager sind (unabhängig davon, ob ich ihren Dienst in Anspruch nehme oder nicht)«, stimmten fast 96 Prozent der befragten Soldatinnen und Soldaten zu (Bock 2001: 71, n = 230). Zugleich aber stellte diese Untersuchung fest, dass mit der positiven Bewertung der Anwesenheit von Militärgeistlichen deren tatsächliche Inanspruchnahme nicht korrelierte. Nur ein verschwindend geringer Prozentsatz der Soldaten gab an, in individuellen Notlagen das Gesprächsangebot des Militärpfarrers in Anspruch zu nehmen. Ein »Militärpfarrerparadoxon« wurde konstruiert (Bock 2002: 70 f.). Diese Konstruktion basierte auf den vorgegebenen

---

13   Vgl. auch die wiederkehrenden Erwähnungen in den jährlichen Berichten der Wehrbeauftragten.

Antwortmöglichkeiten auf die Frage »Mit wem sprechen Sie über Ihre persönlichen Ängste und Gefühle? 1. mit dem Militärgeistlichen, 2. mit Ärzten, 3. mit dem Truppenpsychologen, 4. ich muss damit alleine fertig werden, 5. mit meiner Frau/Freundin bzw. meinem Mann/Freund, 6. mit meinem Vorgesetzten, 7. mit Kameraden, 8. möchte ich nicht sagen, 9. mit anderen ...«, Mehrfachnennungen waren möglich. In diesen Antwortvorgaben wurden verschiedene Dimensionen vermischt, denn Militärseelsorger gehören nicht zur Dimension der Familie und allein mit einem Problem fertigwerden zu wollen, ist wieder eine andere Dimension. Eine Nachfolgeuntersuchung konnte deshalb wenig später mit einer verbesserten Erhebungsmethodik feststellen, dass die individuell-seelsorgliche Inanspruchnahme der Militärpfarrerinnen und Militärpfarrer durch etwa ein Viertel bis ein Drittel der Soldatinnen und Soldaten eines Kontingents erfolgt; auch Konfessionslose suchen in entsprechender Zahl die Geistlichen auf (Biehl 2003: 334). Die Militärseelsorge erreicht im Auslandseinsatz alle Dienstgradgruppen (Biehl 2003: 336). Denn die Geistlichen sind nicht in die militärische Hierarchie eingebunden – sie melden Vorgesetzten also nicht, wer sie mit welchem Problem aufgesucht hat. Mit entsprechender Freiheit als dazugehörige Andere (oder: anders Dazugehörige), begleiten evangelische wie katholische Militärgeistliche bis heute die Soldatinnen und Soldaten in die Auslandseinsätze, egal ob die Lager in Afghanistan oder in Mali aufgebaut sind oder die Fregatten vor dem Libanon ankern.

Tatsächlich ist damit zu rechnen, dass Soldatinnen und Soldaten ebenso feste Überzeugungen – nenne man sie in kirchlich-religiöser Terminologie Glaube oder einfach Weltanschauung – wie alle anderen Menschen haben. Forschungen dazu gibt es wenige. Martin Bock (2002) hat am Sozialwissenschaftlichen Institut der Bundeswehr »Religion als Lebensbewältigungsstrategie von Soldaten« untersucht. Er hat gefragt, wie sich die Weltdeutung und das individuelle Glaubensleben von Soldaten durch die Erfahrungen des Auslandseinsatzes in Bosnien verändern (Bock 2002: 82–93). Diese Untersuchung kam zu dem Schluss, dass den Soldatinnen und Soldaten mehrheitlich positive Effekte an sich auffallen: Viele Soldatinnen und Soldaten geben an, stärkeres Selbstvertrauen und Zuversicht (»Mut nicht sinken lassen«) entwickelt und gelernt zu haben, Gewohnheiten zu hinterfragen und »an etwas zu glauben«. Ihnen ist »innerer Friede« wichtiger geworden und vor allem wollen sie nach dem Einsatz das »Leben genießen« (Bock 2002: 84 f.). Sie geben an, sich öfter als vor dem Auslandseinsatz und auch öfter als während des Einsatzes mit dem Sinn des eigenen Lebens, mit dem eigenen Tod, mit Glaubensfragen und ihrer eigenen Aufgabe in der Welt beschäftigt zu haben (Bock 2002: 87).

Die bereits erwähnte Bundeswehrumfrage von 2013 (Wanner/Ebeling 2013) offenbart, dass mehr als die Hälfte aller Soldatinnen und Soldaten die Militärseelsorge und ihre Angebote schon in Anspruch genommen hat (vgl. Tabelle 4).

Tabelle 4: Inanspruchnahme von Militärseelsorge

Der Soldat hat einen gesetzlichen Anspruch auf Seelsorge und ungestörte Religionsausübung. Haben Sie schon einmal Angebote der Militärseelsorge in Anspruch genommen? Dazu zählen u.a. Gottesdienste, Andachten und Feiern, Rüst- und Freizeiten, Wallfahrten, seelsorgliche Gespräche, Informationsangebote, Zeitschriften (JS, Kompass etc.)	
Ja, habe ich schon in Anspruch genommen	55,0
Nein, habe ich noch nicht in Anspruch genommen	43,8
Weiß nicht	1,2

Anmerkungen: Angaben in Prozent. Daten nach Wanner und Ebeling (2013: 25, n = 7.744).

46,1 Prozent der Befragten wollen sicher oder eher auch zukünftig (wieder) Angebote der Militärseelsorge in Anspruch nehmen, fast ein Viertel der Soldatinnen und Soldaten will das vielleicht tun (vgl. Tabelle 5).

Tabelle 5: Zukünftige (erneute) Inanspruchnahme von Militärseelsorge

Können Sie sich vorstellen, zukünftig Angebote der Militärseelsorge (wieder) in Anspruch zu nehmen?	
Ja, sicher	31,9
Eher ja	14,2
Vielleicht	23,4
Eher nein	16,8
Nein, sicher nicht	10,8
Weiß nicht	2,9

Anmerkungen: Angaben in Prozent. Daten nach Wanner und Ebeling (2013: 25, n = 7.744).

Eher nicht oder sicher nicht antworten hier 27,6 Prozent der Befragten, also etwas mehr als jeder vierte. Dagegen wollen gut zwei Drittel der Probanden die Militärseelsorge gegebenenfalls in Anspruch nehmen. Wenn die Zahl dem Christentum verbundener Soldatinnen und Soldaten bei 55 Prozent liegt, dann ist aus der letztgenannten Zahl zu schließen, dass auch nicht christliche und konfessionsfreie Soldatinnen und Soldaten Angebote der Militärseelsorge nutzen und gegebenenfalls auch zukünftig wieder oder erstmalig nutzen würden.

Auch Militärgeistliche orthodoxer Religion, Imame und Rabbiner könnten sich durchaus einiger Akzeptanz erfreuen, die weit über die Zahl der sich zu diesen Religionen bekennenden Soldatinnen und Soldaten hinausginge. Auf die Frage, »Wenn Sie persönlich seelsorgliche Betreuung in Anspruch nehmen bzw. nehmen würden, wen würden Sie als für sich zuständig akzeptieren?«, antworteten die

Soldatinnen und Soldaten, dass sie evangelische (67 Prozent), römisch-katholische (53 Prozent), orthodoxe (18 Prozent), jüdische (15 Prozent) und islamische Militärgeistliche (11 Prozent) akzeptieren würden (Wanner/Ebeling 2013: 15–16, Mehrfachnennungen waren möglich). Akzeptiert sind Seelsorger aus allen Konfessionen beziehungsweise Religionen in weit höherem Maße, als es Gläubige der jeweiligen Gemeinschaft in der Bundeswehr gibt. Bei der Interpretation dieser Ergebnisse ist zu bedenken, dass die Offenheit für Militärgeistliche nicht christlicher Religionen vor dem Hintergrund der öffentlichen Meinung und ohne Kenntnis der jeweils den Dienst verrichtenden geistlichen Persönlichkeiten beachtlich ist. Rund 20 Prozent der Soldatinnen und Soldaten gaben an, dass sie überhaupt keinen religiös gebundenen Militärgeistlichen als für sich zuständig akzeptieren würden (Wanner/Ebeling 2013: 16). Das ist weniger als die Hälfte der Personen, die angegeben hatten, sich keinem religiösen Bekenntnis verbunden zu fühlen. Demnach wird die bestehende Form der Militärseelsorge auch von denjenigen Uniformträgern akzeptiert, die keiner Glaubensgemeinschaft angehören und sich keinem religiösen Bekenntnis zurechnen (Wanner/Ebeling 2013: 16).

Obwohl gerade für die Bundeswehrsoldatinnen und -soldaten scheinbar leicht festzustellen ist, wie viele von ihnen Kirchensteuern zahlen, lässt sich aus dem Rückgang der Zahl der Kirchensteuerzahler nicht unbedingt auf eine Kirchenabwendung schließen. Denn die Uniformträger erleben ja in ihrem Dienst eine funktionierende Militärseelsorge. Neben Gottesdiensten und Rüstzeiten werden diverse weitere Veranstaltungen angeboten, bei persönlichen und dienstlichen Problemen stehen Militärseelsorgerinnen und -seelsorger jederzeit zur Verfügung. Pfarrer begleiten die Soldatinnen und Soldaten in den Auslandseinsatz und gestalten wichtige Kasualien – seien es etwa Aussegnungen bei der Überführung des Sarges eines getöteten Kameraden ins Heimatland oder Taufen und Trauungen für Uniformträger und deren Familienangehörige. Es gibt also gar keine Notwendigkeit, Kirchensteuerzahler zu sein, denn man bekommt die geistliche Begleitung gratis und unabhängig vom eigenen Engagement als Betreuungsleistung des Dienstherrn.

4.4 Lebenskundlicher Unterricht

Nachdem im Januar 2009 die Zentrale Dienstvorschrift »Lebenskundlicher Unterricht. Selbstverantwortlich leben – Verantwortung für andere übernehmen können« zur Erprobung erlassen worden war, wurde die Implementierung des jetzt verbindlich in die Aus- und Weiterbildung der Soldatinnen und Soldaten integrierten LKU in der Truppenpraxis mit empirisch-quantitativem Instrumentarium überprüft – sowohl hinsichtlich der teilnehmenden Soldatinnen und Soldaten (im Herbst 2010) als auch hinsichtlich der Durchführenden (im Frühjahr 2011),

»[u]m frühzeitig Erkenntnisse über Umsetzung und Durchführung des LKU sowie seine Wirkungen bei den Soldatinnen und Soldaten zu erhalten« (Dörfler-Dierken et al. 2010: 5; vgl. auch Biehl/Fiebig 2011). Ältere Studien haben den LKU in Zusammenhang mit der Gesamterziehung des Soldaten profiliert (Klein/Scheffler 1987; Kruse 1983; Kruse/Bald 1981).

Aus der Untersuchung von Dörfler-Dierken, Ebeling und Fiebig (2010) geht hervor, dass die Teilnehmerinnen und Teilnehmer an dem evaluierten Unterricht zu knapp drei Vierteln unter 26 Jahre alt und zu über 80 Prozent Angehörige der Mannschaften oder Unteroffiziere ohne Portepee waren. Nur 5,8 Prozent waren Offiziere, Stabsoffiziere, Generale oder Admirale. Knapp 80 Prozent der Teilnehmerinnen und Teilnehmer hatten zum Zeitpunkt der Befragung noch keinen Auslandseinsatz absolviert. Befragt wurden sie nach dem gerade erlebten obligatorischen LKU: Die Pfarrer teilten an sie die Fragebögen aus und sammelten diese nach dem Ausfüllen wieder ein. Drei Viertel der so erreichten Probanden waren der Meinung, dass der LKU sie persönlich weiterbringe. 78 Prozent hielten das im Curriculum für den LKU vorgesehene Themenfeld Freiheit, Gewissen, Verantwortung für »sehr« oder »eher wichtig«. Der Umgang mit Konflikten wurde von 79 Prozent für »sehr« oder »eher wichtig« gehalten. Dagegen war das Interesse an vermeintlich spezifisch religiösen Themen, etwa »Religion in Deutschland« oder »Religion in anderen Ländern und Weltreligionen« deutlich geringer ausgeprägt. Das ist dahingehend zu interpretieren, dass die Soldatinnen und Soldaten weniger an Informationen über Religion interessiert sind als an einer ihre eigene Persönlichkeit und Haltung tangierenden Selbstreflexion – konservativ gesprochen: an ihrer Persönlichkeitsbildung.

Grundsätzlich halten konfessionell gebundene Soldatinnen und Soldaten religiöse Themenfelder für wichtiger als konfessionell ungebundene. So halten das Thema »Weltreligionen« beispielsweise gut 43 Prozent der evangelischen Befragten für »sehr wichtig« oder »eher wichtig«, desgleichen knapp 39 Prozent der katholischen Probanden, aber nur 33 Prozent derjenigen, die »keine« Religionsbzw. Kirchenzugehörigkeit angegeben hatten (Dörfler-Dierken et al. 2010: 23). Entsprechendes gilt für die Themen »Religion in Deutschland« sowie »Religion in anderen Ländern« (ebd.). Die Befragten empfanden die kurz zuvor eingeführte Regelung eines obligatorischen LKU nicht als Zwangsmaßnahme des Dienstherrn, sondern als Angebot für sie selbst als Menschen (Dörfler-Dierken et al. 2010: 24). Schon die Tatsache, dass die Militärgeistlichen keine Vorgesetztenfunktion haben, verweist darauf, dass der LKU von der freien Mitarbeit der Soldatinnen und Soldaten lebt. Die kam offenbar auch zustande, nachdem die Teilnahme am LKU verpflichtend geworden war.

Fast alle Befragten hatten schon Erfahrung mit durch evangelische oder katholische Militärgeistliche durchgeführtem LKU und (großes) Interesse an den angebotenen Themen. »Nur gut 20 Prozent der Soldatinnen und Soldaten gaben an, eher weniger oder gar kein Interesse an ethischen Themen zu haben oder nicht zu wissen, ob sie sich für solche Themen interessieren. Das ist beachtlich, weil die Verwendung des Ausdrucks ›Interesse an ethischen Themen‹ in der Fragestellung Ablehnung hätte provozieren können« (Dörfler-Dierken et al. 2010: 10). Die Befragten wünschten sich zu fast 90 Prozent, dass Militärseelsorgerinnen und -seelsorger den LKU auch weiterhin durchführen sollten. »Nur sieben Prozent wollten das ›eher nicht‹ oder ›sicher nicht‹. [...] Mehr als zwei Drittel sprachen sich dagegen aus, dass Soldatinnen oder Soldaten den LKU durchführen« (Dörfler-Dierken et al. 2010: 10). Auch die konfessionslosen Befragten befürworteten die zukünftige Durchführung des LKU durch Militärseelsorgerinnen und -seelsorger mit 86 Prozent (ebd.). Die Bewertung der Lebenskundlichen Unterrichte, an denen die Befragten gerade teilgenommen hatten, fiel ausgesprochen gut aus. Die Probanden hielten den Unterricht mehrheitlich für »interessant«, hatten »großes Interesse am Thema« und lobten »lebhafte Diskussionen« sowie die »offene und vertrauensvolle Atmosphäre« (Dörfler-Dierken et al. 2010: 12). Im Jahr 2017 wurden 91.000 Soldatinnen und Soldaten durch Militärgeistliche mit LKU-Veranstaltungen erreicht. Nicht erfasst wurde dabei freilich, ob der eine oder andere Uniformträger mehrfach an entsprechenden Veranstaltungen teilgenommen hat. Deutlich ist jedenfalls, dass nicht jedem Angehörigen der Streitkräfte entsprechender Unterricht tatsächlich auch zuteilwurde.

Wichtig dürfte zukünftig die weitere Erforschung von Dilemma-Situationen sein: Kein Befehl darf die Soldatinnen und Soldaten dazu zwingen, gegen ihr eigenes moralisches Empfinden und Bewusstsein zu verstoßen. Das Ertragen von dilemmatischen Situationen mag im Einzelfall schwierig sein, ist aber in der Gegenwart eine zentrale Aufgabe für Soldatinnen und Soldaten. Eine qualitative Studie zu Dilemmata für einen im Kontext der Auslandseinsätze virulenten Problemzusammenhang liegt vor. Sie geht von dem in vielen Einsatzländern der Bundeswehr typischen Dilemma der Abgabe von Nahrungsmitteln an Einheimische aus. In einer Broschüre des Zentrums Innere Führung (2003), »Entscheiden und Verantworten. Konfliktsituationen in Auslandseinsätzen«, wurde die Situation diskutiert, dass bettelnde Einheimische sich an einem Lager der Bundeswehr versammeln. Hier sollte der Soldat lernen, dass er die »Leitungslösung« dieses Falles – keine Abgabe von Nahrungsmitteln an Einheimische – annimmt und in seinem persönlichen Handeln mitträgt. In Interviews äußerten die befragten Soldaten sich in bezeichnender Weise ›anders‹ als die zum Vergleich befragten Theologen: Junge Offiziere im Studium zeigten sich »nur selten« von der im Dilemma geschilderten humanitären Notlage persönlich berührt und betonen vor allem ihre »Sorge vor einer möglichen Bestrafung durch den Disziplinarvorgesetzten wegen Nichtbeachtung des Befehls« (Dörfler-Dierken 2006: 169). Sie sahen hier den Konflikt zwischen »dem Prinzip des Militärischen und dem des Christlichen« und verschoben eigenes Wirken in die dienstfreie Zeit. Da der Befehl zur Nichtabgabe von Nahrungsmitteln weder einem Gesetz noch der UN-Charta widerspreche, müsse er befolgt werden. Besser als individuelles Engagement sei sowieso eine »geordnete und strukturierte Hilfsleistung« (Dörfler-Dierken 2006: 170). Die Pflicht zum treuen Dienen wurde von diesen Probanden dem individuellen Empfinden übergeordnet. Dass aus solchen widerstreitenden Empfindungen die als Moral Injury bezeichneten Phänomene erwachsen, die letztlich zu PTBS führen können, liegt auf der Hand. Seelsorger weisen darauf hin, dass ein solcher Befehl beim Untergebenen Wut auf den Befehlsgeber hervorrufen kann, was die Schlagkraft der Truppe beeinträchtigen dürfte (Dörfler-Dierken 2006: 181 f.).

4.5 Innere Führung in den Streitkräften

Nach der Veröffentlichung einer überarbeiteten Fassung der Zentralen Dienstvorschrift zur Inneren Führung (BMVg 2008) hat das Zentrum für Militärgeschichte und Sozialwissenschaften der Bundeswehr im Jahr 2013 erstmals eine Streitkräftebefragung zur Inneren Führung mit empirisch-quantitativer Methodik durchgeführt (Dörfler-Dierken/Kramer 2014; vgl. auch Dörfler-Dierken 2014 für qualitative Ansätze). Es hat sich gezeigt, dass »Innere Führung« zwar zum Markensignet der Bundeswehr geworden ist, dass aber nicht alle Soldatinnen und Soldaten mit dem Begriff tatsächlich das Richtige assoziieren können beziehungsweise Kenntnis von der Vorschrift haben. Insbesondere Soldatinnen und Soldaten niedriger Dienstgrade und solche im Dienstverhältnis des Zeitsoldaten zeigen kaum Kenntnis von und tieferes Interesse an der Konzeption (Dörfler-Dierken/Kramer 2014: 23, 25, 27). Im Fokus der Untersuchung standen drei Problemkreise: Bekanntheit der Konzeption der Inneren Führung und der aktuell gültigen Vorschrift, Einstellungen zur Inneren Führung und drittens die Umsetzung der Grundsätze der Inneren Führung im Verhältnis zwischen Vorgesetzten und Untergebenen. Die Untersuchung wurde im Frühjahr 2013 als Mehrthemenbefragung online im Intranet der Bundeswehr anonym und freiwillig durchgeführt. Es beteiligten sich 7.744 Soldatinnen und Soldaten aller Dienstgrade und Statusgruppen. Die Verzerrungen innerhalb der Stichprobe (niedrigere Dienstgrade beteiligten sich seltener an der Befragung als höhere) wurden durch Gewichtung der Datensätze korrigiert, sodass die Ergebnisse hinsichtlich Geschlecht, Dienstgradgruppe, Status und Organisationsbereich komplett der Grundgesamtheit aller Soldatinnen und Soldaten entsprechen. Als Ergebnis festzuhalten war, dass die Bekanntheit der Inneren Führung eng an den Dienstgrad (und damit auch an das Dienstalter) gebunden ist (vgl. Tabelle 6).

Tabelle 6: Kenntnis der Vorschrift zur Inneren Führung nach Dienstgradgruppen

Haben Sie vor dieser Befragung schon einmal von der ZDv 10/1 Innere Führung (2008) gehört oder gelesen? Und was wissen Sie darüber?	
Mannschaften	22
Unteroffiziere ohne Portepee	40
Unteroffiziere mit Portepee	66
Offiziere	84
Stabsoffiziere	88

Anmerkungen: Angaben in Prozent. Zusammengefasste Antwortanteile für »Ich habe mich intensiv damit beschäftigt und kenne alle wesentlichen Fakten und Zusammenhänge« und »Ich habe davon gehört bzw. gelesen und kenne einige Fakten und Zusammenhänge«. Daten nach Dörfler-Dierken und Kramer (2014: 20).

Die Einstellung aller Soldatinnen und Soldaten zur Inneren Führung war zu 58 Prozent positiv oder eher positiv. Insbesondere Offiziere schätzten die Innere Führung. Bemerkenswert ist, dass die vergleichende Betrachtung der persönlichen Einstellung der Befragten zur Inneren Führung mit der vermuteten Einstellung der Kameraden einerseits und der Vorgesetzten andererseits große Unterschiede offenbart. Wer selbst die Innere Führung hoch schätzt, vermutet, dass die Mehrheit der Soldatinnen und Soldaten der eigenen Einheit beziehungsweise der Dienststelle die Innere Führung weniger schätzt. Mannschaften und Unteroffiziere halten die Einstellung ihrer Vorgesetzten zur Inneren Führung für weit positiver als ihre eigene (Dörfler-Dierken/Kramer 2014: 34 f.). Daraus ist zu schließen, dass das Meinungsklima bezüglich der Inneren Führung schlecht ist. Ob sich daran nach mehreren Interventionen des Bundesministeriums der Verteidigung[14] etwas geändert hat, wäre mit einer Replikationsstudie zu erforschen. Die Behauptung, die Erfahrung von Auslandseinsätzen habe negative Auswirkungen auf die persönliche Einstellung zur Inneren Führung, ist mit empirisch-quantitativer Methodik nicht zu belegen. Dieser Eindruck wurde wohl erzeugt durch die laute bundeswehrinterne

---

14   Vgl. z.B. die Rede der damaligen Bundesministerin der Verteidigung Ursula von der Leyen beim Großen Zapfenstreich anlässlich des 60. Geburtstags der Bundeswehr, 11. November 2015, Berlin; vgl. die Spezialausgabe der vom BMVg verantworteten Zeitschrift »Y« (BMVg Presse- und Informationsstab 2018), die neuen Vorschriften zu Aspekten der Inneren Führung (zu Tradition und Ethischer Bildung) etc.

und öffentliche Debatte über dieses Thema.[15] In dem Sammelband »Am Puls der Bundeswehr« wurde 2016 ein Überblick über die Forschungen zu Aspekten der Inneren Führung geboten (Dörfler-Dierken/Kümmel 2016).

5   Fazit

Offensichtlich dürfte geworden sein, was für eine spannende Organisation die Streitkräfte für kirchen- und religionssoziologische Forschungen sind, denn sie werden von einer Gruppe geprägt, die in den von den christlichen Kirchen beauftragten oder von zivilen Wissenschaftlern initiierten Untersuchungen kaum in den Blick genommen wird. Zahlenmäßig sind junge Männer nur eine kleine Untergruppe von Kirchenbesuchern.

Die Akzeptanz der Militärseelsorge ist vor allem im Auslandseinsatz groß. Diese Tatsache spiegelt zwei Dynamiken: Soldatinnen und Soldaten werden im Einsatz nicht nur mit dem Bruch zu ihrem Alltag und den daraus resultierenden Sinnfragen konfrontiert, sondern auch mit Gewaltdynamiken, die sie nach der Legitimität ihres Handelns fragen lassen. Zudem sind, zweitens, die Militärgeistlichen im Feldlager ständig präsent, sodass die Kontaktaufnahme den Soldatinnen und Soldaten leichter fällt als in der Kaserne im Grundbetrieb. Der Militärseelsorge ist aber nicht nur die Feier von Gottesdiensten und die Individualseelsorge aufgetragen, sondern auch die Durchführung des obligatorischen LKU. Diese LKUs erfreuen sich beachtlich großer Beliebtheit bei den Soldatinnen und Soldaten.

Den Chancen der Erforschung der Themenkomplexe Glaube, Ethik und Innere Führung mit sozialwissenschaftlich-empirischer Methodik stehen einige Probleme gegenüber. Denn gesetzliche Grundlagen und militärische Handlungsforderungen, eigene Handlungsprämissen und tatsächliches Handeln in riskanten Situationen sowie individuelle ethische Überzeugungen überlagern einander. Wer aber kann schon sagen – oder gar auf einem Fragebogen ankreuzen – was ihn tatsächlich antreibt? Man ist sich selbst über weite Strecken doch eine *terra incognita* – das lehren jedenfalls Psychologie und Erfahrung. Das gilt für alle Menschen – auch für diejenigen, die sich dafür entschieden haben, in einem »besonderen Gewaltverhältnis« Dienst zu tun und sich systematisch darauf vorbereiten, befehlsgemäß

---

15   Vgl. Bohnert und Reitstetter (2014). Blumröder (2014) stellt dagegen die Verantwortung des Kommandeurs, absehbare Verluste an Menschenleben bei den ihm unterstellten Soldatinnen und Soldaten zu vermeiden, heraus. Den Soldatenberuf nicht vom Gedanken des Tötens und Getötetwerdens her zu definieren, sondern von der Idee der Verantwortung des Staatsbürgers in Uniform für Frieden und Freiheit her, entspricht genau den Intentionen der Inneren Führung.

letale Waffen gegen andere Menschen einzusetzen.[16] Um die Dynamik zu erfassen, sollte mit einem Begriff von Religion gearbeitet werden, der möglichst umfassend ist, um auch ›vagabundierende‹ Elemente individueller Religiosität abbilden zu können, und messen zu können, welche Bedeutung Religiosität für die individuelle Selbstkonstruktion hat.

Dass Religion und Militär ein derart spannendes Forschungsfeld ist, in dem es noch viele weiße Flecken gibt, resultiert aus dem Wesen des Militärischen selbst. Schließlich bescheinigen die Religionssoziologen in der Schule von Thomas Luckmann gerade dem Tod, dass er jeden Menschen in die Erfahrung einer »großen Transzendenz« bringt. Dazu kommt die Frage nach dem Sinn des eigenen Handelns in unüberschaubaren und das Individuum zutiefst berührenden Situationen von Armut und Hass. Die Konzeption der Inneren Führung soll der Umsetzung der Normen und Werte des Grundgesetzes in den Streitkräften dienen und den Glauben beziehungsweise die Weltanschauung des Soldaten und der Soldatin schützen – das Gewissen des durch Gott oder die Weltanschauung gebundenen Soldaten, der entsprechend gebundenen Soldatin, steht dabei für sein beziehungsweise ihr Ureigenstes, das durch keinen Befehl übersteuert werden kann. Dass Glaube persönlichkeitsbildend und handlungsleitend wirkt, daran besteht grundsätzlich kein Zweifel. Und daraus erwächst für Soldatinnen und Soldaten die Freiheit, Verantwortung für Deutschland zu übernehmen. Das kann, im Sinne des Grundgesetzes, nur eine Verantwortung für den Frieden sein. Dass in den letzten Jahren und Jahrzehnten nicht nur friedensorientierte Gestaltungen von Religion in Öffentlichkeit und Politik diskutiert wurden, sondern vor allem kriegsaufhetzende, gewaltverherrlichende und hassgeprägte, ist nach Meinung vieler Friedensforscher vielfältigen Unfriedenserfahrungen geschuldet. Aber solche müssen nicht zu Hass und Gewalt führen. Religion ist also ein ›ambivalentes‹ Phänomen (Thurau 2019) und es lohnt sich, Religion und religiöse Überzeugungen von Soldatinnen und Soldaten in das Licht der wissenschaftlichen Öffentlichkeit zu bringen und zu beleuchten, sie diskursiv zu verflüssigen, sie in ihrer motivierenden Kraft zu messen und sie gegebenenfalls einzuhegen.

---

16 Tatsächlich ist es nur ein geringer Teil aller Soldatinnen und Soldaten, der in die Situation gebracht wird, sich mit eigenem Waffeneinsatz zum Selbst- und Kameradenschutz und dessen Folgen auseinanderzusetzen. Seiffert und Hess (2019: 7) haben herausgearbeitet, dass die Anwendung sowie das Erleiden potenziell letaler Gewalt ein besonderes Risiko von Ausbildungs- und Schutzkräften ist, die in der Fläche in Afghanistan im Raum Kunduz loziert und meist Soldaten im Dienstgrad Mannschaften und jünger als 26 Jahre waren.

Literatur

Ahrens, Petra-Angela (2018): Was macht eigentlich den Unterschied? Evangelische und Konfessionslose im Osten Berlins. Hannover: Creo-media.

Antes, Peter/Wall, Heinrich de (Hrsg.) (2018): Religions- und Weltanschauungsfreiheit. Verfassungsrechtliche Grundlagen und konfessionelle Perspektiven. Stuttgart: Kohlhammer.

Bald, Detlef (2000): Kriegskult und Friedensmentalität der militärischen Elite in den neunziger Jahren. In: Kühne, Thomas (Hrsg.): Von der Kriegskultur zur Friedenskultur? Zum Mentalitätswandel in Deutschland nach 1945. Hamburg: LIT, 110−127.

Bald, Detlef/Kruse, Martin (Hrsg.) (1997): Aufbruch nach der Wende. Militärseelsorge, Kultursteuer und das Staat-Kirche-Verhältnis. Baden-Baden: Nomos.

Barker, Christine R./Werkner, Ines-Jacqueline (2008): Military Chaplaincy in International Operations. A Comparison of Two Different Traditions. In: Journal of Contemporary Religion, 23: 1, 47−62.

Baudissin, Wolf Graf von (2014): Grundwert: Frieden in Politik − Strategie − Führung von Streitkräften. Hrsg. von Claus von Rosen. Berlin: Miles.

Bedford-Strohm, Heinrich/Jung, Volker (Hrsg.) (2015): Vernetzte Vielfalt. Kirche angesichts von Individualisierung und Säkularisierung. Die fünfte EKD-Erhebung über Kirchenmitgliedschaft. Gütersloh: Gütersloher Verlagshaus.

Berger, Peter L. (1970): Auf den Spuren der Engel. Die moderne Gesellschaft und die Wiederentdeckung der Transzendenz. Frankfurt a.M.: Fischer.

Bertelsmann-Stiftung (Hrsg.) (2009): Woran glaubt die Welt? Analysen und Kommentare zum Religionsmonitor 2008. Gütersloh: Verlag Bertelsmann-Stiftung.

Biehl, Heiko (2003): Militärseelsorge *out of area* − Hochgeschätzt und ungenutzt? In: Werkner, Ines Jacqueline (Hrsg.): Die Rolle von Religion in Militär und Gesellschaft zu Beginn des 21. Jahrhunderts. Strausberg: Sozialwissenschaftliches Institut der Bundeswehr, 323−348.

Biehl, Heiko/Fiebig, Rüdiger (2011): Evaluierung des Lebenskundlichen Unterrichts in der Truppenpraxis. Ergebnisse der Befragung von Dozentinnen und Dozenten 2011. SOWI-Gutachten 3/2011. Strausberg: Sozialwissenschaftliches Institut der Bundeswehr.

Blumröder, Christian (2014): Erfahrungen als Kommandeur in Kunduz 2010/11. In: Kozica, Arjan/Prüter, Kai/Wendroth, Hannes (Hrsg.): Unternehmen Bundeswehr? Theorie und Praxis (militärischer) Führung. Berlin: Miles, 183−198.

BMVg − Bundesministerium der Verteidigung (1957): Handbuch Innere Führung. Hilfen zur Klärung der Begriffe. Bonn: Bundesministerium der Verteidigung, Führungsstab Bundeswehr I.

BMVg (2008): Innere Führung. Selbstverständnis und Führungskultur. Zentrale Dienstvorschrift A-2600/1. Berlin: Bundesministerium der Verteidigung.
BMVg (2014 [1956]): Militärseelsorge. Zentrale Dienstvorschrift A-2500/2. Berlin: Bundesministerium der Verteidigung.
BMVg (2018): Lebenskundlicher Unterricht. Zentrale Dienstvorschrift A-2620/3. Berlin: Bundesministerium der Verteidigung.
BMVg Presse- und Informationsstab (Hrsg.) (2018): Wer wir sind. Innere Führung, Tradition und Selbstverständnis. Y – Das Magazin der Bundeswehr, Spezial. Berlin: Bundesministerium der Verteidigung.
Bock, Martin (1994): Religion im Militär. Soldatenseelsorge im internationalen Vergleich. München: Olzog.
Bock, Martin (2001): Die Einstellung zur Militärseelsorge in der Bevölkerung und bei Soldaten im Bosnieneinsatz der Bundeswehr. SOWI-Arbeitspapier 126. Strausberg: Sozialwissenschaftliches Institut der Bundeswehr.
Bock, Martin (2002): Religion als Lebensbewältigungsstrategie von Soldaten. Die Einstellung von Soldaten zu Glaube, Werten und Seelsorge und ihre Veränderung im Bosnieneinsatz der Bundeswehr. Strausberg: Sozialwissenschaftliches Institut der Bundeswehr.
Bohnert, Marcel/Reitstetter, Lukas J. (Hrsg.) (2014): Armee im Aufbruch. Zur Gedankenwelt junger Offiziere in den Kampftruppen der Bundeswehr. Berlin: Miles.
Bormann, Kai Uwe (2007): Die Erziehung des Soldaten. Herzstück der Inneren Führung. In: Schlaffer, Rudolf J./Schmidt, Wolfgang (Hrsg.): Wolf Graf von Baudissin 1907–1993. Modernisierer zwischen totalitärer Herrschaft und freiheitlicher Ordnung. München: Oldenbourg, 111–126.
Calmbach, Marc (2012): Die Bundeswehr – soziokulturell so vielfältig wie unsere Gesellschaft. Die Sinus-Milieus in der Bundeswehr. In: Kompass. Die Zeitschrift des Katholischen Militärbischofs für die Deutsche Bundeswehr, 12: 9, 4–7.
Cohen, Stuart A. (1999): From Integration to Segregation: The Role of Religion in the IDF. In: Armed Forces & Society, 25: 3, 387–405.
Collmer, Sabine (1993): Säkularisierung auf dem Vormarsch? Einstellungen ost- und westdeutscher Grundwehrdienstleistender zu Kirche, Religion und Glauben. SOWI-Arbeitspapier 82. München: Sozialwissenschaftliches Institut der Bundeswehr.
Dähn, Horst/Heise, Joachim (2003): Kirchen im geteilten Deutschland. In: Werkner, Ines-Jacqueline/Leonhard, Nina (Hrsg.): Aufschwung oder Niedergang? Religion und Glauben in Militär und Gesellschaft zu Beginn des 21. Jahrhunderts. Frankfurt a.M: Peter Lang, 71–96.

Daiber, Karl Fritz/Feige, Andreas (2001): Kirchensoziologie. In: Betz, Hans Dieter (Hrsg.): Religion in Geschichte und Gegenwart, Bd. 4: I–K. Handwörterbuch für Theologie und Religionswissenschaft. 4., völlig neu bearb. Aufl. Tübingen: Mohr Siebeck, Sp. 1295–1297.

Ditscher, Nico (2019): Missionare in Uniform. Die Evangelikalisierung der amerikanischen Streitkräfte im Kalten Krieg und ihre Folgen. Riga/Latvia: Akademiker Verlag.

Dörfler-Dierken, Angelika (2005): Ethische Fundamente der Inneren Führung. Baudissins Leitgedanken: Gewissensgeleitetes Individuum – Verantwortlicher Gehorsam – Konflikt- und friedensfähige Mitmenschlichkeit. SOWI-Berichte 77. Strausberg: Sozialwissenschaftliches Institut der Bundeswehr.

Dörfler-Dierken, Angelika (2006): Befehl – Gehorsam – Mitmenschlichkeit. In: Hagen, Ulrich vom (Hrsg.): Armee in der Demokratie. Zum Verhältnis von zivilen und militärischen Prinzipien. Wiesbaden: VS Verlag für Sozialwissenschaften, 165–188.

Dörfler-Dierken, Angelika (2008): Zur Entstehung der Militärseelsorge und zur Aufgabe der Militärgeistlichen in der Bundeswehr. Forschungsbericht 83. Strausberg: Sozialwissenschaftliches Institut der Bundeswehr.

Dörfler-Dierken, Angelika (2010): Reformen in der Militärseelsorge: Feldgeistlicher, Befreiungsprediger, Seelsorger der Bundeswehr. In: Lutz, Karl-Heinz/Rink, Martin/Salisch, Marcus von (Hrsg.): Reform – Reorganisation – Transformation. Zum Wandel in deutschen Streitkräften von den preußischen Heeresreformen bis zur Transformation der Bundeswehr. München: Oldenbourg, 505–522.

Dörfler-Dierken, Angelika (2013): Führung in der Bundeswehr. Soldatisches Selbstverständnis und Führungskultur nach der ZDv 10/1 Innere Führung, Berlin: Miles.

Dörfler-Dierken, Angelika (2014): Grundlagen zur Führung in der Bundeswehr. In: Kozica, Arjan/Prüter, Kai/Wendroth, Hannes (Hrsg.): Unternehmen Bundeswehr? Theorie und Praxis (militärischer) Führung. Berlin: Miles, 19–42.

Dörfler-Dierken, Angelika (2016): Innere Führung – Innere Lage. In: Dörfler-Dierken, Angelika/Kümmel, Gerhard (Hrsg.): Am Puls der Bundeswehr. Militärsoziologie in Deutschland zwischen Wissenschaft, Politik, Bundeswehr und Gesellschaft. Wiesbaden: Springer VS, 257–276.

Dörfler-Dierken, Angelika (Hrsg.) (2019): Hinschauen! Geschlecht, Rechtspopulismus, Rituale. Systemische Probleme oder individuelles Fehlverhalten? Berlin: Miles.

Dörfler-Dierken, Angelika/Ebeling, Klaus/Fiebig, Rüdiger (2010): Evaluierung des Lebenskundlichen Unterrichts in der Truppenpraxis. Erste Ergebnisse der Umfrage 2010. SOWI-Gutachten 1/2011. Strausberg: Sozialwissenschaftliches Institut der Bundeswehr.
Dörfler-Dierken, Angelika/Kramer, Robert (2014): Innere Führung in Zahlen. Streitkräftebefragung 2013. Berlin: Miles.
Dörfler-Dierken, Angelika/Kümmel, Gerhard (Hrsg.) (2016): Am Puls der Bundeswehr. Militärsoziologie in Deutschland zwischen Wissenschaft, Politik, Bundeswehr und Gesellschaft. Wiesbaden: Springer VS.
Dreier, Horst (2018): Staat ohne Gott. Religion in der säkularen Moderne. München: C.H. Beck.
Ebertz, Michael N. (2004): Soziologie einzelner Religionen. 2. Christentum. In: Betz, Hans Dieter (Hrsg.): Religion in Geschichte und Gegenwart, Bd. 7: R–S. Handwörterbuch für Theologie und Religionswissenschaft. 4., völlig neu bearb. Aufl. Tübingen: Mohr Siebeck, 380–382.
Ebertz, Michael N. (2016): Konfessionen im Wandel. Eine soziologische Perspektive. In: Altmeyer, Stefan/Englert, Rudolf/Kohler-Spiegel, Helga/Naurath, Elisabeth/Schröder, Bernd/Schweitzer, Friedrich (Hrsg.): Ökumene im Religionsunterricht. Jahrbuch der Religionspädagogik. Göttingen: Vandenhoeck & Ruprecht, 57–70.
Ebertz, Michael N. (2018a): Dispersion und Transformation. In: Pollack, Detlef (Hrsg.): Handbuch Religionssoziologie. Wiesbaden: Springer, 411–436.
Ebertz, Michael N. (2018b): Sinus-Milieus®, Kirchenmarketing und Pastoral. In: Barth, Bertram/Flaig, Berthold/Schäuble, Norbert/Tautscher, Manfred (Hrsg.): Praxis der Sinus-Milieus®. Wiesbaden: Springer VS, 209–225.
EKD – Evangelische Kirche in Deutschland (Hrsg.) (2014): Engagement und Indifferenz. Kirchenmitgliedschaft als soziale Praxis. V. EKD-Erhebung über Kirchenmitgliedschaft. Hannover: Evangelische Kirche in Deutschland.
Elßner, Thomas (2018): Ethische Bildung in der Bundeswehr. Mit einem Workshop im Bendlerblock startete das Vorhaben. In: Kompass. Die Zeitschrift des Katholischen Militärbischofs für die Deutsche Bundeswehr, 12, 16 f.
Feige, Andreas (1983): Seelsorge und Soldat. Meinungen und Erfahrungen junger Soldaten zu Aufgaben von Kirche und Militärseelsorge. Eine soziologisch-empirisch orientierte Erkundungs-Studie. Hannover: Lutherisches Verlagshaus.
Feige, Andreas (1998): Soziale Topographie von ›Religion‹. In: International Journal of Practical Theology, 2: 1, 52–64.

Feige, Andreas/Gennerich, Carsten (2008): Lebensorientierungen Jugendlicher. Alltagsethik, Moral und Religion in der Wahrnehmung von Berufsschülerinnen und -schülern in Deutschland. Eine Umfrage unter 8000 Christen, Nicht-Christen und Muslimen. Münster et al.: Waxmann.

FOWID – Forschungsgruppe Weltanschauungen in Deutschland (2019): Religionszugehörigkeiten in Deutschland. Religionszugehörigkeiten 2018, 25.7.2019, <https://fowid.de/meldung/religionszugehoerigkeiten-2018> (letzter Zugriff: 27.4.2021).

Ev. Kirchenamt für die Bundeswehr (Hrsg.) (2009): Friedensethik im Einsatz. Ein Handbuch der Evangelischen Seelsorge in der Bundeswehr. Red. Leitung: Hartwig von Schubert. Gütersloh: Gütersloher Verlagshaus.

Gillner, Matthias (2019): Thomas von Aquin und die reformierte katholische Lehre von der Gewissensfreiheit heute. In: Dörfler-Dierken, Angelika (Hrsg.): Reformation und Militär. Wege und Irrwege in fünf Jahrhunderten. Göttingen: Vandenhoeck & Ruprecht, 27–36.

Gladigow, Burkhard (1986): Homo publice necans. Kulturelle Bedingungen kollektiven Tötens. In: Saeculum, 37, 150–165.

Göbel, Christian (2016): Glücksgarant Bundeswehr? Ethische Schlaglichter auf einige neuere Studien des ZMSBw im Kontext von Sinn und Glück des Soldatenberufs, Innerer Führung und Einsatz-Ethos. Berlin: Miles-Verlag.

Graf, Friedrich Wilhelm (2004): Die Wiederkehr der Götter. Religion in der modernen Kultur. 2. Aufl. München: Beck.

Hagen, Ulrich vom (2003): Die protestantische Ethik als geistige Rüstung des deutschen Offizierskorps. In: Werkner, Ines-Jacqueline/Leonhard, Nina (Hrsg.): Aufschwung oder Niedergang? Religion und Glauben in Militär und Gesellschaft zu Beginn des 21. Jahrhunderts. Frankfurt a.M: Peter Lang Verlag, 349–364.

Hagen, Ulrich vom/Tomforde, Maren (2012): Militärische Kultur. In: Leonhard, Nina/Werkner, Ines-Jacqueline (Hrsg.): Militärsoziologie – Eine Einführung. 2., aktual. und erg. Aufl. Wiesbaden: VS Verlag für Sozialwissenschaften, 284–313.

Hermelink, Jan/Weyel, Birgit (2015): Vernetzte Vielfalt: Eine Einführung in den theoretischen Ansatz, die methodischen Grundentscheidungen und zentrale Ergebnisse der V. KMU. In: Bedford-Strohm, Heinrich/Jung, Volker (Hrsg.): Vernetzte Vielfalt. Kirche angesichts von Individualisierung und Säkularisierung. Die fünfte EKD-Erhebung über Kirchenmitgliedschaft. Gütersloh: Gütersloher Verlagshaus, 16–32.

Hoiningen, Annette von (2016): Religiöse Vielfalt in den Streitkräften. Mit den gesellschaftlichen Veränderungen wächst der Bedarf an Seelsorge. In: IF. Zeitschrift für Innere Führung, 4, 14–22.

Huber, Stefan (2003): Zentralität und Inhalt. Ein neues multidimensionales Messmodell der Religiosität. Opladen: Leske + Budrich.
Huber, Stefan (2009): Der Religionsmonitor 2008. Strukturierende Prinzipien, operationale Konstrukte, Auswertungsstrategien. In: Bertelsmann-Stiftung (Hrsg.): Woran glaubt die Welt? Analysen und Kommentare zum Religionsmonitor 2008. Gütersloh: Verlag Bertelsmann-Stiftung, 17–52.
Joas, Hans (2017): Die Macht des Heiligen. Eine Alternative zur Geschichte der Entzauberung. Berlin: Suhrkamp.
Kippenberg, Hans G. (2019): Regulierungen der Religionsfreiheit. Von der Allgemeinen Erklärung der Menschenrechte zu den Urteilen des Europäischen Gerichtshofs für Menschenrechte. Baden-Baden: Nomos.
Klein, Paul/Scheffler, Horst (1987): Der Lebenskundliche Unterricht in der Bundeswehr im Urteil von Militärpfarrern und Soldaten. SOWI-Berichte 44. München: Sozialwissenschaftliches Institut der Bundeswehr.
Knoblauch, Hubert (1991): Die Verflüchtigung der Religion ins Religiöse. Thomas Luckmanns Unsichtbare Religion. In: Luckmann, Thomas: Die unsichtbare Religion. Frankfurt a.M.: Suhrkamp, 7–44.
Knoblauch, Hubert (2002): Ganzheitliche Bewegungen, Transzendenzerfahrungen und die Entdifferenzierung von Kultur und Religion in Europa. In: Berliner Journal für Soziologie, 12: 3, 295–307.
Knoblauch, Hubert (2009): Populäre Religion. Auf dem Weg in eine spirituelle Gesellschaft. Frankfurt a.M.: Campus.
Kretzschmar, Gerald (2001): Distanzierte Kirchlichkeit. Eine Analyse ihrer Wahrnehmung. Neukirchen-Vluyn: Neukirchener.
Krötke, Wolf (2003): Die Kirche im Osten Deutschlands als gesellschaftliche Minderheit – Probleme/Chancen. In: Werkner, Ines-Jacqueline/Leonhard, Nina (Hrsg.): Aufschwung oder Niedergang? Religion und Glauben in Militär und Gesellschaft zu Beginn des 21. Jahrhunderts. Frankfurt a.M: Peter Lang Verlag, 97–112.
Kruse, Herbert (1983): Kirche und militärische Erziehung. Der lebenskundliche Unterricht in der Bundeswehr im Zusammenhang mit der Gesamterziehung des Soldaten. Forschungsbericht 30. München: Sozialwissenschaftliches Institut der Bundeswehr.
Kruse, Herbert/Bald, Detlef (1981): Der Lebenskundliche Unterricht, Teil 1. Forschungsbericht 27. München: Sozialwissenschaftliches Institut der Bundeswehr.

Kümmel, Gerhard (2003): Die Renaissance des Kreuzzuges? – Die amerikanische Zivilreligion und US-Weltordnungspolitik unter Georg W. Bush, Jr. In: Werkner, Ines-Jacqueline/Leonhard, Nina (Hrsg.): Aufschwung oder Niedergang? Religion und Glauben in Militär und Gesellschaft zu Beginn des 21. Jahrhunderts. Frankfurt a.M: Peter Lang Verlag, 241–272.

Kümmel, Gerhard/Leonhard, Nina (2004): Casualty Shyness and Democracy in Germany. In: Sicherheit + Frieden, 22: 3, 119–126.

Kümmel, Gerhard/Leonhard, Nina (2005): Death, the Military and Society. Casualties and Civil-Military Relations in Germany. SOWI-Arbeitspapier 140. Strausberg: Sozialwissenschaftliches Institut der Bundeswehr.

Lammer, Kerstin (2019): Wie Seelsorge wirkt. Stuttgart: Kohlhammer.

Langer, Phil C. (2012): Erfahrungen von Fremdheit als Ressource verstehen – Herausforderungen interkultureller Kompetenz im Einsatz. In: Seiffert, Anja/Langer, Phil C./Pietsch, Carsten (Hrsg.): Der Einsatz der Bundeswehr in Afghanistan. Sozial- und politikwissenschaftliche Perspektiven. Wiesbaden: VS Verlag für Sozialwissenschaften, 123–142.

Leonhard, Nina (2003): Säkularisierung – Zur Bedeutung eines Begriffs und seiner Entwicklung. In: Werkner, Ines-Jacqueline/Leonhard, Nina (Hrsg.): Aufschwung oder Niedergang? Religion und Glauben in Militär und Gesellschaft zu Beginn des 21. Jahrhunderts. Frankfurt a.M: Peter Lang Verlag, 13–30.

Levy, Yagil (2014): The Theocratization of the Israeli Military. In: Armed Forces & Society, 40: 2, 269–294.

Luckmann, Thomas (1985): Über die Funktion der Religion. In: Koslowski, Peter (Hrsg.): Die religiöse Dimension der Gesellschaft. Tübingen: Mohr Siebeck, 26–41.

Luckmann, Thomas (1991): Die unsichtbare Religion. Frankfurt a.M.: Suhrkamp.

Meulemann, Heiner (2000): Moralische Striktheit und Religiosität in Ost- und Westdeutschland 1990–1994. Über den Einfluss unterschiedlicher Sozialverfassungen auf die Korrelationen zwischen Einstellungen. In: Pollack, Detlef/Pickel, Gert (Hrsg.): Religiöser und kirchlicher Wandel in Ostdeutschland 1989–1999. Opladen: Leske + Budrich, 105–139.

Münkler, Herfried (2015): Kein Platz für Helden? Postheroische Gesellschaften brauchen keine Helden. Wohin mit der vagabundierenden Sehnsucht nach Heldentum? In: Zur Sache Bw, 29: 1, 8–3.

Nassehi, Armin (1995): Religion und Biographie. Zum Bezugsproblem religiöser Kommunikation in der Moderne. In: Wohlrab-Sahr, Monika (Hrsg.): Biographie und Religion. Zwischen Ritual und Selbstsuche. Frankfurt a.M.: Campus Verlag, 103–126.

Oettingen, Alexander von (1868): Die Moralstatistik und die christliche Sittenlehre. Versuch einer Socialethik auf empirischer Grundlage, 1. Theil. Erlangen: Deichert.

Pickel, Gert (2000): Konfessionslose in Ost- und Westdeutschland – ähnlich oder anders? In: Pollack, Detlef/Pickel, Gert (Hrsg.): Religiöser und kirchlicher Wandel in Ostdeutschland 1989–1999. Opladen: Leske + Budrich, 186–205.

Pickel, Gert (2015): Jugendliche und Religion im Spannungsfeld zwischen religiöser und säkularer Option. In: Bedford-Strohm, Heinrich/Jung, Volker (Hrsg.): Vernetzte Vielfalt. Kirche angesichts von Individualisierung und Säkularisierung. Die fünfte EKD-Erhebung über Kirchenmitgliedschaft. Gütersloh: Gütersloher Verlagshaus, 142–170.

Pickel, Gert/Spieß, Tabea (2015): Religiöse Indifferenz – Konfessionslosigkeit als Religionslosigkeit? In: Bedford-Strohm, Heinrich/Jung, Volker (Hrsg.): Vernetzte Vielfalt. Kirche angesichts von Individualisierung und Säkularisierung. Die fünfte EKD-Erhebung über Kirchenmitgliedschaft. Gütersloh: Gütersloher Verlagshaus, 248–266.

Pieper, Dagmar (2019): »Der Himmel ist leer«. In: Der Spiegel, Nr. 17, 20.4.2019, 41–48.

Pollack, Detlef (2000): Der Wandel der religiösen Lage in Ostdeutschland nach 1989. Ein Überblick. In: Pollack, Detlef/Pickel, Gert (Hrsg.): Religiöser und kirchlicher Wandel in Ostdeutschland 1989–1999. Opladen: Leske + Budrich, 18–47.

Pollack, Detlef (2002): Religion und Politik in den postkommunistischen Staaten Ostmittel- und Osteuropas. In: Aus Politik und Zeitgeschichte, 52: 42–43, 15–22.

Pollack, Detlef (2009): Rückkehr des Religiösen? Studien zum religiösen Wandel in Deutschland und Europa II. Tübingen: Mohr Siebeck.

Pollack, Detlef (2012): Säkularisierung – ein moderner Mythos? Studien zum religiösen Wandel in Deutschland. 2. durchges. Aufl. Tübingen: Mohr Siebeck.

Pollack, Detlef (2016): Was ist Religion? Eine kritische Diskussion. In: Werkner, Ines-Jacqueline (Hrsg.): Religion in der Friedens- und Konfliktforschung. Interdisziplinäre Zugänge zu einem multidimensionalen Begriff. Baden-Baden: Nomos, 66–91.

Pollack, Detlef (Hrsg.) (2018): Handbuch Religionssoziologie. Wiesbaden: Springer VS.

Pollack, Detlef/Borowik, Irena/Jagodzinski, Wolfgang (Hrsg.) (1998): Religiöser Wandel in den postkommunistischen Ländern Ost- und Mitteleuropas. Würzburg: Ergon.

Pollack, Detlef/Pickel, Gert/Christof, Anja (2015): Kirchenbindung und Religiosität im Zeitverlauf. In: Bedford-Strohm, Heinrich/Jung, Volker (Hrsg.): Vernetzte Vielfalt. Kirche angesichts von Individualisierung und Säkularisierung. Die fünfte EKD-Erhebung über Kirchenmitgliedschaft. Gütersloh: Gütersloher Verlagshaus, 185–207.

Pollack, Detlef/Wegner, Gerhard (2017): Einleitung. In: Pollack, Detlev/Wegner, Gerhard (Hrsg.): Die soziale Reichweite von Religion und Kirche. Beiträge zu einer Debatte in Theologie und Soziologie. Würzburg: Ergon-Verlag, 7–24.

Riesebrodt, Martin (2007): Cultus und Heilsversprechen. Eine Theorie der Religionen. München: Beck.

Røislien, Hanne Eggen (2013): Religion and Military Conscription: The Case of the Israel Defense Forces (IDF). In: Armed Forces & Society, 39: 2, 213–232.

Rösel, Jakob (2003): Der säkulare Staat und sein Verhältnis zu den Religionen. In: Werkner, Ines-Jacqueline/Leonhard, Nina (Hrsg.): Aufschwung oder Niedergang? Religion und Glauben in Militär und Gesellschaft zu Beginn des 21. Jahrhunderts. Frankfurt a.M: Peter Lang Verlag, 31–52.

Rohrschneider, Kai (2019): Religion und militärische Gewalt in Einsätzen der Bundeswehr. In: Thurau, Markus (Hrsg.): Gewalt und Gewaltfreiheit in Judentum, Christentum und Islam. Annäherungen an ein ambivalentes Phänomen. Göttingen: Vandenhoeck & Ruprecht, 233–240.

Rosen, Claus von (2014): Baudissins dreifache politisch-militärische Konzeption für den Frieden. In: ders. (Hrsg.): Wolf Graf von Baudissin. Grundwert: Frieden in Politik – Strategie – Führung von Streitkräften. Berlin: Miles, 9–36.

Rosman, Elisheva (2016): Toward a Classification of Managing Religious Diversity in the Ranks: The Case of the Turkish and Israeli Armed Forces. In: Armed Forces & Society, 42: 4, 675–695.

Rüpke, Jörg (1999): Krieg/Militär. In: Auffarth, Christoph/Bernard, Jutta/Mohr, Hubert (Hrsg.): Metzler Lexikon Religion. Gegenwart – Alltag – Medien. Bd 2. Stuttgart: J.B. Metzler, 255–258.

Sautermeister, Jochen (Hrsg.) 2019: Kirche – nur eine Moralagentur? Eine Selbstverortung. Freiburg i.Br.: Herder.

Schavan, Anette (2019): Gewissen bilden, nicht Gewissen ersetzen wollen. In: Sautermeister, Jochen (Hrsg.): Kirche – nur eine Moralagentur? Eine Selbstverortung. Freiburg i.Br.: Herder, 81–96.

Scheffler, Horst (2003): Soldat, Religion, Glaube – die Funktion von Religion und Glauben für das Selbstverständnis der Soldaten. In: Werkner, Ines-Jacqueline/Leonhard, Nina (Hrsg.): Aufschwung oder Niedergang? Religion und Glauben in Militär und Gesellschaft zu Beginn des 21. Jahrhunderts. Frankfurt a.M: Peter Lang Verlag, 275–294.

Scheffler, Horst (2004): Militärseelsorge. In: Gareis, Sven Bernhard/Klein, Paul (Hrsg.): Handbuch Militär und Sozialwissenschaft. Wiesbaden: Verlag für Sozialwissenschaften, 168–178.
Scheffler, Horst (2016): Projekt ohne Vorbild. Theologie am Sozialwissenschaftlichen Institut der Bundeswehr (SOWI). In: Dörfler-Dierken, Angelika/Kümmel, Gerhard (Hrsg.): Am Puls der Bundeswehr. Militärsoziologie in Deutschland zwischen Wissenschaft, Politik, Bundeswehr und Gesellschaft. Wiesbaden: Springer VS, 303–316.
Schlaffer, Rudolf J./Schmidt, Wolfgang (2007): Wolf Graf von Baudissin 1907–1993. Modernisierer zwischen totalitärer Herrschaft und freiheitlicher Ordnung. München: Oldenbourg.
Schleiermacher, Friedrich Daniel Ernst (1799): Über die Religion. Reden an die Gebildeten unter ihren Verächtern. Berlin: De Gruyter.
Schmidtchen, Gerhard (1992): Protestanten und Katholiken. Soziologische Analyse konfessioneller Kultur. Bern/München: Francke Verlag.
Schmidtchen, Gerhard (1993): Ethik und Protest. Moralbilder und Wertkonflikte junger Menschen. Opladen: Leske + Budrich.
Schubert, Hartwig von (2019): Pflugscharen und Schwerter. Plädoyer für eine realistische Friedensethik. Leipzig: EVA.
Schulz, Claudia/Spieß, Tabea/Hauschildt, Eberhard (2015): Zwischen kirchlichem Mainstream und der Macht der Milieudifferenzen. Lerneffekte aus der Analyse von Milieus, Lebensstilen und Lebenslagen. In: Bedford-Strohm, Heinrich/Jung, Volker (Hrsg.): Vernetzte Vielfalt. Kirche angesichts von Individualisierung und Säkularisierung. Die fünfte EKD-Erhebung über Kirchenmitgliedschaft. Gütersloh: Gütersloher Verlagshaus, 219–235.
Seiffert, Anja (2012): »Generation Einsatz«. Einsatzrealitäten, Selbstverständnis und Organisation. In: Seiffert, Anja/Langer, Phil C./Pietsch, Carsten (Hrsg.): Der Einsatz der Bundeswehr in Afghanistan. Sozial- und politikwissenschaftliche Perspektiven. Wiesbaden: VS Verlag für Sozialwissenschaften, 79–100.
Seiffert, Anja/Heß, Julius (2019): Leben nach Afghanistan. Die Soldaten und Veteranen der Generation Einsatz der Bundeswehr. Ergebnisse der sozialwissenschaftlichen Langzeitbegleitung des 22. Kontingents ISAF. Forschungsbericht 119. Potsdam: Zentrum für Militärgeschichte und Sozialwissenschaften der Bundeswehr.

Spieß, Tabea/Schulz, Claudia/Hauschildt, Eberhard (2015): Kirchenmitgliedschaft für Frauen und Männer: Genderperspektiven auf Religiosität und religiöse Praxis. In: Bedford-Strohm, Heinrich/Jung, Volker (Hrsg.): Vernetzte Vielfalt. Kirche angesichts von Individualisierung und Säkularisierung. Die fünfte EKD-Erhebung über Kirchenmitgliedschaft. Gütersloh: Gütersloher Verlagshaus, 236–247.

Steinen, Ulrich von den (2006): Unzufrieden mit dem Frieden. Militärseelsorge und Verantwortungsethik. Göttingen: Vandenhoeck & Ruprecht.

Thomas, Ward (2007): ROTC and the Catholic Campus. In: Armed Forces & Society, 33: 2, 224–237.

Thurau, Markus (Hrsg.) (2019): Gewalt und Gewaltfreiheit in Judentum, Christentum und Islam. Annäherungen an ein ambivalentes Phänomen. Göttingen: Vandenhoeck & Ruprecht.

Vüllers, Johannes (2019): Religion als Brandbeschleuniger? Ergebnisse der empirischen Forschung zum Zusammenhang von Religion und Gewalt. In: Thurau, Markus (Hrsg.): Gewalt und Gewaltfreiheit in Judentum, Christentum und Islam. Annäherungen an ein ambivalentes Phänomen. Göttingen: Vandenhoeck & Ruprecht, 161–186.

Walz, Dieter/Eichen, Klaus/Sohm, Stefan (2006): Soldatengesetz. Kommentar. Heidelberg: C.F. Müller Verlag.

Wanner, Meike/Dörfler-Dierken, Angelika (2019): Innere Führung – konkret für junge Soldatinnen und Soldaten. Einige Zahlen, Daten und Fakten zur Begründung der Notwendigkeit berufsethischer Bildung für Soldatinnen und Soldaten der Bundeswehr. In: Dörfler-Dierken, Angelika (Hrsg.): Reformation und Militär. Wege und Irrwege in fünf Jahrhunderten. Göttingen: Vandenhoeck & Ruprecht, 23–42.

Wanner, Meike/Ebeling, Klaus (2013): Militärseelsorge. Ergebnisse der Bundeswehrbefragung 2013. Forschungsbericht. Potsdam: Zentrum für Militärgeschichte und Sozialwissenschaften der Bundeswehr.

Wendl, Peter (2010): Streitkräfte im Einsatz – Familie im Einsatz: Belastungen zu Stärken machen; eine Handreichung und Arbeitshilfen für die Katholische Militärseelsorge. Berlin: KMBA.

Werkner, Ines-Jacqueline (2001): Soldatenseelsorge versus Militärseelsorge. Evangelische Pfarrer in der Bundeswehr. Baden-Baden: Nomos.

Werkner, Ines-Jacqueline (2003): Der Säkularisierungsprozess und seine Bedeutung für die Kirchen in der Bundesrepublik Deutschland – Eine Zustandsbeschreibung. In: Werkner, Ines-Jacqueline/Leonhard, Nina (Hrsg.): Aufschwung oder Niedergang? Religion und Glauben in Militär und Gesellschaft zu Beginn des 21. Jahrhunderts. Frankfurt a.M: Peter Lang Verlag, 55–70.

Werkner, Ines-Jacqueline (Hrsg.) (2016): Religion in der Friedens- und Konfliktforschung. Interdisziplinäre Zugänge zu einem multidimensionalen Begriff. Baden-Baden: Nomos.

Wohlrab-Sahr, Monika/Karstein, Uta/Schmidt-Lux, Thomas/Schaumburg, Christine (2009): »Was glauben Sie, kommt nach dem Tod?« – Große Transzendenz in der postsozialistischen Gesellschaft. In: Wohlrab-Sahr, Monika/Karstein, Uta/Schmidt-Lux, Thomas: Forcierte Säkularität. Religiöser Wandel und Generationendynamik im Osten Deutschlands. Frankfurt a. M.: Campus Verlag, 197–224.

Zentrum Innere Führung (2003): Entscheiden und Verantworten. Konfliktsituationen in Auslandseinsätzen. 2. Aufl. Koblenz: Zentrum Innere Führung.

Zimmermann, Peter/Jacobs, Herbert/Kowalski, Jens T. (2012): ISAF und die Seele – Zwischen Schädigung und Wachstum. In: Seiffert, Anja/Langer, Phil C./Pietsch, Carsten (Hrsg.): Der Einsatz der Bundeswehr in Afghanistan. Sozial- und politikwissenschaftliche Perspektiven. Wiesbaden: VS Verlag für Sozialwissenschaften, 143–152.

Sozialforschung und Geschichtsschreibung: Betrachtungen eines Grenzgängers

Thorsten Loch

Empirische Sozialforschung und historische Forschung stehen in einem wissenschaftlichen Spannungsverhältnis zueinander (Mergel 1998; Mergel/Welskopp 1997; Graf/Priemel 2011; Pleinen/Raphael 2014).[1] Das Interesse an der Erforschung (sozialer) Verhältnisse menschlicher Gesellschaften verbindet sie, ihr jeweiliges Selbstverständnis in Bezug auf Fragestellung und Methode trennt sie. Ungeachtet dessen profitieren heute beide Perspektiven auf die soziale Realität von Gesellschaften im Allgemeinen und des Militärs im Besonderen von einer Phase intensiver Auseinandersetzung der 1960er- bis 1980er-Jahre, die mit den Feldern der Sozialgeschichtsschreibung und der historischen Soziologie eine fruchtbare Schnittmenge gefunden haben. Vor allem die 1970er-Jahre wirkten katalytisch, als Standpunkte kontrovers ausgetauscht (Wehler 1972) und die Möglichkeiten einer modernen deutschen Sozialgeschichte diskutiert wurden (Ludz 1972; Wehler 1976).

Der vorliegende Beitrag stellt vor der Folie des jeweiligen Selbstverständnisses (1.) und der Entwicklung der Sozialgeschichtsschreibung (2.) schließlich das Feld sozialwissenschaftlicher Datenanalyse als ein Instrument der Sozialforschung dar, das Eingang in die Geschichtswissenschaft gefunden hat (3.). Dabei konzentriert sich dieser Beitrag auf die Generierung neuer Befunde durch die Nutzung sozialempirischer Instrumente und lässt den Aspekt der historischen Analyse bereits vor Jahrzehnten gewonnener Befunde empirischer Sozialforschung außen vor (hierzu Graf/Priemel 2011). Die zunächst abstrakt präsentierte Vorgehensweise wird zuletzt anhand der Forschung zu militärischen Eliten verdeutlicht (4.). In den letzten beiden Kapiteln greife ich auf meine vergleichenden Überlegungen über soziale Herkunft und Karrierestrukturen ost- und westdeutscher Generale 1945 bis 1990 zurück (Loch 2021). Vertiefende Überlegungen und weiterführende Literatur finden sich ebenfalls dort.

---

[1] Ich danke meinen Kollegen Heiko Biehl, Martin Elbe, Agilolf Keßelring und Winfried Heinemann für ihre kritische Durchsicht und hilfreichen Anmerkungen.

1 Ein eigentümliches Paar

Die Geschichtswissenschaft ist die ältere Disziplin. Ihre wissenschaftlichen Wurzeln reichen in die Anfänge des 19. Jahrhunderts. Sie umfasst das Geschehene (die Historie in ihrem prozesshaften Entwicklungsverlauf) und ihre subjektive Erzählung (Koselleck 2004). Historikerinnen und Historiker möchten verstehen und fragen – vereinfacht gesprochen – nach dem Warum einer Entwicklung (kausale Perspektive) und dem Wozu konkreter historischer Handlungen, also den Zielen Handelnder (teleologische Perspektive) (Rüsen 1986; Goertz 1995: 105–129; Sellin 1995: 98–112; Elbe 2002). Damit werden sowohl die Vielfalt möglicher Perspektiven auf ein Ereignis betont als auch die Einzigartigkeit des Geschehenen und die Individualität der Vergangenheit in den Mittelpunkt der Überlegungen gestellt. In dieser (idealistischen) Überzeugung liegt begründet, wieso die historische Forschung die Wiederholbarkeit von Geschichte grundsätzlich verneint. In den Mittelpunkt des Vorgehens rückt die Arbeit mit den Quellen.

Der Frankfurter Mediävist Paul Kirn definierte diese in seiner Einführung in die Geschichtswissenschaft in einer bis heute treffenden Weise: »Quellen nennen wir alle Texte, Gegenstände oder Tatsachen, aus denen Kenntnis der Vergangenheit gezogen werden kann« (Kirn 1952: 30). Es waren in erster Linie die überlieferten Texte und deren kritische Analyse, die in den Anfängen der Geschichtswissenschaft den Kern der Beschäftigung der Historikerinnen und Historiker ausmachten. Ähnlich wie die Literaturwissenschaft oder auch die Philosophie zählt die Geschichtswissenschaft daher zu den theorie- und methodenfernen Geisteswissenschaften. Die von ihr genutzte historisch-kritische Methode im Umgang mit ihren Textquellen (Hermeneutik) ist mehr systematisches Vorgehen als die Anwendung einer Methode im naturwissenschaftlichen Sinne.

Die empirischen Sozialwissenschaften in Deutschland professionalisierten sich um 1900. Ausgangspunkt ihres Interesses waren die sich seit dem 19. Jahrhundert massiv wandelnden sozialen Lebensformen, kurz, die sich unter den Bedingungen der Industrialisierung vollziehende Auflösung und Umdeutung bestehender gesellschaftlicher Verhältnisse. Der Drang, dieses Neue zu verstehen und wissenschaftlich erklärbar zu machen, bildete den Ausgangspunkt dieser Wissenschaft (Pankoke 2004). Durch Umwandlung von Massendaten in sozialstatistisch berechenbare Daten, Datenreihen oder Datensätze schaffen sich empirische Sozialforscher im Gegensatz zu Historikern regelmäßig ihre eigenen »Quellen«, deren Auswertung und Interpretation ihnen Antworten auf wissenschaftliche Fragen bietet. Anders als die Geschichtswissenschaft wurzeln die empirischen Sozialwissenschaften in einem Weltbild, das von einer Analogie zur Methodik der Naturwissenschaften und damit von der grundsätzlichen Gesetzmäßigkeit und damit Berechenbarkeit sozialer

Zusammenhänge ausgeht. Dies erlaubt ihnen, die Suche nach verallgemeinernden Strukturen auf wissenschaftliche Theorien und Modelle abzustützen.

Im sogenannten älteren Methodenstreit Ende des 19. Jahrhunderts wurde die Differenz zwischen der geisteswissenschaftlich idiografischen und naturwissenschaftlich nomothetischen Position deutlich sichtbar (Elbe 2002: 170; Rüsen 1986: 24−30). Während es Ersterer auf das Verstehen konkreter historischer Ereignisse ankommt, trachtet Letztere nach dem Erklären anhand eines abstrakten Modells und allgemeingültiger und somit prognostischer Aussagen. Speziell aus der nomothetischen Position überzeitlichen Erklärens leitet sich die Hoffnung ab, steuernd in diejenigen Prozesse eingreifen zu können, die ursächlich für den gesellschaftlichen Wandel moderner Industriestaaten sind. Während Historiker (überwiegend) nach dem vieldimensionalen und komplexen Handeln in der Ereignisgeschichte fragen, um Entwicklungen verstehen zu können, suchen empirische Sozialforscher (überwiegend) nach kausalen Zusammenhängen, um generelle Erklärungsmuster sozialer Gegebenheiten bieten zu können. Gerade diese Modellbildung gilt in der Geschichtswissenschaft als verallgemeinernde Vereinfachung, die das spezifische historische Phänomen nicht ausreichend würdigt (Graf/Priemel 2011; Ziemann 2012). Ähnliches gilt für die unterschiedliche Ausrichtung der politikwissenschaftlichen *Strategic Studies* und der Militärgeschichte, deren Verhältnis als gegenseitige »Hilfswissenschaften« beschreibbar ist (Keßelring 2020). Auf dieser methodologischen Grundlage wurden in den beiden Wissenschaftsdisziplinen recht unterschiedliche Vorgehensweisen im Umgang mit anfallenden Massendaten zum Standard. Das für die historische Forschung vielfach ungewohnte und dennoch bedeutendste sozialwissenschaftliche Verfahren ist die Quantifizierung, also die numerische Erfassung von Lebenswirklichkeiten. Diesen methodisch anspruchsvollen sozialstatistischen Ansatz entdeckte innerhalb der Geschichtswissenschaft die Subdisziplin der Wirtschafts- und Sozialgeschichte seit den 1960er-Jahren für sich. Für vergleichbare Fragestellungen in der Militärgeschichtsschreibung fand er in einer auf die Darstellung von Mengen und ihren Verteilungen reduzierten Form erstmals in den 1930er-Jahren Eingang in die Forschung (Demeter 1930). Erst seit den 1970er-Jahren wurde er im Sinne einer sozialgeschichtlichen Kliometrie in einem weiteren Rahmen diskutiert (Heinemann 2015; Wegner 1982), zunächst allerdings methodisch unzulänglich angewandt (Deist 1991; Herwig 1977), bis Reinhard Stumpf 1982 die erste grundlegend sozialgeschichtlich orientierte Studie zur deutschen Militärgeschichte vorlegte (Stumpf 1982). In der Folge nutzten jedoch nur wenige militärgeschichtlich ausgerichtete Arbeiten dieses Instrument umfänglicher (Wegner 1999, ursprünglich 1982: 207−259; Kroener 1988; Lutz 1997; Overmans 1999). In den letzten Jahren griffen (Militär)Historikerinnen und Historiker zwar wieder vermehrt (Fingerle

2001; Rass 2003, 2016; Gahlen 2011), aber in einer auf die Darstellung von Verteilungen reduzierten Form auf diesen Ansatz zurück (Hürter 2006: 22–46; Fröhlich 2018: 31–45).

2   Die Entwicklung der Sozialgeschichte

Die Sozialgeschichtsschreibung wendet sich explizit der Untersuchung sozialer Phänomene menschlicher Gruppen in ihren Strukturen, Prozessen und Handlungen zu. Sie findet ihr Tätigkeitsfeld nicht zuletzt in Zeiten gesellschaftlichen Umbruchs (Kocka 1989b; Broszat et al. 1988). Dabei führte ihre Entwicklung als geschichtswissenschaftliche Teildisziplin zu einer Aufschlüsselung sozialgeschichtlicher Variationen, die keiner geschichtswissenschaftlichen Einheit mehr zu unterliegen scheinen (Raphael 2003: 192; anders Welskopp 1999: 191). In einem engeren Sinne umschreibt der Begriff die Subdisziplin der Geschichtswissenschaft, die sich der Erforschung von wirtschafts- und sozialgeschichtlichen Fragestellungen widmet. Sie nahm ihren Ausgang in einer von sozialen Wandlungsprozessen der Industrialisierung des 19. Jahrhunderts betroffenen Epoche um 1900 und erlebte nach verschiedenen Anläufen im deutschsprachigen Raum in den 1950er-Jahren ihren Durchbruch (Walter 2008: 166 f.; Mooser 1998: 516–524; Iggers 1996: 30–35; Raphael 2003: 173–195; Schulz 2004). Zum anderen zielt der Begriff auf eine Betrachtungsweise (Mooser 1998: 516, 532), die letztlich auf eine gesamtgesellschaftliche Erklärung historischer Phänomene abhebt.

Als Teildisziplin durchlief die Sozialgeschichte zunächst eine Loslösung von der Wirtschaftsgeschichtsschreibung und zugleich eine methodische Auffächerung, die in den 1960er-Jahren mit der Adaption der Modernisierungstheorie eine Sozialgeschichtsforschung inspirierte, die sich als historische Sozialwissenschaft verstand (Wehler 1972, 1975; Kocka 1977; Simiand 1994; Hitzer/Welskopp 2010; Metzler 2018: 124–131) und sich schließlich angesichts der Bedeutung des Sozialen für das Zusammenleben von Gesellschaften in eine umfassende und verschiedene Teildisziplinen integrierende Gesellschaftsgeschichtsschreibung erweiterte (Wehler 1986/87, 1988; Erker 1993: 204; Walter 2008: 156 f., 169; Raphael 1996; Iggers 1978: 140). Seit den 1990er-Jahren sieht sich die Sozialgeschichte ihrerseits Widerspruch ausgesetzt, der in erster Linie gegen die von ihr eingeforderte theoretische Orientierung an der Soziologie kritisch argumentiert (Mergel/Welskopp 1997: 9, 12–27; Maeder et al. 2012; Wehler 1998, 2003).

Die Sozialgeschichtsschreibung benennt als eine ihrer zentralen Aufgaben das Sammeln, Verarbeiten und Auswerten, kurz, das Erfassen und Analysieren sozialhistorisch relevanter Daten und der ihnen zugrunde liegenden Strukturen und

Elemente nach den Methoden der empirischen Sozialwissenschaften (Walter 2008: 157; Wehler 1975). Sie versteht sich dabei als »Verbindung zwischen Strukturgeschichte und Erfahrungsgeschichte, von politischen, wirtschaftlichen und sozialen Strukturen und Prozessen einerseits und Wahrnehmungen, Handlungen und Erfahrungen andererseits« (Erker 1993: 207; Kocka 1989a: 43; Schieder/Sellin 1986/87).

Ausgangspunkt ihrer Entwicklung hin zu einer historischen Sozialwissenschaft war ihr Drang, den Nationalsozialismus und den mit ihm einhergehenden Zivilisationsbruch aus der deutschen Geschichte heraus zu erklären (Welskopp 1999: 191). Ihr Interesse an Kontinuitäten in der deutschen Geschichte wurde von der »Fischer-Kontroverse« beflügelt und von einer innenpolitischen Perspektive dominiert (Wehler 1965). Den Fluchtpunkt bildete zunächst das Wilhelminische Deutschland, später auch das 18. Jahrhundert, um von hier aus die Entwicklungen begreifen zu können, die in den Zivilisationsbruch nationalsozialistischer Politik führten. Weniger die Handlungen einzelner Personen als die kritische Untersuchung von Sozialstrukturen stand dabei im Mittelpunkt der Überlegungen (Iggers 1978: 114). Es entstand die Auffassung, dass es in der Modernisierung des Deutschen Reiches im Zuge von Industrialisierung und Gesellschaftswandel zu einem Ungleichgewicht zuungunsten der Demokratisierung gekommen sei. Der industrielle Fortschritt sei nicht einhergegangen mit einer sozialen und politischen Modernisierung. Anstelle eines sich herausbildenden starken Bürgertums hätten weiterhin vorindustrielle und somit latent vordemokratische Eliten – Junker, Beamtenschaft, Militär – gemeinsam mit den Führern der Industrie in einem »Bündnis der Eliten« (Fischer 1979) den Wandel getragen und ihren sozialen und politischen Einfluss aufrechterhalten (Iggers 1978: 117).

Diese Überlegungen bildeten die Grundlage für die These vom deutschen Sonderweg, der »grundsätzliche Entwicklungsunterschiede zwischen Westeuropa und Deutschland« (Lundgreen 2000a: 14) betonte, indem er auf die Eigenarten deutscher Geschichte – im Unterschied zu den westlichen Demokratien – abhob (bilanzierend Kocka 2000; Walser Smith 2009). Neben den für die These des deutschen Sonderwegs zentralen Fragen nach den Bedingungen des sozio-ökonomischen Wandels stand unmittelbar die Frage nach der politischen Verfasstheit seiner Träger. Auch wenn sich die Ausgangsthese vom deutschen Sonderweg in einigen Aspekten erhärten ließ, verlor sie im Großen und Ganzen an Kontur, Beweis- und somit an Ausstrahlungskraft. Dies betraf vor allem die Annahme der Feudalisierung des Bürgertums durch vorbürgerliche Eliten (Kocka 2000: 101; den weiteren Nutzen der Sonderwegthese betonend Kocka 1998).

Mit militärgeschichtlichen Themen befasste sich die Sozialgeschichtsschreibung in ihrer konstitutiven Phase der 1960er- bis 1980er-Jahre nur am Rande. Diese Aufgabe fiel dem Militärgeschichtlichen Forschungsamt in Freiburg zu. Dessen Forschungen über das deutsche Offizierkorps verfestigten die These des Sonderwegs, ohne immer die methodischen Erfordernisse einer auf Daten basierten Herangehensweise zu berücksichtigen (Herwig 1977: 39–41; Deist 1991: 49–53). Die Rolle des deutschen Militärs und seiner Eliten in der ersten Hälfte des 20. Jahrhunderts wurde hierdurch als die eines innenpolitischen Wächters des bestehenden, antidemokratischen Systems verstanden. In diesem Deutungszusammenhang gilt das Erkennen der sozialen Zusammensetzung des Offizierkorps im Sinne sozialer Rekrutierung als ein »Indikator für den Grad der Integration des Militärs, seiner Werte und Verhaltensweisen in die zivile Gesellschaft« (Bald 1983: 398). Die Historiker folgerten also von der sozialen Herkunft auf die innenpolitische Einstellung. Die schon Ende der 1980er-Jahre hieran laut gewordene Kritik der (Elite-)Soziologen indes verhallte ungehört (Hoffmann-Lange 1992: 49), sodass sich eine Perspektive des Primats der sozialen Herkunft in diesem für die Charakteristik deutschen Militärs zentralen Feld der Militärgeschichtsschreibung zu einem festen Narrativ fügte.

Die Annahme der sozialen Militarisierung des Bürgertums hält sich bis in die Gegenwart unhinterfragt in den pauschalisierenden Bildern vom Leutnant der Reserve und Carl Zuckmayers Theaterstück »Hauptmann von Köpenick«, karikiert in den Illustrationen des »Simplicissimus«. Um der zentralen Frage sozialer Disposition, der sozialen Herkunft also, nachzugehen, eignen sich die Instrumente der empirischen Sozialforschung in Verbindung mit den historischen Quellen.

3 Empirische Sozialforschung als Instrument der Geschichtswissenschaft

Im Folgenden präsentiere ich Überlegungen zur Nutzung des Instruments empirischer Sozialstatistik und gehe darauf ein, wie der Historiker mithilfe dieses Werkzeugs Quellen »schafft«, die ihm einen ungleich tieferen Einblick in die Vergangenheit bieten. Dabei geht es nicht um die in der Literatur zur historischen Methodenlehre wiederholt diskutierte Frage (Graf/Priemel 2011), wie der Historiker mit den Befunden und Daten quellenkritisch arbeiten soll, die in der Vergangenheit von der damaligen empirischen Sozialforschung erzeugt wurden.

Empirisch arbeitende Sozialwissenschaften gehen davon aus, dass der Mensch »immer in Beziehung zu anderen Individuen oder Gruppen« existiert und die »quantitative Analyse dieser Rahmenbedingungen« zu den wichtigen Aufgaben ihrer Forschung zählt (Krüger 1998: 60). Die Nutzung empirisch-sozialwissenschaftlicher Methoden im Sinne Historischer Statistik kann Quellengruppen erschließen, die sich einer qualitativen Auswertung entziehen und durch die Reduktion der Zahlenmengen auf profilierte Information zu nachvollziehbaren Aussagen von erheblicher Genauigkeit führen. Dennoch kommt sie in der Regel nicht ohne die qualitative, einordnende Methode der Geschichtswissenschaft aus (Krüger 1998: 77; Kocka 1972: 313). Diese ist nicht mit den qualitativen Ansätzen der empirischen Sozialforschung zu verwechseln (z.B. Mayring 2016). Gegenüber den rein quantitativen Ansätzen der Sozialstatistik gilt es in der Geschichtswissenschaft kritische Distanz zu wahren (Ziemann 2012; Weischer 2004) und zu bedenken, dass die Reduktion der Geschichte auf Variablen »eine für Historiker in der Regel zu radikale Isolation des Vergleichsgegenstandes von seinem historischen Kontext« (Welskopp 2010: 7) darstellt. Dieser erst in jüngerer Zeit artikulierten Befürchtung hatte sich schon Ende der 1970er-Jahre der sozialgeschichtlich arbeitende Militärhistoriker Reinhard Stumpf in seiner richtungsweisenden Arbeit über die Wehrmachtelite entgegengestellt. Er hatte eine doppelte Fragestellung aus Struktur- und Sozialgeschichte gefordert, um »zwischen Soziologie und Geschichte zu vermitteln« (Stumpf 1982: 8; siehe auch die Einschätzung bei Kocka 1972: 313). Er selbst hatte hiervon in seiner Arbeit bewusst Abstand genommen, weil der Arbeitsaufwand sich damals als zu groß darstellte. Letztlich schlug Stumpf nichts Anderes vor, als die sozialstatistisch erhobenen Befunde mit den »qualitativen« Quellen der Geschichtswissenschaft zu konfrontieren und somit gegenzuprüfen. Dieser Ansatz ermöglicht es, die Grenzen der Sozialforschung durch die archivgestützte Quellenarbeit und Methoden des Historikers zu überwinden und sich den Schnittstellen interdisziplinärer Forschung zu nähern. Somit können nicht allein die quantitativen Befunde qualitativ anhand der Akten abgeglichen werden, sondern – und hier liegt der Wert der Interdisziplinarität – auf diese Weise erzeugen Geschichtswissenschaft und empirische Sozialwissenschaft, sich wechselseitig stützend, Wissen, das innerhalb der jeweiligen Disziplingrenzen nicht zu generieren wäre. Die qualitative, also akten- und somit quellengestützte Einordnung der mithilfe quantitativer Methoden erzeugten Befunde erlaubt es, den (organisations-)historischen Kontext in Einheit mit den strukturellen Befunden zu einem geschichtswissenschaftlichen Ganzen zu formen.

Die sozialwissenschaftliche Datenanalyse erfolgt regelmäßig in drei Arbeitsschritten, denen ich hier folgen werde. Der erste stellt die Datenaufbereitung dar. Sie geht mit einem erheblichen Aufwand an wissenschaftlichen Vorstudien, systematischer Ordnung und Aufbereitung der Daten einher, um Letztere überhaupt erst der statistischen Analyse zuführen zu können (Benninghaus 1998: V f.). In der Datenaufbereitung verbirgt sich zudem der Kern sozialgeschichtlicher Forschung. Ausgangspunkt der Überlegungen sind hier wie in anderen Arbeiten auch das Erkenntnisinteresse und die sich hieraus ergebenden Fragestellungen. Es geht darum, Informationen aus historischen Quellen methodisch nachvollziehbar zu standardisieren und sie in eine Form zu bringen, die statistische Auswertungen ermöglicht. Das wird häufig dadurch erschwert, dass Informationen lückenhaft oder nicht für den gesamten Untersuchungszeitraum in gleicher Form vorliegen.

Die Datenaufbereitung hat drei Arbeitsfelder zu berücksichtigen und miteinander in Einklang zu bringen. Zunächst gilt es, die zentralen Quellen zu heben und zu klassifizieren. In einem zweiten Schritt müssen die als relevant erachteten Merkmale oder Variablen auf der Basis sozial- und militärgeschichtlicher Fragestellungen und Methoden erarbeitet und anhand literatur- oder quellenbasierter Erkenntnisse kategorisiert – also quantifiziert, mit einem Zahlenschlüssel versehen – werden. Das Erarbeiten und Festlegen der jeweiligen Variablen und ihrer Kategorien stellt dabei einen wesentlichen und nicht zu unterschätzenden sozial- und militärgeschichtlich orientierten Arbeitsschritt in der Datenaufbereitung dar. Er wird sowohl deduktiv anhand der Forschungsliteratur als auch induktiv anhand der Quellenlage vorgenommen. Hierin liegen auch die Grenzen des Wünschenswerten, da nur die Daten befragt werden können, die aus den vorliegenden Quellen zu gewinnen sind. Oftmals ergibt sich aus der Aufgabenstellung die Berücksichtigung einer datenanalytisch notwendigen Vergleichsgruppe zur Abgrenzung der Einzelmerkmale untereinander als ein methodisch notwendiger Zwischenschritt. Als dritter und letzter Schritt erfolgt die Codierung der aus den Quellen entnommenen Informationen anhand der begründeten Auswahl und Ausgestaltung der Variablen der Leitfragen und ihrer Kategorisierungen.

Nachdem variierte und kategorisierte Informationen gewonnen und in Zahlenwerte umgewandelt wurden, kann mit der zweiten Phase die statistische Datenanalyse beginnen. In diesem Schritt werden univariate, also eindimensionale Verteilungen der zuvor definierten Merkmale betrachtet (Benninghaus 1998: 92–167). Die Deskription und das Messen ihrer Häufigkeiten und ihrer prozentualen Verteilungen bilden oftmals den Kern sozialhistorischer Analyse.

Auch die dritte Phase betrifft die statistische Datenanalyse. Hier steht nun nicht mehr die eindimensionale Betrachtung der Phänomene nach Häufigkeiten und Anteilen im Fokus, sondern die Analyse ihrer bi- bzw. multivariaten, also zwei- bzw. mehrdimensionalen Beziehungen untereinander (Benninghaus 1998: 168–303). Hier verläuft in der Regel die Grenze zwischen sozialstatistisch einfach und komplex angelegten Arbeiten. Vermutete Zusammenhänge zwischen zwei Variablen werden zum Beispiel mithilfe von Kreuztabellen analysiert. Mit dieser Analysetechnik wird es möglich zu prüfen, ob eine bestimmte Variable mit einer weiteren korreliert. Diese Art der Datenanalyse kann zur Analyse multivariater, also mehrdimensionaler Abhängigkeiten erweitert werden. Die hierfür verwandte Regression stellt eine Zuordnungsfunktion für Zusammenhänge zwischen einer abhängigen und mehreren unabhängigen Variablen dar (Benninghaus 1998: 305–383).

4 Die Erfassung der Sozialstruktur deutscher Generalität als Beispiel

Der zweite Schritt der Datenaufbereitung soll nun anhand eines praktischen Beispiels dargestellt werden. Dabei wird exemplarisch gezeigt, wie quantitative Daten aus historischen Quellen gewonnen werden, welche Quantifizierungskriterien zur Anwendung kommen, welche Entscheidungen zu treffen sind und welche Grenzen des quantitativen Zugangs bestehen. Das zugrunde liegende Forschungsprojekt verfolgt die Frage nach der sozialen Herkunft und den Karrierestrukturen deutscher Generalität nach 1945 in der Bundeswehr und der Nationalen Volksarmee (Loch 2021). Nachdem im ersten Schritt der Datenaufbereitung mit den archivalisch überlieferten Personalakten die zentralen Quellen gehoben wurden, können im zweiten Schritt die für die soziale Herkunft als relevant erachteten Merkmale oder Variablen auf Basis sozial- und militärgeschichtlicher Fragestellungen und Methoden erarbeitet und anhand literatur- oder quellenbasierter Erkenntnisse kategorisiert werden. Es handelt sich dabei um den wesentlichen und nicht zu unterschätzenden sozial- und militärgeschichtlich orientierten Arbeitsschritt in der Datenaufbereitung. Auf die explizite Erörterung der Kategorisierung der Variablen wird an dieser Stelle verzichtet. Besonders wichtig ist jedoch die Erkenntnis, dass die Umsetzung der in den historischen Quellen vorzufindenden Informationen in berechenbares Datenmaterial ein interpretativer Vorgang ist, der historische Sachkenntnis in einem hohen Maße voraussetzt. Die Codierung muss über Codebücher so organisiert sein, dass sie regelmäßig die zuverlässige und nachvollziehbare Umwandlung historischer Informationen in empirisch verwertbares Zahlen- und Datenmaterial ermöglicht. Sie bildet die unverzichtbare Grundlage für den zweiten und dritten Schritt der Datenanalyse: die Auswertung.

In Hinblick auf die Kontexte von Sozialisationsprozessen bietet die Forschung die Unterscheidung nach primären, sekundären und tertiären Sozialisationsinstanzen an (Hurrelmann/Bauer 2015: 144–188), nach denen sich die Variablen der sozialen Herkunft unterteilen lassen. Zu den Variablen der Primärsozialisation zählen neben dem geografischen Merkmal der Herkunft, die Konfession und als unverändert aussagekräftigste Variable die berufliche und soziale Herkunft des Vaters. Diese sozialen Merkmale üben einen wesentlichen Einfluss auf den späteren schulischen und weiteren Bildungsweg und somit auf die sekundären Sozialisierungsagenturen aus. Das Bildungsniveau ist also eng an die soziale

Herkunft gekoppelt (Baur 1965: 118 f.; Jeismann 1988: 27) und nimmt aufgrund seiner Selektionsfunktion wesentlich Einfluss auf die folgende Zulassung für spezifische Berufsfelder und die hieraus resultierende Platzierung innerhalb der verschiedenen sozialen Positionen (Geißler 2014: 333).

Um die Befunde der sozialen Herkunft zusätzlich in ihrem zeitlichen Verlauf betrachten zu können, empfiehlt es sich, die Personengruppe über verschiedene alterskohortenbasierte Modelle zu variieren. Ein Ansatz zur Kohortenbildung folgt dabei den Geburtsdaten, die ab 1880 in Zehnjahresintervallen bis 1949 zergliedert werden. Um die Befunde der sozialen Herkunft darüber hinaus bewerten zu können, werden die Daten in Bezug zur Grundgesamtheit der Bevölkerung des Deutschen Reiches gesetzt, da alle der betrachteten Generale noch vor 1945 geboren wurden. Diese Einordnung orientiert sich an den im Statistischen Jahrbuch des Deutschen Reiches publizierten Bezugsgrößen, was den Abgleich mit den dort vorliegenden Bevölkerungsdaten als Grundgesamtheit für die Variablen der geografischen Herkunft und der Konfession ermöglicht.

Die geografische Herkunft wird durch zwei Variablen erschlossen. Zunächst wird nach der regionalen, das heißt provinziellen Herkunft gefragt. Die Geburtsorte werden erfasst und nach Provinzen kategorisiert. Wie in der Forschung für die erste Hälfte des 20. Jahrhunderts üblich, dienen hierfür angesichts der zahlreichen Grenzverschiebungen zwischen 1871 und 1945 die Grenzen des Deutschen Reiches vom 31. Dezember 1937 als Orientierung und im Wesentlichen werden die regionalen Grenzen seit der Neuordnung durch den Wiener Kongress und die Reichsgründung von 1871 berücksichtigt. Die Orientierung an den Grenzen von 1937 wurde erstmals in der Moskauer Außenministerkonferenz von 1943 und in der alliierten Erklärung über Deutschland vom 12. Mai 1945 praktiziert (Wuermeling 1981: 66) und gilt unter Staats- und Völkerrechtlern als anerkannt. Das Zugrundelegen dieser Grenzen ist auch deshalb zielführend, weil sie bis 1990 gängig waren und damit den Untersuchungszeitraum abdecken. Damit folgt eine Aufteilung nach den elf Provinzen Preußens zuzüglich Berlins sowie der übrigen 17 deutschen Provinzen. Darüber hinaus finden Österreich, sudetendeutsche Gebiete, Polen (ehem. Westpreußen) und Frankreich (ehem. Reichsland Elsaß-Lothringen) Berücksichtigung, da nicht wenige der Generale beider deutscher Staaten vor 1918 in solchen deutschen Gebieten geboren waren, die aufgrund der Bestimmungen des Versailler Vertrages und somit vor 1937 an Polen oder Frankreich gefallen waren.

Die zweite Variable, die sich mit der geografischen Herkunft befasst, unterscheidet nach urbaner oder ruraler Herkunft, wodurch Zusammenhänge im Verhältnis von Stadt und Land in einer sich seit dem 19. Jahrhundert zunehmend urbanisierenden Gesellschaft deutlich gemacht werden können (Krabbe 1989). Eng mit der Frage nach der Bedeutung der Stadt ist die Frage nach dem Aufstieg des

Bürgertums und letztlich das zu untersuchende Merkmal der Bildung verbunden (Vierhaus 2004; Lundgreen 2000b; Tenfelde 1994). Die hierzu verwendeten Kategorien unterscheiden gemäß der bis heute gültigen Übereinkunft der Internationalen Statistikkonferenz von 1887, deren Typisierungsvorschlag nach der Einwohnergröße Eingang in das Statistische Jahrbuch des Deutschen Reiches gefunden hat: Sie unterscheidet nach Dorf, Landstadt, Kleinstadt, Mittelstadt und Großstadt. Die notwendigen Daten werden über öffentlich zugängliche Bevölkerungsstatistiken der jeweiligen Kommunen nachvollzogen.

Neben die geografische Herkunft tritt die soziologisch motivierte Frage nach der familiären Herkunft und – damit verbunden – nach der vertikalen Mobilität der Generationen (Kaelble 1983). Für die Generale der Bundeswehr wird zunächst nach dem Adelsstatus gefragt. Die Kategorisierung nach einer adeligen Herkunft erfolgt über das entsprechende Namensprädikat, wodurch insgesamt nur eine grobe, aber für die statistische Auswertung aussagekräftige Einteilung erreicht wird (Reif 1999: 2–9, 2000, 2001).

Die bis heute für die soziale Herkunft als zentral geltende Variable ist die des sozialen Status und der Berufsausübung des Vaters, die in der vorgestellten Analyse in verschiedene Variablen unterteilt wird. Dabei folgt die Kategorisierung der Variablen der beruflichen Sozialstruktur der Dreiteilung von höheren, mittleren und einfachen Schichten, was seit der Besoldungsreform von 1920 seine Entsprechung in der beruflichen Hierarchisierung des staatlichen Dienstes findet (Wunder 2004: 90). Diese Dreiteilung von Ober-, Mittel- und Unterschicht sieht sich aus gutem Grunde der Kritik ausgesetzt, bietet sie doch nur wenig Raum für Differenzierungen, dafür aber den Vorteil der Trennschärfe in der Analyse. Die Variable, die die Berufsgruppe näher erfasst, unterscheidet nach Staatsdienern (Verwaltungsbeamte im engeren Sinne, aber auch Pfarrer, Lehrer, Hochschullehrer, Soldaten), freien Berufen (selbstständige Industrielle, selbstständige Juristen, Apotheker und Ärzte), Landwirten (Gutsbesitzer, Landwirte), Angestellten und Handwerkern oder Arbeitern und orientiert sich damit im Wesentlichen an den Kategorien anderer Arbeiten über deutsches Militär (Stumpf 1982: 197; Lutz 1997: 145; Gahlen 2011: 230; Wegner 1999: 225; Demeter 1965: 24). Die Berufe innerhalb dieser Felder werden wiederum nach Höhe der notwendigen formalen Bildung als »hoch qualifiziert« (ein Studienabschluss, ein Schulabschluss oder eine Ausbildung, die für den höheren Dienst berechtigt), »qualifiziert« (Ausbildung, die für den gehobenen oder mittleren Dienst berechtigt, abgeschlossene Lehre) und »unqualifiziert« (ungelernt, Hilfstätigkeit) unterschieden. Die hierbei auftretenden Zuordnungsprobleme entsprechen den in der Literatur immer wieder genannten Schwierigkeiten sowohl im Hinblick auf die in den Akten zu findenden Berufsbezeichnungen als auch auf die zu unterscheidende soziale Schichtung (Lutz 1997:

141; Stumpf 1982: 191-233, 245 f. Anm. 190; Wegner 1999: 222 f.; Ludz 1970: 164 f.). Eine eindeutige Zuordnung ist vor allem für die älteren Berufe angesichts des Wandels im Tätigkeitsbild nicht immer möglich.

Aber auch die Aussagen in den Akten der Generalität in Ost und West lassen in dieser Hinsicht Raum für Interpretation. So verschwimmt in den Bewerbungsbögen der angehenden Offiziere der Bundeswehr bei der Angabe der väterlichen Berufe der Unterschied zwischen Gutsbesitzern und Landwirten, vor allem aber zwischen angestellten und selbstständigen Kaufleuten, also der zwischen einem einfachen Angestellten und einem sozial besser gestellten Selbstständigen. Die Grenze verschwimmt ebenso zwischen qualifizierten Handwerkern und Arbeitern auf der einen Seite und ungelernten Hilfsarbeitern auf der anderen. Damit einher geht zudem das grundsätzliche Problem der Vergleichbarkeit der sozialstatistischen Daten in der Bundesrepublik und der DDR. Hinzu tritt eine bisweilen recht pauschale Berufsangabe wie Beamter, Lehrer, Offizier, Arbeiter oder Kaufmann, die keine differenzierte Kategorisierung zulässt. In diesen Fällen beschreitet die Datenerhebung stets den Mittelweg und kategorisiert den pauschal genannten Beamten oder Offizier als dem mittleren Dienst zugehörig, den Kaufmann als mittleren Angestellten und den Arbeiter als qualifizierten Arbeiter, um die Daten zu glätten. In diesen Fällen wird der für die Bundeswehr regelmäßig und für die Nationale Volksarmee (NVA) unregelmäßig beigefügte handschriftlich verfasste Lebenslauf zusätzlich zu Rate gezogen. Insofern dort detailliertere Angaben als im Bewerbungsbogen gemacht wurden, werden diese übernommen.

Ein weiteres Problem ergibt sich daraus, dass nicht immer eindeutig feststeht, für welchen Zeitpunkt der Bewerber den sozialen Status des Vaters angegeben hat. Entspricht der Beruf General dem Jahr der Bewerbung oder dem Jahr der Geburt des Bewerbers? Dies ist vor allem angesichts der Situation von Krieg, Flucht oder Vertreibung relevant. So kann ein Vater vor dem Krieg eine sozial hohe Position eingenommen haben, nach seiner Flucht in die Bundesrepublik aber einem mittleren oder gar einfachen Beruf nachgegangen sein. In dieser Weise interpretationsbedürftig sind besonders die Personalakten der NVA. Die Forschung geht davon aus, dass die aus ideologischen Gründen gewollte Proletarisierung ihre Entsprechung in zielgerichtet gehaltenen Aussagen der Lebensläufe und Personalbögen findet (Boyer 1999: 12 f.; Ludz 1970: 164).

Eine weitere der hier genutzten familiären Variablen ist die Konfession, die der sozialwissenschaftlich arbeitende Militärhistoriker Karl Demeter im Rahmen seiner Studien über das deutsche Offizierkorps noch als die sublimste aller das soziale Leben beeinflussenden Kräfte charakterisiert (Demeter 1965: 212). Für die Generale der DDR kann sie aktenbedingt nicht erhoben werden, wenngleich die älteren unter ihnen sicherlich getauft worden waren und konfessionelle Prägungen

Sozialforschung und Geschichtsschreibung 449

zu vermuten sind. Die Personalakten der Bundeswehr unterschieden zwischen katholisch und evangelisch und erlauben daher keine Ausdifferenzierung zwischen den konfessionellen Schattierungen der beiden großen Glaubensrichtungen. Die Variable enthält neben den beiden christlichen Konfessionen auch die Kategorie ohne Bekenntnis. Andere Konfessionen treten nicht auf.

Neben die familiären Variablen der Primärsozialisation treten die der Sekundärsozialisation. Sie umfassen in erster Linie die Aspekte formaler Schulbildung und die hierauf folgenden Ausbildungs- und Studiengänge. Damit berühren die hier untersuchten Merkmale die historische Dimension von ziviler Bildung und Bürgerlichkeit wie auch militärischer Bildungswege einerseits, ermöglichen andererseits aber auch eine soziologische Perspektive, die nach der Funktion der Bildung für die soziale Auslese und Platzierung des Einzelnen in sozialen Positionen fragt (Geißler 2014: 333 f.).

Die Kategorisierung der Variable Schulabschluss hat sich an den im Untersuchungszeitraum existierenden, unterschiedlichen, durchaus von Land zu Land variierenden Schulsystemen zu orientieren, die zwischen 1900 und 1960 Anwendung fanden. Da nicht die Analyse der Schulabschlüsse, sondern der militärbezogene Vergleich zwischen Ost und West im Vordergrund steht, ist analog zur sozialen Schichtung des Berufsumfeldes des Vaters eine grobe Unterscheidung nach einem höheren, mittleren und einfachen Schulabschluss zu treffen. Der Abschluss an einer Erweiterten Polytechnischen Oberschule in der DDR entspricht demnach dem der gymnasialen Oberstufe in der Bundesrepublik, der Besuch einer Haupt- und Realschule entsprach dem einer Allgemeinbildenden Polytechnischen Oberschule mit acht oder zehn Klassenstufen. Analog gilt für die Schulabgänger vor 1945 die Dreiergliederung von Volksschule, Mittelschule und Gymnasium. Gerade für die Kriegsgeneration ist der Schulabschluss wegen der Kriegswirren nicht immer eindeutig zuzuordnen. Flucht, Bombardierung oder Eintritt als Kriegsfreiwilliger mit Kriegsabitur beendeten manche Schulkarriere frühzeitig, ohne dass eine eindeutige Zuordnung der Aussagen im Bewerbungsbogen vorgenommen werden kann.

Eine weitere Besonderheit ergibt sich für die späteren Generale der Landstreitkräfte der NVA. Die Angaben in den Lebensläufen und Bewerbungsbögen spiegeln zwei schulische Realitäten wider, ohne hinreichend zu unterscheiden, weshalb sie leicht in die Irre führen können. Knapp die Hälfte dieser Generale wies in ihrem Schulabschluss »12 Jahre in Grundlagenfächern« und damit vergleichbar zur Bundesrepublik ein Abitur oder Fachabitur aus. Ein näherer Blick in die Akten zeigt jedoch, dass die meisten Generale, die über einen solchen Abschluss verfügten, ihn nicht als Heranwachsende erwarben, sondern in der Regel als lebensältere Männer über einen einjährigen Sonderkursus während ihrer Dienstzeit in der

NVA. Der Nachweis der Erlangung dieser Sonderreife war die Voraussetzung für die Ausbildung und das später so bezeichnete Studium an der nationalen oder einer internationalen Militärakademie. Das bedeutet aber nichts Anderes, als dass die Masse der Generale, die formal über einen hochschulqualifizierenden Abschluss verfügten, beim Eintritt in den Beruf nur einen einfachen achtklassigen oder mittleren zehnklassigen Schulabschluss hatten (Haffner 2005: 138–143). In der Bundesrepublik würde man den einjährigen Intensivkurs, der mit einer Prüfung in vier Fächern abschloss, als zweiten Bildungsweg bezeichnen, in der DDR war er Teil einer ersten republikweiten Bildungsexpansion. Dem hieraus resultierenden Erfassungsproblem wird begegnet, indem die Variable des Schulabschlusses des Generals der NVA nach einem faktischen und einem formalen Abschluss differenziert wird. Ein quellenkritischer Abgleich zwischen Lebensalter und Beginn der obligaten Lehre legt in der Regel offen, um welchen ersten Schulabschluss es sich handelte: Der spätere General der NVA, der im Alter von 14 Jahren eine Lehre begann und diese erfolgreich abschloss, wird als Absolvent einer Volksschulklasse oder einer mittleren Klasse der Oberschule eingestuft.

Wie bereits angemerkt, ist das Generieren der quantitativen Daten aus historischen Quellen die eigentliche Herausforderung für eine an der empirischen Sozialforschung orientierte historische Untersuchung. Die Auswertung der Daten und ihre Interpretation stellen an sich keine Besonderheit mehr dar, da sowohl univariate als auch bi- und multivariate Analysen softwaregestützt vorgenommen werden.

In einem ersten Schritt der Auswertung dominieren mit einem Blick »von unten« die Individuen mit ihrer in Zahlenwerte umgewandelten sozialen Herkunft und ihren Karriereverläufen. Hier werden Daten nach ihrer Häufigkeit und ihrer Verteilung betrachtet (univariat) und geprüft, ob es einen Zusammenhang zwischen einzelnen der hier beschriebenen Variablen und dem Erreichen bestimmter Enddienstgrade gibt (bivariat). Die so erzeugten Befunde werden mit der Forschungsliteratur konfrontiert und abgeglichen und auf diese Weise eingeordnet. Es zeigt sich, dass es weder die eine noch mehrere für den Karriereverlauf entscheidende Variablen sozialer Herkunft gibt. Vielmehr legen die Auswertungen nahe, dass der bislang von der Geschichtswissenschaft betonte Primat der sozialen Herkunft zu hinterfragen ist und viele der bisher gängigen Thesen, wie die der Adelspyramide, einem näheren methodischen Blick nicht standhalten.

Die zweite in der zugrunde liegenden Studie (Loch 2021) eingenommene Perspektive ist die der Organisation, also der Blick von »oben nach unten«, um die durch die jeweilige Organisation gesetzten Bedingungen der Rekrutierung ihrer jeweiligen Militärelite, ihres Aufstiegs und ihrer Zirkulation nachzuspüren. Die zuvor durch die Datenanalyse gewonnenen Erkenntnisse fließen an dieser Stelle grundlegend ein. Gleichwohl stehen nun die »qualitativen« Quellen der Historiker – das Archivgut – im Vordergrund. Hier gilt es, die in den Akten rekonstruierten Aspekte mit den zuvor gewonnenen Daten abzugleichen und zu konfrontieren. Ohne hier auf Einzelergebnisse eingehen zu wollen, überrascht es immer wieder, wie sich Befunde aus dem »quantitativen« Datenmaterial in den überlieferten Sachakten spiegelten, wie sich andersherum Spuren aus den Sachakten in den Zahlen finden ließen. Erst im Zusammenspiel offenbaren beide Quellenarten einen bemerkenswerten Mehrwert, indem sie die jeweiligen Disziplingrenzen von Geschichts- und Sozialwissenschaften erweitern. Es zeigt sich, dass in Fragen der sozialen Herkunft und der (hier nicht näher betrachteten) Karrieremuster offenbar zeitgenössische Verfahren und Regeln galten – ob bewusst oder unbewusst ist in diesem Zusammenhang zweitrangig –, die sich in den Zahlen ausdrücken.

Erst die Zusammenschau beider Quellenarten erlaubt eine Eindringtiefe, die jede Sichtweise für sich genommen nicht erreicht hätte und die den bisherigen Stand der Forschung in zahlreichen Aspekten infrage stellt. Die hier erstmals in dieser Dichte mit sozialempirischen Methoden erhobenen Befunde verweisen auf statistisch nachvollziehbare Entwicklungslinien zwischen 1860 und 1990, die ein von der bisherigen Forschung abweichendes Bild zeichnen. Dieser Ansatz erlaubt es letztlich, die westdeutsche und damit die ältere deutsche Generalität nicht mehr länger unter den Vorzeichen eines innenpolitisch motivierten Primates der sozialen Herkunft zu sehen, sondern unter der Perspektive der Profession. Damit aber sind die ältere deutsche Generalität und die der Bundeswehr als Teil einer staatstragenden Bildungselite zu deuten. Das Militär erscheint nicht als ein innenpolitischer Wächter, sondern als Teil eines sozialen Phänomens, das Auswahl und Zirkulation seiner Eliten nach binnensektoralen Logiken organisierte. Mit dem Aspekt der Profession lässt sich zudem die durch die Datenanalyse vollzogene Untersuchung der Karrierewege mit dem übergeordneten Aspekt politischer Kontrolle und der Frage nach der Autonomie des Militärs verbinden. Die als Vergleich angelegte Studie hat zahlreiche Strukturen offengelegt, sie hat den Blick in den Kulturraum des Militärischen geöffnet und gezeigt, dass die Bundeswehr ein eigenständiger Akteur innerhalb der Bundesrepublik, die Nationale Volksarmee der DDR aber in allen Belangen abhängig von der SED und Sowjetarmee war.

5 Zusammenfassung

In diesem Beitrag steht nicht der Rückgriff auf bereits vor Jahrzehnten erhobene sozialstatistische Befunde oder prognostische Modelle und deren heutige Interpretation durch Historikerinnen und Historiker zur Diskussion, sondern die

Nutzung der Instrumente empirischer Sozialforschung und somit die Schaffung eines erweiterten Quellenfundus durch den (Militär-)Historiker selbst. Auf der Grundlage historischer Expertise definiert der Historiker diejenigen Variablen und Kategorien, die ihm Erkenntnis versprechen. Für die hier nicht näher betrachteten Variablen der Karrierestrukturen der Generale nach 1945 wird dies daran deutlich, dass allein das Codebuch für den Werdegang bundesdeutscher Generale über 200 Kategorien umfasst, die zuvor erkannt und systematisiert werden mussten, wie überhaupt die erfasste Datenmenge sich auf etwa 100.000 Kodierungen, etwa 100 Variablen und eine entsprechende Zahl an Ausprägungen beläuft. Das Erfassen der historischen Daten und ihre Umwandlung in berechenbare Größen schließlich stellt einen abstrahierenden und damit interpretativen Akt dar, den der Historiker daher grundsätzlich selbst durchzuführen oder doch wenigstens unmittelbar anzuleiten hat. Dieser immense Aufwand der Schaffung historisch valider Variablen und Kategorien sowie der interpretative Akt der Codierung ermöglicht in der Zusammenschau der so gewonnenen quantitativen Befunde mit den qualitativen Quellen ein ungleich tieferes Eindringen in die Vergangenheit.

Ein »Wundermittel« stellt die Nutzung dieser »quantitativen« Quellen indes nicht dar, im Gegenteil: Der sozialwissenschaftlich arbeitende Historiker wird rasch bemerken, dass die Nutzung nomothetisch ausgerichteter – also Gesetzmäßigkeiten suchender – Instrumentarien, seine grundsätzlich idiografische – unter idealistischen Voraussetzungen vom Selbstbewusstsein des Individuums ausgehende – Sichtweise verändert. Es treten vermehrt Strukturen in den Vordergrund, die ihrerseits dazu neigen, die Komplexität der Ereignisgeschichte zu reduzieren. Der sozialhistorisch und empirisch arbeitende Historiker wird zum Grenzgänger, vielleicht sogar zum historisch arbeitenden Sozialwissenschaftler, der die Vergangenheit nach Lösungen für gegenwartsbezogene Problemstellungen befragt. Den nötigen Ausgleich zwischen beiden Disziplinen schafft in diesem Kontext die sich ergänzende Nutzung der quantitativen und qualitativen Quellen. Dieses Vorgehen ist mit hohem Aufwand verbunden. Es erlaubt dem empirisch arbeitenden (Militär-)Historiker aber nach dem Warum und dem Wozu in der Vergangenheit zu fragen, ohne auf die enorme Eindringtiefe sozialempirisch gewonnener Quellen verzichten zu müssen.

Literatur

Bald, Detlef (1983): Von der Wehrmacht zur Bundeswehr. Kontinuität und Neubeginn. In: Conze, Werner/Lepsius, M. Rainer (Hrsg.): Sozialgeschichte der Bundesrepublik Deutschland. Beiträge zum Kontinuitätsproblem. Stuttgart: Klett-Cotta, 387–409.

Baur, Werner (1965): Deutsche Generale. Die militärischen Führungsgruppen in der Bundesrepublik. In: Zapf, Wolfgang (Hrsg.): Beiträge zur Analyse der deutschen Oberschicht. 2. Aufl. München: Piper, 114–135.

Benninghaus, Hans (1998): Einführung in die sozialwissenschaftliche Datenanalyse. 5., vollständig überarb. Aufl. München/Wien: R. Oldenbourg.

Boyer, Christoph (1999): Kaderpolitik und zentrale Planbürokratie in der SBZ/DDR (1945–1961). In: Hornbostel, Stefan (Hrsg.): Sozialistische Eliten. Horizontale und vertikale Differenzierungsmuster in der DDR. Opladen: VS Verlag für Sozialwissenschaften, 11–30.

Broszat, Martin/Henke, Klaus-Dietmar/Woller, Hans (Hrsg.) (1988): Von Stalingrad zur Währungsreform. Zur Sozialgeschichte des Umbruchs in Deutschland. München: R. Oldenbourg.

Deist, Wilhelm (1991): Zur Geschichte des preußischen Offizierskorps. In: ders.: Militär, Staat und Gesellschaft. Studien zur preußisch-deutschen Militärgeschichte. München: Deutsche Verlags-Anstalt, 43–56.

Demeter, Karl (1965): Das Deutsche Offizierkorps in Gesellschaft und Staat 1650–1945. 4., überarb. und erweiterte Aufl. Frankfurt: Bernard & Graefe Verlag für Wehrwesen.

Demeter, Karl (1930): Das deutsche Offizierkorps in seinen historisch-soziologischen Grundlagen. Berlin: Hobbing.

Elbe, Martin (2002): Wissen und Methode: Grundlagen der verstehenden Organisationswissenschaft. Opladen: VS Verlag für Sozialwissenschaften.

Erker, Paul (1993): Zeitgeschichte als Sozialgeschichte. Forschungsstand und Forschungsdefizite. In: Geschichte und Gesellschaft, 19: 2, 202–238.

Fingerle, Stephan (2001): Waffen in Arbeiterhand? Die Rekrutierung des Offizierkorps der Nationalen Volksarmee und ihrer Vorläufer. Berlin: Christoph Links.

Fischer, Fritz (1979): Bündnis der Eliten. Zur Kontinuität der Machtstrukturen in Deutschland 1871–1945. Düsseldorf: Droste.

Fröhlich, Paul (2018): »Der unterirdische Kampf«. Das Wehrwirtschafts- und Rüstungsamt 1924–1943. Paderborn: Ferdinand Schöningh.

Gahlen, Gundula (2011): Das bayerische Offizierkorps 1815–1866. Paderborn et al.: Ferdinand Schöningh.

Geißler, Rainer (2014): Die Sozialstruktur Deutschlands, 7., grundlegend überarbeitete Aufl. Wiesbaden: Springer VS.
Goertz, Hans-Jürgen (1995): Umgang mit Geschichte. Eine Einführung in die Geschichtstheorie. Reinbek: Rowohlt.
Graf, Rüdiger/Priemel, Kim Christian (2011): Zeitgeschichte in der Welt der Sozialwissenschaften. In: Vierteljahrshefte für Zeitgeschichte, 59: 4, 479–508.
Haffner, Klaus-Jürgen (2005): »Die Einheit von Geist und Macht«. Qualifikations- und Selektionsstrukturen in HVA, KVP und NVA von 1949 bis 1973/74. Bremen: Edition Temmen.
Heinemann, Winfried (2015): Quantitative Methods in German Military History. In: International Bibliography of Military History, 35: 2, 119–134.
Herwig, Holger (1977): Das Elitekorps des Kaisers. Die Marineoffiziere im Wilhelminischen Deutschland. Hamburg: Christians.
Hitzer, Bettina/Welskopp, Thomas (Hrsg.) (2010): Die Bielefelder Sozialgeschichte. Klassische Texte zu einem geschichtswissenschaftlichen Programm und seinen Kontroversen. Bielefeld: Transcript.
Hoffmann-Lange, Ursula (1992): Eliten, Macht und Konflikt in der Bundesrepublik. Opladen: Leske & Budrich.
Hürter, Johannes (2006): Hitlers Heerführer. Die deutschen Oberbefehlshaber im Krieg gegen die Sowjetunion 1941/1942. München: R. Oldenbourg.
Hurrelmann, Klaus/Bauer, Ullrich (2015): Einführung in die Sozialisationstheorie. Das Modell der produktiven Realitätsverarbeitung, 11., vollständig überarb. Aufl. Weinheim/Basel: Beltz.
Iggers, Georg G. (1978): Neue Geschichtswissenschaft. Vom Historismus zur Historischen Sozialwissenschaft. Ein internationaler Vergleich. München: Dtv.
Iggers, Georg G. (1996): Geschichtswissenschaft im 20. Jahrhundert. Ein kritischer Überblick im internationalen Zusammenhang. 2., durchgesehene Aufl. Göttingen: Vandenhoeck & Ruprecht.
Jeismann, Karl-Ernst (1988): Preussische Bildungspolitik vom ausgehenden 18. bis zur Mitte des 19. Jahrhunderts. Thesen und Probleme. In: Arnold, Udo (Hrsg.): Zur Bildungs- und Schulgeschichte Preussens. Lüneburg: Nordostdeutsches Kulturwerk, 9–37.
Kaelble, Hartmut (1983): Soziale Mobilität und Chancengleichheit im 19. und 20. Jahrhundert. Deutschland im internationalen Vergleich. Göttingen: Vandenhoeck & Ruprecht.

Keßelring, Agilolf (2020): Konkurrierende Schwestern? Militärgeschichte und Strategische Wissenschaft. In: Hagemann, Frank/Lange, Sven (Hrsg.): Geschichtsbewusstsein als Kernkompetenz. Historische Bildung in der Bundeswehr. Potsdam: Zentrum für Militärgeschichte und Sozialwissenschaften der Bundeswehr, 67–87.

Kirn, Paul (1952): Einführung in die Geschichtswissenschaft. 2. Aufl. Berlin: Walter de Gruyter.

Kocka, Jürgen (1972): Theorieprobleme der Sozial- und Wirtschaftsgeschichte. Begriffe, Tendenzen und Funktionen in Ost und West. In: Wehler, Hans-Ulrich (Hrsg.): Geschichte und Soziologie. Köln: Kiepenheuer & Witsch, 305–330.

Kocka, Jürgen (1977): Sozialgeschichte. Begriff, Entwicklung, Probleme. Göttingen: Vandenhoeck & Ruprecht.

Kocka, Jürgen (1989a): Sozialgeschichte zwischen Struktur und Erfahrung. Die Herausforderung der Alltagsgeschichte. In: ders.: Geschichte und Aufklärung. Aufsätze. Göttingen: Vandenhoeck & Ruprecht, 29–44.

Kocka, Jürgen (1989b): Zerstörung und Befreiung: Das Jahr 1945 als Wendepunkt deutscher Geschichte. In: ders.: Geschichte und Aufklärung. Aufsätze. Göttingen: Vandenhoeck & Ruprecht, 120–139.

Kocka, Jürgen (1998): Nach dem Ende des Sonderwegs. Zur Tragfähigkeit eines Konzepts. In: Bauerkämper, Arnd/Sabrow, Martin/Stöver, Bernd (Hrsg.): Doppelte Zeitgeschichte. Deutsch-Deutsche Beziehungen 1945–1990. Bonn: Dietz, 364–375.

Kocka, Jürgen (2000): Bürgertum und Sonderweg. In: Lundgreen, Peter (Hrsg.): Sozial- und Kulturgeschichte des Bürgertums. Eine Bilanz des Bielefelder Sonderforschungsbereichs (1986–1997). Göttingen: Vandenhoeck & Ruprecht, 93–110.

Koselleck, Reinhart (2004): Geschichte, Historie. In: Brunner, Otto/Conze, Werner/Koselleck, Reinhart (Hrsg.): Geschichtliche Grundbegriffe. Historisches Lexikon zur politisch-sozialen Sprache in Deutschland. Bd. 2. Stuttgart: Klett-Cotta, 593–717.

Krabbe, Wolfgang R. (1989): Die deutsche Stadt im 19. und 20. Jahrhundert. Eine Einführung. Göttingen: Vandenhoeck & Ruprecht.

Kroener, Bernhard R. (1988): Die personellen Ressourcen des Dritten Reiches im Spannungsfeld zwischen Wehrmacht, Bürokratie und Kriegswirtschaft 1939–1942. In: Kroener, Bernhard R./Müller, Rolf-Dieter/Umbreit, Hans (Hrsg): Das Deutsche Reich und der Zweite Weltkrieg. Organisation und Mobilisierung des deutschen Machtbereichs. Bd. 5/1. Stuttgart: Deutsche Verlagsanstalt, 693–1001.

Krüger, Kersten (1998): Historische Statistik. In: Goertz, Hans-Jürgen (Hrsg.): Geschichte. Ein Grundkurs. Reinbek: Rowohlt Taschenbuch Verlag, 59–82.
Loch, Thorsten (2021): Deutsche Generale 1945–1990. Profession – Karriere – Herkunft. Berlin: Christoph Links.
Ludz, Peter Christian (1970): Parteielite im Wandel. Funktionsaufbau, Sozialstruktur und Ideologie der SED-Führung. Eine empirisch-systematische Untersuchung. 3., durchgesehene Aufl. Köln/Opladen: Westdeutscher Verlag.
Ludz, Peter Christian (Hrsg.) (1972): Soziologie und Sozialgeschichte. Aspekte und Probleme. Opladen: VS Verlag für Sozialwissenschaften.
Lundgreen, Peter (2000a): Einführung. In: ders. (Hrsg.): Sozial- und Kulturgeschichte des Bürgertums. Eine Bilanz des Bielefelder Sonderforschungsbereichs (1986–1997). Göttingen: Vandenhoeck & Ruprecht, 13–39.
Lundgreen, Peter (2000b): Bildung und Bürgertum. In: ders. (Hrsg.): Sozial- und Kulturgeschichte des Bürgertums. Eine Bilanz des Bielefelder Sonderforschungsbereichs (1986–1997). Göttingen: Vandenhoeck & Ruprecht, 173–194.
Lutz, Karl-Heinz (1997): Das badische Offizierkorps 1840–1870/71. Stuttgart: Kohlhammer.
Maeder, Pascal/Lüthi, Barbara/Mergel, Thomas (Hrsg.) (2012): Wozu noch Sozialgeschichte? Eine Disziplin im Umbruch. Festschrift für Josef Mooser zum 65. Geburtstag. Göttingen: Vandenhoeck & Ruprecht.
Mayring, Philipp (2016): Einführung in die qualitative Sozialforschung. 6. Aufl. Weinheim: Beltz.
Mergel, Thomas (1998): Geschichte und Soziologie. In: Goertz, Hans-Jürgen (Hrsg.): Geschichte. Ein Grundkurs. Reinbek: Rowohlt Taschenbuch Verlag, 621–651.
Mergel, Thomas/Welskopp, Thomas (1997): Geschichtswissenschaft und Gesellschaftstheorie. In: dies. (Hrsg.): Geschichte zwischen Kultur und Gesellschaft. Beiträge zur Theoriedebatte. München: Verlag C.H. Beck, 9–35.
Metzler, Gabriele (2018): Der Staat der Historiker. Staatsvorstellungen deutscher Historiker seit 1945. Berlin: Suhrkamp.
Mooser, Josef (1998): Sozial- und Wirtschaftsgeschichte, Historische Sozialwissenschaft, Gesellschaftsgeschichte. In: Goertz, Hans-Jürgen (Hrsg.): Geschichte. Ein Grundkurs. Reinbek: Rowohlt Taschenbuch Verlag, 516–538.
Overmans, Rüdiger (1999): Deutsche militärische Verluste im Zweiten Weltkrieg. München: R. Oldenbourg.
Pankoke, Eckart (2004): Soziologie, Gesellschaftswissenschaften. In: Brunner, Otto/Conze, Werner/Koselleck, Reinhart (Hrsg.): Geschichtliche Grundbegriffe. Historisches Lexikon zur politisch-sozialen Sprache in Deutschland. Bd. 5. Stuttgart: Klett-Cotta, 997–1032.

Pleinen, Jenny/Raphael, Lutz (2014): Zeithistoriker in den Archiven der Sozialwissenschaften. Erkenntnispotenziale und Relevanzgewinne für die Disziplin. In: Vierteljahrshefte für Zeitgeschichte, 62: 2, 173–196.
Raphael, Lutz (1996): Die Verwissenschaftlichung des Sozialen als methodische und konzeptionelle Herausforderung für eine Sozialgeschichte des 20. Jahrhunderts. In: Geschichte und Gesellschaft, 22: 2, 165–193.
Raphael, Lutz (2003): Geschichtswissenschaft im Zeitalter der Extreme. Theorien, Methoden, Tendenzen von 1900 bis zur Gegenwart. München: Verlag C.H. Beck.
Rass, Christoph (2003): »Menschenmaterial«. Deutsche Soldaten an der Ostfront. Innenansichten einer Infanteriedivision 1939–1945. Paderborn: Ferdinand Schöningh.
Rass, Christoph (2016): Das Sozialprofil des Bundesnachrichtendienstes. Von den Anfängen bis 1968. Berlin: Christoph Links.
Reif, Heinz (1999): Adel im 19. und 20. Jahrhundert, München: R. Oldenbourg.
Reif, Heinz (Hrsg.) (2000): Adel und Bürgertum in Deutschland. Bd. 1. Entwicklungslinien und Wendepunkte im 19. Jahrhundert. Berlin: Akademie-Verlag.
Reif, Hein (Hrsg.) (2001): Adel und Bürgertum in Deutschland. Bd. 2. Entwicklungslinien und Wendepunkte im 20. Jahrhundert. Berlin: Akademie-Verlag.
Rüsen, Jörn (1986): Rekonstruktion der Vergangenheit. Grundzüge einer Historik II. Die Prinzipien der historischen Forschung. Göttingen: Vandenhoeck & Ruprecht.
Schieder, Wolfgang/Sellin, Volker (Hrsg.) (1986/87): Sozialgeschichte in Deutschland. 4 Bände. Göttingen: Vandenhoeck & Ruprecht.
Schulz, Günther (2004): Sozialgeschichte. In: Schulz, Günther/Buchheim, Christoph/Fouquet, Gerhard/Gömmel, Rainer/Henning, Friedrich-Wilhelm/Kaufhold, Karl Heinrich/Pohl, Hans (Hrsg.): Sozial- und Wirtschaftsgeschichte. Arbeitsgebiete, Probleme, Perspektiven. Wiesbaden: Franz Steiner Verlag, 283–303.
Sellin, Volker (1995): Einführung in die Geschichtswissenschaft. Göttingen: Vandenhoeck & Ruprecht.
Simiand, François (1994): Historische Methode und Sozialwissenschaft. In: Middell, Matthias/Sammler, Stefan (Hrsg.): Alles Gewordene hat Geschichte. Die Schule der »Annales« in ihren Texten 1929–1992. Leipzig: Reclam, 168–232.
Stumpf, Reinhard (1982): Die Wehrmacht-Elite. Rang- und Herkunftsstruktur der deutschen Generale und Admirale 1933 bis 1945. Boppard a.Rh.: Harald Boldt Verlag.

Tenfelde, Klaus (1994): Stadt und Bürgertum im 20. Jahrhundert. In: Tenfelde, Klaus/Wehler, Hans-Ulrich (Hrsg.): Wege zur Geschichte des Bürgertums. Vierzehn Beiträge. Göttingen: Vandenhoeck & Ruprecht, 317–353.

Vierhaus, Rudolf (2004): Bildung. In: Brunner, Otto/Conze, Werner/Koselleck, Reinhart (Hrsg.): Geschichtliche Grundbegriffe. Historisches Lexikon zur politisch-sozialen Sprache in Deutschland. Bd. 1. Stuttgart: Klett-Cotta, 508–551.

Walser Smith, Helmut (2009): Jenseits der Sonderweg-Debatte. In: Müller, Sven Oliver/Torp, Cornelius (Hrsg.): Das deutsche Kaiserreich in der Kontroverse. Göttingen: Vandenhoeck & Ruprecht, 31–50.

Walter, Rolf (2008): Einführung in die Wirtschafts- und Sozialgeschichte. 2. Aufl. Köln: Böhlau.

Wegner, Bernd (1999): Hitlers Politische Soldaten. Die Waffen-SS 1933–1945. Leitbild, Struktur und Funktion einer nationalsozialistischen Elite. 6. Aufl. Paderborn: Ferdinand Schöningh.

Wegner, Bernd (1982): Kliometrie des Krieges? Ein Plädoyer für eine quantifizierende Militärgeschichtsforschung in vergleichender Absicht. In: Messerschmidt, Manfred/Maier, Klaus A./Rahn, Werner/Thoß, Bruno (Hrsg.): Militärgeschichte. Probleme – Thesen – Wege. Stuttgart: Deutsche Verlags-Anstalt, 60–78.

Wehler, Hans-Ulrich (Hrsg.) (1965): Eckart Kehr. Der Primat der Innenpolitik. Gesammelte Aufsätze zur preussisch-deutschen Sozialgeschichte im 19. und 20. Jahrhundert. Berlin: de Gruyter.

Wehler, Hans-Ulrich (Hrsg.) (1972): Geschichte und Soziologie. Köln: Kiepenheuer & Witsch.

Wehler, Hans-Ulrich (1975): Geschichte als historische Sozialwissenschaft. Modernisierungstheorie und Geschichte. Göttingen: Vandenhoeck & Ruprecht.

Wehler, Hans-Ulrich (1976): Moderne deutsche Sozialgeschichte. 5. Aufl. Köln: Kiepenheuer & Witsch.

Wehler, Hans-Ulrich (1986/87): Sozialgeschichte und Gesellschaftsgeschichte. In: Schieder, Wolfgang/Sellin, Volker (Hrsg.): Sozialgeschichte in Deutschland. Bd. 1. Göttingen: Vandenhoeck & Ruprecht, 33–52.

Wehler, Hans-Ulrich (1988): Was ist Gesellschaftsgeschichte? In: ders.: Aus der Geschichte lernen? Essays. München: Verlag C.H. Beck, 115–129.

Wehler, Hans-Ulrich (1998): Historische Sozialwissenschaft. Eine Zwischenbilanz nach dreißig Jahren. In: ders.: Die Herausforderung der Kulturgeschichte. München: Verlag C.H. Beck, 142–153.

Wehler, Hans-Ulrich (2003): Das Duell zwischen Sozialgeschichte und Kulturgeschichte. In: ders.: Konflikte zu Beginn des 20. Jahrhunderts. München: Verlag C.H. Beck, 167–177.
Weischer, Christoph (2004): Das Unternehmen »Empirische Sozialforschung«. Strukturen, Praktiken und Leitbilder der Sozialforschung in der Bundesrepublik Deutschland. München: R. Oldenbourg.
Welskopp, Thomas (1999): Westbindung auf dem »Sonderweg«. Die deutsche Sozialgeschichte vom Appendix der Wirtschaftsgeschichte zur Historischen Sozialwissenschaft. In: Küttler, Wolfgang/Rüsen, Jörn/Schulin, Ernst (Hrsg.): Geschichtsdiskurs. Globale Konflikte, Erinnerungsarbeit und Neuorientierungen seit 1945. Bd. 5. Frankfurt a.M.: Fischer-Taschenbuch-Verlag, 191–237.
Welskopp, Thomas (2010): Vergleichende Geschichte. In: Institut für Europäische Geschichte, 12.3.2010, <https://nbn-resolving.org/urn:nbn:de:0159-20100921408>.
Wuermeling, Henric L. (1981): Die Weisse Liste. Umbruch der politischen Kultur in Deutschland 1945. Berlin: Ullstein.
Wunder, Bernd (2004): »Verwaltung«, »Bürokratie«, »Selbstverwaltung«, »Amt« und »Beamter« seit 1800 (Verwaltung VIII–IX). In: Brunner, Otto/Conze, Werner/Koselleck, Reinhart (Hrsg.): Geschichtliche Grundbegriffe. Historisches Lexikon zur politisch-sozialen Sprache in Deutschland. Bd. 7. Stuttgart: Klett-Cotta, 69–95.
Ziemann, Benjamin (2012): Sozialgeschichte und Empirische Sozialforschung. Überlegungen zum Kontext und zum Ende einer Romanze. In: Maeder, Pascal/Lüthi, Barbara/Mergel, Thomas (Hrsg.): Wozu noch Sozialgeschichte? Eine Disziplin im Umbruch. Festschrift für Josef Mooser zum 65. Geburtstag. Göttingen: Vandenhoeck & Ruprecht, 131–149.

Autorinnen und Autoren

Jakob Rømer Barfod (Major Dr., PhD) ist Sozialwissenschaftler am Institute for Leadership and Organization des Royal Danish Defence College.

Heiko Biehl (Dr., Leitender Wiss. Direktor) leitet den Forschungsbereich Militärsoziologie am Zentrum für Militärgeschichte und Sozialwissenschaften der Bundeswehr.

Angelika Dörfler-Dierken (Prof. Dr., Wiss. Direktorin) ist Theologin und Militärsoziologin am Zentrum für Militärgeschichte und Sozialwissenschaften der Bundeswehr.

Martin Elbe (Prof. Dr.) ist Militärsoziologe am Zentrum für Militärgeschichte und Sozialwissenschaften der Bundeswehr.

Tabea Koepp (Soziologin) ist Wissenschaftliche Mitarbeiterin im Bereich Organisationssoziologie an der Universität Bielefeld.

Gerhard Kümmel (Dr., Wiss. Direktor) ist Militärsoziologe am Zentrum für Militärgeschichte und Sozialwissenschaften der Bundeswehr.

Nina Leonhard (PD Dr. habil., Wiss. Direktorin) ist Militärsoziologin am Zentrum für Militärgeschichte und Sozialwissenschaften der Bundeswehr.

Thorsten Loch (Oberstleutnant PD Dr.) ist Historiker an der Fakultät für Geistes- und Sozialwissenschaften der Helmut-Schmidt-Universität/Universität der Bundeswehr Hamburg und Referent im Bundesministerium der Verteidigung.

Gregor Richter (Dr., Wiss. Direktor) ist Militärsoziologe am Zentrum für Militärgeschichte und Sozialwissenschaften der Bundeswehr.

Chariklia Rothbart (Soziologin) ist Wissenschaftliche Mitarbeiterin im Referat Zukunftsanalyse im Planungsamt der Bundeswehr.

Markus Steinbrecher (Dr., Wiss. Oberrat) ist Militärsoziologe am Zentrum für Militärgeschichte und Sozialwissenschaften der Bundeswehr.

Maren Tomforde (Dr., Wiss. Direktorin) ist Ethnologin an der Führungsakademie der Bundeswehr in Hamburg.

Meike Wanner (Dr., Wiss. Oberrätin) ist Militärsoziologin am Zentrum für Militärgeschichte und Sozialwissenschaften der Bundeswehr.

Jens Warburg (Dr.) ist Soziologe mit dem Schwerpunkt Militärsoziologie, Coach und Supervisior.

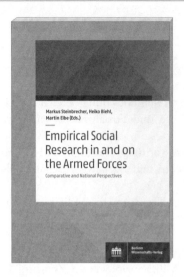

Markus Steinbrecher, Heiko Biehl, Martin Elbe (Eds.)

Empirical Social Research in and on the Armed Forces

Comparative and National Perspectives

Military sociology is conducted as empirical social research in various countries. This book provides a comparison of the structures, methods, and results of empirical military sociology and analyzes the impact of the national context on the respective research.

This overview of current trends in international military sociology is an important step toward a more standardized and comprehensive analysis of military sociology and reveals the strengths and weaknesses as well as the similarities and differences of the respective national research.

It assembles a large number of renowned authors from various countries and demonstrates the strong international links in military sociology that clearly go beyond joint participation in scientific conferences.

i. Vb. 2021, 978-3-8305-5144-7
eBook PDF 978-3-8305-4369-5
(Sozialwissenschaftliche Studien des Zentrums für Militärgeschichte und Sozialwissenschaften der Bundeswehr)

THE EDITORS

Dr. Markus Steinbrecher is a political scientist and military sociologist at the Bundeswehr Center for Military History and Social Sciences.

Dr. Heiko Biehl is the head of the military sociology research unit at the Bundeswehr Center for Military History and Social Sciences.

Prof. Dr. Martin Elbe is a military sociologist and social psychologist at the Bundeswehr Center for Military History and Social Sciences.

Berliner Wissenschafts-Verlag | Behaimstr. 25 | 10585 Berlin
Tel. 030 84 17 70-0 | Fax 030 84 17 70-21
www.bwv-verlag.de | bwv@bwv-verlag.de

Martin Elbe, Gregor Richter (Hrsg.)

Personalmanagement in der Bundeswehr

Strategien, Zielgruppen, Kompetenzen

Noch nie musste die Bundeswehr ein so breites Aufgabenspektrum mit einer so knappen Personalausstattung erfüllen wie heute. Die Verteidigung im Bündnis bleibt zentrale Aufgabe der Streitkräfte, zugleich müssen aber verschiedene Auslandseinsätze bewältigt werden und für beide Aufgabenstellungen ist das Personal aus- und weiterzubilden. Natürlich muss sich die Bundeswehr dabei generell den Herausforderungen stellen, die alle Arbeitgeber in Zeiten demografischen Wandels und technologischen Umbruchs betreffen: In einer zunehmend virtuellen Welt mit sich verändernden Gesundheitsanforderungen gilt es, Mitarbeiter zu finden, sie an sich zu binden und ihre Kompetenzen zu entwickeln. Die Bundeswehr ist sich dieser Herausforderung bewusst und hat Strategien entwickelt, um die unterschiedlichen Zielgruppen innerhalb und außerhalb der Organisation zu erreichen. Dieser Sammelband bietet einen grundlegenden Überblick zum Personalmanagement der Bundeswehr, den Strategien, Zielgruppen und Kompetenzen.

2019, 160 S., 11 s/w Abb., 13 s/w Tab., kart., 25,– €, 978-3-8305-3963-6
eBook PDF: 978-3-8305-4125-7
(Sozialwissenschaftliche Studien des Zentrums für Militärgeschichte und Sozialwissenschaften der Bundeswehr, Bd. 19)

DIE HERAUSGEBER

Prof. Dr. Martin Elbe forscht am Fachbereich Militärsoziologie des Zentrums für Militärgeschichte und Sozialwissenschaften der Bundeswehr. Seine Arbeitsschwerpunkte liegen in den Bereichen Personal und Arbeit, Organisation, Militärsoziologie und Sozialpsychologie.

Dr. Gregor Richter leitet als Wissenschaftlicher Direktor den Projektbereich Personal und Organisation am Zentrum für Militärgeschichte und Sozialwissenschaften der Bundeswehr. Er forscht in den Bereichen der empirischen Personal-, Führungs- und Organisationsforschung sowie der Militärsoziologie.

AUS DEM INHALT

Das Verhältnis von Militär und Personalmanagement | Personalstrategische Grundzüge der Bundeswehr | Internationaler Vergleich militärischer Personalstrategien | Betriebliche Sozialisation in der Bundeswehr | Mannschaftsdienstgrade | Kulturelle Komplexität | Herausforderungen beim „heißen Betrieb" | Kompetenzmanagement

Berliner Wissenschafts-Verlag | Behaimstr. 25 | 10585 Berlin
Tel. 030 84 17 70-0 | Fax 030 84 17 70-21
www.bwv-verlag.de | bwv@bwv-verlag.de

Martin Elbe (Hrsg.)
Duale Karriere als Institution
Perspektiven ziviler Karrieren ehemaliger Offiziere

Seit Anfang der 1980er-Jahre sind über 30.000 Bundeswehroffiziere mit einem akademischen Abschluss in den zivilen Arbeitsmarkt gewechselt. Wie erleben die ehemaligen Offiziere diesen Wechsel und wie gestaltet sich ihr beruflicher Werdegang? Sind sie zufrieden mit dem Verlauf ihrer Karriere? Welche Signale sind wichtig für einen reibungslosen Übergang und welche Bedeutung hat das erworbene Humankapital? Wie sehen Unternehmensvertreter Offiziere als Bewerber und wie schätzen sich die Offiziere selbst ein? Auf Basis eines umfassenden Forschungsprojekts, das 2017/2018 am Zentrum für Militärgeschichte und Sozialwissenschaften der Bundeswehr mit Unterstützung von Ipsos Public Affairs durchgeführt wurde, werden diese und weitere Fragen diskutiert und beantwortet. Es zeigt sich: Die ehemaligen Offiziere machen Karriere und das anders als erwartet.

2019, 214 S., 25 s/w Abb., 28 s/w Tab., kart., 29,– €, 978-3-8305-3962-9
eBook PDF 978-3-8305-4124-0
(Sozialwissenschaftliche Studien des Zentrums für Militärgeschichte und Sozialwissenschaften der Bundeswehr, Bd. 18)

DER HERAUSGEBER

Prof. Dr. Martin Elbe forscht am Fachbereich Militärsoziologie des Zentrums für Militärgeschichte und Sozialwissenschaften der Bundeswehr (ZMSBw) in Potsdam. Seine Arbeitsschwerpunkte liegen in den Bereichen Personal und Arbeit, Organisation, Militärsoziologie und Sozialpsychologie.

AUS DEM INHALT

Institutionalisierung dualer Karrieren | Karriereanalysen als Forschungsfeld | Karriereverläufe und Kompetenzprofile ehemaliger Offiziere | Übergänge in das zivile Berufsleben | Erfolgsfaktoren | Die Sicht der Privatwirtschaft

Berliner Wissenschafts-Verlag | Behaimstr. 25 | 10585 Berlin
Tel. 030 84 17 70-0 | Fax 030 84 17 70-21
www.bwv-verlag.de | bwv@bwv-verlag.de